NOTIONS PRÉLIMINAIRES.

Code signifie recueil de lois. Les principaux codes sont le code Napoléon, le code de procédure civile, le code de commerce, le code pénal et le code d'instruction criminelle.

Le *Code Napoléon*, qui est le plus important de tous, est le recueil des lois qui concernent la famille et ses membres, les choses et leurs divers démembrements, et enfin les différentes manières d'acquérir la propriété.

Les *lois* sont des règles générales établies par le pouvoir législatif. Les lois sont obligatoires dans le département de la Seine un jour après leur publication par le pouvoir exécutif; dans les autres départements, on ajoute à ce délai autant de jours qu'il y a de fois dix myriamètres entre Paris et le chef-lieu de chaque département.

Les lois relatives à l'*état* et à la *capacité* des personnes ne sont applicables qu'aux Français : elles les régissent dans tous les pays.

Les lois de *police* et de *sûreté* régissent tous ceux qui habitent le territoire français, sans distinguer s'ils sont Français ou étrangers.

Les lois qui concernent les *immeubles* sont applicables

attache une obligation au fait de l'enrichissement aux dépens d'autrui.

I. *Gestion d'affaires.* — Lorsqu'une personne qui n'a reçu aucun mandat, aucun pouvoir, gère volontairement l'affaire d'autrui, soit que le propriétaire connaisse la gestion, soit qu'il l'ignore, cette personne, appelée *gérant d'affaires*, contracte l'engagement tacite de continuer la gestion qu'elle a commencée, et de l'achever jusqu'à ce que le propriétaire soit en état d'y pourvoir lui-même; il doit se charger également de toutes les dépendances de cette même affaire.

Le gérant d'affaires est tenu de continuer sa gestion, lors même que le propriétaire viendrait à mourir avant la terminaison de l'affaire entreprise, jusqu'à ce que l'héritier ait pu en prendre la direction.

Il est tenu d'apporter à la gestion de l'affaire les soins d'un bon père de famille, et il est soumis à toutes les obligations qui résulteraient du contrat de mandat. Cependant le juge peut modérer les dommages et intérêts provenant de la faute ou de la négligence du gérant, quand celui-ci ne s'est immiscé que dans des affaires urgentes et n'a fait que des choses nécessaires.

De son côté, le propriétaire ou maître de l'affaire doit remplir les engagements que le gérant a contractés en son nom, l'indemniser de tous les engagements personnels qu'il a pris, et lui rembourser toutes les dépenses nécessaires qu'il a faites, et même les dépenses utiles jusqu'à concurrence de ce dont il profite; car, autrement, il se trouverait enrichi aux dépens d'autrui.

II. *Payement de l'indu.* — Celui qui reçoit par erreur ou sciemment ce qui ne lui est pas dû, est obligé à le restituer à celui de qui il l'a reçu indûment. Ce n'est là qu'un des nombreux cas où il y a enrichissement sans cause aux dépens d'autrui. Cependant, si celui qui a voulu éteindre sa dette, a payé par erreur la dette d'autrui, il ne peut pas réclamer son payement contre le créancier qui a supprimé son titre; car son imprudente erreur doit lui nuire plutôt qu'au créancier de bonne foi: il a donc seulement un recours contre le véritable débiteur.

Celui qui a reçu de mauvaise foi une chose qui ne lui est pas due, est tenu de la restituer, avec les intérêts ou fruits du jour du payement indû; il est aussi tenu des détériorations de cette chose et même de sa perte arrivée par cas fortuit. Celui, au contraire, qui a reçu la chose de bonne foi est tenu seulement à la restituer, s'il l'a encore, ou, s'il ne l'a plus, à restituer ce qu'il en aurait reçu. Mais celui qui a donné ainsi sa chose en payement indû a commis une faute qui ne doit jamais rejaillir sur les tiers détenteurs; il ne peut donc pas revendiquer cette chose lorsqu'elle est passée entre les mains d'un tiers de bonne foi.

De son côté, celui auquel la chose payée indûment est restituée, doit tenir compte, même au possesseur de mauvaise foi, de toutes les dépenses nécessaires qui ont été faites pour la conservation de la chose et de toutes les dépenses utiles qui en ont augmenté la valeur, car autrement il s'enrichirait aux dépens d'autrui.

Chapitre II. — Des délits et des quasi-délits.

Le *délit*, dans le Code civil, est défini: Toute action de l'homme causant du préjudice à autrui et faite avec l'intention de nuire. Ainsi, deux éléments caractérisent le délit: le fait illicite, et l'intention de nuire. Dans le Code pénal, on appelle délit le fait prévu par la loi, commis avec intention de nuire, et puni d'un emprisonnement de six jours à cinq ans.

Le *quasi-délit* est un acte illicite, causant du préjudice à autrui, et fait sans intention de nuire.

Dans les contrats, le juge donne plus d'extension à l'évaluation des dommages et intérêts quand il y a dol que quand il y a seulement faute; de même, il donnera à tous les immeubles situés en France, peu importe qu'ils soient possédés par des Français ou par des étrangers.

En général, la loi n'a point d'effet rétroactif : elle ne dispose que pour l'avenir, et sans pouvoir nuire à des droits antérieurement acquis.

Les juges ne peuvent point faire la loi ; ils ne peuvent qu'en faire l'application. Ils ne peuvent jamais refuser de juger les causes qui leur sont soumises, et sur lesquelles ils sont compétents, lors même que la loi leur paraîtrait obscure ou insuffisante.

On peut faire toute espèce de conventions, pourvu qu'elles ne soient contraires ni aux lois d'ordre public ni aux bonnes mœurs.

DIVISION DU CODE NAPOLÉON.

Le code Napoléon se divise en trois livres : le premier traite des personnes; le second, des choses, et le troisième des manières d'acquérir la propriété.

LIVRE PREMIER.

DES PERSONNES.

Le mot *personne* signifie membre d'une nation. Le Code entend par personne tout membre de la France; les autres ne sont que des individus.

Ce livre se divise en onze titres qui traitent : 1° de la jouissance et de la privation des droits civils; 2° des actes de l'état civil; 3° du domicile; 4° des absents; 5° du mariage; 6° de la séparation de corps; 7° de la paternité et de la filiation; 8° de l'adoption et de la tutelle officieuse; 9° de la puissance paternelle; 10° de la minorité, de la tutelle et de l'émancipation; 11° de la majorité, de l'interdiction et du conseil judiciaire.

TITRE I. — DE LA JOUISSANCE ET DE LA PRIVATION DES DROITS CIVILS.

I. *Jouissance des droits civils.* — Tout Français a la jouissance ou propriété des droits civils; mais quelques Français, comme les mineurs, les interdits et les femmes mariées, n'ont pas l'exercice de leurs droits.

Les Français ont acquis cette qualité par naissance ou après la naissance.

1° Sont Français *par naissance* ceux qui sont nés d'un père français, ou bien, quand le père est inconnu, d'une mère française ; si les père et mère sont inconnus, l'enfant né en France est aussi Français.

2° Deviennent Français *après leur naissance* les femmes étrangères qui épousent un Français, et les étrangers des deux sexes qui se font naturaliser en France.

Quoique les étrangers ne soient pas soumis aux lois françaises, les tribunaux de France peuvent connaître des obligations contractées entre eux et des Français ; alors, s'ils sont demandeurs, ils sont tenus, en toutes matières autres que celles de commerce, de donner des garanties du préjudice qu'ils causeraient au Français poursuivi injustement.

II. *Privation des droits civils.* — La privation des droits civils résulte de la perte de la qualité de Français ou bien de certaines condamnations.

1° La qualité de Français se perd de l'une de ces cinq manières : par naturalisation acquise en pays étranger, par mariage d'une Française avec un étranger, par acceptation de fonctions publiques données par un gouvernement étranger, par un établissement fait à l'étranger sans esprit de retour, et enfin par l'acceptation de service militaire chez l'étranger.

Celui qui a perdu la qualité de Français peut la recouvrer, en rentrant en France avec l'autorisation du gouvernement et en déclarant qu'il veut désormais s'y fixer. Mais il faut, pour cela, que la Française qui a perdu sa qualité par son mariage soit devenue veuve, et que celui qui remplissait des fonctions publiques à l'étranger y renonce. On est plus rigoureux contre celui qui a porté les armes contre sa patrie : il ne peut redevenir Français que par naturalisation.

2° Les condamnations qui privent de tous les droits civils sont maintenant seulement celles qui punissent le coupable de la peine de mort consistant à avoir la tête tranchée. Celui qui est condamné à cette peine cesse d'être membre de la France, dont il a violé les lois essentielles ; par là il meurt civilement lors de l'exécution du jugement, et sa succession est ouverte au profit de ses héritiers légitimes. Au reste, en cas de condamnation par défaut, ce n'est pas à l'époque de la publication du jugement, mais cinq ans après, que la mort civile est encourue, et la succession du condamné ouverte.

Par la loi du 31 mai 1854, la mort civile se trouve entièrement abolie.

TITRE II. — DES ACTES DE L'ÉTAT CIVIL.

Les actes de l'état civil des personnes sont au nombre de trois : les naissances, les mariages et les décès. Aux naissances se rattachent les reconnaissances et les légitimations d'enfants naturels, ainsi que les adoptions.

Tels sont les actes que la société a soin de bien préciser et de rendre publics : ils sont rédigés par le maire sur des registres, qui sont pour cela appelés *registres de l'état civil*.

Le maire ou son adjoint rédige l'acte de l'état civil sur la déclaration du comparant : cet acte énonce l'année, le jour et l'heure où il est reçu ; les prénoms, nom, âge, profession et domicile du comparant, des témoins et de tous ceux qui y sont dénommés, et la mention de la lecture qui est faite par le maire au comparant et aux témoins. Cet acte est ensuite signé par le maire, par le comparant et par les témoins. Si le comparant ou des témoins ne peuvent signer, on fait mention de la cause qui empêche de signer.

Les parties intéressées à faire une déclaration, peuvent se faire représenter par un fondé de procuration spéciale et notariée, excepté quand il s'agit de mariage, où la présence des futurs époux est nécessaire.

Les témoins produits aux actes de l'état civil doivent être du sexe masculin et âgés de vingt et un ans au moins; ils peuvent être étrangers, et être unis par la parenté aux parties intéressées.

Chacun peut obtenir du maire des extraits des registres de l'état civil, moyennant la somme de deux francs pour chaque acte de naissance ou de décès, et celle de deux francs cinquante centimes pour chaque acte de mariage. Ces extraits délivrés conformes au registre et signés par le maire font foi jusqu'à inscription de faux. Toutefois, quand on veut les produire dans un autre arrondissement, il faut qu'ils soient revêtus de la légalisation du président du tribunal : la légalisation de chaque acte coûte vingt-cinq centimes.

Remarques. — 1° Les actes de l'état civil des Français en pays étranger font foi s'ils ont été reçus pas les consuls ou s'ils ont été rédigés dans les formes du pays.

2° Les mêmes actes, qui concernent les militaires et autres personnes employées aux armées, sont dressés, hors du territoire français, par certains officiers, qui en envoient une expédition au maire du domicile des parties, et le maire inscrit de suite l'expédition sur les registres de l'état civil.

3° Enfin, s'il y a naissance d'un enfant ou décès d'une personne pendant un voyage de mer, un acte est dressé par les officiers du bâtiment; une expédition est ensuite envoyée au maire du domicile du père de l'enfant ou de la personne décédée, et le maire doit relever immédiatement cette expédition sur les registres.

Ces notions préliminaires étant exposées, voyons: 1° les actes de naissance; 2° les actes de mariage; 3° les actes de décès, et 4° la rectification des actes de l'état civil.

I. *Actes de naissance.* — Le père légitime (à son défaut, le médecin, la sage-femme, une personne ayant assisté à l'accouchement ou chez laquelle la mère est accouchée) est tenu de faire, dans les trois jours de l'accouchement, sous peine d'emprisonnement et d'amende, la déclaration de la naissance de l'enfant, qui doit être en même temps présenté au maire. Si la déclaration est faite après ce délai, le maire doit refuser de rédiger l'acte de naissance, jusqu'à ce qu'un jugement lui prescrive cette rédaction. L'acte de naissance est rédigé sur la déclaration du comparant, faite en présence de deux témoins : il contient, outre l'indication précise des père et mère légitimes et des témoins, les jours, heure et lieu de la naissance, le sexe de l'enfant et les prénoms qui lui sont donnés.

Celui qui trouve un enfant nouveau-né doit remettre au maire cet enfant, avec les vêtements et autres effets trouvés sur lui, en déclarant les circonstances du fait et du lieu où l'enfant a été trouvé. Le maire dresse un procès-verbal détaillé de ces circonstances, et mentionne l'âge apparent de l'enfant, son sexe, les noms qui lui sont donnés, et l'autorité civile à laquelle il est remis. Ce procès-verbal est inscrit sur les registres de l'état civil et tient lieu d'acte de naissance.

La reconnaissance d'un enfant naturel ou légitime est inscrite sur les registres à sa date : il en est fait mention en marge de l'acte de naissance. Dès lors l'acte de naissance n'est plus délivré qu'avec celui de la reconnaissance.

II. *Actes de mariage.* — Avant la célébration du mariage, le maire fait, le dimanche, devant la porte de la maison commune, deux publications à huit jours d'intervalle, et il en affiche un extrait à la porte de la mairie. Ces publications sont inscrites sur un registre spécial : elles contiennent les prénoms, noms, professions et domiciles des futurs époux, leur qualité de majeurs ou mineurs, et l'indication spéciale de leurs père et mère. Le mariage ne peut être célébré que le troisième jour à partir de la seconde publication. Après un an, ces publications sont nulles.

L'acte d'opposition au mariage est fait par un huissier ;

cet acte est signé sur l'original et les copies par l'opposant et par l'huissier : celui-ci remet une copie de l'opposition à chacun des futurs époux, et au maire qui vise l'original. Le maire doit de suite mentionner l'opposition sur le registre des publications, et ce n'est qu'après un jugement prononçant la mainlevée de l'opposition qu'il peut procéder au mariage.

Chacun des futurs remet au maire l'acte de sa naissance et les actes de consentement de ses père et mère, ou leurs actes de décès.

Si l'un des futurs est dans l'impossibilité de représenter son acte de naissance, on y supplée par un acte de notoriété, qui est fait par le juge de paix, sur la déclaration de sept témoins, et qui contient, autant que possible, le lieu et l'époque de sa naissance, ainsi que les causes qui empêchent d'en rapporter l'acte. Cet acte de notoriété est ensuite homologué, c'est-à-dire confirmé par le tribunal, et dès lors il équivaut pour le mariage à l'acte de naissance.

L'acte de consentement des père et mère qui ne peuvent pas se présenter en personne lors du mariage, doit être notarié : il contient les noms, prénoms, professions et domiciles des deux futurs époux. Toutefois si l'enfant au mariage duquel consentent les père et mère est majeur quant au mariage, c'est-à-dire s'il a vingt-cinq ans ou vingt et un ans selon qu'il s'agit d'un fils ou d'une fille, il n'est pas nécessaire que l'acte notarié contienne le nom de l'autre futur ; il suffit qu'il exprime que l'on s'en réfère à la prudence de l'enfant.

A l'heure du jour fixé, les deux futurs époux, accompagnés chacun de deux témoins, se rendent à la maison commune du domicile de l'un d'eux.

Le maire lit solennellement les actes de naissance des futurs, ceux du consentement ou du décès de leurs père et mère, ainsi que les dispositions du code civil sur les droits et devoirs des époux. Puis il demande au futur s'il consent à prendre sa fiancée présente pour épouse ; après sa réponse affirmative, il demande à la future si elle consent à prendre son fiancé pour époux. Quand celle-ci a répondu affirmativement, le maire prononce ces paroles solennelles : « Je vous unis au nom de la loi. » Le mariage est alors irrévocable. Il est ensuite procédé à la rédaction de l'acte de mariage, constatant l'observation de toutes les conditions et formes requises, et mentionnant les principales clauses du régime que les époux ont adopté relativement à leurs biens, s'ils ont rédigé un contrat par-devant notaire pour régler leur association conjugale quant aux biens. Cette dernière mention est nécessaire depuis le commencement de l'année 1851.

III. *Actes de décès.* — Le maire délivre sur papier libre l'autorisation d'inhumer, après qu'il s'est assuré par lui-même, ou par un médecin, qu'il y a décès. L'inhumation ne peut avoir lieu, hors le cas d'épidémie, que vingt-quatre heures après la mort.

L'acte de décès est rédigé sur la déclaration de deux témoins : il contient les prénoms, nom, profession et domicile du décédé, ceux de l'autre époux si le décédé était marié ou veuf, ceux des père et mère du décédé et le lieu de sa naissance, et enfin ceux des témoins, avec l'indication de leur degré de parenté avec le défunt, s'ils lui sont parents.

En cas de décès dans les hôpitaux ou en cas de mort violente, une expédition de l'acte de décès est envoyée par le maire du lieu du décès au maire du domicile du défunt, qui l'inscrit de suite sur les registres.

Lorsqu'il y a des indices de mort violente, l'inhumation a lieu seulement après qu'un officier de police, assisté d'un docteur en médecine, a dressé procès-verbal de l'état du cadavre.

IV. *Rectification des actes de l'état civil.* — Pour faire rectifier un acte de l'état civil, on s'adresse, par le ministère d'un avoué, au tribunal de première instance, qui, après avoir entendu les parties intéressées et les conclusions du ministère public, statue sur la demande. Le jugement de rectification est ensuite inscrit sur les registres de l'état civil par le maire, qui en fait mention en marge de l'acte réformé.

Ce jugement ne peut point être opposé à ceux qui n'y auraient pas été parties.

TITRE III. — DU DOMICILE.

Le *domicile* est le siége légal de l'exercice par un Français de ses droits civils : il est au lieu de son principal établissement. Le domicile consiste dans un droit et se conserve par l'intention, malgré les voyages et l'absence : il diffère de la *résidence*, qui est toute de fait, et se perd dans un lieu dès que l'on va dans un autre.

Il est utile de connaître le domicile, puisqu'il détermine le tribunal devant lequel le défendeur doit être poursuivi, ainsi que le lieu de l'ouverture de la succession d'une personne, et le tribunal compétent pour connaître des contestations auxquelles elle donne lieu. Cependant si un débiteur a fait élection de domicile dans un autre lieu, pour l'exécution d'un acte, il peut être poursuivi, au gré de son créancier, non-seulement devant le tribunal de son véritable domicile, mais encore devant celui du domicile élu.

Le domicile d'origine ou de naissance se conserve jusqu'à ce qu'il y ait preuve de changement. La preuve de changement résulte : 1° du fait, qui consiste dans l'habitation réelle en un autre lieu, et 2° de l'intention de la personne de fixer dans ce nouveau lieu son principal établissement. Cette intention se manifeste par des circonstances variées, qui sont toutes d'appréciation.

Toutefois celui qui accepte une fonction perpétuelle et irrévocable, comme celle de juge, est nécessairement domicilié dans le lieu où il doit exercer sa fonction, à partir de la prestation de son serment. Mais si la fonction est temporaire, comme celle de député, ou révocable, comme celle de juge de paix, son acceptation n'entraîne pas translation de domicile.

Celui qui est soumis à une personne est domicilié chez elle : ainsi la femme est domiciliée chez son mari; le mineur non émancipé, chez ses père, mère ou tuteur; l'interdit, chez son tuteur; le majeur travaillant et couchant habituellement dans la maison d'une personne, chez cette personne.

TITRE IV. — DES ABSENTS.

On entend ici par *absent* celui dont l'absence a été déclarée par une sentence.

1° Lorsqu'une personne a disparu et que, dans le lieu de son domicile, on ignore ce qu'elle est devenue, s'il y a nécessité de pourvoir à l'administration de ses biens ou de procéder au partage d'une succession, les parties intéressées, c'est-à-dire ses créanciers, ses cohéritiers ou les membres de sa famille, peuvent s'adresser au tribunal qui nomme une personne pour représenter celui qui a disparu.

2° Lorsque la disparition a duré quatre ans, les héritiers présomptifs peuvent s'adresser au tribunal pour faire prononcer l'absence et obtenir la possession des biens de la personne disparue. Le tribunal donne de la publicité à la demande, et ordonne une enquête : après un an, il déclare l'absence et envoie en possession des biens de l'absent les héritiers présomptifs, qui donnent caution de les restituer si celui qui est absent venait à reparaître.

3° Si une succession s'ouvre, celui dont on ignore l'existence est considéré comme n'existant pas; de là ses cohéritiers ne sont pas tenus de mettre sa part en réserve. Mais s'il reparaît, il peut réclamer ses droits.

4° Quelque longue que soit l'absence d'une personne, son conjoint ne peut pas se remarier. Mais si elle a laissé des enfants d'un premier lit, ou si l'époux présent décède, il se forme, six mois après la disparition, un conseil de famille qui nomme aux enfants un tuteur provisoire.

Les cas d'absence judiciairement déclarée sont très-rares : c'est pourquoi nous abrégeons beaucoup cette matière compliquée et peu pratique.

TITRE V. — DU MARIAGE.

Le mariage est un acte solennel qui unit, par un lien indissoluble, un homme et une femme dans le but de perpétuer leur espèce et de se rendre la vie plus douce.

Nous allons exposer : 1° les conditions requises pour le mariage, 2° les oppositions, 3° les formes, 4° les demandes en nullité, 5° les obligations résultant du mariage, 6° les droits et devoirs des époux, et enfin 7° la dissolution du mariage.

I. *Conditions requises pour le mariage.*—Plusieurs conditions sont nécessaires.

1° La femme doit avoir quinze ans révolus et l'homme dix-huit ans révolus. Cependant le gouvernement peut, pour cause très-grave, par exemple pour grossesse de la femme qui n'a pas quinze ans, accorder dispense d'âge.

2° Il est nécessaire que les deux futurs consentent au mariage : les promesses pécuniaires qu'ils se feraient dans le cas de dédit, sont nulles.

Lorsque la future épouse a moins de vingt et un ans accomplis et le futur moins de vingt-cinq, le consentement de leurs père et mère est une condition essentielle; toutefois, s'il y a dissentiment entre eux, le consentement du père suffit, mais le défaut de consentement de la mère doit être constaté par un acte respectueux fait par un notaire. Si l'un des père et mère est mort, s'il a été interdit ou déclaré absent, il suffit du consentement de l'autre. Lorsqu'il n'y a plus ni père ni mère du futur époux, il faut le consentement de ses aïeuls et aïeules : s'il y a dissentiment entre l'aïeul et l'aïeule de la même ligne, le consentement de l'aïeul suffit; s'il y a dissentiment entre les aïeuls des lignes paternelle et maternelle, ce partage emporte consentement. S'il n'existe aucun ascendant de l'un des futurs, qui a d'ailleurs moins de vingt et un ans accomplis, il ne pourra se marier qu'avec le consentement du conseil de famille.

Si la fille a plus de vingt et un ans accomplis et moins de vingt-cinq, ou si le fils a plus de vingt-cinq ans accomplis et moins de trente, le consentement des père et mère, et, à leur défaut, celui des aïeuls et aïeules, peut être remplacé par trois actes respectueux notifiés de mois en mois par un notaire assisté de deux témoins : un mois après le dernier acte, le mariage peut être célébré.

Enfin, si la fille a plus de vingt-cinq ans et le fils plus de trente, il est seulement nécessaire de faire un acte respectueux; et le mariage peut avoir lieu un mois après.

Les actes respectueux peuvent être suppléés, à l'égard des ascendants qui ont disparu et dont on ignore l'existence, par un acte de notoriété dressé, sur la déclaration de quatre témoins, par le juge de paix du dernier domicile de l'ascendant.

Ce que nous venons de voir sur le consentement des père et mère légitimes, est également applicable aux père et mère de l'enfant naturel reconnu.

3° Celui qui est actuellement marié ne peut, sans commettre le crime de bigamie, contracter un nouveau mariage.

4° Enfin, il est nécessaire que les futurs ne soient ni parents ni alliés au degré prohibé, car autrement il y aurait crime d'inceste.

Or, en ligne directe, qui est l'union de personnes descendant l'une de l'autre, le mariage est prohibé à l'infini, qu'il s'agisse de parenté ou d'alliance.

En ligne collatérale, qui est l'union de parents ou alliés descendant d'un auteur commun sans descendre l'un de l'autre, le mariage est prohibé : 1° quand il y a parenté légitime, entre le frère et la sœur, l'oncle et la nièce, la tante et le neveu, le grand-oncle et la petite-nièce, la grand'tante et le petit-neveu, et généralement toutes les fois que l'un des futurs n'est qu'à un degré de l'auteur commun; — 2° quand il y a parenté naturelle ou par alliance, — entre frère et sœur, beau-frère et belle-sœur.

Le gouvernement peut, pour cause grave, permettre le mariage entre oncle et nièce, tante et neveu, beau-frère et belle-sœur.

II. *Oppositions au mariage.*—Ceux qui peuvent former opposition au mariage sont : 1° Le père; à son défaut, la mère, et à défaut des père et mère, les aïeuls et aïeules; — 2° A défaut d'ascendant, le frère, la sœur, l'oncle, la tante, le cousin ou la cousine germains, et le tuteur autorisé par le conseil de famille; mais ces personnes ne peuvent former opposition que si le conseil de famille n'a pas consenti au mariage du mineur de vingt et un ans, ou si le futur époux est en démence : dans ce dernier cas, l'opposant doit déclarer qu'il provoquera l'interdiction du futur époux; — 3° Le conjoint de celui qui va commettre le crime de bigamie;—4° Enfin le ministère public.

L'acte d'opposition est rédigé par un huissier; il est signé par l'opposant et signifié aux deux futurs et au maire : il contient la qualité de l'opposant, l'élection de domicile au lieu de la demeure de celui au mariage duquel on s'oppose, et enfin, si l'opposant n'est pas un ascendant, les motifs de l'opposition.

Le mariage ne pouvant être célébré tant que l'opposition existe, le futur peut agir en mainlevée de cette opposition devant le tribunal de première instance de son domicile. Si le tribunal prononce la mainlevée, l'opposant peut être condamné à des dommages et intérêts, s'il n'est point un ascendant.

III. *Formes du mariage.* — Le mariage est célébré publiquement, en présence de quatre témoins, devant le

DU MARIAGE.   15

maire de l'une des parties. Il est précédé de deux publications faites, à huit jours d'intervalle, à la municipalité de chacune des parties; si le domicile de l'une d'elles n'est établi que par six mois de résidence, elles sont faites aussi à son ancien domicile; enfin si la fille est mineure de vingt et un ans ou le fils mineur de vingt-cinq ans, elles sont faites aussi à la municipalité de son ascendant ou tuteur. Au reste, le procureur impérial peut, pour cause grave, dispenser de la seconde publication.

IV. *Demandes en nullité de mariage.* — Les causes de nullité du mariage ne sont qu'au nombre de quatre, la loi du 31 mai 1854 ayant aboli la mort civile :

1° La bigamie;

2° L'inceste;

3° Le défaut absolu de publicité et de compétence de celui qui a rempli le rôle de maire;

4° La minorité de quinze ans révolus pour la femme, et de dix-huit ans révolus pour l'homme.

Les quatre causes de nullité ci-dessus peuvent être chacune invoquées par le ministère public et par toutes les personnes intéressées; mais les enfants et les parents collatéraux des époux ne peuvent les invoquer que lorsqu'ils ont un intérêt né et actuel, par exemple à propos d'une hérédité ouverte. Toutefois, si l'un des époux n'avait pas l'âge requis pour le mariage, les père et mère ou ascendants qui ont consenti au mariage, ne peuvent pas en demander la nullité; en outre, si la femme qui n'avait pas quinze ans a conçu avant cet âge, ou si celui des époux qui n'avait pas l'âge requis a depuis six mois atteint cet âge, le mariage est désormais inattaquable.

6° Le vice dans le consentement de l'un des conjoints. — Or ce vice existe si le consentement de l'un des époux a été extorqué par violence, ou donné par suite d'une erreur sur la personne de son conjoint, quand il se proposait de s'unir à une autre. Celui dont le consentement est vicié par la violence ou l'erreur peut seul agir en nullité, et il ne peut plus agir quand il s'est écoulé six mois de cohabitation continue depuis qu'il a acquis sa liberté ou qu'il a reconnu son erreur. Remarquons que l'erreur sur les qualités, sur la moralité et sur la fortune de son conjoint n'est jamais une cause de nullité du mariage.

7° Le défaut de consentement des père et mère, des ascendants ou du conseil de famille, dans le cas où ce consentement était une condition essentielle et ne pouvait pas être suppléé par des actes respectueux. — Dans ce cas, le conjoint et ceux dont le consentement était nécessaire ne peuvent agir en nullité que pendant un certain temps : le conjoint a, pour intenter son action, un an à partir de vingt et un ans s'il s'agit d'une fille, et à partir de vingt-cinq ans s'il s'agit d'un fils de famille ; ses ascendants ont également un an à partir du moment où ils ont eu connaissance du mariage ; si, avant ce délai, ils avaient manifesté leur consentement d'une manière expresse ou tacite, ils ne pourraient même plus agir en nullité.

Celui qui réclame la qualité d'époux ne peut en faire preuve que par la représentation de son acte de mariage ; car un époux ne peut pas ignorer dans quel lieu il s'est marié.

Le mariage qui est déclaré nul, a produit des effets civils en faveur des époux et des enfants nés ou conçus avant la sentence qui en prononce la nullité, s'il a été contracté de bonne foi par les deux époux ; si l'un d'eux a été de mauvaise foi, le mariage ne produit en sa faveur aucun effet civil. Le mariage où il y a eu bonne foi des deux époux, ou de l'un d'eux, est appelé *putatif*. Lors, au contraire, qu'aucun des époux n'était de bonne foi, le mariage annulé ne produit aucun effet ; en cas de bigamie, les enfants nés de la nouvelle union sont adultérins ; en cas d'empêchement au mariage par suite de l'union des conjoints au degré prohibé, les enfants sont incestueux.

V. *Obligations naissant du mariage.* — La nature et la morale imposent à chacun le devoir de secourir son semblable dans la limite de ses facultés, et ce devoir pèse surtout sur ceux qui sont unis par les liens de parenté ou d'alliance. Lorsque la loi sanctionne ce devoir par une action, elle en fait une obligation civile. C'est ce qui a lieu dans les cas suivants.

1° Les père, mère et autres ascendants doivent nourrir et élever leurs enfants et autres descendants qui sont dans le besoin : mais ils ne sont pas civilement tenus de leur donner les biens qui leur seraient nécessaires pour un établissement par mariage ou autrement.

2° De leur côté, les enfants et descendants sont tenus de fournir à leurs père, mère et autres ascendants les aliments qui leur seraient nécessaires. Par *aliments*, on entend non-seulement la nourriture, mais encore les vêtements et le logement.

3° L'union intime qui existe entre époux impose à chacun d'eux l'obligation de fournir les aliments nécessaires aux père et mère de son conjoint.

4° De leur côté, les beau-père et belle-mère sont tenus de donner des aliments à leur gendre ou belle-fille.

Dans les deux derniers cas, où il s'agit de parenté par alliance, les obligations réciproques d'aliments cessent quand l'époux qui produisait l'affinité meurt sans enfants nés du mariage. Elle cesse également à l'égard de la belle-mère, qui n'a plus droit de réclamer des aliments à son gendre ou à sa belle-fille, si elle convole à un second mariage.

L'obligation de fournir des aliments pèse d'abord sur les ascendants ou descendants du premier degré, puis, à défaut, sur ceux des degrés subséquents. Dans le même degré, elle pèse sur les parents plutôt que sur les alliés.

Les aliments sont équitablement fixés selon les besoins de celui qui les réclame et la fortune de celui qui les doit : si les besoins des premiers diminuent ou augmentent, ou si la fortune du second diminue ou augmente, il peut y avoir lieu à la fixation d'une quotité d'aliments plus petite ou plus grande; il arrive même que celui qui était tenu de donner des aliments à une personne ait ensuite le droit d'en exiger d'elle.

VI. *Droits et devoirs des époux.* — Les deux époux se doivent mutuellement fidélité, secours pécuniaire et assistance dans les infirmités.

Malgré l'égalité des conjoints, la nature même leur impose des obligations diverses : ainsi le mari doit protéger la personne et les biens de sa femme, et celle-ci doit obéissance à son mari. Il résulte de là, d'une part, que le mari doit recevoir son épouse dans sa résidence, et, d'autre part, que la femme doit habiter avec son mari partout où il juge à propos de résider.

Les pouvoirs du mari sur les biens de sa femme se trouvent réglés par leur contrat de mariage notarié; mais le mari ne peut, par contrat de mariage, permettre des actes contraires à sa surveillance, qui doit être spéciale. Ainsi agir en justice en demandant ou en défendant, faire ou accepter une donation, accepter ou répudier une succession, hypothéquer des immeubles ou les aliéner, former des obligations ou des actes quelconques qui dépassent les limites d'une libre administration, ou enfin faire le commerce, tels sont les actes pour lesquels il faut toujours à la femme une autorisation spéciale de son mari, donnée en connaissance de cause. Toutefois, à défaut de cette autorisation, la femme peut, excepté cependant quand il s'agit de faire le commerce, s'adresser au tribunal par le ministère d'un avoué, et elle pourra ensuite, si le tribunal l'autorise, faire l'acte qui est l'objet de sa demande.

La femme mariée peut néanmoins figurer, sans autorisation de son mari, dans un procès criminel où elle est accusée, ou dans un procès quelconque où elle n'est que témoin. Elle peut aussi, sans avoir besoin d'autorisation, faire son testament, puisque cet acte n'a d'effet qu'à son décès.

Lorsque la femme mariée a fait seule un acte pour lequel elle avait besoin de l'autorisation de son mari, et à défaut, de l'autorisation de justice, cet acte est entaché d'une nullité qui peut être invoquée seulement par le mari, par la femme et ses héritiers; mais elle ne peut pas être invoquée par le capable qui a consenti à traiter avec une femme mariée.

VII. *Dissolution du mariage*. — Le mariage se dissout seulement par la mort naturelle de l'un des époux, la mort civile étant abolie. Il se dissolvait aussi autrefois par le divorce, qui a été abrogé en 1816; de sorte que les causes qui donnaient lieu au divorce, brisant le mariage, donnent lieu seulement à la séparation de corps, qui relâche, sans les détruire, les liens de l'union conjugale.

La femme qui survit à son mari, ne peut former une nouvelle union que dix mois après la dissolution de son mariage.

TITRE VI. — DE LA SÉPARATION DE CORPS.

La séparation de corps est une triste ressource accordée aux époux dont la vie commune est devenue insupportable. Les tourments, les frais et les déplorables effets qui résultent de l'emploi de cette ressource doivent engager chacun à y renoncer.

Les causes de séparation de corps sont au nombre de trois, savoir :

1° L'adultère de la femme, et l'adultère du mari qui a tenu une maîtresse dans la maison commune. — L'adultère du mari est moralement aussi coupable que celui de la femme; cependant le simple adultère du mari ne donne pas lieu à la séparation de corps, parce qu'il n'introduit pas dans la famille des enfants dont la présence rendrait la vie insupportable à la femme : il faut que ce fait coupable soit aggravé par la présence d'une maîtresse dans la maison commune. Au contraire, le seul adultère de l'épouse est une cause de séparation de corps, parce qu'il a pour effet de jeter dans l'esprit du mari un doute qui tend à détruire les sentiments de famille à l'égard d'enfants qui auront son nom et sa fortune.

2° Les excès, sévices et injures graves. — Les *excès* sont des violences qui mettent en danger la vie du conjoint. Les *sévices* consistent dans une continuité de mauvais traitements qui rendent à l'autre conjoint la vie insupportable. Les *injures graves* résultent de faits, paroles ou écrits qui portent une vive atteinte à l'honneur du conjoint.

3° La condamnation de l'un des époux à une peine infamante. — Les peines *infamantes* sont celles qui entraînent la perte de la vie civique.

La demande en séparation de corps est portée devant le tribunal de première instance, qui prend des mesures provisoires à l'égard de la femme et des enfants.

Lorsque la séparation de corps est prononcée, le mariage n'est point rompu, mais seulement relâché. De là la femme reste toujours, pour les actes dépassant les limites de la libre administration, soumise à la puissance du mari. Celui-ci est présumé le père des enfants conçus par la femme séparée de corps; cependant, en vertu d'une loi parue en 1851, le mari peut désavouer les enfants nés plus de dix mois après la séparation de corps. Enfin les obligations réciproques d'aliments continuent à subsister entre les époux.

Mais la séparation de corps entraîne la séparation de biens et de domiciles; elle rend le conjoint, contre lequel elle a été prononcée, indigne de conserver les libéralités qui lui ont été faites par contrat de mariage ou pendant le mariage, et quelquefois elle le rend passible d'amende ou d'emprisonnement.

Les époux séparés de corps peuvent se réunir en constatant leur intention par un acte notarié qu'ils rendent ensuite public.

TITRE VII. — De la paternité et de la filiation.

Les mots *paternité* et *filiation* expriment les deux termes opposés du même rapport de famille.

Il y a deux espèces de paternité et filiation : la *légitime*, qui est à la fois naturelle et civile, et la *naturelle* seulement. Enfin il y en a une troisième qui est une image de la légitime et qui est appelée *adoptive*. Les deux premières font l'objet du présent titre, et la troisième fait l'objet du titre suivant.

Ce titre se divise en deux chapitres qui traitent : 1° de la filiation des enfants légitimes ou nés dans le mariage ; 2° de la filiation des enfants naturels et de leur légitimation.

Chapitre I. — De la filiation des enfants légitimes ou nés dans le mariage, et de ses preuves.

I. *Filiation légitime.* — Lorsque ces trois termes sont certains, le fait du mariage, la conception d'un enfant pendant le mariage, et l'identité de cet enfant, la loi présume que cet enfant a pour père le mari. Cette présomption, qui est la base des rapports de famille, repose elle-même sur le fait de la cohabitation des époux et sur leurs promesses réciproques de fidélité.

D'après une observation constante des médecins, la durée de la conception est de cent quatre-vingts jours au moins, et de trois cents jours au plus. De là, si un enfant naît plus de cent quatre-vingts jours après la célébration du mariage, ou moins de trois cents jours après sa dissolution, il y a présomption légale que cet enfant est légitime.

La présomption que *l'enfant a pour père le mari*, peut être attaquée par le mari dans trois cas seulement : 1° si, pendant les cent vingt jours qui courent du terme le plus long de la conception au terme le plus court, c'est-à-dire du trois-centième au cent-quatre-vingtième jour avant la naissance, le mari était, pour cause d'éloignement, dans l'impossibilité physique de cohabiter avec sa femme; 2° s'il survient au mari une impuissance accidentelle; 3° si l'épouse, qui a été condamnée pour adultère, a caché au mari un enfant conçu dans le moment des relations adultérines. Il y a un quatrième cas introduit par une loi de 1851 : quoique la séparation de corps ne brise point, mais relâche seulement le lien du mariage, le mari peut néanmoins désavouer l'enfant né de sa femme plus de trois cents jours après la séparation de corps.

Si un enfant naît dans les cent quatre-vingts jours qui suivent le mariage, le mari n'est pas présumé le père; aussi peut-il en principe désavouer l'enfant. Ce principe souffre trois exceptions : 1° si avant son mariage le mari a connu la grossesse de sa future; 2° s'il a assisté à l'acte de naissance de l'enfant et si cet acte est signé de lui ou contient la mention qu'il ne sait pas signer; 3° si l'enfant n'est pas né viable. En effet, dans les deux premiers cas, il est censé avoir reconnu que l'enfant était de lui, et, dans le troisième, il n'a pas d'intérêt à agir en désaveu.

L'action en désaveu doit être intentée par le mari, dans le mois de l'accouchement, s'il est présent à la naissance de l'enfant, et, s'il est absent ou si l'enfant lui a été caché, dans les deux mois de son retour ou de la découverte de la fraude. Lorsque le mari meurt dans le délai de l'action en désaveu, ses héritiers peuvent l'intenter dans les deux mois qui suivent le moment où l'enfant se serait mis en possession des biens de son père prétendu ou les aurait troublés dans cette possession.

L'action en désaveu est intentée contre l'enfant, auquel le tribunal nomme un curateur spécial : la cause est ensuite instruite au civil en présence de la mère.

II. *Preuves de la filiation légitime.* — Les questions d'état sont des actions réelles mobilières. De là, celui qui est possesseur de la qualité d'enfant légitime, est présumé tel jusqu'à preuve contraire : dans la contestation, il jouera donc le rôle de défendeur. Si, au contraire, il n'est pas possesseur de cette qualité qu'il prétend lui appartenir, il jouera le rôle de demandeur, et devra prouver sa prétention.

La filiation des enfants légitimes se prouve de trois manières :

1º Par l'acte de naissance inscrit sur les registres de l'état civil. — Mais, comme chacun peut se faire délivrer par le maire des extraits de ces registres, celui qui produit l'acte de naissance devra encore prouver, par témoins ou par quelques-uns des éléments de la possession d'état, qu'il est bien lui-même l'enfant mentionné dans l'acte.

2º Par la possession constante de l'état d'enfant légitime. — Or il y a pour l'enfant possession d'état, lorsqu'il a toujours porté le nom de celui qu'il prétend avoir pour père ; que ce père l'a traité comme son enfant et a pourvu, en cette qualité, à son éducation, à son entretien et à son établissement, et enfin qu'il a été constamment reconnu dans la société et dans la famille comme enfant de celui qu'il soutient être son père.

L'acte de naissance et la possession d'état constituent chacun séparément une preuve de la filiation légitime : ces deux moyens de preuve réunis forment une vérité inattaquable.

3º Par un commencement de preuve par écrit, ou par de graves indices : dans ces deux circonstances, la preuve doit être confirmée par témoins. — Or on entend par *commencement de preuve par écrit* les titres de famille, les registres et papiers domestiques des père et mère, ou les actes publics. Les *graves indices* sont abandonnés aux lumières du juge.

Ainsi jamais la preuve testimoniale ne suffit pour démontrer la filiation légitime.

L'action en réclamation d'état est portée devant le tribunal de première instance, et la sentence rendue ne produit d'effet qu'entre les parties qui ont figuré au procès.

Cette action est imprescriptible pour l'enfant, car elle a pour objet des droits sur lesquels on ne peut faire de conventions. Si l'enfant qui n'était pas en possession de la qualité de fils légitime, décède dans les cinq ans de sa majorité, ou même après cet âge quand il a réclamé son état par une action qui n'est pas éteinte, ses héritiers ont trente ans pour faire judiciairement constater son véritable état.

Chapitre II. — De la filiation et de la légitimation des enfants naturels.

Les enfants naturels, ou conçus hors mariage, sont *naturels simples*, si leurs père et mère pouvaient s'unir par le mariage lors de la conception; ils sont *adultérins* si l'un de leurs père et mère était engagé dans les liens d'un autre mariage; ils sont *incestueux* si leurs père et mère étaient parents ou alliés à un degré qui prohibait le mariage.

1. *Filiation naturelle.* — La filiation naturelle simple est beaucoup plus difficile à prouver que celle qui est légitime, et la filiation incestueuse ou adultérine est encore plus difficilement prouvée que celle qui est simplement naturelle. En effet, la filiation naturelle simple peut être prouvée par une reconnaissance volontaire ou judiciaire, et celle qui est adultérine ou incestueuse ne peut être prouvée que par reconnaissance judiciaire.

1° La reconnaissance *volontaire*, usitée seulement pour les enfants naturels simples, peut être faite dans l'acte de naissance, ou dans un acte passé ensuite par le maire, par le notaire ou par le juge de paix. Ainsi l'acte de reconnaissance d'un enfant naturel par son père ou par sa mère, ne peut être fait que d'une manière authentique, et il faut, de plus, que celui qui reconnaît assiste à l'acte de reconnaissance, soit en personne, soit par un fondé de procuration spéciale et authentique. De là, si le père ou une personne quelconque déclare la mère, qui n'a pas donné une pareille procuration, cette déclaration ne produit aucun effet à l'égard de la mère.

Celui qui est marié peut reconnaître un enfant qu'il a eu avant son mariage d'une autre femme que la sienne; mais cette reconnaissance ne peut nuire en rien ni à son conjoint ni aux enfants nés du mariage. Quant au mineur, il peut aussi reconnaître un enfant naturel; mais cette reconnaissance peut être sujette à contestation de la part de ses parents.

2° La reconnaissance *judiciaire* est celle qui résulte d'une sentence prononçant que l'enfant a telles personnes pour père et mère naturels. L'enfant naturel simple ne peut chercher à prouver en justice qu'il est fils de telle femme, que lorsqu'il a d'elle un commencement de preuve par écrit, qui devra être en outre confirmé par témoins. Il ne peut être admis à prouver que tel homme est son père, que dans le cas où sa mère a été enlevée par ce dernier à une époque qui coïncide avec la conception : le tribunal peut alors prononcer, sur la demande de l'enfant ou d'autres parties intéressées, que le ravisseur de la mère est père de l'enfant.

Jamais les enfants adultérins ou incestueux ne sont admis à la recherche de la paternité ou maternité naturelle; et jamais la reconnaissance volontaire des père et mère ne pourrait valoir, si elle constatait un adultère ou un inceste. La reconnaissance judiciaire qui constitue légalement des enfants adultérins ou incestueux, peut avoir lieu seulement en cas de désaveu par le mari de l'enfant conçu pendant le mariage, ou bien quand le tribunal déclare que le mariage, contracté de mauvaise foi par les deux époux, constitue la bigamie ou l'inceste.

Les droits des enfants naturels simples, incestueux et adultérins sont réglés aux successions (livre III, titre 1, chap. 4).

II. *Légitimation des enfants naturels.* — Lorsque les père et mère d'un enfant naturel simple s'unissent par mariage, ils légitiment par là l'enfant qu'ils auraient reconnu auparavant ou qu'ils reconnaissent dans l'acte même de leur mariage. Mais l'enfant naturel simple qui n'aurait été reconnu qu'après le mariage par ses père et mère ou par l'un d'eux n'est point légitimé.

Les enfants décédés ne peuvent être reconnus ou légitimés que lorsqu'ils ont laissé des enfants. Quant aux enfants conçus avant le mariage et nés pendant l'union, ils sont légitimés par cela seul qu'ils n'ont pas été désavoués.

Les enfants légitimés ont les mêmes droits que s'ils étaient conçus et nés pendant le mariage.

TITRE VIII. — DE L'ADOPTION ET DE LA TUTELLE OFFICIEUSE.

L'adoption est un acte solennel qui établit entre deux personnes des rapports civils de paternité et de filiation qui ne sont point fondés sur les liens du sang.

La *tutelle officieuse* est un acte de bienfaisance qui consiste à prendre soin de la personne et des biens d'un pupille que l'on se propose d'adopter.

Ces deux actes sont très-rares; ils semblent contraires aux nouvelles mœurs, qui ne permettent guère de concentrer sur une seule personne la généralité de ses affections.

1. *Adoption.* — Voyons les conditions, les effets et les formes de l'adoption.

1° Les *conditions* de l'adoption *ordinaire* sont : — *de la part de l'adoptant,* l'âge de cinquante ans au moins, l'absence d'enfants ou descendants légitimes, le consentement de son conjoint s'il est marié, la majorité de quinze ans par rapport à l'adopté, enfin la dation de secours et de soins non interrompus fournis pendant six ans au moins au futur adopté pendant qu'il était mineur; — et, *de la part de l'adopté*, l'âge de vingt et un ans au moins, le consentement de ses père et mère s'il est mineur de vingt-cinq ans, ou leur conseil s'il a plus que cet âge.

Dans le cas où il s'agit d'adoption *rémunératoire*, c'est-à-dire faite au profit de celui qui a sauvé la vie à l'adoptant dans un combat ou en le retirant des flammes ou des flots, on exige seulement : — *de la part de l'adoptant*, la majorité de vingt et un ans, l'absence d'enfants ou descendants légitimes, le consentement de son conjoint s'il est marié, et enfin un âge plus grand que celui de l'adopté; — et, *de la part de l'adopté*, les mêmes conditions que ci-dessus pour l'adoption ordinaire.

Une personne ne peut être adoptée par plusieurs, si ce n'est par deux époux. On admet généralement qu'un enfant naturel simple peut être adopté par ses père et mère qui l'ont reconnu. Mais le prêtre et l'étranger ne peuvent pas établir entre eux et un adopté des devoirs qui paraissent incompatibles avec leurs qualités.

2° Les *effets* de l'adoption sont de conférer à l'adopté les mêmes droits à la succession de l'adoptant que s'il était né de lui en mariage légitime; d'établir entre l'adoptant et l'adopté l'obligation réciproque de se fournir des aliments; de communiquer le nom de l'adoptant à l'adopté, qui l'ajoute à son propre nom; et enfin de produire une prohibition au mariage entre l'adopté et l'adoptant et quelques membres de la famille de ce dernier.

L'adoption ne donne à l'adopté aucun droit de succéder aux membres de la famille de l'adoptant. Elle ne donne même pas à l'adoptant le droit de succéder à l'adopté; cependant si l'adopté ou ses enfants décèdent sans postérité, l'adoptant peut reprendre les biens qu'il a donnés s'ils se retrouvent dans la succession, mais à la charge de contribuer avec les héritiers aux dettes du défunt, dans la proportion de ses reprises. Ce même droit de retour existe en faveur des enfants de l'adoptant, dans la succession de l'adopté mort sans enfants.

3° Voici les *formes* de l'adoption : l'adoptant et l'adopté se présentent devant le juge de paix du domicile de l'adoptant, pour faire rédiger l'acte de leur volonté d'établir entre eux les rapports de paternité et de filiation; dans les dix jours suivants, une expédition de cet acte est remise au procureur impérial près le tribunal de première instance du domicile de l'adoptant, pour être soumis à la confirmation du tribunal; dans le mois de la décision du tribunal, une expédition de cette décision est remise à la cour d'appel, et, dans les trois mois qui suivent l'arrêt favorable de la cour d'appel, une expédition de cet arrêt est inscrite sur les registres de l'état civil du domicile de l'adoptant.

Les formes et les délais sont ici de rigueur.

II. *Tutelle officieuse.* — Les conditions requises pour une tutelle officieuse sont : — *de la part du tuteur*, les mêmes que de la part de l'adoptant, excepté celle d'avoir fourni des aliments ; — *de la part du pupille*, qu'il ait moins de quinze ans, et qu'il ait le consentement de ceux à la puissance desquels il est soumis. La seule formalité consiste dans un procès-verbal du juge de paix mentionnant la demande et les consentements relatifs à la tutelle.

Les obligations du tuteur officieux sont : nourrir et élever le pupille, prendre l'administration de ses biens, sans pouvoir imputer les revenus sur les frais de nourriture et d'éducation, et rendre compte, à la fin de la tutelle, tant des biens que des revenus.

A la majorité du pupille, l'adoption est faite, du consentement respectif des parties, dans les formes requises pour toute adoption. Elle peut même être faite par le testament de l'adoptant, lorsqu'il s'est écoulé plus de cinq ans depuis le commencement de la tutelle officieuse et que le pupille n'a pas encore atteint sa majorité.

Lorsque l'adoption n'a pas lieu par suite du décès ou du défaut de consentement du tuteur officieux, le pupille a droit, dans le premier cas, aux moyens de subsistance qui sont pris sur la succession; dans le second cas, à une indemnité propre à lui procurer un métier s'il se trouvait dans l'incapacité de pourvoir à sa subsistance.

TITRE IX. — DE LA PUISSANCE PATERNELLE.

La puissance paternelle est une autorité que la nature et la loi civile donnent aux père et mère sur la personne et les biens de leurs enfants. Tant que dure le mariage, c'est le père qui a l'exercice de cette autorité, et, après la dissolution du mariage, c'est le survivant des père et mère. A défaut des père et mère, les autres ascendants ont un pouvoir affaibli qui ne constitue ni la puissance paternelle ni une autorité proprement dite.

La puissance paternelle a deux objets : la personne des enfants et leurs biens.

I. *Pouvoir sur la personne des enfants.* — Les père et mère ont toujours droit, de la part de leurs enfants, au respect et à l'honneur. Ils ont sur eux le droit d'éducation et celui de correction.

Éducation. — Celui des père et mère qui exerce la puissance paternelle a, pour l'éducation morale, religieuse et civile de ses jeunes enfants, une autorité absolue et qui n'a guère de limites que dans les coutumes et les mœurs.

C'est de la bonne éducation que dépendent l'union, le bonheur et la prospérité des divers membres de la famille; l'union des membres des diverses familles produit à son tour les vertus qui font la prospérité de l'État; car pour être bon citoyen, il faut être bon fils, bon époux, bon père.

L'éducation bonne et féconde en fruits ne se donne guère que dans la famille : ce n'est que sur le sein et les genoux de sa mère et dans les bras du père que les enfants reçoivent les germes impérissables des bons principes qui, en se développant, feront plus tard leur bonheur. Trop souvent les père et mère éloignent leurs enfants en bas âge, pour ne les voir ensuite qu'à de rares et courts intervalles. Leur existence ne resserre point l'union des père et mère; et l'union ne se forme pas suffisamment entre les père et mère et leurs enfants. Ceux-ci reçoivent, il est vrai, quelque instruction; mais cette instruction est, la plupart du temps, superficielle, tronquée, mauvaise; elle détruit, loin de les fortifier, les sentiments déjà si faibles de famille. Aussi, lorsqu'ils reviennent plus tard dans le foyer paternel, ils s'y trouvent aussi étrangers par les idées et les sentiments que par les habitudes. Il est bien difficile alors qu'ils deviennent bons fils, bons frères, et qu'ils écoutent les conseils de leurs père et mère voulant les arracher à l'entraînement des passions.

Loin de considérer le soin personnel de leurs enfants, leurs plus chers trésors, comme un fardeau, les père et mère ont le plus grand intérêt : 1° à ne les confier que le moins possible à des mains étrangères, dont le choix est alors de la plus haute importance; 2° à leur enseigner eux-mêmes, par l'exemple, les paroles et la pratique, l'amour de la petite et de la grande famille, amour qui renferme tous les préceptes et toutes les vertus; 3° à ne pas prolonger en fait, à leur égard, le temps déjà si long de l'incapacité fixée par la loi, mais à les initier promptement à l'habitude des affaires, en leur confiant l'administration de sommes plus ou moins fortes selon leur âge et le degré de confiance qu'ils inspirent, et en leur apprenant à tenir des comptes réguliers de l'emploi de ces sommes.

Voici les conséquences légales du droit d'éducation des

père et mère : 1° L'enfant ne peut pas quitter le domicile de ses père et mère contre leur gré, s'il n'est ni émancipé ni majeur, excepté quand il a plus de vingt ans, pour enrôlement militaire. 2° L'enfant a besoin du consentement ou du conseil de ses père et mère pour se marier ou se donner en adoption. 3° L'enfant ne peut pas exercer contre ses père et mère la voie rigoureuse de la contrainte par corps, ni même porter contre eux témoignage dans un procès civil ou criminel ; mais ils peuvent néanmoins plaider l'un contre l'autre.

Correction. — Les père et mère ont des moyens naturels et civils de corriger leurs enfants. Ils doivent, autant que possible, s'abstenir de les frapper, surtout lorsqu'ils sont déjà un peu avancés en âge ; car les coups, quand ils sont graves et fréquents, font naître dans les enfants des germes de haine qui peuvent finir par affaiblir et faire disparaître la douceur des relations de famille. Comme les père et mère ont une foule de moyens naturels de correction, il est bien rare qu'ils usent des moyens que la loi leur accorde sur leurs enfants mineurs, d'autant plus que ces moyens ne produisent presque jamais de bons effets.

Lorsque l'enfant n'a pas encore atteint sa seizième année, le père qui a contre lui des sujets graves de mécontentement, a le droit d'obtenir du président du tribunal l'ordre de le faire arrêter et mettre en prison pour un mois. Lorsque l'enfant est sur sa seizième année, ou que, n'ayant pas encore cet âge, il possède des biens qui lui sont personnels ou un état, ou enfin lorsque le père est remarié, celui-ci peut seulement requérir du président du tribunal l'emprisonnement de son enfant mineur et non émancipé pour six mois ; mais le président peut rejeter la demande ou ne l'accorder que pour un temps plus court. — La mère survivante et non remariée peut aussi, mais seulement avec le concours des deux plus proches parents paternels de son enfant mineur, requérir la détention de ce dernier.

Celui qui fait détenir son enfant doit lui fournir, pendant sa détention, des aliments convenables.

II. *Droits des père et mère sur les biens des enfants.* — Les enfants mineurs peuvent avoir des biens personnels, qui leur sont arrivés par donation, par legs ou par succession et qui leur restent propres. Mais, durant le mariage, le père, et, après la dissolution du mariage, le survivant des père et mère ont la jouissance légale des biens de leurs enfants mineurs de dix-huit ans et non émancipés.

Les charges de cette jouissance sont : faire l'inventaire des meubles et l'état des immeubles, et faire les réparations d'entretien; nourrir, entretenir et élever les enfants selon leur fortune; payer les arrérages des rentes et les intérêts des capitaux; et enfin supporter les frais funéraires et de dernière maladie de ceux qui ont laissé leur succession aux enfants.

Cette jouissance légale des père et mère n'a pas lieu sur les biens des enfants naturels; elle ne s'étend pas aux biens que l'enfant légitime acquiert par un travail séparé ou qu'il a reçus gratuitement d'une personne avec déclaration expresse que les père et mère n'en jouiraient pas.

Si le survivant des père et mère n'a pas fait inventaire des biens de la communauté, ou si la mère se remarie, la jouissance légale est éteinte.

TITRE X. — DE LA MINORITÉ, DE LA TUTELLE ET DE L'ÉMANCIPATION.

Ce titre se divise en trois chapitres qui traitent : 1° de la minorité; 2° de la tutelle; 3° de l'émancipation.

CHAPITRE I. — De la minorité.

Le mot *mineur* employé seul désigne celui qui n'a pas vingt et un ans; celui qui a plus que cet âge est appelé *majeur*. Le mot *mineur* s'emploie aussi comme comparatif et signifie *moins âgé*; par exemple, *mineur de quinze ans* désigne celui qui n'a pas quinze ans.

Les mineurs qui ont leurs père et mère sont en puissance paternelle, sans être en tutelle. C'est alors le père qui a l'administration et l'usufruit de leurs biens, et qui, par conséquent, devra leur rendre compte de sa gestion à leur majorité ou à leur émancipation. Ses biens ne sont pas frappés d'hypothèque comme ceux d'un tuteur, car l'existence du concours de l'affection des père et mère dispense de toute autre garantie.

Les mineurs qui ont perdu l'un de leurs père et mère sont en puissance paternelle et en tutelle. Ceux qui ont perdu leur père et leur mère sont seulement en tutelle.

Chapitre II. — De la tutelle.

La tutelle est une charge imposée par la loi, ou par la volonté de l'homme dans les cas permis par la loi, pour protéger la personne et les biens d'un incapable. Celui qui exerce cette charge s'appelle tuteur.

Nous divisons cette importante matière en quatre sections : dans la première nous traiterons des différentes espèces de tutelle; dans la seconde, du subrogé tuteur; dans la troisième, des excuses, incapacités et exclusions; et enfin dans la quatrième, de l'administration de la tutelle et des comptes du tuteur.

Section I. — *Des différentes espèces de tutelle.*

Il y a quatre espèces de tutelle : celle du survivant des père et mère; celle qui est déférée par le survivant des père et mère; celle qui appartient aux ascendants, et celle qui est déférée par le conseil de famille.

I. *Tutelle des père et mère.* — Si l'un des père et mère décède, le survivant a la tutelle de ses enfants mineurs et non émancipés. Mais si le père, qui prévoit son décès, juge son épouse incapable de bien administrer seule, il peut lui donner, soit par testament, soit par un acte passé devant le juge de paix ou devant un notaire, un conseil spécial, c'est-à-dire un bon administrateur, sans l'avis duquel elle ne pourra faire aucun acte de tutelle. Lorsque le père spécifie les actes, la mère tutrice pourra faire les autres actes sans consulter le conseil. Le conseil n'est point responsable de l'utilité de ses avis; et, quand la mère tutrice ne le consulte pas, les actes ne sont pas nuls, mais engagent plus fortement sa responsabilité.

Lorsque l'épouse survivante se déclare enceinte, un conseil de famille se forme et nomme un curateur au ventre : ce curateur veille à l'administration des biens de la succession, et à ce que la femme ne puisse pas présenter comme lui appartenant un enfant étranger. Si la femme accouche, elle devient tutrice de son enfant, et le curateur au ventre devient subrogé tuteur.

La mère survivante, qui croit que son administration pourrait compromettre les intérêts de ses enfants, peut renoncer à la tutelle, sans avoir besoin de faire connaître ses motifs; mais elle est tenue de remplir ses fonctions tant qu'elle n'a pas fait nommer un tuteur à sa place.

Lorsque la mère survivante se remarie, elle affaiblit les liens d'affection qui l'unissent à son enfant; aussi la loi lui impose l'obligation de convoquer préalablement le conseil de famille, qui décide si la tutelle lui sera conservée; lorsque la mère est maintenue dans la tutelle, son mari, qui devient cotuteur, est solidairement responsable avec elle de la gestion postérieure au mariage. A défaut de cette convocation, la mère qui se remarie perd la tutelle, et son mari est tenu solidairement avec elle des suites de la tutelle indûment conservée.

II. *Tutelle déférée par père ou mère.* — Le survivant des père et mère peut, par testament ou par acte passé devant le juge de paix ou un notaire, choisir à ses enfants un tuteur parent ou même étranger. Mais si la mère est remariée, elle ne peut choisir un tuteur à ses enfants que lorsqu'elle a été maintenue dans la tutelle, et le tuteur choisi par elle doit, en ce cas, être confirmé par le conseil de famille.

III. *Tutelle des ascendants.* — La tutelle des ascendants n'a lieu qu'à défaut de tuteur nommé par le survivant des père et mère. Elle appartient alors à l'aïeul paternel; à défaut, à l'aïeul maternel, et ainsi en remontant, de manière que l'ascendant paternel soit toujours préféré à l'ascendant maternel du même degré. S'il y a deux bisaïeuls dans la ligne paternelle du mineur, la tutelle passe à l'aïeul paternel du père du mineur. Lorsqu'il y a concurrence entre deux bisaïeuls de la branche maternelle du mineur, le conseil de famille choisit l'un d'eux pour tuteur.

IV. *Tutelle déférée par le conseil de famille.* — Lorsqu'il n'y a pas de tuteur des qualités ci-dessus énumérées, le conseil de famille en choisit un. Le juge de paix le convoque à cet effet, à la réquisition des parents ou des créanciers du mineur, ou même d'office.

Le conseil de famille est composé, non compris le juge de paix, de six parents ou alliés domiciliés dans la commune du mineur ou dans la distance de deux myriamètres. Trois membres de ce conseil sont pris dans la ligne paternelle du mineur, et les trois autres dans la ligne maternelle, en suivant l'ordre de la proximité dans chaque ligne. Le parent est préféré à l'allié du même degré, et, parmi les parents du même degré, on préfère celui qui est le plus âgé.

Lorsque le mineur a des frères germains ou sœurs germaines qui sont mariées, il est possible que le conseil de famille excède le nombre de six membres; car ces frères et les maris des sœurs, lors même qu'ils seraient plus de six, font tous partie du conseil de famille avec les ascendants et les ascendantes veuves; dans ce cas, il est évident que l'on n'appelle pas d'autres parents dans le conseil de famille.

Lors, au contraire, qu'il n'y a pas suffisamment de parents dans la commune du mineur et dans le rayon de deux myriamètres, le juge de paix appelle au conseil de famille des citoyens de la commune, pris parmi ceux qui ont eu des relations habituelles d'amitié avec les parents du mineur, ou bien il appelle des parents ou alliés domiciliés à plus de deux myriamètres.

Le juge de paix convoque chez lui, ou dans un local qu'il désigne, les membres du conseil de famille, en leur indiquant par simple lettre les jour et heure de la réunion. Si quelques membres ne viennent pas, il les cite par huissier à comparaître à un délai de trois jours francs, augmenté d'un jour par trois myriamètres : celui qui ne comparaît pas est condamné à une amende qui n'excède jamais cinquante francs.

Les membres du conseil de famille comparaissent en personne ou par un fondé de procuration qui ne peut représenter qu'une personne. La réunion doit être composée des trois quarts au moins des membres convoqués. Elle est présidée par le juge de paix, qui a voix délibérative, et prépondérante en cas de partage ; de là, s'il y a égalité de voix pour deux opinions, celle où se trouve le juge de paix l'emporte et fait loi.

Lorsque le mineur a des biens dans les colonies, le conseil de famille y nomme un protuteur, qui ne répond que de sa gestion.

Le tuteur est responsable de sa gestion depuis sa nomination s'il est présent ; sinon, du jour où sa nomination lui est notifiée. Sa charge est personnelle et ne passe pas à ses héritiers ; ceux-ci sont néanmoins responsables de la gestion de leur auteur, et ils sont même tenus d'administrer jusqu'à la nomination d'un nouveau tuteur.

SECTION II. — *Du subrogé tuteur.*

Dans toute tutelle, le conseil de famille nomme un subrogé tuteur, dont les fonctions consistent à veiller aux intérêts du pupille, et à les défendre lorsqu'ils sont en opposition avec ceux du tuteur.

Le tuteur légitime, ou nommé par le survivant des père et mère, doit requérir la convocation du conseil de famille et la nomination du subrogé tuteur, avant que de s'immiscer dans la gestion; autrement, il s'exposerait à de graves indemnités envers le pupille, et même quelquefois à être écarté de la tutelle par le conseil de famille.

S'il y a lieu à la nomination du tuteur, le conseil de famille réuni nomme d'abord le tuteur; immédiatement après, il nomme le subrogé tuteur qui est toujours pris, hors le cas de frère germain, dans la ligne opposée à celle du tuteur. Toutes les fois qu'il y a délibération pour nommer ou révoquer le subrogé tuteur, le tuteur ne prend point part au vote, car il pourrait vouloir écarter un contradicteur vigilant.

Les fonctions du subrogé tuteur cessent avec celles du tuteur. Lorsque le tuteur est mort ou absent, le subrogé tuteur, qui ne peut pas le remplacer, doit requérir la convocation du conseil de famille pour la nomination d'un tuteur et d'un subrogé tuteur.

Section III. — *Des excuses, incapacités et exclusions de la tutelle.*

Les causes d'*excuse* ou de *décharge* dispensent, les premières de prendre, et les secondes de continuer la tutelle : elles constituent des priviléges auxquels le tuteur peut renoncer et par là prendre ou conserver la gestion de la tutelle. Les causes d'*incapacité* rendent certaines personnes inhabiles à la gestion de la tutelle. Les causes d'*exclusion* ou de *destitution* sont fondées sur le danger qu'il y aurait de confier les soins du pupille et de ses biens à des personnes suspectes.

I. *Excuses et décharges.* — Les personnes qui jouissent de ces priviléges sont très-nombreuses. Ce sont :

1° Les maréchaux de France; les conseillers d'État; les

députés; les présidents, conseillers, procureur général et avocats généraux à la cour de cassation; les conseillers à la cour des comptes; les militaires qui sont en activité; ceux qui exercent une fonction publique dans un autre département que celui de la tutelle, ou qui remplissent une mission hors de la France. Le tuteur qui a géré, et qui a obtenu sa décharge, parce qu'il lui est survenu l'une des fonctions ci-dessus indiquées, peut, lorsque sa fonction cesse, être, sur sa demande ou sur celle du nouveau tuteur, réintégré par le conseil de famille dans la tutelle.

2° Celui qui a plus de soixante-cinq ans; celui qui est atteint d'une infirmité grave; celui qui a deux tutelles; celui qui est époux ou père et qui a déjà une tutelle; celui qui a cinq enfants légitimes. Celui qui est atteint d'une infirmité grave et celui qui a soixante et dix ans peuvent se faire décharger; les autres de cette dernière classe ne le peuvent pas: ainsi on admet plus facilement les excuses que les décharges.

Lorsque le tuteur a des excuses, il est tenu, sous peine de déchéance, de les proposer de suite s'il est présent à sa nomination, et, dans le cas contraire, dans les trois jours qui suivent la notification qui lui est faite de sa nomination. Si ses excuses sont rejetées par le conseil de famille, il peut se pourvoir devant le tribunal de première instance: s'il succombe, il supporte les frais; s'il triomphe, les frais sont supportés par le pupille.

II. *Incapacités.* — Sont incapables d'être tuteurs et membres du conseil de famille: les mineurs, à l'exception des père et mère légitimes; les interdits et ceux qui ont un conseil judiciaire; les femmes, excepté la mère et les ascendantes; enfin ceux qui ont contre le pupille un procès qui compromet l'état de ce pupille, sa fortune ou une partie notable de ses biens.

III. *Exclusions et destitutions.* — Est exclu ou destitué de la tutelle: celui qui est condamné à une peine infamante; celui qui a une inconduite notoire; celui dont la gestion atteste l'incapacité ou l'infidélité. Quiconque a été exclu ou destitué ne peut pas être membre d'un conseil de famille.

Le conseil de famille qui prononce l'exclusion ou la destitution du tuteur, doit énoncer les causes de sa décision. Si le tuteur adhère à la décision, on nomme un tuteur nouveau qui entre de suite en fonctions; s'il n'y adhère pas, il continue la gestion jusqu'à ce que le tribunal saisi par l'une des parties ait statué sur la contestation.

SECTION IV. — *De l'administration de la tutelle et des comptes du tuteur.*

Les fonctions du tuteur consistant à protéger la personne et les biens d'un incapable, il s'ensuit que ces fonctions portent sur deux objets, dont l'un est le principal, et l'autre n'est qu'un accessoire. Aussi le tuteur n'est jamais donné aux biens : il est donné à la personne, et conséquemment sa vigilance s'étend aux biens du pupille.

Les fonctions du tuteur sont principalement de former un bon citoyen. Il est donc tenu de veiller à la santé de son pupille, et à son éducation ; il est tenu de lui faire embrasser l'état qui est le plus conforme à ses dispositions ; il doit faire intervenir le pupille dans la discussion des intérêts qui le concernent, afin de développer en lui les germes d'une bonne administration; en un mot, il doit être son guide et son initiateur dans l'exercice de tous les actes de la vie humaine, civile, civique et morale.

Trop souvent le tuteur laisse le pupille, pour s'occuper uniquement de l'administration de ses biens, qu'il considère comme le principal et même l'unique objet de ses fonctions ! Il n'encourt par là aucune responsabilité pécuniaire, il est vrai; mais il est grandement coupable : il est mauvais tuteur et forme de mauvais citoyens; il mérite donc la réprobation générale.

Nous avons à examiner trois choses : les actes qui précèdent l'administration des biens; les pouvoirs du tuteur dans cette administration, et les comptes de tutelle.

I. *Actes qui précèdent l'administration.* — Dans les dix jours de sa nomination, le tuteur requiert du juge de paix la levée des scellés, et fait procéder immédiatement à la confection de l'inventaire par un notaire et en présence du subrogé tuteur. Cet inventaire contient l'état estimatif et descriptif des meubles et le simple état des immeubles : il constate ainsi les choses dont le tuteur doit rendre compte à la fin de sa gestion. Avant de clore l'inventaire, le notaire demande au tuteur s'il est créancier ou débiteur du pupille : si le tuteur ne fait pas la déclaration de ses créances, il est déchu du droit d'en exiger ensuite le payement.

Dans le mois de la confection de l'inventaire, le tuteur fait vendre, en présence du subrogé tuteur, tous les meubles du mineur : la raison qui fait vendre les meubles est qu'ils sont sujets aux détériorations et à la perte, tandis que l'argent sera, au contraire, productif d'intérêts dans les mains d'un bon administrateur. Cette vente doit être précédée de publications et affiches dans la commune et les lieux accoutumés dans le canton, et être faite aux enchères publiques qui sont reçues par un notaire, un huissier, ou un commissaire-priseur.

Quelquefois les meubles ne sont pas vendus. Si le conseil de famille décide que certains meubles seront conservés, parce qu'ils ont pour le pupille un prix d'affection, comme les portraits de famille, ou qu'ils seront bientôt utiles au mineur, on n'en fait pas la vente. — De même, les père et mère qui ont l'usufruit légal des biens de leurs enfants, peuvent garder les meubles en nature. Ils les font alors estimer à juste prix par un expert nommé par le subrogé tuteur et prêtant serment devant le juge de paix. Cette estimation des meubles n'en vaut pas vente, mais elle en met la perte, même arrivée par cas fortuit, à la charge des père et mère, qui sont, dans ce cas, tenus d'en payer le prix d'estimation; mais les détériorations et dépréciations arrivées par cas fortuits sont supportées par le mineur.

Dans toute tutelle, autre néanmoins que celle du survivant des père et mère dont la sollicitude pour leurs enfants ne peut être mise en suspicion, le conseil de famille règle, par aperçu et selon l'importance des biens, la somme qui sera annuellement dépensée par le mineur. Il détermine aussi la somme des dépenses annuelles de l'administration et décide si le tuteur pourra, sous sa responsabilité, se faire aider dans sa gestion par des administrateurs salariés. Enfin, il fixe la somme à laquelle commencera pour le tuteur, l'obligation de faire emploi de l'excédant des revenus sur la dépense; or cet emploi doit être fait dans les six mois, sans quoi le tuteur en doit lui-même les intérêts.

II. *Pouvoirs du tuteur dans l'administration.* — Le tuteur représente, dans tous les actes civils, le pupille, dont il est tenu de gérer les biens en bon administrateur: il est responsable du préjudice qui résulterait de sa mauvaise gestion, et, pour mieux en garantir la réparation, la loi frappe tous ses immeubles d'hypothèque en faveur du pupille.

Les actes de la tutelle se divisent en cinq classes: ceux que le tuteur peut faire seul; ceux pour lesquels il lui faut l'autorisation du conseil de famille; ceux pour lesquels il faut de plus l'homologation du tribunal; ceux pour lesquels, outre l'autorisation du conseil de famille et l'homologation du tribunal, il faut l'avis de trois jurisconsultes; ceux enfin qu'il n'est jamais permis au tuteur de faire.

1° Le tuteur *peut faire seul* tous les actes de simple administration. Tels sont: faire des baux de neuf ans, et les renouveler trois ou deux ans avant leur expiration, selon qu'il s'agit de baux à ferme ou de maison; percevoir les fruits des biens, les loyers des baux, les intérêts des sommes et les arrérages des rentes; recevoir les capitaux et donner quittance aux débiteurs ; vendre les meubles aux enchères publiques en présence du subrogé tuteur ; vendre les rentes sur l'État si les arrérages n'excèdent pas cinquante francs par an ; intenter les actions personnelles et réelles mobilières ; défendre aux actions mobilières ou même immobilières ; défendre à une action en partage d'une hérédité ou d'une chose commune ; faire emploi des revenus et des capitaux.

2° Les actes pour lesquels le tuteur *a besoin de l'autorisation du conseil de famille* sont : prendre à ferme les biens du pupille, et, dans ce cas, c'est le subrogé tuteur qui en passe bail au tuteur ; accepter une donation faite au pupille ou y renoncer, mais les ascendants n'ont pas ici besoin de l'autorisation du conseil ; accepter une succession ou y renoncer, mais la succession acceptée ne pourra l'être que sous bénéfice d'inventaire ; conserver en nature les meubles ; intenter une action immobilière et acquiescer à une pareille demande ; intenter une action en partage ; aliéner les rentes sur l'État quand leurs arrérages annuels excèdent cinquante francs ; et enfin, s'il y a grave sujet, provoquer pendant six mois au plus la détention du pupille, et, dans ce cas, le président du tribunal peut accorder ou refuser l'ordre d'arrestation.

Pour obtenir à l'égard du mineur l'effet qu'il a entre majeurs, le partage provoqué par le tuteur, ou par les cohéritiers du pupille, doit toujours être fait en justice, selon les formes tracées au partage des successions (livre 3, titre 1, chap. 6).

3° Les actes pour lesquels il faut au tuteur, outre l'autorisation du conseil de famille, *l'homologation du tribunal*, sont au nombre de trois : emprunter des sommes, aliéner des immeubles, et les hypothéquer.

Dans chacun de ces trois cas, le conseil de famille ne doit donner son autorisation que pour avantage évident ou nécessité absolue. Or, il y a *avantage évident*, quand il s'agit, par exemple, d'échanger un immeuble qui est d'un rapport nul, qui est d'un entretien coûteux, ou qui est éloigné du siége principal des affaires, contre un autre qui est productif, d'entretien facile et au siége de la fortune du pupille. Il y a *nécessité absolue*, quand il s'agit d'emprunt, d'hypothèque ou d'aliénation, si le tuteur manque des sommes nécessaires à l'éducation et aux besoins du pupille ou à l'administration de ses biens : le tuteur justifie d'abord, en rendant un compte sommaire au conseil de famille, de l'insuffisance des sommes, revenus et effets mobiliers du pupille (1); ensuite le conseil fixe la somme à emprunter, ou les immeubles qui seront hypothéqués ou vendus, et règle en même temps les conditions qu'il juge utiles. Dans tous les cas, la délibération du conseil de famille ne sera mise à exécution qu'après son homologation ou confirmation par le tribunal de première instance. La vente des immeubles ne pourra même être faite qu'aux enchères publiques, reçues, en présence du subrogé tuteur, par un membre du tribunal ou un notaire commis à cet effet : elle doit être précédée d'insertions dans un journal du département et de trois affiches apposées par trois dimanches consécutifs dans les lieux accoutumés pour le canton, et visées par le maire de chacune des communes où elles ont été apposées.

4° Il n'y a qu'un seul acte qui exige, outre l'autorisation du conseil de famille et l'homologation du tribunal, l'*avis de trois jurisconsultes* : c'est la transaction sur des choses importantes, telles que la propriété d'immeubles ou la qualité d'héritier. Or la transaction est un acte par lequel les parties se font des concessions réciproques pour prévenir ou terminer un procès. Pour cet acte, d'abord le conseil de famille délibère; ensuite le procureur de la République nomme trois jurisconsultes qui déterminent les bases de la transaction; la transaction est faite par le

---

(1) Voir le FORMULAIRE, **MODÈLE**, n° 1.

tuteur sur les bases déterminées, et elle est enfin homologuée par le tribunal.

5° Les actes qu'il n'est pas permis au tuteur de faire sont : acheter les biens du pupille ou des créances contre lui, et compromettre sur ses droits.

Le tuteur ne peut pas acheter les biens de son pupille ; car il serait vendeur en sa qualité de tuteur, et acheteur en son propre nom : ce qui constitue deux rôles incompatibles en la même personne. On craint d'ailleurs que, dans le but d'avoir les biens moins chers, le tuteur, qui désire acheter les biens de son pupille, ne remplisse pas exactement les formes prescrites pour la publicité, ou qu'il n'écarte les enchérisseurs.

Le tuteur ne peut pas acheter de droits ou créances contre son pupille ; car il doit veiller aux intérêts de son protégé, et non pas faire des spéculations dont les bénéfices seraient d'autant plus certains qu'il a lui même les titres du pupille, et ainsi la facilité de les supprimer.

Enfin le tuteur ne peut pas compromettre sur les droits de son pupille, c'est-à-dire remettre à un tiers arbitre la solution du litige élevé entre le pupille et une autre personne : le tribunal, en effet, présente bien plus de garanties contre les fraudes, qu'un arbitre choisi par le tuteur et par l'adversaire du pupille.

Remarque. — En pratique, le tuteur, surtout s'il est un ascendant du mineur, et s'il présente aux tiers de suffisantes garanties, fait souvent, sans observer aucune des formes qui lui sont imposées, des actes dépassant ses pouvoirs : il agit en son propre nom et se porte fort pour le pupille, en promettant la ratification de ce dernier pour l'époque où il aura atteint sa majorité.

III. *Compte de tutelle.* — Le tuteur rend compte de sa gestion, en cas de décharge ou de destitution, au nouveau tuteur ; en cas d'émancipation, au mineur émancipé assisté d'un curateur ; et enfin, en cas de majorité du pupille, à celui-ci seul. Ce compte peut être constaté par acte sous seing privé (1), ou par acte notarié; on y tient compte de toutes les dépenses utiles que le tuteur justifie, et, en cas de contestation, le tribunal de l'ouverture de la tutelle peut être saisi du point litigieux.

L'action en reddition du compte de tutelle, ou en réclamation, de la part du tuteur, des dettes prenant leur origine dans la gestion, se prescrit par dix ans à partir de la majorité du pupille. Mais ce qui, d'après le compte arrêté, reste dû par le tuteur ou par le pupille n'est prescrit que par trente ans. Si le tuteur reste débiteur, la somme dont il est reliquataire produit des intérêts à partir de la clôture du compte : on le traite rigoureusement, car, d'une part, il donne un mauvais exemple à celui qu'il a dû initier à la pratique exacte de ses devoirs, et, d'autre part, on ne veut pas mettre le pupille dans la nécessité de poursuivre en justice, pour faire courir les intérêts de son dû, celui qui a été le guide de son enfance. Si, au contraire, le pupille est débiteur, les intérêts de sa dette ne courent au profit du tuteur que par une sommation par huissier.

Tant que le compte de tutelle n'est pas définitivement rendu, et même dans les dix jours suivants, tous traités intervenus entre le tuteur et le pupille devenu majeur sont frappés de nullité : on suppose qu'il y a eu abus d'influence de la part du tuteur qui se hâte ainsi de traiter avec celui qui a été soumis à sa tutelle.

Pour prévenir le préjudice que le pupille peut éprouver par suite de la mauvaise administration et de l'insolvabilité du tuteur, le conseil de famille peut astreindre celui-ci à remettre chaque année au subrogé tuteur des états de situation de sa gestion (2); mais cette disposition n'est point applicable aux père et mère, dont la présomption

---

(1) Voir le FORMULAIRE, MODÈLE, n° 3.
(2) Voir le FORMULAIRE, MODÈLE, n° 2.

d'affection pour leurs enfants est considérée comme une suffisante garantie.

Chapitre III. — De l'émancipation.

L'émancipation fait cesser l'autorité paternelle ou la représentation tutélaire sur le mineur, qui peut dès lors se choisir un domicile et administrer ses biens. Le mineur émancipé fait, dans la gestion de ses affaires, un noviciat très-utile et dont les règles l'empêchent d'exposer sa fortune.

L'émancipation du mineur a lieu : 1° par son mariage ; 2° par une déclaration de volonté manifestée au juge de paix par celui des père et mère légitimes ou naturels qui exerce la puissance paternelle ; 3° à défaut de père et mère, par une décision du conseil de famille. Dans le troisième cas, l'émancipation ne peut avoir lieu que lorsque le mineur a dix-huit ans accomplis ; tandis que, dans le second cas, il suffit que le mineur ait quinze ans accomplis, car on suppose qu'il prendra avec confiance pour guides et pour conseillers les auteurs de ses jours.

Après son émancipation, le mineur assisté d'un curateur spécial reçoit son compte de tutelle ; ensuite, l'ancien tuteur devient ordinairement curateur de l'émancipé.

Voyons les pouvoirs du mineur émancipé.

1° Le mineur émancipé peut faire seul les actes de pure administration. Tels sont : passer les baux des maisons et des fermes pour une durée de neuf ans au plus, et en recevoir les loyers ou fermages ; toucher les intérêts des capitaux et les arrérages des rentes. S'il est artisan, ou si, après en avoir reçu une autorisation spéciale, il est commerçant, il peut faire tous les actes qui concernent son art ou son commerce.

2° L'émancipé a besoin de l'assistance de son curateur pour les actes suivants : intenter une action en partage ou en revendication d'un immeuble, ou y défendre ; recevoir un capital mobilier, dont le curateur devra, sous sa responsabilité, surveiller l'emploi.

3° L'émancipé ne pourra faire les autres actes qu'en suivant les formalités imposées au tuteur.

Les actes de pure administration faits par l'émancipé sont aussi valables que s'ils avaient été passés par un majeur. Cependant les tribunaux pourront réduire les obligations excessives qu'il aurait contractées par voies d'achats ou autrement, en prenant en considération la fortune du mineur, l'utilité ou l'inutilité des dépenses et la bonne ou mauvaise foi des créanciers. En cas de réduction de ses engagements, le mineur peut être privé de l'émancipation par l'emploi des mêmes formes qui la lui avaient conférée. De là il faut conclure que l'émancipation par mariage ne peut jamais être retirée.

TITRE XI. — DE LA MAJORITÉ, DE L'INTERDICTION ET DU CONSEIL JUDICIAIRE.

I. *Majorité.* — La majorité est fixée à vingt et un ans accomplis. A cet âge, une personne a l'exercice complet de ses droits civils, sauf deux restrictions relatives au mariage et à l'adoption. Cependant le majeur peut être entièrement ou partiellement privé de l'exercice de ses droits par suite de l'interdiction, ou de la nomination d'un conseil judiciaire.

II. *Interdiction.* — L'interdiction qui a pour effet de priver entièrement une personne de l'exercice de ses droits civils, est légale ou judiciaire. L'interdiction *légale* résulte de la condamnation à la déportation, aux travaux forcés à temps, à la détention ou à la réclusion : il est alors nommé un tuteur, qui rend compte de sa gestion au condamné après la peine subie.

L'interdiction *judiciaire* est celle qui est prononcée par le tribunal, quand une personne est dans un état habituel d'imbécillité, de démence ou de fureur.

L'interdiction judiciaire, de même que la nomination d'un conseil, est prononcée dans l'intérêt même de celui qui est interdit; elle a lieu aussi dans l'intérêt de son épouse, de ses enfants et autres membres de sa famille, qui ont par conséquent le droit de la provoquer. Le procureur impérial peut aussi, s'il y a fureur ou s'il n'y a point de parents, demander l'interdiction.

Cette demande est faite au tribunal de première instance du domicile de l'aliéné, par requête d'avoué exposant les faits les plus saillants, ainsi que les témoins et les pièces propres à justifier ces faits. Le tribunal ordonne la composition d'un conseil de famille formé, comme en cas de tutelle, du juge de paix, de trois parents paternels et de trois parents maternels du prétendu aliéné. Après que ce conseil a fait connaître son avis sur l'état mental du défendeur, celui-ci est interrogé par le tribunal qui admet ou rejette la demande d'interdiction; dans ce dernier cas, un conseil est quelquefois donné au défendeur qui ne pourra point, sans l'assistance de ce conseil, faire les actes que nous mentionnerons ci-dessous, en parlant du conseil judiciaire.

Lorsque le tribunal prononce l'interdiction, tous les actes passés ensuite par l'interdit seront annulables; quant aux actes antérieurs, ils pourront aussi être annulés si la cause d'interdiction existait notoirement quand ils ont été passés. Mais lorsque l'interdiction d'une personne n'a pas été provoquée, aucun de ses actes ne peut être annulé s'il n'est pas clairement prouvé que cette personne était en démence lorsque l'acte a été fait.

Après le prononcé de l'interdiction, on donne de la publicité au jugement dans les dix jours; un conseil de famille, formé comme lorsqu'il s'agit d'un pupille, nomme à l'interdit un tuteur et un subrogé tuteur, dont les fonctions sont les mêmes qu'en cas de tutelle ordinaire; mais les revenus d'un interdit doivent être employés surtout à améliorer son sort et à accélérer sa guérison. Le mari est de droit tuteur de son épouse, et celle-ci peut être choisie pour tutrice de son mari.

L'interdit reste dans son domicile ou est placé dans une maison de santé ou dans un hospice, selon que l'a décidé le conseil de famille. S'il a un enfant sur le point de se marier, la somme qui sera prise sur ses biens pour le mariage de l'enfant est réglée par le même conseil de famille, dont l'avis a besoin d'être confirmé par le tribunal.

Les règles sur la tutelle des mineurs sont toutes applicables à celle des interdits : toutefois l'interdit ne peut pas se marier, et son tuteur, s'il n'est ni époux ni ascendant ou descendant, peut demander sa décharge après l'expiration de dix ans.

Lorsque les causes qui ont fait prononcer l'interdiction ou la nomination d'un conseil judiciaire ont cessé, on peut s'adresser au tribunal qui remet la personne dans l'exercice de ses droits.

Celui qui est renfermé dans une maison d'aliénés devient, comme l'interdit, incapable d'exercer ses droits civils.

III. *Conseil judiciaire.* — Ceux qui ont des moments fréquents de fureur ou de folie, qui sont dans un état touchant à l'imbécillité, ou qui dépensent leur fortune par des prodigalités, peuvent être soumis à un conseil judiciaire, c'est-à-dire à une personne choisie par le tribunal.

Ceux qui ont un conseil judiciaire peuvent administrer leurs biens; mais ils ne peuvent plaider, transiger, emprunter, recevoir un capital mobilier, aliéner, ni grever leurs immeubles d'hypothèques, sans l'assistance du conseil qui leur est donné.

La demande d'un conseil est formée par les mêmes personnes que celle d'interdiction, et elle est instruite de la même manière.

LIVRE DEUXIÈME.

DES BIENS ET DES DIFFÉRENTES MODIFICATIONS DE LA PROPRIÉTÉ.

Ce livre comprend quatre titres, qui traitent : 1° de la distinction des biens et de leurs rapports avec ceux qui les possèdent ; 2° de la propriété et de ses conséquences ; 3° des démembrements de la propriété en faveur des personnes, ou de l'usufruit, de l'usage et de l'habitation ; et 4° des démembrements de la propriété en faveur d'autres propriétés, c'est-à-dire des servitudes ou services fonciers.

TITRE I. — DE LA DISTINCTION DES BIENS, ET DE LEURS RAPPORTS AVEC CEUX QUI LES POSSÈDENT.

§ 1. — De la distinction des biens.

Les biens sont appelés meubles ou immeubles, selon qu'ils peuvent ou non être changés de place. Cette division présente une haute utilité.

I. *Des immeubles.* — Il y a des immeubles par nature, par destination et par l'objet auquel ils s'appliquent.

1° Sont immeubles par *nature* les fonds de terre, les maisons, et ce qui fait partie des uns et des autres. Ainsi sont immeubles, comme le fonds de terre, les échalas plantés dans les vignes, les arbres fruitiers ou autres qui ont pris racine, les fruits pendants aux arbres et les récoltes tenant au sol. De même sont immeubles, comme le bâtiment, les pierres et autres matériaux dès qu'ils y sont placés, les moulins à vent ou à eau fixés sur piliers et faisant partie d'un bâtiment; les effets que la chaux, le plâtre ou le ciment scelle à la maison; les glaces, tableaux et autres ornements faisant corps avec la boiserie; les tuyaux servant à la conduite des eaux dans la maison, et les statues placées dans une niche destinée à les recevoir.

Mais si un épi de blé est détaché, un fruit cueilli, un arbre coupé, une pierre enlevée d'une maison en démolition, ils deviennent meubles dès qu'il n'y a plus adhérence au sol ou au bâtiment.

2° Sont immeubles par *destination* les meubles que le propriétaire a attachés pour toujours au service et à l'exploitation de son fonds, comme les bœufs, les chevaux, les moutons et autres animaux attachés à la culture, les ustensiles aratoires, les semences données au fermier, les lapins des garennes, les ruches à miel, les poissons des étangs, les pigeons des colombiers, les pressoirs, chaudières, cuves et tonnes, et les ustensiles nécessaires à l'exploitation des forges, papeteries et autres usines.

3° Sont immeubles par *l'objet auquel ils s'appliquent* les démembrements de la propriété d'immeubles, qui sont l'usufruit, l'usage, l'habitation et les servitudes ou services fonciers, ainsi que les actions personnelles ou réelles qui ont pour objet des immeubles. D'après certaines lois, les particuliers peuvent immobiliser les actions de la banque, les rentes sur l'État et les actions sur les canaux.

II. *Des meubles.* — Il y a des meubles par nature et par détermination de la loi.

1° Les meubles par *nature* sont ceux qui peuvent changer de place, comme les animaux, les charrues, les bateaux, bois et navires; les moulins, bains et usines sur bateaux et ne faisant pas partie d'une maison; les fruits cueillis, les arbres abattus, les récoltes coupées; et les matériaux provenant de la démolition d'un édifice.

2° Les meubles par *détermination de la loi* sont les obligations et actions personnelles ou réelles qui ont pour objet des sommes ou des effets mobiliers; les rentes perpétuelles ou viagères sur l'État ou les particuliers et les actions ou intérêts dans les diverses compagnies formées en sociétés.

Les expressions *biens meubles*, *mobilier*, *effets mobiliers*, comprennent chacune tout ce qui n'est pas immeuble. Le mot *meubles*, employé seul, a moins d'étendue. Les mots *meubles meublants* ont encore moins d'étendue et ne comprennent que les meubles destinés à l'usage et à l'ornement des appartements. Mais, en employant ces diverses expressions, l'intention des parties contractantes et le code civil lui-même leur donnent souvent un sens plus ou moins large.

§ II. — Des biens dans leur rapport avec ceux qui les possèdent.

Les biens sont communs, publics, d'une corporation ou des particuliers.

1° Les biens *communs* sont ceux qui n'appartiennent à personne et dont l'usage est commun à tous, de telle sorte que chacun peut en acquérir la propriété par partie : tels sont la mer et les poissons, l'air, les oiseaux et les animaux sauvages.

2° Les biens *publics* sont ceux qui appartiennent à l'État comme dépendance du territoire et qui sont communs à tous pour l'usage : tels sont les rivages de la mer, les ports, les havres, les rades, les fleuves et rivières navigables ou flottables.

3° Les biens des *corporations* sont ceux que l'État, les départements et les communes destinent à l'usage de leurs membres, comme les routes, les chemins et les églises.

4° Les biens des *particuliers* sont ceux qui appartiennent spécialement à des personnes et qui constituent la propriété, comme les fonds de terre, les maisons, les charrues. L'État, les communes, les hospices et autres corporations constituent des personnes et peuvent par conséquent être propriétaires.

Un particulier peut avoir sur un bien un droit de propriété, ou un simple droit de jouissance, ou seulement un droit de servitude.

TITRE II. — DE LA PROPRIÉTÉ.

La propriété entière sur une chose est le droit de se servir, de jouir et de disposer de cette chose selon sa convenance, mais sans pouvoir contrevenir aux lois et règlements, ni même aux principes d'une bonne morale.

Lorsque l'utilité publique l'exige, le propriétaire peut être exproprié de sa chose, moyennant une juste et préalable indemnité.

Le propriétaire profite évidemment de tous les fruits de sa chose. Il peut donc les réclamer de celui qui les aurait recueillis, mais à la charge de payer lui-même les frais de labours, travaux et semences faits sur son fonds. Cependant celui qui possède en vertu d'un juste titre et de bonne foi la chose d'autrui, devient propriétaire absolu des fruits qu'il recueille; il les fait siens par la perception. Or le possesseur a *juste titre* ou *juste cause* quand il a reçu la chose en vertu d'un titre ou cause ayant pour objet la translation de la propriété, comme la vente, l'échange, le payement, la constitution de dot, la donation et le legs : l'opposé de juste cause ou juste titre est la cause *précaire* ou titre *précaire*, comme le louage, le dépôt, le gage et le mandat. Le possesseur a *bonne foi* quand il croit tenir la chose du propriétaire lui-même.

Le propriétaire a droit non-seulement aux fruits de sa chose, mais encore à tout ce qui devient l'accessoire de sa chose mobilière ou immobilière.

I. *Droit d'accession relativement aux immeubles.* — Le code civil établit ici plusieurs règles :

1° Le propriétaire peut, sauf les modifications apportées par les lois et règlements, faire dans son fonds toute espèce de plantations, semences, constructions et fouilles.

S'il a employé à cet effet les matériaux d'autrui, il est tenu d'en payer la valeur; mais il ne peut jamais être contraint à restituer les matériaux eux-mêmes.

2° Si quelqu'un fait des plantations, constructions ou autres ouvrages sur le fonds d'autrui, il faut examiner s'il est ou non possesseur de bonne foi de ce fonds : s'il est de bonne foi, le propriétaire a le choix de lui payer ou la valeur des matériaux et le prix de la main-d'œuvre, ou la valeur dont le fonds est augmenté; s'il est de mauvaise foi, le propriétaire peut, à son choix, lui rembourser la valeur des matériaux et le prix de la main-d'œuvre, ou le forcer d'enlever les plantations et constructions et réclamer de lui la réparation du préjudice causé.

3° Le propriétaire profite de l'augmentation de son héritage par suite de l'alluvion, soit que le fleuve se retire insensiblement vers l'autre rive, soit qu'il forme des atterrissements insensibles. Mais si le fleuve enlève une partie reconnaissable d'un fonds et la dépose dans un fonds inférieur, le propriétaire de cette partie peut la revendiquer dans l'année.

4° Lorsque le fleuve quitte son lit et s'en forme un nouveau, le lit abandonné ne devient pas la propriété des riverains : il est attribué aux propriétaires du lit nouvellement occupé, dans la proportion du droit de chacun.

5° Les îles ou îlots qui se forment dans une rivière navigable ou flottable, appartiennent à l'État; s'ils se forment dans une autre rivière, ils appartiennent aux propriétaires riverains des deux côtés, à partir du milieu de la rivière.

6° Les pigeons, lapins, poissons sont acquis au propriétaire du colombier, de la garenne ou de l'étang dans lequel ils passent, s'ils n'y ont pas été attirés par artifice.

II. *Droit d'accession relativement aux meubles.* — 1° Lorsque deux choses appartenant à différents maîtres sont unies de manière à former un tout, le propriétaire de la chose principale devient propriétaire de la chose accessoire ; mais personne ne devant s'enrichir aux dépens d'autrui, il est tenu de payer au propriétaire de la chose accessoire la valeur de cette chose, et même des dommages et intérêts, s'il a fait cette union de mauvaise foi. Pour déterminer quelle est la principale des deux choses unies, on s'en refère à la valeur, au volume et à la main-d'œuvre de chacune d'elles.

2° Si les matières de différents maîtres sont mélangées ou forment une nouvelle espèce, et s'il n'y a pas entre les matières une très-grande différence de valeur qui puisse en faire considérer une comme principale, les deux maîtres deviennent copropriétaires du tout, dans la proportion du prix de la chose de chacun.

TITRE III. — DE L'USUFRUIT, DE L'USAGE ET DE L'HABITATION.

La propriété peut être démembrée au profit des personnes par la constitution des droits d'usage, d'habitation et de jouissance. Celui sur la tête duquel reposent l'usage et la jouissance est appelé *usufruitier*; celui qui a la simple propriété se nomme alors *nu-propriétaire*.

La propriété démembrée est entre les ayants droit un sujet fréquent de contestations ; elle est aussi généralement négligée, car l'usufruitier qui cultive la chose, ayant sur elle un droit qui ne passe pas à ses héritiers, n'a pas à son bon entretien le même intérêt qu'un propriétaire : on aime, en effet, à travailler pour soi et pour ses héritiers.

SECTION I. — *De l'usufruit.*

L'usufruit est le droit d'user et de jouir de la chose d'autrui, à la charge d'en conserver la substance.

Cette définition n'est point exacte quand on l'applique à l'usufruit improprement dit ou quasi-usufruit, qui se constitue sur des choses dont on ne peut faire usage qu'en les consommant, comme l'argent, les grains et les liqueurs; car alors l'usufruitier n'est pas tenu de conserver la substance de la chose, mais d'en payer la valeur estimative.

L'usufruit est établi par la loi ou par la volonté de l'homme. Il y a deux cas d'usufruit *établi par la loi*: celui qui existe au profit des père et mère sur les biens de leurs enfants âgés de moins de dix-huit ans, et celui qui est constitué au profit du survivant des père et mère d'un enfant décédé, sur le tiers des biens de la part d'hérédité dévolue aux collatéraux de l'autre ligne. L'usufruit *établi par la volonté de l'homme* est celui qui est constitué par un acte entre-vifs ou testamentaire.

Au reste, l'usufruit peut être établi sur toute espèce de biens, meubles ou immeubles. Il peut l'être également avec ou sans les modalités du terme et de la condition.

§ I. — Des droits de l'usufruitier.

L'usufruitier a droit à tous les fruits de la chose. On en distingue de trois espèces : les fruits *naturels*, qui sont le produit spontané de la terre et le produit des animaux, comme les bois, les foins, les petits des animaux ; les fruits *industriels*, qui sont à la fois le produit de la terre et de la culture, comme les moissons et les raisins; et les fruits *civils*, qui résultent de la loi ou de la convention, comme les intérêts des sommes, les arrérages des rentes, les loyers des maisons et le prix des baux à ferme.

Les fruits civils s'acquièrent *jour par jour* et appartiennent à l'usufruitier dans la proportion de la durée de son droit.

Les fruits naturels et industriels s'acquièrent par la *perception*. Aussi l'usufruitier recueille les fruits pendants lors de l'ouverture de son droit ; mais ses héritiers n'ont pas la faculté de percevoir ceux qui sont pendants lors de l'extinction de l'usufruit : de part ni d'autre, on ne tient compte des frais de labours ou semences, mais on respecte le droit d'un tiers qui serait colon partiaire ou fermier.

Les droits de l'usufruitier diffèrent selon la nature des choses qui sont l'objet de l'usufruit.

En effet, s'il s'agit de choses qui se consomment par l'usage, comme l'argent, les grains, les liqueurs, alors l'usufruitier les fait estimer; cette estimation lui en transfère la propriété, et, suivant l'intention des parties, il doit rendre, à la fin de l'usufruit, le prix estimatif, ou des choses de même nature en pareilles quantité, qualité et valeur.

S'il s'agit de choses qui ne se consomment pas de suite, mais se détériorent par l'usage, comme des meubles meublants, l'usufruitier n'en devient pas propriétaire : il s'en sert pour l'usage auquel elles sont destinées et les rend à la fin de l'usufruit dans l'état où elles se trouvent. Évidemment il est tenu des détériorations et des pertes provenant de sa faute.

S'il s'agit d'héritages, l'usufruitier les exploite et en perçoit les fruits conformément à l'usage des anciens propriétaires : en violant cette règle, il s'expose envers le propriétaire à des dommages et intérêts, sans pouvoir jamais rien réclamer de lui. Il peut donc : — Faire, en suivant l'ordre des aménagements, les coupes de bois taillis et même de haute futaie mise en coupes réglées; — Prendre dans les bois de haute futaie qui ne sont pas mis en coupes réglées, les arbres abattus pour les réparations dont il est tenu en sa qualité d'usufruitier, et même en faire abattre à cet effet, après en avoir fait constater la nécessité avec le propriétaire; — Prendre, dans toute espèce de bois, des échalas pour les vignes qui font partie de l'usufruit; — Recueillir sur les arbres les produits annuels ou périodiques, tels que les glands et l'ébranchage des arbres que l'on a coutume d'émonder; — Tirer des arbres de la pépinière sans la dégrader, à la charge de les remplacer; — Profiter, quand il s'agit de plantations d'arbres fruitiers, des arbres qui meurent ou qui sont brisés par accident, à la charge aussi de les remplacer; — Continuer l'exploitation des mines, carrières et tourbières, mais sans pouvoir en ouvrir.

L'usufruitier jouit des droits de servitudes et autres inhérents à la propriété, ainsi que des augmentations survenues par alluvion.

Quoique l'usufruit soit essentiellement personnel, l'usufruitier peut néanmoins donner, vendre ou louer l'exercice de son droit; mais le bail ne peut être consenti que pour neuf ans, et il ne peut être renouvelé que dans les trois ans ou les deux ans qui précèdent l'expiration du bail, selon qu'il s'agit de ferme ou de maison.

A la fin de l'usufruit, l'usufruitier ou ses héritiers ne peuvent rien réclamer au propriétaire pour les améliorations faites, encore qu'elles auraient augmenté la valeur de la chose; mais ils peuvent enlever les ornements placés, à la charge de rétablir les lieux dans le premier état.

§ II. — Des obligations de l'usufruitier.

L'usufruitier doit faire inventaire, donner caution, faire les réparations d'entretien et payer les charges annuelles.

1° Avant que d'entrer en jouissance, l'usufruitier doit faire dresser, en présence du propriétaire ou lui dûment appelé, un inventaire des meubles et un état des immeubles. Cet inventaire et cet état se font à ses frais.

2° L'usufruitier doit aussi, s'il n'en est pas dispensé par le titre constitutif de l'usufruit, donner caution de jouir en bon père de famille. Cependant le donateur et le vendeur de la nue propriété et les père et mère ayant la jouissance légale des biens de leur enfants âgés de moins de dix-huit ans, sont dispensés de fournir caution.

Si l'usufruitier n'a personne qui veuille le cautionner, les immeubles sont donnés à ferme ou mis en séquestre; les denrées et les meubles sont vendus, et le prix en est placé: l'usufruitier profite des fruits civils des baux et des sommes placées.

3° L'usufruitier, qui prend les choses dans l'état où elles sont, n'est tenu de faire que les réparations d'entretien dont le besoin naît pendant sa jouissance. Les grosses réparations sont à la charge du propriétaire, à moins qu'elles ne soient occasionnées par le défaut d'entretien, car alors elles seraient supportées par l'usufruitier. Les *grosses réparations* sont celles des gros murs et des voûtes, celles des poutres et couvertures entières, celles des digues, des murs de soutènement et de clôture aussi en entier; toutes les autres réparations sont d'entretien.

Au reste, ni l'usufruitier ni le propriétaire ne sont tenus de rebâtir ce qui est tombé de vétusté ou par cas fortuit.

4° L'usufruitier est tenu de toutes les charges annuelles de l'héritage, telles que les contributions et autres qui sont une charge des fruits.

Le légataire universel de l'usufruit doit payer les intérêts des dettes et les arrérages des pensions alimentaires et des rentes. Le légataire à titre universel de l'usufruit doit aussi payer les mêmes choses dans la proportion de sa jouissance.

L'usufruitier doit encore, sous peine de tous dommages et intérêts, dénoncer au propriétaire les usurpations commises sur le fonds dont il a la jouissance.

§ III. — Comment s'éteint l'usufruit.

L'usufruit s'éteint des manières suivantes:
1° Par l'arrivée de la mort naturelle de l'usufruitier, ou, s'il s'agit d'une personne morale, comme un hospice, une commune, par le délai de trente ans;
2° Par l'expiration du temps fixé pour l'existence du droit;
3° Par la consolidation ou réunion sur la même tête des qualités d'usufruitier et de propriétaire;
4° Par le non-usage pendant trente ans;
5° Par la perte de la chose entière ou par son change-

ment de substance. Mais si une partie seulement de la chose est détruite, l'usufruitier conserve son droit sur ce qui reste. Lorsque l'usufruit est établi sur un domaine dont le bâtiment périt, l'usufruitier a le droit de jouir du sol et des matériaux. Lorsqu'il est établi sur un troupeau dont quelques têtes périssent, l'usufruitier est tenu de les remplacer jusqu'à concurrence du croit;

6° Par la renonciation que l'usufruitier fait de son droit. Mais ses créanciers peuvent faire annuler cette renonciation si elle leur préjudicie;

7° Enfin, par l'abus que fait l'usufruitier de sa jouissance, en dégradant le fonds ou en le laissant dépérir faute d'entretien. Mais ses créanciers peuvent intervenir dans le procès en déchéance du droit d'usufruit de leur débiteur, et obtenir eux-mêmes la jouissance de la chose, en payant au propriétaire le préjudice causé, et en donnant des garanties pour l'avenir.

Section II. — *De l'usage et de l'habitation.*

L'usage est le droit de se servir d'une chose d'autrui, et d'en percevoir des fruits pour ses besoins. L'habitation est le droit de loger dans la maison d'autrui.

Les droits d'usage et d'habitation s'établissent, comme l'usufruit, par actes entre-vifs ou testamentaires; mais il n'y a pas d'usage établi par la loi. Ils se perdent aussi de la même manière que l'usufruit.

Celui qui a un droit d'usage et d'habitation est toujours tenu de donner préalablement caution de jouir en bon père de famille, et de faire à ses frais des états et inventaires. Il ne peut jamais céder ou louer son droit.

Si l'acte constitutif de l'usage ou de l'habitation n'en fixe pas l'étendue, on suit les règles ci après:

Celui qui a l'usage d'un fonds peut y prendre des fruits pour ses besoins et ceux de sa famille, dans laquelle on comprend aussi les enfants survenus après la constitution du droit d'usage;

Celui qui a l'habitation d'une maison peut y occuper les pièces et appartements qui sont nécessaires à lui et à sa famille.

Au reste, celui qui a le droit d'usage ou d'habitation contribue aux frais de culture et d'entretien, ainsi qu'aux contributions, dans la proportion de ce dont il jouit; il les supporte entièrement s'il perçoit tous les fruits du fonds ou occupe toute la maison.

TITRE IV. — DES SERVITUDES OU SERVICES FONCIERS.

La servitude est une charge imposée sur un héritage, pour l'usage et l'utilité d'un héritage appartenant à un autre propriétaire.

Tandis que l'usufruit, l'usage et l'habitation sont toujours constitués au profit des personnes, les servitudes sont au contraire toujours constituées en faveur d'immeubles.

L'héritage en faveur duquel existe la servitude s'appelle héritage *dominant;* et celui sur lequel elle pèse s'appelle héritage *servant.*

Les servitudes dérivent ou de la situation des lieux, ou des obligations imposées par la loi, ou enfin des conventions entre les particuliers : de là ce titre se divise en trois chapitres.

CHAPITRE I. — Des servitudes qui dérivent de la situation des lieux.

Ce chapitre traite des eaux, du bornage et de la clôture.

I. *Des eaux.* — Les fonds inférieurs sont assujettis envers les fonds supérieurs à recevoir les eaux qui en découlent naturellement. Le propriétaire inférieur ne peut donc point élever de digue qui empêche cet écoulement; et, de son côté, le propriétaire supérieur ne peut rien faire qui aggrave la servitude d'un fonds inférieur.

Mais le propriétaire supérieur peut retenir, pour son utilité, les eaux qui sont dans son fonds. Aussi, quand il s'y trouve une source, il peut en user à sa volonté. Cette règle a deux exceptions : 1° si le propriétaire inférieur a acquis le droit à l'eau par acte entre-vifs ou testamentaire, ou bien par une prescription de trente ans, qui courent à partir du jour où il a fait et terminé, sur le fonds supérieur, des ouvrages apparents destinés à faciliter le cours et la chute de l'eau dans sa propriété ; 2° si l'eau est nécessaire aux habitants d'une commune ou hameau, ceux-ci peuvent s'en servir en payant une indemnité au propriétaire de la source; si déjà ils en ont usé pendant trente ans, ils ont même prescrit l'indemnité.

Celui dont la propriété borde une eau courante, qui n'est d'ailleurs ni navigable ni flottable, peut s'en servir pour l'irrigation de sa propriété. Et celui dont cette eau traverse la propriété peut même en user comme il lui plaît ; mais il doit la rendre, à la sortie de son fonds, au cours ordinaire.

Dans les contestations qui s'élèvent entre les propriétaires riverains au sujet des eaux, les tribunaux suivent les règlements de l'autorité administrative, et cherchent à concilier l'intérêt de l'agriculture et de l'industrie avec le respect du droit de propriété.

2° *Du bornage.* — Tout propriétaire peut obliger son voisin au bornage de leurs propriétés contiguës. Le bornage consiste ordinairement dans le placement de pierres plantées debout sur la ligne séparative des deux fonds; il se fait à frais communs. Le bornage est souvent précédé de l'arpentage, destiné à déterminer la contenance et les limites des deux fonds : chacun des voisins paye en proportion des vacations faites sur son terrain.

Le bornage se fait généralement à l'amiable ; en cas de refus, il est ordonné par le tribunal de première instance. Mais c'est le juge de paix qui connaît de l'action civile en déplacement de borne; et c'est le tribunal correctionnel qui punit le délit de déplacement.

3° *De la clôture.* — Tout propriétaire peut clore son héritage, excepté cependant quand un droit de passage est nécessaire à des fonds enclavés.

Chapitre II. — Des servitudes établies par la loi.

Il y a deux sortes de servitudes établies par la loi. Les unes concernent l'utilité publique ou communale; elles sont relatives au marchepied le long des rivières navigables ou flottables, et à la construction ou réparation des chemins ou autres ouvrages publics ou communaux : tout ce qui les concerne est réglé par des lois particulières. Les autres servitudes légales concernent l'utilité des particuliers; elles sont réglées en partie par les lois de police rurale et en partie par le code civil : ces dernières, qui sont les principales et les seules dont nous ayons à nous occuper, sont relatives : 1° au mur et au fossé mitoyens; 2° au cas où il y a lieu à contre-mur; 3° aux vues sur la propriété du voisin; 4° à l'égout des toits; et 5° au droit de passage. De là ce chapitre se divise en cinq sections.

Section I. — *De la mitoyenneté du mur, du fossé et de la haie, et de la distance pour la plantation des arbres.*

I. *Du mur mitoyen.* — On entend par *mitoyen* ce qui appartient à *moi* et à *toi*; c'est donc un mur qui appartient à deux voisins, à chacun jusqu'à la limite de sa propriété. La mitoyenneté diffère de l'indivision, où chaque communiste a une partie dans chaque parcelle de la propriété.

1° *Présomption de mitoyenneté.* — Est présumé mitoyen tout mur entre cours et jardins, entre enclos dans les champs, et entre bâtiments jusqu'à l'héberge, c'est-à-dire jusqu'au point le plus élevé du toit inférieur.

Cette présomption cesse s'il y a marque de non-mitoyenneté. Or c'est ce qui a lieu, lorsque la sommité du mur est droite et à plomb de son parement d'un côté, et présente, de l'autre, un plan incliné; ou lorsqu'il n'y a que d'un côté ou un chaperon, ou des filets, ou des corbeaux de pierre qui y ont été mis en faisant le mur : le *chaperon* est le sommet du mur présentant ici un plan incliné; les *filets* sont cette partie du chaperon qui déborde le mur et facilite la chute de l'eau; les *corbeaux* sont des pierres en saillie placées, lors de la construction du mur, pour recevoir des poutres. Dans tous ces cas, le mur est censé appartenir entièrement au propriétaire du côté duquel sont l'égout, les filets ou les corbeaux. Mais la présomption tirée de la marque cesse devant des titres contraires.

2° *Obligations des copropriétaires.* — Les réparations et reconstructions du mur mitoyen sont à la charge des propriétaires dans la proportion du droit de chacun. Mais celui dont le mur mitoyen ne soutient pas de bâtiments qui lui appartiennent, peut se dispenser de contribuer aux réparations et reconstructions, en abandonnant sa part de mitoyenneté.

Quelquefois les copropriétaires d'une maison se la divisent en prenant chacun un étage. Dans le cas d'un pareil partage, qui présente trop souvent de graves inconvénients, le Code civil trace ainsi les obligations respectives qui n'auraient pas été fixées par la convention : le propriétaire de chaque étage fait le plancher sur lequel il marche; le propriétaire du premier étage fait l'escalier qui y conduit; le propriétaire du second étage fait, à partir du premier, l'escalier qui conduit chez lui, et ainsi de suite. Les gros murs et le toit sont à la charge de tous les propriétaires, proportionnellement à la valeur de l'étage de chacun.

3° *Droits des copropriétaires.* — 1° Tout copropriétaire d'un mur mitoyen peut y faire placer des poutres, dans toute l'épaisseur du mur, à cinquante-quatre millimètres (deux pouces) près; le voisin a néanmoins le droit de les faire réduire à la moitié du mur, s'il veut y asseoir lui-même des poutres ou y adosser une cheminée. Mais il ne doit pratiquer dans ce mur aucun enfoncement.

Il peut aussi appliquer des ouvrages contre ce mur.

2° Il peut même faire exhausser le mur mitoyen, mais à ses frais et en indemnisant le voisin à raison de la surcharge, ou, si le mur n'est pas en état de supporter l'exhaussement, en le reconstruisant à ses frais et en prenant de son côté l'excédant d'épaisseur. Le voisin peut acquérir la mitoyenneté de l'exhaussement, en payant la moitié de la dépense que le mur a coûté et la moitié de la valeur du sol fourni pour l'excédant.

3° Celui qui a une propriété joignant un mur, a droit de le rendre mitoyen en tout ou partie, en payant la moitié de sa valeur et la valeur entière du sol jusqu'à la moitié du mur.

4° Chacun peut, dans les villes et faubourgs, contraindre son voisin à contribuer aux constructions et réparations de la clôture faisant séparation de leurs maisons, cours et jardins; et cela dans un but de sécurité publique.

II. *Fossé mitoyen.* — Tous fossés entre deux héritages sont présumés mitoyens. Cette présomption cesse devant la marque contraire, qui consiste dans la levée ou rejet de la terre d'un seul côté; le fossé est alors censé appartenir entièrement au propriétaire du côté duquel se trouve le rejet. Cette dernière présomption cesse elle-même devant des titres contraires.

Le fossé mitoyen doit être entretenu à frais communs.

III. *Haie mitoyenne.* — Toute haie qui sépare des héritages est présumée mitoyenne. Cette présomption cesse: 1° si un seul héritage est en état de clôture; 2° si l'un des voisins a en sa faveur une possession de la haie pendant une année. Mais la présomption tirée de ces faits cesse elle-même devant la possession trentenaire opérant la prescription, ou devant des titres contraires.

4.

IV. *Distance pour les arbres et haies.*—Les arbres, surtout quand ils sont trop nombreux, nuisent souvent à la bonne culture par leurs racines et leur ombre. C'est pourquoi, à défaut de règlements et usages particuliers, les arbres de haute tige ne peuvent être plantés qu'à une distance de deux mètres de la ligne séparative, et les autres arbres et haies vives, qu'à la distance d'un demi-mètre. Le voisin peut exiger que les arbres et haies vives plantés à une moindre distance et n'ayant pas trente ans, soient arrachés. Il peut aussi toujours couper les racines qui avancent dans son fonds et faire couper les branches avançant sur son héritage.

S'il y a des arbres dans la haie mitoyenne, ils sont mitoyens, et chacun des voisins peut les faire couper.

Section II. — *De la distance et des ouvrages intermédiaires requis pour certaines constructions.*

Pour établir près d'un mur, mitoyen ou non, un puits, une fosse d'aisances, une cheminée, un âtre, une forge, un four ou fourneau, une étable, un magasin de sel ou un amas de matières corrosives, il faut laisser la distance et faire les ouvrages prescrits par les règlements, et, en tous cas, il faut réparer le préjudice causé au voisin.

Section III. — *Des vues sur la propriété du voisin.*

Le copropriétaire d'un mur mitoyen ne peut y pratiquer aucun jour ou fenêtre, car il violerait en cela le droit de propriété du voisin.

Mais le propriétaire d'un mur non mitoyen, joignant immédiatement l'héritage d'autrui, peut y pratiquer des fenêtres, à la condition, 1° qu'elles soient garnies d'un châssis à verre dormant et d'un treillis de fer dont les mailles auront au plus un décimètre d'ouverture; 2° qu'elles soient établies à vingt-six décimètres au-dessus du plancher de la chambre, s'il s'agit d'un rez-de-chaussée, et à dix-neuf décimètres au-dessus du plancher s'il s'agit d'étages supérieurs.

Pour ouvrir dans son mur des fenêtres complétement libres, il doit exister entre ce mur et l'héritage voisin une distance de dix-neuf décimètres s'il s'agit de vues droites ou d'aspect, et de six décimètres s'il s'agit de vues obliques ou de côté. Cette distance se compte depuis le parement extérieur du mur où l'ouverture se fait, ou depuis la ligne extérieure des balcons et saillies, jusqu'à la ligne séparative des deux héritages.

SECTION IV. — *De l'égout des toits.*

Chaque propriétaire doit établir ses toits de manière que les eaux pluviales s'écoulent sur son terrain ou sur la voie publique, car il n'a pas le droit de les faire écouler sur la propriété de son voisin, qui n'est tenu que de recevoir les eaux découlant naturellement et sans le fait de l'homme.

SECTION V. — *Du droit de passage.*

Le propriétaire dont le fonds est enclavé et sans issue sur la voie publique, a le droit de réclamer, moyennant indemnité, un passage sur le fonds de ses voisins : ce passage est pris du côté où le trajet est le plus court et le moins dommageable aux voisins. S'il avait déjà passé pendant trente ans sur les fonds voisins, il aurait prescrit l'indemnité et pourrait, sans rien payer, continuer d'y passer.

CHAPITRE III. — Des servitudes établies par le fait de l'homme.

Dans ce chapitre on traite : 1° des diverses espèces de servitudes ; 2° des manières d'établir les servitudes ; 3° des droits du propriétaire du fonds dominant ; 4° des manières dont les servitudes s'éteignent.

I. *Diverses espèces de servitudes.* — Un propriétaire peut établir sur son fonds, en faveur d'un fonds voisin appartenant à un autre, toute espèce de servitude qui n'est pas contraire à l'ordre public.

Les servitudes sont continues ou discontinues, apparentes ou non apparentes.

1° Elles sont *continues*, si leur exercice n'exige pas le fait actuel de l'homme, comme les vues, les conduites d'eau et les égouts. Elles sont *discontinues*, au contraire, si leur exercice exige le fait actuel de l'homme, comme le puisage et le passage.

2° Elles sont *apparentes*, si elles s'annoncent par des ouvrages extérieurs, comme une porte et une fenêtre. Elles sont, au contraire, *non apparentes*, si elles ne se manifestent point par un signe extérieur, comme la prohibition de bâtir sur son fonds.

II. *Comment s'établissent les servitudes.* — Les servitudes qui ne réunissent pas le double caractère de continues et apparentes ne s'acquièrent que par titres entre-vifs ou testamentaires; et ce titre, prescriptible par trente ans, ne peut être remplacé que par un titre récognitif émanant du propriétaire du fonds asservi. Les servitudes continues et apparentes s'établissent non-seulement par titres, mais encore : 1° par une possession de trente ans; 2° par la destination du père de famille qui a été propriétaire des deux fonds actuellement divisés, et qui a établi les choses dans l'état duquel résulte une servitude continue et apparente; 3° par l'aliénation que fait le propriétaire de l'un de deux héritages entre lesquels il existe un signe apparent et ancien de servitude.

Au reste, celui qui établit une servitude sur son fonds est censé accorder ce qui est nécessaire pour en user. Aussi le droit de puiser de l'eau à la fontaine d'autrui, contient celui de passer.

III. *Des droits du propriétaire du fonds dominant.* — Le propriétaire du fonds dominant a le droit, mais sans pouvoir opérer de changement aggravant la charge du fonds asservi, de faire tous les ouvrages nécessaires pour l'usage et la conservation de la servitude. Ces ouvrages sont à ses frais, à moins que le titre constitutif de la servitude ne les mette à la charge du propriétaire du fonds servant, qui peut même alors s'y soustraire en abandonnant son fonds.

Comme la servitude constitue un droit indivisible en faveur de toutes les parties du fonds dominant, si ce fonds vient à être partagé, tous les propriétaires de parts pourront exercer la servitude; mais comme celle-ci ne peut point être aggravée, ils devront tous, par exemple, passer par le même endroit.

De son côté, le propriétaire du fonds servant ne peut rien faire qui tende à diminuer l'usage de la servitude. Mais si la fixation pour l'exercice du droit devenait très-onéreuse au propriétaire du fonds servant, celui-ci pourrait lui assigner un autre lieu aussi commode.

IV. *Comment les servitudes s'éteignent.* — Les servitudes s'éteignent : 1° s'il n'est plus possible d'user de la servitude, par exemple quand la source où l'on avait le droit de puiser de l'eau vient à tarir; mais la servitude revit lorsque, dans les trente ans, les choses sont rétablies de manière qu'on puisse en user; 2° s'il y a consolidation, c'est-à-dire réunion sur la même tête des fonds dominant et servant; 3° si le propriétaire du fonds dominant n'use pas de la servitude pendant trente ans, à partir, pour celle qui est discontinue, du jour où il a cessé d'en user, et, pour celle qui est continue, du jour où il a été fait un acte contraire à la servitude. Les servitudes étant indivisibles et ne pouvant pas s'éteindre partiellement, il s'ensuit que leur exercice par un seul des copropriétaires du fonds dominant conserve le droit des autres; et que, si parmi eux il y a une personne contre laquelle la prescription ne court point, comme un mineur, elle conserve le droit entier.

LIVRE TROISIÈME.

DES DIFFÉRENTES MANIÈRES DONT ON ACQUIERT LA PROPRIÉTÉ.

Les manières d'acquérir la propriété sont des actes qui confèrent à une personne un droit sur une chose.

Les divers modes d'acquisition de la propriété sont au nombre de huit.

1° *Occupation.* — L'occupation est le fait de l'appréhension d'une chose qui n'appartient à personne, avec l'intention d'en devenir propriétaire. Ainsi, par la chasse, on acquiert la propriété des animaux sauvages que l'on tue ou que l'on dépouille de leur liberté naturelle; par la pêche, on acquiert les poissons; et, par la simple invention, on acquiert les choses qui n'ont jamais appartenu à personne ou qui ont été volontairement rejetées par le propriétaire. Mais celui qui perd sa chose ou l'oublie par mégarde, n'en reste pas moins propriétaire; aussi celui qui la trouve et cherche à se l'approprier commet un vol. Les biens qui composent une succession ne sont jamais sans maître; ils appartiennent à l'héritier, et, à défaut, à l'État.

2° *Accession.* — L'accession par laquelle la chose d'autrui s'unit à la mienne et en devient l'accessoire, m'en rend propriétaire et m'oblige à en payer la valeur à l'ancien propriétaire, ainsi qu'on l'a vu au livre précédent (pages 53, 54).

L'acquisition du trésor, qui est une chose cachée ou enfouie sur laquelle personne ne peut justifier sa propriété et découverte par le pur effet du hasard, participe à la fois de l'occupation et de l'accession. En effet, celui qui trouve un trésor dans le terrain d'autrui, en acquiert la moitié par droit d'occupation, et le propriétaire du terrain acquiert l'autre moitié par une espèce de droit d'accession. Mais si le trésor est trouvé par le propriétaire du terrain, ou par un ouvrier qu'il emploie à faire des fouilles à cet effet, ou par un tiers qui viole, en faisant des fouilles, le droit de propriété, le trésor appartient alors entièrement au propriétaire du terrain.

3° *Tradition*. — La tradition est la remise que le propriétaire fait de sa chose à quelqu'un, dans le but de lui en transférer la propriété.

Les cinq autres manières d'acquérir la propriété sont : 1° la succession, 2° la donation entre-vifs, 3° la donation testamentaire, 4° l'effet des obligations, et 5° la prescription, qui font l'objet des titres suivants.

Signalons trois divisions principales des manières d'acquérir la propriété.

1° Les manières d'acquérir sont originaires ou dérivées. Le mode *originaire* est l'occupation, qui confère à une personne la propriété d'une chose n'appartenant pas d'abord à autrui. Le mode *dérivé* transmet à une personne une chose appartenant à une autre : il y a alors, comme dans la vente et la donation, translation de la propriété de l'un à l'autre.

2° Les manières d'acquérir sont à titre universel ou à titre particulier. Les acquéreurs à *titre universel* sont ceux qui recueillent l'ensemble des droits d'une personne; tels sont les successeurs légitimes et les successeurs testamentaires : ils sont aussi tenus des dettes du défunt. Les acquéreurs à *titre particulier* sont, par exemple, l'acheteur ou donataire d'une maison : ils ne sont pas tenus des dettes de leur auteur.

3° Les manières d'acquérir sont à titre gratuit ou à titre onéreux. Dans l'acquisition à *titre gratuit*, comme la donation et le legs, celui qui devient propriétaire ne s'engage à aucun équivalent. Au contraire, dans l'acquisition à *titre onéreux*, comme la vente et l'échange, celui qui devient propriétaire donne ou s'engage à donner un équivalent.

Ce livre se divise en vingt titres, qui traitent : 1° des successions; 2° des donations entre-vifs et des testaments; 3° des contrats ou des obligations conventionnelles en général; 4° des engagements qui se forment sans convention ; 5° du contrat de mariage et des droits respectifs des époux ; 6° de la vente ; 7° de l'échange ; 8° du louage; 9° de la société; 10° du prêt; 11° du dépôt et du séquestre; 12° des contrats aléatoires ; 13° du mandat; 14° du cautionnement; 15° des transactions; 16° de la contrainte par corps en matière civile ; 17° du nantissement ; 18° des priviléges et hypothèques ; 19° de l'expropriation forcée; 20° de la prescription.

TITRE I. — Des successions.

La *succession* est la transmission des biens, droits et charges d'une personne morte à un ou plusieurs vivants.

La succession est *légitime*, lorsque celui qui la recueille est appelé par la loi; elle est *testamentaire*, lorsqu'il est appelé par la volonté expresse du défunt.

Ce titre comprend six chapitres, qui traitent : 1° de l'ouverture des successions légitimes et de la saisine ; 2° des qualités requises pour succéder; 3° des divers ordres de succession ; 4° des successions irrégulières ; 5° de l'acceptation et de la répudiation des successions; 6° du partage et des rapports.

Chapitre I. — De l'ouverture des successions légitimes et de la saisine.

I. *Ouverture des successions.* — La succession est ouverte quand l'héritier peut venir l'occuper. Or la succession d'une personne s'ouvre à l'instant même de son décès.

Si plusieurs personnes, appelées par la loi à la succession l'une de l'autre, meurent dans le même événement, sans que l'on puisse constater laquelle a survécu, on s'en réfère d'abord aux circonstances du fait. A défaut de ces circonstances, on se détermine par les circonstances de l'âge et du sexe : si ceux qui ont péri ensemble avaient moins de quinze ans, comme ils étaient dans l'âge où les forces croissent, le plus âgé est présumé avoir survécu ; — s'ils avaient quinze ans accomplis et moins de soixante, conformément à l'ordre de la nature, le plus jeune est présumé avoir survécu; mais néanmoins s'il s'agit d'un homme et d'une femme entre lesquels il n'y a pas une différence d'âge de plus d'une année, l'homme est présumé avoir survécu ; — s'ils avaient plus de soixante ans, comme les forces décroissent à cet âge, le plus jeune est censé avoir survécu ; — si l'un avait moins de quinze ans, un second plus de quinze et moins de soixante, et un troisième plus de soixante, le second est présumé avoir survécu aux deux autres, et le premier au troisième.

Ces présomptions si douteuses ne pourraient pas profiter aux légataires en présence d'héritiers.

L'expression *héritier*, qui, dans un sens large, comprend celui qui est appelé à la succession par la loi ou par la volonté de l'homme, désigne spécialement celui qui est appelé par la loi; celui qui est appelé par la volonté de l'homme prend le nom d'*institué* ou *légataire*.

Parmi les héritiers, les uns sont légitimes et les autres irréguliers. Les héritiers *légitimes* sont les membres de la famille civile du défunt, jusqu'au douzième degré. Les héritiers *irréguliers* sont l'enfant naturel, le conjoint survivant et l'État.

II. *Saisine des héritiers légitimes.* — L'héritier légitime a la *saisine*, c'est-à-dire l'investiture légale des biens, droits et actions du défunt, sous l'obligation d'acquitter les dettes de la succession. Quant à l'héritier irrégulier, il devient bien, il est vrai, propriétaire de tous les biens actifs et passifs du défunt, dès le moment de l'ouverture de la succession, mais il n'en a pas la saisine, c'est-à-dire la possession; il n'obtient cette possession qu'en s'adressant au tribunal de première instance du domicile du défunt.

Au reste, l'héritier qui acquiert à son insu la propriété et la possession s'il est légitime, ou la propriété seulement s'il est irrégulier, peut renoncer à son droit; il est alors considéré comme n'ayant jamais été héritier. S'il décède sans avoir pris parti, il transmet à ses héritiers la succession qui lui est échue, avec la faculté d'y renoncer.

Chapitre II. — Des qualités requises pour succéder.

Pour succéder, il faut être capable; et, pour conserver la succession, il faut n'être pas indigne.

I. *Capacité.* — Toutes personnes, même les étrangers, sont capables de recueillir les successions qui leur sont échues. Mais celui qui, à l'époque de l'ouverture de la succession, est mort naturellement, ou bien celui qui n'est pas encore conçu, ne peut évidemment pas la recueillir. Celui qui est conçu lorsque la succession s'ouvre n'est même capable de la recueillir que s'il naît viable, c'est-à-dire avec une conformation qui n'est pas trop imparfaite; mais l'enfant né vivant est présumé viable jusqu'à la preuve contraire, qui est laissée à l'appréciation des médecins.

II. *Indignité.* — Il n'y a que trois causes d'indignité.

1° Est indigne celui qui a été condamné pour avoir donné ou tenté de donner la mort au défunt, lors même que, dans sa condamnation, on aurait reconnu des causes d'excuse ou des circonstances atténuantes. Mais celui qui aurait donné la mort à son parent par imprudence ou dans le cas de légitime défense, ne serait pas indigne de conserver sa succession.

2° Est aussi indigne celui qui a été condamné pour avoir

calomnieusement formé contre le défunt une plainte ou une dénonciation pour fait entraînant une peine capitale, c'est-à-dire la mort.

3° Est indigne, enfin, l'héritier majeur qui connaissait le meurtre du défunt et qui ne l'a pas dénoncé à la justice. Le défaut de dénonciation ne peut cependant pas être opposé aux parents ou alliés du meurtrier jusqu'au troisième degré.

L'indigne diffère de l'incapable, car il succède; tant qu'il n'a pas été déclaré indigne, les actes qu'il fait en sa qualité d'héritier et les payements qu'il reçoit sont valables. Ceux qui concourent à l'hérédité avec l'indigne ou qui viendraient à son défaut, sont les seuls qui puissent faire prononcer l'indignité; et ils ne peuvent la faire prononcer que contre l'indigne personnellement, et non contre ses héritiers. L'héritier déclaré indigne est tenu de restituer tous les fruits dont il a eu la jouissance depuis l'ouverture de la succession.

Les enfants de celui qui est exclu comme indigne ne peuvent point le représenter; mais s'ils se trouvent au degré successible, ils peuvent recueillir la succession de leur propre chef: dans ce cas, leur père indigne est privé de l'usufruit légal.

Chapitre III. — Des divers ordres de successions.

Ce chapitre comprend cinq sections qui traitent: 1° des dispositions générales; 2° de la représentation; 3° des successions déférées aux descendants; 4° des successions déférées aux ascendants; 5° des successions collatérales.

Section I. — *Dispositions générales.*

Toute succession échue à des ascendants ou à des collatéraux se divise en deux parties égales, dont l'une appartient aux plus proches héritiers de la branche paternelle, et l'autre aux plus proches héritiers de la branche maternelle. Les parents germains, c'est-à-dire des deux branches, comme les frères et sœurs qui ont les mêmes père et mère, prennent part dans les deux moitiés. Bien plus, s'il n'y avait qu'un frère *consanguin*, c'est-à-dire uni par le père seulement, ou bien un frère *utérin* du défunt, c'est-à-dire uni par la mère seulement, il recueillerait toute la succession, à l'exclusion des parents collatéraux de l'autre ligne.

La proximité de parenté s'établit par le nombre de générations ou degrés. La suite des degrés forme la ligne, dont on distingue deux sortes : la ligne *directe*, qui se divise en ascendante et descendante, est la suite des degrés entre personnes descendant l'une de l'autre ; et la ligne *collatérale*, qui est la suite de personnes ne descendant pas l'une de l'autre, mais ayant un auteur commun. En ligne directe, il y a autant de degrés que de générations entre les personnes : ainsi le père et le fils sont entre eux au premier degré ; l'aïeul et le petit-fils, au second, et ainsi de suite. En ligne collatérale, on compte les degrés en remontant de l'une des personnes à l'auteur commun et en redescendant à l'autre : ainsi deux frères sont au second degré ; l'oncle et le neveu au troisième ; les cousins, au quatrième, et ainsi de suite.

Section II. — *De la représentation.*

La représentation a pour effet de faire entrer les représentants dans le degré et dans les droits du représenté.

La représentation n'a lieu en ligne directe, qu'en faveur des descendants du défunt, et, en ligne collatérale, qu'en faveur des descendants de ses frères ou sœurs. Ainsi, d'une part, si le défunt a laissé un fils et des petits-enfants nés d'un autre fils décédé, ces derniers représenteront leur père ou aïeul, et prendront sa part en concourant avec leur oncle ou grand-oncle. D'autre part, si le défunt a laissé un frère, et si un autre frère décédé a laissé des enfants ou petits-enfants, ceux-ci représenteront également leur père ou aïeul et concourront avec leur oncle ou grand-oncle.

S'il y a lieu à la représentation, le partage s'opère par *souches*; si la même souche a produit plusieurs branches, le partage s'opère également par souches dans la même branche, et les membres de la même branche partagent entre eux par *têtes*.

On ne représente que les personnes mortes naturellement lorsque s'est faite l'ouverture de la succession; mais on peut les représenter, quand même on aurait renoncé à leur succession. La représentation diffère donc essentiellement de la transmission, qui a lieu en faveur des héritiers de celui auquel une hérédité était dévolue, et qui est décédé sans l'avoir ni acceptée ni répudiée.

SECTION III. — *Des successions déférées aux descendants.*

Les enfants légitimes, légitimés, putatifs et adoptifs succèdent à leur père ou mère par égales portions et *par têtes*, s'ils sont tous du premier degré; ou *par souches*, s'ils viennent tous ou en partie par représentation.

SECTION IV. — *Des successions déférées aux ascendants, et à certains collatéraux.*

A défaut de descendants, les ascendants viennent à tout ou partie de la succession, dans divers cas :

1° S'il y a des ascendants dans les deux lignes, la succession se divise par moitié, et celui ou ceux qui sont les plus proches dans chaque ligne prennent la moitié afférente à leur branche;

2° S'il y a des ascendants dans une ligne et des collatéraux dans l'autre, les ascendants ne prennent que la moitié, car les collatéraux les plus proches recueillent l'autre moitié. Mais si l'ascendant survivant est le père ou la mère du défunt, il a droit en outre, à l'usufruit du tiers de la moitié déférée aux collatéraux.

Toutefois, si le défunt laisse pour ascendants ses père et mère, et en outre pour collatéraux des frères, sœurs ou descendants d'eux, moitié de la succession appartient aux père et mère, qui ont par conséquent chacun un quart, et l'autre moitié revient aux frères et sœurs ou descendants d'eux.

Les frères et sœurs ou descendants d'eux prendraient les trois quarts, si le défunt n'avait laissé que l'un de ses père et mère. Ils prendraient même le tout, s'il n'y avait ni père ni mère; car ils excluent tous les autres ascendants du défunt.

L'ascendant donateur succède néanmoins, à l'exclusion de tous autres, aux choses qu'il a données à ses enfants ou descendants morts sans postérité, quand elles se retrouvent en nature dans la succession; en cas d'aliénation, il succède même aux actions en payement du prix et à celles en reprise. Mais il est tenu de payer les dettes héréditaires dans la proportion de la valeur de ce qu'il reprend.

Section V. — *Des successions collatérales.*

Si le défunt n'a laissé ni descendants ni ascendants, les frères, sœurs ou descendants d'eux recueillent la succession, soit de leur chef, soit par représentation. S'il y a des frères ou sœurs de différents lits, les frères germains prennent part dans les lignes paternelle et maternelle; les frères consanguins, dans la ligne paternelle seulement; et les utérins, seulement dans la ligne maternelle. S'il n'y a de frères, sœurs ou descendants d'eux que d'un côté, ils succèdent à l'exclusion de tous collatéraux de l'autre ligne.

A défaut de frères, sœurs ou descendants d'eux, la succession est dévolue moitié aux collatéraux les plus proches de la branche paternelle jusqu'au douzième degré, et moitié aux collatéraux de la branche maternelle.

Enfin à défaut de parents au douzième degré dans une

ligne, la succession est entièrement dévolue aux parents de l'autre ligne.

Chapitre IV. — Des successeurs irréguliers.

Les successeurs irréguliers sont l'enfant naturel simple, le conjoint survivant et l'État.

Section I. — *Des droits des enfants naturels simples sur les biens de leur père ou mère, et de la succession aux enfants naturels décédés sans postérité.*

I. *Droits successifs des enfants naturels simples.* — Les enfants naturels simples n'ont quelque droit à la succession de leur père ou mère que lorsqu'ils ont été reconnus, soit par acte authentique passé devant le maire ou le notaire, soit par un jugement. Si le père ou la mère reconnaît pendant son mariage un enfant qu'il aurait eu antérieurement d'un autre que de son conjoint, cette reconnaissance ne peut nuire ni à ce conjoint ni aux enfants nés du mariage.

Les enfants naturels simples concourent : 1° avec les enfants légitimes, et prennent le tiers de ce qu'ils auraient s'ils étaient eux-mêmes légitimes ; 2° avec les ascendants et les frères ou sœurs, et prennent moitié de la succession ; 3° avec les collatéraux autres que frères ou sœurs, et prennent les trois quarts de la succession ; 4° s'il n'y a dans aucune ligne de parents au degré successible, ils prennent toute la succession.

Jamais l'enfant naturel ne peut recevoir au delà de ce qui lui est fixé par la loi, et il est tenu d'imputer sur sa part tout ce qu'il a reçu et qu'il serait tenu de rapporter s'il était héritier.

De plus, il n'a jamais, ni de son chef ni par représentation, droit de succéder aux parents de ses père et mère. Mais s'il vient à décéder lui-même en laissant des enfants légitimes, ceux-ci peuvent le représenter et exercer ses droits dans la succession de ses père et mère.

Les enfants adultérins ou incestueux ont droit seulement à des aliments, qui sont réglés eu égard aux facultés du père ou de la mère, au nombre et à la qualité des héritiers légitimes qu'il laisse. Si le père ou la mère leur a assuré des aliments de son vivant, ou leur a fait apprendre un art mécanique, ces sortes d'enfants ne peuvent élever aucune réclamation contre la succession.

II. *Droits à la succession des enfants naturels.* — La loi appelle à la succession de l'enfant naturel : 1° ses enfants légitimes ; 2° ses enfants naturels ; 3° ses père et mère ; 4° ses frères naturels ; mais dans ce dernier cas les fils légitimes des père ou mère de l'enfant naturel ont droit aux choses données par leur auteur, et, en cas d'aliénation, au prix dû et aux actions en reprise. Viennent ensuite à la succession de l'enfant naturel, son conjoint ; puis, à défaut, l'État.

Section II. — *Des droits du conjoint survivant et de l'État.*

Lorsque le défunt ne laisse ni parents au degré successible, ni enfant naturel, la succession revient au conjoint survivant, puis, à défaut, à l'État.

L'enfant naturel, le conjoint survivant ou l'État qui prétend avoir droit à une succession, est tenu, avant que de se mettre en possession et sous peine de dommages et intérêts envers les héritiers qui viendraient à se présenter : 1° de faire apposer sur les biens de la succession, les scellés par le juge de paix ; 2° de faire faire par un notaire, l'inventaire des biens ; 3° de former par avoué au tribunal de première instance du domicile du défunt, sa demande d'envoi en possession : le tribunal ne statue sur la demande qu'après lui avoir fait donner une grande publicité ; 4° après avoir obtenu l'envoi en possession, de donner, pour assurer la restitution du mobilier, une caution qui est tenue pendant trois ans; sinon de faire vendre tout le mobilier et d'en placer le prix en immeubles. Mais cette dernière obligation n'est point imposée à l'État, qui est toujours supposé solvable.

Chapitre V. — De l'acceptation et de la répudiation des successions.

Cette matière comprend : 1° l'acceptation pure et simple, 2° la renonciation, 3° l'acceptation sous bénéfice d'inventaire, 4° la vacance de l'hérédité. De là, ce chapitre se divise en quatre sections.

Section I. — *De l'acceptation pure et simple.*

Lorsque s'ouvre une succession, l'héritier légitime succède, même à son insu, à la personne du défunt, c'est-à-dire à l'ensemble de ses droits actifs et passifs; car le mort saisit le vif. Mais il peut, par sa renonciation, se dépouiller de la qualité d'héritier; il peut aussi n'accepter que sous bénéfice d'inventaire.

L'acceptation *pure et simple* est l'acte par lequel l'héritier confirme en sa personne la qualité de continuateur des droits actifs et passifs du défunt. Il est par là censé avoir dit à son parent exhalant le dernier soupir : « J'accepte ta succession. » L'acceptation, qui confirme la présomption légale, a donc un effet rétroactif, qui apparaît principalement quand, après la renonciation faite par l'héritier du premier degré, ce renonçant ou l'héritier du degré subséquent accepte; car cet acceptant est censé avoir succédé sans interruption au défunt.

Toute personne peut accepter une succession qui lui est échue. Cependant comme cet acte emporte de graves conséquences, la succession échue à une femme mariée ne peut être acceptée par elle qu'avec autorisation de son mari ou du tribunal; et celle qui est échue aux mineurs ou interdits, ne peut être acceptée que sous bénéfice d'inventaire et seulement par le tuteur autorisé à cet effet par le conseil de famille.

L'acceptation de la succession est expresse ou tacite.

Elle est *expresse* quand l'habile à succéder prend la qualité d'héritier dans un écrit public ou privé.

Elle est *tacite*, quand l'héritier fait un acte qui suppose nécessairement son intention d'accepter. C'est ce qui a lieu, par exemple, s'il vend à l'amiable des immeubles ou même des meubles, sachant qu'ils font partie de l'hérédité qui lui est échue; s'il donne les biens héréditaires à bail pour une durée dépassant les limites d'une simple administration; s'il vend, donne ou cède ses droits successifs, ou s'il y renonce au profit de l'un ou de quelques-uns seulement des héritiers, ou même au profit de tous quand il reçoit un prix pour sa renonciation. Mais l'habile à succéder n'accepte pas la succession quand il ne fait que des actes de simple administration; par exemple, s'il répare une maison, recueille une moisson, fait protester un billet, prend inscription aux hypothèques, ou fait des baux d'une courte durée.

Évidemment celui qui meurt sans avoir pris parti sur une succession qui lui est échue, transmet ses droits à ses propres héritiers; mais ceux-ci ne peuvent pas les uns accepter et les autres renoncer; ils doivent tous prendre un parti unique, sinon l'acceptation a lieu sous bénéfice d'inventaire.

L'héritier qui a accepté une succession a par là fait un acte irrévocable; cependant si son acceptation était le résultat du dol pratiqué envers lui, ou de la violence, ou même de l'erreur sur l'existence d'un testament postérieurement découvert et lui enlevant plus de moitié de la succession, il pourrait s'adresser au tribunal et faire annuler son acceptation.

Section II. — *De la renonciation aux successions.*

La renonciation est l'acte par lequel l'héritier fait cesser l'investiture légale, qui existait à son profit, des biens qui composent la succession. Cette renonciation ne se présume point : elle doit être expressément faite au greffe du tribunal de première instance de l'ouverture de la succession, et être inscrite sur un registre tenu à cet effet.

L'héritier qui a renoncé est supposé n'avoir jamais été héritier; s'il y a des cohéritiers dans sa branche, sa part leur accroît, et, s'il n'y en a pas, elle est dévolue aux parents des degrés subséquents, qui, par leur acceptation, sont censés avoir été toujours héritiers.

Comme on ne représente que ceux qui sont morts naturellement ou civilement lors de l'ouverture de la succession, les enfants de celui qui a renoncé peuvent venir seulement de leur chef à la succession, qu'ils partagent alors par têtes.

La faculté de répudier une succession se prescrit par trente ans; de là, si l'héritier légitime a laissé expirer ce délai sans renoncer, il est par là devenu héritier irrévocable. La faculté d'accepter une succession se prescrit aussi par trente ans; c'est pourquoi l'expiration de ce délai emporte l'exclusion irrévocable des héritiers qui ne sont pas saisis, comme l'héritier irrégulier, l'héritier légitime qui a renoncé, et les héritiers postérieurs en degré au renonçant.

Celui qui accepte une hérédité qui lui est échue, fait par là un acte sur lequel il ne peut en général pas revenir. Mais, au contraire, celui qui a renoncé peut revenir sur cet acte et accepter la succession, tant que le délai de trente ans n'est pas expiré et que la succession n'a pas été acceptée par des héritiers de degrés subséquents. Ses créanciers peuvent aussi, dans le même cas, se faire autoriser par justice à exercer les droits de leur débiteur et accepter ensuite la succession de son chef; ils peuvent même, quand la part de leur débiteur renonçant est devenue la propriété des autres cohéritiers ou des héritiers des degrés subséquents qui ont accepté, faire annuler la renonciation en prouvant qu'elle leur préjudicie : ils se font alors payer sur la part héréditaire de leur débiteur, et ce qui en reste demeure la propriété des héritiers qui ont accepté; car cette annulation de la renonciation n'a pas lieu au profit du renonçant, mais seulement au profit de ses créanciers.

Lorsqu'un héritier tente de s'approprier entièrement des biens héréditaires, soit en les dérobant, soit en les recélant, il devient alors héritier pur et simple, et, en outre, il est privé de sa part dans les objets divertis ou recélés, qui deviennent entièrement la propriété des autres cohéritiers. Mais si l'héritier qui dérobe ou recèle des biens de la succession, avait antérieurement fait une renonciation devenue irrévocable parce que les héritiers des degrés subséquents ont déjà accepté, il a commis un vol qui le rend justiciable du tribunal correctionnel.

Quiconque renonce à la succession d'un homme vivant ou aliène ses droits éventuels à cette succession, fait un acte absolument nul.

Section III. — *De l'acceptation sous bénéfice d'inventaire.*

De même que la renonciation à une succession, son acceptation sous bénéfice d'inventaire ne se présume pas : elle doit aussi être faite expressément au greffe du tribunal de première instance du domicile du défunt, et être inscrite sur un registre spécialement destiné aux renonciations et aux acceptations bénéficiaires.

Cette espèce d'acceptation suppose nécessairement que l'héritier a fait faire par notaire un inventaire fidèle et exact des biens qui composent la succession. Or, pour cet inventaire, l'héritier a trois mois à compter du jour de l'ouverture de la succession ; il a de plus, pour délibérer sur son acceptation ou sa renonciation, un délai de quarante jours, à partir de ces trois mois expirés ou de la clôture de l'inventaire s'il a été terminé avant ce délai.

Après l'expiration des délais accordés pour faire inventaire et délibérer, l'héritier peut encore faire inventaire et accepter bénéficiairement ; pourvu toutefois qu'il n'ait pas fait acte d'héritier, qu'il n'ait pas omis sciemment et de mauvaise foi de comprendre dans l'inventaire des biens de la succession, et qu'il n'ait pas été condamné comme héritier pur et simple par un jugement passé en force de chose jugée ; car, dans ces trois cas, il est irrévocablement héritier pur et simple.

L'héritier légitime et saisi qui n'a pas pris parti sur la succession, peut néanmoins être poursuivi par les créanciers héréditaires. Mais trois cas sont ici à distinguer. 1° Si cet héritier est encore dans les délais qui lui sont accordés pour faire inventaire et pour délibérer, il peut faire suspendre les poursuites des créanciers en leur opposant une exception dilatoire : s'il renonce ensuite à la succession dans les délais ou s'il accepte sous bénéfice d'inventaire, les frais judiciaires sont à la charge de la succession. 2° Si l'héritier a déjà laissé expirer les délais accordés pour l'inventaire et la délibération, quoiqu'il puisse encore renoncer ou accepter bénéficiairement, il supporte néanmoins personnellement les frais de poursuites ; cependant s'il prouve qu'il ignorait le décès de son parent ou que les délais légaux ont été pour lui insuffisants, il peut obtenir du tribunal de nouveaux délais, qu'on appelle pour cela *judiciaires*, et s'il renonce pendant ces nouveaux délais, les frais de poursuites seront mis à la charge de la succession. 3° Enfin, si l'héritier a déjà laissé s'écouler le délai de trente ans, il est irrévocablement héritier pur et simple, et par conséquent il est tenu de payer personnellement les frais de poursuites et même les dettes de la succession.

Voyons les effets de l'acceptation sous bénéfice d'inventaire et les obligations qui en résultent pour l'héritier.

I. *Effets de l'acceptation bénéficiaire.* — Par l'effet seul de la loi, les biens du défunt s'étaient confondus avec ceux de l'héritier; mais quand celui-ci accepte bénéficiairement, la confusion cesse et le patrimoine du défunt devient distinct de celui de l'héritier. De là ce n'est qu'en sa qualité d'administrateur que l'héritier bénéficiaire est tenu d'acquitter les dettes héréditaires. Aussi, d'une part, il n'est tenu au payement des dettes que jusqu'à concurrence de la valeur des biens recueillis; et, d'autre part, il peut, quand il lui plaît, se débarrasser des ennuis de son administration en abandonnant tous les biens de la succession aux créanciers et légataires du défunt. Ceux-ci ne deviennent point par là propriétaires des biens ainsi abandonnés; ils les font vendre et se payent sur le prix; ce qui reste du prix, après leur payement intégral, revient à l'héritier bénéficiaire.

L'acceptation bénéficiaire faisant cesser la confusion, il s'ensuit que l'héritier doit payer sa dette ou peut réclamer sa créance contre le défunt, comme tout autre débiteur ou créancier de la succession.

II. *Obligations résultant de l'acceptation bénéficiaire.* — L'héritier bénéficiaire est tenu d'administrer la succession et de rendre compte de sa gestion aux créanciers et légataires. Quoique ceux-ci n'aient que le défunt pour débiteur et que son patrimoine pour gage, ils peuvent néanmoins poursuivre l'héritier sur ses propres biens dans les cas suivants: 1° si l'héritier a été mis en demeure de rendre compte de son administration, et n'a pas satisfait à son obligation; 2° si l'héritier qui a rendu compte de son administration, reste reliquataire; 3° si l'héritier a commis des fautes graves dans son administration, car il est tenu de réparer le préjudice qui en résulte pour les créanciers et légataires.

Tant que l'héritier n'a pas pris de parti sur la succession qui lui est échue, il ne peut faire que de simples actes d'administration provisoire. Mais quand il a pris parti et accepté bénéficiairement, il a qualité pour convertir en argent tout l'actif de la succession : il fait donc vendre, avec autorisation de justice, par un officier public, après affiches et publications, tous les biens meubles et immeubles de la succession, et, avec le prix provenant des ventes, il paye les créanciers privilégiés et hypothécaires, et ensuite les autres créanciers et les légataires au fur et à mesure qu'ils se présentent. Les créanciers qui se présentent après que tout le prix des biens vendus a été distribué, n'ont aucun recours ni contre l'héritier bénéficiaire, ni contre les créanciers qui ont obtenu le payement intégral de leurs créances; mais ils peuvent agir pendant trois ans contre les légataires, car ceux-ci ne doivent pas s'enrichir des libéralités que le défunt leur a faites au préjudice de ses créanciers : les créanciers doivent être préférés, car ils luttent pour ne pas perdre, tandis que les légataires luttent pour faire un gain.

Les créanciers et légataires qui n'ont pas une suffisante confiance dans la solvabilité de l'héritier bénéficiaire peuvent exiger que celui-ci donne caution; si cette caution n'est pas donnée, l'officier public qui procède à la vente des meubles et immeubles de la succession en dépose le prix à la caisse des dépôts et consignations, et c'est le tribunal qui règle ce qui doit revenir à chacun des créanciers et légataires.

Les créanciers et légataires peuvent également former opposition au payement des dettes et charges de la succession : c'est le tribunal qui règle aussi alors ce que l'héritier bénéficiaire payera aux divers créanciers et légataires.

Les frais de scellés, d'inventaire, de compte et de tout ce qui ressort de l'administration et de la liquidation, restent à la charge de la succession.

Section IV. — *Des successions vacantes.*

La succession *vacante* est celle qui, après les délais fixés pour l'inventaire et la délibération, n'est appréhendée ou réputée appréhendée par personne. Or c'est ce qui a lieu s'il n'y a pas d'héritier légitime connu, si l'héritier légitime a renoncé, si l'héritier irrégulier n'a pas obtenu l'envoi en possession. L'hérédité peut être vacante quand il y a un héritier même saisi, si cet héritier est inconnu au lieu de l'ouverture de la succession : la vacance diffère donc de la déshérence, qui n'existe que lorsqu'il n'y a aucun héritier.

En cas de vacance de l'hérédité, comme les créanciers et autres intéressés n'ont personne contre qui ils puissent poursuivre l'exécution de leurs droits, ils s'adressent au tribunal de première instance du domicile du défunt, afin qu'il nomme un curateur à la succession. Ce curateur exerce, et on exerce contre lui les actions héréditaires ; il fait faire l'inventaire et la vente des biens de la succession ; il en verse le prix à la caisse des dépôts et consignations, et c'est le tribunal qui règle l'ordre des payements entre les créanciers.

Le curateur à la succession vacante doit, comme tout administrateur, rendre compte de sa gestion ; il reçoit un salaire, il est tenu pour cela plus rigoureusement de ses fautes que l'héritier bénéficiaire.

Chapitre VI. — Du partage et des rapports.

Ce chapitre, l'un des plus importants et des plus difficiles, contient cinq sections : la première traite de l'action en partage et de sa forme ; la seconde, des rapports ; la troisième, du payement des dettes ; la quatrième, des effets du partage ; et enfin, la cinquième, de la rescision du partage.

Section I. — *De l'action en partage, de sa forme, et des tiers qui y interviennent.*

Le partage est l'acte qui a pour objet de faire cesser l'indivision entre cohéritiers. Or les choses indivises sont celles qui sont corporelles; quant aux choses incorporelles, qui sont les créances et les dettes de la succession, elles ne sont point dans l'indivision, car elles se partagent de plein droit entre les cohéritiers.

§ I. — De l'action en partage.

Lorsque les cohéritiers, par exemple les frères et sœurs, restent dans l'indivision, ils peuvent faire ensemble des opérations avantageuses qu'aucun d'eux ne pourrait faire individuellement : leur union fait leur force. Mais aussi quand des germes de dissensions se développent parmi les propriétaires indivis, les choses vont bien rapidement de mal en pis.

Déterminé par cette dernière considération, le législateur statue en ces termes : « Nul ne peut être contraint à rester dans l'indivision; et le partage peut être toujours provoqué, nonobstant prohibitions et conventions contraires. » Cette règle absolue n'a qu'une exception : les cohéritiers peuvent convenir que le partage sera suspendu pendant cinq ans, et ils peuvent même renouveler, pour le même délai, leur convention.

Ainsi donc le partage peut toujours être demandé tant qu'il n'a pas encore été constaté par un écrit. Cependant, si l'un des héritiers a possédé en son propre nom les choses de la succession pendant le délai de trente ans, il les a prescrites, et par conséquent le partage n'en peut plus être obtenu.

Tout cohéritier peut demander le partage. Mais cette règle reçoit les restrictions suivantes.

1° Le tuteur d'un mineur ou d'un interdit ne peut exercer, en cette qualité, l'action en partage qu'après y avoir été autorisé spécialement par le conseil de famille; mais il n'a pas besoin de cette autorisation pour répondre à une action en partage intentée contre lui;

2° Le mineur émancipé ne peut provoquer un partage qu'avec l'assistance de son curateur et l'autorisation du conseil de famille; mais pour défendre à une pareille action, l'assistance de son curateur lui suffit;

3° Celui qui est pourvu d'un conseil judiciaire a besoin de l'assistance de son conseil pour intenter l'action en partage ou pour y défendre;

4° Celui qui est présumé absent est représenté, dans le partage, par un notaire nommé par le tribunal; et celui qui est déclaré absent est représenté par les envoyés en possession;

5° Lorsqu'une succession est échue à une femme mariée, plusieurs cas se présentent: — Si les époux sont mariés sous le régime de la communauté, et si les objets héréditaires sont de nature à tomber dans cette communauté, le mari figure seul dans le partage;—Si la propriété et la jouissance des biens de la succession restent à la femme, ce qui a lieu surtout quand elle est séparée de biens, c'est elle seule qui figure dans le partage avec autorisation de son mari ou de justice;—Si, enfin, la propriété des biens de la succession reste à la femme, lorsque la jouissance revient à la communauté ou au mari, les deux époux doivent alors figurer au partage; néanmoins le mari pourrait alors seul provoquer un partage provisionnel, c'est-à-dire produisant seulement des effets pour la jouissance.

§ II. — De la forme du partage.

Le partage en lui-même n'est assujetti à aucune forme. Il peut s'opérer par une simple convention, constatée par acte sous signature privée, si tous les héritiers sont présents, majeurs, non interdits et d'accord entre eux; il est alors appelé partage *amiable* : tantôt il se fait avec attribution de lots (1), tantôt, au contraire, avec tirage au sort des lots (2). Mais si, parmi les héritiers, il en est qui sont mineurs, interdits, non présents ou non consentants, le partage doit alors être *judiciaire*.

---

(1) Voir le FORMULAIRE, MODÈLE, n° 4, 1°.
(2) Voir le FORMULAIRE, MODÈLE, n° 4, 2°.

I. *Formalités préliminaires au partage.*—Les formalités qui précèdent le partage sont l'*apposition des scellés*, qui se fait dans le plus bref délai pour empêcher les soustractions, et l'*inventaire*, par un notaire, des biens de la succession.

C'est le juge de paix, assisté de son greffier, qui appose les scellés : il place sur les armoires, sur les serrures des portes, et sur les caisses, des bandes de papier fixées aux deux extrémités par un sceau particulier. Or, lorsqu'il y a parmi les héritiers un mineur ou un interdit non encore pourvu de tuteur, ou bien un absent ou non présent, le juge de paix doit procéder à l'apposition des scellés à la requête des héritiers, du procureur impérial ou même d'office. Les créanciers qui ont un titre exécutoire, ou, à défaut, la permission du juge, peuvent toujours requérir du juge de paix l'apposition des scellés. Lorsque les scellés sont apposés, tous créanciers sont admis à former opposition à la levée hors leur présence.

Lorsque le juge de paix, assisté de son greffier, lève les scellés, le notaire procède, en présence du juge de paix et des parties intéressées, à l'inventaire des biens de la succession.

II. *Compétence du tribunal.*—L'action en partage et les contestations auxquelles il donne lieu sont portées devant le tribunal d'arrondissement du domicile du défunt. C'est aussi devant le même tribunal que l'on procède à la vente publique des effets de la succession, et que l'on porte les demandes relatives à la garantie des lots et celles en rescision du partage. Ce tribunal prononce sommairement sur les difficultés naissant du partage, ou bien il commet un juge sur le rapport duquel il décide les contestations.

III. *Opérations du partage.*—Les opérations du partage sont assez nombreuses.

1° Les immeubles de la succession sont estimés par experts, qui sont nommés par les héritiers eux-mêmes, s'ils sont tous capables et consentants, ou, dans le cas contraire, par le tribunal. Les meubles dont il n'y a pas encore eu un inventaire régulier doivent aussi être estimés à leur juste valeur.

2° Chacun des héritiers peut s'opposer à la vente des biens meubles et immeubles qui composent la succession, et en obtenir ainsi sa part en nature. Ce principe souffre deux exceptions : d'abord, s'il y a des créanciers saisissants ou si la majorité des héritiers juge la vente nécessaire pour l'acquittement des dettes et charges de la succession, les meubles sont vendus aux enchères par un officier public, après affiches et publications ; ensuite, si les immeubles de la succession ne peuvent pas se partager commodément, il est procédé à leur vente par licitation devant le tribunal, ou même devant un notaire choisi par les parties qui sont toutes capables.

3° Lorsque les meubles et immeubles ont été estimés, et que quelques-uns peut-être ont été vendus, le juge commis par le tribunal renvoie les parties devant le notaire, afin que celui-ci établisse les comptes que les copartageants peuvent se devoir, et forme la masse générale des biens. Chaque cohéritier rapporte à la succession les dons qu'il a reçus du défunt et les sommes dont il est débiteur, ainsi que les fruits ou intérêts depuis l'ouverture de la succession. Si le rapport ne se fait pas en nature, les cohéritiers de celui qui doit le rapport prélèvent sur les biens de la succession une valeur proportionnelle à leurs droits : ce prélèvement se fait, autant que possible, en objets de même nature, qualité et bonté que ceux qui ont été reçus par le cohéritier.

Si plusieurs cohéritiers mineurs ont le même tuteur et des intérêts opposés, il est nécessaire de donner à chacun d'eux un tuteur spécial.

4° Après que le rapport en nature ou en moins prenant a été effectué, la masse restante est partagée en autant de lots égaux qu'il y a d'héritiers ou de souches. Ces lots sont faits par un expert nommé par le juge-commissaire ;

mais les cohéritiers qui sont tous capables et consentants peuvent le nommer eux-mêmes. Cet expert doit, dans la formation des lots, éviter autant que possible de morceler les héritages et de diviser les exploitations. Il doit aussi faire entrer dans chaque lot, s'il se peut, la même quantité de meubles, d'immeubles et de droits de même nature et valeur. S'il y a inégalité dans la valeur des lots, elle se compense par un retour ou soulte en argent ou en rente. Au reste, les règles qui concernent les divisions entre les souches sont applicables à la division entre les membres de la même souche.

5° Lorsque les lots sont ainsi formés, chaque cohéritier est admis à faire ses réclamations contre leur composition, soit à raison du morcellement des héritages ou de la division des exploitations, soit à raison de la différence de valeur des lots. Le notaire dresse procès-verbal des dires des parties, qu'il renvoie ensuite devant le juge-commissaire : si le juge-commissaire ne peut pas accorder les parties, il les renvoie devant le tribunal.

6° Quand les lots sont définitivement formés, le tirage en est fait au sort en présence du juge-commissaire ou du notaire. Ensuite le notaire constate par écrit le résultat du partage, et chacun des cohéritiers reçoit les titres des choses qui lui sont échues: les titres d'une propriété divisée sont remis à celui qui a la plus grande part, à la charge d'en aider ceux de ses cohéritiers qui y auraient intérêt ; les titres communs à toute l'hérédité sont remis à celui que tous les cohéritiers choisissent comme dépositaire, et s'il y a désaccord entre eux sur le choix, il est réglé par le tribunal.

Les partages faits avec toutes les règles ci-dessus, soit par les tuteurs autorisés du conseil de famille, soit par les mineurs émancipés assistés de leurs curateurs, soit au nom des absents ou non présents, sont définitifs; si les règles prescrites n'ont pas été observées, les partages sont nuls ou annulables.

Les formes d'un partage judiciaire sont bien longues et bien coûteuses : elles absorbent trop souvent une grande part de la valeur des petites successions. C'est pourquoi, si le tuteur est un père ou une mère offrant de la solvabilité, il est souvent très-utile que le partage se fasse à l'amiable, et que le tuteur se porte fort de la ratification du partage par ses enfants, quand ceux-ci seront devenus majeurs. Si, au contraire, le tuteur ne présente pas de solvabilité ou ne veut pas se porter fort, il est utile aussi de faire seulement un partage provisionnel, c'est-à-dire valable pour la jouissance jusqu'à l'époque de la majorité des mineurs.

§ III. — *Des tiers qui interviennent au partage.*

Les tiers qui interviennent au partage sont des créanciers ou des cessionnaires de l'un des copartageants.

I. *Créanciers.* — Les créanciers de l'un des copartageants ont toujours le droit d'intervenir au partage, et de veiller à ce que l'on ne prenne pas des mesures et des arrangements qui leur préjudicient.

II. *Cessionnaires de droits successifs.* — Le partage d'une succession est une opération de famille qui exige une grande harmonie, car autrement l'actif passerait en frais, et l'on verrait surgir des haines violentes. Il importe donc beaucoup de ne point laisser arriver au partage des étrangers qui ont fait une spéculation cupide. Aussi toute personne, même parente du défunt sans être son successible, à laquelle un cohéritier aurait cédé ses droits successifs, peut être écartée par tous les cohéritiers ou même par un seul, moyennant le remboursement du prix de cession, des intérêts et des frais. C'est là ce que l'on nomme *retrait successoral*.

Dans la pratique, on cherche à éluder cette disposition : le cessionnaire se fait délivrer un acte simulé de donation ou de procuration, ou bien il exagère beaucoup dans l'acte le vrai prix de la cession. Mais alors les autres cohéritiers sont admis à prouver, par tous les moyens possibles, la simulation de l'acte ou l'exagération du prix.

SECTION II. — *Des rapports.*

Le rapport, qui est une opération préparatoire du partage, est fondé sur le principe d'égalité en matière de succession.

I. *Du rapport en général.* — La loi désire, mais sans la prescrire impérieusement, l'égalité entre les cohéritiers. Aussi elle permet au donateur ou testateur d'exprimer que les libéralités qu'il fait à l'un de ses héritiers seront dispensées du rapport. Mais si ces libéralités dépassaient la quotité disponible, elles seraient nécessairement réductibles.

Les différences qui existent entre le rapport et la réduction sont importantes. Le *rapport* est dû seulement par le cohéritier ; il peut être demandé par tout cohéritier ; il est dû de toutes les libéralités directes ou indirectes ; l'auteur de la libéralité peut en dispenser, et le cohéritier peut s'en affranchir en renonçant à la succession. La *réduction* est due par toute personne, héritière ou non ; elle ne peut être demandée que par un héritier à réserve ; elle n'est due que de ce qui dépasse la quotité disponible ; l'auteur de la libéralité ne peut en dispenser, et celui qui la doit n'a aucun moyen de s'en affranchir.

II. *Par qui est dû le rapport.* — L'héritier qui accepte la succession, même sous bénéfice d'inventaire, est tenu de rapporter les dons et legs qui lui ont été faits, à moins que l'auteur de la libéralité n'ait évidemment manifesté une volonté contraire. Il faut conclure de là que celui qui n'était pas héritier présomptif lors de la donation ou de la confection du testament, est tenu aussi de rapporter ce qui lui a été donné ou laissé.

Mais le rapport n'est dû que par l'héritier qui a reçu

personnellement la libéralité. De là les conséquences suivantes :

1° Le père successible ne rapporte pas les libéralités faites à son enfant, lors même qu'elles lui profiteraient ;

2° Le fils ne rapporte pas ce qui a été donné à son père, s'il vient de son chef à la succession du donateur ; mais il devrait ce rapport s'il succédait en représentant son père ;

3° Le conjoint successible ne rapporte pas ce qui a été donné à son conjoint ; mais si ce don avait été fait aux deux époux, le successible serait tenu du rapport de la moitié.

III. *A quelle succession est dû le rapport.* — Le rapport n'est dû qu'à la succession du donateur. Mais si un père dote un enfant commun, en sa qualité d'administrateur de la communauté, cet enfant rapporte moitié à la succession de son père, et moitié à la succession de sa mère qui a accepté la communauté.

IV. *De quoi est dû le rapport.* — Le principe est que l'héritier doit rapporter toutes les libéralités qu'il a reçues directement ou indirectement du défunt. Par conséquent est sujet à rapport ce que le défunt a donné à celui qui est son héritier : 1° pour son établissement par mariage ou autrement ; 2° pour le payement de ses dettes ; 3° pour son remplacement militaire.

Le rapport n'est dû que des choses qui sont, par leur nature et leur valeur, censées prises sur le capital et qui ne sont pas, de la part du défunt, l'acquittement d'une obligation civile ou naturelle. Aussi les frais de nourriture, d'entretien, d'éducation, d'apprentissage, d'équipement, de noces et de présents d'usage, ne sont pas sujets à rapport.

Ne sont pas non plus sujets à rapport les profits que l'héritier a retirés, 1° des conventions faites avec le défunt, si elles ne présentaient aucun avantage ostensible lorsqu'elles ont été passées ; 2° des associations faites sans fraude avec le défunt, si elles ont été réglées par un acte authentique.

V. *A qui est dû le rapport.* — Le rapport n'est dû que par le cohéritier à son cohéritier, car ce n'est qu'entre eux que la loi désire l'égalité. L'enfant naturel, qui est tenu d'imputer sur ce qui lui revient les libéralités qui lui ont été faites, peut demander aussi le rapport à un héritier.

Mais le rapport ne peut pas être demandé : 1° par les légataires, puisque d'ailleurs le défunt n'a point pu, par testament, porter atteinte aux droits acquis des donataires ; 2° ni par les créanciers de la succession, puisqu'ils n'ont pas dû considérer comme leur gage les biens sortis du domaine de leur débiteur. Cette dernière disposition n'est applicable que lorsque la succession est acceptée sous bénéfice d'inventaire; si elle était, au contraire, acceptée purement et simplement, chaque héritier deviendrait débiteur personnel des créanciers héréditaires ; ceux-ci pourraient alors, en exerçant les droits d'un héritier débiteur, demander le rapport aux autres héritiers.

VI. *Comment s'opère le rapport.* — Il y a deux sortes de rapports : le rapport *en nature*, qui est la remise à la masse de la succession des objets reçus par l'héritier; et le rapport *en moins prenant*, qui consiste en ce que les autres cohéritiers, pour rétablir l'égalité des parts, prélèvent sur la succession une valeur égale à celle des objets que le donataire retient.

Immeubles. — Pour le rapport des immeubles, il y a cinq espèces à examiner :

1° Si l'immeuble est encore dans les mains du donataire lors de l'ouverture de la succession, il se réunit à la succession par la force seule de la loi ; mais s'il y a dans la succession des immeubles de même nature, valeur et bonté, que puissent prélever les autres cohéritiers, le donataire peut faire, en moins prenant, le rapport de son immeuble, dont l'estimation est faite alors au moment du partage.

2° Si le donataire a aliéné l'immeuble qui se trouve, lors de l'ouverture de la succession, entre les mains d'un tiers détenteur, le rapport se fait toujours en moins prenant; il est alors de la valeur de l'immeuble au moment de l'ouverture de la succession.

3° Si le donataire a consenti sur l'immeuble des hypothèques, des droits d'usufruit et d'usage ou des servitudes, l'immeuble se réunit à la succession, franc et quitte de toutes ces charges. Mais les créanciers hypothécaires et autres intéressés peuvent intervenir au partage et empêcher le rapport qui se ferait en nature en fraude de leurs droits, lorsqu'il pourrait commodément se faire en moins prenant. Si l'immeuble rapporté en nature tombe dans le lot du donataire, toutes les charges éteintes revivent.

4° Si l'immeuble donné avec dispense de rapport dépasse la valeur de la quotité disponible, l'héritier donataire remet en nature l'excédant à la masse. Quand le retranchement de cet excédant ne peut pas s'opérer commodément, l'héritier donataire remet l'immeuble à la masse, en prélevant la valeur de la quotité disponible; ou il retient l'immeuble, en faisant rapport en moins prenant de la quotité réductible si la valeur réductible est inférieure à la moitié du prix de l'immeuble.

Dans les quatre cas ci-dessus, on tient compte au donataire des impenses qui ont conservé et amélioré l'immeuble, jusqu'à l'époque du partage quand l'immeuble est dans ses mains, ou, en cas d'aliénation, jusqu'au moment de l'ouverture de la succession. Mais, de son côté, le donataire tient compte à la succession de toutes les dégradations et détériorations provenant de son fait ou de sa faute, ainsi que des fruits ou intérêts depuis l'ouverture de la succession.

5° Enfin si l'immeuble donné est péri avant l'ouverture

de la succession, le donataire qui n'est point en faute ne doit rien rapporter à la succession, lors même qu'il aurait reçu le prix d'aliénation ou le montant du prix d'assurance. Mais, au cas d'expropriation pour cause d'utilité publique, le donataire serait tenu de rapporter le prix reçu et les intérêts depuis l'ouverture de la succession.

Meubles. — Si la donation consiste dans un usufruit de meubles ou même d'immeubles, dans une rente viagère, ou dans un prêt à terme de sommes sans intérêts, l'usufruit, la rente viagère et le terme s'évanouissent lors de l'ouverture de la succession, à laquelle, dès lors, reviennent par conséquent les fruits naturels ou civils.

Le rapport de l'argent donné se fait toujours en moins prenant dans le numéraire de la succession; en cas d'insuffisance, le donataire peut abandonner, jusqu'à due concurrence, des meubles ou même des immeubles de la succession.

Le rapport du mobilier se fait aussi en moins prenant : le donataire rapporte la valeur estimative des meubles, et, s'ils n'ont pas été estimés, le prix qu'ils valaient lors de la donation.

Lorsque le défunt a donné un droit de créance ou de rente qu'il avait contre un tiers, on admet généralement que le donataire est tenu seulement de faire le rapport en nature, et qu'il n'est par conséquent pas responsable des diminutions de valeurs arrivées sans sa faute.

Section III. — *Du payement des dettes.*

Lorsqu'il y a plusieurs héritiers d'une personne, il s'opère entre eux, par l'effet seul de la loi, une division des créances et des dettes dans la proportion de leurs droits successifs. Chacun d'eux ne peut donc, en général, agir contre les débiteurs, ni être poursuivi par les créanciers du défunt, que pour sa part héréditaire. Cette règle souffre des exceptions, qui donnent de l'importance à la distinction du droit de *contribution* ou répartition de la dette entre les cohéritiers, et du *droit de poursuite*, que les créanciers exercent contre les héritiers.

I. *Droit de contribution.* — Les personnes qui contribuent au payement des dettes de la succession sont : 1° les héritiers, et 2° les légataires universels et à titre universel. Chacune de ces personnes contribue aux dettes proportionnellement à la part qu'elle prend dans la succession. Mais entre les héritiers purs et simples et les légataires universels ou à titre universel qui ont eu soin de faire dresser un inventaire des biens, il existe cette différence, que les premiers sont tenus de contribuer même au delà de ce qu'ils ont reçu, tandis que les seconds ne sont obligés aux dettes que jusqu'à concurrence de l'émolument qu'ils ont eu dans la succession.

Quant aux légataires particuliers, comme ils ne représentent en aucune manière le défunt, ils ne contribuent point au payement de ses dettes.

II. *Droits des créanciers.* — Les droits des créanciers sont celui de poursuite, et celui de demander la séparation des patrimoines.

1° Les créanciers de la succession ont le droit de poursuivre les héritiers et les légataires universels ou à titre universel, dans la proportion de ce que ceux-ci prennent dans l'hérédité ; s'ils en trouvent quelques-uns insolvables, ces insolvabilités restent à leur charge, et non à la charge des autres héritiers ou légataires. Cependant, comme l'hypothèque constitue un droit indivisible qui donne au créancier le pouvoir de suivre l'immeuble hypothéqué dans quelques mains qu'il passe, le créancier auquel le défunt a hypothéqué un immeuble peut poursuivre, pour le payement de toute la dette, l'héritier ou le légataire universel ou à titre universel dans le lot duquel cet immeuble est tombé. Mais cet héritier a un recours contre ses copartageants, à raison de la part qu'ils doivent supporter dans la dette ; s'il en trouve quelques-uns insolvables, ces insolvabilités sont supportées, proportionnellement aux parts héréditaires, par lui-même et par ses copartageants solvables. Si l'immeuble hypothéqué avait été légué, le créancier pourrait poursuivre le légataire particulier de cet immeuble en payement de toute la dette; mais ce dernier serait subrogé aux droits du créancier contre les héritiers et autres copartageants.

Quoique les titres exécutoires contre le défunt soient pareillement exécutoires contre ses héritiers, cependant le créancier ne peut procéder aux voies d'exécution contre eux que huitaine après les avoir avertis par une signification de ses titres.

Comme le détenteur de l'immeuble hypothéqué peut être poursuivi hypothécairement pour toute la dette, il suit que celui dans le lot duquel l'immeuble hypothéqué pour le service d'une rente viendrait à tomber, éprouverait de graves inconvénients; car il serait, à chaque terme d'arrérages, poursuivi pour tout ce qui serait exigible, et il aurait besoin de recourir, après avoir payé, contre chacun de ses copartageants : ce qui multiplierait les ennuis, les poursuites et les frais. C'est pourquoi chacun des héritiers peut exiger que la rente soit rachetée, et que par là l'immeuble devienne libre avant la formation des lots. Si la rente n'est pas rachetable ou si aucun des héritiers n'exige le rachat, l'immeuble grevé est estimé à sa juste valeur; on déduit de cette valeur le capital de la rente; l'héritier dans le lot duquel tombera l'immeuble sera seul chargé du service de la rente, et il devra en garantir ses cohéritiers.

2° Le second droit des créanciers, qui appartient aussi aux légataires, consiste à demander la séparation des patrimoines. — Les créanciers de la succession et les légataires particuliers qui n'ont pas de confiance dans la solvabilité des héritiers, peuvent demander la séparation du patrimoine du défunt d'avec le patrimoine de l'héritier. Ceux qui demandent cette séparation cessent d'avoir les héritiers purs et simples pour débiteurs; ils font en quelque sorte revivre la personne du défunt, et se font payer sur ses biens par préférence aux créanciers de l'héritier.

Le droit de demander la séparation des patrimoines ne peut plus être exercé par le créancier ou légataire qui a consenti à recevoir l'héritier pour débiteur. Ce droit est prescrit, quant aux meubles, par trois ans, et, quant aux immeubles, par trente ans.

Les créanciers personnels de l'héritier ne peuvent point demander la séparation des patrimoines, car il ne leur est point permis d'empêcher leur débiteur de contracter de nouvelles dettes. Cependant ils peuvent attaquer l'acceptation d'une succession onéreuse, faite par leur débiteur dans le but de les frauder, afin de la faire annuler. Ils peuvent aussi intervenir dans un partage de succession dévolue pour partie à leur débiteur; mais pour attaquer un partage fait, il faut qu'ils prouvent qu'il a eu lieu soit frauduleusement, soit au mépris d'une opposition notifiée par huissier aux divers copartageants.

SECTION IV. — *Des effets du partage, et de la garantie des lots.*

Le partage qui a lieu entre cohéritiers ou communistes quelconques n'est pas translatif, mais déclaratif de la propriété; aussi chaque héritier est censé avoir succédé seul et immédiatement à tous les effets compris dans son lot ou à lui échus sur licitation, et n'avoir jamais eu aucun droit de propriété sur les autres effets de la succession. Par conséquent, quand un héritier vend ou hypothèque, pendant l'indivision, un champ ou autre objet héréditaire, cet acte sera valable pour le tout si le champ tombe dans son lot; il sera valable dans la limite des droits de cet héritier si le champ est adjugé à un tiers; il sera au contraire nul pour le tout si le champ tombe dans le lot d'un autre héritier.

Quoique le partage soit déclaratif de la propriété, les

cohéritiers demeurent cependant, comme des vendeurs ou échangistes, respectivement garants, les uns envers les autres, des troubles et évictions qui procèdent d'une cause antérieure au partage : chacun d'eux est alors personnellement obligé, en proportion de sa part héréditaire, d'indemniser le cohéritier de la perte que l'éviction lui a causée ; et, si l'un des cohéritiers est insolvable, la portion dont il est tenu est proportionnellement répartie entre le garanti et les autres cohéritiers solvables. Le délai pour agir en garantie est de trente ans, à partir de l'éviction.

Le principe que la garantie est due en cas d'éviction admet deux exceptions : 1° si le cohéritier a été évincé par son fait ou sa faute ; 2° si, lors du partage, on a prévu le cas d'éviction et expressément convenu que l'héritier dans le lot duquel la chose viendrait à tomber n'aurait pas de recours à exercer contre ses cohéritiers.

Souvent on met des créances ou des rentes dans les lots, afin de faciliter l'opération du partage : alors les cohéritiers ne sont garants que de l'existence des rentes ou créances, et non de la solvabilité des débiteurs ; cependant, dans le cas unique où il s'agit de rentes, et où le débiteur est déjà insolvable lors du partage, le cohéritier dans le lot duquel ces rentes sont tombées peut agir en garantie contre les cohéritiers pendant cinq ans, à compter du partage.

Section V. — *De la rescision du partage.*

En général, le partage définitif lie les parties d'une manière irrévocable. Cependant, il est, pendant dix ans seulement, rescindable dans trois cas : 1° si l'un des héritiers a été violenté ; 2° s'il a été victime du dol ; 3° s'il a été lésé de plus du quart de sa portion. Or, pour juger s'il y a eu lésion, on estime les objets suivant leur valeur à l'époque du partage ; dans le cas où il résulte de cette estimation la preuve de la lésion de plus du quart, le cohéritier qui est défendeur à l'action en rescision, peut empêcher un nouveau partage en fournissant au demandeur le juste supplément de sa portion héréditaire, soit en argent, soit en nature.

L'erreur n'est pas une cause de rescision du partage : si on a omis un héritier, le partage est radicalement nul; si on a omis certains objets de la succession, il y a lieu à un supplément de partage.

Dans les trois cas de violence, de dol ou de lésion de plus du quart, le partage est rescindable quel que soit le nom qu'on lui ait donné; peu importe donc qu'on l'ait appelé *vente*, *échange* ou *transaction*. Ainsi, pour savoir si l'acte passé est un partage, on s'attache moins à sa dénomination qu'à sa nature; or il y a partage si l'acte a eu pour objet de faire cesser l'indivision entre cohéritiers. La vente de droits successifs, faite par un héritier à un tiers ou même à son cohéritier, n'est pas un partage, et n'est par conséquent pas rescindable pour lésion de plus du quart; en effet, cette vente comprend non-seulement les choses qui sont dans l'indivision, c'est-à-dire celles qui sont corporelles, mais encore celles qui sont incorporelles, comme les créances et les dettes; elle constitue donc un contrat aléatoire qui ne serait rescindable qu'au cas de fraude.

Lorsque le partage est entaché du vice de consentement, qui est la violence ou le dol, l'héritier n'est plus recevable à agir en rescision du partage s'il a aliéné quelques-uns des objets compris dans son lot postérieurement à la cessation de la violence ou à la découverte du dol. Mais une pareille aliénation ne suffirait point pour rendre non recevable l'action en rescision pour lésion de plus du quart.

TITRE II. — DES DONATIONS ENTRE-VIFS ET DES TESTAMENTS.

Ce titre se compose de neuf chapitres, qui traitent : 1° des dispositions générales de la matière; 2° de la capacité de donner ou de recevoir; 3° de la portion des biens disponibles et de la réduction; 4° des donations entre-vifs; 5° des dispositions testamentaires; 6° des substitutions permises; 7° des partages faits par ascendants; 8° des dispositions faites par les tiers aux époux; 9° des dispositions faites par un époux à son conjoint.

Chapitre I. — Dispositions générales.

On peut disposer de ses biens à titre gratuit de deux manières, par donation entre-vifs, et par testament. Autrefois on pouvait encore disposer de ses biens par donation à cause de mort; mais le Code a proscrit de telles donations, parce que le donateur, d'une part, recevant de la gratitude, et, d'autre part, pouvant révoquer la libéralité à son gré, il y avait à craindre que de telles donations, en devenant trop fréquentes, ne portassent atteinte aux droits héréditaires de la famille.

1° La *donation entre-vifs* est un acte par lequel le donateur se dépouille actuellement et irrévocablement de la chose donnée en faveur du donataire qui l'accepte. — Lorsque le concours des volontés du donateur et du donataire a fait naître une obligation, la donation constitue un contrat. — Quoique la donation exige, pour sa validité, le dépouillement *actuel* des choses données, il n'en faudrait pas conclure qu'elle soit nulle s'il y a terme ou condition suspensive, ou si l'objet de la donation consiste dans un genre que le donateur s'oblige à donner, comme une somme d'argent. En effet, 1° le *terme* ne différant ni la naissance de l'obligation ni par conséquent la translation de propriété, mais seulement l'exécution, il n'empêche pas le dépouillement actuel; 2° la *condition suspensive*, il est vrai, diffère et rend incertaines la naissance de l'obligation et la translation de propriété; mais quand elle se réalise, son effet rétroagit au moment de la convention; on peut donc dire que c'est à ce moment que s'est opéré le dépouillement du donateur; 3° enfin quand l'*objet de la donation consiste dans un genre*, le donataire est considéré comme investi des choses promises, par cela seul que la convention lui donne une action pour contraindre le donateur à exécuter son obligation. De même, quoique la donation doive essentiellement produire un dépouillement *irrévocable*, elle peut néanmoins être faite sous une condition résolutoire; car si elle se réalise, il n'y a jamais eu donation; si elle défaillit, la donation existe depuis la convention. — Au reste, il est très-prudent de ne faire jamais que des donations pures et simples, dont l'exécution s'opère au moment de la convention; car autrement il y a souvent pour les parties bien des ennuis et bien des frais, surtout dans les conditions résolutoires.

2° Le *testament* est un acte par lequel le testateur dispose, pour le temps où il n'existera plus, de tout ou partie de ses biens, et qu'il peut révoquer. — Ainsi le testament est l'œuvre du seul testateur; ce n'est de sa part qu'un projet qu'il peut révoquer, et, en faisant de cette manière des libéralités au profit de personnes appelées légataires, il ne se dépouille pas lui-même de ses biens, mais il en dépouille en quelque sorte ses héritiers les plus proches.

L'auteur des libéralités entre-vifs ou testamentaires mettait autrefois souvent, dans sa disposition, la clause que le donataire conserverait les biens donnés, et les rendrait, à son décès, à un autre (ordinairement au fils aîné du donataire), qui lui-même les conserverait pour les rendre à son tour à son fils aîné, et ainsi de suite. De pareilles clauses, qui constituent ce qu'on appelle des *substitutions*, sont maintenant interdites, parce qu'elles dérogeaient à l'égalité des membres de la famille, en accumulant de grands biens sur une seule tête, et qu'elles enlevaient une masse de biens à la libre circulation, en rendant celui qui les recevait, appelé *grevé*, propriétaire sous une condition résolutoire au profit des *substitués* ou *appelés*. Pour arracher jusqu'à la racine des anciens abus, le Code civil déclare les substitutions absolument nulles, même à l'égard du donataire, de l'héritier institué ou du légataire; il admet cependant que les père et mère, et les frères et sœurs, pourront encore faire des substitutions, mais avec les restrictions portées au chapitre 6 du présent titre.

Toutefois, on ne prohibe point comme étant une substitution, ni la libéralité où l'usufruit serait donnée à l'un et la nue propriété à l'autre, ni la disposition par laquelle un tiers serait appelé à recueillir le don, l'hérédité ou le legs, dans le cas où le donataire, l'héritier institué ou le légataire ne le recueillerait pas. En effet, dans ces deux cas, il n'y a pas de dérogation apportée à l'égalité des membres de la famille, et il n'y a rien qui nuise à la circulation des biens.

Dans toute libéralité entre-vifs ou testamentaire, les conditions ou charges qui sont impossibles, contraires aux lois ou aux mœurs, sont réputées non écrites, et la libéralité produit tout son effet : car le donateur ou testateur n'aurait sans doute pas inséré une pareille condition, s'il eût su qu'elle vicierait dans son essence sa libéralité. Dans les contrats ou actes à titre onéreux, de pareilles conditions rendent, au contraire, l'acte lui-même radicalement nul.

Chapitre II. — De la capacité de disposer ou de recevoir par donation entre-vifs ou par testament.

La règle en cette matière est que toutes personnes, même les étrangers, peuvent disposer ou recevoir par donation entre-vifs ou par testament. Toutefois celui qui dispose ainsi à titre gratuit doit être sain d'esprit, et celui qui reçoit doit être conçu à l'époque de la donation entre-vifs, et, quand il s'agit de testament, à l'époque du décès du testateur.

La règle générale que toute personne peut disposer et recevoir admet quelques restrictions.

1° D'après la loi du 31 mai 1854, abolitive de la mort civile, le condamné à une peine afflictive perpétuelle ne peut disposer de ses biens par libéralité, ni recevoir à ce titre, si ce n'est pour cause d'aliments.

2° Le *mineur* ne peut faire de libéralités, si ce n'est par contrat de mariage et avec l'assistance de certaines personnes. Cependant, quand il a plus de seize ans, il peut disposer par testament de la moitié des biens dont il pourrait disposer s'il était majeur; mais il ne pourrait disposer en aucune manière au profit de son tuteur, si celui-ci n'est point son ascendant, car on présumerait que la disposition est plutôt le résultat de l'influence que celui d'une vraie affection; aussi la loi frappe même de nullité les dispositions quelconques faites par un majeur au profit de celui qui a été son tuteur, autre qu'un ascendant, lorsque ce tuteur n'a pas encore rendu son compte définitif de tutelle.

3° L'*interdit* ne peut faire aucune disposition valable.

4° La *femme mariée* peut disposer par testament; mais pour disposer entre vifs, il lui faut l'autorisation spéciale de son mari ou de justice.

5° Les *enfants naturels* et leurs descendants ne peuvent recevoir de leurs père et mère rien au delà de ce qui leur est accordé au titre des successions (page 79).

6° Ceux qui ont traité une personne dans la maladie dont elle meurt, comme les *médecins*, *chirurgiens*, *pharmaciens*, *garde-malades* et *ministres du culte*, ne peuvent pas profiter des libéralités qui leur ont été faites pendant le cours de cette maladie. Ils pourraient néanmoins profiter des dispositions rémunératoires faites à titre particulier, eu égard aux facultés du disposant et aux services rendus; mais si de telles dispositions étaient excessives, elles ne seraient pas réduites : elles seraient annulées comme étant le résultat de l'influence. S'ils sont parents au quatrième degré du défunt, qui ne laisse pas d'ailleurs de parents en ligne directe, ou s'ils sont eux-mêmes des parents en ligne directe ou le conjoint, ils peuvent profiter des dispositions universelles faites à leur profit.

7° Les *hospices*, les *pauvres* d'une commune et les *établissements* d'utilité publique sont des personnes civiles, capables de recueillir les dons et legs; mais la disposition faite à leur profit n'a d'effet qu'après avoir été autorisée par une ordonnance du chef de l'État.

Toute disposition faite au profit d'un incapable de recevoir est nulle, lors même qu'elle serait déguisée sous la forme d'un contrat à titre onéreux, ou qu'elle serait faite à une personne interposée. Quand la libéralité est faite au père, à la mère, aux enfants et descendants ou à l'époux de l'incapable, il y a une présomption légale d'interposition qui n'admet pas la preuve contraire; quand, au contraire, elle est faite à d'autres personnes, l'interposition n'est pas présumée, et c'est par conséquent à celui qui a intérêt à faire tomber la disposition, à prouver que l'interposition existe.

CHAPITRE III. — De la portion de biens disponible et de la réduction.

Ce chapitre se divise en deux sections.

SECTION I. — *De la portion de biens disponible.*

Le propriétaire peut disposer de ses biens comme bon lui semble, pourvu qu'il n'en fasse pas un usage contraire à l'ordre public. Ce principe est absolu pour les actes à titre onéreux; mais pour les actes à titre gratuit, il souffre deux exceptions importantes, introduites en faveur de certains membres de la famille : l'une concerne les enfants et descendants; l'autre concerne les ascendants.

1° Les libéralités entre-vifs et par testament ne peuvent excéder la moitié des biens du disposant, s'il ne laisse qu'un enfant; le tiers, s'il laisse deux enfants; le quart, s'il en laisse trois ou un plus grand nombre. Sous le nom d'*enfants*, on comprend aussi les autres descendants, à quelque degré que ce soit; mais ils ne sont comptés que pour l'enfant qu'ils représentent dans la succession de disposant.

2° Les libéralités entre-vifs ou par testament ne peuvent excéder la moitié des biens, si le défunt laisse un ou plusieurs ascendants dans chacune des lignes paternelle et maternelle; elles ne peuvent excéder le quart, si le défunt ne laisse d'ascendants que dans une ligne. Lorsqu'il y a un ou plusieurs ascendants d'une ligne, en concours avec des collatéraux de l'autre ligne, l'ascendant doit toujours avoir au moins le quart de la masse des biens donnés et laissés. Si les biens laissés dépassent la moitié en valeur de cette masse, l'ascendant partage par moitié ce qui reste avec les collatéraux de l'autre ligne; s'ils sont inférieurs à cette moitié, il prend le quart de la masse sur les biens laissés, et, en cas d'insuffisance, il le complète en réduisant les biens donnés.

Il y a un cas remarquable où les ascendants autres que père et mère n'ont pas droit à la réserve : c'est lorsque le défunt laisse des frères, sœurs ou descendants d'eux. Ceux-ci, en effet, excluent les ascendants autres que père et mère, et ils n'ont pas droit à la réserve; or les ascendants, qui ne peuvent pas avoir des droits plus forts que ceux qui les excluent, n'ont donc, en ce cas, aucun droit de réserve.

Au reste, la quotité disponible peut être donnée nonseulement à des tiers, mais encore à un ou à quelquesuns des réservataires; toutefois, le donataire ou légataire venant à la succession sera tenu alors de rapporter les dons et legs qu'il a reçus, excepté cependant lorsqu'ils lui ont été faits à titre de préciput ou hors part, et que le défunt en a fait la déclaration expresse dans l'acte de disposition ou dans un acte postérieur revêtu des formes prescrites pour les donations ou pour les testaments.

Quand celui qui a plusieurs héritiers réservataires, dispose de tout ou partie de ses biens au profit de l'un d'eux, moyennant une rente viagère ou en se réservant le droit d'usufruit, il y a présomption légale que l'acte qualifié du nom de vente ou de tout autre contrat à titre onéreux, n'est réellement qu'une libéralité, et que le prix qui est dit avoir été payé, ne l'a réellement pas été. Mais cette libéralité, qui est revêtue des formes d'un contrat à titre onéreux, sera dispensée du rapport, comme si la clause de préciput ou hors part avait été exprimée en termes formels : elle sera donc seulement réductible ; mais cette réduction ne peut pas être demandée par ceux des successibles qui ont consenti à ces aliénations, puisqu'ils ont par là reconnu la sincérité d'un acte à titre onéreux.

La libéralité qui consiste en usufruit ou en rente viagère ne peut pas être justement appréciée pendant l'existence de celui qui en jouit ; c'est pourquoi elle n'est pas en elle-même réductible. Mais les héritiers réservataires ont le choix d'exécuter la disposition, ou, s'ils estiment que sa valeur entame leur réserve, de faire l'abandon de la pleine propriété de la quotité disponible.

On ne peut pas préciser du vivant d'une personne si les libéralités qu'elle a faites dépassent ou non la quotité disponible ; en effet, il faut toujours s'en référer au décès pour connaître la masse des biens, ainsi que la qualité et le nombre des héritiers réservataires ; selon l'opinion commune, il faut même s'en référer au moment des acceptations, par la raison que les héritiers n'ont droit à la réserve qu'en cas d'acceptation de la succession ; en effet, s'ils renoncent, ils sont censés n'avoir jamais été héritiers.

Section II. — *De la réduction des donations et legs.*

Les dispositions entre-vifs et testamentaires qui excèdent la quotité disponible sont réductibles lors de l'ouverture de la succession. Mais les seules personnes qui aient droit à la réserve, et qui puissent par conséquent demander la réduction, sont les descendants, les ascendants et leurs ayants cause, c'est-à-dire leurs successeurs et leurs créanciers. Lorsque les réservataires ont accepté purement et simplement la succession, les créanciers du défunt deviennent par là ceux des héritiers, et ils peuvent alors demander la réduction du chef de leurs débiteurs.

La réduction se détermine en formant une masse de tous les biens laissés et donnés par le défunt, et en estimant les biens à leur valeur au moment du décès: mais comme les biens donnés ont pu être améliorés ou détériorés par les donataires, ils figurent dans la masse pour ce qu'ils vaudraient s'ils étaient restés dans la succession. Ensuite, on déduit les dettes, et on calcule quelle est, eu égard à la qualité et au nombre des réservataires, la quotité dont le défunt a pu faire des libéralités. Quand il résulte de ce calcul que la quotité disponible a été dépassée, la réduction s'opère dans l'ordre suivant.

On réduit d'abord tous les legs proportionnellement à la valeur de chacun d'eux, sans faire aucune attention à la date des testaments, ni à la circonstance que des legs seraient universels, et d'autres particuliers. Cependant, si le testateur a déclaré expressément qu'il entend que tel legs soit acquitté de préférence aux autres, ce legs ne sera réduit qu'autant que la valeur des autres legs ne remplirait pas la réserve.

Ensuite, les legs étant tous insuffisants pour le complément de la réserve, la réduction se fait sur les donations, en commençant par la dernière; et ainsi de suite, en remontant des dernières aux plus anciennes. Les héritiers réservataires s'adressent donc au dernier donataire; s'il est insolvable et qu'il s'agisse d'immeubles qu'il a lui-même aliénés à différentes époques, les héritiers agissent en revendication de l'immeuble que le donataire a aliéné le dernier, et ainsi de suite en remontant des dernières aliénations aux plus anciennes. Les héritiers procèdent de même contre l'avant-dernier donataire et les autres, jusqu'au parfait complément de la réserve. — Lorsque le donataire poursuivi en réduction est trouvé insolvable, on retranche de la composition de la masse la valeur des biens qui lui ont été donnés, quand il n'y a pas de tiers détenteur contre lequel on puisse revendiquer : en faisant une donation à une telle personne, c'est comme si le défunt avait jeté son argent à la mer. Toute autre décision amènerait un résultat inique.

Les immeubles à recouvrer par l'effet de la réduction, rentrent dans la succession libres de toutes charges et hypothèques créées par le donataire. Celui-ci est tenu de payer la valeur des fruits et les intérêts de tout ce qui excède la portion disponible, à partir de l'ouverture de la succession, si la demande en réduction est faite dans l'année; sinon, à partir de la demande en justice.

Chapitre IV. — Des donations entre-vifs.

Ce chapitre se divise en deux sections qui traitent : 1° de la forme des donations entre-vifs; 2° des exceptions à la règle de l'irrévocabilité des donations entre-vifs.

Section I. — *De la forme des donations entre-vifs.*

Comme la donation dépouille actuellement et irrévocablement le donateur de sa chose, sans qu'il reçoive du donataire aucun équivalent, la loi a prescrit, pour la validité de cet acte à titre gratuit, des solennités qui sont une garantie pour le donateur et pour les membres de sa famille. Mais les donations de choses mobilières, appelées généralement donations *manuelles*, sont valables et parfaites par la seule tradition qui en est faite au donataire ; à cause de leur peu d'importance et du peu de danger qu'elles renferment, elles ne sont pas soumises aux règles suivantes sur les donations.

1° *Formes de la donation.* — Tout acte de donation doit être reçu par deux notaires, ou par un notaire en présence de deux témoins ; il doit être dressé en minute. — La *minute* est l'original écrit en petits caractères et destiné à rester chez le notaire qui en délivre des expéditions aux parties intéressées : si le notaire remet l'original aux parties, l'acte est alors rédigé en *brevet*.

L'acte solennel de la donation n'engage le donateur et ne produit d'effet que du jour où le donataire a accepté solennellement et en termes exprès la donation. L'offre et l'acceptation de la donation se font ordinairement par le même acte ; mais l'acceptation peut suivre l'offre, et elle doit alors être faite par acte notarié dont il reste aussi minute : la donation n'a d'effet, dans ce cas, que du jour où l'acte d'acceptation a été notifié au donateur. Celui-ci n'est dépouillé de sa chose que lorsqu'il a été capable de donner à trois époques, qui sont, celle de l'offre, celle de l'acceptation et celle de la notification.

Il n'est pas nécessaire que les parties figurent personnellement dans l'acte de donation : chacune d'elles peut être représentée par un fondé de procuration spéciale et authentique, dont une expédition devra être annexée à la minute de la donation ou de l'acceptation.

Les choses qui font l'objet de la donation doivent évidemment être déterminées ; de plus, quand il s'agit d'effets mobiliers, il est nécessaire qu'il y en ait un état estimatif signé du donateur et du donataire, et que cet état soit annexé à la minute de la donation.

2° *Capacité d'accepter la donation.* — Dans le chapitre 2 du présent titre, nous avons vu la capacité de donner et de recevoir; nous avons à traiter ici des restrictions de l'exercice du droit d'accepter les donations entre-vifs.

Chacun peut accepter une donation qui lui est faite. Ce principe reçoit les restrictions suivantes : 1° La femme mariée ne peut accepter une donation sans le consentement de son mari ou de justice; — 2° Le mineur non émancipé et l'interdit ne peuvent point personnellement accepter de donation : la donation doit alors être acceptée par le tuteur spécialement autorisé du conseil de famille ou par l'un des ascendants quelconques du donataire; — 3° Le mineur émancipé assisté de son curateur, ou son ascendant pourront accepter la donation; — 4° Le sourd-muet pourra accepter lui-même, s'il sait écrire; et, s'il ne sait pas écrire, la donation sera acceptée par un curateur nommé par le conseil de famille; — 5° Enfin la donation faite aux pauvres d'une commune, à un hospice ou à tout autre établissement public, sera acceptée par l'administrateur de la commune ou de l'hospice.

Les conditions de capacité pour accepter sont aussi essentielles à la validité de la donation, que les conditions de formes.

3° *Effets de la donation.* — La donation acceptée avec les formes et conditions requises, est *parfaite* : ce qui signifie que le donateur est obligé civilement et peut être contraint par le donataire à remplir son obligation. Dès que le donateur est obligé, les corps certains et déterminés qui font l'objet de la donation sont, par l'effet que la loi attache à l'obligation, immédiatement transférés au donataire, lors même qu'ils ne lui seraient pas encore livrés.

Cependant, si les biens donnés sont susceptibles d'hypothèques, la donation n'a d'effet à l'égard des tiers que par la transcription, faite au bureau des hypothèques de la situation des biens, des actes contenant la donation, l'acceptation et la notification de l'acceptation qui aurait eu lieu par acte séparé. Quand la donation de biens susceptibles d'hypothèques est faite à une femme mariée, à un mineur, à un interdit, ou à un établissement public, le mari, le tuteur et l'administrateur sont tenus, sous leur propre responsabilité, de faire faire la transcription; mais comme cet acte n'exige pas de capacité, toute personne pourra faire transcrire la donation. Si cette transcription n'a pas été faite, tous les tiers peuvent opposer le défaut de transcription et par conséquent la nullité à leur égard de la donation : il n'y a que ceux qui sont tenus de faire faire la transcription et leurs ayants cause, ainsi que le donateur, qui ne puissent, en ce cas, invoquer la nullité. Il faut conclure du principe général et des exceptions, que les ayants cause du donateur, comme ses donataires, légataires, créanciers et héritiers, peuvent opposer le défaut de transcription.

La donation doit essentiellement dépouiller *actuellement* et *irrévocablement* le donateur de sa chose. Elle est donc nulle : 1° Si elle ne comprend que des biens à venir: si elle comprend à la fois des biens à venir et des biens présents, elle est nulle quant aux premiers, et valable quant aux biens présents; — 2° Si elle est faite sous des conditions dont l'existence dépend de la volonté du donateur; — 3° Si elle renferme la clause que le donataire acquittera d'autres dettes que celles qui existent lors de la donation et qui sont exprimées dans l'acte de donation ou dans l'état qui lui est annexé; — 4° Si le donateur se réserve la faculté de disposer de quelques-unes des choses données, et se dépouille irrévocablement des autres, la donation est nulle à l'égard des premières, et valable à l'égard des secondes. — Dans ces quatre cas, les donations faites par contrat de mariage seraient valables.

Malgré le principe du *dépouillement actuel de la chose*, il n'est pas essentiel à la validité de la donation que le donateur se dépouille de tous les droits qu'il a sur sa chose : ainsi il peut valablement disposer de la jouissance, de l'usage ou de l'usufruit de sa chose, en retenant pour lui la nue propriété; ou bien disposer de la nue propriété de sa chose, en s'en réservant la jouissance, l'usage ou l'usufruit.

De même, malgré le principe du *dépouillement irrévocable* de la chose, le donateur peut insérer dans l'acte des conditions résolutoires; il peut notamment stipuler, mais seulement à son profit, le droit de retour des choses données en cas de prédécès du donataire, ou en cas de prédécès du donataire et de ses descendants.

Par suite de cette clause, lorsque la condition résolutoire se réalise, les biens reviennent au donateur libres de toutes charges et hypothèques créées par le donataire; cependant ils restent grevés d'hypothèque au profit de la femme pour sa dot et ses conventions matrimoniales, lorsqu'ils ont été donnés à son mari par contrat de mariage; mais la femme ne peut exercer son hypothèque sur ces biens, que dans le cas où les biens de son mari ne suffisent pas à l'exercice de ses reprises.

Section II. — *Des exceptions à la règle de l'irrévocabilité des donations entre-vifs.*

Il y a trois causes de révocation des donations : l'inexécution des conditions ou charges de la donation, l'ingratitude du donataire, et la survenance d'enfant au donateur.

I. *Inexécution des charges.* — Lorsque le donataire n'exécute pas les charges qui lui sont imposées dans l'acte de donation, le donateur ou ses héritiers et ayants cause ont le droit d'agir en révocation des choses données pendant trente ans, qui courent à partir du jour où les charges devaient être exécutées; mais ils ne peuvent point conclure à l'exécution des charges. Dans ce cas de révocation, le donateur recouvre les biens donnés libres de toutes charges et hypothèques créées par le donataire; il peut aussi revendiquer les immeubles donnés contre

7.

les tiers détenteurs, comme il le ferait contre le donataire lui-même.

II. *Ingratitude du donataire.* — La donation est révocable pour ingratitude dans les trois cas suivants : 1° si le donataire a attenté à la vie du donateur ; 2° si le donataire s'est rendu coupable envers le donateur de sévices, délits ou injures graves, c'est-à-dire d'atteinte à son corps, à ses biens ou à son honneur ; 3° si le donataire a refusé des aliments au donateur dans le besoin. — La donation par contrat de mariage n'étant pas une pure libéralité, puisqu'elle fait partie des conditions qui ont déterminé le donataire à contracter les obligations du mariage, il s'ensuit qu'elle n'est pas révocable pour cause d'ingratitude.

Cette demande en révocation de la donation est personnelle et limitée dans un court délai. — Elle est *personnelle*; car, 1° elle ne peut être formée que par le donateur et par ses héritiers, et non par ses créanciers et autres ayants cause ; 2° elle est formée contre le donataire, mais jamais elle ne peut être formée ou même continuée contre ses héritiers ; 3° elle ne peut pas préjudicier aux tiers qui ont acquis sur les biens donnés des droits de propriété ou d'hypothèque, antérieurement à l'inscription de l'extrait de la demande en révocation, faite en marge de la transcription de la donation au bureau des hypothèques. — La demande en révocation est *limitée dans un court délai*, qui est, pour le donateur, d'un an à partir du délit ou du jour qu'il a pu le connaître, et, pour ses héritiers, d'un an à partir du délit.

III. *Survenance d'enfants au donateur.* — Toutes donations entre-vifs faites par une personne n'ayant pas d'enfants ou descendants vivants lors de la donation, même celles qui auraient été faites en faveur de mariage, sont révoquées sans demande et de plein droit par la naissance d'un enfant légitime au donateur, ou par la légitimation d'un enfant naturel né après la donation. Les biens rentrent alors dans le patrimoine du donateur, libres de toutes charges et hypothèques du chef du donataire, et cela nonobstant toutes clauses contraires; le donataire est aussi tenu de restituer la valeur des fruits et de payer les intérêts des sommes données, à partir du jour, soit de la demande, soit de la notification qui lui est faite de la naissance de l'enfant.

La donation révoquée par survenance d'enfants ne peut revivre et avoir effet ni par la mort de cet enfant, ni par la ratification tacite ou même expresse du donateur. Si ce dernier veut disposer des mêmes biens au profit du même donataire, il devra remplir les formes prescrites pour les donations.

La demande des choses données peut être exercée pendant trente ans, à partir de la naissance du dernier enfant, tant contre le donataire que contre les tiers détenteurs : après ce délai, la donation est irrévocable, mais les choses données peuvent revenir encore à la succession, par suite de la demande du rapport ou de la réduction, qui peut être intentée pendant trente ans, à partir du décès du donateur.

Cette cause de révocation des donations et de nullité des clauses contraires à la révocation est fondée sur la présomption, d'ailleurs si conforme à la nature, que le donateur n'ayant pas d'enfants lors de la donation n'aurait pas fait de libéralité, s'il eût su qu'il éprouverait un jour les sentiments de la tendresse paternelle.

L'inexécution des conditions, l'ingratitude et la survenance d'enfants sont trois espèces de clauses tacites de résolution; elles ne portent guère plus d'atteinte au principe de *dépouillement irrévocable*, que les conditions résolutoires expresses.

Chapitre V. — Des dispositions testamentaires.

Ce chapitre a huit sections, qui comprennent : 1° les règles générales sur la forme des testaments; 2° les règles particulières sur la forme de certains testaments; 3° les legs en général; 4° le legs universel; 5° le legs à titre universel; 6° le legs particulier; 7° les exécuteurs testamentaires; et 8° la révocation et la caducité des testaments.

Section I. — *Des règles générales sur la forme des testaments.*

Toute personne peut disposer par testament de tout ou partie de ses biens, soit sous le titre d'*institution d'héritier*, soit sous le titre de *legs*, soit sous toute autre dénomination propre à manifester sa volonté. Mais, en réalité, la loi seule fait les héritiers, et le testateur ne peut faire que des légataires : aussi, dans nos mœurs conformes à la loi et aux liens imposés par la nature, on ne voit pas avec faveur le testament qui dépouille entièrement les membres de la famille au profit de personnes qui ont su quelquefois capter, dans les derniers instants, toute la bienveillance du testateur.

Le testament étant un acte essentiellement libre, indépendant de la volonté d'autrui et révocable au gré du testateur, il ne peut être fait dans le même acte par deux ou plusieurs personnes, soit au profit d'un tiers, soit à titre de disposition réciproque et mutuelle.

Il y a trois formes de testaments : le testament olographe, le testament public et le testament mystique.

I. *Testament olographe.* — Le testament *olographe* doit être entièrement écrit, daté et signé par le testateur : il n'est soumis à aucune autre formalité. — Ce testament peut être fait par lettre missive; l'indication du lieu où il est fait n'est pas nécessaire; la date peut être mise en toutes lettres ou en chiffres, et peut, non-seulement précéder, mais encore suivre la signature (1).

Le testament olographe ne fait pas foi : aussi, en cas de contestation sur la question de savoir s'il émane ou

---

(1) Voir le Formulaire, Modèle, n° 5.

non du défunt, il y a lieu, non à l'inscription de faux, mais à la vérification d'écritures, et c'est aux légataires à jouer le rôle de demandeurs contre les héritiers ordinaires. Lorsque l'écriture est reconnue comme émanant du testateur, c'est à celui qui prétend que la date n'est pas exacte, à en faire la preuve.

II. *Testament public.* — Le testament *public* est celui qui réunit les formes suivantes :

1° Le testateur dicte ses dispositions à un notaire assisté soit d'un autre notaire et de deux témoins, soit, à défaut de notaire en second, de quatre témoins. — Remarquons qu'il faut ici plus de garanties que dans les actes ordinaires, où la loi n'exige qu'un notaire assisté d'un autre notaire, ou, à défaut, de deux témoins ; et que le notaire recevant le testament ne peut pas faire des observations ou interrogations tendant à modifier les dispositions du testateur.

2° Le notaire doit écrire les dispositions telles qu'elles lui sont dictées. — Observons que le notaire doit reproduire exactement les intentions et même les expressions du testateur, en corrigeant toutefois les fautes de français, et que, si le testament est dicté en langue étrangère, il l'écrit dans cette langue, et en fait, en marge, une traduction en français qui constitue le véritable testament ; les témoins doivent, dans ce cas, comprendre les deux langues.

3° Le notaire doit donner lecture du testament au testateur en présence des témoins. — Cette lecture est exigée afin que le testateur et les témoins s'assurent si les dispositions ont été rédigées telles qu'elles ont été dictées.

4° Le testament doit contenir la mention de l'accomplissement des formalités qui viennent d'être indiquées. — Cette mention peut être conçue en ces termes : « Le testament a été dicté par le testateur et écrit par moi, notaire, tel qu'il a été dicté ; lecture en a été donnée au testateur en présence des témoins. »

5° Le testament doit être signé du testateur, du notaire et des témoins. — Si le testateur ne sait pas ou ne peut pas signer, il est fait mention expresse de sa déclaration, ainsi que de la cause qui l'empêche de signer; quant aux témoins, ils doivent tous signer, excepté dans les campagnes, c'est-à dire dans les communes qui ne sont ni villes ni bourgs, où l'on se contente de la signature de la moitié des témoins.

Le testament public fait foi : celui qui conteste les déclarations du notaire est tenu de s'inscrire en faux.

III. *Testament mystique.* — Le testament *mystique* ou secret est soumis aux formes suivantes :

1° Le testateur écrit lui-même ses dispositions ou les fait écrire par un tiers; dans l'un et l'autre cas il signe son testament;

2° Il présente son testament, clos et scellé, au notaire en présence de six témoins, ou, s'il n'est pas encore clos, il le fait clore et sceller en leur présence. — Le testament est *clos* par du pain ou de la cire à cacheter, que l'on pose sur l'écrit contenant les dispositions ou sur l'enveloppe qui le renferme; il est *scellé* par l'apposition d'un cachet quelconque sur le pain ou sur la cire à cacheter;

3° Il leur déclare que le contenu en ce papier est son testament écrit et signé de lui, ou écrit par un autre et signé de lui;

4° Le notaire dresse le procès-verbal, appelé *acte de suscription,* sur le papier clos où est écrit le testament ou sur la feuille qui sert d'enveloppe : ce procès-verbal expose que le testateur a présenté au notaire et aux six témoins un papier clos et scellé, ou qu'il a fait clore et sceller en leur présence, en leur déclarant que ce papier était son testament écrit et signé de lui, ou écrit par un autre et signé de lui;

5° L'acte de suscription est daté et signé tant par le testateur que par le notaire et les témoins. — Si le testateur ne peut signer par suite d'un empêchement survenu depuis qu'il a signé le testament, il est fait mention de la cause qui l'empêche de signer; mais si le testateur n'a pas su ou pu signer le testament écrit par un autre, un septième témoin est nécessaire, et on fait mention dans l'acte de suscription, de la cause pour laquelle ce témoin est appelé. Quant aux témoins, il est nécessaire qu'ils signent tous, même dans les campagnes;

6° La présentation du testament par le testateur, sa déclaration, et l'acte de suscription doivent avoir lieu de suite et sans interruption. C'est ici, plutôt encore que dans le testament public, qu'il faut l'unité de contexte.

Celui qui ne sait pas écrire ne peut faire qu'un testament public; s'il sait lire, il peut cependant faire un testament mystique. Celui qui ne peut parler est incapable de tester, s'il ne sait pas écrire; mais s'il sait écrire, il peut tester en la forme olographe ou mystique : pour que le testament mystique soit valable en ce cas, il faut que le testateur l'écrive entièrement, le date et le signe de sa main, et qu'en le présentant au notaire et aux témoins, il écrive, en haut de l'acte de suscription et en leur présence, que ce papier qu'il présente est son testament; après quoi le notaire dresse l'acte de suscription.

Les témoins appelés pour être présents aux testaments publics ou mystiques doivent être mâles, majeurs, français, et avoir la jouissance et l'exercice de leurs droits civils.

En outre, comme leur présence a pour but de corroborer le témoignage du notaire, ils ne doivent pas être intéressés dans l'acte ni placés sous la dépendance du notaire; c'est pourquoi les légataires, leurs parents ou alliés jusqu'au quatrième degré, et les clercs des notaires qui reçoivent l'acte, ne peuvent pas être témoins; toutefois, dans le testament mystique où les dispositions sont inconnues, on peut prendre pour témoins les légataires, ainsi que leurs parents et alliés.

Toutes les formes de ces testaments sont prescrites à peine de nullité. Lorsque cette nullité provient de la faute du notaire, il est responsable envers les légataires.

SECTION II. — *Des règles particulières sur la forme de certains testaments.*

Les circonstances particulières dans lesquelles la loi se relâche, pour le testament public, des règles ordinaires sont : 1° le service militaire; 2° la maladie contagieuse; 3° le voyage maritime; 4° le séjour à l'étranger.

I. *Service militaire.* — Les militaires et les individus employés dans les armées peuvent, lorsqu'ils sont à l'étranger ou même en France dans une place assiégée, faire rédiger, en présence de deux témoins, leur testament par un chef de bataillon ou d'escadron, ou par tout autre officier d'un grade supérieur, ou même par un sous-intendant militaire. Si le militaire est malade ou blessé, son testament peut alors être reçu par l'officier de santé en chef, assisté du commandant militaire chargé de la police de l'hospice : il n'est pas besoin ici de témoins. Dans ces deux cas, le testament militaire devient nul six mois après que le testateur est revenu dans un lieu où il a la liberté d'employer les formes ordinaires.

II. *Maladie contagieuse.* — Les personnes qui sont dans un lieu avec lequel toute communication est interceptée à cause de la peste ou autre maladie contagieuse, peuvent, qu'elles soient ou non actuellement malades, tester devant le juge de paix ou l'un des officiers municipaux, en présence de deux témoins. Ce testament devient nul six mois après le rétablissement des communications.

III. *Voyage en mer.* — Ceux qui sont dans un voyage de mer, comme marins ou simples passagers, peuvent tester devant l'officier commandant, assisté de l'officier d'administration et de deux témoins, s'il s'agit d'un bâtiment de l'État, ou, s'il s'agit de bâtiment de commerce, devant l'écrivain du navire, assisté du capitaine et de deux témoins. — Ce testament ne peut contenir aucune disposition au profit des officiers du navire qui ne seraient point parents du testateur. Dans la crainte que ce testament ne vienne à se perdre, la loi prescrit la forme du double original, et fixe les moyens à employer pour faire parvenir plus sûrement l'un des originaux au greffe de la justice de paix du domicile du testateur. Ce testament est nul trois mois après que le testateur est descendu à terre.

Remarquons que les trois espèces de testaments ci-dessus doivent être signés par le testateur, par ceux qui reçoivent l'acte et par l'un au moins des deux témoins. Si le testateur ne peut pas signer, on mentionne dans l'acte la cause d'empêchement.

IV. *Séjour à l'étranger.* — Le Français qui est à l'étranger peut tester, par acte authentique, avec les formes usitées dans le lieu où l'acte est passé. Mais ce testament ne peut être exécuté sur les biens situés en France, qu'après avoir été enregistré au bureau du dernier domicile du testateur, et, dans le cas où il contient des dispositions d'immeubles situés en France, il devra être aussi enregistré au bureau de la situation de ces immeubles, sans qu'il puisse être exigé double droit de mutation.

Remarquons en finissant, 1° que les formes prescrites dans cette section, comme dans celle qui précède, le sont à peine de nullité du testament; et 2° que l'on peut, en tous lieux, faire un testament olographe.

SECTION III. — *Des institutions d'héritier et des legs en général.*

Les dispositions testamentaires, ou actes de dernière volonté, sont universelles, à titre universel, ou à titre particulier. Une seule personne peut avoir en même temps plusieurs testaments, et chacun d'eux est valable, de quelque faible valeur que soit la chose léguée.

Les dispositions de dernière volonté s'appellent, à proprement parler, des *legs*. En effet, le testateur ne peut faire que des légataires ; c'est la loi seule qui fait des héritiers. Mais si le testateur a fait une disposition au profit d'une personne sous la dénomination d'*institution d'héritier*, cette personne recueillera néanmoins la disposition, et ne sera, en réalité, que légataire.

Section IV. — *Du legs universel.*

Le legs *universel* est la disposition de dernière volonté par laquelle le testateur donne à une seule ou à plusieurs personnes l'universalité des biens qu'elle laissera à son décès (1).

Dans cette disposition : « Je lègue tous mes biens à Augustin, à Jean et à Pierre; » ou dans celles-ci : « Je lègue tous mes biens à Augustin. Je lègue tous mes biens à Jean. Je lègue tous mes biens à Pierre, » Augustin, Jean et Pierre sont des légataires universels; et cela par la raison que chacun d'eux est appelé par le testateur à l'universalité des biens. Il est vrai que, s'ils sont tous capables et acceptent, il y aura lieu entre eux à un partage dans lequel chacun n'aura qu'une portion des biens; mais si un seul est capable et accepte le legs, il recueille alors toute la succession. Le légataire universel est donc celui qui a un droit éventuel à toute la succession.

La loi accorde plus ou moins d'effet au legs universel selon la qualité des héritiers et la forme du testament.

1° Toutes les fois que le testateur laisse des héritiers réservataires, c'est-à-dire des descendants ou ascendants, et en même temps des légataires universels, les héritiers sont saisis de plein droit de tous les biens de la succession. C'est donc à eux que doivent s'adresser les légataires universels pour obtenir, sauf déduction de la quotité réservée, les biens de la succession : s'ils forment leur demande dans l'année du décès, ils ont droit aux fruits

---

(1) Voir le Formulaire, MODÈLE, n° 5, 1°, 2°.

naturels ou civils des biens qui leur reviennent à partir de l'ouverture de la succession; mais s'ils forment leur demande après l'année, ils n'ont droit aux fruits qu'à partir de leur demande, car ceux qui ont été antérieurement perçus ou échus restent aux héritiers.

2° Lorsqu'il n'y a pas d'héritiers réservataires, le légataire est ou non saisi selon la forme du testament.

Si le testament est *authentique*, le légataire universel est saisi, de plein droit et dès la mort du testateur, de tous les biens de la succession; mais il diffère d'un héritier légitime, en ce qu'il n'est tenu, quand il a eu soin de faire constater par un inventaire la valeur de la succession, de payer les dettes et charges que jusqu'à concurrence de son émolument.

Si, au contraire, le testament est *olographe* ou *mystique*, le légataire universel n'est point saisi. Voici alors les formalités à suivre. Le testament est présenté au président du tribunal de première instance de l'arrondissement du domicile du défunt : si le testament est olographe, le président l'ouvre seul quand il est cacheté; s'il est mystique, le président ne l'ouvre qu'en présence du notaire et des témoins signataires de l'acte qui se trouvent sur les lieux, ou eux dûment appelés. Ensuite, le président dresse procès-verbal de la présentation, de l'ouverture et de l'état du testament olographe ou mystique, et il en ordonne le dépôt entre les mains d'un notaire, afin que les personnes intéressées puissent s'en faire délivrer copie et en prendre connaissance. Le légataire universel qui veut obtenir l'envoi en possession de la succession, se fait délivrer, par le notaire, copie du testament et de l'acte de dépôt; et, par le ministère d'un avoué, il forme une requête à laquelle est jointe copie du testament et de l'acte de dépôt; sur cette requête, adressée au président du tribunal, celui-ci délivre une ordonnance d'envoi en possession.

Le légataire universel qui est en concours avec un héritier réservataire, est tenu de contribuer avec lui au payement des dettes et charges de la succession, proportionnellement à la part des biens qui lui reviennent; mais il est tenu d'acquitter seul les legs, savoir, ceux à titre universel avec une déduction proportionnelle à la réduction qu'il a subie en faveur de l'héritier réservataire, et ceux à titre particulier jusqu'à concurrence de son émolument.

Section V. — *Du legs à titre universel.*

Le legs *à titre universel* est celui par lequel le testateur lègue une quote-part ou fraction des biens dont la loi lui permet de disposer (1).

Ce legs, qui ne confère jamais au légataire de droit éventuel à toute la succession, peut se présenter sous cinq modalités, qui sont : 1° le legs d'une quote-part de tous les biens, comme le tiers, le quart; 2° le legs de tous les immeubles; 3° le legs de tous les meubles; 4° le legs d'une quote-part de tous les immeubles; 5° le legs d'une quote-part de tous les biens meubles. Tout autre legs, qui n'est pas universel, forme une disposition à titre particulier: ainsi le legs de toutes les maisons, ou de tous les champs, ou de tous les bois, ou de tous les meubles meublants, ou même de l'usufruit de tous les biens, forment chacun une disposition à titre particulier.

Les légataires à titre universel n'ont jamais la saisine ou possession légale, quelles que soient d'ailleurs la qualité des héritiers et la forme du testament. Ils demandent la délivrance de leurs legs aux héritiers réservataires; à leur défaut, aux légataires universels; à leur défaut, aux héritiers ordinaires, et enfin, à leur défaut, au tribunal.

La loi ne dit pas si le légataire à titre universel, qui forme sa demande dans l'année, a droit aux fruits de ce qui lui

---

(1) Voir le FORMULAIRE, **MODÈLE**, n° 5, 3°, 4°.

revient depuis l'ouverture de la succession, comme cela a lieu pour le légataire universel en concours avec des héritiers réservataires. Mais il faut adopter l'affirmative par des raisons analogues : en effet, en présence d'un pareil legs, l'héritier ne peut guère être réputé de bonne foi dans la première année ; le légataire à titre universel qui forme sa demande dans l'année ne peut pas être puni d'une négligence qui n'existe pas ; ce légataire a droit aussi à figurer dans le partage, et il est tenu de contribuer aux dettes ; enfin la loi n'a pas dû mettre l'un des copartageants dans la nécessité de faire des poursuites immédiates qui empêcheraient peut-être un partage amiable.

Le légataire à titre universel contribue, avec les héritiers et les légataires universels, au payement des dettes et charges de la succession, jusqu'à concurrence de son émolument s'il a eu soin de faire constater par un inventaire régulier le montant de la succession, sinon il y contribue même au delà de son émolument. Les créanciers peuvent aussi le poursuivre personnellement pour sa part contributoire, soit jusqu'à concurrence de son émolument, soit au delà, selon qu'il y a eu ou non un inventaire ; à cause de l'indivisibilité de l'hypothèque, ils peuvent aussi le poursuivre hypothécairement pour toute la dette, lorsqu'il est détenteur de l'immeuble hypothéqué. — Le légataire à titre universel est aussi tenu de contribuer à l'acquittement des legs avec les légataires universels, ou, à leur défaut, avec les héritiers du testateur qui n'a légué qu'une portion de la quotité disponible. Mais lorsque le légataire à titre universel est en concours avec des héritiers réservataires et qu'il a toute la quotité disponible, c'est lui seul qui doit acquitter les legs, mais seulement, bien entendu, jusqu'à concurrence de son émolument.

SECTION VI. — *Des legs particuliers, et de quelques règles sur les legs.*

Le legs *particulier* est celui par lequel le testateur lègue des objets déterminés, comme telle maison, telle somme (1).

Règles. — 1° Les legs purs et simples, c'est-à-dire qui ne renferment ni terme ni condition, donnent au légataire un droit aux choses léguées du jour du décès du testateur, sans distinguer s'ils sont universels, à titre universel ou à titre particulier. Il en est de même pour les legs à terme; car le terme retarde l'exécution sans suspendre la naissance du droit. Mais si le legs est conditionnel, le légataire n'a de droit acquis qu'à l'événement de la condition.

2° Dès que le legs est acquis au légataire, il est transmissible à ses héritiers. Toutefois, malgré l'acquisition du droit de propriété sur la chose léguée, le légataire particulier n'a jamais droit aux fruits qu'à partir du jour de sa demande en délivrance, ou du jour où cette délivrance lui a été volontairement consentie. Cette règle a deux exceptions : si le testateur a déclaré qu'il entendait que les fruits fussent accordés au légataire particulier depuis son décès; ou si le legs consiste en rente viagère ou en pension alimentaire : — dans ces deux cas, le légataire a droit aux fruits du jour du décès.

3° Les héritiers et les légataires universels ou à titre universel peuvent être poursuivis par le légataire particulier en payement du legs, soit par une action *personnelle*, proportionnellement à la portion que chacun d'eux a dans la succession ; soit par une action en *revendication*, qui est dirigée contre le détenteur de la chose léguée ; soit enfin par une action *hypothécaire*, qui peut être dirigée pour le tout contre chacun des débiteurs du legs, mais

---

(1) Voir le FORMULAIRE, MODÈLE, n° 5, 5°, 6°.

seulement jusqu'à concurrence de la valeur des immeubles héréditaires dont ils sont détenteurs, sauf recours de celui qui a trop payé contre les autres; les immeubles de la succession sont, en effet, grevés d'hypothèque pour sûreté du payement des legs.

4° La chose léguée doit être délivrée au légataire telle qu'elle se trouve au décès du testateur, et avec tous les accessoires nécessaires. Elle est donc délivrée avec les embellissements postérieurs au testament, avec les constructions nouvelles sur le fonds légué, et avec l'enclos dont le testateur aurait augmenté l'enceinte. Cependant lorsque celui qui a légué un immeuble l'augmente ensuite par des acquisitions contiguës, ces acquisitions ne font point partie du legs.

5° Comme la chose léguée doit être délivrée telle qu'elle est au décès du testateur, il s'ensuit que l'héritier n'est pas tenu de rendre libre l'immeuble légué qui est grevé d'hypothèque ou du droit d'usufruit. Le légataire est tenu de souffrir l'exercice du droit d'usufruit, sans recours aucun; mais lorsqu'il est poursuivi hypothécairement, il a un recours contre les héritiers si l'immeuble est grevé d'hypothèque à raison d'une dette de la succession, ou, s'il est grevé pour la dette d'un tiers, il a recours contre ce tiers.

6° Lorsque le testateur a légué sciemment ou par erreur une chose appartenant à autrui, le legs est nul; il ne produit par conséquent absolument aucune action contre les héritiers. Malgré les termes et l'esprit de la loi, quelques commentateurs prétendent que le légataire peut demander aux héritiers l'estimation de la chose d'autrui, s'il prouve évidemment que le testateur savait qu'il léguait une chose appartenant à autrui : cette opinion ne paraît pas suffisamment fondée. Au reste, le testateur peut léguer une chose indéterminée lors même qu'il n'en aurait aucune du même genre : ainsi celui qui n'a pas de chevaux peut dire : « Je lègue un cheval à Jean; » l'héritier devient par là débiteur d'un cheval, et c'est à lui qu'en appartient le choix : il n'est pas tenu d'en donner un de la meilleure qualité, et il ne peut en offrir un de la plus mauvaise.

7° En léguant à son créancier ou à son domestique une certaine somme, le testateur fait par là une libéralité de toute la somme : les héritiers sont donc tenus de payer tout ce qui est dû et toute la somme léguée, sans aucune déduction.

8° Le légataire particulier n'est tenu des dettes ni envers les créanciers de la succession, ni envers les successeurs du défunt ; aussi lorsque, par suite de l'hypothèque, il est poursuivi par un créancier sur l'immeuble hypothéqué, il a son recours pour le tout contre les héritiers et autres successeurs.

SECTION VII. — *Des exécuteurs testamentaires.*

Ce sont les héritiers qui doivent ordinairement exécuter les dispositions du testament. Quand le testateur craint de leur part de l'inexpérience, des retards ou de la mauvaise volonté, il nomme un ou plusieurs exécuteurs testamentaires (1), et, s'il veut, il leur donne la saisine ou possession de tout ou partie de son mobilier, afin qu'ils aient plus de facilité pour remplir leur mission ; mais cette saisine, qui n'empêche point la saisine légale de l'héritier, ne peut durer au delà de l'an et jour, et elle cesse même avant ce délai si l'héritier justifie du payement des legs ou offre à l'exécuteur une somme suffisante pour ce payement.

L'exécuteur testamentaire n'est pas tenu d'accepter la mission offerte ; aussi il reçoit ordinairement du testateur un don appelé *diamant*, de valeur à l'indemniser largement de sa peine, et à l'engager par là à une acceptation. Puisque l'exécuteur ne s'oblige que par son acceptation, et que sa nomination a pour but de mieux garantir

---

(1) Voir le FORMULAIRE, MODÈLE, n° 5, 7°.

l'exécution des actes de dernière volonté, il est évident qu'on ne peut nommer pour exécuteur celui dont les obligations sont annulables : or de ce nombre sont les interdits et les mineurs, même émancipés; quant à la femme mariée, elle peut accepter l'exécution testamentaire avec l'autorisation de son mari, et même, dans le cas seulement où elle est séparée de biens, avec l'autorisation de la justice, au refus du mari.

Les obligations de l'exécuteur testamentaire consistent : 1° à faire apposer les scellés s'il y a des héritiers mineurs, interdits ou absents; 2° à faire rédiger l'inventaire des biens de la succession en présence de l'héritier; 3° à faire vendre le mobilier pour avoir de quoi acquitter les legs; 4° à veiller à ce que les dernières dispositions soient exécutées, et à intervenir dans les contestations qui s'engagent à leur égard; 5° enfin à rendre, à l'expiration de l'année, compte de sa gestion à l'héritier : dans ce compte, les frais d'apposition de scellés, d'inventaire et autres relatifs à l'exécution testamentaire sont mis à la charge de la succession (1). S'il y a plusieurs exécuteurs testamentaires, et si le testateur n'a pas divisé leurs fonctions, ils sont tous solidairement responsables, envers l'héritier, du mobilier qui leur a été confié.

Les pouvoirs de chacun des exécuteurs testamentaires sont essentiellement personnels, et ne passent jamais à leurs héritiers; mais, comme un seul peut agir à défaut des autres, les exécuteurs survivants pourront continuer de remplir leurs fonctions.

SECTION VIII. — *De la révocation des testaments, et de leur caducité.*

La *révocation* est l'acte par lequel le testateur retire la libéralité qu'il avait offerte. — La *caducité* est la nullité

---

(1) Voir le FORMULAIRE, **MODÈLE**, n° 6.

d'une disposition par une cause étrangère à la volonté du testateur.

I. *Révocations des testaments et legs.* — Les testaments ou legs peuvent être révoqués des cinq manières suivantes :

1° Par un acte portant déclaration de changement de volonté. — Le testateur doit faire rédiger cet acte par notaire, assisté seulement de deux témoins, qu'il veuille révoquer tout ou partie de son testament.

2° Par un testament postérieur révoquant les précédents. — La révocation est *expresse*, si le testateur dit, dans son nouveau testament : « Je révoque tous mes testaments antérieurs, » ou, « Je révoque tel testament, » ou « Je révoque telle partie de tel testament, telles dispositions. » La révocation est *tacite*, quand le testateur ne s'exprime pas à cet égard, mais insère dans un nouveau testament des dispositions contraires ou incompatibles avec celles qui sont insérées dans les testaments antérieurs : ainsi, lorsqu'après avoir nommé un légataire universel, on en nomme un autre dans un nouveau testament, ou qu'après avoir donné telle maison, on la donne à un autre dans le testament nouveau, il y a dans ces cas révocation soit du legs universel, soit du legs particulier.

Au reste, comme une personne peut décéder avec plusieurs testaments également valables, il n'y a de révoqué par le nouveau testament que les dispositions des anciens à l'égard desquelles le testateur a manifesté expressément ou tacitement sa volonté. Lorsque la volonté de révoquer a été manifestée, la révocation produit tout son effet, quoique le nouvel acte soit nul ou caduc par l'incapacité du nouvel institué ou par son refus de recueillir la disposition.

L'acte revêtu des formes prescrites pour les testaments, et qui contient la révocation de tous les testaments antérieurs, sans faire de nouvelles dispositions, est valable; puisque le testateur revient par là à l'ordre légal des successions. C'est pourquoi celui qui a fait un testament quelconque et qui, dans un acte postérieur, entièrement écrit, daté et signé de sa main, dit : « Je révoque tous mes testaments, » sans faire aucun legs, révoque ainsi valablement tous ses testaments.

3° Par l'aliénation postérieure des choses léguées. — Toute aliénation, qu'il s'agisse de donation, d'échange ou de vente, même avec faculté de rachat que fait le testateur de tout ou partie de la chose léguée, révoque le legs pour tout ce qui a été aliéné; encore que cette aliénation soit nulle, ou que la chose soit rentrée postérieurement dans la main du testateur. Mais l'aliénation sous condition suspensive ne révoquerait le legs de la chose, que si la condition venait à se réaliser.

4° Par l'inexécution des conditions imposées au légataire. — Ce sont les héritiers qui agissent alors en révocation contre le légataire; ils ont trente ans pour agir.

5° Par l'ingratitude du légataire. — Or il y a ingratitude si le légataire a commis contre le testateur le crime d'attentat à sa vie, ou même des sévices, délits ou injures graves, ou enfin une injure grave à sa mémoire. Dans tous ces cas, les héritiers ne peuvent agir en révocation de la disposition contre le légataire, que dans l'année du délit.

II. *Caducité des testaments et legs.* — Les causes de caducité des legs sont au nombre de trois, qui sont :

1° Le décès du légataire ou sa condamnation à une peine afflictive perpétuelle avant la naissance du droit; car le legs étant l'œuvre unique du testateur qui a en vue le légataire, celui-ci n'a rien à transmettre à ses héritiers si le droit n'est pas irrévocablement né dans sa personne. Or le droit naît, pour les legs purs et simples ou à terme, au décès du testateur, et pour les legs conditionnels, à l'événement de la condition; mais les expressions conditionnelles qui, dans l'intention du testateur, ont pour but de retarder l'exécution, sans suspendre la naissance du droit, n'empêchent pas le légataire d'avoir, au décès du testateur, un droit acquis et transmissible à ses héritiers;

2° La répudiation du legs par le légataire ;
3° La perte de l'objet légué, lorsqu'elle arrive avant le décès du testateur. Si la perte de la chose léguée n'arrive qu'après le décès du testateur, le legs n'est pas à proprement parler caduc, lors même que la délivrance de la chose n'aurait point encore été effectuée ; car, dans ce cas, le légataire a eu un droit acquis, il peut réclamer tous les accessoires de la chose, et, s'il y avait fait, faute ou demeure de l'héritier, il pourrait lui réclamer la réparation du préjudice éprouvé.

Lorsqu'un legs est fait à plusieurs conjointement, les parts caduques par le décès, l'incapacité ou le refus de recueillir de l'un ou de quelques-uns des légataires, reviennent aux autres par droit d'accroissement ; or le legs est réputé fait conjointement : 1° si le testateur l'a fait par une seule disposition sans fixer la part de chacun de colégataires dans la chose léguée ; par exemple, s'il a dit : « Je lègue telle maison, tels fonds à Jean et à Pierre ; » 2° si le testateur a légué dans le même testament, et par des dispositions même séparées, une chose qui n'est pas susceptible d'être divisée sans détérioration ; s'il a dit, par exemple : « Je lègue tel cheval à Jean ; je lègue le même cheval à Pierre. »

Dans tous les cas où le legs n'est pas fait conjointement, c'est l'héritier, ou autre grevé du legs, qui profite des parts caduques.

CHAPITRE VI. — **Des dispositions permises en faveur des petits-enfants du donateur ou testateur, ou des enfants de ses frères et sœurs.**

Nous avons vu dans le chapitre I du présent titre, que le Code civil prohibe les substitutions, parce qu'elles établissaient autrefois de grandes inégalités de fortune entre les membres de la même famille et qu'elles enlevaient à la libre circulation une masse considérable de biens ; cependant il autorise les substitutions dans deux cas, en traçant des règles qui remédient aux anciens abus : mais l'exemple s'en rencontre très-rarement en pratique (1).

I. *Substitutions permises.* — La quotité disponible peut être donnée en tout ou en partie, soit par le père ou la mère, à l'un ou à plusieurs de ses enfants, soit par le frère ou la sœur n'ayant pas d'enfants, à l'un ou à plusieurs de ses frères ou sœurs : et cela, dans les deux cas, à la charge que celui qui reçoit les biens les conservera et les rendra à tous ses enfants, nés et à naître, du premier degré seulement, et sans aucune distinction de sexe ni de primogéniture. Toutefois si celui qui a ainsi reçu les biens laisse pour héritiers des enfants et des petits-enfants, ceux-ci recueilleront la part que leur père ou mère, qu'ils représentent, aurait eue dans la substitution.

Ainsi, le père ou le frère sans enfants, lorsqu'ils craignent que leur enfant ou leur frère ne dissipent tous les biens donnés ou laissés, peuvent user d'un moyen qui fait parvenir sûrement une portion de ces biens à leurs petits-enfants ou à leurs neveux.

II. *Époque de l'ouverture du droit des appelés ; ses effets.* — Le droit du grevé cesse : 1° par l'événement de sa mort naturelle ; 2° par sa déchéance, prononcée lorsqu'il n'a pas fait nommer de tuteur à la substitution ; 3° enfin par l'abandon anticipé que fait le grevé de sa jouissance au profit des appelés ; mais cet abandon ne doit pas et ne peut pas nuire aux créanciers du grevé.

Le droit des appelés capables s'ouvre lorsque celui du grevé prend fin. Le grevé n'étant propriétaire que sous une condition résolutoire, qui s'accomplit lorsqu'il laisse des appelés capables, tous les droits qu'il a constitués s'évanouissent alors ; car les appelés sont les ayants cause, non du grevé, mais de l'auteur de la disposition.

---

(1) Voir le FORMULAIRE, MODÈLE, n° 7.

III. *Mesures prescrites dans l'intérêt des appelés.* —
1° Lorsque l'auteur de la disposition n'a pas nommé de tuteur à la substitution, le grevé est tenu, sous peine d'être déchu de son droit, d'en faire nommer un dans le mois.

2° Quand la substitution n'a pas pour objet un legs particulier, le grevé doit, dans les trois mois, faire faire inventaire des biens de la succession en présence du tuteur à la substitution; après ce délai, l'inventaire doit être fait dans le mois à la requête du tuteur à la substitution; après l'expiration de ce nouveau délai, les appelés et le ministère public font procéder à l'inventaire.

3° L'inventaire étant terminé, le grevé fait vendre, après affiches et aux enchères publiques, tous les meubles compris dans la disposition; excepté pourtant les bestiaux et ustensiles aratoires servant à faire valoir les terres, dont on fait seulement une estimation qui oblige le grevé à en rendre d'une égale valeur aux substitués; et excepté encore les meubles qui, d'après les expressions de l'auteur de la disposition, devraient être conservés et rendus en nature.

4° Le grevé doit, en présence du tuteur à la substitution, faire emploi en immeubles ou avec privilége sur immeubles, savoir dans les six mois de la clôture de l'inventaire, lorsqu'il s'agit d'argent trouvé dans la succession ou provenu de la vente des meubles, et dans les trois mois de la réception des sommes postérieurement recouvrées.

5° La charge de restituer les immeubles doit être révélée par leur transcription au bureau des hypothèques de la situation, et celle de restituer les sommes, par une mention spéciale faite dans l'inscription des biens affectés au privilége.

L'omission de la transcription ou de l'inscription ne peut pas nuire aux tiers; mais les appelés ont le droit d'agir en recours contre le grevé et contre le tuteur à la substitution.

Chapitre VII. — Des partages faits par père, mère, ou autres ascendants, entre leurs descendants.

D'après une fiction très-ancienne, les enfants sont co-propriétaires indivis des biens possédés par leurs père, mère et autres ascendants : ceux-ci, en distribuant leurs biens entre leurs enfants et descendants, font donc un partage ou acte qui a pour objet de faire cesser l'indivision. Celui, au contraire, qui distribue tous ses biens entre ses frères et sœurs ou autres collatéraux fait bien, il est vrai, un acte valable, mais qui n'est point un partage.

Les père, mère et autres ascendants font le partage de leurs biens entre leurs enfants et autres descendants, soit par testament (1), soit par donation entre-vifs, réunissant les formes et conditions de cet acte solennel. Quant aux biens qui n'auraient pas été compris dans le partage fait par ascendant, ils sont, après son décès, partagés conformément à la loi.

En faisant un tel partage, l'ascendant évite souvent à ses descendants des lenteurs, des frais et des contestations.

Si le partage n'est pas fait entre tous les enfants qui existent au décès de l'ascendant et les descendants de ceux qui sont prédécédés, il est radicalement nul. Il est, au contraire, annulable : 1° si l'un des enfants est lésé de plus du quart de sa portion, et 2° si, lors même qu'aucun enfant ne serait lésé de plus du quart, l'un d'eux a, par l'effet du partage et du préciput, un avantage plus grand que la loi ne le permet ; par conséquent, quand le père a donné à l'un de ses enfants toute la quotité disponible et qu'il lui accorde encore par le partage, même involontairement, un avantage, quelque petit qu'il soit, le partage est annulable.

Lorsque le partage est nul, on peut, pendant trente ans,

---

(1) Voir le Formulaire, Modèle, n° 6.

en demander un. Lorsqu'il est annulable, on ne peut agir en nullité que pendant dix ans, et, comme on suppose toujours de la part de l'ascendant un partage équitable, l'enfant qui agit en nullité doit avancer les frais d'estimation; il les supporte entièrement, lorsque sa réclamation n'est pas fondée.

CHAPITRE VIII. — Des donations faites par contrat de mariage aux époux et aux enfants à naître du mariage.

Les tiers peuvent, en intervenant dans le contrat de mariage, faire aux époux, ou à l'un d'eux, des donations qui opèrent le dépouillement actuel et irrévocable du donateur au profit des donataires, et qui sont par conséquent soumises à toutes les règles des donations ordinaires entre-vifs. Bien plus, dans le but de favoriser les mariages, la loi établit quatre dérogations à la règle des donations ordinaires, mais sans permettre cependant aux tiers, qui ne seraient ni ascendants, ni frères ou sœurs de l'un des conjoints, de faire des substitutions au profit des enfants à naître du mariage. Voyons ces quatre dérogations.

1° Toute personne peut disposer, par contrat de mariage, de tout ou partie des biens qu'elle laissera à son décès, tant au profit des époux, qu'au profit des enfants à naître du mariage, dans le cas où le donateur survivrait à l'époux donataire. Une pareille donation est même censée faite, à moins de clause contraire, au profit des enfants à naître du mariage, en cas de survie du donateur à l'époux donataire. Entre cette donation, dans laquelle les biens du donateur passent au donataire ou à ses enfants sans aucune charge de conserver et de rendre, et les substitutions prohibées, il y a une différence saillante, qui se comprend facilement.

Celui qui donne à l'un des époux tout ou partie des biens qu'il laissera à son décès, ne se dépouille pas actuellement; et cet acte n'est irrévocable qu'en ce sens que le donateur ne peut plus disposer à titre gratuit des objets compris dans la donation, si ce n'est pour somme modique; mais il peut encore en disposer valablement à titre onéreux.

2° Toute personne peut aussi, par contrat de mariage, disposer au profit des époux ou de l'un d'eux, cumulativement de tout ou partie de ses biens présents et de ses biens à venir. Dans ce cas, on annexe à l'acte de donation un état des dettes et charges qu'a le donateur au jour de la donation : au décès du donateur, le donataire aura le choix, soit de prendre l'ensemble des biens présents et à venir compris dans la donation, soit de renoncer aux biens à venir, peut-être trop chargés de dettes, pour s'en tenir aux biens présents. Mais si les parties n'ont pas annexé à l'acte de donation des biens présents et à venir un état des dettes et charges du donateur, celui-ci est censé avoir donné les biens qu'il laissera à son décès : le donataire ne pourra donc pas alors s'en tenir aux biens présents; il devra accepter ou répudier la donation pour le tout. En cas d'acceptation, il ne peut réclamer que les biens existants dans la succession au jour du décès du donateur, et il demeure alors, comme un légataire universel ou à titre universel, tenu des dettes et charges de la succession.

3° La donation faite par un tiers aux époux, dans leur contrat de mariage, peut contenir la clause, que le donateur se réserve la faculté de disposer d'un objet compris dans la donation de biens présents, ou d'une somme fixe à prendre sur ces biens : si le donateur meurt sans avoir disposé de l'objet, ou pris la somme, l'effet ou la somme appartient au donataire.

4° Enfin, la donation par contrat de mariage en faveur des époux, peut être faite à la condition que le donataire payera toutes les dettes de la succession du donateur, ou à toute autre condition dépendant de la volonté du donateur; mais le donataire peut, au décès du donateur, ou accepter la donation en supportant toutes les charges qui lui sont imposées, ou se soustraire à ces charges par la répudiation.

Ces quatre espèces de donations spéciales sont régies par les règles suivantes : 1° la donation par contrat de mariage est valable, lors même qu'elle n'aurait pas été acceptée en termes exprès ; 2° elle est soumise à une condition suspensive, qui est la formation du lien conjugal : elle est donc caduque si le mariage ne s'ensuit pas ; 3° elle est caduque aussi si le donateur survit au donataire et à sa postérité ; 4° elle est rapportable si l'époux donataire devient héritier du donateur, réductible si sa valeur dépasse la quotité disponible, révocable pour inexécution des charges imposées, et enfin révoquée de plein droit par la survenance d'enfants au donateur.

CHAPITRE IX. — Des dispositions entre époux, soit par contrat de mariage, soit pendant le mariage.

Les époux peuvent se faire par contrat de mariage, soit réciproquement, soit l'un d'eux à l'autre, des donations qui opèrent ou non le dépouillement actuel et irrévocable du donateur au profit du donataire. Si l'un des époux fait, par contrat de mariage, une donation de biens présents à son conjoint, cette donation opère, à moins de clause contraire, dépouillement actuel et irrévocable du donateur au profit du donataire ; et elle n'est par conséquent point soumise à la condition de survie du donataire. Si l'un des époux fait à son conjoint l'une des quatre espèces de donations énoncées au chapitre précédent, on lui applique les règles qui s'y trouvent indiquées ; avec ces différences, que les donations entre époux ne sont pas transmissibles aux enfants issus du mariage, et qu'elles ne sont pas révoquées par la survenance d'enfants à l'époux donateur.

Voyons la quotité disponible entre époux et la force des donations faites pendant le mariage.

I. *Quotité disponible entre époux.* — Pour déterminer la quotité que l'époux peut donner valablement à son conjoint, par contrat de mariage ou pendant le mariage, il faut distinguer si cet époux ne laisse pas d'héritiers réservataires, s'il laisse des ascendants réservataires ou s'il laisse des enfants.

1° Si l'époux ne laisse pas d'héritiers réservataires, il a pu donner à son conjoint, comme il aurait pu le faire à toute autre personne, la totalité de ses biens.

2° Si l'époux donateur laisse seulement pour réservataires des ascendants, il a pu donner à son conjoint toute la quotité disponible, qui est, d'après le droit commun, de la moitié ou des trois quarts, selon qu'il laisse des ascendants dans les deux lignes, paternelle et maternelle, ou seulement dans l'une des deux lignes; il a pu donner, en outre, à son conjoint l'usufruit de toute la portion réservée aux ascendants.

3° Si l'époux donateur laisse des enfants, il a pu, quel que fût d'ailleurs leur nombre, donner à son conjoint le quart en pleine propriété et le quart en usufruit, ou, ce qui est d'une valeur moindre, la moitié en usufruit seulement.

Mais, comme la loi et les mœurs ne voient pas avec faveur le convol à de secondes noces d'une personne ayant des enfants d'un premier lit, par la raison que le nouveau mariage produit presque toujours des discordes funestes aux enfants et aux époux eux-mêmes, les libéralités sont ici plus restreintes. Celui qui laisse un ou plusieurs enfants d'un premier lit n'a pu donner à son nouveau conjoint que la part d'un enfant légitime le moins prenant, sans que, dans aucun cas, la donation puisse excéder le quart de ses biens. Ainsi, celui qui laisse un enfant du premier mariage n'a pu donner à son nouveau conjoint que le quart de ses biens, lorsque cet enfant est seul héritier ou qu'il concourt avec un ou deux frères; il n'a pu donner à son conjoint que le cinquième, le sixième, le septième de ses biens, si l'enfant du premier lit concourt dans la succession avec trois, quatre, cinq frères, et ainsi de suite, de manière à ce que le conjoint donataire ajoute une tête à celles de tous les enfants.

Afin que les limites ainsi tracées ne soient pas franchies, la loi annule pour le tout les donations déguisées et surtout celles qui seraient faites au conjoint par personnes interposées. Or les donations faites par un époux à l'un des enfants de son conjoint, issus d'un autre mariage, ou aux parents dont le conjoint est héritier présomptif au moment de la donation, sont présumées faites à ce conjoint par personnes interposées : elles sont par conséquent nulles.

Le mineur habile à contracter mariage, est aussi habile, avec l'assistance des personnes dont le consentement est requis pour le mariage, à donner par contrat de mariage tout ce que la loi permet au majeur de donner à son conjoint; car de telles donations entrent souvent dans les considérations qui déterminent à cette union.

II. *Force des donations faites par l'un des époux à l'autre pendant le mariage.* — Les époux sont, pendant leur union, sous une dépendance et sous une influence réciproques : à cause des rapports intimes qui les confondent en une seule personne, la loi ne permet pas que l'un des époux puisse s'enrichir aux dépens de son conjoint par des libéralités irrévocables; car ces libéralités deviendraient souvent une source de discordes. C'est pourquoi toute donation entre époux, même celle qui serait qualifiée entre-vifs, est essentiellement révocable. La femme pourra, sans avoir besoin d'aucune autorisation, révoquer la donation faite à son mari. Toutefois, les donations entre-vifs faites entre époux pendant le mariage, quoique révocables, opèrent néanmoins le dépouillement actuel du donateur au profit du donataire.

Les donations faites entre époux pendant le mariage étant révocables comme des actes de dernière volonté, il s'ensuit que les époux ne peuvent se faire, ni par acte entre-vifs, ni par testament, aucune disposition mutuelle et réciproque par un seul et même acte, de crainte que de telles dispositions ne fussent l'effet de la ruse et de la captation.

TITRE III. — DES CONTRATS OU DES OBLIGATIONS CONVENTIONNELLES EN GÉNÉRAL.

L'obligation, dont l'effet constitue en France l'un des moyens d'acquérir la propriété, est définie : « Un lien de droit qui nous astreint envers un autre à donner, à faire ou à ne pas faire quelque chose. »

Il y a aussi d'autres obligations, lesquelles ne constituent pas un lien de droit, mais seulement un lien d'équité : on les appelle obligations naturelles ou imparfaites. Comme elles ne forment pas de lien de droit, c'est-à-dire de lien parfait aux yeux du droit civil, et comme elles ne peuvent par conséquent pas faire l'objet d'une contestation devant les tribunaux, le Code civil n'a point à s'en occuper : il ne règle donc que les obligations proprement dites et produisant un lien de droit.

Dans toute obligation, il y a nécessairement un créancier et un débiteur. Considérée du côté du créancier, l'obligation s'appelle *créance*; considérée du côté du débiteur, elle s'appelle *dette*. Le mot *créance* a pour synonymes ceux de *créance active, dette active, obligation active*; et le mot *dette* a pour synonymes *dette passive, créance passive* et *obligation passive*.

Il y a cinq sources d'obligations, qui sont : le contrat, le quasi-contrat, la loi, le délit et le quasi-délit. Mais ce titre ne traite que du contrat, en exposant néanmoins plusieurs règles communes aux quatre autres sources des obligations.

Ce titre, qui traite des contrats, renferme six chapitres qui ont pour objet : 1° les dispositions préliminaires; 2° les conditions essentielles pour la validité des conventions ; 3° l'effet des obligations; 4° les diverses espèces d'obligations; 5° l'extinction des obligations, et 6° la preuve des obligations et celle du payement.

Avant que de traiter cette matière si longue et si importante, remarquons que les obligations sont, en France, bien vite contractées, ce qui est cause de la plupart des désordres de la société actuelle : le simple consentement suffit en général pour les faire naître, et même pour opérer la translation de la propriété des choses qui en sont l'objet. Cet état de la législation, dénuée de toute formalité, est bien favorable à la rapidité du commerce, et peut-être même pécuniairement à l'État, qui perçoit de nombreux frais de mutation, d'enregistrement, et de papier timbré nécessaire à la rédaction des actes et de toutes les pièces des nombreux procès qui en sont la suite, malheureusement si fréquente! Mais, d'un autre côté, un pareil état de législation renferme de continuels dangers pour tous les particuliers et pour les familles, dont il laisse trop souvent s'accomplir la ruine; et cette ruine tourne à son tour au détriment moral et même pécuniaire de l'État, qui, dans des moments de crise, ne pourrait point exiger de surcroît d'impôts, sans déterminer un très-grand nombre de faillites et de déconfitures.

On ne saurait donc trop recommander à tous de se prémunir contre la facilité et la légèreté si communes de former des obligations : il ne faut généralement acheter que les choses que l'on peut payer comptant, et ne jamais compter sur des espérances, quelque probables qu'elles puissent être, pour se procurer l'argent nécessaire au payement des choses achetées. Si l'on a manqué à cette règle de prudence, il faut bien se garder d'éteindre une obligation en en contractant une autre, pour sûreté de laquelle il faut souvent grever ses biens d'hypothèques : les frais et les intérêts ont bientôt épuisé la fortune de celui qui a recours à de pareilles ressources. Il vaut cent fois mieux se hâter de payer ce que l'on doit, en vendant une partie de ses biens, quel que soit l'intérêt d'affection que l'on y attache, afin d'obtenir par là la libération de l'autre partie et de soi-même. Combien il y a en France de personnes qui, pour avoir négligé cette règle de sage conduite et avoir recouru aux remèdes ruineux des nouveaux emprunts, sont tombées promptement dans la plus grande pénurie!

CHAPITRE I. — Dispositions préliminaires.

Le *contrat* est une convention par laquelle une ou plusieurs personnes s'obligent, envers une ou plusieurs autres, à donner, à faire ou à ne pas faire quelque chose.

La convention, qui est l'accord de deux ou plusieurs personnes sur une même chose, est nécessaire à la formation du contrat ; mais il faut encore, pour cela, qu'elle fasse naître une obligation. De là, il n'y a pas contrat : 1° s'il y a une offre non acceptée, puisqu'il n'y a pas convention ; 2° si deux personnes conviennent d'aller se promener ensemble, car elles n'ont point l'intention de s'obliger par un lien civil ; 3° si le créancier et le débiteur conviennent entre eux de la remise de la dette, car ils ne font pas naître, mais éteignent une obligation ; 4° si quelqu'un hypothèque son immeuble, car il ne s'oblige pas, mais affecte cet immeuble au payement d'une obligation ; 5° s'il y a mariage, adoption, reconnaissance d'un enfant naturel, car ces actes font naître bien plutôt des devoirs que des obligations.

Les contrats sont synallagmatiques ou unilatéraux ; à titre onéreux ou à titre gratuit ; commutatifs ou aléatoires ; consensuels, solennels ou réels ; principaux ou accessoires.

1° Le contrat *synallagmatique* ou *bilatéral* est celui où les contractants s'obligent réciproquement l'un envers l'autre. Si les deux obligations réciproques naissent à l'instant du contrat, comme dans la vente, l'échange et le louage, le contrat est synallagmatique *parfait;* il est au contraire synallagmatique *imparfait* si une obligation naît du contrat, et l'autre, de faits postérieurs qui peuvent ou non se réaliser, comme dans le dépôt, le commodat, le mandat et le gage, où celui qui reçoit la chose est seul obligé dès l'origine, et peut devenir à son tour créancier par suite des dépenses qu'il a faites pour la conservation de la chose. — Le contrat est, au contraire, *unilatéral* si une ou plusieurs personnes s'obligent envers une ou plusieurs autres, sans qu'il y ait d'engagement de la part de ces dernières, comme dans le prêt d'une somme d'argent.

2° Le contrat *à titre onéreux* est celui où chacune des parties retire un avantage; ce qui a lieu dans tous les contrats synallagmatiques parfaits, et même dans quelques contrats unilatéraux, comme le prêt à intérêts. — Le contrat *à titre gratuit* ou *de bienfaisance* est celui qui se forme dans l'intérêt d'une seule partie, comme la donation.

3° Le contrat *commutatif* est celui où chacune des parties reçoit une utilité appréciable dès l'instant du contrat, comme la vente et le louage. — Le contrat *aléatoire* est celui où l'une au moins des parties reçoit un avantage qui dépend d'un événement incertain, comme le jeu, le pari, et le contrat d'assurance.

4° Le contrat *consensuel* est celui qui n'exige, pour sa perfection, que le consentement des parties, manifesté d'une manière quelconque, par écrit, par paroles ou par actions: la plupart des contrats sont consensuels. — Le contrat *solennel* est celui qui n'est parfait, c'est-à-dire civilement obligatoire, que lorsque le consentement est manifesté selon certaines formes particulières, comme la donation et le contrat de mariage quant aux biens. — Le contrat *réel* est celui qui n'est parfait que lorsque le consentement est accompagné de la remise de la chose, comme le dépôt, le prêt et le gage.

5° Le contrat *principal* est celui qui ne suppose pas l'existence d'un autre contrat, comme la vente et la plupart des contrats. — Le contrat *accessoire* est celui qui suppose l'existence d'un contrat ou d'une obligation, comme le cautionnement et le gage.

Chapitre II. — Des conditions essentielles pour la validité des obligations.

Quatre conditions sont essentielles pour la validité des contrats : 1° le consentement des parties, 2° leur capacité de contracter, 3° un objet certain qui forme la matière de l'engagement, et 4° une cause licite dans l'obligation. S'il manque l'une de ces conditions, il n'y a point de convention, et par conséquent point de contrat. Mais il ne faut pas confondre le défaut absolu de l'une de ces conditions, qui empêche la naissance du contrat, avec le vice qui existe dans cette condition, car ce vice, sans empêcher la naissance du contrat, donne lieu seulement, dans certains cas, à une action en nullité.

Section I. — *Du consentement.*

I. *Défaut de consentement.* — Personne ne peut obliger que soi-même. De là, si je promets que Pierre vous donnera cent francs, il n'y a pas de contrat, car je n'ai pas voulu m'obliger, et je n'ai pas pu obliger Pierre. Mais si je me suis porté fort pour Pierre en promettant sa ratification, ou si j'ai dit que je vous donnerai cent francs, dans le cas où Pierre ne les donnerait pas, je n'ai pas, il est vrai, obligé Pierre qui n'a pas consenti, mais je me suis alors obligé moi-même.

Personne ne peut acquérir d'obligation que pour soi-même. De là si vous m'avez promis de donner cent francs à Pierre, il n'y a pas de contrat, car je n'ai pas voulu acquérir l'obligation pour moi, et je n'ai pas pu l'acquérir à Pierre. Mais il y a contrat, 1° lorsque vous avez promis de me donner cent francs, dans le cas où vous ne les donneriez pas à Pierre, car je puis vous contraindre à l'exécution de votre obligation envers moi, si vous ne donnez pas les cent francs à Pierre; 2° lorsque, en vous vendant une chose cent francs, vous avez consenti à donner cette somme à Pierre, qui est mon créancier ou auquel je veux faire un don : si Pierre accepte mon offre, vous êtes par là obligé envers lui; si je retire mon offre avant l'acceptation, ou si Pierre refuse de l'accepter, c'est à moi que vous devez la somme.

Quoique les actes passés entre vous et moi ne puissent ni profiter ni nuire aux tiers, nos obligations actives ou passives se transmettent néanmoins à nos héritiers et autres ayants cause, à moins que le contraire ne résulte de la nature de l'obligation. De là cette maxime vulgaire, qui est fondamentale de l'ordre social : « On est censé avoir stipulé pour soi et pour ses héritiers et ayants cause. »

II. *Vices du consentement.* — Les vices du consentement, qui donnent lieu à une action en nullité ou rescision, sont l'erreur, la violence, le dol et la lésion.

Erreur. — Il ne s'agit pas ici d'erreur sur la nature du contrat ou sur la chose, car il n'y aurait pas alors de consentement ni par conséquent de contrat : mais de l'erreur sur la *substance* de la chose, c'est-à-dire sur les qualités principales de cette chose, qui ont déterminé l'une des parties à contracter. Or il y a erreur sur la substance, si, lorsque je veux acheter une montre en or, elle est de cuivre doré; ou si, lorsque je veux acheter un cheval de course, j'achète un cheval de trait.

L'erreur sur la *personne* donne lieu, comme celle qui porte sur la substance de la chose, à l'action en nullité; mais seulement lorsque c'est la considération de cette personne qui a été la cause principale de la convention : par exemple, si j'ai fait une donation à une personne;

parce que je la croyais ma parente, tandis qu'elle ne l'était pas; ou si j'ai fait avec un mauvais peintre la convention qu'il ferait mon portrait à un prix élevé, tandis que je croyais traiter avec un autre peintre célèbre.

Celui qui a commis une erreur donnant lieu à l'action en nullité, ne peut pas en faire rejaillir les conséquences sur les tiers, et il doit même réparer le préjudice éprouvé loyalement par l'autre partie : car l'erreur nuit à celui qui se trompe.

Violence. — Il ne s'agit pas ici de la violence qui exclut toute volonté, car il n'y aurait ni consentement ni contrat; mais il s'agit de la violence causant une crainte sérieuse et altérant, sans l'anéantir, le consentement de celui qui s'oblige. Or pour que cette violence soit une cause de nullité du contrat, il faut qu'elle soit de nature à inspirer à celui qui s'oblige la crainte d'exposer sa personne ou sa fortune à un mal considérable et imminent. On a égard, en cette matière, à l'âge, à la condition et au sexe de la personne violentée. Il n'est pas nécessaire, du reste, que les voies de violence soient exercées sur le contractant lui-même, il suffit qu'elles soient exercées sur son conjoint ou sur ses ascendants ou descendants. La violence exercée sur un frère, un ami même du contractant, peut être une cause de nullité du contrat.

Lorsque j'ai contracté par suite de violence, je puis agir en nullité du contrat, quelle que soit la personne qui m'a violenté, peu importe que ce soit la partie avec laquelle j'ai contracté, ou même un tiers; je puis même agir en revendication de l'immeuble aliéné contre un tiers qui le tient de bonne foi de mon cocontractant. Comme celui qui a été violenté peut invoquer le vice du contrat contre toute personne, on dit que la violence est une cause de nullité *réelle* ou *générale*.

Dol. — Le dol consiste dans des manœuvres pratiquées par une personne, lorsqu'elles sont telles qu'il est évident que, sans elles, l'autre partie n'aurait pas contracté.

Le dol ne constitue pas, comme la violence, une cause de nullité réelle ou générale; mais, de même que l'erreur, il donne lieu à une action en nullité *personnelle* ou *spéciale*. De là si le dol émane de l'une des parties contractantes, celui qui en est victime peut agir en nullité du contrat, sans néanmoins pouvoir agir, contre les tiers détenteurs, en revendication de la chose aliénée ensuite par l'autre partie; mais il ne peut, lorsque le dol émane d'un tiers, agir en nullité du contrat : il a seulement droit de réclamer contre ce tiers la réparation du préjudice causé.

Lésion. — La lésion, qui consiste dans la perte pécuniaire, éprouvée par l'une des parties, ne donne pas lieu à l'action en nullité, excepté : 1° à l'égard des mineurs non émancipés, ou même émancipés s'ils ont dépassé les limites de la pure administration dans les actes où ils ont figuré; car la lésion et le vice de capacité produisent, par leur réunion, l'action en nullité; 2° à l'égard des majeurs dans des cas rares, par exemple, si, dans un partage, un héritier est lésé de plus du quart de sa portion, ou si le vendeur d'un immeuble est lésé de plus des sept douzièmes de la valeur.

Pour le délai de l'action en rescision ou nullité, voir la section 7, chapitre 5 du présent titre.

SECTION II. — *De la capacité des parties contractantes.*

Toute personne peut contracter, si elle n'en est pas déclarée incapable par la loi. Ainsi, pour toute personne ayant l'usage de la raison et capable de consentir, la capacité de contracter est la règle, et l'incapacité est l'exception.

Les incapacités légales de contracter sont absolues ou relatives.

I. *Incapacité absolue de contracter.* — L'incapacité

absolue de contracter empêche le contrat d'exister; il n'est donc pas nécessaire d'agir en nullité. Or il existe une incapacité absolue : 1° dans le mort civil, qui fait une donation, un testament ou un contrat de mariage quant aux biens; 2° dans la personne du mineur qui fait ou accepte une donation, qui fait sans assistance un contrat de mariage quant aux biens, ou qui consent une hypothèque; 3° dans la personne de la femme mariée qui, sans autorisation, fait ou accepte une donation ou consent une hypothèque.

II. *Incapacité relative de contracter.* — L'incapacité *relative* n'empêche pas le contrat de se former; mais elle donne lieu à une action en nullité. Or c'est ce qui a lieu : 1° pour tous les actes de l'interdit et de celui qui est renfermé dans une maison d'aliénés; 2° pour les actes qui contiennent la lésion et qui sont passés par le mineur non émancipé, ou même par le mineur émancipé hors des limites de la pure administration; 3° pour tous les actes dépassant les limites de l'administration lorsqu'ils sont passés par une femme mariée non autorisée.

De même qu'il n'y a que la personne à l'égard de laquelle il y a eu erreur, violence, dol ou lésion, qui puisse invoquer la nullité du contrat; ainsi il n'y a que ceux qui sont protégés par le principe de l'incapacité relative et leurs successeurs qui puissent se prévaloir de cette incapacité pour faire annuler l'acte; les capables qui ont contracté avec eux, ne peuvent pas alléguer l'incapacité de l'autre partie pour faire annuler le contrat.

Section III. — *De l'objet des contrats.*

Tout contrat a nécessairement pour objet (ou matière) une chose qui existe dans le commerce, qui est certaine ou au moins déterminée dans son espèce et peut être déterminée dans sa quotité, et qu'une partie s'oblige à donner, à faire ou à ne pas faire. Le simple usage, comme dans le commodat, ou la simple possession de la chose, comme dans le dépôt, peut être, comme la chose même, l'objet de l'obligation.

Dans un contrat unilatéral, il n'y a qu'un seul objet, puisqu'il n'y a qu'une seule obligation ; mais dans un contrat synallagmatique, il y a autant d'objets du contrat que d'obligations réciproques, car toute obligation a un objet.

Section IV. — *De la cause.*

La cause, qu'il ne faut pas confondre avec la substance ou les qualités principales, est la chose même qui détermine chaque partie à contracter. Dans tout contrat, même unilatéral, il y a deux causes. Dans la vente, contrat synallagmatique qui a deux objets, la chose vendue et le prix, l'objet de l'obligation de l'une des parties est cause de l'obligation de l'autre : ainsi, la chose vendue est cause de l'obligation de l'acheteur, et le prix est cause de l'obligation du vendeur.

Si l'obligation est sans cause ou si cette cause est illicite, c'est-à-dire contraire aux lois, aux bonnes mœurs, ou à l'ordre public, elle est radicalement nulle, et, dans les contrats synallagmatiques, la nullité absolue d'une obligation entraîne la nullité du contrat et par conséquent de toutes les obligations qui en dépendent.

Chapitre III. — *De l'effet des obligations.*

Ce chapitre, qui contient six sections, traite : 1° des dispositions générales ; 2° de l'obligation de donner ; 3° de l'obligation de faire ou de ne pas faire ; 4° des dommages et intérêts ; 5° de l'interprétation des conventions, et 6° de l'effet des conventions à l'égard des tiers.

Section I. — *Dispositions générales.*

Les conventions légalement formées produisent des obligations, soit de donner, soit de faire, soit de ne pas faire quelque chose. Œuvre de la volonté commune des parties, elles ne peuvent généralement être révoquées que de leur volonté commune. Mais cette volonté contraire ne détruit pas tous les effets de la première convention, de manière à rétablir les choses entièrement dans leur ancien état : car, par exemple, en cas de vente d'un immeuble, la révocation de la convention constitue une revente ; ce qui fait que le fisc percevra deux fois le droit de mutation, et que l'immeuble ne reviendra au premier vendeur que grevé des hypothèques quelconques créées du chef de l'acheteur.

Les conventions obligent à ce qui y est exprimé. Bien plus, non content de donner aux personnes la plus grande facilité de former des conventions et d'attacher à ces conventions les plus grands effets, et notamment celui de transférer immédiatement la propriété, le législateur décide qu'elles obligent à toutes les conséquences que l'équité, souvent si élastique, l'usage, rarement connu, et la loi, si ignorée, donnent à l'obligation d'après sa nature. Une pareille décision enfante bien des procès.

SECTION II. — *De l'obligation de donner.*

L'obligation de donner comprend, dans un sens large, celle de transférer à une personne la propriété, l'usage ou la possession d'une chose ; et, dans un sens restreint, elle ne comprend que celle de transférer la propriété. L'obligation de donner, même prise dans son sens large, emporte toujours celle de livrer, ainsi que celle de conserver la chose jusqu'à la livraison, à peine de dommages et intérêts envers le créancier.

L'obligation de *conserver* la chose soumet celui qui en est chargé à y apporter les soins d'un bon père de famille ; elle est plus ou moins étendue relativement à certains contrats.

L'obligation de *livrer* la chose, qui a pour conséquence accessoire celle de la conserver, est parfaite par le seul consentement des parties. Or on entend par obligation *parfaite* celle qui produit un lien de droit civil et qui donne au créancier le droit de s'adresser aux tribunaux pour contraindre son débiteur à remplir son engagement. L'obligation opposée à celle qui est parfaite s'appelle *imparfaite* ou *naturelle* : le créancier ne peut pas s'adresser à la société pour la faire exécuter. La convention de vente, et de tous autres contrats consensuels, fait naître des obligations parfaites, indépendamment de toute formalité; la convention de donation, qui n'a pas été revêtue de certaines formalités, ne fait naître qu'une obligation imparfaite : l'obligation si conforme à la nature, de nourrir ses ascendants ou descendants dans le besoin, est parfaite; et celle de nourrir ses frères, sœurs ou autres parents collatéraux est imparfaite, c'est-à-dire naturelle seulement.

L'obligation est parfaite, dans les contrats purs et simples, à terme ou même sous condition résolutoire, du moment de la convention, et, dans les contrats sous condition suspensive, du moment de l'événement de la condition.

Remarquons bien le principe suivant qui est de la plus haute importance. Dès que l'obligation ayant pour objet la translation de propriété d'un corps certain et déterminé est parfaite, le créancier devient aussitôt, même avant la livraison et le payement du prix, propriétaire de la chose due; c'est donc lui qui supporte dès lors les détériorations et la perte de cette chose, et, dans les contrats synallagmatiques, la perte de la chose arrivée avant la livraison ne dispense aucunement le créancier de cette chose de remplir lui-même son obligation. Cependant le créancier qui prouve que le débiteur n'a pas veillé en bon père de famille à la conservation de la chose, ou qu'il l'a mis en demeure d'en faire la livraison, obtient de lui la réparation du préjudice éprouvé.

Le débiteur en retard de satisfaire à son obligation n'est point par cela seul en demeure; il n'est légalement en demeure que par une sommation, par une citation en justice, par un commandement, ou bien par l'effet de la convention : or cette convention est *expresse* si elle porte que le débiteur sera en demeure en cas d'inexécution dans un certain délai; elle est *tacite* s'il est évident, d'après l'intention des parties, que l'obligation ne pourrait être exécutée que dans un certain temps. — L'obligation de donner un corps certain n'en transfère pas la propriété à l'égard des tiers : ainsi, l'acquéreur d'un meuble ne peut pas le revendiquer entre les mains d'un tiers qui a juste titre et bonne foi, parce qu'en fait de meubles, possession vaut titre; en outre, celui qui a acquis sur un immeuble un droit de propriété, d'usufruit, d'antichrèse, de servitude, d'usage ou d'habitation, ne peut, d'après la loi du 23 mars 1855 sur la transcription, invoquer son titre contre les tiers qu'à partir du jour de la transcription de ce titre au bureau des hypothèques.

SECTION III. — *De l'obligation de faire ou de ne pas faire.*

Le créancier peut contraindre son débiteur à donner la chose qui est entre ses mains, surtout quand elle est immobilière, puisqu'il peut en obtenir la possession par les voies judiciaires; mais il ne peut pas le contraindre à faire ou à ne pas faire quelque chose : aussi toute obligation de faire ou de ne pas faire se résout toujours en dommages et intérêts, en cas d'inexécution de la part du débiteur. Le créancier peut néanmoins être autorisé par justice, soit à faire exécuter l'obligation par un autre ouvrier, par exemple s'il s'agit de faire un mur, soit à faire détruire les travaux exécutés contrairement à la convention : dans ces deux cas, le débiteur payera les dépens et les dommages et intérêts courus depuis la demeure. S'il s'agit d'obligation de ne pas faire, la demeure a lieu tacitement depuis le fait de la contravention.

SECTION IV. — *Des dommages et intérêts résultant de l'inexécution de l'obligation.*

Si le débiteur en retard de remplir son obligation n'a pas été mis en demeure de l'une des manières indiquées à la section 2 du présent chapitre, le créancier, qui est supposé ne pas souffrir du retard, ne peut point réclamer de dommages et intérêts. Mais, dès que le débiteur est mis en demeure, l'inexécution, la tardive exécution, l'exécution seulement partielle et la mauvaise exécution donnent lieu à des dommages et intérêts; excepté cependant si le débiteur prouve que, par suite d'une force majeure ou d'un cas fortuit qui ne peut lui être imputé, il a été empêché de donner ou de faire ce à quoi il s'était obligé, ou a fait ce qui lui était interdit.

Les *dommages et intérêts* dus au créancier qui a mis le débiteur en demeure sont, en général, du dommage qu'il a éprouvé et de l'intérêt qu'il avait à l'exécution; en d'autres termes, de la perte qu'il a faite et du gain dont il a été privé.

Les dommages et intérêts sont fixés par le juge, par la convention ou par la loi.

1° Les dommages et intérêts sont généralement fixés par le juge. Pour en obtenir, le créancier doit prouver d'abord la mise en demeure du débiteur, et ensuite la perte qu'il a faite, et le gain dont il été privé. S'il prétend que le débiteur a violé son obligation par dol, circonstance qui aggrave le taux des dommages et intérêts, il doit aussi en faire la preuve.

Le juge condamne le débiteur, qui est seulement en faute, aux dommages et intérêts qui ont été prévus ou qu'on a dû prévoir lors du contrat. Il condamne le débiteur coupable de dol à tous les dommages et intérêts qui sont une suite immédiate et directe de l'inexécution de l'obligation, qu'ils aient pu ou non être prévus lors du contrat. Le juge doit donc traiter moins rigoureusement le débiteur en faute que celui qui est coupable de dol.

2° Le créancier qui ne veut pas avoir à faire, en cas d'inexécution de l'obligation, la preuve, souvent très-difficile, de la perte éprouvée et du gain manqué, peut insérer dans le contrat la clause, appelée *clause pénale*, que le débiteur, en cas d'inexécution, payera telle somme à titre de dommages et intérêts. Comme la convention fait la loi des parties, le juge ne pourra allouer au créancier une somme ni plus forte ni moindre que celle qui est contenue dans la clause.

3° Les dommages et intérêts sont fixés par la loi, lorsque l'obligation consiste à payer une certaine somme; ils sont toujours des intérêts au taux légal, qui est de cinq pour cent en matière civile et de six pour cent en matière de commerce. Les intérêts sont dus sans que le créancier ait besoin de justifier d'aucune perte; mais pour les faire courir, lorsqu'ils n'ont pas été convenus, il ne suffit pas, sauf dans quelques cas fixés par la loi, de faire une sommation au débiteur, il est nécessaire de le poursuivre en justice, et de conclure, en outre, aux intérêts dans la procédure, afin de les obtenir. Dans certains cas, cependant, la loi fait courir les intérêts de plein droit, sans demande en justice ni sommation : c'est ce qui a lieu contre le tuteur qui, d'après le compte de tutelle, reste débiteur du pupille, contre le cohéritier tenu au rapport, contre l'acheteur de choses produisant des fruits, contre le mandant pour le compte duquel le mandataire a fait des avances et contre quelques autres débiteurs.

Les intérêts échus des capitaux peuvent produire eux-mêmes des intérêts; mais il faut qu'ils soient déjà dus au moins pour une année et qu'il intervienne alors une convention spéciale destinée à faire courir les intérêts des intérêts, ou bien une demande judiciaire des intérêts ou du capital avec les intérêts. Mais la clause d'*anatocisme*, c'est-à-dire que chaque année les intérêts se réuniraient au capital pour produire à leur tour des intérêts, ne peut pas être valablement insérée dans le contrat; car beaucoup de débiteurs, qui ne prévoiraient pas les dangereuses conséquences d'une pareille clause, qui double une dette en treize ans et la quadruple en vingt-six ans, se trouveraient en peu de temps complétement ruinés. Dans les caisses d'épargnes, l'anatocisme a toujours lieu.

Quoique les fruits civils des capitaux ne produisent jamais d'intérêts que lorsqu'ils sont dus pour une année entière, il est à remarquer que les fruits civils des baux et des rentes sont considérés comme autant de petits capitaux qu'il y a de termes, et qu'ils produisent des intérêts par une convention spéciale ou par une demande en justice, lors même qu'ils seraient dus pour moins d'une année.

Section V. — *De l'interprétation des conventions.*

L'interprétation des conventions est l'explication la plus vraisemblable de ce qui est obscur ou ambigu. Le Code pose plusieurs règles qui ne sont guère que des conseils adressés au juge.

1° Dans les conventions, il faut toujours suivre l'intention commune des parties, et la rechercher plutôt dans le but qu'elles se proposaient, que dans le sens littéral des termes.

2° Une clause susceptible de deux sens doit plutôt être entendue dans celui où elle peut produire de l'effet, que dans celui avec lequel elle n'en peut produire aucun; car le simple bon sens indique que les parties n'ont pas voulu insérer une clause inutile.

3° Les termes qui sont susceptibles de deux sens, pouvant chacun produire de l'effet, doivent être pris dans celui qui est le plus conforme à la matière du contrat; car on doit supposer que les parties ont voulu s'éloigner le moins possible des choses qui sont de la nature du contrat.

4° Ce qui est obscur et ambigu s'interprète par l'usage du pays où le contrat a été passé; les clauses en usage dans le lieu du contrat, sont même considérées comme insérées dans le contrat. En effet, il est naturel de supposer que les parties ont voulu se conformer à l'usage du lieu, et adopter dans leur contrat les clauses qui ont coutume d'y être insérées.

5° Les clauses diverses d'un contrat ne formant qu'un seul tout, il faut, loin de les isoler, les interpréter les unes par les autres, afin de donner à chacune le sens qui résulte de l'acte entier.

6° Quelque généraux que soient les termes de la convention, ils ne comprennent que les choses sur lesquelles il paraît que les parties ont voulu contracter; car il faut restreindre l'effet de la convention dans les limites de la volonté des parties.

7° Lorsque, dans un contrat, on a exprimé un cas pour l'explication de l'obligation, on n'est pas censé avoir voulu par là restreindre l'étendue que l'engagement reçoit, d'après sa nature, aux cas non exprimés. Ainsi quand le vendeur a dit que l'acheteur de la ferme aurait les bœufs qui s'y trouvent, tous les autres immeubles par destination sont néanmoins compris dans la vente.

8° Enfin si, après toutes les règles d'interprétation épuisées, il reste un doute fondé, la convention s'interprète en faveur du débiteur; car il faut pencher vers la liberté, qui est l'ordre naturel, plutôt que vers l'aggravation des liens civils. Cette règle souffre une exception: en cas de vente, le doute s'interprète contre le vendeur, car il a dû expliquer clairement ce à quoi il s'est obligé.

Section VI. — *De l'effet des conventions à l'égard des tiers.*

Nous avons vu, au § 1 de la section I du chapitre II, que personne ne peut rendre créancier ou débiteur que soi, et que la convention n'a par conséquent d'effet qu'entre les parties contractantes, leurs héritiers et ayants cause. Cependant la convention peut, en fait, nuire ou profiter aux tiers créanciers. En effet, comme ils ont pour gage commun de leurs créances tous les biens de leur débiteur, si celui-ci, de solvable qu'il était, devient insolvable par suite d'aliénations et de nouveaux engagements, ses créanciers perdent, en fait, tout ou partie de leurs créances, qui diminuent de leur valeur vénale au fur et à mesure que le débiteur devient insolvable ; si, au contraire, le débiteur insolvable fait des actes qui le rendent solvable, ces actes profitent, en fait, à ses créanciers qui peuvent par là obtenir leur payement intégral.

Du principe que les biens du débiteur sont le gage commun de ses créanciers, qui peuvent se faire payer sur leur prix, on voit découler les deux règles suivantes, qui sont d'une haute importance et d'une fréquente application.

Première règle. — Les créanciers peuvent se faire autoriser par justice à exercer les droits et actions de leur débiteur.

D'après cette règle, les créanciers peuvent, pour obtenir leur payement ou pour conserver leurs droits, se faire mettre au lieu et place de leur débiteur et exercer ensuite contre les tiers des actions quelconques, soit personnelles, soit réelles.

Cette règle générale souffre exception lorsqu'il s'agit de droits et actions exclusivement attachés à la personne du débiteur. Or de ce nombre sont les droits d'usage et d'habitation, le droit de demander la séparation de corps ou même de biens, d'exclure un étranger du partage et de faire révoquer la donation pour ingratitude. Les créanciers de celui qui a de tels droits ne peuvent jamais être autorisés à les exercer.

Deuxième règle. — Les créanciers peuvent, en leur nom personnel, attaquer les actes faits par leur débiteur en fraude de leurs droits.

Pour bien comprendre cette règle, il faut savoir que les créanciers qui ont mis leur confiance dans leur débiteur et qui n'ont pas obtenu de garanties réelles de leur payement, lui ont par là laissé l'administration et la disposition libre de tout son patrimoine; qu'ils sont par conséquent tenus de respecter toutes les aliénations consenties par leur débiteur, ainsi que les dettes postérieurement formées, en sorte que les nouveaux créanciers viendront concourir avec les anciens sur le prix des biens du débiteur. Si ces aliénations et ces nouvelles dettes, loin d'avoir été formées de bonne foi par le débiteur, ne l'ont été que dans le but de causer du préjudice à ses créanciers, ces actes sont, il est vrai, fermes et irrévocables pour le débiteur, qui ne peut point les attaquer en se prévalant de sa propre fraude. Ses créanciers ne peuvent donc pas alors agir *au nom de leur débiteur;* mais, comme ce débiteur a fait des actes frauduleux, ses créanciers peuvent les attaquer *en leur propre nom*, et triompher s'ils prouvent les deux éléments constitutifs de la fraude, qui sont le *fait du préjudice* et *l'intention* de le causer.

Or la fraude est plus ou moins difficile à prouver, suivant la nature des actes passés.

Dans les actes *à titre gratuit*, lorsque le fait du préjudice existe, on suppose de la part du débiteur l'intention de frauder ses créanciers; en effet, le débiteur devant bien plutôt se libérer que faire des libéralités, il y a présomption qu'il a été facile dans ses libéralités parce qu'il les faisait moins à son détriment qu'à celui de ses créanciers: aussi, dans le doute, on préfère les créanciers, qui luttent pour éviter une perte, aux donataires, qui luttent pour obtenir ou conserver un gain.

Les créanciers qui attaquent un acte que leur débiteur a consenti *à titre onéreux*, sont tenus de prouver, outre le préjudice, la *collusion* de la part du tiers, c'est-à-dire son intention, concordante avec celle du débiteur, de leur causer du préjudice; car ce tiers, qu'il soit devenu acquéreur ou créancier, combat, comme les anciens créanciers, pour éviter une perte.

En matière commerciale, il y a bien plus facilement

qu'en matière civile annulation des actes du débiteur qui est ensuite tombé en faillite.

CHAPITRE IV. — Des diverses espèces d'obligations.

1° Les obligations sont pures et simples, à terme ou conditionnelles ; 2° les conditions sont suspensives ou résolutoires ; 3° les obligations sont alternatives ou non alternatives ; 4° solidaires ou non solidaires ; 5° divisibles ou indivisibles ; 6° garanties ou non par une clause pénale. De là ce chapitre se divise en six sections.

SECTION I. — *Des obligations pures et simples, à terme ou conditionnelles.*

1° L'obligation *pure et simple* est celle qui naît et devient exigible à l'instant du contrat : aucune condition n'en suspend la naissance ; aucun terme n'en retarde l'exigibilité.

2° L'obligation *à terme* est celle dont l'exigibilité est retardée jusqu'à une certaine époque ; mais elle n'a pas de condition qui en suspende la naissance.

Le terme est *certain* si je m'engage à payer mille francs dans six mois ; il est *incertain* quand l'époque est indéterminée, par exemple, si je m'engage à vous payer mille francs à la mort de Pierre.

Le terme est *conventionnel* exprès ou tacite, selon qu'il a été énoncé formellement dans la convention, ou qu'il résulte de la nature de l'engagement exigeant un certain délai pour l'exécution ; il est *judiciaire* ou de *grâce* quand il est accordé par le juge, contre le gré du créancier.

La maxime, « qui a terme ne doit rien, » n'est pas vraie. Aussi, quoique le débiteur qui a terme ne puisse point encore être poursuivi en payement, il n'a cependant pas le droit de répéter ce qu'il a payé d'avance : c'est qu'il a acquitté par là une dette existante. Cette maxime vient sans doute de ce que les débiteurs qui obtiennent terme se trompent eux-mêmes, au moment de la convention, dans leurs espérances; ensuite ils oublient volontairement l'existence de leur dette et s'imaginent qu'ils ne doivent rien; enfin le terme arrive à l'improviste et les met dans l'embarras et la misère.

Comme, dans le doute, la convention s'interprète en faveur de l'obligé et contre le créancier, le terme est censé placé en faveur du débiteur, qui peut par conséquent y renoncer et payer quand il lui plaît. Cependant s'il résulte de la convention ou des circonstances que le terme a été placé uniquement dans l'intérêt du créancier, celui-ci pourra exiger, quand il lui plaira, l'exécution de l'obligation, tandis que le débiteur ne pourra pas le contraindre à recevoir son payement avant le terme fixé.

Le débiteur est déchu du terme : 1° s'il tombe en faillite quand il est commerçant, ou en déconfiture quand il n'est pas commerçant, puisqu'il y a lieu alors à la vente de tous ses biens, pour que le prix en soit distribué entre tous ses créanciers; 2° si les garanties qu'il a données sont diminuées, car le créancier se trouve dans un état tel qu'il n'aurait pas voulu accorder de délai : lorsque la diminution des garanties résulte d'un cas fortuit, le débiteur peut encore jouir du bénéfice du terme, en donnant à son créancier un supplément de garanties; lorsqu'elle résulte, au contraire, du fait du débiteur, qui a, par exemple, incendié ou démoli la maison hypothéquée, il est complétement déchu du bénéfice du terme. Le terme judiciaire tombe encore, 3° si le débiteur condamné criminellement est contumace ou prisonnier, car il n'est plus digne du bénéfice qui lui est accordé.

3° L'obligation *conditionnelle* est celle qui dépend d'un événement futur et incertain, soit en la suspendant jusqu'à ce que l'événement arrive, soit en la résiliant lorsque l'événement se réalise.

Il est prudent, en pratique, de faire très-peu de conventions conditionnelles, puisqu'elles nécessitent des frais et causent des incertitudes et des inquiétudes.

La condition est *casuelle*, si elle dépend du hasard; *potestative*, si elle est au pouvoir de l'une des parties, sans pourtant qu'elle soit purement potestative de la part du débiteur, puisque l'obligation serait nulle; *mixte*, si elle dépend à la fois du hasard et de la volonté de l'une des parties. Mais si une condition quelconque est d'une chose impossible, ou contraire aux bonnes mœurs, ou prohibée par la loi, elle est nulle et rend nulle toute la convention qui en dépend. Les deux parties sont en faute, et d'ailleurs on ne peut pas prononcer la nullité d'une obligation dans un contrat synallagmatique, sans prononcer en même temps la nullité de l'autre, qui n'a plus de cause. Lors, au contraire, que le testateur ou le donateur a inséré une pareille condition en faisant une libéralité, on efface cette condition, qui est l'œuvre du testateur ou donateur, et on laisse subsister la libéralité, qui est pour lui la cause de l'acte plutôt que les charges impossibles qu'il peut avoir imposées. — Au reste, la condition de ne pas faire une chose impossible, ne vicie pas le contrat : l'obligation est alors pure et simple.

La condition ne fait naître ou ne résilie l'obligation que lorsqu'elle est accomplie de la manière que les parties ont vraisemblablement voulu et entendu qu'elle le fût. Mais elle est réputée accomplie lorsque le débiteur empêche l'événement de la condition destinée à faire naître son obligation; car son méfait ne doit pas lui profiter et nuire au créancier.

Lorsque l'obligation est formée sous une condition suspensive, le contrat ne fait pas naître, à proprement parler, une obligation, mais seulement l'espérance qu'il y aura obligation. Dans les legs, qui sont toujours faits en considération de la personne du légataire, l'espérance n'est pas transmissible aux héritiers du légataire décédé avant l'événement de la condition ; mais dans les contrats, où chacun stipule pour soi, ses héritiers et ayants cause, l'espérance de la dette se transmet activement et passivement aux héritiers des parties : lorsque la condition se réalise, l'obligation et le droit de propriété sont censés avoir reposé sur la personne du défunt à l'instant même de la convention; par conséquent tous les actes que le débiteur a consentis sur la chose postérieurement à la convention sont nuls, comme ayant été consentis par lui sur la chose d'autrui.

Les fruits de la chose vendue sous une condition suspensive ou résolutoire deviennent irrévocablement la propriété de celui qui en est le maître apparent. Mais, comme on ne peut encore déterminer le véritable maître de la chose, chacune des parties peut consentir sur la chose des droits qui sont soumis à la même condition que la propriété. De là chacune des parties peut faire des actes conservatoires; et si un tiers revendique la chose, il devra mettre en cause les deux parties, afin qu'il puisse se prévaloir de la sentence, quel que soit plus tard l'événement de la condition.

SECTION II. — *Des obligations sous condition suspensive ou résolutoire.*

I. *Condition suspensive.* — L'obligation sous condition suspensive est celle dont l'existence dépend d'un événement futur et incertain; par exemple, « Je vous donnerai mille francs si tel événement arrive, » ou « Je vous vendrai cette maison pour mille francs, si mon fils a un mauvais numéro. »

Lorsque la condition se réalise, l'obligation naît, et, s'il s'agit d'obligation de transférer la propriété d'un corps certain et déterminé, cette translation s'opère; à cause de l'effet rétroactif de la condition, l'obligation et la translation de la propriété sont considérées comme s'étant formées au moment même de la convention. Mais néanmoins, jusqu'à l'événement de la condition, la chose est aux risques et périls du propriétaire apparent, c'est-à-dire du débiteur conditionnel. Si la chose périt entièrement sans la faute du débiteur, son obligation ne pourra jamais naître faute d'objet; et par conséquent l'obligation de l'autre partie, qui n'a point de cause, ne pourra également pas naître. Si la chose se détériore sans la faute du débiteur, le créancier peut, à son gré, ou se départir de l'obligation, ou demander la chose dans l'état où elle se trouve, en offrant, dans les contrats synallagmatiques, de satisfaire lui-même entièrement à son obligation. Si, enfin, c'est par la faute du débiteur que la chose est périe ou détériorée, il est tenu envers le créancier de dommages et intérêts. Mais lorsque la chose périt ou se détériore par cas fortuit, après l'événement de la condition suspensive, c'est le créancier devenu propriétaire qui en supporte les conséquences, et il doit néanmoins satisfaire entièrement à son obligation.

II. *Condition résolutoire.* — La condition résolutoire est celle qui, en s'accomplissant, opère la révocation de l'obligation et remet les choses au même état que si la convention n'avait pas eu lieu; par exemple, je vous vends cette maison pour mille francs, mais la vente sera résolue s'il me naît un fils. Cette condition ne suspend pas la naissance des obligations : aussi j'ai le droit de vous contraindre immédiatement au payement des mille francs, et vous, vous avez le droit de me contraindre immédiatement à livrer la chose. La perte de la chose, arrivée entre la convention et la condition résolutoire, est entièrement supportée par l'acheteur, quel que soit l'événement de la condition, sans qu'il puisse jamais réclamer son prix d'achat. Lorsque, la chose existant encore, la condition résolutoire se réalise, les obligations des deux parties sont éteintes s'il n'y a pas eu d'exécution, et, dans le cas contraire, le vendeur est tenu de restituer le prix, et l'acheteur de restituer la chose.

Dans les contrats synallagmatiques, la condition résolutoire est toujours sous-entendue pour le cas où l'une des parties ne satisfera pas à son engagement. Le contrat n'est pas ici résolu de plein droit, comme cela a lieu dans la condition résolutoire expresse. En effet, la partie qui a exécuté son obligation a le choix, ou de forcer l'autre à l'exécution de son obligation, lorsqu'elle est possible, ou d'en demander la résolution en justice, en concluant à des dommages et intérêts. Mais, dans ce dernier cas, le juge peut accorder au défendeur, eu égard à sa position et aux circonstances, un délai pour l'exécution de son obligation; car la résolution d'un contrat, pour lequel le défendeur a déjà beaucoup déboursé, lui causerait souvent un grave préjudice, qu'il faut, s'il se peut facilement, lui donner le moyen de prévenir.

Section III. — *Des obligations alternatives.*

L'obligation *alternative* est celle où deux ou plusieurs choses sont comprises dans l'obligation, de telle manière que le débiteur soit complétement libéré par le payement de l'une d'elles; par exemple : « Je vous donnerai tel cheval ou mille francs. » — Cette espèce d'obligation diffère de l'obligation *facultative*, où il n'y a qu'une seule chose due, avec faculté de donner une autre chose à la place ; par exemple : « Je vous donnerai tel cheval, mais je me réserve la faculté de vous donner mille francs à la place. » Si le cheval périt, les mille francs restent dus, lorsque l'obligation est alternative; tandis que rien ne reste dû, lorsque l'obligation est facultative.

A moins de convention contraire, c'est au débiteur qu'appartient le choix des choses dues alternativement : il peut donc se libérer en donnant, à son gré, l'une ou l'autre chose, sans pouvoir cependant forcer le créancier à recevoir partie d'une chose et partie de l'autre.

Si l'une des deux choses dues avec alternative ne pouvait pas être l'objet de l'obligation ou vient ensuite à périr, l'obligation est non alternative, car l'autre chose est seule due. Si les deux choses sont péries par un cas fortuit, le débiteur est libéré. Mais quand il est en faute à l'égard de l'une des deux choses péries, il doit le prix de celle qui est périe la dernière, si le choix lui appartient ; si, au contraire, le choix appartient au créancier, celui-ci peut demander ou le prix de la chose périe la première par la faute du débiteur, ou le prix de celle qui est périe la dernière.

Les mêmes principes s'appliquent au cas où il y a plus de deux choses comprises dans l'obligation alternative.

Section IV. — *Des obligations solidaires.*

En principe, chacun stipule pour soi. De là, si deux propriétaires d'une chose par égales portions, la vendent pour 2,000 fr., chacun d'eux a vendu sa part pour 1,000 fr., et n'est devenu créancier de l'acheteur que de cette somme; de même, si deux personnes empruntent ensemble et pour portions égales 2,000 fr., chacune a emprunté 1,000 fr. et ne doit que cette somme. Il y a donc autant de créances ou de dettes distinctes et entièrement séparées, qu'il y a de créanciers ou de débiteurs.

La solidarité active ou passive déroge à ce principe. La solidarité active ou entre créanciers ne se présente jamais; elle n'offre point d'utilité et n'est mentionnée dans le Code que par réminiscence d'un système de procédure tombé en désuétude. Nous n'avons donc à voir que la solidarité passive ou entre débiteurs : celle-ci offre un grand avantage au créancier, qui est mis par là à l'abri des conséquences de l'insolvabilité de l'un ou de quelques-uns des débiteurs solidaires; aussi elle est très-fréquente et elle est devenue presque de style pour les notaires (1).

---

(1) Voir le Formulaire, Modèle, n° 9.

Or, il y a solidarité entre débiteurs lorsqu'ils sont obligés à une même chose, de manière que chacun puisse être contraint à la totalité, et que le payement fait par un seul libère les autres envers le créancier. — Ainsi, trois éléments sont nécessaires pour la solidarité : 1° identité de la chose due, car il faut que les débiteurs doivent tous *la même chose*; ce qui n'empêche cependant pas les différences de terme ou de condition; 2° facilité pour le créancier de demander à chacun des débiteurs la totalité de la dette; 3° libération de tous les débiteurs par le payement que l'un d'eux fait au créancier. Il y a un quatrième élément nécessaire pour qu'il y ait solidarité *parfaite*, c'est-à-dire pour que la demande judiciaire faite à l'un des débiteurs interrompe la prescription et fasse courir les intérêts contre les autres : cet élément est, que les débiteurs solidaires aient figuré en même temps dans le même contrat, et soient par là considérés comme s'étant mutuellement donné mandat de payer et d'agir en justice, l'un pour tous; car autrement, la solidarité serait imparfaite, c'est-à-dire produirait moins d'effet; or, telle est celle qui est légale.

La solidarité est une dérogation au principe général, que l'on ne contracte que pour soi; cette dérogation, utile au créancier, est très-onéreuse aux débiteurs, en ce que les conséquences de l'insolvabilité des uns sont supportées par les autres, et non, comme dans les cas ordinaires, par le créancier. Il s'ensuit que la solidarité ne se présume pas, et qu'elle doit être expressément stipulée. Cette règle ne cesse que dans les cas où la solidarité a lieu de plein droit, en vertu d'une disposition de la loi; par exemple, entre la mère tutrice et son nouveau mari, entre exécuteurs testamentaires, entre endosseurs d'une lettre de change, entre personnes condamnées pécuniairement pour un même crime ou délit; dans ces cas et autres, la solidarité est imparfaite.

Le créancier d'une obligation solidaire peut demander

toute la dette à celui des débiteurs qu'il veut choisir; ce qui ne l'empêche point de former une pareille demande successivement contre les autres, jusqu'à ce qu'il ait été payé intégralement. Il peut aussi poursuivre tous les débiteurs solidaires collectivement, afin d'obtenir en même temps, et par un seul jugement, une condamnation contre tous, et contre chacun pour toute la dette.

Puisque la solidarité a lieu dans l'intérêt du créancier, celui-ci peut évidemment y renoncer en consentant, au profit de tous les débiteurs ou de quelques-uns, à la division de la dette : il suffit qu'il exprime à cet égard clairement son intention. Le Code civil statue sur les cas douteux suivants.

1° Si le créancier reçoit la part contributoire de l'un des débiteurs, sans réserver dans la quittance la solidarité ou ses droits en général, et en disant qu'il reçoit cette somme du débiteur *pour sa part*; ou si, en agissant en justice contre l'un des débiteurs, il lui demande sa portion contributoire, en exprimant que c'est *pour sa part*, et si ensuite le défendeur acquiesce à la demande ou est condamné par un jugement en dernier ressort, ou passant plus tard en force de chose jugée : dans ces cas, il y a remise de la solidarité au profit du débiteur qui a payé, qui a acquiescé à la demande ou qui a été condamné.

2° Si le créancier reçoit, sans réserve, de l'un des débiteurs sa portion dans les intérêts et arrérages de la dette, il renonce au profit de ce débiteur à la solidarité pour les intérêts et arrérages échus seulement; mais si le payement divisé des intérêts, ou arrérages échus, a continué pendant dix ans consécutifs, le créancier est censé avoir renoncé à la solidarité, même pour les intérêts et arrérages à échoir et pour le capital.

3° Le créancier qui a consenti à la division de la dette en faveur de l'un des débiteurs, conserve néanmoins son action solidaire contre les autres, déduction faite de la part de celui qui a été déchargé; mais comme cette décharge de l'un ne peut point nuire aux autres, s'il y en a parmi ceux-ci qui se trouvent insolvables, la portion des insolvables est répartie contributoirement entre tous les codébiteurs, même entre ceux qui ont été précédemment déchargés.

Nous avons dit que les débiteurs solidaires sont mutuellement mandataires les uns des autres, pour payer et pour défendre en justice. Voyons les effets de ce mandat, d'abord entre le créancier et les débiteurs, et ensuite entre les débiteurs eux-mêmes.

1. *Effets du mandat entre le créancier et les débiteurs solidaires.* — Ils sont au nombre de trois :

1° Si la chose due périt par la faute ou pendant la demeure de l'un ou de plusieurs débiteurs solidaires, les autres sont aussi considérés comme en faute ou en demeure ; le créancier peut donc demander à chacun des débiteurs le prix total de la chose ; il ne peut cependant demander de dommages et intérêts qu'à celui qui est personnellement en faute ou en demeure, car il ne faut pas aggraver la position des autres au delà de leurs prévisions.

2° Les poursuites faites par le créancier contre l'un des débiteurs unis par les liens de la solidarité parfaite ou conventionnelle, interrompent la prescription et font courir les intérêts contre les autres. Mais il n'en serait pas ainsi dans le cas de solidarité imparfaite ou légale.

3° Le débiteur solidaire poursuivi par le créancier peut invoquer toutes les exceptions, ou moyens de défense, résultant de la nature de la dette et celles qui lui sont purement personnelles ; mais il ne peut pas invoquer celles qui sont purement personnelles aux autres débiteurs, soit qu'ils aient terme ou condition, soit que leur obligation soit annulable à cause de la qualité de mineur, d'interdit ou de femme mariée, soit qu'ils aient obtenu remise d'une partie de la dette par concordat passé durant la faillite.

II. *Effets du mandat entre les débiteurs.* — Le mandat produit deux effets principaux entre les débiteurs solidaires :

1° Celui des débiteurs qui a payé la dette solidaire a agi tant en son nom qu'au nom et comme mandataire des autres débiteurs, qui se trouvent par là libérés envers le créancier. Il est donc conforme au principe de l'union sociale qui existe entre les codébiteurs, que la dette se divise entre eux de plein droit, et que celui qui a payé puisse réclamer à chacun ce qu'il a payé en son nom et pour lui, mais pas au delà. Si l'acte d'emprunt, ou de tout autre contrat, ne spécifie pas les parts, chacun des débiteurs supporte contributoirement dans la dette une part virile, c'est-à-dire égale. Toutefois, d'après la jurisprudence, le mari et la femme, qui s'obligent solidairement, ne comptent que pour un débiteur, et ne supportent contributoirement ensemble qu'une part virile dans la dette : l'union si intime qui existe entre les époux, union qui les confond en un seul et qui fait en quelque sorte de la femme une dépendance et un accessoire du mari, a motivé la décision de la jurisprudence, qui considère la femme comme caution de son mari. Lorsqu'il apparaît que la dette ne concerne en réalité que l'un des débiteurs solidaires, il doit seul supporter toute la dette, car les autres ne sont à son égard que des cautions.

Si un débiteur solidaire devient héritier unique du créancier, ou si le créancier devient héritier unique d'un débiteur solidaire, il s'opère une confusion qui diffère essentiellement de l'exécution du mandat de payer: aussi la dette n'est éteinte que pour la part de ce débiteur; quant aux autres débiteurs, ils peuvent être poursuivis solidairement pour toute la dette, déduction faite de cette part.

2° Si l'un des débiteurs solidaires est insolvable, la perte qui en résulte se répartit par contribution entre tous les codébiteurs solvables. C'est là une application équitable du principe de l'union sociale qui existe entre les codébiteurs; il ne serait pas juste, en effet, que celui qui a acquitté toute la dette supportât seul la perte occasionnée par cette insolvabilité.

SECTION V. — *Des obligations divisibles et indivisibles.*

Les obligations sont généralement divisibles; quelques-unes seulement sont indivisibles. Or l'obligation est *indivisible*, si la chose qui en est l'objet n'est pas, d'après sa nature, d'après le rapport sous lequel elle est considérée, ou d'après l'intention des parties, susceptible d'être divisée dans le payement; par exemple, un droit de passage, la construction d'une maison, mille francs pour tirer une personne de prison.

I. *Obligation divisible.* — Peu importe, entre un seul créancier et un seul débiteur, la question de savoir si l'obligation est divisible ou indivisible; en effet, lors même qu'elle est divisible, le débiteur doit toujours l'exécuter comme si elle était indivisible, car il ne peut point contraindre le créancier à recevoir un payement partiel. Mais lorsqu'il y a plusieurs créanciers ou plusieurs débiteurs, l'obligation se divise activement ou passivement en autant de dettes distinctes qu'il y a de créanciers ou de débiteurs; en sorte que, d'une part, chacun des créanciers ne peut poursuivre le débiteur que pour sa part dans la créance, et que, d'autre part, chacun des débiteurs ne peut être poursuivi que pour sa part dans la dette. Si le créancier ou le débiteur décède, l'obligation active ou passive se divise également entre les héritiers, qui ne peuvent ou poursuivre ou être poursuivis que chacun proportionnellement à sa part héréditaire.

Cependant, quoique la dette soit divisible, l'un des débiteurs peut être poursuivi en payement de toute la dette dans les trois cas suivants, auxquels on en ajoute d'autres qui rentrent dans le principe de l'indivisibilité·

1° Si la dette est hypothécaire; car, nonobstant la divisibilité de l'obligation, le débiteur pour partie qui est détenteur de l'immeuble hypothéqué pourra, à cause du caractère indivisible de l'hypothèque, être poursuivi, comme un tiers détenteur, hypothécairement pour toute la dette;

2° Si la dette divisible, et commune à plusieurs, consiste à donner un corps certain et déterminé; alors, le créancier étant devenu, au moment même du contrat, propriétaire de la chose due, il pourra la revendiquer contre l'un des débiteurs qui la détient, comme il pourrait la revendiquer contre un tiers détenteur;

3° Enfin, si un seul des débiteurs est chargé par le titre entre-vifs ou testamentaire d'acquitter seul la dette, le créancier peut évidemment poursuivre ce débiteur pour partie en payement de toute la dette.

Il est évident, du reste, que le débiteur pour partie aura, après avoir payé au delà de sa part dans la dette, un recours contre les autres débiteurs.

II. *Obligation indivisible.* — Lorsque l'obligation est indivisible, il est naturel et nécessaire, d'une part, que chacun des créanciers conjoints et chacun des héritiers du créancier unique ou conjoint, puisse demander seul toute la dette; et, d'autre part, que chaque débiteur conjoint et chacun des héritiers du débiteur unique ou conjoint puisse être poursuivi pour le payement de toute la dette. Bien plus, si l'un des créanciers faisait remise de la dette, un autre créancier pourrait néanmoins demander toute la chose indivisible, en tenant compte au débiteur de la portion du cohéritier qui a fait la remise.

Lorsque l'un des débiteurs de la chose indivisible est poursuivi en payement de la dette, il jouit d'un délai pour mettre en cause ses codébiteurs, à moins cependant que la dette ne soit de nature à ne pouvoir être acquittée que par lui. Au reste, dans tous les cas où un seul débiteur, pouvant ou non jouir d'un délai pour mettre ses codébiteurs en cause, a acquitté toute la dette, il a un recours contre chacun des autres débiteurs pour leur part.

Section VI. — *Des obligations avec clause pénale.*

La clause pénale est celle par laquelle une personne, pour assurer l'exécution d'une obligation, s'engage à quelque chose en cas d'inexécution (1). Toujours insérée dans l'intérêt du créancier, la clause pénale a pour but ordinaire de fixer le montant des dommages et intérêts dus en cas d'inexécution; par exemple, « Je promets d'abattre le mur qui gêne votre vue, et, si je ne l'abats pas dans six mois, je vous donnerai cent francs. »

La clause pénale a aussi quelquefois pour but de vivifier et rendre par conséquent indirectement valables les stipulations et promesses pour autrui; par exemple, « Je donnerai tel cheval à Pierre, sinon je vous donnerai mille francs, » ou « Pierre vous donnera tel cheval, sinon je vous donnerai moi-même mille francs; » dans l'un et l'autre cas, l'obligation est nulle, puisque je n'ai pas pu rendre Pierre, qui est un tiers, ni créancier, ni débiteur; mais la clause pénale produit son effet lorsque l'obligation principale n'a pas été volontairement exécutée.

Lorsque l'obligation principale est nulle pour une cause autre que le défaut d'intérêt existant dans les stipulations ou promesses pour autrui, la clause pénale est également nulle, car on ne peut vivifier indirectement, au moyen d'une clause pénale, les obligations contraires aux lois, aux mœurs ou à l'ordre public. Mais la nullité de la clause pénale, qui est un accessoire de l'obligation principale, n'a point pour effet d'entraîner la nullité de l'obligation principale.

Le créancier ne fait encourir au débiteur la peine con-

---

(1) Voir le Formulaire, MODÈLE, n° 10.

tenue dans la clause, qu'en le mettant en demeure de satisfaire à son obligation principale; il a droit ensuite de demander, à son choix, ou l'exécution de l'obligation, ou la peine; il ne peut demander l'une et l'autre chose que lorsque la peine a été convenue pour simple retard. La peine étant la fixation conventionnelle des dommages et intérêts, elle ne peut être modifiée par le juge que dans le cas où l'obligation principale a été exécutée en partie.

Lorsque l'obligation principale est indivisible, la contravention d'un seul des débiteurs fait encourir la peine contre tous : le créancier peut alors agir en payement de toute la peine contre le débiteur qui a contrevenu; mais il ne peut agir contre les autres que pour leur portion, car les débiteurs d'une chose indivisible ne sont pas, comme les codébiteurs solidaires, les mandants et répondants les uns des autres. Lors, au contraire, que l'obligation principale est divisible, la contravention d'un seul des débiteurs ne fait encourir la peine que contre lui-même, et seulement pour la part dont il était tenu dans l'obligation principale.

Chapitre V. — De l'extinction des obligations.

L'obligation s'éteint quand s'opère la rupture du lien de droit qui la constitue. Le débiteur est par là délié, libéré.

Les obligations s'éteignent : 1° par le payement; 2° par la novation; 3° par la remise volontaire de la dette; 4° par la compensation; 5° par la confusion; 6° par la perte de la chose; 7° par la nullité ou rescision. Ces modes d'extinction font l'objet de ce chapitre, contenant sept sections. Les obligations s'éteignent encore, 8° par l'effet de la condition résolutoire, expliquée à la section 2 du chapitre précédent; 9° enfin par la prescription, qui fait l'objet du titre XX et dernier du Code.

Section I. — *Du payement.*

Cette section traite : 1° du payement en général; 2° du payement avec subrogation; 3° de l'imputation des payements; 4° des offres de payement et de la consignation; 5° de la cession de biens.

§ I. — Du payement en général.

Le mot *payement* signifie quelquefois, dans un sens restreint, l'acquittement de l'obligation consistant à donner une somme d'argent. Il signifie, dans son sens large et tel qu'il est ici employé, l'acquittement, conforme à l'intention qu'avaient les parties lors du contrat, aussi bien de l'obligation de faire ou de ne pas faire, que de celle de donner.

Celui qui paye fait par là l'aveu de l'existence de la dette. De là cette règle qui en découle : « Tout payement suppose une dette. » Si le prétendu débiteur n'avait pas payé, le créancier serait tenu, en cas de contestation, de prouver l'existence de la dette; mais après l'aveu contenu dans le payement, c'est au débiteur, qui revient sur son aveu afin de répéter ce qu'il a payé, à prouver qu'il a payé par erreur et qu'il n'y avait aucune dette, ni civile, ni même naturelle; car les dettes naturelles qui ne confèrent pas au créancier de droit de poursuite, lui permettent de retenir ce qui a été payé.

1. *Qui peut payer.* — L'obligation peut être acquittée par le débiteur, par l'un des codébiteurs, par les cautions, par toute personne intéressée, et même par des tiers qui agissent soit au nom du débiteur, comme les mandataires; soit seulement en l'acquit du débiteur, comme les gérants d'affaires ou les donateurs.

Cette règle souffre exception : un tiers ne peut point acquitter l'obligation contre le gré du créancier, lorsque le créancier a intérêt à ce qu'elle soit acquittée par le débiteur lui-même; par exemple, s'il s'agit d'obligation imposée à un peintre célèbre de faire mon portrait, un autre peintre ne peut pas me contraindre à recevoir mon payement, en faisant lui-même mon portrait.

Le payement n'est valable que lorsqu'il est fait par celui qui est propriétaire de la chose donnée, et capable de l'aliéner. Cependant, s'il manque l'une de ces deux conditions, le payement d'une somme, ou autre chose qui se consomme par l'usage, ne peut pas être répété contre le créancier qui l'a consommée de bonne foi.

II. *A qui le payement peut être fait.* — Le payement doit être fait au créancier capable ou à ses mandataires. Il peut être fait également, soit aux représentants légaux du créancier, comme les tuteurs et autres administrateurs, soit à ceux qui ont pouvoir de justice de recevoir pour lui, comme les syndics de sa faillite et les créanciers autorisés à exercer ses droits.

Le payement fait à celui qui n'a point pouvoir de le recevoir devient valable: 1° si le créancier le ratifie; 2° si le créancier en a profité, que le payement ait été fait à lui-même, lorsqu'il est incapable, ou qu'il ait été fait à un tiers sans pouvoir; 3° si le débiteur a payé de bonne foi à celui qui était en possession de la créance, c'est-à-dire de la qualité de créancier; par exemple, s'il a payé à celui qui passait généralement pour l'héritier du créancier: quoique ce prétendu héritier vienne ensuite à être évincé de cette qualité par le véritable héritier, le payement n'en sera pas moins valable. Remarquons que le possesseur du billet ordinaire, de la lettre de change, ou du billet à ordre, n'est possesseur de la créance que si ce titre est ostensiblement régulier à son profit.

Lorsqu'un tiers a formé entre les mains d'un débiteur une saisie-arrêt ou opposition, en se disant lui-même créancier du créancier, le débiteur ne doit plus payer entre les mains de son créancier, car il s'exposerait à payer une seconde fois à celui qui a formé par huissier la saisie-arrêt.

III. *Ce qu'il faut payer.* — Le débiteur est tenu de payer, à l'exigibilité, ce qu'il doit et tout ce qu'il doit. En effet, 1° il ne dépend pas du débiteur de prolonger l'époque du payement; mais, en considération de sa position, les juges saisis de l'action en payement peuvent lui accorder des délais modérés et suspendre les poursuites; 2° comme la convention fait la loi des parties, le débiteur ne peut pas contraindre le créancier à recevoir une chose autre que celle qui lui est due, lors même que la chose offerte serait égale ou même supérieure en valeur à celle qui est due; mais si le créancier consent à recevoir cette autre chose, il y a, par la dation en payement, extinction de l'obligation; 3° enfin, puisque la dette divisible doit, dans les rapports entre le créancier unique et le débiteur unique, être traitée comme si elle était indivisible, le débiteur ne pourrait pas forcer le créancier à recevoir la dette par parties.

Lorsque la dette est d'un corps certain, par exemple; de tel cheval, le débiteur est libéré en le délivrant dans l'état où il est, pourvu qu'il n'y ait pas de détériorations provenant de son fait ou arrivées depuis sa mise en demeure; car il en serait alors responsable. Lors, au contraire, qu'il s'agit d'une chose qui n'est déterminée que par son espèce, comme un cheval en général, le débiteur n'est pas tenu d'en livrer une de la meilleure espèce, mais il ne peut pas l'offrir de la plus mauvaise.

IV. *Où le payement doit être fait.* — Le payement doit se faire au lieu fixé par la convention; si la convention se tait à cet égard, il se fait au lieu où était le corps certain et déterminé lors de la convention; s'il s'agit d'une chose qui n'est déterminée que par son espèce, il se fait au domicile du débiteur.

V. *Aux frais de qui se fait le payement.* — Les frais de payement ou livraison sont à la charge du débiteur; ceux d'enlèvement, de mutation et autres d'acquisition sont à la charge du créancier.

§ II. — Du payement avec subrogation.

La *subrogation* est la transmission des garanties, priviléges, hypothèques et cautions, qu'a un créancier, au profit d'un tiers qui le paye et qui a par là un recours à exercer contre le débiteur.

Le *payement avec subrogation* éteint la dette et fait naître, contre le débiteur, une action en recours au profit du tiers qui a payé en qualité de mandataire ou de gérant d'affaires ; pour que cette action en recours soit plus efficace, elle est munie de toutes les garanties qu'avait le créancier maintenant désintéressé.

Cette espèce particulière de payement diffère essentiellement de la *cession-transport*, qui est une vente de la créance et dans laquelle l'acheteur, loin de vouloir éteindre la créance, veut l'obtenir et être mis exactement au lieu et place du créancier pour un prix ordinairement inférieur à la valeur nominale de la créance.

En général le payement éteint, avec la dette, toutes les garanties accessoires : en cas de payement avec subrogation, au contraire, l'extinction de la dette n'entraîne pas celle des garanties ; celles-ci viennent fortifier l'action en recours de celui qui a payé contre le débiteur.

La subrogation est conventionnelle ou légale.

I. *Subrogation conventionnelle.* — La subrogation conventionnelle est l'œuvre d'une convention que le tiers qui paye a passée avec le créancier, ou avec le débiteur.

1° La subrogation émane du créancier, lorsque celui-ci, en recevant son payement d'une tierce personne, la subroge en même temps et expressément dans ses droits, actions, priviléges et hypothèques (1).

2° La subrogation émane du débiteur, lorsque celui-

---

(1) Voir le FORMULAIRE, MODÈLE, n° 11.

ci emprunte une somme d'un tiers, à l'effet de payer sa dette, et de subroger ce tiers prêteur dans les droits du créancier. Trois conditions sont nécessaires pour la formation de cette subrogation : il faut d'abord que l'acte d'emprunt et la quittance du créancier soient passés devant notaires; en second lieu, que, dans l'acte d'emprunt, il soit déclaré que la somme a été empruntée pour faire le payement; et, en troisième lieu, que dans la quittance il soit déclaré que le payement a été fait des deniers fournis à cet effet par le nouveau créancier. Cette subrogation s'opère sans le concours de la volonté du créancier, car s'il refuse de donner une quittance notariée énonçant que le payement lui est fait avec les deniers fournis par un tiers, à l'effet d'obtenir la subrogation, le débiteur peut lui faire des offres réelles suivies de consignation : la quittance du directeur de la Caisse des dépôts et consignations, mentionnant le but de cet acte, équivaut à une quittance en règle du créancier. Il est souvent bien utile au débiteur de pouvoir opérer la subrogation au profit du tiers prêteur des deniers, puisqu'il obtient par là des conditions meilleures.

II. *Subrogation légale.* — En général, celui qui paye la dette d'une personne a un recours contre elle, mais il n'a pas les garanties de la dette éteinte, car la loi craint qu'il ne veuille abuser de la position malheureuse du débiteur pour le vexer.

Mais si celui qui a payé avait pour cela un intérêt légitime, la crainte du législateur disparaît, et la subrogation a lieu alors de plein droit. Or c'est ce qui se rencontre dans les quatre cas suivants:

1° Si un créancier en paye un autre qui lui est préférable à raison de ses priviléges et hypothèques. — Ce créancier, qu'il ait ou non lui-même privilége ou hypothèque, est intéressé à payer un créancier qui lui est préférable, puisqu'il peut ainsi empêcher des frais qui, à cause de l'insolvabilité du débiteur, retomberaient sur lui-même. D'ailleurs, celui qui diminue ainsi le nombre des créanciers, diminue aussi les frais de poursuite et d'ordre à régler entre les divers créanciers, et fait ainsi une opération utile au débiteur lui-même.

2° Si l'acquéreur d'un immeuble emploie le prix de son acquisition au payement des créanciers auxquels cet immeuble est hypothéqué. — Le tiers détenteur a un grand intérêt à payer son prix aux créanciers hypothécaires plutôt qu'à son vendeur. En effet, en payant aux créanciers hypothécaires, il éteint leur hypothèque, et il leur est subrogé, mais sous une condition suspensive, qui se réalise si d'autres créanciers hypothécaires viennent ensuite à faire vendre l'immeuble, car il ne peut avoir d'hypothèque sur l'immeuble tant qu'il en reste propriétaire; alors, il vient hypothécairement sur le prix de vente au rang des créanciers qu'il a payés. Lors, au contraire, que l'acquéreur de l'immeuble paye à son vendeur, il n'a plus qu'un recours personnel contre lui, dans le cas où des créanciers hypothécaires le poursuivent et font vendre l'immeuble qu'il détient.

Au reste, non-seulement l'acheteur, mais encore l'échangiste, le donataire, le légataire et tous autres détenteurs de l'immeuble hypothéqué sont subrogés aux droits du créancier qu'ils payent.

3° Si celui qui paye le créancier est obligé lui-même au payement de la dette, en ce qu'il est tenu soit avec d'autres, comme un débiteur solidaire, soit pour d'autres, comme les cautions.

4° Enfin si l'héritier bénéficiaire paye de son argent un créancier de la succession.

La subrogation conventionnelle ou légale a lieu contre les débiteurs et contre les cautions; mais, comme elle a pour but de fortifier l'action en recours de celui qui a payé contre ceux qui étaient personnellement tenus au payement de la dette, il s'ensuit qu'elle n'a pas lieu contre les tiers détenteurs d'autres immeubles hypothéqués à la créance éteinte ; car celui qui a payé n'est ni mandataire, ni gérant d'affaires des tiers détenteurs, qui d'ailleurs ne s'enrichissent aucunement par l'extinction de l'hypothèque pesant sur leurs immeubles ; et par conséquent il n'a absolument aucune voie de recours contre eux.

S'il y a, de la part d'un tiers, payement de partie seulement de la dette, le créancier exerce ses droits de privilége ou d'hypothèque, pour ce qui lui reste dû, par préférence au subrogé. Mais si plusieurs personnes ont fait des payements partiels au même créancier, elles concourent toutes ensemble, sans égard aux dates de ces divers payements.

§ III. — De l'imputation des payements.

L'*imputation* est l'indication de la dette que le payement doit éteindre en tout ou partie. Elle est faite par le débiteur, par le créancier ou par la loi.

1° Le débiteur de plusieurs dettes a le droit de déclarer, lorsqu'il paye, quelle est celle des dettes qu'il veut acquitter, car il est maître de l'emploi de son argent. Il ne peut cependant point, sans le consentement du créancier, imputer le payement qu'il fait sur le capital par préférence aux intérêts et arrérages ; car ce qui doit être payé d'abord, d'après le but évident des parties, ce sont les intérêts et arrérages, qui ne produisent généralement pas de fruits civils et qui sont prescriptibles dans le court délai de cinq ans. Il faut conclure de ce qui précède, que l'imputation du payement, faite par le débiteur sur le capital et les intérêts, se fait d'abord sur les intérêts et l'excédant sur le capital. Mais s'il y avait payement d'une somme dépassant celle qui est due pour arrérages, on est d'accord que l'excédant ne doit pas éteindre une partie de la rente qui n'est jamais ni exigible, ni rachetable partiellement : celui qui a payé peut à son gré répéter l'excédant ou le laisser entre les mains du créancier, afin qu'il s'impute sur les arrérages qui écherront.

2° Lorsque le débiteur ne fait pas l'imputation, s'il consent à recevoir une quittance dans laquelle le créancier a dirigé l'imputation sur une dette spéciale, il ne peut évidemment pas demander ensuite que l'imputation ait lieu sur une autre dette; à moins cependant qu'il n'y ait eu dol ou surprise de la part du créancier. Or il y a *dol* si, lorsque le débiteur ne sait pas lire, le créancier impute le payement sur une dette autre que celle dont on était convenu; il y a *surprise* si, dans le même cas, le créancier dirige, dans la quittance et sans rien dire au débiteur, l'imputation du payement sur la dette la moins onéreuse.

3° Lorsque l'imputation n'est faite ni par le créancier ni par le débiteur, elle est faite par la loi sur la dette que le débiteur avait alors le plus d'intérêt d'acquitter. Elle se fait donc sur les dettes échues, pour lesquelles le débiteur peut être actuellement poursuivi, plutôt que sur celles non encore échues; parmi plusieurs dettes non échues, elle se fait toujours sur celle qui est le plus tôt exigible; mais s'il s'agit de dettes échues, elle se fait : 1° sur celle qui entraîne la contrainte par corps contre celui qui paye; 2° sur celle qui est garantie par des cautions ou des hypothèques; 3° sur celle qui produit les plus forts intérêts; 4° sur celle qui est depuis le plus longtemps exigible, et 5° enfin, quand toutes choses sont égales, elle a lieu sur toutes les dettes proportionnellement.

§ IV. — Des offres de payement et de la consignation.

Lorsque le créancier ne veut pas recevoir son payement en prétendant, par exemple, qu'il lui est dû davantage, ou lorsqu'il ne peut pas recevoir, par exemple, à cause d'une saisie-arrêt formée par un tiers, le débiteur a le droit de se libérer en faisant au créancier des offres réelles suivies de consignation. Lorsque le créancier réclame, par exemple, mille francs quand il ne lui en est dû que cent, le débiteur condamné au payement de cette dernière somme, sera aussi condamné au payement de tous les frais judiciaires, qui dépasseront ordinairement de beaucoup le montant de sa dette: dans ce cas, le débiteur a un bien vif intérêt à faire des offres réelles des cent francs, puisqu'il met par là tous les frais judiciaires arrivés postérieurement à la charge du créancier.

On entend par offres *réelles*, les offres faites au créancier des objets dus, avec sommation de les recevoir; on appelle ces offres *réelles*, par opposition à celles qui ne sont que *verbales*. La *consignation* est le dépôt dans les mains d'un tiers, désigné par la loi ou par le juge, des objets offerts au créancier et refusés par lui : la consignation des sommes se fait à la Caisse des dépôts et consignations, qui en paye les intérêts à trois pour cent ne commençant à courir que le soixante et unième jour du dépôt.

Les offres réelles mettent le créancier en demeure de recevoir; elles rejettent donc sur lui les risques de la chose. La consignation a pour effet d'arrêter les intérêts et de libérer le débiteur, si les offres qui l'ont précédée sont valables.

I. *Conditions requises pour la validité des offres.* — Pour que les offres réelles soient valables, il faut, d'une part, qu'elles soient faites par un notaire ou un huissier, et, d'autre part, qu'elles réunissent les conditions requises pour la validité du payement, savoir : 1° qu'elles soient faites au créancier capable de recevoir ou à celui qui a pouvoir de recevoir pour lui; 2° qu'elles soient faites par le propriétaire capable de payer; 3° qu'elles soient de la totalité de la somme exigible, avec les intérêts et arrérages dus, les frais liquidés et une somme pour les frais non liquidés, sauf à la parfaire; 4° que le terme soit échu, quand il a été convenu dans l'intérêt du créancier; 5° que la condition soit arrivée; 6° qu'elles soient faites au lieu convenu pour le payement, ou, à défaut de convention, à la personne ou au domicile du créancier.

II. *Conditions requises pour la validité de la consignation.* — Pour que la consignation soit valable, il faut : 1° qu'elle ait été précédée d'une sommation signifiée au créancier et contenant l'indication du jour, de l'heure et du lieu où la chose offerte sera déposée; 2° que le débiteur se soit dessaisi de la chose offerte, en la remettant dans le dépôt indiqué par la loi pour recevoir les consignations, avec les intérêts jusqu'au jour du dépôt; 3° qu'il y ait eu procès-verbal, dressé par l'officier ministériel, de la nature des espèces offertes, du refus qu'a fait le créancier de recevoir, ou de sa non-comparution, et enfin du dépôt; 4° qu'en cas de non-comparution du créancier au lieu de la consignation, le procès-verbal de dépôt lui ait été signifié avec sommation de retirer la chose déposée.

III. *Effets des offres suivies de consignation.* — 1° Les frais des offres réelles et de la consignation sont à la charge du créancier, si les offres sont déclarées valables; car il doit supporter les conséquences de son injuste refus.

2° Les offres réelles suivies de consignation tiennent lieu de payement, mais seulement sous une condition résolutoire, qui se réalise si le débiteur retire sa consignation ou si les offres sont jugées insuffisantes; par suite de cette condition résolutoire, la dette est considérée comme n'ayant jamais été éteinte, et par conséquent les codébiteurs et cautions restent obligés, les priviléges et hypothèques continuent à subsister. Mais si les offres ont été déclarées valables par un jugement en dernier ressort ou passé en force de chose jugée, le débiteur ne peut plus retirer les offres sans le consentement du créancier; lorsque celui-ci consent à ce retirement de la part du débiteur, il naît une nouvelle dette, dénuée de toutes les anciennes garanties.

Lorsque la chose due est un corps certain et déterminé qui doit être livré au lieu où il se trouve, le débiteur ne va pas offrir la chose, mais il fait une sommation au créancier de l'enlever; après l'expiration du temps fixé dans la sommation pour l'enlèvement, le débiteur peut obtenir de la justice la permission de la mettre en dépôt dans quelque lieu, aux frais du débiteur.

§ V. — De la cession de biens.

La *cession de biens* est l'abandon que fait le débiteur de tous ses biens à tous ses créanciers, lorsqu'il se trouve hors d'état de payer ses dettes.

La cession de biens est volontaire ou judiciaire.

1° La cession de biens *volontaire* est celle qui est conventionnellement acceptée par tous les créanciers. Les effets de cette cession sont réglés par le contrat; s'il ne contient rien à cet égard, les créanciers deviennent, chacun dans la proportion de sa créance, copropriétaires des biens abandonnés, et le débiteur est complétement libéré; il y a donc là une espèce particulière de dation en payement (1).

2° La cession de biens *judiciaire* est un bénéfice que la loi accorde au débiteur malheureux et de bonne foi, de faire en justice l'abandon de tous ses biens à tous ses créanciers, pour être affranchi de la contrainte par corps. Le débiteur prouve qu'il est *malheureux* en montrant les pertes fortuites qu'il a subies; il prouve qu'il est de *bonne foi*, en démontrant que, lors de la formation de ses dettes, il avait un raisonnable espoir de satisfaire à ses engagements. Ces deux preuves étant faites, le débiteur obtiendra le bénéfice de cession judiciaire, malgré les créanciers et malgré les clauses contraires qui auraient été insérées dans les engagements. Mais on n'admet point à ce bénéfice les étrangers, les banqueroutiers frauduleux.

---

(1) Voir le Formulaire, MODÈLE, n° 12.

les condamnés pour vol ou escroquerie, les dépositaires infidèles, les stellionataires, les tuteurs et autres administrateurs qui restent à devoir par suite de leur gestion.

La cession judiciaire des biens n'en confère point la propriété aux créanciers : elle leur donne seulement le droit de les faire vendre sans remplir les formes de la saisie, et d'en percevoir les fruits jusqu'à la vente. Si le prix de vente des fruits et des biens abandonnés dépasse le montant des dettes, ce qui reste après le payement intégral des créanciers revient au débiteur. Lors, au contraire, que le prix de vente ne suffit pas au désintéressement complet des créanciers, le débiteur redoit tout ce qui n'est pas touché par les créanciers; ceux-ci pourront donc le poursuivre encore sur les biens qu'il viendrait à acquérir.

La cession volontaire des biens a lieu fréquemment, surtout dans le commerce, car elle empêche l'incapacité civique résultant de la faillite; mais la cession judiciaire est très-rare depuis la loi de 1838 sur les faillites, car cette loi refuse le bénéfice de cette cession aux commerçants, qui sont presque les seuls soumis aux voies de la contrainte par corps.

Section II. — *De la novation.*

La *novation* est la substitution d'une nouvelle dette à une ancienne, qui se trouve par là éteinte, avec toutes ses garanties.

La novation s'opère de trois manières :

1° Par changement d'*objet*, — lorsque le débiteur contracte envers son créancier une nouvelle dette, qui est substituée à l'ancienne, laquelle est éteinte; elle exige le consentement du créancier et du débiteur (1).

2° Par changement de *débiteur*, — lorsqu'un nouveau débiteur, appelé expromisseur, est substitué à l'ancien,

---

(1) Voir le FORMULAIRE, MODÈLE, n° 13, 1°.

qui est déchargé par le créancier : cette novation exige le consentement du créancier et du nouveau débiteur, mais non celui de l'ancien débiteur, puisqu'on peut le libérer par le payement fait même malgré lui ; le créancier qui a déchargé l'ancien débiteur ne peut avoir de recours contre lui, en cas d'insolvabilité du second, que si l'acte de novation en contient la mention expresse, ou que si le nouveau débiteur a été délégué par l'ancien dans un moment où il était déjà ouvertement en faillite ou en déconfiture (1).

3° Par changement de *créancier*, — lorsqu'un nouveau créancier est substitué à l'ancien, envers lequel le débiteur est déchargé ; cette novation exige le consentement de l'ancien créancier, du nouveau créancier et du débiteur (2).

Comme la novation éteint l'ancienne dette et toutes ses garanties, il s'ensuit qu'elle ne se présume pas, et qu'elle doit être expresse. Il n'y a donc pas novation si le débiteur indique simplement une personne qui payera à sa place, ou si le créancier indique quelqu'un qui recevra pour lui.

Quoique la novation éteigne la dette ancienne avec ses garanties, le créancier peut néanmoins se réserver les droits de priviléges et d'hypothèques frappant sur les biens de celui avec lequel il nove. Il peut aussi nover sous la condition suspensive, soit que les codébiteurs et cautions s'obligeront pour la nouvelle dette, soit que les tiers détenteurs des biens frappés de priviléges et hypothèques pour sûreté de l'ancienne dette consentiront à ce que leurs biens deviennent également affectés au payement de la dette nouvelle.

---

(1) Voir le FORMULAIRE, MODÈLE, n° 13, 2°.
(2) Voir le FORMULAIRE, MODÈLE, n° 13, 3°.

Section III. — *De la remise de la dette.*

La *remise de la dette* est la renonciation que le créancier fait de ses droits au profit de son débiteur. Cette remise est une libéralité soumise aux règles des donations, sans être soumise aux formes, car la loi voit avec plus de faveur l'extinction que la naissance de l'obligation (1).

La remise de la dette en termes formels ne présente pas de difficulté; le Code explique donc seulement les cas de remise tacite.

1° Lorsque la remise conventionnelle de la dette est faite par le créancier à l'un des débiteurs solidaires, les autres débiteurs sont tacitement libérés; mais si le créancier a réservé ses droits contre ces derniers, il peut réclamer contre chacun d'eux la totalité de la dette, déduction faite de la part de celui auquel il a fait la remise.

2° La remise conventionnelle faite au débiteur principal libère les cautions; mais la remise faite à la caution, ou la remise des garanties réelles, ne fait pas présumer la volonté de libérer le débiteur.

3° La remise du titre original sous signature privée ou de l'original notarié, rédigé en brevet, lorsqu'elle est faite volontairement, par le créancier à son débiteur, fait preuve de la libération. L'original sous signature privée ou en brevet étant presque, pour le créancier, le seul moyen de prouver l'obligation, on conclut que, lorsqu'il a été remis, 1° par lui, 2° volontairement, 3° au débiteur, ce créancier, n'est pas admis à prouver qu'il n'entendait pas libérer le débiteur; mais il est admis à attaquer la présomption de libération, résultant de ce que le titre est aux mains du débiteur, en prouvant soit que le titre a été soustrait ou perdu, soit que la remise est la suite de la violence, ou bien du dol du débiteur. Au reste, comme la libéralité ne se suppose pas facilement, la remise du

---

(1) Voir le Formulaire, MODÈLE, n° 14.

titre est présumée plutôt une conséquence du payement que celle d'une donation.

4° La remise volontaire que fait le créancier à son débiteur de la grosse ou première expédition d'un titre authentique établit, non la preuve, mais seulement la présomption de libération. Le créancier peut détruire l'effet de cette présomption, en prouvant que, par cette remise, il entendait seulement mettre le créancier en position de connaître plus exactement l'étendue de son obligation.

5° Enfin, lorsque la remise soit du titre original sous signature privée ou en brevet, soit de la grosse du titre, a été faite à l'un des obligés, elle produit le même effet au profit des autres. Celui qui paye fera donc bien de faire insérer une mention du payement sur le titre, afin de pouvoir exercer un recours contre les autres débiteurs.

Section IV. — *De la compensation.*

La *compensation*, qui est l'extinction de deux dettes, jusqu'à concurrence de la valeur de la plus faible, équivaut à deux payements. La compensation légale opère de plein droit, à l'insu des parties et à leur avantage, car autrement chacune serait tenue de payer pour se libérer, et de réclamer ensuite ce qui a été payé pour obtenir son payement.

Il y a trois sortes de compensations :

Premièrement la compensation *conventionnelle*, qui n'a de règles que la volonté des parties.

Deuxièmement la compensation *facultative*, qui est au pouvoir de la volonté d'une seule partie : si vous me devez mille francs lorsque je vous dois un cheval ou mille francs, ou si vous me devez une pièce de bourgogne lorsque je vous dois une pièce de vin en général, moi seul je puis invoquer la compensation.

Troisièmement enfin la compensation *légale*, la plus fréquente, la plus importante et la plus utile de toutes, qui exige la réunion de plusieurs conditions. Il faut : 1° que les deux dettes aient également pour objet une somme d'argent, ou des choses qui peuvent se remplacer exactement les unes par les autres, en ce qu'elles s'apprécient au compte, au poids ou à la mesure, ou que l'une des dettes ait pour objet une somme d'argent, et l'autre des grains ou denrées dont le prix est fixé par les mercuriales ; 2° qu'elles soient également exigibles, c'est-à-dire qu'elles n'aient ni condition ni terme ; le terme de grâce accordé au débiteur pour lui donner le temps de se procurer de l'argent sans faire de trop grands sacrifices n'est cependant pas un obstacle à la compensation ; 3° qu'elles soient également liquides, c'est-à-dire déterminées dans leur qualité et sans contestation sur leur existence.

Lorsque ces trois conditions existent, la compensation opère, lors même que les deux dettes ne sont pas payables au même lieu ; mais le juge tiendra compte des frais de remise. Elle opère encore lors même que ces dettes procéderaient de causes différentes, excepté dans ces trois cas :

S'il s'agit de demande en restitution d'une chose dont le propriétaire a été injustement dépouillé ; — car un créancier ne doit point, afin d'arriver à la compensation, se payer de ses propres mains et devenir ainsi spoliateur ;

S'il s'agit de demande en restitution de dépôt ou de prêt à usage ; — car un créancier ne peut pas se dispenser de restituer les choses qui lui ont été confiées ;

Enfin s'il s'agit de demande d'aliments ; — car celui qui les doit n'a pas dû considérer la pension alimentaire, qui est insaisissable, comme la garantie de sa propre créance.

La caution peut opposer la compensation de ce que le créancier doit au débiteur principal ; mais le débiteur ne peut opposer la compensation de ce que le créancier doit à la caution, ni le débiteur solidaire, de ce que le créancier doit au codébiteur solidaire.

La compensation ayant l'effet d'un double payement, on lui applique les règles suivantes :

1° Lorsqu'il y a plusieurs dettes compensables, dues par une même personne, on suit pour la compensation les règles de l'imputation légale (voir page 185);

2° Les causes qui empêchent le payement, empêchent aussi la compensation : or le payement ne peut point avoir lieu au préjudice de droits acquis à un tiers, soit par suite de saisie-arrêt, soit par suite de cession de créance, signifiée au débiteur ou acceptée par lui : aussi, dans ces cas, la compensation ne peut pas avoir lieu;

3° La compensation, en éteignant les deux dettes, éteint aussi leurs accessoires tels que priviléges et hypothèques; si l'un des débiteurs paye ensuite, il fait par là un payement indû, donnant lieu à la répétition; mais il ne jouit point, au préjudice des tiers, des priviléges et hypothèques attachés à sa créance primitive, à moins cependant qu'il n'ait eu, lors du payement, une juste cause d'ignorer la créance qui devait compenser sa dette.

Section V. — *De la confusion.*

La *confusion* est la réunion dans une même personne des qualités incompatibles de créancier et de débiteur d'une même dette, qui par là se trouve éteinte. Cela n'arrive que par succession.

La confusion qui s'opère dans la personne du débiteur succédant au créancier, ou dans la personne du créancier succédant au débiteur, profite à ses cautions; celle qui s'opère entre un débiteur solidaire et le créancier ne profite aux codébiteurs que pour la part dont ce débiteur était contributoirement tenu; celle qui s'opère entre le débiteur et la caution, ou entre la caution et le créancier, ne produit pas l'extinction de l'obligation principale.

SECTION VI. — *De la perte de la chose.*

Lorsque le corps certain et déterminé qui fait l'objet de l'obligation périt, est exproprié ou se perd, l'obligation est éteinte, car elle devient, pour le débiteur, impossible à remplir; mais s'il a quelques droits ou actions en indemnité, ou s'il reste quelques accessoires de la chose, il est tenu de les céder à son créancier. Lorsque le débiteur a pris à sa charge les cas fortuits, ou qu'il s'agit d'une chose volée, sa perte ne dispense pas le débiteur ou le voleur d'en payer l'estimation. Il en est de même si la perte de la chose est arrivée par le fait du débiteur, par sa faute ou pendant sa mise en demeure; cependant, en cas de demeure, le débiteur qui prouve que la chose est périe par cas fortuit et qu'elle serait également périe chez le créancier, est par là dispensé d'en payer l'estimation.

SECTION VII. — *De l'action en nullité ou rescision des conventions.*

Il s'agit ici, non pas des obligations absolument nulles qui n'ont pas d'existence, car il est bien inutile d'agir en nullité pour faire annuler ce qui n'existe pas. Mais il s'agit d'obligations existantes, qui sont entièrement valables pour l'une des parties et qui, pour l'autre, sont rescindables ou annulables, soit pour vice de consentement, comme l'erreur sur la substance, la violence, le dol, soit pour vice de capacité, comme la qualité de femme mariée, d'interdit, de renfermé dans un maison d'aliénés ou de mineur.

L'action en nullité ou rescision d'une convention, suivie ou non d'exécution, dure dix ans lorsqu'une loi particulière ne l'a pas limitée à un plus court délai, comme au cas de mariage, où elle ne dure que six mois ou un an, suivant les causes.

Le délai de dix ans court, pour lésion, du jour du contrat; pour violence, du jour de la cessation de la violence; pour erreur ou dol, du jour de la découverte de l'un ou l'autre; pour les actes passés par la femme mariée, du jour de la dissolution du mariage; pour ceux passés par les interdits, du jour de la levée d'interdiction; pour ceux passés par celui qui est renfermé dans une maison d'aliénés, du jour de leur signification, après la sortie de la maison ou après le décès, à celui qui a été renfermé, dans le premier cas, ou, dans le second, à ses héritiers; et enfin, pour les actes passés par les mineurs, du jour de leur majorité. Le délai de dix ans ayant commencé à courir, il faut dire, à cause même des controverses existantes à cet égard, que le délai continue à courir malgré l'incapacité de celui auquel appartient l'action, par exemple, malgré celle du mineur succédant à un majeur; car, dans le doute, il faut décider en faveur du défendeur.

Lorsqu'il s'agit de nullité relative, résultant du vice de capacité autre que la qualité de mineur, il suffit de prouver que l'incapacité existait au moment du contrat : ce qui a fait dire un peu inexactement que les contrats sont nuls alors de plein droit. Mais lorsqu'il s'agit d'actes passés, soit par le mineur non émancipé, soit par le mineur émancipé qui a franchi les limites de la pure administration (voir page 46), il est nécessaire de prouver, outre l'incapacité relative, le fait d'une lésion quelconque; de là cette maxime : « Le mineur n'est pas restitué comme mineur, mais comme lésé. »

Le mineur qui est lésé ne peut cependant pas obtenir la restitution dans les cas suivants :

1° Si la lésion ne résulte que d'un cas fortuit et imprévu, par exemple, quand le mineur a fait réparer avec l'argent emprunté, une maison qui a été ensuite détruite par incendie;

2° Si le mineur commerçant, banquier ou artisan, a été lésé dans les conventions relatives à son commerce ou à son art; car il est réputé majeur dans ces actes;

3° Si le mineur est obligé par un délit ou par un quasi-délit, car il doit réparer le préjudice causé par son dol ou par son fait ; mais la simple déclaration de majorité, faite par un mineur dans un contrat, n'est point considérée comme un dol, ni par conséquent comme un obstacle à la restitution ; car autrement un créancier rusé ruinerait des mineurs en faisant insérer dans les actes une pareille déclaration ;

4° Enfin, si le mineur est lésé dans les conventions portées en son contrat de mariage, lorsquelles ont été faites avec le consentement et l'assistance de ceux dont le consentement est requis pour le mariage.

Lorsque le contrat annulable pour vice de consentement ou de capacité a été valablement ratifié (1), le vice est effacé, et la convention est inattaquable. Lors, au contraire, que l'action en nullité est intentée et admise, le contrat est considéré comme n'ayant jamais eu lieu ; mais l'incapable ne doit restituer ce qu'il a reçu que dans le cas où il le conserve encore, ou l'a fait tourner à son profit : il suffit qu'il ne s'enrichisse pas aux dépens d'autrui.

Le tuteur qui fait seul des actes d'administration, ou qui, avec les formes et conditions prescrites, fait des actes dépassant les limites de l'administration, oblige par là civilement le mineur, qui ne peut, par conséquent, les attaquer pour lésion que dans les cas rares où un majeur pourrait aussi les attaquer pour la même cause. Mais si le tuteur fait seul des actes dépassant l'administration, sans remplir les conditions que la loi lui impose, ces actes sont entièrement nuls à l'égard du mineur, et le tiers qui aurait été trompé par le tuteur pourrait réclamer contre ce dernier la réparation du préjudice qu'il a éprouvé.

---

(1) Voir le FORMULAIRE, MODÈLE, n° 19.

CONTRATS OU OBLIGATIONS CONVENTIONNELLES. 199

Chapitre VI. — De la preuve des obligations, et de celle de leur extinction.

On entend par *preuve* ce qui démontre au juge la vérité d'une proposition ou d'un fait.

La liberté est l'état naturel, car on naît libre d'obligations civiles : celui qui prétend qu'une obligation pèse, à son profit, sur une personne, est tenu de prouver au juge le fait générateur de cette obligation. La possession d'une chose établissant en faveur du possesseur une présomption de propriété, celui qui la revendique doit aussi prouver au juge qu'il en est propriétaire. De là cette maxime, applicable en matière personnelle et réelle : « La preuve est à la charge du demandeur. »

La preuve de l'existence de l'obligation étant faite par le demandeur, le défendeur qui se prétend libéré doit, à son tour, faire la preuve du fait qui a produit l'extinction de l'obligation; car le défendeur devient demandeur lorsqu'il invoque des exceptions ou moyens de défense.

Ce chapitre a cinq sections, traitant des divers genres de preuves, qui sont : 1° la preuve littérale; 2° la preuve testimoniale; 3° les présomptions; 4° l'aveu de la partie; et 5° le serment.

Section I. — *De la preuve littérale.*

La preuve littérale résulte de titres tendant à établir un fait quelconque. Le mot *titre*, qui signifie souvent cause, comme lorsqu'on dit qu'on possède une chose à titre gratuit ou à titre onéreux, à titre de propriétaire ou à titre précaire, désigne ici un écrit.

Les titres se divisent principalement en authentiques et sous seing privé, en originaux et copies, et en primordiaux et récognitifs.

I. *Du titre ou acte authentique.* — Le titre ou acte authentique est celui qui a été reçu par officiers publics, ayant le droit d'instrumenter dans le lieu où l'acte a été rédigé et avec les formalités requises. Les officiers publics qui donnent l'authenticité aux actes sont les notaires, les juges de paix, les maires, les huissiers, etc.; il s'agit principalement ici des notaires, dont la mission est de rédiger les conventions. Or les notaires ont le droit d'instrumenter, c'est-à-dire de rédiger des actes, dans tout le ressort de la cour d'appel, s'ils sont établis dans la ville où siége la cour; dans tout l'arrondissement, s'ils sont établis dans la ville où siége le tribunal de première instance; et enfin dans le canton seulement, s'ils sont établis dans une ville ou commune où ne siége ni cour d'appel, ni tribunal de première instance.

L'acte qui n'est point authentique à cause de l'incompétence ou de l'incapacité de l'officier public vaut néanmoins comme acte sous seing privé, lorsqu'il a été signé des parties, encore qu'il s'agisse de contrat synallagmatique où la formalité des doubles n'a pas été observée. Mais s'il s'agit d'un acte qui ne peut valoir comme sous seing privé, par exemple la donation, le testament, le contrat de mariage ou la constitution d'hypothèque, cet acte où il manque une condition d'authenticité est radicalement nul. Toutefois, lorsque la société a présenté comme notaire un mort civil, les actes qu'il a rédigés n'en seront pas moins authentiques, car l'erreur commune ne doit pas nuire aux parties.

L'acte est réputé authentique toutes les fois qu'il réunit les conditions extérieures de formes. Cet acte fait, à l'égard de tous, foi des choses qu'il contient, si elles sont de nature à pouvoir être attestées par le notaire. Mais la convention contenue dans l'acte authentique, de même que celle contenue dans l'acte sous seing privé, ne produit d'effet qu'entre les parties contractantes, leurs héritiers et ayants cause : elle fait foi de tout ce qui concerne la disposition, c'est-à-dire de la chose que les parties avaient principalement en vue; elle fait foi aussi des énonciations qui ont un rapport direct à la disposition; mais les énonciations étrangères à la disposition ne peuvent servir que de commencement de preuve par écrit.

Lorsque le titre authentique a la forme exécutoire, son exécution est suspendue, en cas de poursuite criminelle, par la mise en accusation de celui qui est présumé avoir fait un faux; en cas de poursuite en faux devant le tribunal civil, l'exécution n'est pas arrêtée, mais les juges peuvent, eu égard aux circonstances, la suspendre provisoirement.

En faisant un acte authentique, on rédige quelquefois une contre-lettre, c'est-à-dire un acte destiné à annuler en tout ou partie l'acte authentique, ou à le modifier. Cet acte, qui est valable entre les parties, ne produit aucun effet à l'égard des tiers; ainsi, dans un acte de vente d'un immeuble pour mille francs, le vendeur déclare qu'il a reçu le prix, et il reçoit de l'acheteur une contre-lettre ou billet mentionnant que les mille francs restent dus: lorsque le vendeur se trouve en rapport avec les tiers acquéreurs ou créanciers hypothécaires, il ne jouit ni du droit de résolution pour faute de payement, ni du privilége de vendeur sur l'immeuble vendu (1).

Lorsque celui qui cède un office ministériel reçoit une contre-lettre augmentant le prix, cette contre-lettre est nulle, d'après la jurisprudence, qui donne même le droit au cessionnaire de répéter ce qui en aurait été payé.

II. *De l'acte sous seing privé et autres écrits privés.* — L'acte sous seing privé est celui qui est signé par l'obligé ou les obligés, et qui n'est pas rédigé par un officier public. Lorsque celui qui s'oblige ne sait ou ne peut signer, il ne fait rien s'il met une croix au lieu de signature: l'acte doit alors nécessairement être notarié.

L'acte sous seing privé est très-fréquent en pratique, à cause de sa grande facilité et du peu de frais qu'il cause

---

(1) Voir le FORMULAIRE, MODÈLE, n° 15.

aux contractants : au lieu de se servir d'un papier libre, il faut avoir soin, pour éviter l'amende du timbre, d'employer toujours une demi-feuille de papier timbré.

Voyons l'effet de l'acte sous seing privé entre les parties et leur ayants cause ; les formes de l'acte synallagmatique ; les formes de l'acte unilatéral ; l'effet de la date de l'acte à l'égard des tiers ; enfin la force des actes privés qui n'ont pas de signature.

Effet de l'acte sous seing privé entre les parties et leurs ayants cause. — Lorsque l'acte sous seing privé est reconnu par celui auquel on l'oppose ou qu'il est tenu légalement pour reconnu, il produit entre ceux qui l'ont souscrit, et entre leurs héritiers et ayants cause, le même effet que l'acte authentique. Or l'acte sous seing privé est légalement tenu pour reconnu si le défendeur, actionné en reconnaissance d'écriture, ne nie pas, ne comparaît pas, ou est convaincu, après négation et vérification d'écritures, avoir signé ; car alors un jugement décide que l'écrit émane véritablement de celui auquel on l'oppose.

Celui contre lequel on produit un acte sous seing privé est tenu d'avouer ou de désavouer formellement son écriture ou sa signature : dire qu'il ne la reconnaît pas, serait chose absurde ; mais ses successeurs peuvent se contenter de déclarer qu'ils ne connaissent point l'écriture ou la signature de leur auteur. Si la partie désavoue son écriture ou si ses héritiers déclarent ne la point connaître, celui qui produit l'écrit fait procéder en justice à la vérification d'écriture, et joue ainsi le rôle de demandeur. Il en est bien différemment dans les actes en forme authentique : celui qui dénie l'écriture est tenu de s'inscrire en faux et de jouer le rôle de demandeur.

Formes de l'acte synallagmatique. — L'équité demande que les parties qui forment des obligations réciproques, soient dans une position égale et qui permette à chacune d'elles de faire valoir ses droits. C'est pourquoi, dans les contrats synallagmatiques parfaits, c'est-à-dire faisant naître au moment de la convention des obligations réciproques, il est nécessaire qu'il y ait autant d'originaux, signés chacun de tous les contractants, qu'il y a de parties ayant un intérêt distinct, et que chaque original mentionne que les originaux ont été faits doubles, triples, etc.; le défaut de mention des doubles ne peut cependant pas être opposé par celui qui a exécuté son obligation.

Dans les contrats synallagmatiques imparfaits, il est souvent prudent d'observer la formalité des doubles (1).

Formes de l'acte unilatéral. — Pour prévenir les surprises, dangereuses surtout dans les contrats unilatéraux, le Code civil pose cette règle importante : Le billet ou la promesse sous seing privé, par lequel une partie s'engage envers l'autre à lui payer une somme d'argent (2) ou une chose appréciable (3), doit être écrit en entier de la main de celui qui le souscrit; sinon il faut qu'outre sa signature, il ait écrit de sa main un bon portant en toutes lettres la somme ou la quantité de la chose due. Cette règle, qui nuirait à la rapidité qu'exige le commerce, ne s'applique pas aux marchands; elle ne s'applique pas non plus aux artisans, laboureurs, vignerons, gens de journée ou de service, qui ne savent guère que signer leur nom et auxquels il faut éviter les frais de fréquents actes notariés.

Quand la somme indiquée au corps de l'acte diffère de celle qui est exprimée au bon, la dette est présumée n'être que de la somme moindre, lors même que l'acte et le bon auraient été écrits en entier de la main du débiteur; mais cette présomption cesse devant la preuve contraire, tirée soit de l'acte lui-même, soit de la déclaration des témoins.

Effet de la date de l'acte à l'égard des tiers. — Les actes

---

(1) Voir le Formulaire, MODÈLE, n° 16.
(2) Voir le Formulaire, MODÈLE, n° 17, 1°.
(3) Voir le Formulaire, MODÈLE, n° 17, 2°.

sous seing privé font foi de leur date entre les parties et leurs héritiers ou autres successeurs universels ou à titre universel; mais ils ne font foi à l'égard des tiers que du jour de leur enregistrement, ou de la mort de l'un des signataires, ou enfin de la constatation de leur substance dans un acte authentique, tel qu'un procès-verbal de scellés ou d'inventaire : par l'un de ces trois modes, les actes sous seing privé acquièrent date certaine à l'égard des tiers.

Quoique les actes authentiques soient soumis à l'enregistrement, c'est la date qu'ils contiennent qui fait foi à l'égard de tous.

Force de certains actes privés sans signature. — Les actes privés tirent principalement leur force de la signature des parties; la loi attache néanmoins une force plus ou moins grande à certains actes dépourvus de signature.

1° Les registres que la loi prescrit aux commerçants de tenir exacts, font preuve entre commerçants. Mais entre marchands et non marchands, les registres ne font pas foi au profit des marchands des fournitures qui y sont portées; leur tenue régulière peut néanmoins déterminer le juge à déférer le serment au marchand, quand la valeur des fournitures n'excède pas cent cinquante francs. Les livres des marchands font foi contre eux, mais celui qui les invoque ne peut pas les diviser, en ce qu'ils contiennent de contraire à sa prétention.

2° Les registres et papiers domestiques ne font jamais preuve en faveur de celui qui les a écrits, et ils ne font même preuve contre lui que dans deux cas : d'abord, s'ils énoncent formellement un payement reçu; ensuite, s'ils contiennent la mention expresse que la note a été faite pour suppléer le défaut du titre en faveur de celui au profit duquel ils énoncent une obligation.

3° L'écriture mise par le créancier à la suite, en marge ou au dos d'un titre, fait foi, quoique non signée ni datée, lorsqu'elle sert à établir la libération du débiteur. Aussi, dans la pratique, le payement d'intérêts et les quittances partielles s'inscrivent de la main du créancier au dos du titre. C'est là la meilleure des quittances pour le débiteur.

4° Enfin, l'écriture tendant à établir la libération fait foi, lorsqu'elle est mise par le créancier au dos, en marge ou à la suite du double d'un titre ou d'une quittance, qui est entre les mains du débiteur; car il est à croire que le créancier n'a remis au débiteur le titre portant son écriture, que parce qu'il en a reçu la valeur indiquée.

III. *Des tailles.* — On appelle *taille* un morceau de bois divisé en deux parties : le fournisseur, comme à Paris les boulangers, conserve une partie qu'on appelle à proprement parler *taille*; l'autre partie, qui est remise au consommateur, s'appelle *échantillon*; lors de la fourniture, les deux parties sont réunies et taillées transversalement. Or les tailles corrélatives à leurs échantillons font foi entre les personnes qui sont dans l'usage de constater ainsi les fournitures qu'elles font ou reçoivent en détail.

IV. *Des copies des titres.* — Le titre original est le premier acte que les parties ont passé entre elles. La copie du titre est la transcription littérale de l'original.

Lorsque le titre original subsiste, les copies ne font foi que de ce qui est contenu dans le titre, dont la représentation peut toujours être exigée. Si, au contraire, l'original n'existe plus, les copies font foi d'après les distinctions suivantes:

1° Les grosses ou premières expéditions des actes authentiques font la même foi que l'original; car elles sont nécessairement délivrées du consentement des parties, dans le but d'arriver à l'exécution de l'obligation; il en est de même de celles qui sont tirées soit en présence des parties et de leur consentement, soit par autorité du juge, après que le défendeur, assigné pour entendre ordonner qu'il y aura lieu à la délivrance d'une nouvelle grosse, en remplacement de celle qui est perdue, n'a pas comparu en justice.

2° Les copies qui, après la délivrance des grosses ou premières expéditions, sont tirées sans le consentement des parties ni l'autorité du juge, soit par le notaire qui l'a reçu ou par l'un de ses successeurs, soit par officiers publics qui sont, en cette qualité, dépositaires des minutes, font foi quand elles ont plus de trente ans; si elles n'ont pas cette durée, elles servent de commencement de preuve par écrit, et autorisent par conséquent la preuve testimoniale.

3° Les copies qui n'ont pas été tirées par l'officier public dépositaire de l'acte, ne peuvent servir que de commencement de preuve par écrit, quelle que soit d'ailleurs leur date.

Quant aux copies de copies, elles n'ont aucune valeur; elles servent seulement de renseignements. Cependant la transcription d'un acte au bureau des hypothèques peut servir de commencement de preuve par écrit, lorsque, d'une part, l'acte est perdu par accident, et que, d'autre part, il existe un répertoire en règle du notaire, qui constate la date de l'acte.

V. *Des actes récognitifs et confirmatifs.* — L'écrit, acte ou titre, qui est appelé original par opposition aux copies, prend le nom de *primordial*, signifiant premier en ordre, par opposition aux actes récognitifs et confirmatifs.

L'acte *récognitif* est l'écrit par lequel le débiteur, dans le but d'interrompre la prescription, reconnaît son obligation (1). L'acte *confirmatif* est l'écrit qui a pour but soit d'effacer le vice d'une obligation annulable, soit de ratifier un acte passé par un tiers, ce qui a lieu, par

---

(1) Voir le FORMULAIRE, MODÈLE, n° 18.

exemple, quand le mineur ratifie, en majorité, la vente de son immeuble, faite à l'amiable par son tuteur.

Actes récognitifs. — Les actes *récognitifs* ne dispensent pas de la représentation du titre primordial. Cependant si l'acte récognitif expose spécialement la teneur du titre, ou s'il y a plusieurs reconnaissances conformes, soutenues de la possession, et dont l'une a plus de trente ans, le créancier peut être dispensé de reproduire le titre primordial. Ce que les titres récognitifs contiennent de plus que le titre primordial, ou ce qu'ils contiennent de différent, ne produit aucun effet ; mais il en serait autrement s'il y avait dans la reconnaissance une diminution de l'obligation.

Actes confirmatifs. — L'acte de *confirmation* ou *ratification* d'une obligation doit réunir les conditions suivantes : 1° il doit contenir la substance de l'obligation ; 2° mentionner le motif de la nullité ou rescision ; 3° exprimer l'intention de réparer le vice de l'obligation (1). L'obligation est aussi tacitement confirmée soit par l'expiration du délai de l'action en nullité, soit par l'exécution volontaire de l'obligation pendant le cours du délai de la prescription.

Lorsqu'il y a un vice dans l'acte solennel de donation, de testament, de contrat de mariage quant aux biens ou de constitution d'hypothèque, cet acte est absolument nul ; il ne peut donc être ratifié ni expressément ni tacitement : il doit être refait en entier dans la forme ordinaire pour ces sortes d'actes. Cependant si les héritiers du donateur ratifient expressément ou tacitement la donation entachée d'un vice, ils la rendent par là valable.

La confirmation ou ratification valable produit un effet rétroactif ; l'obligation est donc considérée comme n'ayant jamais eu de vice ; mais cet effet rétroactif ne nuit point

---

(1) Voir le FORMULAIRE, MODÈLE, n° 19.

aux tiers qui ont acquis des droits quelconques sur la chose, du chef de celui qui ratifie ensuite.

SECTION II. — *De la preuve testimoniale.*

La preuve testimoniale est celle qui résulte de la déclaration de personnes présentes au fait qu'il s'agit de démontrer. Comme l'éducation et l'instruction se propagent, et comme le moyen de constater par écrit les obligations devient de plus en plus facile, le législateur, qui craint la subornation de faux témoins, n'autorise pas, en général, la preuve testimoniale des conventions dont l'objet est d'une valeur importante.

Aussi, en matière civile, il doit être dressé acte devant notaires ou sous signature privée de toute convention excédant la somme ou valeur de cent cinquante francs. Lorsqu'un acte est dressé, qu'il s'agisse d'une valeur supérieure ou même inférieure à cent cinquante francs, il fait foi entière, et il n'est reçu aucune preuve par témoins ni contre ou outre le contenu en l'acte, ni sur ce qui serait allégué avoir été dit avant, lors ou depuis l'acte.

Par application et extension même de cette règle, la preuve testimoniale n'est pas admise : 1° si le capital joint aux intérêts réclamés excède, lors de la demande en justice, la somme de cent cinquante francs ; 2° si la demande inférieure à cent cinquante francs a été d'abord formée pour une somme supérieure à ce taux ; 3° si la demande moindre de cent cinquante francs est formée pour restant d'une somme qui excède ce taux ; 4° enfin si la réunion de toutes les demandes qui ne sont point entièrement justifiées par écrit, et qui, à cause de cela, doivent être toutes contenues dans le même exploit d'assignation, sous peine de déchéance de celles qui seraient omises, forme un total excédant la somme ou valeur de cent cinquante francs. Mais, dans ce dernier cas, la preuve testimoniale serait admise pour des droits qui sont chacun inférieur à cent cinquante francs et qui, réunis, excèdent ce taux, lorsqu'ils procèdent, par succession, donation ou autrement, de personnes différentes; par exemple, j'ai prêté sans écrit cent francs à une personne, et je succède ensuite à quelqu'un qui a prêté aussi cent francs à la même personne; je serai admis à la preuve testimoniale des deux créances, qui forment ensemble deux cents francs.

La règle que la preuve testimoniale n'est pas admise au-dessus de cent cinquante francs, reçoit exception en matière commerciale. Elle reçoit aussi exception en matière civile s'il existe un commencement de preuve par écrit, c'est-à-dire un acte émané du débiteur contre lequel la demande est formée ou de celui qu'il représente, et qui rend vraisemblable le fait allégué. Elle reçoit encore exception, s'il n'a pas été possible au créancier de se procurer une preuve littérale de l'obligation contractée envers lui.

Cette dernière exception s'applique : 1° aux obligations naissant des quasi-contrats et notamment de la gestion d'affaires, et à celles qui naissent des délits et des quasi-délits; 2° aux dépôts nécessaires faits en cas d'incendie, ruine, tumulte ou naufrage, et à ceux faits par les voyageurs qui logent dans une hôtellerie ou auberge; 3° aux obligations contractées en cas d'accidents imprévus, où l'on ne pourrait pas avoir fait d'écrit; 4° enfin au cas où, par suite d'un cas fortuit, imprévu et résultant d'une force majeure, le créancier a perdu le titre qui lui servait de preuve littérale.

SECTION III. — *Des présomptions.*

Les présomptions sont des conséquences que la loi ou le magistrat tire d'un fait connu à un fait inconnu. Par exemple, un mur placé sur la limite de deux propriétés a un chaperon d'un côté : voilà un fait connu; la loi tire de ce fait la conséquence que le propriétaire du côté duquel est le chaperon est propriétaire entier du mur : voilà le fait inconnu.

Il y a deux sortes de présomptions : les unes sont légales, c'est-à-dire établies par la loi ; les autres sont abandonnées aux lumières du juge.

I. *Présomptions légales.* — Les présomptions *légales* sont celles qui sont attachées par la loi à certains actes ou à certains faits. On en distingue de deux espèces : les unes font une preuve complète et absolue, qui ne peut jamais être détruite par une preuve contraire ; tandis que les autres établissent une preuve qui perd sa force en présence d'une preuve contraire. Lorsque la loi établit une présomption sans réserver la preuve contraire, cette présomption rentre dans la première espèce.

Il y a donc présomption légale : 1° lorsque la loi déclare nuls certains actes, comme présumés faits en fraude de ses dispositions, d'après leur seule qualité : par exemple lorsqu'il s'agit d'une donation faite aux ascendants ou descendants d'une personne incapable de la recevoir ; 2° lorsque la loi déclare la propriété ou la libération résulter de certaines circonstances, par exemple celle qui est établie soit au profit de celui qui possède un immeuble depuis plus de trente ans, ou un meuble depuis un temps quelconque, soit au profit du débiteur auquel le créancier a remis volontairement son titre. Ces deux espèces de présomptions offrent dans le Code de nombreux exemples.

Il y a encore trois présomptions légales bien remarquables, qui sont l'autorité de la chose jugée dont nous allons nous occuper ; l'aveu de la partie et le serment, qui font l'objet des deux sections suivantes.

Lorsqu'une chose est *jugée*, il en résulte une présomption légale de vérité qui est le principal abri contre les discordes des particuliers et des familles, et qui est une des principales bases de l'ordre social. Cette présomption cesse devant la preuve contraire, si la sentence est susceptible d'être réformée par une voie quelconque, notamment par l'opposition au jugement par défaut, par l'appel, ou par le recours en cassation; mais elle forme une preuve absolue, quand la sentence ne peut plus être réformée.

Pour que la présomption de chose jugée puisse être invoquée, il faut qu'un nouveau procès offre les mêmes éléments que celui qui a déjà été décidé. Il faut donc, —1° *que la chose demandée soit la même :* or une maison serait, au fond, la même chose, malgré la survenance d'améliorations ou de détériorations;—2° *que la demande soit fondée sur la même cause :* or la cause est ce qui produit le droit, comme la vente, la donation, le legs; elle diffère essentiellement des moyens de preuve, qui n'empêchent pas la demande de rester la même, lors même que les moyens nouveaux différeraient de ceux qui ont été employés dans le premier procès : il n'y a point même cause quand, après avoir revendiqué une chose comme légataire, je la revendique ensuite comme acheteur; ou quand, après avoir réclamé contre une personne mille francs comme les lui ayant prêtés, je réclame maintenant la même somme comme m'étant due par suite d'une vente; — 3° *que les parties soient les mêmes;* en effet, le jugement, de même que la convention, ne produit d'effet qu'entre les parties et entre leurs héritiers et ayants cause; mais il ne peut ni nuire ni profiter aux tiers; — 4° *enfin que la demande nouvelle soit formée en la même qualité que l'ancienne;* si j'ai agi d'abord en mon nom, et si j'agis de nouveau au nom de mon pupille, j'ai dans le nouveau procès une qualité différente de celle que j'avais dans le premier; le défendeur ne pourra donc pas me repousser par l'exception tirée de la chose jugée.

II. *Présomptions abandonnées aux lumières du juge.* — Les présomptions qui sont abandonnées aux lumières et à la prudence du juge, sont variables à l'infini; mais pour que le juge puisse en faire la base de sa sentence, il faut la réunion de ces deux conditions: 1° que ces présomptions soient graves, précises et concordantes; 2° qu'il s'agisse de matière où la loi admet la preuve testimoniale.

Section IV. — *De l'aveu de la partie.*

L'*aveu* est la reconnaissance, qui échappe à une partie, de la prétention de son adversaire ou d'un fait qui s'y rapporte.

L'aveu est extrajudiciaire ou judiciaire.

L'aveu *extrajudiciaire* est celui qui est fait hors de toute instance en justice. Lorsqu'il est purement verbal, il est inutile toutes les fois qu'il s'agit d'une demande dont la preuve testimoniale n'est pas admissible.

L'aveu *judiciaire* est, au contraire, celui qui est fait en justice par la partie ou par son fondé de procuration spéciale. Cet aveu, qui est la plus forte des preuves, fait pleine foi contre celui qui l'a fait. Mais l'autre partie ne peut pas le diviser contre lui, en prenant ce qui lui est favorable et en rejetant ce qui lui est défavorable : elle doit l'accepter pour le tout, ou le rejeter pour le tout.

Celui qui a fait l'aveu ne peut plus le révoquer par sa rétractation. Cependant si cet aveu est la suite d'une erreur de fait, il peut le rétracter en prouvant l'erreur ; par exemple, je devais mille francs à une personne décédée; vous me réclamez cette somme, et moi, qui vous crois l'héritier du défunt, je fais l'aveu que je vous dois mille francs : dès que je reconnais mon erreur, je pourrai rétracter mon aveu. Si, au contraire, il s'agit d'erreur de droit, l'aveu qui en aurait été la suite ne pourrait point être révoqué; car il existe une présomption, bien fictive à la vérité, mais absolue et n'admettant pas la preuve contraire, que chacun est censé connaître le droit.

Section V. — *Du serment.*

Le *serment* est la déclaration que fait une partie en prenant Dieu à témoin de la vérité de ce qu'elle atteste.

Le serment est volontaire ou judiciaire.

Le serment *volontaire* ou extrajudiciaire est celui qui est fait hors de toute instance : on ne peut point en faire la preuve testimoniale au-dessus de la valeur de cent cinquante francs.

Le serment *judiciaire* est celui qui est fait en justice. Il est appelé *décisoire*, s'il est déféré par une partie à l'autre; il est appelé dans certains cas *supplétoire*, et dans d'autres *estimatoire*, s'il est déféré d'office par le juge à l'une des parties.

I. *Serment décisoire.* — Le serment décisoire peut être déféré en général sur toute espèce de contestation, en tout état de la cause en instance, et encore qu'il n'existe aucun commencement de preuve de la demande ou de l'exception sur laquelle il est provoqué. Mais il ne peut être déféré que sur un fait personnel à la partie à laquelle je le défère; je ne pourrais donc pas déférer ainsi le serment à un héritier : « Jurez que je n'ai pas prêté mille francs au défunt, » mais seulement ainsi : « Jurez qu'il n'est pas à votre connaissance que j'aie prêté mille francs au défunt. »

Celui auquel le serment décisoire est déféré gagne le procès s'il jure, puisque l'autre partie s'en rapporte à sa bonne foi et à sa religion; il le perd, au contraire, s'il refuse de jurer, car il y a une présomption légale qu'il refuse, parce qu'il craint de faire un parjure ou faux serment. Cependant celui qui refuse de jurer peut, lorsqu'il ne s'agit pas d'un fait qui lui est purement personnel, référer le serment à son adversaire, qui gagnera le procès s'il jure, ou le perdra dans le cas contraire.

La partie qui a déféré ou référé le serment ne peut plus se rétracter lorsque l'adversaire a déclaré qu'il est prêt à faire le serment, car l'engagement se trouve dès lors formé par suite du concours des deux volontés. Lorsque le serment est prêté par une partie, son adversaire n'est point recevable à en prouver la fausseté, puisqu'il s'est tacitement et irrévocablement engagé à s'en tenir à l'affirmation solennelle qui s'est réalisée.

Au reste, le serment ne fait preuve et ne produit d'effet qu'entre les parties, leurs héritiers et ayants cause. Cependant le serment prêté par le débiteur profite à ses cautions; celui prêté sur l'existence de la dette par un débiteur solidaire ou par une caution profite aux autres codébiteurs solidaires ou au débiteur principal. Mais jamais le serment prêté ne peut nuire aux autres qui sont dans le même lien d'obligation.

II. *Serment supplétoire et estimatoire.* — Le serment déféré d'office par le juge est appelé *supplétoire* quand il a pour but de déterminer la décision de la cause; il est, au contraire, appelé *estimatoire*, quand il a pour but de déterminer le montant de la condamnation.

1° Le juge ne peut déférer le serment supplétoire, soit sur la demande, soit sur l'exception ou moyen de défense, que lorsque la preuve en est incomplète, c'est-à-dire lorsque, d'une part, la demande ou l'exception n'est pas pleinement justifiée, et que, d'autre part, elle n'est pas totalement dénuée de preuves. Si la preuve est complète ou entièrement dénuée de preuves, le juge doit adjuger ou rejeter purement et simplement la demande. Le juge qui n'est pas complétement éclairé défère le serment supplétoire à celle des parties qui lui semble avoir raison et en laquelle il a le plus de confiance; celle-ci n'a point le droit de référer ce serment à son adversaire : elle gagne donc son procès si elle jure, et si elle refuse de jurer, elle le perd.

2° Le serment estimatoire de la valeur de la chose demandée ne peut être déféré par le juge que lorsqu'il est impossible d'en fixer autrement la valeur. Le juge doit même, en ce cas, déterminer la somme jusqu'à concurrence de laquelle le demandeur sera cru sur son serment.

La partie qui croit avoir à se plaindre d'un serment

faux prêté par son adversaire est recevable à en prouver la fausseté lorsque ce serment a été déféré d'office par le juge.

TITRE IV. — DES ENGAGEMENTS QUI SE FORMENT SANS CONVENTION.

La convention est la source la plus fréquente des obligations. Mais il y a, en outre, quatre sources d'obligations qui naissent sans aucune convention des parties. Ces quatre sources sont : 1° l'autorité seule de la loi produisant des obligations qui sont appelées *légales*, et qui sont formées involontairement : ainsi les propriétaires voisins sont obligés par la loi de contribuer aux frais de bornage de leurs propriétés contiguës, et, dans les villes et faubourgs, ils sont tenus de contribuer aux constructions et réparations de la clôture faisant séparation de leurs maisons, cours et jardins ; ainsi encore les tuteurs sont obligés de remplir la fonction qui leur est déférée ; 2° le quasi-contrat ; 3° le délit ; et 4° le quasi-délit.

Ces trois dernières sources, dont il nous reste à nous occuper, et qui font l'objet de ce titre, divisé en trois chapitres, naissent d'un fait personnel à celui qui se trouve obligé. Or si ce fait est licite, il s'appelle *quasi-contrat*; si, au contraire, il est illicite, il s'appelle *délit* ou *quasi-délit*, suivant que l'auteur de ce fait a eu ou non l'intention de le commettre.

CHAPITRE I. — Des quasi-contrats.

Les quasi-contrats sont des faits licites et purement volontaires de l'homme, dont il résulte un engagement envers un tiers et quelquefois un engagement réciproque du tiers envers l'auteur du fait.

Le Code ne parle que de deux quasi-contrats, qui sont la gestion d'affaires et le payement de l'indû; mais on doit aussi ranger dans cette classe tous les cas où la loi attache une obligation au fait de l'enrichissement aux dépens d'autrui.

I. *Gestion d'affaires.* — Lorsqu'une personne qui n'a reçu aucun mandat, aucun pouvoir, gère volontairement l'affaire d'autrui, soit que le propriétaire connaisse la gestion, soit qu'il l'ignore, cette personne, appelée *gérant d'affaires*, contracte l'engagement tacite de continuer la gestion qu'elle a commencée, et de l'achever jusqu'à ce que le propriétaire soit en état d'y pourvoir lui-même; il doit se charger également de toutes les dépendances de cette même affaire.

Le gérant d'affaires est tenu de continuer sa gestion, lors même que le propriétaire viendrait à mourir avant la terminaison de l'affaire entreprise, jusqu'à ce que l'héritier ait pu en prendre la direction.

Il est tenu d'apporter à la gestion de l'affaire les soins d'un bon père de famille, et il est soumis à toutes les obligations qui résulteraient du contrat de mandat. Cependant le juge peut modérer les dommages et intérêts provenant de la faute ou de la négligence du gérant, quand celui-ci ne s'est immiscé que dans des affaires urgentes et n'a fait que des choses nécessaires.

De son côté, le propriétaire ou maître de l'affaire doit remplir les engagements que le gérant a contractés en son nom, l'indemniser de tous les engagements personnels qu'il a pris, et lui rembourser toutes les dépenses nécessaires qu'il a faites, et même les dépenses utiles jusqu'à concurrence de ce dont il profite; car, autrement, il se trouverait enrichi aux dépens d'autrui.

II. *Payement de l'indu.* — Celui qui reçoit par erreur ou sciemment ce qui ne lui est pas dû, est obligé à le restituer à celui de qui il l'a reçu indûment. Ce n'est là qu'un des nombreux cas où il y a enrichissement sans cause aux dépens d'autrui. Cependant, si celui qui a voulu éteindre sa dette, a payé par erreur la dette d'autrui, il ne peut pas réclamer son payement contre le créancier qui a supprimé son titre ; car son imprudente erreur doit lui nuire plutôt qu'au créancier de bonne foi : il a donc seulement un recours contre le véritable débiteur.

Celui qui a reçu de mauvaise foi une chose qui ne lui est pas due, est tenu de la restituer, avec les intérêts ou fruits du jour du payement indû ; il est aussi tenu des détériorations de cette chose et même de sa perte arrivée par cas fortuit. Celui, au contraire, qui a reçu la chose de bonne foi est tenu seulement à la restituer, s'il l'a encore, ou, s'il ne l'a plus, à restituer ce qu'il en aurait reçu. Mais celui qui a donné ainsi sa chose en payement indû a commis une faute qui ne doit jamais rejaillir sur les tiers détenteurs ; il ne peut donc pas revendiquer cette chose lorsqu'elle est passée entre les mains d'un tiers de bonne foi.

De son côté, celui auquel la chose payée indûment est restituée, doit tenir compte, même au possesseur de mauvaise foi, de toutes les dépenses nécessaires qui ont été faites pour la conservation de la chose et de toutes les dépenses utiles qui en ont augmenté la valeur, car autrement il s'enrichirait aux dépens d'autrui.

Chapitre II. — Des délits et des quasi-délits.

Le *délit*, dans le Code civil, est défini : Toute action de l'homme causant du préjudice à autrui et faite avec l'intention de nuire. Ainsi, deux éléments caractérisent le délit : le fait illicite, et l'intention de nuire. Dans le Code pénal, on appelle délit le fait prévu par la loi, commis avec intention de nuire, et puni d'un emprisonnement de six jours à cinq ans.

Le *quasi-délit* est un acte illicite, causant du préjudice à autrui, et fait sans intention de nuire.

Dans les contrats, le juge donne plus d'extension à l'évaluation des dommages et intérêts quand il y a dol que quand il y a seulement faute ; de même, il donnera plus d'extension au cas de délit qu'au cas de quasi-délit.

Celui qui cause à autrui du préjudice par son fait ou même par sa négligence, son imprudence, sa faiblesse ou son impéritie, est tenu de le réparer. Mais celui qui n'est obligé ni par un contrat, ni par la loi à veiller à la conservation de la chose d'autrui, n'est pas civilement responsable du préjudice qu'il n'a pas empêché, lorsqu'il aurait pu le faire sans peine : souvent cependant il est moralement coupable.

En général, personne ne répond que de son fait. Cependant on est aussi responsable du dommage causé par le fait des personnes dont on doit répondre et des choses que l'on a sous sa garde.

Ainsi, 1° le père, la mère après le décès du mari, sont responsables du dommage causé par leurs enfants mineurs habitant avec eux;

2° Les maîtres et les commettants sont responsables du dommage causé par leurs domestiques et leurs commis, exerçant les fonctions auxquelles ils ont été préposés;

3° Les instituteurs et les artisans sont responsables du dommage causé par leurs élèves et leurs apprentis pendant le temps qu'ils les ont sous leur surveillance.

Mais la responsabilité ci-dessus cesse à l'égard des père et mère, des instituteurs et artisans, s'ils prouvent qu'ils n'ont pu empêcher le fait qui donne lieu à cette responsabilité. Les maîtres et les commettants ne seraient pas admis à faire cette preuve, pour obtenir la décharge de leur responsabilité. — Les exemples que nous venons d'exposer de responsabilité pour le fait d'autrui ne doivent être étendus à d'autres personnes que dans quelques cas spécifiés par la loi. Le mari n'est donc pas généralement responsable des faits de sa femme, ni le tuteur de ceux de son pupille.

Nous avons dit que l'on est aussi responsable du dommage causé par les choses que l'on a sous sa garde. Il faut conclure de cette règle, 1° que le propriétaire d'un animal, ou celui qui s'en sert pendant qu'il est à son usage, est responsable du dommage que l'animal a causé, soit que l'animal fût sous sa garde, soit qu'il fût égaré ou échappé ; 2° que le propriétaire d'un bâtiment est responsable du dommage causé par sa ruine, lorsqu'elle est arrivée par une suite du défaut d'entretien ou par le vice de sa construction ou de ses matériaux.

TITRE V. — Du contrat de mariage et des droits respectifs des époux.

Le contrat de mariage est celui qui a pour objet de régler quant aux biens l'union conjugale.

Il ne faut pas confondre ce contrat, qui règle les intérêts pécuniaires des époux, avec l'acte d'union célébré devant l'officier de l'état civil. En effet, l'acte d'union produit des droits et des devoirs qui ne peuvent être en rien ni augmentés, ni diminués par les parties : on ne peut donc déroger ni aux droits qui appartiennent au mari, comme chef de la famille, sur la personne de la femme et des enfants; ni aux droits de puissance, de correction et d'usufruit qui appartiennent au survivant des père et mère sur la personne et les biens des enfants; ni à l'ordre légal des successions soit par rapport aux époux dans la succession de leurs enfants ou descendants, soit par rapport à leurs enfants entre eux.

Lors de la confection du Code civil, Napoléon a voulu faire disparaître une foule considérable de coutumes locales et diverses, relativement au contrat de mariage, afin d'établir dans les mœurs et la famille, ainsi qu'il l'a fait dans l'administration et dans tout l'empire, un admirable système d'unité. Mais, en ce qui touche à la famille, on ne peut arriver que lentement à la perfection des institutions. Aussi, tout en voulant l'unité et en manifestant sa prédilection pour la communauté légale, qui est le régime en usage le plus en harmonie avec l'union conjugale, Napoléon, qui ne voulait point blesser les susceptibilités des diverses provinces, a exposé les règles principales des diverses coutumes et proclamé la liberté pour les parties de faire toute espèce de conventions, pourvu qu'elles ne soient contraires ni aux lois ni aux bonnes mœurs. Ce n'était là qu'un moyen transitoire d'établir, dans le contrat de mariage, l'unité qu'un règne plus long lui aurait permis de réaliser. Mais bientôt toutes les plus belles institutions se sont altérées, les mœurs se sont corrompues : les liens de famille s'affaiblissant alors, les mariages sont devenus presque des affaires d'argent, et on a vu naître entre époux de graves débats pécuniaires soit avant, soit durant le mariage ; ces débats contribuent à relâcher les liens de cette union, qui est la base de l'ordre social, et qui ne peut être heureuse qu'autant qu'elle est, sous tous les rapports, tellement énergique et intime qu'elle fait disparaître la dualité pour confondre les époux dans l'unité. La variété des clauses contractuelles engendre aussi, pour les tiers, une grande incertitude et une grande méfiance sur la position pécuniaire de chacun des époux, et les place par là dans la nécessité d'exiger de nombreuses et de coûteuses garanties de ce qui leur est dû ; sinon ils s'exposent à des pertes qui deviennent chaque jour plus fréquentes et plus désastreuses.

En cette matière si importante au point de vue de l'harmonie sociale et de la confiance générale dans les transactions, la raison, la philosophie, la morale, la religion, l'histoire et l'expérience se réunissent pour démontrer que le lien énergique de l'union qui s'établit entre époux doit, pour produire la paix et le bonheur des conjoints, des enfants et de la cité entière, faire disparaître le *mien* et le *tien* par l'association universelle de biens, en sorte que les époux soient spirituellement et civilement *un*, soit en chair, soit en cœur, soit en esprit, soit en personne ; généralement en toutes choses.

Ce titre contient quatre chapitres, qui traitent : 1° des

dispositions préliminaires ; 2° du régime de communauté ; 3° des régimes exclusifs de la communauté, qui sont le régime sans communauté et celui de la séparation de biens, et 4° du régime dotal.

CHAPITRE I. — Dispositions générales.

Les époux ne peuvent point convenir d'une manière générale qu'ils adoptent telle coutume locale, ou tels articles d'une coutume locale ; car le Code a voulu abroger toutes les coutumes diverses. S'ils veulent adopter une coutume ou des articles d'une coutume, il faut qu'ils les fassent transcrire dans leur contrat de mariage, et, pour leur interprétation, loin de recourir aux coutumes anciennes, on appliquera les principes généraux du Code civil.

Cependant les époux peuvent convenir d'une manière générale qu'ils adoptent soit le régime de la communauté ou l'une de ses huit modifications, soit le régime sans communauté, soit le régime de séparation de biens, soit enfin le régime dotal. Mais, comme il y a dot sous tous les régimes, en ce que la dot est ce que la femme apporte de biens à son mari, pour lui aider à supporter les charges du mariage, il s'ensuit que la simple convention que la femme se constitue, ou qu'il lui est constitué par des tiers, des biens en dot, ne suffit pas pour soumettre ces biens au régime dotal.

Lorsque les parties ne rédigent pas de contrat de mariage, elles sont mariées sous le régime de la communauté légale, dont les règles, tracées à la première partie du second chapitre, forment le droit commun de la France ; il en est de même si le contrat de mariage qui est rédigé n'apporte aucune modification à ce régime.

Si les parties veulent rédiger un contrat de mariage, il faut, pour sa validité : 1° que le contrat soit rédigé avant le mariage, époque où les parties ne sont pas soumises encore à l'influence que produit l'union ; 2° que la rédaction du contrat soit faite, en présence de deux témoins, par un notaire qui en conserve la minute, et 3° que celle des parties contractantes qui n'a pas vingt et un ans accomplis soit assistée des personnes dont le consentement est requis pour le mariage.

Lorsque le contrat de mariage est rédigé, on peut, mais seulement avant la célébration du mariage, faire des contre-lettres, valables uniquement entre les parties, ou des changements, valables même à l'égard des tiers.

Pour la validité de la *contre-lettre*, il faut : 1° la présence et le consentement simultané des deux futurs, de ceux qui auraient fait des donations, et, si les futurs sont mineurs, des personnes sous la puissance desquelles ils se trouvent ; 2° la rédaction de la contre-lettre par un notaire qui en conserve une minute spéciale et distincte de celle du contrat de mariage.

Pour la validité du *changement*, il faut, outre les conditions de la contre-lettre, que le changement soit rédigé à la suite de la minute du contrat de mariage. Le notaire qui délivre des expéditions du contrat de mariage ne mentionne pas les contre-lettres, destinées à rester secrètes entre les parties ; mais il est tenu, sous peine de tous dommages et intérêts, de faire mention des changements, destinés irrévocablement à devenir publics.

Depuis 1851, à cause des pertes que subissaient les tiers par suite d'une espèce de secret, à leur égard, des conventions matrimoniales, on a imposé, faible remède ! au notaire qui rédige le contrat de mariage, l'obligation de délivrer aux parties un acte sur papier libre, contenant les noms, prénoms, professions et domiciles des parties et du notaire, ainsi que le régime de mariage adopté, avec ses principales clauses. Ce papier est remis au maire, qui est tenu d'en faire la demande aux futurs époux se présentant pour le mariage, et d'en mentionner le contenu dans l'acte de célébration du mariage.

Le contrat de mariage quant aux biens est *synallagmatique*, *commutatif*, et *à titre onéreux* ; il est *accessoire*, car il naît et finit avec le mariage; lorsqu'il est rédigé, il est aussi *solennel*, car des formes sont essentielles à son existence; enfin il est *conditionnel*, car il renferme la condition suspensive que le mariage se réalisera.

Chapitre II. — Du régime en communauté.

Il y a deux sortes de communautés : la communauté *légale*, qui se compose, sans aucune modification, des règles tracées dans la première partie de ce chapitre, soit qu'il n'y ait aucun contrat rédigé, soit que le contrat rédigé n'y apporte aucune modification; et la communauté *conventionnelle*, qui fait l'objet de la deuxième partie de ce chapitre, et qui établit quelques dérogations à la communauté légale.

La communauté soit légale, soit conventionnelle commence du jour du mariage, mais sous une condition résolutoire, qui se réalise si la femme renonce à la communauté après la dissolution du mariage; car la femme est alors réputée n'avoir jamais été commune.

Première partie. — *De la communauté légale.*

Le régime de la communauté légale, qui s'établit sans contrat rédigé ou par la simple déclaration que l'on adopte ce régime, constitue un contrat tacite ou exprès : les obligations qui en résultent sont donc conventionnelles; jamais elles ne sont légales.

Lorsque les époux adoptent tacitement ou expressément le régime de la communauté légale, l'union des époux ne constitue pas l'unité comme la communauté universelle de biens; mais elle constitue la trinité de personnes et par conséquent de patrimoines : il y a le patrimoine du mari, le patrimoine de la femme et le patrimoine de la communauté. C'est là une distinction bien bizarre, qui a pris son origine dans la féodalité et qui offre, comme l'époque de son origine, une grande obscurité. Pour mettre dans ce régime quelque lumière, il s'agit de bien distinguer les trois personnes et par conséquent les trois patrimoines, dont aucun ne doit définitivement s'enrichir aux dépens des autres, et dont l'administration se trouve entièrement placée dans les mains du mari.

Cette partie renferme six sections qui traitent : 1° de l'actif et du passif de la communauté; 2° de l'administration de la communauté; 3° de la dissolution de la communauté; 4° de l'acceptation de la communauté et de sa renonciation par la femme; 5° du partage de la communauté après l'acceptation; 6° enfin de la renonciation par la femme à la communauté.

Section I. — *De l'actif et du passif de la communauté.*

En montrant ce qui compose la communauté activement et passivement, on fait par là connaître ce qui reste dans le patrimoine du mari et dans le patrimoine de la femme.

Pour se faire une idée exacte de la communauté, il faut la considérer comme un chef de famille absorbant presque entièrement la personnalité des deux conjoints.

Elle a donc une puissance qui lui donne droit : 1° à tous les produits de l'industrie et du travail de chacun des époux et des enfants; 2° à tous les fruits des biens qui restent propres à chacun des conjoints; 3° à tous les biens meubles qu'avaient les époux lors du mariage ou qu'ils acquièrent pendant sa durée. A cause de tous ses éléments producteurs, la communauté est, sauf exceptions, propriétaire de tous les immeubles acquis pendant le mariage.

Mais, d'un autre côté et à raison de sa puissance, la communauté supporte : 1° toutes les dépenses d'entretien et d'aliments des époux et des enfants; 2° toutes les charges usufructuaires des biens qui restent propres à chacun des conjoints; 3° enfin, sauf exceptions, les dettes mobilières que les époux avaient lors du mariage et le dettes mobilières ou immobilières contractées pendant le mariage.

§ I. — De l'actif de la communauté.

La communauté se compose activement :

1º De tout le mobilier, c'est-à-dire de tous les biens meubles, corporels ou incorporels, qu'avaient les époux au jour de la célébration du mariage, et de tout le mobilier qui leur échoit pendant le mariage à titre de succession ou de donation : — Toutefois, l'auteur de la libéralité faite à l'un des conjoints peut, par une clause expresse, empêcher que les meubles ne tombent en communauté, et les rendre ainsi propres au légataire ou donataire;

2º De tous les fruits, de quelque nature qu'ils soient, provenant non-seulement de son propre patrimoine, mais encore des patrimoines du mari et de la femme, ainsi que de leur industrie, travail et économie : — Remarquons que, par application des principes de l'usufruit (voir page 56), la communauté acquiert jour par jour les fruits civils, tels que les intérêts des sommes placées, les arrérages des rentes, le prix des baux de maisons ou de fermes; tandis que ce n'est que par la perception qu'elle acquiert les fruits naturels et industriels, tels que les foins et les moissons;

3º De tous les immeubles qui sont acquis pendant le mariage, sauf de notables exceptions.

Le nº 1 est suffisamment clair; mais des remarques et exceptions doivent être faites sur les nºˢ 2 et 3.

1. *Remarques sur le nº 2.* — La communauté n'a droit, lorsqu'il s'agit d'un immeuble propre à l'un des conjoints, aux coupes des bois et aux produits des mines et carrières ouvertes avant le mariage, que pour ce qui en est considéré comme fruit, conformément aux règles de l'usufruit (voir page 57). Si les mines et carrières sont ouvertes pendant le mariage sur l'immeuble d'un con-

joint, les produits n'en sont point considérés comme fruits : la communauté qui a profité de ces produits doit donc en payer la valeur au propriétaire du fonds, déduction faite des frais qu'elle a supportés; si, au contraire, elle a supporté des frais d'ouverture d'une bonne mine et carrière dont elle n'a pas ou presque pas tiré de produits, elle a droit, de la part du propriétaire du fonds, à une indemnité. Enfin, comme il ne doit pas être facultatif pour le mari, qui réunit dans sa main l'administration des trois patrimoines, d'enrichir l'un aux dépens de l'autre, si des coupes de bois qui, en suivant l'ordre des aménagements, pouvaient être faites pendant le mariage, ne l'ont pas été, une indemnité est due à la communauté par le conjoint propriétaire du fonds ou par ses héritiers.

II. *Remarques et exceptions sur le n° 3.* — A cause de son droit de puissance sur les époux et à cause de la réunion de tous ses éléments producteurs, la communauté est censée propriétaire de tous les immeubles acquis pendant le mariage, et même de tous les immeubles qu'elle possède et dont elle perçoit les fruits. Le conjoint qui prétend qu'un immeuble lui appartient, joue donc le rôle de demandeur. Il est tenu par conséquent de prouver l'une des choses suivantes :

1° Soit qu'il était *propriétaire* de l'immeuble lors du mariage : — il lui suffirait même de prouver que cet immeuble lui est arrivé ou qu'il l'a recouvré par suite d'une cause antérieure au mariage; par exemple, s'il l'avait acheté sous une condition suspensive qui s'est réalisée pendant le mariage, ou s'il l'avait vendu sous une condition résolutoire ou avec la clause de réméré qui a eu lieu durant le mariage. En tous cas, il doit indemniser la communauté du prix ou autre chose que la communauté perd ou paye. Remarquons que, pour atteindre la fraude du conjoint qui, dans l'intervalle du contrat de mariage quant aux biens et la célébration, cherche à frustrer la communauté en acquérant un immeuble avec les valeurs mobilières destinées à tomber dans la communauté, la loi décide que cet immeuble ne restera pas propre à ce conjoint, mais tombera dans la communauté ;

2° Soit qu'il avait, lors du mariage, la *possession légale* de l'immeuble, c'est-à-dire une possession capable de produire la prescription à son profit par dix ou vingt ans ou par trente ans;

3° Soit que l'immeuble lui est arrivé pendant le mariage par *succession* ou *avancement d'hoirie:* — on comprend dans l'avancement d'hoirie ou d'hérédité, même l'immeuble qui a été abandonné au conjoint par père, mère ou autre ascendant pour le remplir de ce qu'il lui doit, ou même à la charge de payer les dettes de cet ascendant à des étrangers; mais le conjoint doit indemniser la communauté en lui payant les sommes dont elle était créancière de l'ascendant ou qu'elle a payées à sa décharge;

4° Soit que l'immeuble lui est arrivé par *donation* pendant le mariage: — mais si l'immeuble avait été donné aux deux époux, il serait considéré comme donné à la communauté elle-même;

5° Soit que l'immeuble a été acquis pendant le mariage à titre d'*échange* contre l'immeuble qui lui était propre: — mais, d'une part, il devrait indemnité à la communauté pour tout ce que celle-ci aurait déboursé à titre de soulte ou autrement; et, d'autre part, il aurait droit à la récompense de tout ce que la communauté aurait reçu aussi à titre de soulte ou autrement;

6° Soit, enfin, qu'il lui est échu pendant le mariage à titre de *licitation* ou autrement, lorsqu'il en était propriétaire indivis: — mais il doit évidemment indemniser la communauté de tout ce que celle-ci a donné pour cette acquisition. Remarquons que si le mari s'est rendu, en son propre nom, adjudicataire ou acquéreur de tout ou partie d'un immeuble appartenant par indivis à sa femme, celle-ci a le choix, lors de la dissolution de la communauté, de laisser l'immeuble à la communauté, qui devient débitrice de la portion appartenant à la femme dans le prix, ou de prendre l'immeuble en remboursant à la communauté le prix que celle-ci a payé.

« II. — Du passif de la communauté, et des actions qui en résultent contre la communauté.

La communauté se compose passivement :

1° De toutes les dettes mobilières dont les époux étaient grevés au jour de la célébration du mariage. — Si ces dettes mobilières ont pour cause des meubles, elles sont supportées définitivement par la communauté ; si, au contraire, elles ont pour cause un immeuble, par exemple son achat ou sa réparation, elles tombent dans la communauté, en ce que celle-ci peut être poursuivie par le créancier, mais elles sont définitivement supportées par le conjoint débiteur (1).

La femme ne pouvant généralement pas obliger la communauté, puisqu'elle ne l'administre pas, son créancier ne peut point poursuivre la communauté si le titre de sa créance n'a pas date certaine avant le mariage, et il ne peut même poursuivre la femme que sur la nue propriété des biens qui lui restent personnels ; mais si le mari paye une telle dette, il reconnaît par là qu'elle est à la charge de la communauté et par conséquent il n'a pas de recours contre la femme ;

2° Des dettes tant en capitaux qu'arrérages et intérêts, contractées par le mari ou par la femme du consentement du mari. — Si la dette avait été contractée dans

---

(1) Dans tout le régime de la communauté, il faut toujours bien distinguer :
Le *droit de poursuite* ou *d'obligation*, qui consiste dans le rapport des créanciers avec les débiteurs, et qui détermine sur les biens de quel patrimoine les créanciers peuvent poursuivre leur payement, — du *droit de contribution*, qui consiste dans le rapport des débiteurs entre eux, et qui détermine quel est celui des trois patrimoines qui doit supporter définitivement la dette.

l'intérêt personnel d'un conjoint, la communauté aurait, après avoir payé, un recours contre lui. Lorsque la dette a été contractée par le mari seul, le créancier peut poursuivre son payement sur les biens du mari et sur ceux de la communauté ; si elle a été contractée par la femme en vertu d'une procuration expresse ou tacite, générale ou spéciale de son mari, elle ne s'oblige pas, et par conséquent le créancier peut poursuivre son payement seulement sur les biens du mari et sur ceux de la communauté ; si enfin la femme a contracté une dette avec l'autorisation de son mari, le créancier peut poursuivre son payement sur les biens de la femme et sur ceux du mari et de la communauté. Dans tous ces cas, lorsqu'il s'agit de la contribution, la présomption est que la dette a été contractée dans l'intérêt de la communauté, qui la supporte par conséquent définitivement, à moins qu'il ne soit prouvé qu'elle a été contractée dans l'intérêt personnel d'un conjoint ;

3° Des arrérages et intérêts des dettes passives qui sont personnelles aux époux. — Quoique la dette mobilière reste définitivement à la charge d'un conjoint, par exemple quand elle a pour cause l'achat ou réparation de son immeuble, la communauté est obligée d'en supporter définitivement les intérêts et arrérages ; par la raison qu'elle jouit de l'usufruit des biens des époux ;

4° Des réparations usufructuaires des immeubles appartenant aux époux ; — car de telles réparations sont une charge des fruits ;

5° Des aliments des époux, de l'éducation et entretien des enfants et de toute autre charge du ménage ; — car la communauté profitant de tous les produits du travail et de l'industrie des époux et des enfants, elle doit aussi supporter les charges corrélatives.

6° Enfin de toutes les dettes dont sont grevées les successions et donations arrivant aux époux pendant le mariage. — Ce dernier cas a besoin d'explications : les règles relatives aux successions sont aussi applicables aux donations.

Règles sur les successions et donations. — 1° Lorsque la succession est échue au mari qui l'accepte purement et simplement, les créanciers de la succession peuvent poursuivre leur payement sur les biens du mari et sur ceux de la communauté.

Voici comment se règle la contribution. Si la succession est purement mobilière, c'est la communauté qui en supporte définitivement toutes les dettes, puisqu'elle profite de tout l'actif. Si elle est purement immobilière, c'est le mari qui en supporte définitivement toutes les dettes, puisqu'il a personnellement tout l'actif; mais la communauté qui a l'usufruit de l'actif doit alors payer les intérêts et arrérages du passif. Enfin si elle est mixte, c'est-à-dire partie mobilière et partie immobilière, la communauté et le mari supportent chacun définitivement une part des dettes dans la proportion de la valeur de ce qui revient de meubles à la communauté et d'immeubles au mari.

2° Lors, au contraire, que la succession est échue à la femme qui l'accepte purement et simplement, distinguons si elle l'accepte avec autorisation du mari, ou avec autorisation de justice.

Quand la femme accepte la succession avec autorisation de son mari, les créanciers de la succession peuvent poursuivre leur payement sur les biens de la femme, sur ceux du mari et sur ceux de la communauté, quand la succession est purement mobilière ou mixte; et seulement sur la pleine propriété de tous les biens de la femme, quand elle est purement immobilière. — La contribution se règle ici comme dans le cas où la succession est échue au mari : si la succession est purement mobilière, la communauté supporte définitivement les dettes; si elle est purement immobilière, c'est la femme qui les supporte définitivement; et enfin si elle est mixte, la communauté et la femme supportent chacune une part des dettes, proportionnellement à la valeur dont elles profitent l'une et l'autre.

Quand, au contraire, la succession est acceptée par la femme autorisée de justice, les créanciers héréditaires ne peuvent poursuivre leur payement que sur les biens de la succession, et sur la nue propriété des biens personnels de la femme.

3° Lorsque la succession mixte est échue au mari ou à la femme, le mari doit faire procéder à un inventaire; faute de quoi, la femme ou ses héritiers peuvent, lors de la dissolution de la communauté, faire preuve contre le mari de la consistance du mobilier, non seulement par titres et papiers domestiques, mais encore par témoins et même par commune renommée. Si la succession non inventoriée est échue à la femme, l'intérêt de celle-ci est de prouver qu'il y avait beaucoup de meubles, afin que la communauté supporte une grande partie des dettes; si elle est échue au mari, la femme a intérêt à prouver qu'il n'y avait que peu de meubles, afin que le mari supporte personnellement la plus grande part des dettes.

SECTION II. — *De l'administration de la communauté et de l'effet des actes de l'un ou l'autre époux relativement à la société conjugale.*

Cette section traite : 1° des actes du mari; 2° des actes de la femme; et 3° de l'application aux trois patrimoines du principe que personne ne peut s'enrichir aux dépens d'autrui.

I. *Actes du mari.* — La communauté absorbe presque entièrement la personnalité des époux; elle a le mari pour administrateur, et tous les actes de cet administrateur profitent ou nuisent définitivement à la communauté.

1° Si le mari *s'oblige*, le créancier peut poursuivre son payement sur les biens du mari et sur ceux de la communauté. Cette dernière supporte définitivement la dette, à moins qu'il ne soit prouvé que cette dette a été contractée dans l'intérêt personnel de l'un des époux, ou qu'elle provient d'un délit ou d'un quasi-délit, cas auxquels la communauté a un recours contre l'époux débiteur.

Si le mari *aliène* l'immeuble qui lui est propre, c'est-à-dire en transfère la propriété à autrui par vente ou autrement, il perd par là son droit de nue propriété, et la communauté perd son droit d'usufruit; mais l'immeuble reste, entre les mains de l'acquéreur, grevé de l'hypothèque légale de la femme, pour sûreté du payement de sa dot et de ses reprises.

2° Le mari a sur les biens de la communauté des pouvoirs presque aussi étendus que sur ceux qui lui sont propres: il les administre à son gré; il peut les hypothéquer, et même les aliéner à titre onéreux, par vente ou autrement. Quoique la femme qui renonce à la communauté après la dissolution soit considérée comme n'ayant jamais été commune, cette fiction, qui a pour but de la soustraire aux dettes et charges de la communauté, n'a point pour effet de lui conférer un droit d'hypothèque sur les immeubles de la communauté, au préjudice des tiers qui sont créanciers hypothécaires ou acquéreurs du chef du mari administrateur.

Le mari peut aussi aliéner à titre gratuit des meubles particuliers, pourvu qu'il ne s'en réserve pas l'usufruit. Mais il ne peut aliéner à titre gratuit ni les immeubles, ni l'universalité ou une quotité des meubles, si ce n'est cependant pour l'établissement des enfants communs; car de tels actes dépassent évidemment les pouvoirs les plus étendus possible d'un administrateur général.

Le mari cesse, par son décès, d'être administrateur. C'est pourquoi il ne peut disposer par testament que de sa part dans la communauté. S'il a légué un effet particulier de la communauté, le légataire n'y a droit que dans le cas où, par l'événement du partage, cet effet est tombé dans le lot des héritiers du mari; mais dans le cas où l'effet est tombé dans le lot de la femme, le Code, eu égard à la position du mari, accoutumé à s'identifier avec la communauté, déroge au principe que le legs de la chose d'autrui est nul, et donne au légataire le droit de demander la valeur de l'effet légué aux héritiers du testateur.

3° Le mari a, sur les biens de sa femme, des pouvoirs encore moins étendus que sur ceux de la communauté : il n'est à cet égard qu'un administrateur.

Le mari peut et doit, sous sa propre responsabilité, veiller en bon père de famille à la conservation des biens de sa femme.

Le mari peut seul donner à bail les biens de sa femme pour neuf ans : s'il a passé un bail d'une plus longue durée, par exemple de vingt-sept ans, le bail n'est valable à l'égard de la femme ou de ses héritiers que pour la période de neuf ans dans laquelle on se trouve lors de la dissolution de la communauté. Il ne peut renouveler ou passer bail des biens de sa femme, que dans les trois ans ou les deux ans qui précèdent l'expiration du bail courant, selon qu'il s'agit de biens ruraux ou de maisons; cependant si un bail était fait avant ce délai et recevait, pendant la communauté, un commencement d'exécution, il deviendrait par là valable. Mais si le mari fait intervenir la femme au contrat, le bail sera en tout valable, quelles que soient sa durée et l'époque de son renouvellement.

Le mari peut exercer seul toutes les actions mobilières qui appartiennent à la femme; il peut aussi exercer, relativement aux immeubles de sa femme, les actions possessoires, et même les actions pétitoires du droit d'usufruit, puisqu'il exerce, dans ce dernier cas, un droit appartenant à la communauté, qui est usufruitière des propres des époux.

Mais le mari ne peut point aliéner ni hypothéquer les immeubles de sa femme; il ne peut pas non plus les revendiquer entre les mains des tiers détenteurs; mais il doit, comme un usufruitier ou tout autre administrateur, avertir sa femme des usurpations faites au préjudice de celle-ci. La femme autorisée peut donc seule aliéner, hypothéquer ou revendiquer ses immeubles.

II. *Actes de la femme mariée.* — La femme a un mandat tacite de son mari pour toutes les affaires qui concernent l'administration du ménage : en faisant de pareils actes, elle ne s'oblige pas, mais elle oblige son mari et la communauté.

Les actes de la femme, qui dépassent les limites de l'administration du ménage, peuvent se ranger en trois classes.

1° Lorsque la femme n'est autorisée ni de son mari ni de la justice, si elle contracte, elle n'oblige qu'elle-même et seulement sur la nue propriété de ses biens; si elle vend, échange son immeuble ou autre chose qui lui reste propre, elle en aliène seulement la nue propriété, car elle ne peut ni engager ni aliéner le droit d'usufruit, qui appartient à la communauté. Au reste, ces contrats et aliénations peuvent être annulés, à cause de l'incapacité relative de la femme mariée, soit sur la demande de la femme elle-même, soit sur la demande du mari. Remarquons cependant, d'une part, que la femme non autorisée qui fait ou accepte une donation, ou qui consent une hypothèque, fait un acte radicalement nul; et, d'autre part, que les obligations qui reposent passivement sur la femme par suite d'un délit ou d'un quasi-délit, ne sont pas annulables, mais n'engagent que la nue propriété de ses biens.

2° Lorsque la femme est autorisée de son mari, si elle contracte une obligation soit conjointement avec son mari, soit solidairement avec lui, soit en figurant seule dans l'acte, elle est personnellement et fermement obligée sur la pleine propriété de ses biens, pour une part de la dette, dans le premier cas, et pour la totalité, dans les deux autres cas; par suite de l'autorisation donnée à la femme, le mari et la communauté sont aussi obligés envers le créancier. Mais, dans la contribution, la femme est considérée comme caution du mari, et celui-ci, comme caution de la communauté : celle-ci supporte donc définitivement la dette, à moins qu'il ne soit prouvé que cette dette a été contractée dans l'intérêt personnel de l'un des conjoints.

Si la femme autorisée par son mari aliène son immeuble, celui qui traite avec elle acquiert la pleine propriété de cet immeuble : la femme perd donc son droit de nue propriété, et la communauté, son droit d'usufruit. Si l'acheteur ou autre acquéreur de l'immeuble à titre onéreux, en était évincé, il aurait recours sur la pleine propriété des biens de la femme ; il n'aurait de recours sur les biens du mari et de la communauté que dans le cas où le mari aurait garanti solidairement ou autrement la vente.

Si la femme est autorisée par son mari à faire le commerce, elle peut, relativement à son commerce, hypothéquer et aliéner la pleine propriété de ses biens, et former des obligations qui engagent les trois patrimoines.

3° Lorsque la femme mariée est autorisée seulement de justice, elle peut seulement engager ou aliéner la nue propriété de ses biens personnels ; elle peut cependant engager la communauté pour tirer le mari de prison, ou pour l'établissement des enfants communs, en cas d'absence du mari.

III. *Application aux trois patrimoines du principe que personne ne peut s'enrichir aux dépens d'autrui.* — 1° Quand, moyennant un prix, l'un des époux aliène son immeuble, le grève de servitude ou renonce au droit de servitude constitué en faveur de cet immeuble, il a droit, contre la communauté, à la récompense du prix, tel qu'il est fixé dans l'acte : comme on a souvent coutume de diminuer le montant du prix réel des contrats, afin de diminuer les frais de mutation et de frauder le fisc, l'époux coupable de fraude ne sera pas admis à prouver que le prix réel de son immeuble excède celui qui est déclaré dans l'acte. Le mari n'a droit à récompense que lorsque le prix de son immeuble a été versé dans la communauté, tandis que, d'après la jurisprudence, la femme a droit à la récompense du prix de son immeuble, quoique le prix n'en soit pas versé dans la communauté, notamment lorsque l'acheteur est devenu insolvable.

Au reste, il est évident que le droit à la récompense cesse quand le prix du propre de l'un des époux a été remployé à son profit. Or le remploi est fait à l'égard du mari, lorsqu'il acquiert un immeuble en déclarant dans l'acte que l'acquisition est faite avec les deniers provenus de l'aliénation de l'immeuble qui lui était personnel et pour lui tenir lieu de remploi (1). Mais, à l'égard de la femme, la déclaration du mari, que l'acquisition est faite des deniers provenus de l'immeuble vendu par la femme ne suffit point; il faut encore que celle-ci ait formellement accepté le remploi, sinon elle aura seulement droit, lors de la dissolution du mariage, à la récompense du prix de son immeuble vendu (2).

2° Lors, au contraire, qu'il est pris dans la communauté une somme pour acquitter les dettes ou charges personnelles à l'un des époux, celui-ci en doit récompense à la communauté : ainsi, mille francs sont pris dans la communauté, soit pour payer le prix d'un immeuble propre à l'un des époux, soit pour rendre libre de servitudes, améliorer, conserver ou recouvrer l'immeuble de l'un des époux, ou pour lui procurer un profit purement personnel, cet époux doit à la communauté une récompense de mille francs; cependant, d'après la jurisprudence, dans le cas où la plus-value de l'immeuble de la femme ne s'élèverait pas à mille francs, celle-ci ne serait tenue de payer à la communauté, considérée ici comme gérant d'affaires, que jusqu'à concurrence de la valeur dont les améliorations l'ont rendue plus riche.

---

(1) Voir le FORMULAIRE, **MODÈLE**, n° 22, II. *Modèle de vente d'immeubles*, nota, 3°.
(2) Voir *ibid.*

3° Les père et mère qui dotent conjointement un enfant commun sont censés doter chacun personnellement pour moitié; ils supportent donc chacun définitivement la moitié de la dette ou de la valeur des effets fournis par l'un des époux ou par la communauté. Si le mari dote seul un enfant commun, il supporte personnellement la dette de la dot; mais si les termes de la constitution de la dot ou le fait seul de la constitution en dot d'effets appartenant à la communauté, démontrent que le mari n'a voulu agir que comme chef de la communauté, c'est celle-ci qui supporte alors définitivement la dette de la dot.

4° Celui qui fait une donation ou autre libéralité n'est point tenu à cet égard de la garantie; mais la constitution de dot, qui fait partie des conditions qui déterminent les époux à subir les charges du mariage, est à leur égard un acte à titre onéreux. C'est pourquoi celui qui a constitué une dot est tenu de la garantie: il doit même les intérêts de la dot à partir du mariage, quoiqu'il ait terme pour le payement; car les intérêts doivent contribuer à compenser les charges qui ont commencé à être supportées. Mais il est évident qu'on peut insérer dans le contrat une clause qui dispense le dotateur de la garantie et des intérêts.

SECTION III. — *De la dissolution de la communauté et de quelques-unes de ses suites.*

La communauté se dissout de quatre manières:

1° Par la mort naturelle, et 2° par la mort civile. — Dans ces deux cas, le survivant des époux doit faire constater par inventaire la valeur des biens et effets communs; car autrement, d'une part, les parties intéressées pourraient faire preuve de cette valeur par titre, par témoins et même par la commune renommée; et, d'autre part, le survivant des père et mère perdrait l'usufruit légal des biens de ses enfants mineurs;

3° Par la séparation de corps, et 4° par la séparation

de biens. — Dans ces deux cas, la séparation doit être demandée en justice; et elle a pour effet de donner à la femme la libre administration de ses biens, comme si elle s'était mariée sous le régime de séparation de biens (voir ci-après, chapitre 2). Ces deux espèces de séparations judiciaires diffèrent dans leur cause, dans le mode de procédure, et dans les effets.

La séparation de corps a lieu pour violation essentielle des devoirs résultant du mariage; on ne donne pas de publicité à la demande; la sentence de séparation n'a pas, à l'égard des tiers, d'effet rétroactif; et chacun des époux est remis de l'obligation, le mari de recevoir sa femme dans son domicile, et la femme d'habiter avec son mari. Tandis que la séparation de biens a lieu pour inexécution, de la part du mari, de l'obligation d'administrer en bon père de famille les biens de la communauté et de la femme; on donne de la publicité à la demande; la sentence a un effet rétroactif; les époux continuent à conserver le même domicile.

La séparation de biens, dont nous avons ici principalement à nous occuper, est une ressource offerte à la femme pour mettre sa dot et ses économies à l'abri des conséquences fâcheuses de la mauvaise administration de son mari. Pour former cette demande, il faut une autorisation du président du tribunal de première instance, qui l'accorde sur requête par avoué. Cette demande est rendue publique par des extraits insérés, savoir: par le greffier, dans l'auditoire du tribunal civil et dans celui du tribunal de commerce, ainsi que dans les chambres des avoués et des notaires, et, par la femme, dans l'un des journaux de l'arrondissement. Ce n'est qu'un mois après l'accomplissement de ces formalités que la séparation de biens pourra être prononcée.

Les créanciers du mari et de la femme peuvent intervenir dans l'instance pour le maintien de leurs droits; ils peuvent même se pourvoir contre la séparation de biens prononcée et même exécutée en fraude de leurs droits; mais le droit de demander la séparation de biens est personnel à la femme, et ne peut par conséquent point être exercé par ses créanciers.

Lorsque le jugement de séparation de biens est prononcé, il est aussi lu publiquement au tribunal de commerce; un extrait de ce jugement est inséré dans l'auditoire des tribunaux de première instance et de commerce, et dans les chambres des avoués et notaires. Ce n'est qu'après l'accomplissement de ces formalités, que le jugement de séparation de biens peut être exécuté; et il faut, sous peine de nullité, que ce jugement soit, dans la quinzaine de sa prononciation, exécuté par le payement réel des droits et reprises de la femme, ou du moins que, dans ce délai, il y ait, à l'égard des mêmes droits et reprises de la femme, des poursuites commencées et non interrompues depuis; en effet la femme qui se plaint de la mauvaise administration de son mari, doit, après avoir obtenu gain de cause, manifester ses diligences.

La femme judiciairement séparée de biens en reprend la libre administration : elle doit contribuer proportionnellement à ses facultés et à celles du mari, aux frais du ménage et de l'éducation des enfants; elle doit même les supporter entièrement s'il ne reste rien au mari.

Le mari est garant du défaut d'emploi ou de remploi de l'immeuble que la femme séparée de biens a aliéné de son consentement ou en sa présence; mais il n'est point garant de l'utilité de l'emploi ou du remploi.

La communauté dissoute par la séparation de biens ou de corps peut être rétablie du consentement des deux époux; mais il faut pour cela, 1° la rédaction d'un acte notarié dont il reste minute; 2° la publication de l'extrait de cet acte, de la même manière que celle de la sentence qui a prononcé la séparation de corps ou de biens; 3° l'absence de toute disposition dérogeant aux règles du contrat de mariage. Lorsque la communauté est ainsi rétablie, elle reprend son effet du jour du mariage, et la séparation est considérée comme n'ayant jamais eu lieu; mais cette fiction ne préjudicie point aux droits des tiers, qui ont traité avec la femme agissant dans les limites de la libre administration de ses biens.

Section IV. — *De l'acceptation de la communauté et de la renonciation qui peut y être faite.*

Après la dissolution de la communauté, la femme a le droit d'opter entre l'acceptation de la communauté et la renonciation : ce droit est pour elle une compensation essentielle, d'une part, de l'état d'incapacité légale dans lequel le mariage l'a placée, et, de l'autre, de la liberté d'administration conférée par la loi au mari. Au reste, tout ce qui est dit des droits de la femme s'applique généralement à ses héritiers et à ses autres ayants cause, tels que légataires universels et à titre universel.

La femme est déchue de la faculté de renoncer, et elle est par conséquent irrévocablement acceptante : 1° si elle s'est immiscée dans les biens de la communauté, en faisant des actes dépassant les limites de la pure administration; 2° si, étant majeure, elle a pris dans un écrit la qualité de commune, et cela lors même qu'elle n'aurait pas encore fait inventaire; elle peut cependant obtenir la rescision d'une acceptation qui serait le résultat de la violence ou du dol; 3° si elle a dérobé ou déguisé dans l'inventaire quelques effets de la communauté; elle est même, en ce cas, privée de sa part dans lesdits effets; 4° enfin si, lorsqu'elle est survivante, elle n'a pas fait faire dans les trois mois un inventaire fidèle et exact des biens de la communauté, contradictoirement avec les héritiers du mari ou eux dûment appelés : cet inventaire doit, lors de sa clôture, être affirmé par elle sincère et véritable devant le notaire.

Pendant les trois mois et quarante jours qui suivent la dissolution de la communauté, la femme est présumée acceptante, sauf preuve contraire : mais, pendant et après ce délai, il est nécessaire de distinguer si la femme est en possession de la communauté par suite de la mort naturelle ou civile de son mari, ou si, au contraire, le mari est lui-même en possession des biens communs par suite de la mort naturelle ou civile de sa femme, ou par suite de la séparation de biens ou de corps.

1° Si la femme est en possession de la communauté, parce qu'elle est survivante, alors elle est présumée acceptante; cette présomption, fondée à la fois sur la possession légale et sur la possession de fait, devient irrévocable lorsque la femme a laissé expirer trois mois sans faire inventaire; car on suppose qu'après ce délai l'inventaire ne serait plus fidèle et exact. — Lorsque la femme a fait inventaire, elle a quarante jours pour délibérer si elle acceptera la communauté, ou si elle y renoncera : la renonciation, qui ne se présume pas, doit être faite au greffe du tribunal de première instance du domicile du mari, et être inscrite sur le registre destiné à recevoir les renonciations aux successions. — Lorsque la femme a laissé expirer les quarante jours et qu'elle a fait inventaire dans les trois mois, elle peut encore renoncer pendant trente ans, qui courent du jour de la dissolution de la communauté; mais elle ne conserve plus entièrement sa position : en effet, pendant les trois mois et quarante jours, elle jouissait d'une exception dilatoire, et, si elle venait à renoncer, les frais de poursuite restaient à la charge de la communauté; tandis que, après l'expiration de ce double délai, les frais de poursuites dirigées contre elle en sa qualité de commune, restent à sa charge, lors même qu'elle renoncerait.

Lorsque la femme survivante meurt avant l'expiration des trois mois sans avoir fait ou terminé l'inventaire, ses héritiers ont, pour faire ou pour terminer l'inventaire, un nouveau délai de trois mois à compter du décès de la veuve, et de quarante jours pour délibérer, à partir de la clôture de l'inventaire. Si la veuve meurt dans les quarante jours qui suivent l'inventaire, ses héritiers ont, pour délibérer, un nouveau délai de quarante jours, pendant lesquels ils jouissent d'une exception dilatoire.

2° Lors, au contraire, que le mari reste, en fait, possesseur de la communauté, quand les délais de trois mois et quarante jours sont expirés, la femme ou ses héritiers sont réputés renoncer à la communauté, et cela sans distinguer si un inventaire a ou non été fait dans les trois mois de la dissolution de la communauté. Par conséquent les créanciers de la communauté doivent s'adresser pour toutes leurs créances au mari. Mais la femme ou ses héritiers ont, pour accepter la communauté, trente ans à partir de sa dissolution.

Quoique la femme acceptante, qui a fait un inventaire, ne soit tenue des dettes de la communauté que jusqu'à concurrence de son émolument, elle a cependant, quand la communauté est mauvaise, un intérêt à renoncer pour se débarrasser de tous ennuis et embarras; elle a même à la renonciation un intérêt pécuniaire lorsqu'elle n'a droit à certaines reprises qu'en cas de renonciation. Il est inutile de remarquer que les créanciers personnels de la femme peuvent attaquer l'acceptation de la communauté ou la renonciation, lorsqu'elle serait faite par la femme en fraude de leurs droits, car ce n'est là qu'une application des principes généraux.

La veuve, soit qu'elle accepte la communauté, soit qu'elle y renonce, a des droits qui lui sont personnels et qui n'appartiennent pas à ses héritiers. Ces droits sont : 1° de prendre, pendant le délai de trois mois et quarante jours, sa nourriture et celle de ses domestiques sur les provisions existantes, et, à défaut, par emprunt au compte de la masse commune; 2° de loger pendant le même délai dans la maison dépendante de la communauté, et si la maison habitée par les époux était tenue par eux à titre de loyer, de prendre sur la masse de quoi payer ce loyer pendant ledit délai ; 3° de réclamer sur la succession personnelle du mari une somme suffisante pour ses habits de deuil eu égard à la fortune et à la position du mari ; 4° enfin, si la femme renonce à la communauté, elle a droit de reprendre les linges et hardes qui sont à son usage personnel.

Section V. — *Du partage de la communauté après son acceptation.*

Lorsque la femme ou ses héritiers ont accepté la communauté, l'actif se partage par moitié entre les époux ou leurs représentants ; et le passif est également supporté par moitié. Il n'y a pas lieu au partage du passif, qui se divise de plein droit entre les époux ; c'est pourquoi on dit qu'il est *supporté :* quant à l'actif, s'il est incorporel, c'est-à-dire s'il consiste en créances, il se divise aussi de plein droit ; il n'y a donc que l'actif corporel qui soit dans l'indivision, et qui fasse, à proprement parler, l'objet du partage (1).

§ I. — Du partage de l'actif.

Il faut d'abord commencer par composer la masse active de la communauté.

Chaque époux ou ses héritiers rapportent à la masse des biens existants tout ce dont ils sont débiteurs à titre de récompense ou indemnité, et les sommes ou valeurs qu'un époux a prises sur la communauté pour doter un enfant d'un autre lit, ou pour doter personnellement un enfant commun.

Lorsque la masse active est ainsi composée, chaque époux ou son héritier prélève sur cette masse : 1° ses biens personnels qui ne sont point entrés en communauté, ainsi que ceux qui ont été acquis en remploi ; 2° le prix de ses immeubles qui ont été aliénés pendant la communauté,

---

(1) Voir le Formulaire, MODÈLE, n° 21.

et dont il n'a pas été fait remploi; 3° enfin les indemnités qui lui sont dues par la communauté.

Les prélèvements de la femme s'exercent avant ceux du mari. Elle les exerce, pour le prix de ses immeubles aliénés et pour les indemnités qui lui sont dues, d'abord sur l'argent comptant; ensuite, sur le mobilier, et subsidiairement sur les immeubles de la communauté : dans ce dernier cas, la loi déclare que le choix des immeubles appartient à la femme. En cas d'insuffisance des biens de la communauté, la femme ou ses héritiers deviennent créanciers personnels du mari, qui peut être poursuivi en payement comme tout autre débiteur. Le mari ne peut, au contraire, exercer ses prélèvements que sur les biens qui resteraient encore dans la communauté après les prélèvements de la femme.

Après que les prélèvements des deux époux ont été exécutés sur la masse active de la communauté, le surplus se partage par moitié entre les époux ou ceux qui les représentent. Toutes les règles qui sont établies au titre des *Successions* pour le partage entre cohéritiers et qui concernent les formes, la licitation des immeubles, les effets du partage, la garantie qui en résulte et les soultes, sont également applicables au partage de la communauté.

Comme la communauté dissoute n'a plus d'administrateur qui puisse poursuivre ou être poursuivi, la loi décide que les indemnités et récompenses dues par la communauté aux époux, et celles dues par les époux à la communauté, portent intérêts de plein droit du jour de la dissolution du mariage. Mais, après le partage consommé, les créances personnelles que les époux ont à exercer l'un contre l'autre, ne produisent intérêts que du jour de la demande en justice, ou d'une convention spéciale à cet égard.

Lorsque la communauté est dissoute par la mort de la femme, qui laisse plusieurs héritiers, il est à remarquer que chacun d'eux peut, en ce qui le concerne, accepter la communauté ou y renoncer : celui qui accepte la communauté, prend dans la moitié qui revenait aux héritiers de la femme une part proportionnelle à ses droits héréditaires, et le surplus reste au mari ; mais celui-ci doit payer au renonçant sa part héréditaire dans les droits que la femme aurait pu exercer en cas de renonciation à la communauté. Quand, au contraire, le droit d'accepter la communauté ou d'y renoncer a reposé sur la femme, ses héritiers ne peuvent prendre ensemble qu'un parti, et, s'ils sont divisés, l'acceptation a lieu et un inventaire est fait des biens de la communauté.

§ II. — Du passif de la communauté et de la contribution aux dettes.

I. *Contribution.* — Chacun des époux, dans le règlement de la contribution, supporte définitivement la moitié des dettes de la communauté : les frais de scellés, inventaire, vente de mobilier, liquidation, licitation et partage font partie de ces dettes.

La femme ou ses héritiers ne sont tenus des dettes communes que jusqu'à concurrence de leur émolument, c'est-à-dire de la valeur de l'actif qu'ils ont eu dans le partage de la communauté. Le mari ou ses héritiers supportent, outre la moitié des dettes, la part qui dépasse l'émolument de la femme ou de ses représentants.

II. *Droit de poursuite.* — Voyons les droits de poursuite contre la femme et contre le mari.

1° La femme peut être poursuivie par les créanciers de la communauté, savoir :

Pour moitié, lorsqu'elle n'a pas personnellement figuré dans le contrat, et elle n'est même alors tenue que jusqu'à concurrence de son émolument, lorsqu'il y a eu bon et fidèle inventaire et qu'elle rend compte tant du contenu de cet inventaire que de ce qui lui est échu par le partage ; — Pour moitié aussi, lorsqu'elle s'est obligée conjointement avec son mari ; et elle est tenue ici même au delà de son émolument ; — Pour la totalité, lorsque la dette a été par elle contractée avant le mariage ou pendant le mariage du consentement de son mari ou solidairement avec lui, ou lorsque la dette est garantie par hypothèque consentie sur un immeuble échu à la femme. Si la femme a payé entièrement une dette pour laquelle elle n'était tenue envers le créancier que pour partie, elle n'a pas de recours contre celui-ci pour ce qui excède sa part, à moins que la quittance n'exprime que ce qu'elle a payé était pour sa moitié ; elle n'a donc, en général, recours que contre son mari ou ses héritiers.

2° Le mari peut être poursuivi par les créanciers de la communauté, savoir : Pour moitié des dettes tombées dans la communauté du chef de sa femme ; — Pour la totalité des dettes qu'il a personnellement contractées et de celles qui sont garanties par une hypothèque frappant sur un immeuble qui lui est échu.

Remarquons 1° que les époux peuvent, dans le partage, déroger, non au droit de poursuite qui appartient aux créanciers, mais au droit de contribution, et même charger l'un d'eux de payer entièrement les dettes de la communauté ; 2° que celui des époux qui aura payé au delà de sa part contributoire aura un recours contre son conjoint ou ses représentants.

SECTION VI. — *De la renonciation à la communauté et de ses effets.*

La femme qui renonce à la communauté a le droit de reprendre tout ce qu'elle eût prélevé en cas d'acceptation : 1° les immeubles qui lui appartiennent et ceux qui ont été acquis en remploi ; 2° le prix de ses immeubles aliénés et dont le remploi n'a pas été fait et accepté par elle ; 3° les indemnités qui lui sont dues par la communauté. Elle a aussi un droit qui lui est personnel et qui consiste dans la reprise des linges et hardes à son usage. Elle peut exercer toutes ses actions et reprises sur les biens personnels de son mari et sur les biens de la communauté : elle agit ici comme tout autre créancier du mari.

La femme renonçante, d'une part, perd toute espèce de droit sur les biens de la communauté, et même sur le mobilier qui y est entré de son chef; mais, d'autre part, elle est déchargée des dettes de la communauté à l'égard du mari et des créanciers. Elle reste néanmoins tenue envers les créanciers lorsqu'elle s'est obligée personnellement, ou lorsque la dette, devenue dette de la communauté, provenait originairement de son chef; mais, après avoir payé, elle aura recours pour le tout contre son mari ou ses héritiers, si cette dette n'était point relative à l'un de ses propres.

SECONDE PARTIE. — *De la communauté conventionnelle.*

La communauté conventionnelle est celle qui déroge à quelques règles de la communauté légale : elle suppose nécessairement un contrat passé devant notaire.

Les époux peuvent faire, par contrat de mariage, toute espèce de conventions, et ces conventions sont considérées comme des actes à titre onéreux. Cependant si l'un des époux a des enfants d'un premier mariage, lorsque, soit dans la communauté légale par suite de la confusion du mobilier, soit dans la communauté conventionnelle par suite des clauses du contrat, il réalise au profit de son conjoint un avantage dépassant le quart ou la portion d'un enfant légitime le moins prenant, il y aurait lieu au retranchement de l'excédant; mais les simples bénéfices résultant des travaux communs et des économies faites sur les revenus respectifs des époux, ne sont pas, quoique inégaux, considérés comme avantages faits au préjudice des enfants du premier lit.

La communauté conventionnelle reste soumise aux

règles de la communauté légale, pour tous les cas auxquels il n'y a pas été dérogé implicitement ou explicitement par le contrat de mariage.

Le Code ne prétend point exposer toutes les modifications que les époux peuvent valablement apporter à la communauté légale ; car elles sont infinies. Il expose donc les principales modifications, qui sont au nombre de huit : 1° la communauté réduite aux acquets; 2° la clause qui exclut de la communauté le mobilier en tout ou partie ; 3° la clause d'ameublissement ; 4° la clause de séparation de dettes ; 5° la faculté accordée à la femme de reprendre son apport franc et quitte ; 6° le préciput conventionnel ; 7° les clauses par lesquelles on assigne à chacun des époux des parts inégales ; 8° enfin la communauté à titre universel.

Cinq de ces clauses modifient la composition de la communauté : ce sont la première, la deuxième, la troisième, la quatrième et la huitième. Trois clauses ne font que modifier le partage égal par moitié : ce sont la cinquième, la sixième et la septième.

SECTION I. — *De la communauté réduite aux acquêts.*

Lorsque les époux conviennent qu'il y aura entre eux une communauté d'acquêts, ils excluent par là de la communauté les dettes de chacun d'eux actuelles et futures, et leur mobilier présent et futur. Par conséquent le principe productif des biens communs consiste dans l'usufruit des biens des deux époux, ainsi que dans leur travail, leur industrie et leur économie.

A la dissolution de la communauté, tout est réputé acquêt. Mais chacun des époux est admis à prouver par toutes sortes de moyens, de même que dans la communauté légale, que tels immeubles lui appartiennent ; quant aux meubles, il ne peut soutenir qu'il en est propriétaire qu'à l'aide d'un inventaire qui le constate ; cependant lorsque, pendant le mariage, une succession mobilière, ou partie mobilière et partie immobilière, est échue à la femme, celle-ci est admise, à défaut d'un inventaire qui aurait dû être fait par le mari, à faire preuve de la consistance du mobilier compris dans la succession, soit par titres et papiers domestiques, soit par témoins, soit même par la commune renommée.

Après que chacun des époux a prélevé ses apports immobiliers et mobiliers dûment justifiés, ce qui reste se partage par moitié entre les époux ou leurs représentants.

Section II. — *De la clause qui exclut de la communauté le mobilier en tout ou partie.*

Les époux peuvent exclure de la communauté tout ou partie de leur mobilier présent et futur. — L'expression *mobilier* s'entend ici du mobilier actif; par conséquent, conformément aux principes de la communauté légale, les dettes mobilières qu'avaient les époux lors de la célébration du mariage, tombent dans la communauté. Quant aux dettes des successions mobilières qui restent propres au conjoint, elles sont définitivement et entièrement à sa charge.

Lorsque les époux disent qu'ils mettent dans la communauté de leur mobilier jusqu'à concurrence d'une somme ou d'une valeur déterminée, ils sont par là censés réaliser c'est-à-dire rendre propre et exclure de la communauté le surplus. Lorsque le mari a dit : « Mon mobilier vaut dix mille francs, et j'en mets dans la communauté pour deux mille francs, » aussitôt que le mariage est célébré, il est libéré des deux mille francs envers la communauté, dont il devient en même temps créancier de huit mille francs. Lors, au contraire, qu'une pareille déclaration a été faite par la femme et qu'il n'a pas été dit expressément que la célébration du mariage vaudrait quittance, elle devient, en se mariant, débitrice de la communauté de deux mille francs, et elle a besoin de quittances de son mari pour prouver soit qu'elle est libérée, soit qu'elle est devenue créancière de la communauté.

Le mobilier qui échoit à chacun des époux pendant le mariage, doit être constaté par un inventaire. A défaut soit d'inventaire du mobilier échu au mari, soit d'un titre propre à justifier de sa consistance et valeur, déduction faite des dettes, le mari ou ses héritiers ne peuvent en exercer la reprise. Si le défaut d'inventaire porte sur un mobilier échu à la femme, celle-ci ou ses héritiers sont admis à en prouver la valeur par titres, par témoins et même par commune renommée.

A la dissolution de la communauté, chaque époux prélève ce dont le mobilier qu'il a apporté lors du mariage ou qui lui est échu depuis excédait sa mise en communauté, et le surplus se partage par moitié entre les époux ou leurs représentants.

SECTION III. — *De la clause d'ameublissement.*

Lorsque les époux ou l'un d'eux font entrer dans la communauté tout ou partie de leurs immeubles présents ou futurs, cette disposition s'appelle clause d'*ameublissement*, parce que ces immeubles tombent dans la communauté comme les *meubles* y tombent d'après les règles ordinaires. Il y a trois espèces d'ameublissement : 1° l'ameublissement entier soit d'un immeuble, soit de certains immeubles, soit de tous les immeubles; il a pour effet d'en transférer la propriété à la communauté et de lui en faire par conséquent supporter les pertes et détériorations; — 2° l'ameublissement d'une quotité, par exemple, du tiers, de la moitié, soit d'un immeuble, soit de certains immeubles, soit de tous les immeubles; il a pour effet de rendre la communauté copropriétaire et de lui faire supporter les pertes et détériorations proportionnellement à sa part dans la propriété; — 3° enfin l'ameublissement, jusqu'à concurrence d'une certaine somme, soit d'un immeuble, soit de certains immeubles, soit de tous les immeubles; il a pour effet de rendre, mais seulement sur les immeubles compris dans la clause, la communauté créancière, et de conférer au mari le droit de les hypothéquer pour la somme indiquée : dans ce cas, les pertes ou détériorations des immeubles ne sont point supportées par la communauté, tant qu'ils sont d'une valeur suffisante pour l'acquittement de la somme qui est due; mais s'ils sont d'une valeur insuffisante, la communauté se trouve en perte et elle n'a pas de recours personnel contre l'époux qui, en ameublissant ainsi, n'a pas voulu devenir débiteur personnellement.

L'époux qui a ameubli un immeuble existant encore dans la communauté lors de sa dissolution, a la faculté, lors du partage, de le retenir en le précomptant sur sa part pour le prix qu'il vaut alors, et ses héritiers ont le même droit.

Section IV. *De la clause de séparation de dettes.*

La clause de séparation de dettes est celle par laquelle les époux s'obligent à supporter définitivement, lors de la dissolution de la communauté, leurs dettes antérieures au mariage. Cette clause n'empêche pas les créanciers de dettes mobilières de poursuivre la communauté; cependant si une telle dette est personnelle à la femme et si ses apports mobiliers ont été constatés par inventaire, la communauté ne peut être poursuivie que jusqu'à concurrence de la valeur des biens inventoriés.

La clause de séparation de dettes peut se présenter de trois manières : 1° si on dit expressément que chacun payera ses dettes; 2° si chacun des époux dit qu'il apporte en communauté telle somme, tels corps certains, car un tel apport emporte la convention tacite qu'il n'est point grevé de dettes antérieures au mariage, et il doit être fait raison par l'époux débiteur à la communauté, de toutes celles qui diminueraient l'apport promis; 3° si les époux se déclarent francs et quittes de dettes. Dans les deux premiers cas, les intérêts et arrérages des dettes sont supportées par la communauté, puisqu'elle a l'usufruit de tous les biens; dans le troisième cas, comme la déclaration du conjoint qui a des dettes est mensongère, ce conjoint est tenu de supporter définitivement non-seulement le capital, mais encore les intérêts et arrérages de la dette, et, si c'est la femme qui a fait cette déclaration mensongère, le mari peut même agir en garantie pendant le mariage contre le père, la mère ou autre ascendant qui a déclaré sa fille ou petite-fille franche et quitte de dettes.

SECTION V. — *De la faculté accordée à la femme de reprendre son apport franc et quitte.*

La femme peut stipuler qu'en cas de renonciation à la communauté, elle reprendra tout ou partie de ce qu'elle y aura apporté. Cette stipulation, qui est essentiellement contraire aux principes des sociétés ordinaires et qui est la plus saillante dérogation au régime de la communauté légale, ne peut s'étendre ni au delà des choses formellement exprimées, ni au profit de personnes autres que celles désignées: ainsi, la faculté « de reprendre le mobilier apporté, » ne s'étend point à celui qui serait échu à la femme pendant le mariage; ainsi encore la faculté stipulée par la femme « de reprendre ses apports, » ne s'étend point à ses enfants; et celle qui est stipulée pour la femme et ses enfants, ne s'étend point à ses héritiers ascendants ou collatéraux. Dans tous les cas, les apports ne peuvent être repris que déduction faite des dettes personnelles à la femme et que la communauté aurait acquittées.

SECTION VI. — *Du préciput conventionnel.*

Préciput et *prélèvement* sont synonymes, et signifient, à proprement parler, *prendre avant partage.* La clause par laquelle l'époux survivant est autorisé à prélever, avant tout partage, une certaine somme ou une certaine quantité d'effets mobiliers en nature, ne donne droit à ce prélèvement, au profit de la femme survivante, que lorsqu'elle accepte la communauté, à moins que le contrat de mariage ne lui ait réservé ce droit, même en renonçant; hors ce cas exceptionnel, le préciput ne s'exerce jamais que sur la masse partageable.

Le préciput n'est point une libéralité, mais un acte à titre onéreux, comme toutes les conventions de mariage. Il s'ouvre par la mort naturelle ou civile au profit du conjoint survivant. En cas de séparation de biens ou de corps, la communauté se partage comme si aucun préciput n'avait été accordé; mais le mari qui obtient ainsi une partie des choses comprises dans le préciput est tenu de donner caution de la restituer à la femme au cas où elle lui survivrait.

Celui des époux contre lequel la séparation de corps est prononcée, perd tout droit au préciput, et, d'après la jurisprudence, il perd même toutes les libéralités que son conjoint lui avait faites par mariage ou pendant le mariage.

SECTION VII. — *Des clauses par lesquelles on assigne à chacun des époux des parts inégales dans la communauté.*

Les époux peuvent déroger au principe, que la communauté se partage entre eux par moitié; et cela de trois manières.

1° Les époux peuvent convenir que l'un d'eux aura dans la communauté une part moindre que la moitié, comme le quart, le tiers, et que l'autre aura une part plus forte que la moitié, comme les trois quarts, les deux tiers. Il est de règle absolue et sans exception, que chacun des époux supporte dans les dettes la même quotité qu'il a dans les biens de la communauté.

2° Les époux peuvent convenir que l'un d'eux ou ses héritiers n'auront qu'une certaine somme pour tout droit de communauté, bonne ou mauvaise. Lorsque, d'après ce forfait, c'est la femme qui a droit à la somme, le mari ou ses héritiers qui ont la communauté, sont obligés d'en acquitter toutes les dettes; les créanciers de la communauté n'ont aucune action contre la femme. Lors, au contraire, que la femme a, d'après ce forfait, toute la communauté moyennant une somme convenue, elle a le choix ou de payer cette somme et toutes les dettes de la communauté, ou de renoncer à la communauté et d'en abandonner par là toutes les charges aux héritiers du mari.

3° Les époux peuvent convenir que la communauté appartiendra au survivant des époux, ou qu'elle n'appartiendra qu'à l'un d'eux, par exemple au mari survivant: les héritiers du prémourant pourront reprendre les apports mobiliers et les capitaux tombés dans la communauté du chef de leur auteur. Du reste, cette clause est, quant à la forme et au fond, comme toutes les conventions de mariage, un acte à titre onéreux.

Section VIII. — *De la communauté à titre universel.*

Les époux peuvent établir par leur contrat de mariage une communauté universelle de leurs biens tant meubles qu'immeubles, présents et à venir, ou de tous leurs biens présents seulement, ou de tous leurs biens à venir seulement.

La communauté universelle des biens présents et à venir constitue un régime d'une admirable simplicité; en confondant les époux dans une seule personne civile, elle produit et entretient en eux une harmonie de toutes les tendances, et fait ainsi leur paix, leur félicité et celle de leurs descendants; elle est conforme aux principes de la morale et de la religion qui confondent les époux dans une seule chair, en faisant disparaître les individualités distinctes; elle est également conforme aux règles de la raison qui exige que, dans l'union la plus intime, la plus durable et la plus sacrée, l'affection de l'amour fasse disparaître l'idée du *mien* et du *tien*. Elle est la plus ferme base de la confiance générale dans les transactions, car le mari offre aux tiers qui traitent avec lui les plus hautes garanties. Elle a été la principale cause de la prospérité et de la grandeur de l'empire romain et du christianisme. Ce régime n'est plus en usage dans les temps où la plus sacrée des unions n'est plus guère qu'une affaire d'argent; on voit s'augmenter les méfiances; la femme estime son argent au-dessus d'elle-même, car elle craint de confier ses biens à celui en qui elle place son cœur et son bonheur, dès qu'elle se met sous sa puissance: contradiction bizarre! qui fait trop souvent le malheur des époux et de la société entière. En acceptant la communauté universelle de biens, la femme ne court aucun des dangers pécuniaires qu'elle redoute : les époux ont une mutuelle confiance qui les engage à délibérer ensemble sur leurs intérêts communs, et, plus que dans tout autre régime, le mari qui viendrait à mal administrer, aurait à redouter et le conseil judiciaire et la séparation de biens.

À la dissolution de la communauté, tout se partage par moitié.

Chapitre II. — Des conventions exclusives de communauté.

Sans comprendre le régime dotal, dont nous traiterons dans le chapitre 3, il y a deux régimes exclusifs de communauté : le régime sans communauté et celui de séparation de biens.

I. *Régime sans communauté.* — Dans ce régime, la femme est frappée de la même incapacité, et le mari a sur les biens personnels de son épouse les mêmes pouvoirs d'administration que dans le régime de la communauté légale (voir page 234). La femme conserve la propriété de tous ses biens, tant meubles qu'immeubles; le mari en a personnellement l'usufruit, à la condition de supporter non-seulement les charges de cet usufruit, mais encore toutes les autres charges du mariage. Cependant, lorsque le mobilier qui est apporté par la femme ou qui lui est échu pendant le mariage se consomme par l'usage, il ne constitue qu'un quasi-usufruit : il en est donc joint un état estimatif au contrat de mariage ou il en est fait inventaire lors de l'échéance, et le mari doit en rendre le prix estimatif à la dissolution du mariage, ou à la séparation de biens ou de corps.

Le mari n'est qu'administrateur et usufruitier des immeubles de sa femme : il ne peut donc ni les aliéner ni les hypothéquer. La femme peut, au contraire, aliéner et hypothéquer ses immeubles, savoir, la pleine propriété avec le consentement de son mari, et la nue propriété seulement avec autorisation de la justice.

Dans ce régime, où le mari profite personnellement de tous les revenus de ses biens et de ceux de sa femme, ainsi que des produits de leur industrie et de leur travail, la femme peut craindre la parcimonie de son mari : alors elle convient par contrat de mariage qu'elle touchera annuellement, sur ses seules quittances, certaines portions de ses revenus pour son entretien et ses besoins personnels.

Lors de la dissolution du mariage, de la séparation de biens ou de corps, le mari perd son droit d'usufruitier sur les biens de la femme, et il doit alors restituer tous ces biens à celle-ci ou à ses héritiers.

II. *Régime de séparation de biens.* — Dans le régime de séparation de biens, la femme conserve la libre administration de ses biens, et la jouissance libre de ses revenus. Chacun des époux contribue aux charges du mariage suivant les conventions portées en leur contrat; s'il n'existe pas de convention à cet égard, la femme contribue à ces charges jusqu'à concurrence du tiers de ses revenus.

La femme peut, dans les limites de la libre administration, aliéner son mobilier et s'obliger. Mais elle a besoin de l'autorisation de son mari ou de justice, pour contracter des obligations dépassant les limites de l'administration, pour aliéner ou hypothéquer ses immeubles, pour faire ou accepter une donation, pour accepter une succession, pour plaider, pour se porter partie civile dans un procès en matière criminelle, pour compromettre ou transiger sur des droits immobiliers. Il lui faut toujours le consentement de son mari pour faire le commerce.

Lorsque la femme séparée de biens aliène un immeuble avec autorisation de justice, elle en transfère la pleine propriété, puisque le mari n'en a point l'usufruit; lorsqu'elle contracte avec autorisation de justice, ses créanciers peuvent aussi se faire payer sur la pleine propriété de ses biens. Si elle aliène des immeubles ou contracte des obligations sans autorisation ni de justice ni du mari, il est évident que ces actes sont annulables.

Quand la femme laisse la jouissance de ses biens à son mari, celui-ci n'est tenu, à la dissolution du mariage ou à la première demande de la femme, qu'à la représentation des fruits existants, sans être comptable de ceux qui ont été consommés jusqu'alors : pendant tout le temps de sa jouissance, il est tenu des obligations de l'usufruitier. Mais si le mari jouit des biens de sa femme, soit en qualité de mandataire, soit malgré l'opposition constatée de la femme, il est tenu envers elle de tous les fruits tant existants que consommés.

Chapitre III. — Du régime dotal.

Quelques notions historiques sont nécessaires sur ce régime, si peu en harmonie avec les principes les plus élémentaires d'une union intime et indissoluble.

Dans l'ancien droit romain, le mariage opérait entre époux la communication de tout le droit divin et humain et produisait ainsi une communauté universelle de biens; il constituait une union sacrée et indissoluble qui rendait l'épouse la fille adoptive de son mari. La République romaine ayant fait de nombreuses conquêtes, les citoyens-soldats sont contraints de faire des guerres qui les retiennent pendant de nombreuses années loin de leurs foyers : l'indissolubilité du mariage devenant alors pour les époux une cause d'inquiétudes et souvent de malheurs, on voit s'introduire un mariage nouveau qui est dissoluble au gré de chacune des parties; la femme, qui ne passe plus sous la puissance de son mari et qui conserve son ancienne condition, transfère à son mari la propriété d'une partie de ses biens à titre de dot, à la condition qu'il les rendra, en retenant les fruits, lors de la dissolution du mariage.

Lorsque l'union des époux s'est ainsi affaiblie, la pureté des mœurs primitives s'altère rapidement, les liens de la famille se dissolvent, et la société tombe dans une dégradation morale la plus effrayante : les adultères de la femme et la dissipation du mari multiplient les divorces. Pour remédier à ce grand mal, une loi portée sous Auguste punit de la déportation la femme adultère, d'une part, et, de l'autre, rend l'immeuble dotal inaliénable, imprescriptible et non susceptible d'hypothèque. On a ensuite ajouté à cette garantie de la restitution de la dot : 1° que le mari transférerait à sa femme, à titre de garantie de la restitution de sa dot et sous le nom de *donation nuptiale*, la nue propriété de quelques-uns de ses biens; 2° que tous les biens meubles et immeubles du mari seraient grevés d'hypothèque pour sûreté des reprises dotales; 3° enfin que la femme aurait, sur tous les biens de son mari, une hypothèque privilégiée, c'est-à-dire primant tous les créanciers hypothécaires antérieurs à elle en date.

Le mariage étant en France indissoluble, le régime dotal qui s'est conservé dans le midi de la France n'est plus en harmonie avec nos principes : aussi c'est avec peine et sur de vives réclamations que Napoléon l'a conservé.

Ce chapitre contient quatre sections qui traitent : 1° de

la constitution de dot; 2° des droits du mari sur les biens dotaux; 3° de la restitution de la dot; 4° enfin des biens paraphernaux.

Section I. — *De la constitution de dot.*

Lorsque les époux déclarent qu'ils se marient sous le régime dotal, les biens de la femme sont néanmoins tous paraphernaux : il n'y a de dotal que ce qui a été constitué en dot. Cette constitution est tacite de la part des tiers qui font dans le contrat de mariage une donation à la femme; tandis qu'elle ne peut avoir lieu de la part de la femme qu'en termes exprès.

La femme peut constituer en dot tous ses biens présents et à venir, ou tous ses biens présents seulement, ou une partie de ses biens présents et à venir, ou même un objet individuel. Si elle dit qu'elle se constitue en dot « *tous ses biens,* » la constitution ne comprend que les biens présents. Au reste, les époux ne peuvent, pendant le mariage, faire de conventions tendant à constituer une dot ni à augmenter ou diminuer la dot constituée.

Lorsque les père et mère constituent une dot *conjointement*, elle est censée constituée par chacun d'eux pour moitié. Si la dot est constituée *par le père seul pour droits paternels et maternels,* la mère qui se présente au contrat et qui signe est obligée pour moitié si elle est mariée sous le régime de la communauté; mais elle n'est point obligée si elle est mariée sous le régime dotal, car on suppose qu'elle n'a pas osé contredire son mari, qui est d'ailleurs tenu personnellement à toutes les charges du mariage. Si le survivant des père et mère constitue une dot *pour biens paternels et maternels,* la dot se prend d'abord sur les droits qu'a le futur époux dans les biens du conjoint prédécédé, et le surplus sur les biens du constituant. Enfin, la dot constituée par les père et mère d'une fille qui a des biens personnels, est prise sur les biens des constituants.

De même que dans le régime de la communauté, ceux qui constituent une dot à la future se mariant sous le régime dotal, sont tenus de la garantie des objets constitués tant à l'égard de la femme que du mari, et les intérêts courent contre eux du jour du mariage, encore qu'il y ait terme pour le payement, à moins qu'il n'y ait convention contraire.

Section II. — *Des droits du mari sur les biens dotaux et de l'inaliénabilité et imprescriptibilité du fonds dotal; loi nouvelle à cet égard.*

I. *Droits du mari sur les biens dotaux.* — Le mari qui a l'usufruit de tous les biens dotaux, en a seul l'administration. Il a seul le droit d'en percevoir les fruits et les intérêts et de recevoir le remboursement des capitaux; mais de même que dans le régime sans communauté, on peut, dans le régime dotal, convenir par contrat de mariage que la femme touchera annuellement, sur ses seules quittances, une partie de ses revenus pour son entretien et ses besoins personnels. Le mari a aussi seul toutes les actions non-seulement mobilières, tant personnelles que réelles, mais encore toutes les actions immobilières tant personnelles que réelles, tant pétitoires que possessoires; cependant il faut excepter l'action en partage qui exige le concours du mari comme usufruitier, et le concours de la femme comme nu-propriétaire. Quoique le mari puisse intenter seul les actions du chef de sa femme, il ne faut pas en conclure que celle-ci ne pourrait pas, avec autorisation de son mari ou de justice, intenter une action, par exemple immobilière.

Le mari, qui a l'usufruit proprement dit ou improprement dit de tous les biens dotaux de sa femme, est soumis à toutes les obligations de l'usufruitier, excepté de donner caution, attendu que déjà ses biens sont grevés d'hypothèque. Il est donc tenu de toutes détériorations et prescriptions des biens dotaux, qui sont survenues par sa négligence; et, de même que dans tous les autres régimes, la femme peut demander la séparation de biens quand sa dot est mise en péril.

Si la dot consiste en argent, ou en meubles mis à prix par le contrat sans déclaration que l'estimation ne vaut pas vente, ou en immeubles mis à prix avec déclaration que l'estimation vaut vente, le mari en devient propriétaire, et il peut en disposer à son gré, car il a un quasi-usufruit qui l'oblige seulement à en restituer le prix. Il est également propriétaire des immeubles acquis avec les sommes dotales, et de ceux qui lui auraient été abandonnés, même par des ascendants de la femme, en payement de la dot constituée en argent. — Si la dot consiste en meubles estimés avec déclaration que l'estimation ne vaut pas vente, le mari, qui n'acquiert sur eux qu'un droit d'usufruit proprement dit, doit les conserver et les restituer en nature, sous peine de dommages et intérêts; mais s'il les a vendus et livrés à un acheteur de bonne foi, celui-ci les acquiert et peut invoquer la maxime : *en fait de meubles la possession vaut titre.* — Enfin si l'immeuble constitué en dot n'a pas été estimé, ou a été estimé sans déclaration que l'estimation vaut vente, cet immeuble, qui est dotal et sur lequel le mari n'a qu'un droit d'usufruit proprement dit, est soumis aux règles qui suivent.

II. *Inaliénabilité de l'immeuble dotal.* — Avant que de traiter de l'immeuble dotal, voyons brièvement une proposition admise par la jurisprudence, et longtemps combattue par la doctrine, savoir que *la dot mobilière est inaliénable.* Cette proposition a besoin d'être bien précisée. La femme qui accepte le régime dotal, et qui constitue ses biens meubles ou immeubles en dot, veut par là mettre ses biens à l'abri de l'influence que le mari peut exercer sur sa faiblesse; or l'intention des parties, et la disposition de la loi qui décide que la dot ne peut point, par des conventions, être diminuée pendant le mariage, font nécessairement décider que la condition

15.

de cette dot ne peut pas être empirée par des conventions faites avec la femme durant le mariage. Il faut en conclure : 1° que l'obligation contractée par la femme pendant le mariage, même avec le consentement de son mari, est annulable, soit que les créanciers la poursuivent en payement sur ses immeubles dotaux, soit qu'ils la poursuivent sur ses meubles dotaux et autres droits mobiliers faisant partie de la dot; 2° que le mari qui se propose de vendre les meubles dotaux sur lesquels il a un droit d'usufruit proprement dit, ne peut, en obtenant le consentement de sa femme, se mettre par là, à l'égard de celle-ci, à l'abri de dommages et intérêts. Cette jurisprudence, dont le vrai sens a été difficilement saisi par la doctrine, est fondée sur la raison et les principes.

L'immeuble dotal ne peut être aliéné ou hypothéqué, pendant le mariage, ni par le mari, ni par la femme, ni par tous les deux conjointement, sauf les exceptions suivantes quant à l'*aliénation* seulement de tout ou partie de cet immeuble.

1° La femme peut, avec l'autorisation de son mari, donner la pleine propriété de ses immeubles dotaux, et, avec autorisation de la justice, la nue propriété des mêmes biens, pour l'établissement des enfants qu'elle aurait d'un mariage antérieur.

2° La femme peut aussi, mais seulement avec l'autorisation de son mari, donner la pleine propriété de ses immeubles dotaux pour l'établissement des enfants communs : — comme il n'y a pas ici à craindre de malveillance de la part du mari, elle ne serait point admise à donner, pour le même objet, la nue propriété de ses biens avec autorisation de la justice. Au reste, le mot *établissement* s'entend ici, et dans le cas précédent, de celui qui a lieu par mariage ou autrement.

3° L'immeuble dotal peut être aliéné lorsque l'aliénation en a été permise par le contrat de mariage.

4° L'immeuble dotal peut être aliéné avec permission

de justice, aux enchères publiques et après trois affiches, dans les cinq cas suivants:

Pour tirer le mari ou la femme de prison; — mais il ne peut point être aliéné pour empêcher l'un des époux de tomber en prison, car il y aurait ici à craindre une facile collusion des époux;

Pour fournir des aliments à la famille, ainsi qu'aux ascendants des époux, quand il y a nécessité;

Pour payer les dettes de la femme ou même de ceux qui ont constitué la dot; — mais pour éviter la collusion possible, il faut que ces dettes aient date certaine antérieurement au mariage;

Pour faire de grosses réparations indispensables pour la conservation d'un autre immeuble dotal;

Enfin pour sortir de l'indivision existant avec des tiers, lorsque l'immeuble dotal est reconnu impartageable.

Dans tous ces cas, l'excédant du prix de vente au-dessus des besoins reconnus, reste dotal, et il en doit être fait emploi comme tel au profit de la femme : l'acheteur ne doit, pour sa sûreté, remettre cet excédant ni au mari ni à la femme, mais seulement à celui qui a vendu un immeuble devant tenir lieu de remploi à la femme.

5° Enfin, l'immeuble dotal peut être échangé, par le mari et la femme, contre un autre immeuble appartenant à un tiers : il faut pour cela que les époux justifient de l'utilité de l'échange, qu'ils obtiennent l'autorisation de la justice, qu'une estimation des deux immeubles soit faite par experts nommés par le tribunal, et qu'il n'y ait pas entre eux une différence de valeur de plus d'un cinquième. Dans ce cas, l'immeuble reçu en échange par la femme est dotal, et, s'il y a excédant de prix, cet excédant est aussi dotal, et il en est fait emploi comme tel au profit de la femme.

Lorsque les époux ont voulu aliéner, vendre, par exemple, l'immeuble dotal, hors les cas d'exception qui viennent d'être expliqués, il est évident que l'acheteur n'a pas un droit absolu et ferme sur l'immeuble. Or trois cas peuvent se présenter :

1° Si le mari a vendu seul l'immeuble dotal, il ne l'a point aliéné, puisqu'il n'en est point propriétaire; par conséquent la vente est nulle, du moins quant à la nue propriété;

2° Si la femme a vendu l'immeuble dotal avec autorisation de son mari, ou conjointement avec lui, il y a aliénation de la pleine propriété; mais cette aliénation est soumise à une action en rescision qui dure dix ans à partir de la dissolution du mariage ou de la séparation de corps ou de biens;

3° Si la femme a vendu seule et sans autorisation de son mari l'immeuble dotal, elle a aliéné la nue propriété; mais il y a ici deux causes de rescision, l'incapacité de la femme, et le caractère de l'immeuble qui est dotal : le délai de dix ans pour l'action en rescision ne commence ici à courir qu'à partir de la dissolution du mariage.

Dans ces trois cas, l'action en rescision peut être intentée par le mari et la femme pendant le mariage; la femme ou ses héritiers peuvent aussi agir après la dissolution du mariage. Mais le mari qui a figuré dans la vente ou qui y a donné son consentement est tenu de dommages et intérêts envers l'acheteur, lorsqu'il n'a pas déclaré dans le contrat que l'immeuble était dotal.

III. *Imprescriptibilité du fonds dotal.* — L'immeuble dotal est non-seulement inaliénable, mais encore *imprescriptible* pendant le mariage, excepté dans les trois cas suivants :

1° S'il a été déclaré aliénable par contrat de mariage;

2° Si la prescription en a commencé avant le mariage;

3° Enfin, si la possession de l'immeuble dotal a commencé pendant le mariage, la prescription court à partir de la séparation de biens ou de corps lorsqu'il est entre les mains d'un tiers par suite de la négligence du mari et de la femme, ou lorsque le tiers l'a acheté ou reçu en vertu de toute autre juste cause soit du mari et de la femme, soit de la femme autorisée de son mari. Mais si le mari a vendu seul l'immeuble dotal, ou si la femme l'a vendu seule et sans autorisation de son mari, la prescription ne commence à courir que du jour de la dissolution du mariage.

IV. *Loi portée en* 1850. — Les contrats, les ventes et autres actes consentis par la femme mariée sous le régime dotal, lorsqu'elle a été autorisée de son mari ou de justice, sont aussi valables que si elle était mariée sous le régime de la communauté légale, si, dans son acte de mariage célébré à partir du 1er janvier 1851, elle n'a pas déclaré et fait insérer dans son acte de mariage passé devant l'officier de l'état civil, qu'elle est mariée sous le régime dotal.

SECTION III. — *De la restitution de la dot.*

L'obligation, pour le mari ou ses représentants, de restituer la dot commence soit à la dissolution du mariage, soit à la séparation de biens ou de corps.

1° Lors de l'un de ces événements, la dot doit être immédiatement restituée si elle consiste en immeubles, ou en meubles qui n'ont pas été estimés par le contrat de mariage, ou qui ont été estimés avec déclaration que l'estimation ne vaut pas vente.

2° Si la dot consiste en sommes d'argent, en choses fongibles, en meubles estimés sans la déclaration que l'estimation ne vaut pas vente, ou enfin en immeubles estimés avec déclaration que l'estimation vaut vente, la restitution n'en peut être exigée qu'un an après la dissolution du mariage, ou après la séparation de biens ou de corps : on laisse au mari ou à ses héritiers un terme raisonnablement suffisant pour se procurer les sommes dotales dont il a dû, en bon administrateur, faire emploi.

3° Lorsque les immeubles et les meubles dont la propriété reste à la femme ont dépéri sans la faute du mari, celui-ci n'est tenu de les restituer que s'ils existent encore, et cela dans l'état où ils se trouvent. La femme peut cependant reprendre les linges et hardes à son usage actuel, sauf à déduire leur valeur sur ce qui lui est dû, s'ils ont été primitivement constitués en dot avec estimation.

4° Lorsque la dot consiste en usufruit, il n'y a lieu qu'à la restitution du droit d'usufruit. Si elle consiste en obligations ou en constitutions de rente qui ont péri ou subi des retranchements par suite de faillite ou déconfiture du débiteur, le mari, lorsqu'il n'est pas en faute, est quitte en restituant les actes des contrats. Si elle consiste en créances, le mari qui ne les a pas touchées n'est point présumé en faute si le mariage n'a pas encore duré dix ans depuis l'échéance des termes pris pour le payement; mais si le mariage a duré plus de dix ans, il est présumé en faute, et par conséquent il ne lui suffit pas, pour se libérer, de restituer les titres de créances, il doit encore payer des dommages et intérêts, à moins cependant qu'il ne justifie de diligences inutilement faites pour se procurer le payement de ces créances; or on comprend que les diligences du mari doivent être bien plus grandes et rigoureuses contre les débiteurs ordinaires que contre des dotateurs, et surtout quand ceux-ci sont des ascendants de la femme.

5° Les intérêts des sommes dotales et les fruits des choses qui doivent être restituées en nature courent de plein droit, au profit de la femme ou de ses héritiers, du jour soit de la dissolution du mariage, soit de la séparation de biens ou de corps. De même que les intérêts des sommes, les arrérages des rentes et autres fruits civils, les fruits naturels ou industriels des immeubles, sous le régime dotal et dans les relations entre époux, s'acquièrent jour par jour : ils se partagent donc entre le mari et la femme ou leurs héritiers, à proportion du temps que le mariage a duré pendant la dernière année, et l'année commence du jour où le mariage a été célébré.

Pour sûreté de la restitution de la dot et de l'accomplissement des autres obligations du mari envers sa femme, celle-ci a une hypothèque sur les biens du mari.

Elle a droit, en cas de prédécès de son mari, aux habits de deuil et à un an d'habitation: leur valeur est prise sur la succession; elle a aussi le choix de réclamer ou les intérêts de sa dot pendant l'an de deuil, ou des aliments pendant ledit temps aux dépens de la succession de son mari.

Lorsque le père a constitué une dot à sa fille, celle-ci n'est tenue de rapporter à sa succession que l'action qu'elle a contre son mari; si celui-ci était déjà insolvable lors du mariage et n'avait d'ailleurs ni art ni profession: dans ce cas, le père a commis une faute qui doit être supportée par ses héritiers. Quoique cette décision soit équitable, il ne paraît pas que l'on puisse l'appliquer sous les autres régimes.

Section IV. — *Des biens paraphernaux.*

Tous les biens de la femme qui n'ont pas été constitués en dot sont *paraphernaux*, ce qui veut dire *hors de l'apport en dot*.

Lorsque tous les biens de la femme sont paraphernaux et qu'il n'y a pas, dans le contrat de mariage, de convention réglant la contribution des époux aux dépenses du mariage, la femme y contribue pour le tiers de ses revenus.

La femme mariée sous le régime dotal a, sur ses biens paraphernaux, les mêmes pouvoirs que la femme séparée de biens (*voyez* chap. 2, § 2, du présent titre, page 256).

Disposition particulière.

Les époux qui adoptent le régime dotal peuvent convenir qu'il y aura entre eux une société d'acquêts. Une telle disposition est bien utile: elle établit quelques liens d'intérêts entre les époux.

TITRE VI. — DE LA VENTE.

La *vente* ou *vente-achat* est un contrat par lequel l'une des parties s'oblige à livrer une chose, et l'autre à en payer le prix. — Ce contrat est synallagmatique, commutatif, à titre onéreux, consensuel, du droit des gens et principal (*voir* pour l'explication de ces mots le chapitre 1 du titre 3, pages 147-149).

Ce titre contient huit chapitres qui traitent : 1° de la nature et de la forme de la vente; 2° des personnes qui peuvent vendre et acheter; 3° des choses qui peuvent être vendues; 4° des obligations du vendeur; 5° des obligations de l'acheteur; 6° de la nullité et de la résolution de la vente; 7° de la licitation; 8° enfin du transport des créances et autres choses incorporelles.

CHAPITRE I. — De la nature et de la forme de la vente, et de quelques notions.

I. *Nature et forme de la vente*. — La vente, qui est un contrat consensuel, n'est soumise à aucune *forme :* elle est parfaite, c'est-à-dire civilement obligatoire, par le simple consentement des parties. La preuve de la vente peut être faite, conformément aux principes généraux, soit par acte authentique, soit par acte sous seing privé (1), soit par témoins, en matière commerciale, quelle que soit la valeur, et en matière civile, lorsque la valeur n'excède pas cent cinquante francs. La vente est, de son essence, productive de deux obligations; elle est, de sa nature, translative de la propriété de la chose vendue au profit de l'acheteur.

Trois choses sont de l'essence de la vente : le *consentement* des parties, une *chose* que le vendeur s'oblige à

---

(1) Voir le FORMULAIRE, MODÈLE, n° 22. *Modèles de ventes de meubles et modèles de ventes d'immeubles.*

livrer, et un *prix* que l'acheteur s'oblige à payer. Le prix de vente doit consister en argent; il est ordinairement désigné et déterminé par les parties; mais celles-ci peuvent le laisser à l'arbitrage d'un tiers : dans ce cas, si le tiers ne veut ou ne peut faire l'estimation, il n'y a point de vente, puisqu'il n'y a pas de prix.

II. *Notions sur la vente.* — 1° Dès que la vente est parfaite (ce qui a lieu par le seul consentement des parties sur la chose et sur le prix), la chose vendue, quoiqu'elle ne soit pas livrée et que le prix n'en ait point encore été payé, devient aussitôt la propriété de l'acheteur si elle consiste dans un corps certain et déterminé, comme tel cheval, telle maison, et, dès lors, elle est à ses risques et périls. Toutefois, d'après la loi du 25 mars 1855, celui qui acquiert sur un immeuble un droit de propriété, d'usufruit, de servitude, d'usage ou d'habitation n'en est propriétaire à l'égard des tiers que par la transcription de son acte au bureau des hypothèques. Lorsque l'acheteur a, par l'effet de la convention et de la transcription, acquis sur un immeuble un droit réel, il peut agir non-seulement par une action personnelle contre son vendeur, mais encore par une action en revendication contre tout détenteur de l'immeuble. Lors, au contraire, qu'il s'agit de genres, comme un cheval, ou de marchandises qui ne sont pas vendues en bloc, mais au poids, au compte ou à la mesure, l'acheteur en devient créancier, et non propriétaire : les choses vendues restent donc aux risques du vendeur jusqu'à ce qu'elles aient été livrées, pesées, comptées ou mesurées.

2° Lorsque la vente a pour objet du vin, de l'huile ou d'autres choses que l'on a coutume de goûter avant d'en faire l'achat, il n'y a point de vente tant que l'acheteur ne les a pas goûtées et agréées, ou qu'il n'est pas censé s'en être rapporté à la foi du vendeur. Or celui qui écrit à une personne de lui expédier du vin, de l'huile pour un prix déterminé, est censé suivre la foi du vendeur :

il ne peut donc pas refuser la marchandise expédiée, par le seul motif qu'elle ne lui plait pas ; il ne peut la refuser que lorsque, d'après le dire d'experts, elle n'est pas, eu égard au prix, chose commerçable.

3° Le Code décide que la promesse de vente vaut vente, lorsqu'il y a consentement des parties sur la chose et sur le prix. C'est là une équitable interprétation de la volonté des parties ; car les expressions *promesse* de vente, *promettre* vendre, doivent être considérées comme une formule de pur style de la part du rédacteur de l'acte : il apparaît que les parties ont voulu faire une vente, surtout à cause des frais de papier timbré, de rédaction et d'enregistrement de l'acte. Toutefois s'il apparaît clairement que l'une des parties n'a pas voulu s'obliger, elle n'est point obligée.

La vente peut être pure et simple, à terme ou sous condition suspensive ou résolutoire ; elle peut avoir pour objet deux ou plusieurs choses alternatives. Dans tous les cas, son effet est réglé par les principes généraux des contrats.

4° La vente à l'essai est présumée faite sous condition suspensive : la chose reste donc aux risques du vendeur, s'il ne peut point prouver que les détériorations ou la perte proviennent de la faute de l'acheteur. Au contraire, la promesse de vente avec arrhes est faite sous une condition résolutoire et facultative pour chacune des parties : chacun des contractants est donc libre de se départir de la vente, l'acheteur qui a donné les arrhes, en les perdant, et le vendeur qui les a reçues, en les restituant au double ; les risques sont par conséquent pour l'acheteur tant que la résolution n'a point eu lieu, et elle ne peut plus avoir lieu après la perte de la chose. Ainsi les arrhes sont la peine du dédit. Cependant s'il apparaît que l'intention des parties est que la petite partie du prix payé soit un à-compte ou une preuve du contrat, la vente est pure et simple, et aucun des contractants ne peut s'en départir.

5° Les frais de livraison sont à la charge du vendeur, et les frais d'actes, d'enregistrement et autres accessoires de la vente sont à la charge de l'acheteur. Mais le notaire ou autre rédacteur de l'acte peut, en sa qualité de mandataire des deux parties, agir solidairement en payement contre le vendeur ou l'acheteur.

Chapitre II. — Qui peut acheter ou vendre.

Comme la vente est un contrat du droit des gens, tout le monde peut acheter et vendre.

Il y a les plus grands dangers dans la faculté illimitée et purement consensuelle d'acheter et de vendre. Il est sage et prudent pour chacun de se contenter, autant que possible, des choses qu'il a, et de mettre beaucoup de mesure dans l'achat de celles qui ne lui sont point rigoureusement nécessaires. Trop souvent on voit des personnes, des cultivateurs surtout, perdre leurs avances et emprunter de l'argent sur hypothèques pour acheter des terres : les intérêts, les frais d'actes, de mutations, de constitution d'hypothèque et autres frais accessoires s'élèvent la plupart du temps à dix pour cent par an; tandis que, déduction faite des frais de culture, les terres ne produisent guère que le trois pour cent : ce qui fait une différence de sept pour cent par an. Les cultivateurs qui achètent ainsi sont dans une gêne croissante, qui les met dans l'impossibilité de tirer bon parti de leurs denrées et de les vendre en temps favorable : rongés par les intérêts et autres accessoires de leurs dettes, qui paraissaient d'abord modiques, ils finissent par être accablés et ruinés par les frais judiciaires de poursuites en payement; ils perdent tous leurs biens pour avoir voulu en avoir trop, et n'avoir pas eu le courage d'en vendre quelques-uns en temps utile. Il y a aussi une habitude à l'usage des commerçants qui se propage maintenant parmi les cultivateurs, à leur grand préjudice : c'est celle de créer non-seulement des billets à ordre, mais encore des lettres de change qui confèrent au créancier le droit, à défaut de payement à l'échéance, de poursuivre l'acheteur qui est débiteur, de l'arracher pour la prison à ses affaires, à son épouse et à ses enfants. Les cultivateurs ne peuvent trop se mettre à l'abri de pareils dangers.

Comme nous l'avons dit, tout le monde peut acheter et vendre. Cette règle souffre les exceptions suivantes :

1° Les mineurs, les interdits, les femmes mariées non autorisées, et ceux qui sont renfermés dans une maison d'aliénés, ne peuvent faire que des ventes ou achats annulables.

2° Celui dont les biens sont saisis et le failli ne peuvent point vendre leurs biens au préjudice de leurs créanciers.

3° Le contrat de vente ne peut avoir lieu entre le pupille devenu majeur et son tuteur, qui n'a pas encore rendu ses comptes de tutelle, ni même dans les dix jours de la reddition du compte définitif.

4° Ce contrat ne peut également avoir lieu entre époux, car il nécessite des discussions pécuniaires qui troubleraient la bonne harmonie devant toujours exister entre deux personnes placées sous le même joug de l'union la plus intime. Le contrat de vente peut néanmoins avoir lieu entre époux dans l'un des trois cas suivants :

Si l'un des époux cède des biens à l'autre, séparé judiciairement d'avec lui, en payement de ses droits ; car une prompte liquidation de leurs intérêts et droits fait plutôt cesser que naître des contestations ;

Si le mari cède à sa femme quelques-uns de ses immeubles, pour une cause légitime, telle que le remploi des immeubles que la femme a aliénés ; car le mari fait par là cesser les inquiétudes et les alarmes de la femme au sujet de la sûreté de ses reprises, et il assure ainsi la paix dans son ménage ;

Enfin, si la femme qui est mariée sous le régime dotal cède à son mari quelques-uns de ses biens paraphernaux en payement de la somme qu'elle lui a promise en dot; car elle réalise ainsi, par équivalent, la promesse solennelle portée en son contrat de mariage, sur l'exécution de laquelle le mari a dû pleinement compter.

Dans ces trois cas, qui sont plutôt des dations en payement que des ventes, les héritiers des parties contractantes peuvent faire retrancher les avantages indirects.

5° Ceux qui sont chargés de vendre des biens ne peuvent, sous peine de nullité, s'en rendre adjudicataires, ni par eux-mêmes, ni par personnes interposées; car, d'une part, ils joueraient le double rôle de vendeurs et d'acheteurs, et, d'autre part, on craint qu'ils ne sacrifient leur devoir à leurs intérêts. Ne peuvent donc se rendre adjudicataires les tuteurs des biens de ceux dont ils ont la tutelle; les mandataires, des biens qu'ils sont chargés de vendre; les administrateurs, des biens des communes et autres établissements confiés à leurs soins: les officiers publics, des biens nationaux dont les ventes se font par leur ministère.

6° Enfin, pour prévenir les abus d'influence et maintenir l'impartialité de la justice, le Code décide que les juges, les suppléants, les magistrats remplissant le ministère public, les greffiers, huissiers, avoués, avocats et notaires ne peuvent se rendre cessionnaires des procès, droits et actions litigieux qui sont, en première instance ou en appel, de la compétence du tribunal dans le ressort duquel ils exercent leurs fonctions; et cela à peine de nullité, dépens et dommages et intérêts. La chose est *litigieuse* quand les parties ont tiré des conclusions contraires en justice sur le fond du droit.

CHAPITRE III. — Des choses qui peuvent être vendues.

Toutes choses susceptibles d'estimation en argent peuvent être vendues. Cependant la vente est annulable si elle a pour objet un fonds dotal; elle est nulle dans les trois cas suivants:

1° La vente est nulle si elle a pour objet l'espérance à la succession d'une personne vivante.

2° La vente de la chose d'autrui est nulle : le vendeur ne peut pas être contraint à la livrer, et l'acheteur ne peut pas être contraint à en payer le prix. Cependant si l'acheteur a ignoré que la chose fût à autrui, il peut réclamer du vendeur des dommages et intérêts que le juge apprécie plus ou moins rigoureusement, selon que le vendeur a commis un dol ou une simple faute.

3° La vente est également nulle, si elle a pour objet une chose déjà périe en totalité à l'époque du contrat, puisque l'obligation du vendeur est impossible à remplir. Si la chose vendue est périe seulement en partie au moment de la convention, l'acheteur a le choix de se départir de la vente ou de demander la partie conservée, en faisant déterminer, en égard au prix fixé dans la convention, ce que vaut la partie qui reste.

Chapitre IV. — Des obligations du vendeur.

Le vendeur dicte la loi du contrat; il est tenu d'expliquer clairement ce à quoi il s'oblige; si, après avoir épuisé les règles générales de l'interprétation des conventions (voir page 160), il reste quelque chose d'obscur ou d'ambigu, la convention s'interprète en faveur de l'acheteur et contre le vendeur.

Le vendeur a deux obligations principales : celle de délivrer la chose et celle de la garantir. Ces deux obligations, dont la première est de l'essence, et la seconde de la nature seulement de la vente, sont la matière des deux sections qui suivent.

Section I. — De la délivrance.

La délivrance est le transport de la chose vendue en la puissance et possession de l'acheteur, de sorte que celui-ci en puisse aussitôt user, jouir et disposer à son gré. Lorsqu'il s'agit d'immeubles, le vendeur en fait la délivrance par la remise des clefs du bâtiment ou par la remise des titres de propriété. Lorsqu'il s'agit de meubles, la délivrance a lieu par la tradition réelle des choses vendues ou par la remise des clefs des bâtiments qui les contiennent; ou enfin, si l'acheteur les a déjà en sa possession à titre de louage ou à tout autre titre, elle a lieu par le simple consentement des parties. Lorsqu'il s'agit de choses incorporelles, la délivrance s'accomplit par la remise des titres ou par l'usage que l'acheteur fait des choses du consentement du vendeur.

Le vendeur est tenu de délivrer, avec la chose, ses accessoires, tout ce qui est destiné à son usage perpétuel et ses fruits à partir de la vente.

La chose doit être délivrée au lieu fixé par la convention; à défaut de convention, elle doit être livrée au lieu où elle était lors du contrat, s'il s'agit d'un corps certain et déterminé, ou, dans le cas contraire, au domicile du vendeur. Cette délivrance étant l'accomplissement de l'obligation du vendeur, elle se fait à ses frais, tandis que les frais d'enlèvement sont à la charge de l'acheteur.

Lorsque le vendeur ne fait pas la délivrance au temps convenu, l'acheteur peut demander, à son choix, ou la résolution de la vente avec dommages et intérêts, ou bien sa mise en possession de la chose, si elle est possible, et également avec des dommages et intérêts pour le préjudice éprouvé. Mais le vendeur qui n'a pas accordé terme pour le payement, n'est pas tenu de délivrer la chose si l'acheteur ne lui paye pas le prix; bien plus, lors même qu'il a accordé un terme, il n'est point tenu à la délivrance, si, depuis la vente, l'acheteur est tombé en faillite ou en déconfiture, car l'un de ces deux événements fait perdre à l'acheteur le bénéfice du terme.

Dans la vente des immeubles, on rencontre plusieurs phrases dont les règles varient.

1° Si le vendeur a dit : *Je vends tel immeuble*, sans en indiquer la contenance, ou : *Je vends tel immeuble conte-*

nant *vingt hectares, plus ou moins*, il n'y a pas lieu à augmentation ou diminution de prix pour erreur sur la contenance.

2° Si le vendeur a dit : *Je vends tel immeuble contenant vingt hectares, à raison de deux mille francs l'hectare*, l'acheteur a le droit d'exiger la contenance indiquée au contrat. Lorsque la délivrance de la contenance exacte n'est pas possible ou lorsque l'acheteur ne l'exige pas, le vendeur est tenu, pour moindre contenance, de souffrir une diminution proportionnelle du prix ; mais il a droit, dans le cas où la contenance excède celle qui est déclarée au contrat, d'exiger un supplément de prix ; toutefois, quand l'excédant de contenance est d'un vingtième au-dessus de celle indiquée au contrat, l'acheteur peut se désister de la vente.

3° Lorsque le vendeur, au lieu de dire qu'il vend *à tant la mesure*, a vendu pour un prix certain, soit un seul immeuble, soit divers immeubles distincts et séparés, avec l'indication générale de leur contenance ou avec l'indication spéciale de la mesure de chacun d'eux, il n'y a lieu à augmentation ou à diminution du prix, que dans le cas où la mesure réelle et celle exprimée dans l'acte diffèrent d'un vingtième en plus ou en moins, eu égard à la valeur de la totalité des objets vendus. S'il y a lieu à augmentation de prix pour excédant de mesure, l'acheteur a le droit de fournir le supplément du prix avec les intérêts, ou de se désister du contrat ; en ce dernier cas, le vendeur doit restituer le prix, s'il l'a reçu, et payer à l'acheteur les frais du contrat.

Le délai pour agir en supplément du prix de la part du vendeur, et en diminution du prix ou en résiliation de la part de l'acheteur, n'est que d'une année à partir du contrat. Après ce délai, qui est d'ailleurs en harmonie avec celui accordé pour les actions possessoires, les contestations à raison des limites, souvent si variables, deviendraient trop difficiles à vider.

La question de savoir sur lequel, du vendeur ou de l'acheteur, doit tomber la perte ou détérioration de la chose vendue, est décidée conformément au titre des *Contrats* (voir page 156), de la manière suivante : si la vente pure et simple, à terme ou sous condition résolutoire, a pour objet un corps certain et déterminé, cet objet est aux risques de l'acheteur du moment de la convention; si, au contraire, la vente d'un corps certain et déterminé est faite sous condition suspensive, ou si elle a un genre pour objet, la chose vendue reste aux risques et périls du vendeur.

Section II. — *De la garantie.*

La garantie que le vendeur doit à l'acheteur a deux objets : le premier concerne la possession paisible de la chose vendue; et le second concerne les défauts cachés de cette chose ou les vices rédhibitoires, qui empêchent la possession utile.

§ I. — De la garantie en cas d'éviction.

L'*éviction* est l'abandon que le possesseur est forcé de faire de tout ou partie de la chose, par suite d'un jugement qui l'y condamne. La *garantie* est le recours que l'acheteur exerce contre son vendeur, soit à cause de l'éviction, soit à cause des défauts de la chose.

Le vendeur est tenu, d'après la nature du contrat, de garantir l'acheteur de l'éviction qu'il souffre de tout ou partie de la chose vendue, et des charges prétendues sur cette chose, lorsqu'elles n'ont pas été déclarées dans la vente.

Les parties peuvent faire des conventions particulières qui dérogent à la garantie légale, soit en augmentant, soit en diminuant dans ses effets l'obligation de garantir; elles peuvent même convenir que le vendeur ne sera soumis à aucune garantie. Mais, dans ce dernier cas, le vendeur est néanmoins tenu, malgré toute convention contraire, de l'éviction qui résulte d'un fait qui lui est personnel, par exemple s'il avait antérieurement hypothéqué ou vendu l'immeuble à une autre personne.

Lorsqu'il y a convention de non-garantie, le vendeur est néanmoins tenu, en cas d'éviction, à la restitution du prix qu'il a reçu, quand même l'éviction ne résulterait point de son fait. Cependant, si la vente faite sans garantie présentait le caractère d'un contrat aléatoire, l'acheteur évincé n'aurait pas droit à la restitution de son prix : c'est ce qui a lieu lorsque l'acheteur a connu, lors de la vente, le danger de l'éviction, ou lorsqu'il a déclaré dans la vente qu'il achetait *à ses risques et périls* : dans ces deux cas, il est à croire que l'acheteur a obtenu des avantages servant de compensation aux risques de l'éviction.

Si les parties n'ont rien dit sur la garantie, ou, ce qui revient absolument au même, puisque la garantie est légale, c'est-à-dire de la nature du contrat, si elles ont dit simplement que le vendeur serait garant, l'acheteur évincé peut réclamer contre le vendeur :

1° La restitution du prix payé;

2° La restitution des fruits, lorsqu'il est obligé de les rendre au propriétaire qui l'évince; or l'acheteur est tenu envers celui-ci à la restitution des fruits perçus soit depuis la demande en revendication, soit depuis la cessation de sa bonne foi, ce qui a lieu dès qu'il sait qu'il n'est pas propriétaire de la chose vendue;

3° Les frais faits par le demandeur originaire et ceux de demande en garantie de l'acheteur; mais l'acheteur qui plaiderait sans avertir et appeler en garantie son vendeur, s'exposerait à supporter personnellement et définitivement les frais du procès; car il ne pourrait point les réclamer contre son vendeur;

4° Enfin les frais et loyaux coûts du contrat, et les dommages et intérêts.

Lorsque la chose vendue se trouve, à l'époque de

l'éviction, diminuée de valeur par la négligence de l'acheteur ou par des accidents de force majeure, le vendeur n'en est pas moins tenu à la restitution du prix : il détient sans cause le prix d'une chose dont il aurait dû transférer la propriété; il n'est pas juste que sa faute tourne à son profit. Mais si l'acheteur a dégradé la chose vendue et a retiré profit des dégradations, le vendeur a droit de retenir sur le prix une somme égale à ce profit. Lors, au contraire, que la chose se trouve avoir augmenté de prix à l'époque de l'éviction, même indépendamment du fait de l'acheteur, le vendeur est tenu de lui payer ce qu'elle vaut au-dessus du prix de vente, ou plutôt de lui payer une somme égale à celle qu'il faudrait débourser pour tous frais d'acquisition de la chose; car l'acheteur doit être complétement indemnisé.

Pour les dépenses faites sur la chose par l'acheteur, il faut distinguer si le vendeur était, au moment du contrat, de mauvaise ou de bonne foi : si le vendeur était de bonne foi, il ne doit rembourser à l'acheteur ou lui faire rembourser par le tiers qui l'évince, que les impenses nécessaires et utiles ; mais s'il était de mauvaise foi, il est tenu de rembourser à l'acheteur toutes les impenses, même voluptuaires et d'agrément.

Quand l'acheteur est évincé d'une partie du fonds, il doit être remboursé de cette partie, eu égard à sa valeur estimative au moment de l'éviction; il peut aussi, si la partie dont il est évincé est de telle conséquence relativement au tout, qu'il n'aurait point acheté sans cette partie, faire résilier la vente. Une décision analogue a lieu en cas de servitudes non apparentes qui grèvent le fonds, et qui n'ont pas été déclarées lors de la vente : l'acheteur a droit à une indemnité, et, si les servitudes sont de telle importance qu'il y ait lieu de présumer que l'acheteur n'aurait pas acheté s'il les eût connues, il peut faire résilier la vente.

Au reste, l'acheteur ne pourrait évidemment pas agir

en garantie lorsqu'il a été condamné par un jugement en dernier ressort ou passé en force de chose jugée, sans avoir appelé son vendeur, si celui-ci prouve qu'il avait des moyens suffisants pour faire rejeter la demande en revendication : car l'acheteur a succombé par suite d'une faute dont il doit subir les conséquences.

§ II. — *De la garantie des défauts de la chose vendue, et des vices rédhibitoires.*

Le vendeur n'est pas tenu des défauts ou vices apparents, dont l'acheteur a pu se convaincre lui-même. Mais, quand il n'a pas vendu sans garantie, il est tenu des défauts cachés de la chose vendue, lorsqu'ils en diminuent tellement l'usage que l'acheteur ne l'aurait point acquise ou n'en aurait donné qu'un prix moindre, s'il les avait connus : l'acheteur peut donc agir à son gré soit en diminution de prix, soit en résolution de la vente. Dans ce dernier cas, le vendeur est tenu de restituer le prix à l'acheteur, et de lui rembourser les frais occasionnés par la vente, lorsqu'il ignorait les vices de la chose ; mais lors, au contraire, qu'il connaissait ces vices, il a commis un dol qui le rend responsable de tous les dommages et intérêts résultant directement de l'inexécution de son obligation, qu'il les ait ou non prévus lors du contrat.

Lorsque la chose est périe par suite de ses vices cachés, le vendeur est aussi tenu à des dommages et intérêts plus ou moins étendus dans leur appréciation, suivant la distinction que nous venons de voir.

Une loi de 1838 fixe, relativement à certains animaux, les vices rédhibitoires, et le délai dans lequel l'acheteur doit faire constater ces vices et agir en garantie contre son vendeur.

I. *Vices rédhibitoires.* — Sont réputés vices rédhibitoires et donnent seuls ouverture à l'action en résolution, dans les ventes et échanges des animaux ci-dessous nommés, les maladies ou défauts ci-après, savoir :

Pour le cheval, l'âne ou le mulet, la fluxion périodique des yeux, l'épilepsie ou mal caduc, la morve, le farcin, les maladies anciennes de poitrine ou vieilles courbatures, l'immobilité, la pousse, le cornage chronique, le tic sans usure des dents, les hernies inguinales intermittentes, la boiterie intermittente pour cause de vieux mal;

Pour l'espèce bovine, la phthisie pulmonaire ou pommelière, l'épilepsie ou mal caduc; il faut y ajouter le cas où, après le part chez le vendeur, il y a des suites de la non-délivrance, ou renversement du vagin ou de l'utérus;

Pour l'espèce ovine, la clavelée qui, lorsqu'un seul animal en est atteint, entraîne la rédhibition de tout le troupeau portant la marque du vendeur, — et le sang de rate; cette maladie n'entraîne la rédhibition du troupeau portant la marque du vendeur, que lorsqu'il y a perte du quinzième de tout le troupeau et que cette perte est constatée dans le délai fixé pour l'action en garantie.

Dans tous ces cas, il n'y a jamais lieu à l'action en diminution de prix, mais à celle en résolution ou rédhibition.

II. *Délai pour l'action rédhibitoire.* — Le délai pour intenter l'action rédhibitoire est, non compris le jour de la vente, de *trente* jours pour le cas de fluxion périodique des yeux, d'épilepsie ou mal caduc, et de *neuf* jours pour tous les autres cas : ces délais sont augmentés d'un jour par cinq myriamètres de distance entre le domicile du vendeur et le lieu où l'animal se trouve. Mais il faut toujours que, dans le susdit délai de trente jours ou de neuf jours, l'acheteur adresse une requête au juge de paix du lieu où se trouve l'animal, afin qu'il nomme trois experts qui doivent constater la maladie de l'animal dans le plus bref délai. L'action rédhibitoire étant toujours chose urgente, elle est dispensée du préliminaire de conciliation.

L'action en diminution de prix, celle en résolution et

celle en rédhibition n'ont point lieu dans les ventes faites par autorité de justice.

Chapitre V. — Des obligations de l'acheteur.

La principale obligation de l'acheteur consiste à payer le prix de la chose.

Le payement doit être fait au lieu convenu ; à défaut de convention, l'acheteur doit payer au lieu et au temps où se fait la délivrance ; mais le payement se ferait à son domicile, s'il avait obtenu un terme pour le payement.

L'acheteur doit évidemment les intérêts du prix de vente jusqu'au payement du capital si la convention s'exprime à cet égard. Par dérogation aux règles ordinaires, il doit aussi les intérêts du prix, à partir de la convention, lorsque la chose vendue produit des fruits et autres revenus, ou, dans le cas contraire, à partir de la sommation de payer.

Lorsque l'acheteur a la certitude qu'on lui a vendu la chose d'autrui, il peut demander la nullité de la vente et conclure aux dommages et intérêts. Lors, au contraire, qu'il est troublé, ou a juste sujet d'être troublé par une action hypothécaire ou en revendication, il ne peut point demander la nullité de la vente ; mais il peut, à moins de clause contraire portant qu'il payera nonobstant le trouble, suspendre le payement du prix jusqu'à ce que le vendeur ait fait cesser le trouble ou fourni une caution garantissant la restitution du prix en cas d'éviction.

Si l'acheteur ne paye pas le prix, le vendeur peut demander, à son choix, ou le payement ou la résolution de la vente, avec des dommages et intérêts. Mais, dans ce dernier cas, le tribunal peut accorder à l'acheteur un délai pour le payement : passé ce délai, la résolution s'opère. Cependant aucun délai ne peut être accordé par le tribunal lorsque le vendeur est en danger de perdre la chose et le prix, ni lorsque la convention exprime que, faute de payement au terme, la vente sera résolue de plein droit : dans ce dernier cas, l'acheteur peut encore, malgré la clause, l'expiration du terme et la sommation de payer, empêcher la résolution de la vente, en payant avant la sentence du juge.

Lorsqu'il s'agit de vente de denrées et effets mobiliers, la résolution a lieu de plein droit et sans sommation, au profit du vendeur, après l'expiration du terme fixé pour le retirement. Ainsi, je vous vends dix mesures de blé pour cinquante francs, et vous prendrez et enlèverez le blé le mois d'avril : après l'expiration dudit mois, je puis, à mon gré, ou vous contraindre à l'exécution de votre obligation, ou me départir de la vente et disposer du blé, sans avoir besoin de vous avertir.

Chapitre VI. — De la nullité et de la résolution de la vente.

Outre les causes de nullité qui sont communes aux conventions, comme les vices de capacité ou de consentement, et celles qui sont expliquées dans ce titre, la vente est encore résolue par l'exercice de la faculté de rachat et pour vileté du prix. D'après la loi du 23 mars 1855, l'acte qui annule une vente transcrite, doit, à l'égard des tiers, être transcrit au bureau des hypothèques.

Section I. — *De la faculté de rachat.*

La faculté de *rachat* ou de *réméré* est une clause par laquelle le vendeur se réserve la faculté de reprendre la chose mobilière ou immobilière qui a été vendue, moyennant le remboursement du capital, des frais et loyaux coûts du contrat, des dépenses pour la conservation de la chose et pour son augmentation de valeur (1). — Cette faculté de rachat, qui constitue une condition résolutoire, ne se fait ordinairement que pour un immeuble auquel

---

(1) Voir le Formulaire, MODÈLE, n° 22, III. *Modèles de ventes avec faculté de rachat.*

on tient beaucoup et dont on ne consent à faire l'aliénation qu'avec l'espoir de le recouvrer, malgré les frais toujours considérables que nécessite ce recouvrement. Généralement il vaut mieux vendre purement son immeuble ou même l'hypothéquer que de recourir à la voie de la faculté de rachat, qui est très-coûteuse, et procure au vendeur une somme beaucoup inférieure au prix réel de son immeuble.

La faculté de rachat jette de l'incertitude dans la propriété, et nuit par là à l'agriculture. C'est pourquoi la loi ne permet point de mettre, pour l'exercice de cette faculté, un terme excédant cinq années, sinon il sera réduit à ce délai.

Le terme fixé pour le rachat est de rigueur : à son échéance, l'acheteur devient propriétaire irrévocable. D'une part, le juge ne peut point prolonger le terme; et, d'autre part, les parties ne peuvent non plus le prolonger, même avant son échéance primitivement fixée, de manière à nuire aux tiers qui sont, par exemple, créanciers hypothécaires du chef de l'acheteur; ces créanciers auront un droit irrévocable à l'expiration du premier délai, car leur débiteur n'a nullement pu faire de convention portant atteinte à leurs droits antérieurement acquis. Ce nouveau délai convenu entre les parties est une revente conditionnelle où l'acheteur primitif devient vendeur; aussi le fisc percevra de nouveaux frais de mutation.

Le délai fixé pour le rachat court contre toutes personnes, même contre les mineurs et autres incapables qui viennent du chef d'un majeur.

Puisque la vente avec faculté de rachat est faite sous une condition résolutoire, le vendeur qui exerce cette faculté est supposé n'avoir jamais cessé d'être propriétaire : il reprend donc la chose libre de tous droits consentis par l'acheteur, et il peut même la revendiquer contre les tiers acquéreurs; mais il est tenu d'exécuter les baux faits sans fraude par l'acheteur ou par ses ayants cause.

L'acheteur est propriétaire tant que l'exercice de la faculté de rachat n'a pas encore eu lieu : aussi il peut prescrire la chose contre le véritable maître, lorsqu'il l'a reçue d'un autre que du propriétaire; il peut également prescrire contre ceux qui prétendraient des droits d'hypothèques ou autres sur la chose vendue. Bien plus, lorsque les créanciers ordinaires du vendeur veulent, en exerçant les droits de ce dernier, user du bénéfice de la clause, l'acheteur peut exiger qu'ils discutent préalablement les biens de leur débiteur.

Le Code énumère plusieurs cas où l'exercice de la faculté de rachat peut offrir quelques difficultés, et il les décide.

1° L'acheteur d'une partie indivise se rend adjudicataire de la totalité : si cet acheteur a provoqué la licitation, le vendeur peut exercer sa faculté pour la partie indivise qu'il a vendue; si, au contraire, la licitation a été provoquée contre l'acheteur, celui-ci peut, à son gré, ou restituer la part antérieurement indivise au vendeur qui veut user de la clause, ou obliger celui-ci à retirer le tout.

2° L'acheteur a acquis de plusieurs vendeurs des parts indivises : chacun de ces vendeurs peut exercer la faculté de rachat pour sa part; si, au contraire, l'acheteur a évidemment manifesté l'intention d'avoir toute la chose, soit parce qu'il a acheté cette chose de plusieurs vendeurs conjoints, soit parce qu'il a acheté la chose d'un vendeur qui laisse plusieurs héritiers, il peut, à son gré, ou faire droit à la demande de celui des vendeurs ou des héritiers qui demande une part, ou exiger que tous les vendeurs ou cohéritiers soient mis en cause, afin de se concilier entre eux pour la reprise de l'héritage entier, et, s'ils ne se concilient pas, l'acheteur est renvoyé de la demande et conserve ainsi la totalité de l'immeuble.

3° S'il y a plusieurs héritiers de l'acheteur, l'action

en rachat ne peut être exercée, par le vendeur, contre chacun d'eux que pour sa part, dans le cas où l'immeuble est encore indivis ou a été partagé en nature ; mais dans le cas où il y a eu partage de l'hérédité et où l'immeuble entier est échu à l'un des héritiers, l'action en rachat peut être exercée contre celui-ci pour le tout.

Le vendeur avec faculté de rachat ne peut rentrer en possession de l'immeuble qu'après avoir remboursé dans le délai fixé, le prix principal de la vente, les frais et loyaux coûts du contrat, les réparations nécessaires et le montant de la plus-value résultant des impenses utiles.

SECTION II. — *De la rescision de la vente pour cause de lésion.*

La *lésion*, qui est le préjudice causé à la fortune, n'est pas, en général, une cause de nullité des contrats et actes. Ce principe souffre les exceptions suivantes :

1° Lorsque le mineur est lésé, il peut agir en nullité du contrat qu'il a fait ;

2° Lorsque l'héritier qui a accepté une hérédité, découvre ensuite un testament qui lui enlève plus de moitié de l'hérédité, il peut faire prononcer la nullité de son acceptation ;

3° Lorsque l'héritier est, dans un partage, lésé de plus du quart de sa portion, il peut demander la nullité du partage ;

4° Lorsqu'un vendeur d'immeubles est lésé de plus des sept douzièmes du prix de l'immeuble, il peut demander la nullité de la vente, excepté dans le cas où la vente a été faite par autorité de justice.

Ainsi, ce n'est que dans l'un de ces trois derniers cas qu'un majeur peut, pour lésion, attaquer ses actes et contrats. Par conséquent jamais il n'y a lieu, pour lésion, à l'action en nullité dans les ventes de meubles, ni même dans les ventes d'immeubles en faveur de l'acheteur.

Lorsqu'un vendeur d'immeubles est lésé de plus des sept douzièmes du prix de cet immeuble, on admet son action en nullité, parce que l'on présume qu'il s'est trouvé soumis à une espèce de violence morale, résultant d'un besoin impérieux d'argent pour se procurer les choses nécessaires. Ce vendeur pourrait agir en nullité, lors même qu'il aurait expressément renoncé, dans le contrat, à en demander la rescision, et qu'il aurait déclaré donner la plus-value; car une telle clause est empreinte du même vice que le contrat lui-même.

Le délai pour intenter l'action en rescision pour cause de lésion n'est point recevable après l'expiration de deux années, à compter du jour de la vente. Ce délai court contre les incapables venant du chef d'un capable qui a été vendeur; il court encore pendant le temps fixé pour l'exercice de la faculté de rachat. Celui qui a vendu avec faculté de rachat et qui a été lésé de plus des sept douzièmes du prix de l'immeuble, a plus d'intérêt à agir en rescision qu'à exercer sa faculté, en ce qu'il n'a peut-être pas l'argent nécessaire pour exercer cette faculté, et qu'en l'exerçant il est tenu de payer les frais et loyaux coûts du contrat, qui dans l'action en rescision restent à la charge de l'acheteur.

Pour savoir s'il y a eu lésion de plus des sept douzièmes et si par conséquent le vendeur a reçu moins des cinq douzièmes, il faut estimer l'immeuble suivant son état et sa valeur au moment de la vente. Le tribunal qui est saisi de la demande en rescision, et qui trouve que les faits exposés par le vendeur sont assez vraisemblables et assez graves pour faire présumer la lésion, prononce un jugement ordonnant une expertise. Trois experts sont ensuite nommés conjointement par les parties; si celles-ci ne s'accordent pas sur le choix des experts, ils sont nommés d'office par le tribunal. Ces experts dressent un procès-verbal commun et ne forment qu'un avis à la pluralité des voix; s'il y a des avis différents, le procès-verbal en contient les motifs, sans qu'il soit permis de faire connaître de quel avis chaque expert a été.

Lorsque, d'après l'avis des experts, l'action en rescision est admise par le tribunal, l'acheteur a le choix de restituer la chose en retirant le prix qu'il a payé, ou de garder le fonds en payant le supplément du juste prix sous la déduction du dixième du prix total. Dans le premier cas, l'acheteur est tenu de rendre au vendeur les fruits de la chose du jour de la demande, mais il a droit aux intérêts du prix payé du jour de la demande s'il a touché des fruits, ou du jour du payement s'il n'a pas touché de fruits. Dans le second cas, l'acheteur doit payer les intérêts du supplément de prix à partir du jour de la demande.

Les règles expliquées dans la section précédente pour les cas où plusieurs personnes ont vendu conjointement ou séparément, et pour celui où le vendeur ou l'acheteur a laissé plusieurs héritiers, sont pareillement observées pour l'exercice de l'action en rescision.

Chapitre VII. — De la licitation.

La *licitation* est la vente aux enchères d'une chose appartenant à plusieurs.

Il y a lieu à licitation d'une chose commune à plusieurs: 1° lorsque cette chose ne peut être partagée commodément et sans perte; 2° lorsque, dans un partage fait de gré à gré des biens communs, il s'en trouve quelques-uns qu'aucun des copartageants ne puisse ou ne veuille prendre.

Les enchères sont publiques, et les étrangers sont admis à se porter adjudicataires si l'un des copropriétaires est mineur, interdit ou absent, ou si, quand tous les copropriétaires sont capables, un seul d'entre eux demande que les étrangers soient admis aux enchères: dans ces cas, des publications et affiches précèdent les enchères.

La licitation est déclarative de la propriété lorsque

l'un des copropriétaires indivis se rend adjudicataire, et par conséquent les hypothèques et autres droits consentis pendant l'indivision par l'un des autres copropriétaires s'évanouissent; mais le copropriétaire qui se rend adjudicataire est tenu de payer des frais de mutation dans la proportion du droit que les autres avaient dans la chose commune. Si c'est un étranger qui se rend adjudicataire, il acquiert la propriété, grevée des droits constitués pendant l'indivision; et, d'après la loi du 23 mars 1855, ce n'est que par la transcription de son acte d'adjudication qu'il devient, comme tout autre acquéreur, propriétaire à l'égard des tiers.

Chapitre VIII. — Du transport des créances et autres choses incorporelles.

La vente des choses incorporelles s'appelle *transport* ou *cession*. Le vendeur de la créance ou d'un autre droit s'appelle *cédant*; l'acheteur s'appelle *cessionnaire*, et le débiteur de la créance prend le nom de *cédé*.

Voyons : 1° la cession de créance; 2° la cession d'hérédité; 3° la cession de droits litigieux.

I. *Cession de créance.* — Le vendeur d'une créance ou autre chose incorporelle se libère de son obligation de livrer, en remettant le titre de la créance à l'acheteur. Celui-ci devient par là propriétaire du droit à l'égard de son vendeur; mais il n'en devient que rarement propriétaire à l'égard des tiers, car la loi n'attache pas à la possession du titre la même présomption de propriété qu'à la possession des meubles corporels.

1° L'acheteur qui est possesseur du titre est propriétaire de la créance aux yeux de tous, quand il s'agit de billets de banque ou autres billets au porteur qui jouent le rôle de monnaie.

2° S'il s'agit de lettres de change ou de billets à ordre,

la propriété de la créance se transmet par la voie d'un endossement régulier (1).

3° S'il s'agit de rentes sur l'Etat, la propriété se transmet par un transfert sur certains registres.

4° Enfin, s'il s'agit de créances ou billets ordinaires (2), le cessionnaire n'est propriétaire et saisi à l'égard des tiers que par la signification du transport faite au débiteur, ou par l'acceptation du transport faite par celui-ci dans l'acte authentique de cession. Le débiteur cédé qui accepte le transport par acte authentique interrompt la prescription qui a couru jusque-là à son profit, et renonce à invoquer les causes de compensation antérieures et les payements partiels qu'il aurait faits au cédant; car il reconnaît l'existence de l'intégralité de la créance toutes les fois que son acceptation est faite sans réserve.

Lorsque la cession a été faite par acte sous seing privé, ou même par acte authentique, dans lequel le débiteur n'est pas intervenu, le cessionnaire n'est saisi à l'égard des tiers qu'en signifiant sa cession au cédé : jusque-là, les créanciers du cédant peuvent former des saisies entre les mains du cédé, et celui-ci peut se libérer en payant à son créancier. Quoique le cédé puisse opposer au cessionnaire tous les moyens qu'il aurait pu, lors de la signification, opposer au cédant, il agira prudemment s'il se hâte de donner date certaine à ses quittances. — D'après la loi du 23 mars 1855, la cession ou renonciation que la femme fait de son hypothèque légale au profit d'un créancier, ne peut avoir lieu que par acte authentique, et le créancier n'en est saisi, à l'égard des tiers, qu'en prenant une inscription à son profit ou en mentionnant la subrogation en marge de l'inscription préexistante.

---

(1) Voir le FORMULAIRE, MODÈLE, n° 22. IV. *Modèles de ventes de créances et autres choses incorporelles*, 1°.
(2) *Ibid.*, 2°.

La vente ou cession d'une créance comprend tous les accessoires de cette créance, tels que cautions, priviléges et hypothèques : toujours, en effet, les accessoires suivent le principal, et d'ailleurs les accessoires, utiles au cessionnaire, ne présenteraient plus aucune utilité au cédant qui a cessé d'être créancier par la cession. En cas de cession partielle, par exemple de moitié de la créance, le cédant et le cessionnaire viennent en concours sur le prix des biens affectés du privilége ou de l'hypothèque ; car, à la différence du payement avec subrogation, la cession n'éteint en rien la créance.

Le vendeur d'une créance ou autre droit est tenu, comme tout vendeur de choses corporelles, de la garantie, qui consiste ici dans l'existence de la créance : mais il ne répond point de la solvabilité du débiteur. Cependant, comme on peut augmenter ou diminuer par des conventions les effets de la garantie légale, le vendeur de la créance peut garantir la solvabilité du débiteur : cette convention est naturellement restreinte, parce qu'elle étend la garantie légale et que la loi ne voit point avec faveur les cessionnaires de créances, qui sont très-souvent d'avides et odieux spéculateurs ; aussi, d'une part, la clause ne s'entend que de la solvabilité du débiteur au moment de la cession, et, d'autre part, le cédant n'est tenu, en cas d'insolvabilité du débiteur, qu'à restituer au cessionnaire le prix qu'il en a reçu, quelle que soit d'ailleurs la valeur nominale de la créance. Le vendeur de la créance peut aussi garantir expressément la solvabilité *actuelle et future* du débiteur : cette clause ne s'entend même que de la solvabilité à l'époque de l'exigibilité ; aussi on refuserait tout recours au cessionnaire qui a laissé passer le temps où il pouvait se faire payer par le débiteur.

II. *Cession d'hérédité.* — Celui qui vend une *hérédité* et qui ne spécifie aucun objet comme faisant partie de la succession, ne garantit que sa qualité d'héritier.

D'une part, le vendeur de l'hérédité doit restituer à l'acheteur tous les fruits qu'il aurait perçus, tout le montant des créances qu'il aurait touchées et le prix des choses héréditaires qu'il aurait vendues; mais, d'autre part, l'acheteur de l'hérédité est tenu de rembourser à son vendeur tout ce que celui-ci a payé pour les dettes et charges de la succession, et de lui tenir compte de tout ce dont il était créancier. En un mot, les choses doivent être mises en tout dans la même position que si l'acheteur de la succession avait été directement héritier, à moins de clauses contraires qui font la loi des parties.

Le vendeur de l'hérédité reste toujours débiteur dans ses rapports avec les créanciers de la succession, sauf son recours contre l'acheteur. Mais celui-ci est saisi, à l'égard des tiers, des meubles corporels de l'hérédité par la possession des créances par la signification de son acte aux débiteurs héréditaires; et des immeubles, d'après la loi du 23 mars 1855, par la transcription hypothécaire.

III. *Cession de droits litigieux.* — On peut vendre des *droits litigieux* (1) : or la chose est litigieuse quand les parties ont pris en justice des conclusions contraires sur le fond du droit.

La loi qui ne voit point avec faveur les cessionnaires de créances, voit avec moins de faveur encore les cessionnaires de créances ou droits en litige : elle les regarde comme des chercheurs de procès. C'est pourquoi elle décide que le cédé peut se faire tenir quitte envers le cessionnaire, en lui remboursant le prix réel de la cession, avec les frais et loyaux coûts du contrat, et avec les intérêts à partir du jour où le cessionnaire a payé le prix de la cession qui lui a été faite. Mais dans trois cas où il apparaît que le cessionnaire avait, pour acheter le droit

---

(1) Voir le FORMULAIRE, MODÈLE, n° 22. IV. *Modèles de ventes de créances et autres choses incorporelles*, 3°.

litigieux, une cause autre que celle de chercher un procès, le cédé ne pourra point se faire tenir quitte en lui remboursant le prix de la cession, avec les frais et loyaux coûts du contrat.

Ces trois cas sont : 1° celui où la cession a été faite à un cohéritier ou copropriétaire du droit cédé; car l'acheteur a, antérieurement au procès, un droit qui l'a déjà fait figurer dans l'instance ; 2° celui où elle est faite au possesseur de l'héritage sujet au droit litigieux ; car ce possesseur fortifie ainsi, par les droits du vendeur, les droits que lui confère la possession ; 3° enfin celui où elle est faite à un créancier en payement de sa créance ; car ce créancier qui avait le droit d'intervenir au procès pour le soutien de ses intérêts, obtient souvent par la cession de la créance le seul moyen de payement.

TITRE VII. — DE L'ÉCHANGE.

L'échange est un contrat par lequel les parties conviennent de se livrer respectivement une chose pour une autre.

De même que la vente, l'échange est un contrat consensuel (1), synallagmatique, commutatif, à titre onéreux, du droit des gens et principal. Chacune des parties a une juste cause; et lorsque l'échange a pour objets deux corps certains et déterminés, il s'opère, au moment même de la convention, deux translations de propriété : chacun des copermutants acquiert donc un droit d'obligation et un droit de propriété, c'est-à-dire un droit personnel et un droit réel.

Si l'un des copermutants ou échangistes a déjà reçu la chose promise en échange, et prouve ensuite que l'autre contractant n'était pas propriétaire de cette chose, de manière qu'il n'y a pas eu aliénation en sa faveur, il ne peut point être contraint à livrer celle qu'il a promise en contre-échange ; il lui suffit de restituer celle qu'il a reçue. Si le

---

(1) Voir le FORMULAIRE, MODÈLE, n° 23.

copermutant est évincé ou est certain d'être évincé de la chose qu'il a reçue en échange, il a le choix de répéter la chose qu'il a donnée ou de réclamer des dommages et intérêts.

Toutes les règles de la vente sont applicables à l'échange, excepté qu'il n'y a jamais lieu, dans l'échange d'immeubles, à la rescision pour cause de lésion en faveur des capables.

TITRE VIII. — Du contrat de louage.

Ce titre contient quatre chapitres, qui traitent : 1° des dispositions générales du louage ; 2° du louage de choses ; 3° du louage d'ouvrage et d'industrie ; et 4° du bail à cheptel.

Chapitre I. — Dispositions générales.

Le louage est un contrat par lequel l'une des parties s'oblige soit à faire jouir l'autre d'une chose pendant un certain temps, soit à faire quelque chose pour elle, moyennant un prix certain que celle-ci s'oblige à payer (1).

Ce contrat est consensuel, synallagmatique, commutatif, à titre onéreux et principal. Il a donc les caractères de la vente et de l'échange ; mais il en diffère notamment en ce que le locataire n'acquiert pas et ne peut acquérir la propriété de la chose qui est l'objet du louage, car il n'a point à cet égard de juste cause. — On voit, d'après la définition, qu'il y a deux genres de louages : celui de *choses*, et celui d'*ouvrages*. Ils se divisent en plusieurs espèces, qui sont : 1° le *bail à loyer*, qui concerne les maisons et les meubles ; 2° le *bail à ferme*, qui concerne les héritages ruraux ; 3° le *loyer*, qui concerne le louage de travail ou d'industrie ; mais on entend souvent, dans la pratique, par loyer soit le louage des maisons, soit le prix du bail

---

(1) Voir le Formulaire, MODÈLE, n° 24.

de maisons; 4° le *bail à cheptel*, qui est le louage d'animaux dont le profit se partage entre le propriétaire et celui à qui il les confie; 5° enfin les *devis*, *marchés*, ou *prix faits*, qui concernent l'entreprise d'un ouvrage moyennant un prix déterminé.

Chapitre II. — Du louage de choses.

Par louage de *choses* on entend principalement celui des maisons, des meubles et des fermes.

On peut, en général, louer toute sorte de biens, meubles ou immeubles. Les droits d'usage, d'habitation et quelques autres, qui sont essentiellement personnels, ne peuvent cependant pas être l'objet du louage.

Comme l'usufruitier, le locataire a droit de jouir de la chose. Mais il y a de grandes différences dans le droit de l'usufruitier et dans celui du locataire.

L'*usufruit* peut être constitué par acte entre-vifs ou testamentaire, à titre gratuit ou à titre onéreux; il s'éteint par la mort de l'usufruitier; il constitue un démembrement de la propriété, et oblige celui au profit duquel se fait ce démembrement de faire toutes les réparations autres que celles qui sont qualifiées *grosses réparations*. Le *louage*, au contraire, est toujours constitué par acte entre-vifs et à titre onéreux; il ne s'éteint point par la mort du locataire, mais se transmet à ses héritiers; il ne constitue point un démembrement de la propriété; ce n'est point au locataire, mais au bailleur, à faire généralement toutes les réparations, car celui-ci doit faire jouir le locataire et n'acquiert le prix du loyer que dans la mesure du temps pendant lequel il a procuré la jouissance de la chose au preneur. Comme on le voit par ces exemples, il faut bien se garder de confondre l'usufruitier avec le locataire ou preneur; il faut bien se garder aussi de confondre le fermier avec l'acheteur des fruits.

Ce chapitre comprend trois sections qui traitent: 1° des règles communes aux baux des maisons et des biens ruraux; 2° des règles particulières aux baux à loyer; et 3° enfin des règles particulières aux baux à ferme.

SECTION I. — *Des règles communes aux baux des maisons et des biens ruraux.*

Cette section a principalement pour objet : 1° la preuve du bail et de son prix ; 2° les obligations du bailleur ; 3° les obligations du preneur ; 4° la fin du bail.

I. *Preuve du bail et de son prix.* — Le contrat de bail, comme tous les contrats consensuels, est parfait par le simple consentement des parties, peu importe qu'il y ait ou non rédaction d'un écrit. Ce consentement peut être constaté soit par un acte authentique, soit par un acte sous seing privé, soit même par témoins, quand il y a eu exécution. Mais lorsque le bail verbal, c'est-à-dire non constaté par écrit, n'a encore reçu aucune exécution, la preuve du bail ne peut être reçue par témoins, quelque modique qu'en soit le prix, et quoiqu'on allègue qu'il y a eu des arrhes données : on déroge ici au principe, que la preuve testimoniale est admise dans les matières qui n'excèdent pas cent cinquante francs, afin d'éviter des procès multipliés : celui qui affirme l'existence du bail peut seulement déférer le serment à celui qui le nie.

Lorsque l'exécution du bail verbal a commencé, et qu'il y a contestation entre les parties sur le prix, dont il n'existe encore aucune quittance (1), la loi déclare que le propriétaire est cru sur son serment ; elle laisse néanmoins au locataire le droit de demander l'estimation par experts : si l'estimation est conforme à la déclaration du locataire, le propriétaire en payera les frais ; si, au contraire, elle est égale à la prétention du propriétaire ou si elle est inférieure à cette prétention et néanmoins

---

(1) Voir le FORMULAIRE, **MODÈLE**, n° 24, 3° et 4°. *Modèles de quittances.*

supérieure à celle du locataire, celui-ci sera tenu, dans ces deux cas, de payer le prix fixé par les experts et, en outre, de payer les frais de l'expertise, lors même que l'estimation des experts se rapprocherait bien plus des dires du locataire que de ceux du propriétaire.

Le preneur a le droit de sous-louer et même de céder son bail. Il *sous-loue* quand il loue quelques parties, par exemple, quelques appartements, en occupant encore lui-même une partie de la chose louée; il *cède*, au contraire, quand il loue toute la chose qu'il avait prise à bail. *Céder* est donc faire plus que *sous-louer*. Au reste, le locataire qui sous-loue ou qui cède son bail, n'est pas moins personnellement tenu de payer le prix du louage à son bailleur, sauf recours contre son cessionnaire, dans les limites de la convention passée avec lui.

Le propriétaire peut, dans la convention de louage, interdire au preneur la faculté de céder et de sous-louer; la prohibition de *céder* n'entraîne pas celle de *sous-louer*; mais la prohibition de *sous-louer* entraîne celle de *céder*.

Le mineur émancipé, la femme séparée de biens, le tuteur et le mari administrateur des biens de sa femme peuvent passer des baux de neuf ans, et les renouveler dans les trois ans qui précèdent l'expiration du bail rural, et dans les deux ans qui précèdent l'expiration du bail de maisons.

II. *Obligations du bailleur.*—Le bailleur est, par la nature du contrat, et sans qu'il soit besoin d'aucune convention particulière, tenu des trois obligations suivantes:

1° Il doit délivrer au preneur la chose louée, et cela en bon état de réparations de toute espèce. Lorsque la chose louée a des vices ou défauts cachés qui en empêchent ou en diminuent l'usage, le preneur peut agir en garantie contre le bailleur et obtenir de lui une indemnité plus ou moins rigoureusement appréciée, selon que celui-ci a connu ou ignoré ces vices.

2° Le bailleur doit entretenir la chose louée en état de

servir à l'usage auquel elle est destinée, et par conséquent il doit y faire toutes les réparations qui peuvent devenir nécessaires. Lorsque les réparations ne sont pas urgentes et peuvent être différées jusqu'à la fin du bail, le preneur, qui craint les incommodités qu'elles lui occasionneront, n'est pas tenu de les souffrir; mais il est tenu de souffrir les réparations urgentes qui ne peuvent être différées jusqu'à la fin du bail, quand même elles lui causeraient beaucoup d'incommodité et le priveraient, pendant qu'elles se font, d'une partie de la chose louée. Toutefois, dans ce cas, il peut demander quelquefois une indemnité, quelquefois la résiliation du bail: or il peut demander une indemnité à proportion du temps et de la partie de la chose louée dont il a été privé, si les réparations durent plus de quarante jours; il peut demander la résiliation du bail, quand les réparations rendent inhabitable ce qui est nécessaire à son logement et à celui de sa famille.

Les obligations du bailleur et du preneur sont *successives*: le bailleur n'acquiert le droit au prix du louage qu'au fur et à mesure qu'il procure au preneur la jouissance de la chose louée. Aussi, dans le cas où la chose louée est détruite entièrement par cas fortuit pendant la durée du bail, les obligations du bailleur de faire jouir, et du preneur de payer le prix, cessent de plein droit pour l'avenir. Si la chose louée n'est détruite qu'en partie, le preneur peut demander une diminution de prix proportionnelle à la perte de sa jouissance, ou même, selon la gravité des circonstances, il peut demander la résiliation du bail. Mais, dans l'un ou l'autre cas, l'événement fortuit ne donne lieu à aucun dédommagement. En cas d'expropriation pour cause d'utilité publique, le bailleur et le preneur ont droit à une indemnité de la part de la personne au profit de laquelle se fait l'expropriation.

3° Le bailleur est tenu de faire jouir paisiblement le preneur de la chose louée. Il ne peut donc, pendant la durée du bail, changer la forme de la chose louée, ni faire aucun changement qui nuise à la jouissance; tandis que le preneur peut faire, pour son avantage et sa commodité, tous les changements qui ne portent pas grave préjudice au bailleur, mais à la charge de remettre, à la fin du bail, les choses dans le premier état.

Le bailleur qui est tenu de procurer au preneur la possession paisible de la chose louée, doit évidemment le garantir des troubles de droit. Or on entend par *troubles de droit* ceux qui résultent d'une action concernant la propriété ou de faits émanant de personnes qui prétendent quelque droit à la chose louée. Si le preneur est cité en justice pour s'entendre condamner à délaisser tout ou partie de la chose louée ou à souffrir l'exercice d'une servitude, il doit, sous peine de dommages et intérêts, appeler son bailleur en garantie, et doit être mis hors de cause, s'il l'exige, en faisant connaître son bailleur à celui qui est demandeur. Si le preneur est troublé ou empêché dans sa jouissance par des personnes prétendant quelque droit, il doit aussi, dans la huitaine, dénoncer le trouble à son bailleur. Il a droit, dans tous les cas, à une indemnité proportionnée au trouble et à son défaut de jouissance.

Mais le bailleur n'est pas tenu de garantir le preneur des *troubles de fait*, c'est-à-dire de ceux qui sont apportés par des tiers qui ne prétendent aucun droit de propriété : c'est au preneur à poursuivre en justice ceux, par exemple, qui volent ses fruits, ou qui coupent, par malveillance, ses récoltes.

III. *Obligations du preneur.*—Le preneur est tenu de deux obligations principales :

1° De payer le prix du bail aux termes convenus, ou, à défaut de convention, aux époques fixées par l'usage du lieu;

2° D'user de la chose louée en bon père de famille, suivant la destination qui lui a été donnée par le bail, ou suivant celle présumée d'après les circonstances, à défaut de convention.

Le preneur devant *user de la chose en bon père de famille*, il est évident qu'il répond des dégradations et des pertes arrivées pendant sa jouissance soit par son fait, soit par le fait des personnes de sa maison, de ses sous-locataires ou de ses cessionnaires. C'est au bailleur, qui prétend que le preneur est responsable, à prouver qu'il y a faute de la part de celui-ci ou des personnes dont il répond. Cependant, lorsqu'il s'agit de réparations dites *locatives*, le preneur est présumé en faute quand il ne restitue pas la chose dans l'état où il l'a reçue, et, s'il n'y a pas eu d'état des lieux, il est censé l'avoir reçue en bon état de réparations locatives; lorsqu'il prétend que le besoin de réparations locatives ne provient ni de son fait ni du fait des personnes dont il répond, c'est à lui qu'est imposée la charge de prouver que les dégradations et les pertes sont arrivées par vétusté ou par force majeure.

Le preneur devant *user de la chose suivant la destination* des parties, le bailleur peut, en cas de violation de cette obligation, conclure soit à des dommages et intérêts, soit, suivant la gravité des circonstances, à la résiliation du bail.

Comme les incendies sont occasionnés la plupart du temps par la négligence de ceux qui habitent les lieux, la loi, dans le but d'exciter leur diligence et de diminuer ainsi la fréquence d'un tel fléau, établit contre le locataire une présomption de faute à l'égard du bailleur, et elle le rend par conséquent responsable du préjudice que celui-ci a éprouvé. Mais le locataire échappe à cette responsabilité s'il prouve soit que l'incendie est arrivé par cas fortuit ou force majeure, par exemple par suite du tonnerre, soit qu'il est arrivé par le vice de construction de la maison ou de la cheminée, soit que le feu a été communiqué par une maison voisine. S'il y a plusieurs locataires, tous sont solidairement responsables envers le propriétaire, à moins qu'ils ne prouvent que l'incendie a commencé dans l'habitation de l'un d'eux, auquel cas celui-ci en est seul tenu, ou que quelques-uns ne prouvent que l'incendie n'a pu commencer chez eux, cas auquel les autres sont seuls tenus.

Les locataires, les sous-locataires et le propriétaire lui-même qui habite la maison, sont tous présumés en faute, et supportent chacun définitivement une part virile dans la perte. Mais cette présomption de faute n'existe pas en faveur des propriétaires voisins dont les maisons ont été incendiées : pour obtenir la réparation du préjudice qu'ils éprouvent, il faut qu'ils prouvent quelle est la personne dont la faute ou la négligence a occasionné l'incendie.

IV. *Fin du bail*. — Le bail finit par l'une des manières suivantes :

1° Par une convention expresse des parties (1);

2° Par l'expiration du terme fixé dans les baux faits par écrit.—Mais les parties peuvent convenir que le bail continuera (2). Bien plus, si le preneur reste en possession et s'il est laissé en possession par le bailleur, il s'opère, d'après l'intention des parties, un nouveau bail, qui ne diffère en rien de l'ancien sous le rapport des choses louées et du prix, mais qui en diffère par la durée devenant celle des baux non écrits;

3° Par un congé accepté par les parties (3), ou donné par huissier, lorsqu'il s'agit des baux *non écrits*, c'est-à-dire dont la durée n'a pas été fixée dans l'écrit rédigé.— En effet, de tels baux sont faits pour une durée illimitée; cependant, quand il s'agit de biens ruraux, le bail cesse

---

(1) Voir le FORMULAIRE, MODÈLE, n° 24, 6°. *Modèle de désistement de bail.*

(2) Voir le FORMULAIRE, MODÈLE, n° 24, 5°. *Modèle de continuation conventionnelle de bail.*

(3) Voir le FORMULAIRE, MODÈLE, n° 24, 7°. *Modèle de congé.*

de plein droit à l'expiration du temps pour lequel il est censé fait. Au reste, quand il y a congé accepté par les parties ou signifié, le preneur ne peut point prétendre qu'il s'est opéré un nouveau bail, quoiqu'il ait continué sa jouissance.

Lorsque le délai fixé par le bail écrit ou par le congé est expiré, si la volonté tacite ou expresse des parties fait naître un nouveau bail, la caution donnée pour le premier bail ne s'étend pas aux obligations qui résultent du second;

4° Par la perte de la chose louée. — Les obligations qui sont nées jusqu'à la perte continuent à subsister; mais elles ne naissent point pour l'avenir, car le bailleur ne pouvant plus procurer la jouissance de la chose, le prix du loyer ne peut plus s'augmenter à son profit;

5° Par le défaut du bailleur ou du preneur de satisfaire à ses engagements. — La résolution n'a pas alors lieu de plein droit, elle doit être prononcée par la justice avec dommages et intérêts contre celui qui ne satisfait point à son obligation. — Le décès d'une partie ne met pas fin au bail: ses obligations passent à ses héritiers. — L'acquéreur d'un immeuble ne peut expulser le preneur si, au moment de l'acquisition, celui-ci est en possession et jouit d'un bail ayant date certaine. Toutefois, d'après la loi du 23 mars 1855, le preneur ne peut invoquer contre les tiers qui ont des droits sur l'immeuble, ni des quittances de payement anticipé de plus de trois ans de loyer, ni son bail excédant dix-huit ans, si ce n'est pour cette durée, à moins qu'il n'ait fait la transcription hypothécaire de ces actes. Lorsque son bail n'a pas date certaine, il peut être expulsé; et, s'il n'est pas encore en possession, l'acheteur peut l'empêcher de venir occuper les lieux, peu importe, en ce cas, que le bail ait ou non date certaine : mais le preneur, expulsé par l'acheteur, peut réclamer des dommages et intérêts contre son bailleur, qui n'exécute pas envers lui ses obligations.

Lorsque le preneur est en possession et a un bail ayant date certaine, il peut néanmoins être expulsé par l'acquéreur quand il a été convenu, lors du bail, qu'en cas de vente, l'acheteur pourrait expulser le fermier ou locataire. Dans ce cas, s'il n'existe aucune clause réglant les dommages et intérêts dus au preneur, le bailleur est tenu de l'indemniser de la manière suivante : — S'il s'agit d'une maison, appartement ou boutique, le bailleur paye, à titre de dommages et intérêts, au locataire expulsé, une somme égale au prix du loyer pour le temps qui s'écoule, suivant l'usage des lieux, entre le congé et la sortie ; — S'il s'agit de biens ruraux, le bailleur paye, à titre d'indemnité, le tiers du prix du bail pour tout le temps qui reste à courir ; — S'il s'agit de manufactures, usines ou autres établissements qui exigent de grandes avances, l'indemnité due par le bailleur au preneur se règle par experts. L'acquéreur qui veut user de la faculté d'expulser est tenu, en outre du payement de l'indemnité, d'avertir le preneur à l'avance, savoir le locataire, au temps usité dans le lieu pour les congés, et le fermier, un an à l'avance : à l'expiration du temps fixé dans l'avertissement, le preneur ne peut être expulsé qu'après qu'il a reçu l'indemnité ci-dessus fixée, soit de son bailleur, soit de l'acquéreur.

Lorsque le bail n'a pas date certaine, l'acheteur qui expulse le preneur dûment averti, ne lui doit aucuns dommages et intérêts; mais le preneur a une action personnelle contre son bailleur, qui ne lui procure pas la jouissance pendant le temps convenu. Toutefois, que le bail ait ou non date certaine, l'acheteur à pacte de rachat ne peut point expulser le preneur, tant que le délai fixé pour l'exercice de la faculté de rachat n'est point expiré : l'incertitude de son droit lui commande de ne pas faire naître une action récursoire en dommages et intérêts contre son vendeur.

Quelquefois les parties conviennent par écrit que le

bail aura lieu pour trois, six ou neuf ans : ce bail, alors fait pour neuf ans, finit de plein droit à l'expiration de ce délai. Mais la faculté existe, conformément à la convention, soit pour les deux parties, soit pour l'une d'elles, de faire cesser le bail après trois ans ou après six ans, en donnant un avertissement à l'avance dans un temps fixé par la convention, ou, à défaut, par l'usage des lieux.

Section II. — *Des règles particulières aux baux à loyer.*

Les règles particulières aux baux à loyer sont au nombre de cinq (1).

1° Le locataire est tenu de garnir la maison de meubles d'une valeur suffisante pour mettre le bailleur diligent à l'abri d'inquiétude au sujet du payement de ses loyers; s'il ne satisfait point à cette obligation, il peut être expulsé, à moins qu'il ne donne d'autres sûretés capables de répondre du payement des loyers. Or, outre le privilége que le bailleur a sur les meubles qui garnissent sa maison, il peut obtenir un supplément de garanties par le payement à l'avance d'une partie des loyers, par un gage, par une caution solvable ou par une hypothèque.

2° Les meubles du sous-locataire sont, comme ceux du locataire principal, frappés de privilége pour le payement des loyers, mais seulement jusqu'à concurrence du prix que le sous-locataire doit au moment de la saisie-arrêt formée entre ses mains par le propriétaire. Le sous-locataire doit, lors de la saisie-arrêt, se hâter de faire enregistrer ses quittances, afin qu'elles ne soient point considérées comme faites après la saisie. Il ne peut point opposer au propriétaire les payements faits par anticipation au locataire principal; mais on ne considère point comme anticipés les payements faits en vertu d'une clause portée au bail, ni ceux faits à l'avance en conséquence de l'usage des lieux.

---

(1) Voir le Formulaire, Modèle, n° 24, 1°.

3° Quoique le bailleur soit tenu de faire jouir le preneur et par conséquent de faire, pendant le bail, les réparations de toute espèce, il n'est cependant pas tenu de faire les réparations dites *locatives*, car le besoin de ces réparations est présumé occasionné par la faute et la négligence du preneur : celui-ci est donc tenu de les faire à ses frais, excepté quand il prouve que les pertes ou détériorations proviennent de vétusté ou de force majeure, car elles retombent alors à la charge du bailleur.

Or les *réparations locatives* ou *de menu entretien*, dont le locataire est tenu, sauf preuve contraire, sont celles désignées par l'usage des lieux, et, entre autres, celles à faire :

Aux âtres, contre-cœurs, chambranles et tablettes des cheminées : — l'*âtre* est le foyer de la cheminée ; le *contre-cœur* est une plaque de fer placée contre le mur de la cheminée ; les *chambranles* consistent dans le bois, la pierre ou le marbre qui bordent les côtés de la cheminée et qui soutiennent les tablettes ; les *tablettes* sont les pièces de bois, de pierre ou de marbre, qui sont posées à plat sur les chambranles ;

Au recrépiment du bas des murailles des appartements et autres lieux d'habitation, à la hauteur d'un mètre ;

Aux pavés, carreaux et parquets des chambres, lorsqu'il y en a seulement quelques-uns de cassés ;

Aux vitres, à moins qu'elles ne soient cassées par la grêle ou autres accidents extraordinaires et de force majeure, dont le locataire ne peut être tenu ;

Aux portes, croisées, planches de cloison ou de fermeture de boutique, gonds, targettes et serrures.

4° Le bail d'un appartement *meublé* est censé fait : — A l'année, quand il a été fait à tant par an ; — Au mois, quand il a été fait à tant par mois ; — Au jour, s'il a été fait à tant par jour. Si rien ne constate que le bail soit fait à tant par an, par mois ou par jour, il est censé fait pour la durée fixée par l'usage des lieux. Dans tous ces cas, le bail n'expire pas de plein droit à l'époque pour laquelle il est censé fait, il faut un congé donné au temps fixé par l'usage des lieux.

Le bail d'un appartement *non meublé*, dont la durée n'est point fixée par écrit, est fait aussi pour une durée illimitée; il ne peut donc cesser que par un congé donné suivant l'usage des lieux. A Paris, le bail n'excédant pas quatre cents francs, expire le 8 avril, lorsque le congé a été donné avant le 15 février; le 8 juillet, quand le congé a été donné avant le 15 mai; le 8 octobre, quand le congé a été donné avant le 15 août; le 8 janvier, quand le congé a été donné avant le 15 novembre précédent; — le bail au-dessus de quatre cents francs, expire le 15 avril, le 15 juillet, le 15 octobre, le 15 janvier; mais il faut avertir trois mois, et même, s'il s'agit de boutique ou corps de logis, six mois à l'avance, c'est-à-dire fin décembre, fin mars, fin juin, fin septembre. Quelle que soit la valeur du loyer, on paye tous les trois mois; mais, pour les boutiques, on paye six mois à l'avance.

Le bail fait par écrit expire de plein droit au terme fixé par la convention; mais si le locataire continue sa jouissance sans opposition de la part du bailleur, il est censé occuper la maison ou l'appartement aux mêmes conditions pour un délai illimité : il ne peut plus ni sortir, ni être expulsé qu'après un congé donné suivant le délai fixé par l'usage des lieux.

5° Le bailleur ne peut résoudre le bail écrit pour venir occuper lui-même la maison que lorsqu'il s'en est réservé le droit dans la convention, et il doit même alors signifier congé à l'avance aux époques déterminées par l'usage des lieux.

Si le bail est résolu par la faute du preneur, celui-ci doit payer, outre les dommages et intérêts résultant de l'abus, le prix du bail pendant le temps nécessaire à la relocation.

SECTION III. — *Des règles particulières aux baux à ferme.*

Les règles particulières aux baux à ferme sont les suivantes (1).

1° Le *colon partiaire*, c'est-à-dire celui qui cultive sous la condition d'un partage de fruits avec le bailleur, ne peut ni sous-louer ni céder son droit ; car le bailleur, qui forme avec ce colon une espèce de société, a pris en considération son travail, sa probité et la facilité de leurs rapports. Si le colon cède ou sous-loue, il est tenu des dommages et intérêts qui résultent de l'inexécution du bail, et le bailleur peut rentrer immédiatement en jouissance de sa chose.

2° Si, dans un bail à ferme, le bailleur donne à son fonds une contenance moindre ou plus grande que celle qu'il a réellement, il n'y a jamais lieu sous ce rapport à la résiliation du bail; mais il y a lieu à augmentation ou à diminution du prix du bail, suivant les règles tracées au titre de la *Vente* (pages 275, 276).

3° Le preneur d'un bien rural doit le garnir de bestiaux et d'ustensiles nécessaires à son exploitation, sinon il peut être expulsé : il ne serait pas admis à donner d'autres sûretés du payement des fermages, car les bestiaux et les ustensiles sont exigés non-seulement comme sûreté du payement des fermages, mais comme garantie d'une bonne culture. Le preneur peut encore être expulsé s'il abandonne la culture, s'il ne cultive pas en bon père de famille, s'il emploie la chose louée à un autre usage que celui auquel elle est destinée, ou, en général, s'il n'exécute pas les clauses du bail et qu'il résulte de là un dommage grave pour le bailleur. En cas de résiliation provenant d'un fait quelconque du preneur, celui-ci est tenu de dommages et intérêts.

---

(1) Voir le FORMULAIRE, MODÈLE, n° 24, 2°.

Le preneur d'un bien rural est aussi tenu d'engranger dans les lieux à ce destinés par le bail, car les récoltes qui garnissent la ferme deviennent ainsi affectées au payement des fermages.

4° Le preneur d'un bien rural doit, sous peine de tous dommages et intérêts, avertir, dans la huitaine, le propriétaire des usurpations commises sur son fonds.

5° Le bailleur étant tenu de procurer une possession utile au preneur, celui-ci a droit à être déchargé de tout ou partie de son prix s'il y a perte de tout ou partie des fruits par cas fortuits : chacun d'eux perd alors proportionnellement, l'un ses labeurs, et l'autre le prix du bail. Le preneur ne peut cependant obtenir aucune remise, si la perte est moindre de moitié de la récolte d'une année ordinaire.

Lorsque le bail est fait pour plusieurs années, le fermier ne peut obtenir une remise du prix de bail, que si, compensation faite de toutes les années, il y a perte de moitié des récoltes ordinaires : cette remise n'a lieu qu'à la fin du bail ; mais le fermier peut être provisoirement dispensé par le juge de payer une partie du prix de bail, en raison de la perte soufferte.

Le fermier ne peut obtenir aucune remise, si la perte des fruits arrive après qu'ils sont séparés de la terre, car il est devenu propriétaire des fruits par leur perception.

Le colon partiaire ne peut jamais rien obtenir, que la perte des fruits arrive avant ou après qu'ils sont séparés de la terre, puisqu'il n'y a pas de prix, mais une espèce de société pour les fruits entre le bailleur et le preneur ; toutefois, si les fruits détachés périssent pendant que l'un d'eux est mis en demeure, celui-ci supporte non-seulement sa part dans la perte, mais il doit encore indemniser l'autre.

Lorsque le preneur a dit expressément qu'en cas de perte par cas fortuit, il ne pourrait demander au bailleur aucune diminution du prix de bail, cette convention ne s'entend que des cas fortuits ordinaires, tels que grêle, feu du ciel, gelée et coulure; elle ne s'entend pas des cas fortuits extraordinaires, auxquels le preneur ne pouvait pas s'attendre, tels que les ravages de la guerre ou une inondation à laquelle le pays n'est pas sujet; à moins cependant que le preneur ne se soit chargé expressément de tous les cas fortuits, prévus ou imprévus.

6° Le bail sans écrit d'un fonds rural n'est pas, comme celui des maisons, fait pour une durée illimitée : il est censé fait pour le temps qui est nécessaire afin que le preneur recueille tous les fruits de l'héritage affermé, et il expire alors sans congé et de plein droit. — Le bail à ferme d'un pré, d'une vigne et de tout autre fonds dont les fruits se recueillent en entier dans le cours de l'année, est censé fait pour un an. — Le bail des terres labourables qui se divisent par soles ou saisons, c'est-à-dire par renouvellement périodique du même genre de culture, est censé fait pour autant d'années qu'il y a de soles ou saisons. — Enfin si le bail comprend à la fois des terres labourables, qui se divisent par soles, et des fonds dont les fruits se recueillent en entier dans l'année, la durée du bail se détermine par la nature de la partie principale; en sorte que si les terres labourables sont la partie principale, le bail sera pour plusieurs années, tandis que, dans le cas contraire, il ne sera que pour un an.

Lorsqu'à l'expiration du bail écrit ou non écrit, le preneur reste en possession et que le bailleur le laisse en possession, il s'opère un nouveau bail, appelé par *tacite reconduction*, dont la durée est, comme ci-dessus, fixée par le temps nécessaire pour recueillir tous les fruits de l'héritage affermé.

7° Le fermier sortant doit laisser à celui qui lui succède dans la culture les logements convenables et autres facilités pour les travaux de l'année suivante. Réciproquement, le fermier entrant doit procurer à celui qui sort les logements convenables et autres facilités pour la consommation des fourrages et pour les récoltes restant à faire. En ces deux cas, qui concernent l'intérêt public et privé, on suit l'usage des lieux.

8° Le fermier doit laisser les pailles et engrais de l'année, s'il les a reçus à son entrée en jouissance; s'il ne les a pas reçus, le propriétaire peut les retenir sur estimation, car il a un droit fondé en raison à ce que ses terres ne soient point appauvries.

Chapitre III. — Du louage d'ouvrage et d'industrie.

On voit, d'après l'intitulé du chapitre, que *l'objet loué* est l'ouvrage ou l'industrie; que le *bailleur* ou *locateur* est par conséquent le domestique, l'artisan, le voiturier ou l'entrepreneur, et que le *preneur* ou *locataire* est toujours celui qui paye pour avoir la jouissance.

Il y a trois espèces principales de louage d'ouvrage et d'industrie, qui font l'objet des trois sections suivantes : 1° le louage des gens de travail, qui s'engagent au service de quelqu'un; 2° celui des voituriers, par terre ou par eau, qui se chargent du transport des personnes ou des choses; 3° celui des entrepreneurs d'ouvrage par suite de devis ou marchés. — Le Code ne parle point du contrat d'apprentissage, qui est un louage d'industrie très-fréquent et régi en grande partie par les usages locaux (1).

Section I. — *Du louage des domestiques et ouvriers.*

On ne peut engager ses services qu'à temps ou pour une entreprise déterminée (2). La convention que fait une personne de servir pendant toute sa vie une autre personne, est contraire à la liberté et à la loi; son inexécution ne donne donc point lieu à dommages et in-

---

(1) Voir le Formulaire, Modèle, n° 25, 1°.
(2) Voir le Formulaire, Modèle, n° 25, 2°.

térêts. Mais si un maître s'oblige à garder son domestique tant que celui-ci vivra, ou si un domestique s'engage à servir son maître tant que ce dernier vivra, cette convention n'est pas nulle, mais donne lieu à des dommages et intérêts que, dans la plupart des cas, le juge modère beaucoup.

Le bail de domestiques est à Paris d'une durée illimitée, quand il n'a pas été rédigé par écrit : chacune des parties peut le faire cesser en donnant congé huit jours à l'avance.

Quand ce bail est fait sans écrit, le maître est cru sur son affirmation, confirmée par serment: 1° pour la quotité des gages; 2° pour le payement du salaire de l'année échue, et 3° pour les à-compte donnés sur l'année courante. Mais si le bail est fait par écrit, on se réfère au titre pour la question du prix et l'on suit les règles ordinaires de la preuve sur la question du payement du salaire et des à-compte.

Section II. — *Des voituriers par terre et par eau.*

Le voiturier par terre ou par eau est tenu, pour la garde et la conservation des choses qui lui sont confiées, des soins d'un bon père de famille; cette obligation est la même que celle des aubergistes dont il sera parlé au titre du *Dépôt*; mais la preuve testimoniale des choses remises pour être transportées n'est pas admise au-dessus de cent cinquante francs, quand il n'y a pas de commencement de preuve par écrit; toutefois, les entrepreneurs de voitures publiques par terre et par eau et ceux de roulages publics devant tenir registre de l'argent, des effets et des paquets dont ils se chargent, ils peuvent être contraints à reproduire ce registre qui fait foi contre eux.

Les voituriers répondent non-seulement de ce qu'ils ont reçu dans leur bâtiment ou voiture, mais encore de ce qui leur a été remis sur le port ou dans l'entrepôt pour être placé dans leur bâtiment ou voiture. Leur responsabilité concerne les pertes et avaries survenues ; ils sont à cet égard présumés en faute ; mais ils sont admis à prouver que les choses ont été perdues ou avariées par cas fortuit ou force majeure.

Les administrations de chemins de fer et autres mettent souvent, sur les bulletins délivrés aux voyageurs, qu'il ne sera payé, en cas de perte des effets, qu'une somme fixe, par exemple cent cinquante francs : cette mention n'empêche pas leur responsabilité de s'étendre à la valeur entière et dûment justifiée des objets perdus.

SECTION III. — *Des entrepreneurs d'ouvrages par suite de devis et marchés.*

Le *devis* est l'écrit contenant l'aperçu détaillé des matières qui doivent être employées dans un ouvrage, le prix d'achat et de main-d'œuvre de ces matières, le détail et le prix des ouvrages à faire. Le *marché* est l'acte qui constate la convention intervenue entre l'entrepreneur de l'ouvrage et celui pour lequel l'ouvrage est fait (1).

1° Lorsqu'on charge quelqu'un de faire un ouvrage, on peut convenir qu'il fournira seulement son travail ou son industrie, ou qu'il fournira aussi la matière. Si l'ouvrier fournit la matière, la perte de la chose avant sa livraison est pour l'ouvrier ; mais elle serait pour le maître lorsque celui-ci aurait été mis en demeure de recevoir la chose. Si, au contraire, l'ouvrier fournit seulement son travail, lorsque la chose périt par cas fortuit avant la livraison, l'ouvrier perd son travail, et le maître perd sa matière ; mais il est évident que s'il y avait faute, impéritie ou demeure de l'ouvrier, celui-ci supporterait toute la perte, et que, si le maître avait été

---

(1) Voir le FORMULAIRE, MODÈLE, n° 26.

mis en demeure de recevoir la chose, périt ensuite par cas fortuit, le maître serait tenu d'indemniser l'ouvrier. Au reste, s'il s'agit d'un ouvrage à plusieurs pièces ou à la mesure, dont la vérification peut se faire par parties, cette vérification est censée faite pour toutes les parties payées, lorsque le maître paye l'ouvrier à proportion de l'ouvrage fait; par conséquent la perte de ces parties reste à la charge du maître.

2° Lorsque l'édifice construit à prix fait périt en tout ou en partie par le vice de construction, par le vice du sol ou par le vice des matériaux, les architectes et entrepreneurs en sont responsables pendant dix ans. Quelques auteurs pensent que l'action en dommages et intérêts peut être intentée pendant trente ans à partir de la perte de l'édifice arrivée dans les dix ans de sa réception; d'autres auteurs pensent, au contraire, que l'action doit être intentée, contre les architectes et entrepreneurs, dans les dix ans de la réception de l'édifice construit. Cette dernière opinion paraît devoir être admise; car la loi ne veut pas que les architectes et entrepreneurs, qui sont des commerçants, puissent être, eux et leurs héritiers, exposés à une action souvent si grave pendant un temps d'une durée trop longue; d'ailleurs, lorsque l'édifice périt en tout ou partie dans les dix ans, il y a, de la part de l'entrepreneur et de l'architecte, une présomption de faute admettant la preuve contraire, qui ne pourrait pas être faite facilement après un long temps; enfin, dans le cas de doute fondé, sur la question de savoir si l'action est d'une durée plus ou moins grande, il faut prendre le parti le plus favorable aux entrepreneurs et architectes, qui jouent le rôle de défendeurs. — Quoi qu'il en soit, l'architecte et l'entrepreneur sont, entre eux, tenus de contribuer à la perte pour portions viriles, c'est-à-dire égales; mais s'il est prouvé que la perte est arrivée par la faute de l'un d'eux, c'est celui-là seul qui la supporte. Or l'architecte répond du vice de plan; l'entrepreneur répond du vice de construction, et, en outre, il répond ordinairement du vice du sol et des matériaux.

3° Les entrepreneurs ayant coutume de faire augmenter les dépenses, sous prétexte de changements et additions au plan convenu, la loi, qui veut prévenir de pareils abus, entraînant souvent la ruine du maître, statue en ces termes : « Lorsqu'un architecte ou entrepreneur s'est chargé de la construction à forfait d'un bâtiment, d'après un plan convenu avec le propriétaire, il ne peut demander aucune augmentation de prix, ni sous le prétexte d'augmentation des matériaux ou de la main-d'œuvre, ni sous celui de changements ou d'augmentations faits au plan; à moins cependant qu'il n'y ait eu une convention spéciale et rédigée par écrit contenant, d'une part, les changements et augmentations, et, d'autre part, la fixation du prix dû pour cet objet. »

4° L'entrepreneur est responsable non-seulement de son fait, mais encore du fait des personnes qu'il emploie. Les maçons, charpentiers, serruriers et autres ouvriers qui font directement des marchés à prix fait, sont astreints à la même responsabilité que les entrepreneurs, puisqu'ils sont entrepreneurs dans la partie qu'ils traitent: aussi le serrurier, par exemple, est responsable du vol commis par ses employés chez une personne où il les a envoyés travailler.

5° Il est à remarquer que les ouvriers employés à la construction d'un ouvrage fait à l'entreprise, ont action contre celui pour lequel l'ouvrage a été fait, jusqu'à concurrence de la somme dont celui-ci se trouve débiteur envers l'entrepreneur : ils ont, pour leur payement, un privilége d'un mois de travail par rapport aux autres créanciers de l'entrepreneur; mais ils n'ont généralement pas de privilége par rapport aux créanciers du propriétaire; en effet, ils n'ont contre ce dernier que les droits de l'entrepreneur, mais seulement ils n'ont pas besoin d'autorisation de la justice pour les exercer contre le propriétaire : ils ont donc contre ce dernier une action directe, comme le bailleur a une action directe contre le sous-locataire pour le prix que celui-ci doit au locataire principal.

6° Le contrat de louage d'ouvrage est fait avec l'architecte ou l'entrepreneur principalement en considération de sa personne et de son talent : aussi ce contrat est dissous par la mort de l'architecte, de l'entrepreneur et même de l'ouvrier; mais la mort de l'une de ces personnes avec lesquelles le propriétaire a traité spécialement et séparément, n'a aucun effet à l'égard des autres. Au reste, le propriétaire est tenu de payer à la succession de l'architecte ou entrepreneur, la valeur des ouvrages faits et des matériaux préparés, lorsque ces ouvrages et matériaux peuvent lui être utiles.

Le contrat de louage est encore dissous par la seule volonté du maître, qui consent à dédommager l'entrepreneur de ses dépenses et à lui payer ce qu'il aurait pu gagner dans l'entreprise.

Chapitre IV. — Du bail à cheptel.

Le *bail à cheptel* est un contrat par lequel l'une des parties remet à l'autre un fonds de bétail pour le garder, le nourrir et le soigner sous les conditions convenues entre elles.

Le mot *cheptel*, qui désigne ce contrat, désigne aussi quelquefois le troupeau donné à cheptel.

On peut donner à cheptel toute espèce d'animaux susceptibles de croît ou de profit pour l'agriculture ou le commerce.

Ce chapitre se divise en quatre sections, traitant de quatre cheptels distincts, qui sont:

1° Le cheptel simple; 2° le cheptel à moitié; 3° le cheptel donné au fermier ou au colon partiaire; 4° le cheptel improprement dit.

Section I. — *Du cheptel simple.*

Le bail à *cheptel simple* est un contrat par lequel l'une des parties s'engage à remettre à l'autre un fonds de bétail à garder, nourrir et soigner, à condition qu'ils partageront ensemble les bénéfices et les pertes partielles.

On estime, lors du contrat de cheptel ou lors de l'exécution de l'obligation du bailleur, le fonds de bétail. Cette estimation n'en transporte point la propriété au preneur; elle a seulement pour but de fixer la perte ou le profit qui pourra se trouver à la fin du bail (1).

Le bailleur et le preneur ont chacun moitié dans les bénéfices et dans les pertes, à moins de clause contraire. Comme les cheptelliers sont ordinairement simples et pauvres, la loi craint qu'on ne leur impose des conditions trop onéreuses; c'est pourquoi elle déclare nul le contrat de cheptel renfermant l'une de ces trois clauses : 1° que le preneur supportera la perte totale du cheptel, quoique arrivée par cas fortuit; 2° qu'il supportera dans la perte une part plus grande que celle qu'il a dans le profit; 3° que le bailleur prélèvera, à la fin du bail, plus que la valeur du cheptel fourni : chacune de ces trois clauses est contraire à l'essence du contrat. Il est de la nature du contrat : 1° que le preneur profite seul du laitage, du fumier, et du travail des animaux donnés à cheptel; 2° que la laine et le croît se partagent par moitié entre le bailleur et le preneur. On peut cependant déroger à ces deux dispositions, qui sont de la nature, mais non de l'essence du contrat.

Le preneur est tenu : 1° d'apporter à la conservation du cheptel les soins d'un bon administrateur; 2° d'avertir le bailleur quand il voudra tondre le troupeau; 3° puisque

---

(1) Voir le FORMULAIRE, MODÈLE, n° 27, 1°.

l'estimation ne lui a pas transféré la propriété du troupeau, il est tenu de ne disposer d'aucune bête, soit du fonds, soit du croît, sans le consentement du bailleur, qui ne peut lui-même en disposer sans le consentement du preneur.

Lorsqu'il s'élève quelque contestation au sujet du manque de quelques têtes, le preneur est tenu de prouver leur perte et de rendre compte des peaux. Si le bailleur prétend que la perte provient de la faute du preneur, et que celui-ci doit par conséquent seul la supporter entièrement, il est tenu de prouver sa prétention.

Si le cheptel périt en entier sans la faute du preneur, la perte est entièrement pour le bailleur; s'il n'en périt qu'une partie, la perte est supportée également par le bailleur et par le preneur.

Le bail s'éteint: 1° par l'expiration du temps fixé, ou, si la durée n'est pas fixée, après trois ans; 2° par la perte de tout le cheptel; 3° par l'inexécution des obligations du preneur; mais la résolution doit alors être prononcée en justice.

A la fin du bail, il se fait une nouvelle estimation du cheptel. Le bailleur prélève des bêtes jusqu'à concurrence de la première estimation, et l'excédant se partage ensuite. S'il n'existe pas assez de bêtes pour remplir la première estimation, le bailleur prend tout ce qui reste, et les parties contribuent à la perte.

Il est à remarquer que celui qui donne un cheptel au fermier d'autrui doit avoir soin d'en faire la notification au propriétaire de la ferme, sans quoi ce propriétaire pourrait saisir et faire vendre le cheptel pour le payement de ce que son fermier lui doit.

Section II. — *Du cheptel à moitié.*

Le *cheptel à moitié* est une société dans laquelle chacune des parties fournit la moitié des bestiaux, qui demeurent communs pour les bénéfices et les pertes.

Toute convention contraire à l'essence du cheptel simple est à plus forte raison contraire à l'essence du cheptel à moitié, puisque, dans ce dernier cheptel, le preneur fournit la moitié du fonds de bétail. Bien plus, les deux conventions qui sont contraires à la nature seulement du cheptel simple, sont contraires à l'essence du cheptel à moitié, et l'annulent, à moins que le bailleur ne soit propriétaire de la métairie dont le preneur est fermier ou colon partiaire. Le preneur a donc essentiellement dans le cheptel à moitié : 1° tous les laitages, le fumier et le travail des bêtes ; 2° la moitié au moins de la laine et du croît : toute convention contraire est nulle.

Toutes les autres règles du cheptel simple s'appliquent au cheptel à moitié ; mais la perte totale est évidemment supportée par les deux parties.

SECTION III. — *Du cheptel donné par le propriétaire à son fermier ou à son colon partiaire.*

I. *Du cheptel donné au fermier.* — Le cheptel donné au fermier, appelé *cheptel de fer*, est celui par lequel le propriétaire d'une métairie la donne à ferme, à la charge qu'à la fin du bail, le fermier laissera des bestiaux d'une valeur égale au prix d'estimation de ceux qu'il a reçus.

Cette convention de cheptel est un contrat accessoire du bail de la ferme. L'estimation du cheptel le met aux risques du fermier ; celui-ci en retire tous les bénéfices, et, par conséquent, il en supporte seul la perte particelle et même totale. Cette estimation ne transfère point la propriété du cheptel au fermier, qui peut cependant disposer de quelques têtes, à la charge de les remplacer par le croît.

Quoique le fermier retire tous les profits du cheptel, il ne peut point disposer du fumier, car le fumier est considéré comme appartenant à la ferme et doit être uniquement employé à son exploitation.

A la fin du bail à ferme, le fermier doit laisser un

cheptel d'une valeur égale à celui qu'il a reçu ; en cas de différence, il paye le déficit ou retient l'excédant.

II. *Du cheptel donné au colon partiaire.* — Le *cheptel donné au colon partiaire* est aussi un contrat accessoire dont les effets commencent et finissent avec le bail de la métairie. Il est régi par les règles du cheptel simple : le bailleur supporte donc seul la perte entière du cheptel, lorsqu'elle arrive sans la faute du colon. Il diffère du cheptel simple, en ce que l'on peut convenir : 1° que le bailleur aura une plus grande part dans le profit du cheptel que le colon ; 2° qu'il aura moitié des laitages ; 3° que le colon lui délaissera sa part dans la toison à un prix inférieur à la valeur ordinaire ; car ces clauses onéreuses au preneur supposent, dans ce contrat accessoire, une compensation dans le contrat principal. Mais on ne peut pas convenir que le colon sera tenu de toute la perte du cheptel.

SECTION IV. — *Du contrat appelé improprement cheptel.*

Le contrat appelé improprement cheptel est celui où l'une des parties livre une ou plusieurs vaches au preneur, qui doit les loger et les nourrir. Le bailleur en conserve la propriété, et il a seulement pour profit les veaux qui en naissent.

TITRE IX. — DU CONTRAT DE SOCIÉTÉ.

La société est un contrat consensuel, synallagmatique, aléatoire, à titre onéreux, du droit des gens et principal.

Elle est définie : Un contrat par lequel deux ou plusieurs personnes conviennent de mettre en commun quelque chose, dans la vue de partager les bénéfices qui pourront en résulter.

Les associés ne s'unissent qu'en vue des *bénéfices;* mais il est essentiel qu'ils aient dans les *pertes* la même part que celle qui leur est fixée pour les bénéfices. L'*objet* de la société doit être licite. Les *apports* des associés peuvent consister en argent, ou en autres biens, ou même en industrie. Ce contrat doit être formé essentiellement dans l'*intérêt commun* des parties.

Quoique le contrat de société soit consensuel et par conséquent obligatoire par le seul consentement des parties, cependant, conformément aux règles sur la preuve, son existence ne peut être prouvée par témoins que lorsque son objet, c'est-à-dire le montant de tous les apports individuels, n'excède pas cent cinquante francs; au-dessus de cette somme, il faut donc, pour la facilité de la preuve, rédiger un écrit authentique ou sous seing privé, et, dans ce dernier cas, il y a autant d'originaux que d'associés (1). Lorsqu'un écrit est rédigé, la preuve testimoniale n'est point admise contre ou outre le contenu en l'acte, encore qu'il s'agisse d'une valeur inférieure à cent cinquante francs : ce qui est d'ailleurs une application des principes sur la preuve.

Ce titre comprend trois chapitres qui traitent : 1° des diverses espèces de société; 2° des engagements des associés soit entre eux, soit à l'égard des tiers; 3° des différentes manières dont finit la société.

Chapitre I. — Des diverses espèces de société.

Les sociétés sont universelles ou particulières.

I. *Sociétés universelles.* — Il y a deux sortes de sociétés universelles, celle de biens, et celle de gains.

1° La société *universelle de biens* ne peut jamais comprendre, si ce n'est entre époux, la propriété des biens qui pourraient advenir aux associés par succession, donation ou legs. Elle comprend donc seulement les biens présents, meubles ou immeubles, que les associés possèdent au jour de la convention, et les profits qu'ils

---

(1) Voir le FORMULAIRE, MODÈLE, n° 2a.

peuvent en tirer. Rien n'empêche de faire tomber aussi dans cette société toute espèce de gains que feront les associés, ainsi que la jouissance des biens qui leur arriveront par succession, donation ou legs.

2° La société *universelle de gains* renferme tout ce que les parties acquerront par leur industrie, la pleine propriété des biens meubles qu'ils ont au moment du contrat, et l'usufruit de leurs immeubles. Cette société ressemble donc beaucoup à la communauté d'acquêts entre époux.

L'affaiblissement des principes religieux laisse s'introduire dans la société des germes mauvais qui s'opposent à la communion parfaite des cœurs et des biens. Aussi, se conformant aux mœurs, le Code décide que la société universelle de biens ne comprendra point et ne pourra jamais comprendre les biens à venir, et que la simple convention de société universelle, faite sans autre explication, n'emporte que la société universelle de gains. En outre, le Code ne reconnaît point de sociétés tacites, appelées sociétés *taisibles*, très-fréquentes autrefois entre frères et sœurs, oncles et neveux, qui continuaient à rester ensemble après le décès du père de famille, et qui laissaient tous leurs biens dans l'indivision.

Comme la loi désire l'égalité entre les héritiers, elle défend toute société universelle entre personnes auxquelles il n'est point permis de s'avantager au préjudice d'autres personnes : ainsi le père ne pourrait faire de société universelle ni avec son enfant naturel, soit simple, soit adultérin, soit incestueux, ni même avec l'un de ses enfants légitimes. Bien plus, quoique le père ou autre ascendant puisse faire une société particulière avec l'un de ses enfants, elle n'est valable qu'autant : 1° qu'elle n'est point frauduleuse, c'est-à-dire que l'on ne suppose point des apports qui, en réalité, n'ont pas eu lieu, et 2° que la convention est réglée par acte authentique, afin que, si l'enfant associé peut, en cas de bénéfices, invoquer l'existence de la société, les autres enfants puissent aussi, en cas de pertes, obtenir des copies de l'acte et prouver l'existence de cette société.

II. *Sociétés particulières.* — La société *particulière* est celle qui ne comprend que la propriété de certaines choses déterminées, ou seulement leur jouissance ou leur usage, ou bien celle qui a pour objet une entreprise déterminée ou l'exercice de quelque métier ou profession.

Chapitre II. — Des engagements des associés, soit entre eux, soit à l'égard des tiers.

Ce chapitre comprend deux sections qui traitent : 1° des engagements des associés entre eux, et 2° des engagements des associés à l'égard des tiers.

Section I. — *Des engagements des associés entre eux.*

I. *Naissance de la société.* — La société commence au moment du contrat, si la convention ne désigne pas une autre époque; lorsque la convention fixe un terme pour la naissance de la société, celle-ci n'ayant pas d'existence civile avant le terme, elle ne peut être, jusque-là, ni créancière ni propriétaire. La société dont la durée n'est point fixée par la convention est censée faite pour toute la vie des associés; ou, si elle est formée pour une affaire dont la durée est limitée, comme la construction d'une maison, elle est censée faite pour tout le temps que doit durer cette affaire.

II. *Obligations des associés quant aux apports et aux soins.* — 1° Dès que la société est née, chaque associé est débiteur envers elle de tout ce qu'il a promis d'apporter. Lorsque l'apport d'un corps certain a été effectué et que la société en est évincée ou est menacée de l'éviction, elle a contre l'associé un recours en garantie, de la même manière qu'un acheteur peut recourir contre son vendeur; mais elle supporte la perte arrivée par cas fortuit. Si l'associé a mis en société la jouissance de certaines choses, il supporte la perte arrivée par cas fortuit lorsqu'il s'agit d'un usufruit proprement dit; tandis que la perte est supportée par la société devenue propriétaire, quand il s'agit d'un usufruit improprement dit.

À partir du jour où l'associé est devenu débiteur de son apport envers la société, il est mis en demeure de plein droit de satisfaire à son obligation : il doit donc les fruits des choses promises, les intérêts des sommes dues, et, s'il apporte son industrie à la société, il doit tous les gains que cette industrie lui a procurés; il est même tenu de plus amples dommages et intérêts, lorsque son retard a causé un grave préjudice à la société. De même, si un associé prend des sommes dans la caisse sociale pour son utilité particulière, il en doit de plein droit, à partir de ce jour, les intérêts et même de plus amples dommages et intérêts, s'il y a lieu. Ces décisions rigoureuses contre l'associé sont fondées en raison : en effet, cet associé a manqué non-seulement à son engagement, mais encore à ses fonctions; d'ailleurs, la loi a dû pourvoir très-efficacement aux intérêts des autres associés, pour ne pas les mettre dans la nécessité de faire de pénibles poursuites contre un coassocié.

2° L'associé est tenu d'apporter aux affaires communes les mêmes soins qu'il a coutume d'apporter dans ses propres affaires. De là, s'il est, pour son compte particulier, créancier d'une somme exigible envers une personne qui doit à la société une somme également exigible, ce qu'il reçoit de ce débiteur doit être imputé sur sa créance et sur celle de la société, dans la proportion des deux créances. Cette règle est applicable dans les rapports entre l'associé et la société, lors même que l'imputation aurait été faite sur la créance de l'associé soit par cet associé, soit même par le débiteur; mais cette imputation produira néanmoins des effets entre l'associé créancier et le débiteur. Rien n'empêche évidemment que l'associé ne fasse efficacement pour le tout l'imputation du payement sur la créance sociale.

De même, si l'un des associés a reçu sa part de la créance commune, il est tenu de rapporter à la société ce qu'il a reçu, lorsque le débiteur devient ensuite insolvable, car il a dû veiller aux intérêts de ses coassociés comme aux siens propres.

Lorsque l'associé a causé, par sa faute ou négligence, un dommage à la société pour n'avoir pas géré les affaires sociales comme les siennes, il doit réparer ce dommage, sans pouvoir le compenser avec les profits que sa grande diligence aurait procurés à la société dans d'autres affaires. Mais, d'un autre côté, l'associé peut réclamer contre la société toutes les sommes qu'il a déboursées pour elle; il a même action contre elle pour les obligations qu'il a contractées de bonne foi, ainsi que pour les risques inséparables de sa gestion.

III. *Part des associés.* — Si l'acte de société se tait à cet égard, chaque associé a, dans les bénéfices et pertes, une part proportionnelle à sa mise; celui qui n'a apporté que son industrie, a une part égale à celui qui a le moins apporté. — Lorsque l'acte de société détermine les parts, la convention fait la loi des parties. Mais on ne peut, à peine de nullité de la société, convenir que la totalité des bénéfices appartiendra à l'un ou à quelques-uns des associés, ni que les sommes et effets apportés par l'un des associés seront affranchis de toute contribution aux pertes, ni enfin que les associés auront dans les pertes une part différente de celle qu'ils ont dans les bénéfices.

Lorsque les associés sont convenus de s'en rapporter à l'un des associés ou à un tiers pour le règlement des parts, ce règlement ne peut être attaqué que dans le cas où il est évidemment contraire à l'équité; dans ce cas, l'action n'est même plus admise si le règlement a reçu un commencement d'exécution, ou si la partie qui se prétend lésée a eu, depuis plus de trois mois, connaissance du règlement.

IV. *Administration de la société*. — Pour l'administration de la société, il faut examiner si la convention s'exprime ou non à cet égard.

1° Lorsque la convention nomme un administrateur, celui-ci peut faire, nonobstant l'opposition des autres associés, tous les actes d'administration. Quand elle nomme plusieurs administrateurs, ceux-ci peuvent faire séparément tous les actes d'administration, à moins que l'on n'ait exprimé que l'un d'eux ne pourrait agir sans l'autre.

Lorsque l'acte de société détermine un ou plusieurs administrateurs, le mandat qui leur est donné ne peut être révoqué que pour fraude ou pour motifs graves, et cette révocation dissout la société. Dans tous les cas, l'associé qui n'est point administrateur ne peut aliéner ni engager les choses même mobilières qui dépendent de la société.

2° Lorsque l'acte de société ne nomme aucun administrateur, il peut arriver qu'un ou plusieurs administrateurs soient ensuite nommés par la majorité des associés. Ces administrateurs ont les mêmes pouvoirs que ceux qui sont nommés dans l'acte social; mais ils peuvent être révoqués, soit par la majorité des associés, soit même par un seul qui prouve judiciairement qu'il y a eu des actes frauduleux de leur part; dans ces deux cas de révocation, il n'y a point dissolution de la société, mais seulement il y a lieu à la nomination de nouveaux administrateurs.

3° Enfin, lorsque ni l'acte de société ni aucun acte postérieur ne nomme d'administrateurs, on suit les règles suivantes :

Les associés sont censés s'être réciproquement donné mandat pour les actes d'administration : chacun d'eux peut obliger les autres pour leur part en administrant; il peut aussi les contraindre à faire les dépenses nécessaires pour la conservation des choses de la société; mais un seul des associés peut empêcher les autres de faire des innovations, par exemple des constructions nouvelles, sur les immeubles dépendant de la société.

Quoique chacun des associés puisse prendre un ou plusieurs associés pour sa part sociale, ces associés de l'associé, appelés *croupiers*, ne font point partie de la société, et n'ont point le droit de faire des actes d'administration.

SECTION II. — *Des engagements des associés à l'égard des tiers.*

L'associé ne peut, au delà des limites de l'administration, engager son coassocié envers les tiers que lorsqu'il en a reçu le pouvoir. De là, s'il n'a pas reçu de pouvoir, et contracte au nom de la société, il n'oblige que lui-même. S'il a reçu pouvoir d'obliger les autres associés, ceux-ci sont tenus pour parts viriles envers le créancier; mais ils seraient tenus pour parts sociales si, dans le mandat ou dans l'obligation contractée envers les tiers, les parts de chacun des associés se trouvaient exprimées. Au reste, rien n'empêche les associés de donner à l'un d'eux le pouvoir exprès de les obliger solidairement envers les tiers.

CHAPITRE III. — Des différentes manières dont finit la société.

La société finit des manières suivantes.

1° Par l'expiration du temps pour lequel la société a été constituée. — Lorsque le terme est arrivé ou est sur le point d'arriver, la société peut être prorogée, c'est-à-dire renouvelée pour un temps plus long au moyen d'une convention nouvelle; mais cette prorogation ne peut être prouvée par témoins que lorsque l'objet de la société n'excède pas cent cinquante francs;

2° Par l'extinction de la chose. — Or il y a extinction ou perte de la chose, — soit quand tout le fonds social vient à périr; — soit quand la chose dont la jouissance seulement a été mise en société par une partie, est un corps certain et déterminé qui vient à périr; car l'obligation de cette partie étant, comme celle du bailleur, successive et consistant à faire jouir la société, elle ne peut plus être accomplie après la perte de la chose, et, dès lors, cette partie, qui ne réalise plus d'apport, ne peut plus profiter des bénéfices; — soit enfin lorsque le corps certain, dont un associé a promis de mettre la propriété en société, vient à périr avant que la mise en ait été effectuée. Remarquons, sur ce dernier cas, que la perte arrivée avant le terme fixé pour le commencement de la société empêche celle-ci de naître, tandis que la perte arrivée après la naissance de la société la dissout; dans ce cas, en effet, l'associé étant de plein droit en demeure de réaliser son apport, la chose périt pour lui, et la loi ne veut point que, dès l'origine, l'association produise entre associés des actions en dommages et intérêts. Mais la société n'est point rompue par la perte de la chose dont la propriété a été mise en société, si la mise en a déjà été effectuée, car la perte retombe alors sur la société;

3° Par la consommation de la négociation. — Ainsi, quand la société a pour but des constructions, elle finit dès que ces constructions sont terminées;

4° Par la mort naturelle de quelqu'un des associés. — Car la société s'est formée en considération de la personne de chacun des associés. Toutefois, les associés peuvent convenir valablement qu'en cas de mort de l'un d'eux, la société continuerait avec ses héritiers, ou seulement entre les associés survivants : au second cas, l'héritier de l'associé décédé a droit à sa part de la valeur de la société au jour du décès, et aux bénéfices qui sont une suite nécessaire de ce qui s'est fait avant la mort de l'associé auquel il succède;

5° Par la condamnation d'un associé à une peine afflictive perpétuelle. — En effet, par une telle condamnation, tous les rapports se trouvent considérablement affaiblis.

6° Par l'interdiction ou la déconfiture de l'un des associés. — Car l'*interdit* ne peut plus administrer et n'offre plus de garantie de ses actes; et celui qui est tombé en *déconfiture* perd par là quelque chose de sa considération et tous ses biens, et ces deux éléments avaient contribué à la formation de la société;

7° Enfin par la volonté qu'un seul ou plusieurs des associés expriment de n'être plus en société. La volonté d'un associé ne peut suffire pour rompre la société que dans le cas où elle est faite pour une durée illimitée; et encore, dans ce cas, il faut que la renonciation à la société soit notifiée à tous les associés, et soit faite de bonne foi et non à contre-temps; or la renonciation n'est point *de bonne foi* lorsque l'associé renonce en vue de s'approprier à lui seul les profits que les associés s'étaient proposé de retirer en commun; elle est faite *à contre-temps* lorsqu'il importe à la société que sa dissolution soit différée. Lorsque la société est faite à terme, la dissolution ne peut être demandée avant le terme convenu que dans le cas où il y a de justes motifs, par exemple si l'un des associés manque à ses engagements, ou est atteint d'une infirmité habituelle qui le rend inhabile aux affaires de la société.

Remarque. — Les sociétés commerciales contiennent quelques dérogations aux principes du Code civil : notamment, dans les sociétés en nom collectif et en commandite, les associés dont le nom fait partie de la raison sociale sont tenus solidairement des engagements commerciaux contractés par l'un d'eux.

TITRE X. — DU PRÊT.

Ce titre comprend trois chapitres qui traitent : 1° du prêt à usage ou commodat; 2° du prêt de consommation ou simple prêt; 3° du prêt à intérêts et de la constitution de rente.

CHAPITRE I. — Du prêt à usage ou commodat.

Le *prêt à usage* ou *commodat* est un contrat par lequel

l'une des parties livre une chose à l'autre qui acquiert le droit de s'en servir, et qui doit la rendre après s'en être servie.

Ce contrat est : 1° *synallagmatique imparfait*, car il ne naît d'abord qu'une obligation, celle du commodataire qui s'engage à restituer la chose reçue, tandis que le commodant ne peut devenir obligé que postérieurement à la convention, par les dépenses faites sur sa chose ; — 2° *à titre gratuit*, car le commodataire acquiert gratuitement le droit de se servir de la chose ; — 3° *réel*, car ce contrat, de même que ceux de prêt de consommation, de dépôt et de gage, n'existe que par la livraison de la chose ; — 4° *principal*, car le commodat ne suppose point l'existence d'un autre contrat dont il serait l'accessoire.

Le prêteur reste propriétaire des choses remises en commodat ; si l'emprunteur en disposait, il serait coupable d'abus de confiance, passible d'emprisonnement et de dommages et intérêts. Au reste, toute espèce de biens, meubles et immeubles, peuvent être l'objet du commodat (1).

Les engagements du commodant et du commodataire se transmettent activement et passivement à leurs héritiers ; cependant si le commodat a été fait en considération du commodataire et à lui personnellement, ses héritiers ne peuvent point continuer à jouir de la chose.

I. *Engagements de l'emprunteur.* — L'emprunteur ou commodataire est tenu : 1° d'apporter à la conservation de la chose la plus grande diligence ; 2° de ne s'en servir qu'à l'usage auquel elle est destinée d'après sa nature ou d'après la convention ; 3° de la restituer au terme fixé par la convention, ou, à défaut, après s'en être servi.

Lorsque la chose remise en commodat vient à périr ou à se détériorer, la perte est supportée par le commodant. La perte serait cependant supportée par le commodataire

---

(1) Voir le FORMULAIRE, MODÈLE, n° 29.

dans les cas suivants : 1° si la chose a été estimée eu la prêtant, car, quoique l'estimation n'en transfère point la propriété au commodataire, elle met cependant les détériorations et la perte à sa charge; 2° si la perte ou la détérioration de la chose non estimée provient de quelque faute du commodataire, soit parce qu'il a employé la chose à un usage contraire à sa destination, soit parce qu'il l'a retenue pour un temps plus long qu'il ne le devait, soit enfin parce que, ne pouvant conserver que l'une de deux choses, il a préféré laisser périr celle qui lui a été remise en commodat, et sauver la sienne propre.

L'emprunteur peut, à titre de garantie, retenir la chose pour assurer le payement des dépenses nécessaires et urgentes qu'il a faites par rapport à cette chose. Mais il ne pourrait la retenir ni pour le payement des dépenses qu'il a faites pour se servir de la chose, car il n'a rien à réclamer à cet égard, ni pour le payement de créances étrangères à la chose remise en commodat, car ce serait violer la bonne foi du contrat.

Si plusieurs empruntent une même chose, ils sont solidairement responsables envers le prêteur.

II. *Engagements du prêteur.* — Le prêteur ou commodant n'est point directement obligé par le contrat de commodat, mais seulement par des événements postérieurs ou par son dol. Il est tenu : 1° de rembourser à l'emprunteur le montant des dépenses extraordinaires, nécessaires et urgentes, que celui-ci a faites pour la conservation de la chose; 2° de réparer le préjudice causé au commodataire par les défauts de la chose, s'il les connaissait et n'en a pas averti le commodataire; 3° de ne pas réclamer la chose avant le temps expressément ou tacitement convenu pour l'usage; cependant, s'il lui survient un besoin urgent et imprévu de sa chose, il peut obtenir du juge qu'elle lui soit restituée avant l'expiration du délai fixé pour l'usage.

Chapitre II. — Du prêt de consommation ou simple prêt.

Le prêt de consommation est un contrat par lequel l'une des parties transfère à l'autre la propriété d'une certaine quantité de choses qui se consomment par l'usage, à la charge par cette dernière de lui en rendre autant de même espèce et même qualité.

Le prêt de consommation est un contrat : 1° *unilatéral*, car il n'engendre qu'une obligation, celle de l'emprunteur : le prêteur a cessé d'être propriétaire des choses prêtées, dont la perte est par conséquent toujours pour l'emprunteur, qui est tenu de rendre d'autres choses; il ne doit donc jamais payer des dépenses nécessaires et de conservation; il n'est par conséquent jamais obligé par ce contrat : toutefois, il est responsable, à cause de son dol, du préjudice que les vices qu'il connaissait, et dont il n'a pas averti l'emprunteur, ont causé à ce dernier; en outre, il ne peut redemander les choses prêtées avant le terme expressément ou tacitement convenu; — 2° *de bienfaisance*, puisque l'emprunteur se sert des choses gratuitement, sans payer d'intérêts; — 3° *réel*, car il n'est parfait que par la livraison et la translation de propriété des choses prêtées; — 4° *principal*, car il n'est l'accessoire d'aucun autre contrat (1).

Les choses mobilières peuvent être seules l'objet du prêt de consommation : pour connaître s'il y a, en cas de prêt, prêt à usage ou prêt de consommation, on s'attache à l'intention des parties, et, à défaut de l'expression de cette intention, à la nature des choses.

Dans le prêt de consommation, l'obligation qui résulte d'un prêt d'argent n'est toujours que de la somme numérique énoncée au contrat, quelle que soit l'augmentation ou la diminution de valeur dans les espèces; lorsqu'il s'agit de prêt de lingots ou de denrées, l'obligation de

---

(1) Voir le FORMULAIRE, MODÈLE, n° 30.

l'emprunteur est toujours de rendre la même qualité et la même quantité, quelle que soit l'augmentation ou la diminution de leur prix.

Engagements de l'emprunteur. — L'emprunteur est tenu de rendre les choses prêtées en mêmes quantité et qualité, et au terme convenu. S'il ne les rend pas au terme convenu, il en doit les intérêts du jour de la demande en justice. Quand il se trouve dans l'impossibilité de rendre les mêmes choses, parce qu'elles auraient cessé d'être dans le commerce, il doit en payer la valeur, eu égard au temps et au lieu où la restitution devait être faite.

CHAPITRE III. — Du prêt à intérêts.

Ce chapitre traite du prêt à intérêts et de la constitution de rente.

I. *Prêt à intérêts.* — Il est permis de convenir que le prêt de consommation ayant pour objet de l'argent, des denrées ou autres choses mobilières produira des intérêts.

Le taux de l'intérêt est légal ou conventionnel. L'intérêt *légal* est fixé par la loi à cinq pour cent par an en matière civile, et à six pour cent par an en matière commerciale : or est réputée matière commerciale l'obligation passive du commerçant. L'intérêt *conventionnel* est celui dont le taux est fixé par la convention : il ne peut point dépasser le taux légal, car autrement le créancier commettrait le délit d'usure; mais il peut lui être inférieur (1).

Deux choses sont à remarquer : 1° l'emprunteur qui a payé des intérêts qui n'ont pas été stipulés ne peut ni les répéter ni les imputer sur le capital, parce qu'il est censé avoir acquitté une dette naturelle de la reconnaissance; 2° la quittance donnée sur le capital, sans réserve des intérêts, en fait présumer le payement et en opère la libération, car on doit supposer que le créancier n'aurait

---

(1) Voir le FORMULAIRE, MODÈLE, n° 31.

point consenti une telle imputation s'il n'eût pas reçu les intérêts, qui sont prescriptibles par cinq ans, payables par annuités, et sur lesquels ce qui est payé doit d'abord s'imputer.

II. *Constitution de rente en perpétuel.* — La rente peut être constituée soit en perpétuel ou en viager, soit à titre onéreux ou à titre gratuit. Nous avons seulement à parler ici des rentes constituées à perpétuité et à titre onéreux : nous verrons les rentes viagères au titre 12, chapitre 2, du présent livre (page 341). Les rentes constituées à titre gratuit sont soumises, quant à la forme et au fond, aux règles des donations entre-vifs et testamentaires.

La rente constituée à titre onéreux prend le nom de vente. Elle peut être définie : « Un contrat par lequel une personne vend à une autre, moyennant un capital mobilier ou moyennant l'abandon d'un fonds, le droit de demander à perpétuité ou pendant la vie d'une ou plusieurs personnes, des arrérages à des époques périodiques (1). »

Les rentes constituées à perpétuité sont essentiellement rachetables : le vendeur de la rente peut donc éteindre son obligation de payer des arrérages à l'avenir en donnant à l'acheteur de la rente le montant des arrérages annuels multiplié par vingt. Mais, en règle générale, l'acheteur de la rente ne peut jamais contraindre le vendeur au rachat.

Lorsque la rente a été vendue moyennant l'abandon d'un immeuble, l'acheteur a pu valablement prohiber le rachat pendant un délai qui ne peut excéder trente ans; il a également pu régler valablement les clauses et conditions du rachat, et dire, par exemple : « Vous me payerez, pour l'abandon de mon immeuble, mille francs par an à perpétuité ; mais vous ne pourrez racheter la rente qu'en me payant trente mille francs. » — Si le vendeur de la rente ne satisfait point à son obligation, s'il ne fournit

---

(1) Voir le FORMULAIRE, MODÈLE, n° 32.

point les sûretés promises par le contrat, ou enfin s'il tombe en faillite ou en déconfiture, l'acheteur peut le contraindre au rachat.

Lorsque la rente est constituée moyennant un capital mobilier, l'acheteur peut convenir que le rachat ne sera pas fait pendant un délai qui n'excédera pas dix ans; mais il ne peut point stipuler qu'en cas de rachat, il recevrait plus qu'il n'a donné, et par conséquent il ne peut point régler les clauses et conditions du rachat. — Le débiteur de la rente constituée en perpétuel moyennant un capital mobilier peut être contraint au rachat dans les cas suivants : 1° s'il cesse de remplir ses obligations pendant deux années : la cessation ne commence évidemment que du jour où un terme d'arrérages est devenu exigible; quand le débiteur ne doit point porter les arrérages, la cessation ne commence même que du jour où le créancier qui doit aller les *quérir*, c'est-à-dire les demander, a fait au vendeur une sommation de payer : il faut donc pour calculer le point de départ des deux années, distinguer si la rente est *portable* ou si elle est *quérable*; 2° s'il manque à fournir les garanties promises par le contrat; 3° s'il tombe en faillite ou en déconfiture.

TITRE XI. — DU DÉPÔT ET DU SÉQUESTRE.

Le *dépôt* est un acte par lequel une personne reçoit la chose d'autrui, à la charge de la garder et de la restituer en nature. On entend aussi par dépôt la chose qui est l'objet de cet acte. — Nous disons que le dépôt est un *acte*, car il n'est à vrai dire un *contrat* que dans le dépôt volontaire et le séquestre conventionnel.

Ce titre traite du dépôt proprement, et du séquestre, qui font l'objet des deux chapitres suivants.

CHAPITRE I. — Du dépôt proprement dit.

Le *dépôt proprement dit* est, comme le prêt à usage, un contrat synallagmatique imparfait, à titre gratuit, réel, et principal. C'est celui qui reçoit la chose qui rend un bienfait à l'autre. Ce contrat ne peut avoir pour objet que des choses mobilières.

Ce chapitre se divise en deux sections qui traitent : 1° du dépôt volontaire ; 2° du dépôt nécessaire.

Section I. — *Du dépôt volontaire.*

Le dépôt *volontaire* se forme par le consentement de la personne qui fait le dépôt et de celle qui le reçoit. Il faut, pour la validité du contrat, que le dépôt soit fait par le propriétaire de la chose ou de son consentement.

Malgré la position embarrassante du déposant, demandant à la fois un bienfait du dépositaire et un écrit de sa part constatant l'acte de dépôt, il n'est cependant point admis, au-dessus de cent cinquante francs, à faire la preuve testimoniale du contrat (1). Aussi, lorsque le dépôt est d'une valeur supérieure à cent cinquante francs, s'il n'est point prouvé par écrit, le dépositaire est cru sur son affirmation, soit pour le fait même du dépôt, soit pour la chose qui en faisait l'objet, soit enfin pour le fait de sa restitution.

Lorsque le dépôt est fait par une personne incapable, comme un mineur ou un interdit, le capable qui le reçoit est obligé, mais il n'a contre le déposant qu'une action annulable. Lors, au contraire, qu'un capable fait un dépôt à un incapable, il n'a contre ce dernier qu'une action personnelle annulable ; mais, comme il n'a point entendu transférer la propriété de sa chose, il peut la revendiquer tant qu'elle existe dans la main du dépositaire ; il peut aussi réclamer contre le dépositaire tout ce qui a tourné à son profit, attendu que personne ne doit s'enrichir aux dépens d'autrui.

Voyons les obligations du dépositaire et celles du déposant.

---

(1) Voir le Formulaire, MODÈLE, n° 33, 1°.

I. *Obligations du dépositaire.* — 1° Le dépositaire doit apporter, dans la garde de la chose déposée, les mêmes soins qu'il apporte dans la garde des choses qui lui appartiennent. Son obligation à cet égard est appréciée avec plus de rigueur, s'il s'est offert lui-même pour recevoir le dépôt; ou s'il reçoit, d'après la convention, un salaire pour la garde du dépôt; ou si le dépôt est fait en partie dans son intérêt, en ce qu'il a obtenu le droit de se servir de la chose; ou enfin si, d'après la convention expresse, il répond de toute espèce de faute.

2° Le dépositaire qui disposerait de la chose, commettrait le délit d'abus de confiance; il ne peut pas même s'en servir, sans la permission expresse ou présumée du déposant. Si les choses déposées lui ont été confiées dans un coffre fermé ou sous une enveloppe cachetée, il ne doit point chercher à les connaître.

3° Le dépositaire doit rendre identiquement la chose même qu'il a reçue, et cela, à la première demande du déposant. Ainsi, le dépôt de sommes monnayées doit être rendu dans les mêmes espèces, aussi bien en cas d'augmentation que dans celui de diminution de valeur. Lorsque la chose a produit des fruits, le dépositaire doit aussi les restituer avec la chose; mais, puisqu'il a dû conserver la somme déposée, il n'en doit point les intérêts, tant qu'il n'est pas mis en demeure d'en faire la restitution.

4° Le dépositaire étant tenu de restituer identiquement la chose reçue, il s'ensuit qu'il est libéré si cette chose est périe par cas fortuit, et qu'il n'est point tenu des détériorations survenues à la chose sans sa faute. Mais si la chose lui a été enlevée par force majeure, il est tenu de restituer le prix ou la chose qu'il a reçue à la place; et si l'héritier du dépositaire a vendu la chose déposée en pensant qu'elle faisait partie de l'hérédité, il doit seulement restituer au déposant le prix reçu, ou, s'il n'a pas encore reçu le prix, l'action qu'il a contre l'acheteur.

5° Quoique le dépôt ne puisse être régulièrement fait que par le propriétaire ou de son consentement, le dépositaire ne peut cependant point exiger du déposant la preuve qu'il est propriétaire de la chose déposée. S'il découvre et prouve qu'il en est lui-même propriétaire, ses obligations cessent. S'il découvre que la chose a été volée et quel en est le propriétaire, il doit dénoncer à celui-ci le dépôt qui a été fait et le sommer de réclamer la chose déposée dans un délai déterminé et suffisant: quand celui auquel la dénonciation est faite néglige de réclamer le dépôt, le dépositaire est libéré en remettant la chose reçue en dépôt à celui qui la lui a confiée.

6° La chose déposée doit être restituée à celui au nom duquel elle a été déposée ou à celui qui a pouvoir de lui de la recevoir; s'il est décédé, elle est restituée à son héritier; quand il a laissé plusieurs héritiers, elle est restituée à tous, présents et consentants, lorsqu'elle est indivisible, et à chacun d'eux pour sa part héréditaire, lorsqu'elle est divisible; s'il a changé d'état, par exemple si la femme s'est mariée ou si le majeur a été frappé d'interdiction après le moment où le dépôt a été fait, la restitution doit être faite à celui qui a l'administration des droits et des biens du déposant; si enfin l'administrateur, comme le mari ou le tuteur, qui a fait le dépôt au nom de l'administré, cesse ses fonctions, la restitution doit être faite à celui qui lui succède dans l'administration.

7° La restitution du dépôt se fait, aux frais du déposant, dans le lieu fixé par la convention, ou, à défaut de convention, dans le lieu même du dépôt. Elle doit être faite, sous peine de dommages et intérêts, à la première demande du déposant, à moins cependant qu'il n'existe, entre les mains du dépositaire, une saisie-arrêt formée par des créanciers du déposant ou par des personnes prétendant quelque droit sur la chose déposée.

8° Le dépositaire infidèle commet un délit passible des

peines de l'emprisonnement. Il ne peut point jouir du bénéfice de cession de biens, qui n'est accordé qu'au débiteur malheureux et de bonne foi; il ne semble point cependant qu'il faille conclure de là qu'en cas de dépôt volontaire, le dépositaire infidèle soit contraignable par corps, car on ne peut appliquer cette voie rigoureuse dans les cas qui ne se trouvent pas insérés expressément dans la loi.

II. *Obligations du déposant.* — Le déposant est tenu de rembourser au dépositaire les dépenses qu'il a faites pour la conservation de la chose déposée, et de l'indemniser de toutes les pertes que le dépôt peut lui avoir occasionnées. Le dépositaire est généralement, quant à ses dépenses et à ses pertes, écouté avec faveur dans ses réclamations : il peut retenir la chose déposée jusqu'à l'entier payement de ce qui lui est dû à raison du dépôt.

Section II. — *Du dépôt nécessaire.*

Le dépôt *nécessaire* est celui qui a été forcé par quelque accident, tel qu'un incendie, une ruine, un pillage, un naufrage ou tout autre événement grave et imprévu.

Le dépôt nécessaire est soumis à toutes les règles du dépôt volontaire, sauf les deux exceptions suivantes : 1° en cas de dépôt nécessaire, la preuve testimoniale est reçue même au-dessus de la valeur de cent cinquante francs ; 2° le dépositaire nécessaire qui est infidèle est non-seulement privé du bénéfice de cession de biens, mais il est encore contraignable par corps.

Les aubergistes et hôteliers sont en tout considérés comme dépositaires nécessaires des effets apportés par le voyageur qui loge chez eux. Ils sont, en outre, responsables du vol ou dommage des effets du voyageur, soit que le vol ait été fait ou que le dommage ait été causé par les domestiques et préposés à l'hôtellerie, ou par des étrangers allant et venant dans l'hôtellerie. Mais leur responsabilité cesse s'ils prouvent que les vols ont été faits avec force armée ou autre force majeure.

CHAPITRE II. — Du séquestre.

Le *séquestre* est le dépôt d'une chose contentieuse. On appelle aussi séquestre, soit la chose qui est l'objet du dépôt, soit la personne qui le reçoit.

Le séquestre est conventionnel ou judiciaire.

I. *Séquestre conventionnel.* — Le séquestre conventionnel est le dépôt fait par une ou plusieurs personnes d'une chose contentieuse, entre les mains d'un tiers qui s'oblige de la rendre, après la contestation terminée, à la personne qui sera jugée devoir l'obtenir (1).

Le séquestre peut avoir pour objet des meubles, ou même des immeubles. Il peut n'être pas gratuit : s'il est gratuit, il est soumis à toutes les règles du dépôt volontaire ; s'il n'est pas gratuit, la responsabilité du dépositaire est appréciée bien plus rigoureusement. Pour que le dépositaire des choses séquestrées puisse être déchargé de l'obligation de les conserver, il faut ou que la contestation soit terminée, ou que toutes les parties y consentent, ou enfin qu'il y ait une cause jugée légitime.

II. *Séquestre judiciaire.* — La justice peut ordonner le séquestre :

1° Des meubles saisis sur un débiteur ; en ce cas, le créancier nomme un gardien, et c'est entre lui et ce gardien que se forment les obligations résultant du séquestre : l'obligation du gardien consiste à apporter les soins d'un bon père de famille à la conservation des effets saisis, à les représenter au saisissant pour la vente, ou en cas de mainlevée de la saisie, à la partie saisie ;

2° D'un immeuble ou d'une chose mobilière dont la propriété ou la possession est litigieuse entre deux ou plu-

---

(1) Voir le FORMULAIRE, MOBILIER, n° 3J, 2°.

sieurs personnes : la justice laisse ordinairement le défendeur en possession jusqu'à la fin du litige ; mais elle ordonne le séquestre de la chose quand le possesseur ne présente point de garanties et fait des actes de nature à inspirer au demandeur des craintes sérieuses ;

3° Des choses que le débiteur offre pour sa libération : si la dette est d'une somme d'argent, elle est déposée à la Caisse des dépôts et consignations ; si elle est, au contraire, d'une autre chose, elle est déposée entre les mains d'une personne désignée soit par les parties, quand elles s'accordent, soit, dans le cas contraire, par le tribunal.

Les obligations de celui qui reçoit le séquestre judiciaire sont les mêmes que celles de celui qui reçoit le séquestre conventionnel. Ce séquestre est toujours salarié.

TITRE XII. — DES CONTRATS ALÉATOIRES.

Le contrat *aléatoire* est une convention dont les effets quant aux avantages et aux pertes, soit pour toutes les parties, soit pour l'une d'entre elles, dépendent d'un événement futur et incertain.

Si nous convenons que je vous donnerai les lièvres que je tuerai dans un jour de chasse, et que vous me donnerez les poissons que vous prendrez le même jour, il y a chance d'avantages et de pertes pour les *deux parties*. Si, au contraire, j'assure ma maison pour une prime de cinquante francs par an, il est certain que je payerai la prime fixée, mais il est incertain si celui qui la reçoit payera quelque chose ; par conséquent, la chance de gain ou de perte n'existe guère que pour *l'autre partie*.

Il y a beaucoup de contrats aléatoires : l'un des plus fréquents est le contrat d'assurance soit contre l'incendie, soit contre la grêle, soit contre les sinistres de mer et autres.

Ce titre s'occupe : 1° du jeu et du pari ; 2° de la rente viagère.

DES CONTRATS ALÉATOIRES.

Chapitre I. — Du jeu et du pari.

En général la loi considère comme funestes à la société et à la famille le jeu et le pari : c'est pourquoi elle n'accorde aucune action pour le payement des dettes qui en résultent. Elle excepte cependant les jeux propres à exercer au fait des armes, les courses à pied ou à cheval, les courses de chariot, le jeu de paume et autres jeux qui tiennent à l'adresse et à l'exercice du corps : de telles dettes sont civilement obligatoires ; mais quand la somme résultant de ces jeux est excessive, le tribunal la regarde comme immorale, et, au lieu de réduire la somme, il rejette entièrement la demande.

Quoique les dettes de jeu ne soient point en général obligatoires, cependant le perdant ne peut, dans aucun cas, répéter ce qu'il a volontairement payé, à moins qu'il n'y ait eu, de la part du gagnant, soit dol, soit supercherie ou escroquerie.

Chapitre II. — De la rente viagère.

La rente *viagère* est celle qui produit des fruits pendant la *vie* d'une ou de plusieurs personnes déterminées et qui s'éteint à leur mort.

Ce chapitre traite : 1° des conditions requises pour la validité du contrat de rente viagère ; 2° des effets du contrat entre les parties contractantes.

I. *Conditions requises pour la validité du contrat.* — La rente viagère peut être constituée soit à titre gratuit, soit à titre onéreux.

La rente viagère constituée à *titre gratuit* doit être faite par testament ou par donation entre-vifs, avec les formes prescrites pour ces sortes d'actes : elle est rapportable, si elle est faite à un cohéritier ; réductible, si elle dépasse la quotité disponible ; nulle, si elle est faite au profit d'une personne incapable de recevoir des libéralités.

La rente viagère constituée à *titre onéreux* est une

vente dont l'objet est la rente, être civil productif de fruits appelés arrérages, et dont le prix consiste soit en une somme d'argent, soit en une chose mobilière appréciable, soit en un immeuble. Elle peut être constituée sur la tête de celui qui en fournit le prix, ou sur la tête d'une autre ou de plusieurs autres personnes, qui n'ont aucun droit d'en jouir (1). Dans ce dernier cas, le vendeur de la rente payera à l'acheteur les arrérages convenus, tant que le tiers ou les tiers vivront; mais le contrat de rente viagère serait nul si la rente était constituée sur la tête d'une personne morte au moment du contrat, ou sur celle d'une personne atteinte d'une maladie dont elle meurt dans les vingt jours de la date du contrat. La rente viagère peut être aussi constituée au profit d'un tiers, quoique le prix en soit fourni par une autre personne : dans ce cas, quoique la constitution de rente produise une libéralité au profit du tiers, elle n'est point soumise aux formes requises pour les donations, par la raison qu'elle est la condition d'un acte à titre onéreux. Mais le tiers n'a un droit acquis à la rente que par la manifestation de son consentement; tant que ce consentement n'est point intervenu, celui qui a acheté et offert la rente, peut retirer son offre, et alors c'est à lui que les arrérages seront payés pendant la durée aléatoire primitivement fixée.

Dans les rentes constituées à perpétuité moyennant une somme d'argent ou autres choses mobilières, il n'est point permis de fixer des arrérages dépassant le taux légal : mais la rente viagère étant un contrat aléatoire, elle peut être constituée au taux qu'il plaît aux parties

II. *Effets du contrat entre les parties contractantes.* — 1° Celui au profit duquel la rente viagère a été constituée ne peut en demander la résolution, c'est-à-dire contraindre le constituant au rachat, que dans le cas où ce dernier ne donne pas les sûretés, cautions ou hypothèques,

---

(1) Voir le FORMULAIRE, MODÈLE, n° 34.

promises par le contrat. Le défaut par le constituant de payer les arrérages échus, n'autorise point l'autre partie à demander le remboursement du capital ou la restitution du fonds aliéné; car les arrérages payés, quoique considérés comme fruits, font en réalité partie du capital, puisque le taux des rentes viagères dépasse le taux légal et que la rente est destinée à s'éteindre : elle n'a donc que le droit de saisir et de faire vendre les biens de son débiteur, et de faire consentir par ce dernier ou faire ordonner par justice, sur le prix de la vente, l'emploi d'une somme suffisante pour le service des arrérages.

2° De son côté, le constituant ne peut nullement racheter la rente et se libérer par là de l'obligation d'en payer les arrérages, lors même qu'il offrirait de rembourser tout ce qu'il a reçu, en renonçant à la répétition des arrérages payés : il est tenu, conformément à la loi de la convention aléatoire, de servir la rente pendant toute la vie de la personne ou des personnes sur la tête desquelles la rente a été constituée, quelle que soit la durée de la vie de ces personnes et quelque onéreux qu'ait pu devenir le service de la rente.

3° Les arrérages de la rente viagère s'acquièrent jour par jour, comme tous autres fruits civils; ils ne sont acquis au rentier que dans la proportion de jours qu'il a vécu; mais s'il a été convenu que le terme d'arrérages serait payé d'avance, le terme qui a dû être payé est acquis du jour où le payement a dû être fait.

4° Celui au profit duquel existe la rente viagère, ne peut demander les arrérages qu'en justifiant de l'existence de la personne sur la tête de laquelle elle est constituée; car c'est par là seulement qu'il justifie de son droit aux arrérages.

5° La rente constituée à titre onéreux ne peut point être, par la volonté des parties, rendue insaisissable; car il n'est pas permis au débiteur de mettre ses droits à l'abri des poursuites de ses créanciers.

6° La rente viagère s'éteint seulement par la mort naturelle de celui sur la tête duquel elle est constituée; elle ne s'éteint point par sa mort civile, car on a pris seulement en considération les chances et probabilités de l'existence naturelle : le rentier venant à mourir civilement, les arrérages seront donc servis à ses héritiers pendant tout le temps de sa vie naturelle.

Disons, en terminant, que le législateur a difficilement admis la constitution de rente viagère à titre onéreux, parce que celui qui fait un pareil emploi de son bien, veut se procurer une vie commode et agréable, et manger tout, revenus et capital : il ne pense qu'à lui, et non à ses héritiers; il relâche ainsi et brise, autant qu'il peut, ses liens de famille. Cependant on a autorisé ce contrat, par la raison qu'une personne âgée et sans proches parents ne peut se procurer quelquefois que par cette voie des moyens d'existence, attendu que ses revenus au taux légal seraient trop faibles pour la satisfaction de ses besoins.

TITRE XIII. — DU MANDAT.

Le *mandat* ou *procuration* est un acte par lequel une personne donne pouvoir de faire quelque chose pour elle et en son nom à une autre personne : dès que celle-ci a accepté le pouvoir, l'acte s'élève au rang de contrat.

Celui qui donne le pouvoir s'appelle *mandant*; celui qui le reçoit prend le nom de *mandataire*.

Le mandat est un contrat : 1° *consensuel*, car il existe par le seul consentement des parties; — 2° *synallagmatique imparfait*, car il ne fait naître directement qu'une obligation, celle du mandataire, tandis que le mandant n'est lui-même obligé que par des faits postérieurs; — 3° *de bienfaisance*, car le mandataire rend généralement un bienfait au mandant; — et 4° *principal*, car il ne suppose point l'existence d'un autre contrat.

Conformément aux règles sur la preuve, le mandat

peut être constaté par acte public, par acte sous seing privé (1), par lettre, et même par témoins si la valeur n'excède point cent cinquante francs. L'acceptation du mandat peut n'être que tacite et résulter de l'exécution qui lui a été donnée par le mandataire. En général, le mandat est constaté par un écrit, et même par acte authentique, lorsqu'il s'agit pour le mandataire de traiter avec des tiers qui ne connaissent point l'écriture du mandant; cet écrit prend aussi le nom de *mandat, pouvoir, procuration*.

Le mandataire est en tout le représentant du mandant : il est la main et la voix de ce dernier. Le mandant, au moyen du mandataire qui s'est fait en quelque sorte son instrument, aliène ses choses, acquiert les choses d'autrui, et devient créancier ou débiteur. Le mandataire ne fait rien pour lui, mais il fait tout pour le mandant. Cependant, dans certains cas, et surtout en matière de commerce, le mandataire agit en son propre nom : il prend alors le nom de *commissionnaire*, et lorsqu'il traite en cette qualité, il devient, à l'égard des tiers, soit créancier, soit débiteur personnellement.

Le mandat est gratuit de sa nature; mais on peut convenir qu'il ne sera point gratuit. Bien plus, si le mandat est donné à un notaire, à un huissier, à un avoué, à un avocat de faire quelque chose relativement à leurs fonctions, il est dû des honoraires, lors même qu'aucune convention n'aurait eu lieu à cet égard.

Le mandat est spécial ou général : il est *spécial* quand il concerne une ou plusieurs affaires (2); il est *général* quand il embrasse tous les actes d'administration (3). Lorsqu'il s'agit du pouvoir d'aliéner, d'hypothéquer, de faire ou accepter une donation, ou de faire quelque autre

---

(1) Voir le FORMULAIRE, MODÈLE, n° 35.
(2) *Idem*, n° 35, 1°.
(3) *Ibidem*, n° 35, 2°.

acte de propriété, le mandat doit mentionner expressément ces actes.

Le mandataire ne peut rien faire au delà de son mandat; car, dans les cas où la procuration est muette, on applique la règle que personne ne peut faire des actes qui nuisent ou profitent à autrui. Le pouvoir de transiger n'emporte point celui de remettre à un tiers arbitre la décision du litige; le pouvoir de louer n'emporte point celui de toucher le prix des baux (1); le pouvoir de vendre des immeubles n'emporte point celui d'en toucher le prix.

On peut choisir pour mandataires des femmes mariées, des mineurs ou des interdits; mais, par application des principes généraux, le mandant n'aura contre l'une de ces personnes qu'une action annulable.

Trois choses sont à examiner : 1° les obligations du mandataire; 2° les obligations du mandant; 3° les manières dont finit le mandat.

I. *Obligations du mandataire.* — Les obligations du mandataire sont au nombre de trois.

1° Le mandataire doit accomplir le mandat qu'il a accepté, tant qu'il en demeure chargé : il est tenu de dommages et intérêts à raison de l'inexécution du mandat, de sa partielle exécution, de sa mauvaise exécution et de son exécution tardive. Quoique le mandat soit dissous par la mort du mandant, le mandataire est néanmoins tenu d'achever la chose alors commencée.

2° Le mandataire est responsable envers le mandant du préjudice qu'il lui a causé par son dol et par sa faute; mais sa responsabilité est appréciée moins rigoureusement, quant à la faute, lorsqu'il gère gratuitement que lorsqu'il reçoit un salaire. Il est aussi responsable des fautes commises par celui qu'il s'est substitué dans l'exécution du mandat, s'il n'a pas reçu le pouvoir de se substituer

---

(1) Voir le FORMULAIRE, MODÈLE, n° 35, 3°.

quelqu'un; s'il a reçu le pouvoir de se substituer quelqu'un, il ne répond point du substitué, à moins que ce pouvoir ne lui ait été donné sans désignation de personne, et qu'il ait choisi une personne notoirement insolvable ou incapable. Dans tous les cas, le mandant peut agir directement contre le substitué.

3° Tout mandataire est tenu de rendre compte de sa gestion, et de faire raison au mandant de tout ce qu'il a reçu en vertu de sa procuration, quand même ce qu'il a reçu n'aurait point été dû au mandant. Il ne doit point les intérêts des sommes reçues, si ce n'est à partir du jour où il les a employées à son profit, ou de celui où il a été mis en demeure.

Lorsqu'il y a plusieurs mandataires établis par le même acte et pour la même chose, il n'y a point de solidarité entre eux, à moins de convention contraire.

Lorsque le mandataire, qui a donné une connaissance suffisante de ses pouvoirs, a dépassé les limites de son mandat, il n'oblige point le mandant, d'une part, et, d'autre part, il n'est point lui-même obligé, à moins qu'il ne se soit porté fort pour le mandant, ou qu'il ne se soit personnellement obligé.

II. *Des obligations du mandant.* — Les obligations du mandant sont aussi au nombre de trois.

1° Le mandant est tenu d'exécuter les engagements qu'il a contractés par le moyen de son mandataire agissant conformément au pouvoir reçu; mais il n'est point tenu de ce qui a pu être fait au delà, s'il ne l'a point expressément ou tacitement ratifié.

2° Le mandant doit rembourser au mandataire les avances et frais que le mandataire a faits en exécutant le mandat, ainsi que les intérêts à partir du jour des avances faites; il doit aussi lui payer ses salaires s'il en a été promis. Il ne peut point se dispenser de faire ce remboursement et ce payement, lors même que l'affaire n'aurait point réussi, et que les frais et avances auraient pu être moindres, s'il n'y a aucune faute à imputer au mandataire.

3° Le mandant doit enfin indemniser le mandataire des pertes que celui-ci a essuyées à l'occasion de sa gestion, sans imprudence qui lui soit imputable.

Lorsque le mandataire a été constitué par plusieurs personnes pour une affaire commune, chacune d'elles est tenue envers lui solidairement de tous les effets du mandat.

III. *Différentes manières dont finit le mandat.* — Le mandat finit des manières suivantes :

1° Par la révocation du mandataire.—Le mandant peut révoquer le mandataire quand bon lui semble, soit parce qu'il ne veut plus que l'affaire se fasse, soit parce qu'il n'a plus la même confiance dans le mandataire : il n'a pas besoin de faire connaître les motifs de son changement de volonté, et il serait absurde que le mandataire voulût persévérer à gérer les affaires d'une personne malgré elle. La constitution d'un nouveau mandataire pour la même affaire vaut révocation du premier, à compter du jour où elle a été notifiée à celui-ci.

Le mandant qui a révoqué le mandataire peut le contraindre à lui remettre soit l'écrit sous seing privé qui prouve la procuration, soit l'original de la procuration écrite par le notaire en brevet, soit l'expédition de la procuration rédigée en minute. Lorsque le mandataire prétend qu'il a perdu le titre, le mandant qui n'a pas une confiance suffisante dans le mandataire, fera bien de notifier sa révocation aux personnes avec lesquelles il a donné pouvoir au mandataire de passer des actes ; si les personnes ne sont pas désignées, par exemple quand il s'agit du pouvoir de vendre des immeubles, il peut obtenir contre le mandataire un jugement qu'il publie dans les journaux de la situation des immeubles. Ces précautions sont quelquefois très-utiles, car la révocation notifiée au seul mandataire ne peut point être opposée par le mandant aux tiers qui ont traité dans l'ignorance de cette révocation.

2° Par la renonciation du mandataire au mandat. — Le mandataire qui n'a plus la même confiance, la même affection pour le mandant, peut, quand bon lui semble, lui notifier sa renonciation. Cependant, si cette renonciation préjudicie au mandant, parce qu'elle est faite à contre-temps, le mandataire est tenu de l'indemniser, à moins qu'il ne se trouve dans l'impossibilité de continuer le mandat sans en éprouver lui-même un préjudice considérable.

3° Par la mort naturelle ou par l'interdiction ou la déconfiture soit du mandant, soit du mandataire. — Si le mandataire ignore la mort du mandant ou l'une des causes qui font cesser le mandat, ce qu'il a fait dans cette ignorance est entièrement valable; lors même que le mandataire connaîtrait l'un des événements qui mettent fin à son mandat, les actes qu'il a formés doivent être exécutés par le mandant à l'égard des tiers de bonne foi. Si le mandataire vient à décéder, ses héritiers doivent en donner avis au mandant et faire, dans l'intérêt de celui-ci, ce que les circonstances exigent.

Nota. Remarquons, en terminant cette matière, qu'il est très-utile pour chacun de faire, autant que possible, ses affaires par soi-même, et de ne pas confier à d'autres des mandats qui peuvent, par suite de la mauvaise foi du mandataire, causer la ruine du mandant.

TITRE XIV. — DU CAUTIONNEMENT.

Ce titre contient quatre chapitres qui traitent: 1° de la nature et de l'étendue du cautionnement; 2° de l'effet du cautionnement; 3° de l'extinction du cautionnement; et 4° de la caution légale et de la caution judiciaire.

Chapitre I. — De la nature et de l'étendue du cautionnement.

Nous avons à examiner : 1° la nature du cautionnement; 2° l'étendue du cautionnement, et 3° les conditions exigées dans la caution.

I. *Nature du cautionnement.* — Le *cautionnement* est un contrat par lequel une personne se soumet, envers un créancier, à payer la dette d'un tiers.

Ce contrat peut précéder (1), accompagner (2) ou suivre (3) la formation de la dette.

Le cautionnement est un contrat *consensuel*, *unilatéral*, généralement à *titre onéreux* à l'égard du créancier, qui ne veut traiter avec le débiteur que s'il obtient des garanties, et *accessoire*, car il suppose nécessairement une obligation dont il garantit l'exécution. Celui qui cautionne prend le nom de *caution*.

Le cautionnement étant un contrat accessoire, il s'ensuit qu'il est nul si l'obligation qu'il garantit n'est point valable; il est également nul si l'obligation est annulable pour erreur, violence, dol ou lésion. On peut cependant cautionner une obligation annulable à raison de la condition de l'obligé, par exemple celle du mineur, de l'interdit ou de la femme mariée; en effet, personne n'étant censé ignorer la condition de celui avec lequel il contracte, ou pour lequel il s'oblige, il apparaît évidemment que la caution est intervenue pour suppléer, en faveur du créancier, au vice de capacité de l'obligé principal.

II. *Étendue du cautionnement.* — Du principe que le cautionnement est l'accessoire d'une obligation principale, découlent les conséquences suivantes :

1° Le cautionnement ne peut en rien, ni sous le rapport de la quantité, ni sous le rapport du temps ou du lieu, excéder ce qui est dû par le débiteur;

---

(1) Voir le Formulaire, **Modèle**, n° 36, 1°.
(2) *Idem.*, n° 36, 2°.
(3) *Idem.*, n° 36, 1°.

2° Le cautionnement ne peut être formé sous des conditions plus onéreuses que celles qui sont imposées au débiteur principal : toutefois l'obligation accessoire peut n'être point annulable, quoique l'obligation principale soit annulable pour vice de capacité dans la personne du débiteur; elle peut aussi entraîner la contrainte par corps de la caution, quoique le débiteur principal ne soit point soumis à cette contrainte. Lorsque le cautionnement excède la dette ou est contracté sous des conditions plus onéreuses, il n'est point nul, mais réductible à la mesure de l'obligation principale.

3° L'obligation de la caution peut être formée pour une partie seulement de la dette, et sous toutes espèces de conditions moins onéreuses que celles du débiteur.

4° S'il n'y a point de restriction, le cautionnement, qui est alors indéfini, s'étend à toute l'obligation principale, à ses accessoires, aux frais de la première demande et à tous ceux qui sont faits contre le débiteur postérieurement à la dénonciation qui en est faite à la caution.

Ordinairement, celui qui cautionne est mandataire du débiteur; mais rien n'empêche de cautionner un débiteur sans mandat et même à l'insu de ce dernier. On peut cautionner non-seulement le débiteur principal, mais encore celui qui l'a cautionné : la caution de la caution prend le nom de *certificateur*.

A cause des dangers que présente le cautionnement, la loi décide qu'il ne se présume point, qu'il doit être exprès, et qu'il ne peut s'étendre au delà des limites dans lesquelles il a été contracté. Celui qui engage une personne à prêter à une autre, en disant « qu'elle sera payée, » ou, « qu'il n'y a rien à craindre, » n'est point caution : car cet engagement accessoire n'est formé que lorsque l'on dit positivement que l'on « répond, » ou, « que l'on se porte caution, » ou, « que l'on payera si le débiteur ne paye pas, » ou lorsqu'on exprime en d'autres termes que l'on entend s'obliger accessoirement.

Au reste, l'engagement de la caution se transmet, comme les obligations principales, aux héritiers; mais si la caution est contraignable par corps, ses héritiers ou autres successeurs ne seront point soumis à cette voie rigoureuse d'exécution.

III. *Conditions exigées dans la caution.* — Lorsque le débiteur est tenu, soit en vertu de la convention, soit d'après la loi, soit d'après une sentence, à donner une caution, il doit à cet effet présenter une personne réunissant les conditions suivantes : 1° il faut qu'elle soit capable de contracter; 2° il faut qu'elle ait son domicile dans le ressort de la cour d'appel du lieu où la caution doit être donnée; 3° enfin, il faut qu'elle ait un bien suffisant pour répondre de l'obligation : la solvabilité de la caution ne s'estime, à cet égard, que d'après la valeur de ses immeubles, et il faut que ces immeubles ne soient point litigieux et que leur discussion ne soit pas trop difficile par suite de l'éloignement de leur situation; toutefois, lorsque la dette est modique ou qu'il s'agit de dette de commerce, la solvabilité de la caution peut s'estimer d'après la valeur de ses biens meubles.

Si la caution devient insolvable, le créancier inquiet peut demander son payement; mais le débiteur, qui veut jouir du bénéfice du terme, est admis à donner une autre caution; cependant le créancier qui aurait exigé pour caution une personne déterminée, ne pourrait point, en cas d'insolvabilité de cette personne, être admis à exiger, ni directement, ni indirectement, une autre caution.

CHAPITRE II. — De l'effet du cautionnement.

Ce chapitre traite de l'effet du cautionnement : 1° entre le créancier et la caution; 2° entre le débiteur et la caution; et 3° entre les diverses cautions.

DU CAUTIONNEMENT.

Section I. — *De l'effet du cautionnement entre le créancier et la caution.*

Lorsque la caution est poursuivie par le créancier, il est possible qu'elle puisse invoquer deux bénéfices : celui de discussion et celui de division. Mais elle ne pourrait évidemment point invoquer ces bénéfices, si elle y avait renoncé lorsqu'elle a formé son engagement accessoire (1).

1° *Bénéfice de discussion.* — Lorsque la caution est poursuivie par le créancier en payement de la dette, elle a droit d'invoquer le bénéfice de discussion, c'est-à-dire d'exiger que le créancier poursuive d'abord le payement de sa créance sur les biens du débiteur principal : il est équitable, en effet, que les biens du débiteur principal, contre lequel la caution aurait un recours après le payement par elle effectué, soient d'abord discutés et vendus.

Pour que le bénéfice de discussion puisse être efficacement invoqué, il faut :

1° Qu'il soit demandé en justice par la caution, sur les premières poursuites que le créancier a dirigées contre elle. Par conséquent, lorsque la caution poursuivie a constitué avoué, quand l'affaire est du ressort du tribunal de première instance, elle doit requérir, par des conclusions préalables aux conclusions sur l'objet de la demande, que les biens du débiteur principal soient discutés ;

2° Que la caution indique au créancier, dans ses conclusions préalables, les biens du débiteur principal sur lesquels il peut se faire payer. Elle ne peut indiquer, ni les biens du débiteur principal, qui sont situés hors du ressort de la cour impériale du lieu où le payement doit être fait, ni des biens litigieux, car leur discussion causerait des lenteurs nuisibles au créancier, ni enfin des

---

(1) Voir le Formulaire, MODÈLE, n° 36, *nota*.

biens hypothéqués à la dette, qui ne sont plus en la possession du débiteur, et cela par la raison que la caution n'a point, après avoir payé, de recours contre le tiers détenteur, et qu'au contraire, le tiers détenteur exproprié a un recours tant contre le débiteur que contre les cautions;

3° Que la caution avance au créancier une somme suffisante pour faire la discussion des biens du débiteur principal.

Lorsque la caution a fait l'indication des biens du débiteur, qu'elle a fourni les avances suffisantes pour la discussion et qu'elle a par conséquent obtenu le bénéfice de discussion, le créancier est, jusqu'à concurrence des biens indiqués, responsable, à l'égard de la caution, de l'insolvabilité du débiteur principal survenue par le défaut de poursuites.

II. *Bénéfice de division.*—Lorsqu'il y a plusieurs cautions du même débiteur et pour la même dette, chacune d'elles est obligée pour la totalité de la dette; mais celle qui est poursuivie pour la totalité peut, sur les premières poursuites et avant toute discussion sur l'objet de la demande, exiger que le créancier divise son action, et la réduise à la part et portion que chaque caution doit supporter dans la dette. Si, dans le temps où la caution a fait prononcer la division, d'autres cautions étaient déjà insolvables, elle est tenue de ces insolvabilités, avec les autres cautions solvables; mais si les insolvabilités des autres cautions ne sont survenues que depuis la division, ou si le créancier a volontairement divisé lui-même son action, il ne peut jamais revenir contre les cautions au profit desquelles la division a été prononcée ou consentie, lors même, dans ce dernier cas, que les insolvabilités seraient antérieures à la division volontairement faite.

Au reste, il est bien évident que la caution ne pourrait point invoquer le bénéfice de division si elle y avait renoncé en formant son engagement accessoire.

SECTION II. — *De l'effet du cautionnement entre le débiteur et la caution.*

Cinq considérations doivent ici être exposées :

1° La caution qui a payé la dette a un recours contre le débiteur principal : pour lui assurer un recours plus efficace, la loi la subroge aux droits de privilége et d'hypothèque qu'avait le créancier sur les biens restés en la possession du débiteur ; mais elle ne la subroge point aux droits du créancier contre les tiers détenteurs.

2° La caution peut toujours, qu'elle ait ou non reçu mandat du débiteur principal, lui réclamer le principal de la dette, les intérêts payés, les frais de première demande, et ceux par elle faits depuis la dénonciation notifiée au débiteur des poursuites dirigées contre elle. Elle peut réclamer en outre, mais dans le cas seulement où elle est mandataire, les intérêts de ses avances depuis le moment où elles ont été faites, et même des dommages et intérêts, s'il y a lieu.

3° Lorsqu'une personne cautionne plusieurs débiteurs solidaires, elle peut réclamer contre chacun d'eux la totalité de ce qui lui est dû, en distinguant, pour en fixer le montant, si elle est ou non mandataire de ces débiteurs. Lorsqu'elle n'a cautionné qu'un seul débiteur solidaire, elle a droit de réclamer contre lui la totalité de ce qui lui est dû ; elle peut aussi, en exerçant les droits du débiteur solidaire cautionné, réclamer aux autres débiteurs la part que ceux-ci doivent supporter définitivement dans la dette ; elle pourrait même agir directement contre ces derniers, jusqu'à concurrence de ce qui a tourné à leur profit. Cette dernière action serait utile surtout en cas de faillite ou de déconfiture du débiteur solidaire qui a été cautionné ; car la caution ne concourrait point avec les créanciers de ce débiteur, mais elle conserverait personnellement tout ce qu'elle aurait touché des autres débiteurs.

4° Lorsque la caution paye, elle éteint la dette ; cependant elle n'a point de recours contre le débiteur principal qui, n'étant point averti par la caution, aurait payé une seconde fois : la caution n'a alors que l'action en répétition de l'indu contre le créancier. De même si la caution paye sans être poursuivie, ou sans avoir averti le débiteur, elle n'a point de recours contre celui-ci dans le cas où, au moment du payement, le débiteur aurait eu des moyens pour faire déclarer la dette éteinte : la caution n'aura donc alors que l'action en répétition de l'indu contre le créancier.

5° La caution, même avant d'avoir payé, peut agir contre le débiteur pour être par lui indemnisée, dans les cinq cas suivants : — Lorsqu'elle est poursuivie en justice pour le payement ; — Lorsque le débiteur est tombé en faillite ou en déconfiture, car il est par là privé du bénéfice du terme ; — Lorsque le débiteur s'est obligé à lui rapporter sa décharge dans un certain temps, qui est échu ; — Lorsque la dette est devenue exigible par l'échéance du terme sous lequel elle avait été contractée ; — Enfin, au bout de dix années, lorsque l'obligation n'a point de terme fixe d'échéance, telle qu'une rente perpétuelle ou viagère.

SECTION III. — *De l'effet du cautionnement entre les cautions.*

Quand la caution a payé la dette échue, elle a recours contre les autres cautions, et peut demander à chacune sa part et portion : les insolvabilités se répartissent entre elles proportionnellement. Pour fortifier son recours, la caution est subrogée aux droits de privilège et d'hypothèque du créancier contre les cautions ; mais elle ne peut demander hypothécairement aux autres cautions que la part que chacune doit supporter dans la dette.

CHAPITRE III. — De l'extinction du cautionnement.

L'obligation qui résulte du cautionnement s'éteint par

les mêmes causes que les obligations (*voir* tit. III, chap. 5, de *l'Extinction des oblig.*, page 178 et suiv.). Comme c'est une obligation accessoire, il est évident qu'elle ne peut survivre à l'obligation principale, qui lui sert de base. Aussi la caution peut opposer toutes les exceptions ou moyens de défense qui appartiennent au débiteur principal, et qui sont inhérentes à la dette; mais elle ne peut point invoquer les exceptions purement personnelles au débiteur, dont l'obligation a un vice de capacité ou dont la dette a été en partie remise par suite d'un concordat; pareillement, elle ne peut pas invoquer les exceptions purement personnelles aux autres cautions.

La caution peut être libérée, quoique l'obligation principale continue à subsister, dans les cas suivants : — 1° Si le créancier fait à la caution remise de son obligation; — 2° Si la caution succède au créancier; — 3° Si la caution succède au débiteur principal, car une même personne ne peut pas être à la fois débitrice et caution: dans ce cas, il faut remarquer que le certificateur de la caution n'est point libéré, et que le vice de capacité existant seulement dans la personne du débiteur principal, ne peut être invoqué par la caution capable qui lui succède; — 4° Si l'on peut imputer au créancier une faute par suite de laquelle la subrogation à ses droits de privilége et d'hypothèque ne peut plus s'opérer en faveur de la caution : c'est ce qui a lieu si le créancier a fait remise au débiteur de son droit de privilége ou d'hypothèque ou si, par sa négligence à renouveler son inscription, il a perdu son rang; il n'y a point à distinguer à cet égard si les priviléges et hypothèques ont précédé ou suivi le cautionnement, car, d'une part, la caution a droit à la subrogation des garanties réelles du créancier, sans aucune exception, et, d'autre part, le créancier qui veut conserver son action contre la caution doit être, à son égard, exempt de toute faute; — 5° Si le créancier a reçu volontairement, en payement de sa créance, un immeuble ou un effet quelconque, dont il est ensuite évincé : il n'y a pas dation en payement, puisqu'il n'y a eu translation au créancier de la propriété de cet effet, et le débiteur principal n'est par conséquent pas libéré; mais comme il y a eu imprudence et par conséquent faute de la part du créancier, la caution qui a cru qu'elle était déchargée et qui n'a point pu, dès lors, agir contre le débiteur pour être par lui indemnisée, est définitivement libérée.

Mais si le créancier accorde un terme au débiteur principal, la caution n'est point déchargée. Toutefois comme ceux qui sont dans le lien d'une même obligation sont censés avoir mandat de leurs coobligés pour rendre meilleure la condition de tous, sans avoir mandat pour rendre leur condition pire, la caution peut, à son gré, ou se prévaloir du terme, ou ne point s'en prévaloir et contraindre le débiteur à la libérer.

CHAPITRE IV. — De la caution légale et de la caution judiciaire.

La caution légale et la caution judiciaire doivent, comme les cautions ordinaires, être capables et solvables. La caution judiciaire doit être, en outre, *susceptible de la contrainte par corps :* ce qui ne veut point dire que la caution judiciaire soit toujours contraignable par corps; car il faut, pour cela, qu'elle se soit soumise à cette contrainte.

Celui qui ne peut trouver de caution, est admis à donner à sa place un gage suffisant.

La caution judiciaire ne peut invoquer ni le bénéfice de discussion, ni le bénéfice de division; et le certificateur de la caution ne peut demander la discussion ni du débiteur principal ni de la caution.

TITRE XV. — DES TRANSACTIONS.

La *transaction* est un contrat par lequel les parties terminent une contestation née ou préviennent une contestation à naître. Or il y a *contestation née* quand les parties ont déjà tiré en justice des conclusions contraires sur le fond du droit.

Il vaut généralement beaucoup mieux transiger et abandonner ainsi de part et d'autre une partie de ses prétentions, que de se jeter dans les ennuis, les démarches et les frais ordinairement si coûteux des procès: aussi on ne peut qu'approuver la sagesse de ce proverbe vulgaire : « Un mauvais accommodement vaut mieux qu'un bon procès. »

I. *Preuve de la transaction.* — Quoique la transaction soit obligatoire et parfaite par le seul consentement des parties, la loi exige un écrit pour la preuve, quelle que soit d'ailleurs la valeur de son objet (1) : la loi déroge donc, ici, comme dans le louage, au principe que la preuve testimoniale est admise jusqu'à la valeur de cent cinquante francs.

II. *Objet de la transaction.* — On peut transiger généralement sur toute espèce de choses, même sur l'intérêt civil qui résulte d'un délit; mais cette transaction n'empêche point, surtout dans les matières graves, les poursuites du ministère public. Toutefois, on ne peut transiger sur les questions de l'état des personnes, ni sur sa liberté, ni sur une pension alimentaire qui a été constituée à titre gratuit : dans ces cas et quelques autres, la transaction serait nulle.

III. *Capacité requise pour la transaction.*—Pour transiger, il faut avoir la capacité d'aliéner à titre onéreux ce qui fait l'objet de la transaction. Le mari peut transiger sur les immeubles dépendant de la communauté; la femme commerçante, sur les objets de son commerce; la femme séparée de biens, sur ses biens et droits mobiliers; le mineur émancipé, sur ses revenus. Mais la femme

---

(1) Voir le FORMULAIRE, MODÈLE, n° 37.

mariée ne peut transiger sur ses immeubles et droits immobiliers, qu'avec autorisation de son mari ou de justice, sans jamais pouvoir le faire sur ses biens constitués en dot; l'envoyé en possession ne peut transiger qu'avec autorisation de justice; le tuteur d'un mineur ou d'un interdit, qu'avec autorisation du conseil de famille, l'avis de trois jurisconsultes, et l'homologation du tribunal; les communes et établissements publics, qu'avec l'autorisation du chef de l'État.

IV. *Effets de la transaction.* — Lorsque ceux qui transigent insèrent une peine contre celui qui violera la transaction, celui qui l'a violée peut être forcé, d'une part, à payer la peine, et, d'autre part, à s'en tenir à la convention : la peine est donc insérée ici comme dommages et intérêts du simple trouble.

Les transactions produisent des effets rigoureusement limités aux choses qui font l'objet de la transaction et aux personnes qui ont figuré dans la transaction. De là les deux conséquences suivantes :

1° Les transactions ne règlent que les différends qui s'y trouvent compris, soit que les parties aient manifesté leur intention par des expressions spéciales ou générales, soit que l'on reconnaisse cette intention par une suite nécessaire de ce qui y est exprimé. Ainsi, d'une part, la renonciation que fait l'une des parties à tous ses droits, ne s'entend que de ce qui est relatif au différend qui y a donné lieu; et, d'autre part, celui qui transige sur un droit qu'il avait de son chef, n'est point lié par la transaction relativement aux droits qu'il viendrait ensuite à acquérir ou même à connaître acquis du chef d'une autre personne.

2° La transaction faite par l'un des intéressés ne lie point les autres intéressés : car cet acte dépasse les limites du pouvoir que se donnent les coobligés. Bien plus, quoiqu'il soit admis en principe que les coobligés peuvent rendre réciproquement leur condition meilleure, la transaction faite par l'un des intéressés ne peut être invoquée par les autres intéressés : car la transaction se fait en vue de la personne avec laquelle il serait pénible d'avoir à plaider.

Les transactions ont entre les parties, leurs héritiers et autres successeurs, l'autorité de la chose jugée en dernier ressort : elles ne sont point susceptibles de recours en cassation.

Elles sont néanmoins quelquefois annulables et quelquefois entièrement nulles.

Or la transaction est *annulable* dans les dix ans : s'il y a eu erreur sur la personne, ou sur l'objet de la transaction ; s'il y a eu dol ou violence à l'égard de l'une des parties ; ou enfin s'il y a eu transaction sur un titre nul, à moins que les parties n'aient traité expressément sur la nullité. L'erreur de droit et la lésion ne donnent point lieu à la rescision ; il en est de même de l'erreur de calcul, mais cette dernière erreur doit être réparée.

La transaction est *entièrement nulle* dans les trois cas suivants : — Si elle a été faite sur pièces qui ont été depuis reconnues fausses ; — Si elle a eu lieu sur un procès terminé par un jugement en dernier ressort ou passé en force de chose jugée, dont les parties ou l'une d'elles n'avaient point connaissance : mais la transaction serait valable quand le jugement ignoré des parties était susceptible d'appel ; — Enfin si elle n'avait qu'un objet sur lequel il serait constaté, par des titres nouvellement découverts, que l'une des parties n'avait aucun droit ; mais lorsque les parties ont transigé généralement sur toutes les affaires qu'elles pouvaient avoir ensemble, les titres qui leur étaient alors inconnus, et qui auraient été postérieurement découverts, ne sont point une cause de nullité, à moins qu'ils n'aient été retenus par le fait de l'une des parties.

TITRE XVI. — DE LA CONTRAINTE PAR CORPS EN MATIÈRE CIVILE.

La *contrainte par corps* est une voie d'exécution sur le débiteur, que le créancier peut mettre en prison.

Quoique le Code ne s'occupe que de la contrainte par corps en matière civile, il est utile de dire aussi dans quels cas il y a lieu à cette contrainte, soit en matière commerciale, soit contre les étrangers, soit en matière de deniers et effets publics, soit enfin en matière criminelle, correctionnelle ou de simple police.

I. *Contrainte par corps en matière civile.* — La contrainte par corps a lieu en matière civile :

1° Pour stellionat. — Or il y a stellionat si quelqu'un vend ou hypothèque un immeuble dont il sait n'être pas propriétaire; si le propriétaire présente comme libres des immeubles hypothéqués ou déclare des hypothèques moindres que celles dont ces immeubles sont grevés; ou si le mari qui a omis de prendre inscription sur ses biens du chef de sa femme, ou le tuteur qui a omis de prendre inscription sur ses biens du chef du pupille ou de l'interdit, consent des hypothèques sans déclarer que ses biens sont déjà grevés de l'hypothèque légale. Mais celui qui vend ou hypothèque un immeuble dont il se croit propriétaire, et celui qui ne déclare pas les hypothèques conventionnelles ou judiciaires dont ses biens sont grevés, ne sont point stellionataires;

2° Pour dépôt nécessaire. — Quoique le dépositaire infidèle ne soit point, en matière de dépôt volontaire, admis au bénéfice de cession de biens, il ne s'ensuit point qu'il soit contraignable par corps; il en est autrement à l'égard du dépositaire nécessaire qui est infidèle;

3° En cas de réintégrande, soit pour le rétablissement, ordonné par justice, d'un fonds dont le possesseur a été dépouillé par voies de faits, soit pour la restitution des fruits qui ont été perçus pendant l'indue possession, soit pour le payement des dommages et intérêts adjugés au possesseur. — L'action en *réintégrande* est une action possessoire intentée par celui qui a été dépossédé violemment d'un immeuble qu'il avait possédé pendant un an au moins, contre celui qui l'a dépossédé depuis moins d'un an. Si la dépossession a eu lieu sans violence, l'action possessoire s'appelle *complainte*; cette dernière action ne donne pas lieu à la contrainte par corps;

4° Pour la répétition de sommes déposées entre les mains de personnes publiques établies à cet effet. — Ce sont les directeurs de la Caisse des dépôts et consignations;

5° Pour la représentation des choses déposées aux séquestres, commissaires et autres gardiens;

6° Contre les cautions judiciaires et contre les cautions des contraignables par corps, mais seulement lorsque ces diverses cautions se sont soumises à cette contrainte;

7° Contre tous officiers publics, notaires, greffiers et autres, pour la représentation de leurs minutes, quand elle est ordonnée;

8° Contre les notaires, les avoués et les huissiers, pour la restitution des titres qui leur ont été confiés, et des sommes qu'ils ont reçues au nom de leurs clients, par suite de l'exercice de leurs fonctions;

9° Lorsqu'un jugement au pétitoire, c'est-à-dire en revendication, a condamné le détenteur à désemparer un fonds, et que ce jugement a été rendu en dernier ressort ou est passé en force de chose jugée, le détenteur qui refuse d'obéir à la sentence peut, après le délai de quinzaine, augmenté d'un jour par cinq myriamètres, depuis la signification du jugement à personne ou domicile, être, par un second jugement, condamné par corps à désemparer.

10° Les fermiers et les colons partiaires peuvent être condamnés par corps à représenter, à la fin du bail, le cheptel de bétail, les semences et les instruments aratoires que le bailleur leur a confiés, lorsqu'ils ne justifient pas que le déficit de ces objets ne procède point de leur fait. D'après le Code civil, les fermiers pouvaient se soumettre à la contrainte par corps, dans l'acte de bail, pour le payement des fermages des biens ruraux; mais une loi du 16 décembre 1848 a abrogé cette faculté : le fermier ne peut donc plus se soumettre, dans l'acte de bail, à la contrainte par corps pour le payement des fermages.

Hors ces dix cas, jamais la contrainte par corps ne peut être prononcée en matière civile. Lorsqu'un débiteur se trouve dans l'un de ces dix cas, la contrainte par corps ne peut être appliquée qu'en vertu d'un jugement. L'appel d'un tel jugement suspend l'exercice de la contrainte par corps, comme toutes les autres voies d'exécution, lorsque le jugement n'est pas provisoirement exécutoire en donnant caution. Au reste, l'exercice de la contrainte par corps n'empêche et ne suspend en rien les poursuites et les exécutions sur les biens du débiteur.

Dans les dix cas ci-dessus, pour que la contrainte par corps puisse être prononcée, il faut encore : 1° que la dette soit au moins de trois cents francs; 2° que le débiteur ne soit ni mineur, ni septuagénaire, ni une fille, ni une femme. Cependant, en cas de stellionat, la contrainte par corps peut être prononcée contre les septuagénaires et contre les filles et femmes; mais si la femme est mariée, le stellionat ne la rend passible de la contrainte par corps que lorsqu'elle a des biens dont elle conserve la libre administration et qu'elle a contracté des engagements relativement à ces biens.

La durée de la contrainte par corps est fixée par le jugement de condamnation : elle est d'un an au moins, et de dix au plus.

II. *Contrainte par corps en matière de commerce.* — La contrainte par corps a lieu contre toute personne condamnée en matière commerciale au payement d'une somme principale de deux cents francs et au-dessus. Toutefois ne sont point soumis à la contrainte par corps :

1° les mineurs non commerçants; 2° les femmes et les filles qui ne sont point marchandes publiques; 3° les septuagénaires; 4° les veuves et héritiers des contraignables par corps.

L'emprisonnement cesse après un an, si le montant de la condamnation ne s'élève pas à cinq cents francs; après deux ans, s'il ne s'élève pas à mille francs; après trois ans, s'il ne s'élève pas à trois mille francs; après quatre ans, s'il ne s'élève pas à cinq mille francs; après cinq ans, s'il s'élève au-dessus de cinq mille francs.

III. *Contrainte par corps contre les étrangers.* — Tout jugement pour somme principale de cent cinquante francs et au-dessus emporte la contrainte par corps contre l'étranger qui n'est point domicilié en France. On peut même, après l'échéance de la dette et avant jugement, obtenir du président du tribunal de l'arrondissement, l'arrestation de l'étranger; mais le créancier doit se pourvoir en condamnation dans la huitaine.

La durée de l'emprisonnement d'un étranger est le double de celle qui, eu égard à la valeur de la dette, est prononcée contre le commerçant français : le minimum est donc de deux ans, et le maximum de dix ans.

IV. *Contrainte par corps en matière de deniers et effets mobiliers publics.* — Les comptables des deniers publics, ceux qui ont traité avec l'État, les communes et établissements publics, et les redevables des droits de douanes, d'octroi et de contributions indirectes, ainsi que les cautions de ces diverses personnes, sont contraignables par corps. Les femmes et les filles sont ici soumises à cette contrainte.

Dispositions communes aux quatre sections qui précèdent.—Le créancier ne peut jamais exercer la contrainte par corps contre son conjoint, ni contre ses ascendants ou descendants, ni contre ses frères et sœurs ou alliés au même degré.

Le créancier qui fait emprisonner son débiteur doit

consigner somme suffisante pour aliments pendant trente jours, ou pendant plusieurs périodes de trente jours : cette somme est de trente francs par mois pour Paris; elle est de vingt-cinq francs dans les autres villes.

V. *Contrainte par corps en matière criminelle, correctionnelle et de police.* — Ceux qui sont condamnés au profit de l'État à des amendes, restitutions, dommages et intérêts et frais en matière criminelle, correctionnelle ou de police sont contraignables par corps. Il en est de même de ceux qui ont été condamnés, par suite de crime, délits ou contravention, envers la partie civile à des dommages et intérêts.

La sentence de condamnation détermine la durée de l'emprisonnement pour amende, restitutions, dommages et intérêts et frais.

TITRE XVII. — DU NANTISSEMENT.

Le *nantissement* est un contrat par lequel un débiteur ou un tiers remet une chose à un créancier pour sûreté de la dette.

Le nantissement est un contrat : 1° *réel*, car il ne se forme que par la remise de la chose, comme le commodat et le dépôt; 2° *accessoire*, car il suppose nécessairement l'existence d'une obligation qu'il garantit, de même que le cautionnement.

Le nantissement d'une chose mobilière s'appelle *gage*, et celui d'une chose immobilière prend le nom d'*antichrèse*. De là deux chapitres.

CHAPITRE I. — Du gage.

Le mot *gage* désigne tantôt le contrat de gage, tantôt l'objet remis en gage.

Dans le premier sens, le gage est un contrat par lequel le débiteur, ou un tiers pour lui, remet une chose mobilière au créancier pour sûreté de la dette.

Le créancier gagiste ne devient point propriétaire de la chose qui lui est remise en gage; celle-ci continue à appartenir au débiteur jusqu'à l'expropriation. Les parties ne pourraient pas même convenir, lors du contrat de gage, que le créancier deviendrait, à défaut de payement à l'échéance, propriétaire des choses remises en gage; car le débiteur, qui compte peut-être trop sur ses ressources pour l'avenir, se trouverait souvent, pour une faible somme, dépouillé d'une chose d'une valeur beaucoup supérieure au montant de sa dette.

I. *Constitution du gage.* — Pour que le gage soit constitué, il faut :

1° Que la chose qui est l'objet du gage soit mise en la possession du créancier ou d'un tiers convenu entre les parties. — Le créancier ne conserve les droits qui résultent du gage qu'autant que la chose est restée en sa possession;

2° Qu'il y ait un acte public ou sous seing privé du contrat de gage (1); que cet acte contienne la déclaration de la somme due, ainsi que l'espèce et la nature des choses remises en gage, ou du moins qu'il y ait, annexé à l'acte, un état de leurs qualités, poids et mesure, et que cet acte soit enregistré. — Toutefois, d'une part, lorsque le gage a pour objet des choses corporelles mobilières, et que la valeur de ces choses ou le montant de la créance n'excède pas cent cinquante francs, la rédaction d'un acte et son enregistrement ne sont pas nécessaires pour la constitution du droit de gage; mais, d'autre part, lorsqu'il s'agit de meubles incorporels, tels que les créances mobilières, il faut toujours un acte public ou sous seing privé enregistré, et, en outre, il faut la signification de cet acte au débiteur de la créance remise en gage.

II. *Droits du créancier gagiste.* — Le créancier obtient, par la constitution du gage, les droits suivants:

1° Celui de retenir la chose remise en gage jusqu'à ce

---

(1) Voir le FORMULAIRE, MODÈLE, n° 38, 1°.

qu'il soit entièrement payé. — Le créancier ne conservant son droit sur la chose qu'autant qu'il l'a en sa possession, il est évident que le débiteur ne peut le contraindre à s'en dessaisir, tant que la dette n'a pas été entièrement payée en principal, intérêts et frais; cependant le débiteur pourrait réclamer la possession de la chose si le créancier en abusait.

Le droit de gage étant indivisible, nonobstant la divisibilité de la dette entre les héritiers du débiteur et ceux du créancier, il s'ensuit, d'une part, que l'un des héritiers du débiteur ne peut, après avoir payé sa part de la dette, demander la restitution d'une portion des choses remises en gage, s'il reste encore quelque chose à payer; et, d'autre part, que l'héritier du créancier ne peut, après avoir reçu sa part de la dette, remettre au débiteur aucune portion du gage au préjudice de ses cohéritiers qui ne sont pas payés.

Quoique le débiteur ait le droit d'exiger la restitution du gage, lorsqu'il a entièrement acquitté la dette pour sûreté de laquelle le contrat de gage a été formé, il ne peut cependant pas l'exiger dans un cas : c'est lorsque le débiteur a contracté, postérieurement à la constitution du gage, une nouvelle dette exigible avant la première; alors le débiteur ne peut exiger la restitution du gage que lorsqu'il a payé les deux dettes. Cependant le créancier ne pourrait, à l'égard des tiers, invoquer son droit de préférence, que dans les limites de la valeur de la première créance;

2° Le droit de faire vendre la chose aux enchères publiques, et de se faire payer sur le prix par privilége et préférence aux autres créanciers du même débiteur. — Le droit de privilége et de préférence constitue un droit réel, en ce sens que le créancier peut l'invoquer contre tous les créanciers de son débiteur; mais ce droit ne constitue point un démembrement de la propriété;

3° Le droit, à défaut de payement, de faire ordonner

en justice que le gage lui demeurera en payement jusqu'à due concurrence de sa créance, d'après une estimation faite par experts;

4° Enfin, s'il s'agit d'une créance donnée en gage et si cette créance porte intérêts, le créancier a le droit de les toucher; il impute ces intérêts sur les intérêts de sa propre créance, et, à défaut, sur le capital qui lui est dû. Mais le créancier ne peut point toucher seul le capital de la dette, et le débiteur gagiste ne peut non plus le toucher au préjudice de son créancier : le débiteur de la créance donnée en gage ne doit donc payer que lorsqu'il reçoit quittance du créancier gagiste et du débiteur gagiste; s'ils ne s'entendent pas à cet effet, il peut faire des offres réelles et la consignation.

III. *Obligations résultant du contrat de gage.* — Le gage est un contrat *réel, accessoire* et *synallagmatique imparfait.* Il ne produit dès l'origine qu'une obligation, celle du créancier gagiste; cette obligation consiste à veiller à la conservation de la chose, et à la restituer au propriétaire lorsqu'il a été payé intégralement : le créancier gagiste est responsable de la perte du gage ou de sa détérioration, lorsque l'un de ces faits est arrivé par sa faute ou négligence. Mais le débiteur gagiste peut, à l'occasion du contrat de gage, se trouver obligé : car il doit tenir compte au créancier des dépenses nécessaires et utiles que celui-ci a faites sur la chose.

Au reste, quoique les obligations résultant du contrat de gage soient prescriptibles par trente ans, il est à remarquer, d'une part, que le créancier gagiste ne peut pas acquérir par prescription la propriété de la chose qui lui a été remise en gage, par la raison qu'il ne la possède pas à titre de propriétaire, mais seulement à titre précaire; et, d'autre part, que le débiteur gagiste ne peut point prescrire sa dette principale, tant que la chose remise en gage reste en la possession du créancier, parce qu'en la laissant ainsi pour assurer le payement du créancier, il est censé reconnaître jour par jour sa dette, et par conséquent interrompre jour par jour la prescription.

Remarque. — Les dispositions ci-dessus ne sont point applicables aux monts-de-piété ou autres maisons de prêts sur gage autorisées : il existe à cet égard des règlements particuliers. Mais elles sont applicables en matière de commerce : néanmoins, le commissionnaire qui a fait des avances sur des marchandises qui lui ont été expédiées d'une autre place, a un privilége sur la valeur de ces marchandises mises en sa disposition, soit pour ses avances et intérêts, soit pour le remboursement de ses frais.

CHAPITRE II. — De l'antichrèse.

L'antichrèse, qui est le nantissement des immeubles, ne se constitue que par un écrit, quelle que soit d'ailleurs la valeur de la créance (1).

I. *Droit du créancier antichrésiste.* — Le créancier antichrésiste ne devient ni par la remise, ni même à défaut de payement à l'échéance de la dette, propriétaire de l'immeuble qui lui a été remis en nantissement : toute clause qui l'autoriserait à s'approprier la chose à défaut de payement, serait même radicalement nulle. Ce créancier n'acquiert pas même sur l'immeuble de droit de préférence : il acquiert seulement les droits suivants :

1° Le droit de percevoir les fruits de l'immeuble : le créancier qui perçoit les fruits doit en imputer annuellement la valeur, déduction faite des frais de culture, impôts et autres charges, sur les intérêts de sa créance, s'il lui en est dû, et ensuite sur le capital de sa créance. Mais si les parties sont convenues que les fruits de l'immeuble se compenseront totalement, ou jusqu'à due concurrence, avec les intérêts de la créance, cette convention, lors-

---

(1) Voir le FORMULAIRE, MODÈLE, n° 38, 2°.

qu'elle n'est pas évidemment usuraire, s'exécute comme toute autre qui n'est point prohibée par les lois.

2° Le droit d'invoquer la faculté de percevoir les fruits contre tous les créanciers ordinaires de son débiteur, et même contre les créanciers hypothécaires dont le rang n'est fixé que postérieurement à l'enregistrement de l'antichrèse. D'après la loi du 31 mars 1855, le créancier antichrésiste ne peut opposer sa faculté de percevoir les fruits aux tiers qui ont acquis des droits sur l'immeuble avant la transcription hypothécaire de son acte. Ainsi, le débiteur qui affecte son immeuble du droit d'antichrèse, et l'antichrésiste qui transcrit tardivement son acte, ne nuisent pas aux droits que des tiers ont acquis. Quoique l'antichrésiste ayant transcrit son acte puisse invoquer son droit contre les créanciers ordinaires du même débiteur et contre les créanciers hypothécaires postérieurs, ces créanciers ordinaires ou hypothécaires peuvent néanmoins, en respectant la faculté de l'antichrésiste, ou en le remboursant de ce qui lui est dû, faire vendre l'immeuble remis à antichrèse.

II. *Obligations résultant de l'antichrèse.* — Le créancier est tenu des obligations suivantes :

1° Payer, sur les fruits, les contributions et autres charges annuelles de l'immeuble qu'il tient à antichrèse;

2° Pourvoir, sous peine de tous dommages et intérêts, aux réparations nécessaires et utiles à faire sur l'immeuble; mais il retient sur les fruits le montant de ces dépenses.

Toutefois, le créancier antichrésiste, qui veut se décharger des obligations ci-dessus, peut toujours, à moins qu'il n'ait renoncé à ce droit, contraindre le débiteur à reprendre la jouissance de son immeuble.

Le débiteur ne peut, avant l'entier acquittement de la dette, réclamer la jouissance de l'immeuble qu'il a remis en antichrèse, à moins que le créancier n'en abuse ou ne le laisse périr ou détériorer. Au reste, de même que le droit de gage, le droit d'antichrèse est indivisible.

TITRE XVIII. — DES PRIVILÉGES ET HYPOTHÈQUES.

Ce titre, qui semblerait devoir se diviser en deux parties bien distinctes, dont l'une traiterait des priviléges, et l'autre des hypothèques, se divise cependant, d'après le Code, en dix chapitres traitant : 1° des dispositions générales; 2° des priviléges; 3° des hypothèques; 4° du mode de l'inscription des priviléges et hypothèques; 5° de la radiation et réduction des inscriptions; 6° de l'effet des priviléges et hypothèques contre les tiers détenteurs; 7° de l'extinction des priviléges et hypothèques; 8° du mode de purger les propriétés des priviléges et hypothèques; 9° du mode de purger les hypothèques, quand il n'existe pas d'inscription sur les biens des maris et des tuteurs; 10° de la publicité des registres et de la responsabilité du conservateur des hypothèques. Nous adoptons cette division du Code.

CHAPITRE I. — Dispositions générales.

1° « Quiconque, dit le Code, s'est obligé personnellement, est tenu de remplir son engagement sur tous ses biens, tant mobiliers qu'immobiliers, tant présents qu'à venir. » — Quelques auteurs pensent que ces expressions *s'est obligé personnellement* contiennent deux rédondances, et que les mots *est obligé* auraient dû être seuls employés. Ces auteurs se trompent. En effet : 1° les donataires entre-vifs de tout ou partie des biens d'une personne, les légataires universels et à titre universel, la femme commune en biens, sont obligés personnellement à payer les dettes du donateur, du testateur et de la communauté; mais, comme ils ne *se sont* pas obligés directement, ils ne sont tenus des dettes que jusqu'à concurrence de la valeur des biens qu'ils ont reçus et fait constater; 2° les propriétaires voisins sont obligés de contribuer aux frais de bornage, et le détenteur de l'immeuble hypothéqué est tenu de payer la dette; cependant, comme ils ne sont pas obligés *personnellement*, mais en leur qualité de propriétaires, ils ont la faculté, en cessant d'être propriétaires du fonds, de se soustraire à ces obligations.

2° Les biens d'un débiteur sont le gage commun de tous ses créanciers : le prix s'en distribue donc entre eux par contribution, de sorte qu'en cas d'insuffisance chacun des créanciers supporte une part de perte proportionnelle à la valeur de sa créance : il n'y a aucune distinction à faire entre les premiers ou derniers créanciers, ni entre ceux qui ont ou non un titre authentique.

3° Cependant, il peut y avoir entre les divers créanciers d'un même débiteur des causes de préférence. Les causes légitimes de préférence sont les priviléges et les hypothèques : elles constituent des droits *réels*, c'est-à-dire pouvant s'invoquer contre des personnes autres que le débiteur, ses héritiers et autres successeurs; mais elles ne constituent ni un droit de propriété, ni un démembrement de propriété.

Chapitre II. — Des priviléges.

Le mot *privilége* semble venir des mots latins *prior vi legis*, qui signifient *préférable par la force de la loi* : en effet, c'est la loi qui fixe les priviléges et le rang dans lequel ils viennent.

Le privilége est défini : « Un droit que la qualité de la créance donne à un créancier d'être préféré aux autres créanciers, même hypothécaires, du débiteur commun. » La loi, qui attache un privilége à quelques créances d'après leurs qualités, détermine aussi, d'après les qualités différentes, le rang que les créanciers privilégiés occuperont : les créanciers privilégiés qui occupent le même rang sont payés par concurrence.

Le trésor public a privilége : 1° sur les immeubles des

comptables; mais ce privilége ne préjudicie point aux créanciers qui ont acquis antérieurement des droits de privilége ou d'hypothèque; 2° sur les biens meubles et immeubles des condamnés en matière criminelle, correctionnelle ou de police, pour le remboursement des frais judiciaires : mais sont préférés au trésor, d'abord sur le prix des meubles, les créanciers ayant privilége général ou spécial sur les meubles, et, ensuite, sur le prix des immeubles, les créanciers qui ont un privilége général, ceux qui ont un privilége spécial sur les immeubles, et même les créanciers hypothécaires qui ont des droits antérieurement acquis.

Remarquons qu'il n'y a jamais de privilége, quelle que puisse être d'ailleurs la qualité des créances, que dans les cas déterminés par la loi, et que, dans le doute, il faut pencher pour le droit commun, et décider en conséquence qu'il n'existe point de privilége.

Ce chapitre se divise en quatre sections qui traitent : 1° des priviléges sur les meubles; 2° des priviléges sur les immeubles; 3° des priviléges qui s'étendent sur les meubles et sur les immeubles; 4° enfin de la manière dont se conservent les priviléges.

Section I. — *Des priviléges sur les meubles.*

Les priviléges sont généraux sur les meubles, ou particuliers sur certains meubles.

I. *Priviléges généraux sur les meubles.* — Les créances privilégiées sur la généralité des meubles sont celles ci-après exprimées, et elles s'exercent dans l'ordre suivant :

1° Les frais judiciaires. — On entend ici par *frais judiciaires* jouissant du privilége, non pas les frais que ferait en justice un créancier pour faire constater l'existence de sa créance, mais seulement ceux qui sont faits dans l'intérêt commun des créanciers d'un même débiteur, en ce qu'ils tendent à convertir en argent les biens de ce dernier ; or tels sont les frais de saisie, d'affiches, d'insertion dans les journaux et autres frais utiles à la vente ;

2° Les frais funéraires du débiteur et des proches parents, ascendants ou descendants de ce débiteur, lorsque ces frais sont à sa charge. — La coutume générale range aussi parmi les frais privilégiés, ceux des habits de deuil de la femme survivante ; car ces frais naissent à l'occasion du décès du mari et sont mis par la loi à la charge de sa succession ;

3° Les frais quelconques de la dernière maladie, concurremment entre ceux auxquels ils sont dus, tels que médecins, pharmaciens, gardes-malades. Si la maladie dure longtemps, le privilége n'existe que pour la dernière année. — Ce privilége est introduit dans un but d'humanité : on veut qu'une personne pauvre, ou chargée de dettes, puisse offrir quelques garanties de payement à ceux qui fournissent leurs peines ou leurs médicaments pour la soigner dans sa maladie. Il faut conclure de là que *la dernière maladie* est aussi bien celle qui précède la vente des biens d'un débiteur par suite de faillite ou de déconfiture, que celle qui précède la vente par suite de décès : toute autre interprétation, qui ne donnerait privilége au médecin, pharmacien ou garde-malade, qu'au cas de décès du débiteur, serait à la fois inhumaine et ridicule ;

4° Les salaires des gens de service, pour l'année échue, et ce qui est dû pour l'année courante. — On entend par *gens de service*, les personnes employées et à gages, qui sont logées et nourries dans la maison du débiteur. Le Code de commerce accorde privilége pour un mois aux ouvriers employés directement par le failli, et pour six mois aux commis ;

5° Enfin les fournitures de subsistances, faites au débiteur et à sa famille, savoir, pendant les six derniers mois, par les marchands en détail, tels que boulangers, bouchers et autres, et pendant la dernière année, par les maîtres de pension et marchands en gros. — Les expressions fournitures de *subsistances* indiquent, dans leur vrai sens, tout ce qui est nécessaire à l'existence civile, et peuvent s'étendre dans de justes limites, par exemple, au tailleur et au cordonnier; en effet, après avoir indiqué, comme exemples, les boulangers, bouchers, le Code ajoute les termes généraux, *et autres*.

II. *Priviléges sur certains meubles.* — Les créances privilégiées sur certains meubles sont:

1° Ce qui est dû pour prix des baux de maisons ou de biens ruraux, pour réparations locatives et pour tout ce qui concerne l'exécution du bail.

Le privilége du bailleur frappe surtout ce qui garnit la maison louée, et, s'il s'agit de bail rural, sur tout ce qui garnit la ferme, sur les fruits de l'année et généralement sur tout ce qui sert à l'exploitation de la ferme. Les choses qui *garnissent* la maison ou la ferme sont les meubles meublants; il faut en retrancher le lit, deux chaises, une table et les instruments qui servent spécialement à l'industrie du locataire; car ces choses ne peuvent être ni saisies ni vendues. Le bailleur peut, il est vrai, se faire payer sur les valeurs mobilières du débiteur, lors même qu'elles ne garnissent pas, à proprement parler, la maison ou la ferme; mais il vient, à cet égard, en concours avec les autres créanciers de son débiteur.

Si le bail de la maison ou de la ferme est authentique, ou si, étant fait sous signature privée, il a date certaine, le bailleur a privilége pour tout ce qui est échu et pour tout ce qui est à échoir; mais lorsque le bailleur se fait ainsi payer de tous les loyers ou fermages à échoir, les autres créanciers ont, nonobstant la prohibition de céder ou de sous-louer, le droit de relouer la maison ou la ferme pour le restant du bail, et de faire leur profit des baux ou fermages, à la charge toutefois de payer au propriétaire tout ce qui lui serait encore dû. Lors, au contraire, que le bail fait sous signature privée n'a point date certaine, le bailleur n'est privilégié que pour les loyers ou fermages échus, pour ceux de l'année courante et pour une année à partir de l'expiration de l'année courante. Le bailleur donne efficacement date certaine à son acte, tant que le preneur n'est pas dessaisi par faillite, par déconfiture ou par une saisie mobilière.

Les sommes dues pour semences, labours et frais de la récolte sont payées sur le prix de la récolte par préférence au bailleur; et celles dues pour ustensiles sont également payées, sur le prix de ces ustensiles, par préférence au bailleur.

Lorsque les meubles qui garnissent la maison ou la ferme ont été déplacés sans le consentement du bailleur, celui-ci conserve encore sur eux son privilége et peut les saisir-revendiquer par huissier dans la quinzaine, s'il s'agit de meubles garnissant une maison, ou dans les quarante jours, s'il s'agit de meubles garnissant une ferme. — Le bailleur d'une maison a moins de temps pour revendiquer les meubles déplacés et les faire ainsi réintégrer dans la maison, que le bailleur d'une ferme, parce que le premier est censé devoir être plus promptement averti que le second, du déplacement des meubles.

Comme on le voit, cette saisie-revendication du bailleur déroge au principe, qu'en fait de meubles la possession vaut titre : cette dérogation est introduite dans le but de donner au bailleur diligent quelque sécurité par rapport à la conservation des garanties qu'il obtient sur les meubles continuant à demeurer en la possession du preneur; sans cette dérogation, il serait trop facile à ce dernier de faire évanouir les garanties sur lesquelles il importe beaucoup que le bailleur puisse compter.

2° La créance sur le gage dont le créancier est saisi.— Le créancier gagiste n'obtient et ne conserve son privilége que par la possession : c'est la condition de possesseur, considérée surtout avec faveur par la loi lorsqu'il s'agit de meubles, qui semble constituer ici la qualité de la créance.

— Quelques auteurs accordent l'action en revendication

au créancier gagiste comme au bailleur; mais de graves raisons de différence et cette règle de droit commun « en fait de meubles, la possession vaut titre, » doivent faire refuser la revendication à ce créancier.

3° Les frais faits pour la conservation de la chose, c'est-à-dire les sommes dues pour dépenses nécessaires. — Le créancier qui a fait de telles dépenses, a et conserve son privilége, quoiqu'il ne soit point en possession de la chose conservée. Si quelqu'un fait des dépenses utiles, il n'a point de privilége; mais tant qu'il a la chose en sa possession, il a sur elle le droit de rétention, qui est presque aussi efficace que le privilége.

4° Le prix d'effets mobiliers non payés. — Le vendeur de meubles a trois droits: le droit de privilége, le droit de résolution, et le droit de revendication. Il a le droit de *privilége* sur le prix de la chose vendue, tant que cette chose est en la possession du débiteur, peu importe que la vente ait été faite à terme ou sans terme; — il a le droit de *résolution*, qui existe toujours dans les contrats synallagmatiques, tant que la chose vendue se trouve en la possession du débiteur, et cela encore sans distinguer si la vente a été faite avec ou sans terme; — il a enfin le droit de *revendication*, lorsque les trois conditions suivantes se trouvent réunies: s'il a vendu sans terme; si la chose vendue se trouve en la possession de l'acheteur, et si elle se trouve dans le même état que celui où elle était lors de la livraison: le vendeur ne peut même alors intenter l'action en revendication que dans la huitaine de la livraison. Cette revendication diffère essentiellement de la résolution: en effet, dans la résolution, l'obligation de l'acheteur de payer le prix de vente est éteinte: tandis que, dans la revendication, la chose revient, à titre de garantie, entre les mains du vendeur qui peut encore contraindre l'acheteur à l'exécution de son obligation de payer le prix: on suppose que l'horloger, par exemple, qui n'a pas accordé de terme, laisse emporter la pendule achetée ou la porte lui-même à l'acheteur, pensant qu'il recevra promptement son payement; lorsque deux ou trois jours s'écoulent sans que son espérance se réalise, il conçoit de justes inquiétudes, qui doivent lui permettre de se faire remettre en possession de la chose vendue, dont il n'est censé avoir voulu se dessaisir que moyennant payement.

En matière de commerce, le privilége et le droit de résolution n'existent point; le droit de revendication ne peut être exercé qu'en cas de faillite, et lors seulement que les marchandises ne sont point encore arrivées dans les magasins du failli.

5° Les fournitures d'un aubergiste, sur les effets du voyageur qui ont été transportés dans son auberge, tant que l'aubergiste les a en sa possession.

6° Les frais de voiture et les dépenses accessoires, sur la chose voiturée, tant que le voiturier l'a aussi en sa possession. — Cependant s'il a déchargé la chose voiturée et reste encore devant la maison ou même dans la localité du destinataire, il n'est point considéré comme déchu de son privilége.

7° Les créances résultant d'abus et prévarications commis par les fonctionnaires publics dans l'exercice de leurs fonctions, tels que notaires et huissiers, sur les fonds de leur cautionnement, et sur les intérêts qui en peuvent être dus.

Remarque. — La loi ne détermine ni le rang des priviléges spéciaux entre eux, ni le rang des priviléges généraux en concours avec les priviléges spéciaux.

1° Quand il s'agit des priviléges *spéciaux entre eux*, il faut préférer celui qui a une cause utile à ceux qui le précèdent. Ainsi, de même que l'on préfère au bailleur ce qui est dû pour semences, labours et frais de récolte; de même, il faut préférer celui qui a rentré la récolte aux moissonneurs, et les moissonneurs à ceux qui ont fait les labours ou fourni les semences. Ainsi encore il faut préférer celui qui a conservé le dernier la chose à celui qui l'a conservée avant lui.

Lorsqu'il s'agit de créanciers nantis, il n'y a pas de difficulté, puisqu'il ne peut pas y avoir de concours entre eux, par la raison que divers créanciers ne peuvent pas être chacun nantis de la même chose; excepté cependant quand il s'agit de meubles enlevés de la maison ou de la ferme, cas auquel on préfère, dans les quinze ou quarante jours, le bailleur de la maison ou de la ferme. Lorsque les créanciers nantis sont en concours avec le conservateur de la chose, celui-ci est préféré si les dépenses de conservation sont postérieures au nantissement; les nantis sont préférés au conservateur dans le cas contraire. — Lorsque les créanciers nantis sont en concours avec le vendeur de meubles, celui-ci ne les prime que lorsqu'il est prouvé que les nantis, bailleurs ou autres, avaient connaissance, à l'origine du nantissement, que le prix des objets était dû ou que les meubles n'appartenaient pas à celui qui a fait le nantissement.

2° Quand il s'agit du concours des *priviléges généraux avec les priviléges spéciaux*, on préfère les frais de justice utiles aux privilégiés spéciaux : dans tous les autres cas, on préfère les priviléges spéciaux sur les meubles aux priviléges généraux.

Section II. — *Des priviléges sur les immeubles.*

Il y a quatre espèces de créanciers privilégiés sur les immeubles.

1° Le vendeur a privilége sur l'immeuble vendu, pour le payement du prix qui lui est dû. — S'il y a plusieurs ventes successives, dont le prix soit dû en tout ou en partie, le premier vendeur est préféré au second, le deuxième au troisième, et ainsi de suite.

2° Les cohéritiers ont privilége sur les immeubles de la succession pour les soultes ou retours de lots, pour le prix de licitation, et pour la garantie des lots faits entre eux.

3° Les architectes, entrepreneurs, maçons et autres ouvriers employés pour construire ou réparer des bâtiments, canaux, ou autres ouvrages, ont un privilége sur l'augmentation de valeur résultant de leurs travaux. Mais ce privilége, qui est extrêmement rare en pratique, n'a lieu que lorsque les précautions suivantes ont été prises : il faut qu'un procès-verbal, constatant l'état des lieux relativement aux travaux que le propriétaire déclare avoir dessein de faire, soit préalablement dressé par un expert nommé d'office par le tribunal de première instance du ressort où les bâtiments sont situés; il faut encore que les ouvrages aient été, dans les six mois de leur réception, reçus par un expert également nommé d'office. Le montant du privilége ne peut excéder la valeur constatée par le second procès-verbal, déduction faite de la valeur constatée par le premier procès-verbal : il ne peut donc exister que pour la différence de valeur fixée par les deux procès-verbaux; bien plus, il se réduit à la plus-value existante à l'époque de l'aliénation de l'immeuble, et résultant des travaux qui ont été faits.

4° Les créanciers de la succession et les légataires ont un privilége sur les biens héréditaires, à l'égard des créanciers de l'héritier, lorsqu'ils demandent la séparation des patrimoines.

Au reste, ceux qui sont subrogés soit par loi, soit par le créancier, soit par le débiteur, viennent au même rang de privilége que les créanciers qui ont été payés.

SECTION III. — *Des priviléges qui s'étendent sur les meubles et les immeubles.*

Les priviléges qui s'étendent sur les meubles et les immeubles sont les cinq priviléges généraux énumérés à la section I du présent chapitre (pages 374, 375).

Lorsque les créanciers ayant de tels priviléges se présentent pour être payés sur le prix d'un immeuble et se trouvent en concours avec des créanciers ayant privilége spécial sur cet immeuble, les payements se font dans l'ordre suivant :

1° Viennent d'abord les cinq priviléges généraux, chacun à son rang;

2° Viennent ensuite les priviléges sur les immeubles, énumérés dans la section II du présent chapitre (page 380).

Cependant, si un créancier ayant un privilége général, avait négligé de se faire payer sur le prix des meubles, il ne viendrait, à cause de sa négligence, qu'après les créanciers privilégiés de la deuxième section; mais il primerait néanmoins toujours les créanciers qui sont seulement hypothécaires.

Section IV. — Comment se conservent les priviléges.

Les priviléges sur les immeubles ne produisent d'effet entre les créanciers qu'autant qu'ils sont rendus publics par inscription sur les registres du conservateur des hypothèques, et à compter de la date de cette inscription (1).

Ce principe souffre les exceptions suivantes :

1° Sont dispensées de la formalité de l'inscription les créances munies d'un privilége s'étendant sur les meubles et sur les immeubles. — Comme ces créances sont généralement de faible valeur, et comme il est probable qu'elles seront entièrement payées sur le prix du mobilier, la loi, dans l'intérêt général, les a dispensées des frais que nécessite la formalité de l'inscription.

2° Le vendeur conserve son privilége sur les immeubles vendus par la transcription, faite au bureau des hypothèques, du titre qui a transféré la propriété. — Cette transcription vaut inscription pour tout ce qui reste dû au vendeur, sans distinguer si elle a eu lieu à la réquisition

---

(1) Voir le FORMULAIRE, MODÈLE, n° 39.

du vendeur, de l'acheteur, ou de toute autre personne; le conservateur des hypothèques est néanmoins tenu, sous peine de dommages et intérêts envers les tiers, de faire d'office l'inscription, sur son registre, des créances résultant de l'acte translatif de propriété. Le vendeur, au lieu de faire transcrire l'acte de vente, peut aussi prendre inscription sur les immeubles vendus.

D'après la loi du 23 mars 1855, le vendeur qui ne fait pas inscrire son privilége au bureau des hypothèques dans les quarante-cinq jours de son acte d'aliénation, s'en trouve par là entièrement déchu; en outre, par suite de la perte de son privilége, il ne peut plus invoquer son droit de résolution contre les tiers qui ont acquis des droits sur l'immeuble du chef de l'acquéreur.

3° Le cohéritier ou autre copartageant conserve son privilége sur les immeubles de chaque lot ou sur les immeubles licités, soit pour les soultes ou retours de lots, soit pour le prix de licitation, soit pour la garantie du partage, lorsque, d'après la loi du 23 mars 1855, il l'inscrit pendant les quarante-cinq jours du partage ou de l'adjudication. Durant ce délai, aucune hypothèque consentie en faveur des tiers ne nuit au copartageant; mais l'aliénation transcrite serait fatale à tout privilége non inscrit.

4° Les architectes, entrepreneurs, maçons ou autres ouvriers, employés pour construire ou réparer des bâtiments, canaux ou autres ouvrages, conservent, par la double inscription, 1° du procès-verbal qui constate l'état des lieux, et 2° du procès-verbal de réception des travaux, leur privilége à la date de l'inscription du premier procès-verbal. — L'architecte n'aurait point de privilége sur la valeur des travaux qu'il aurait faits avant que de rendre public, par l'inscription, le premier procès-verbal; car sa négligence, qui a pu induire les tiers dans l'erreur, doit retomber sur lui.

5° Les créanciers héréditaires et les légataires qui demandent que le patrimoine du défunt soit séparé du patrimoine de l'héritier, conservent, à l'égard des créanciers de l'héritier ou de tout autre successeur universel ou à titre universel, leur privilége sur les immeubles de la succession, par les inscriptions faites, sur chacun de ces biens, dans les six mois de l'ouverture de la succession : pendant ce délai, aucune hypothèque ne peut être établie sur ces biens par les héritiers au préjudice des créanciers et légataires. — Mais il est à remarquer que ce privilége ne prime nullement les hypothèques consenties par le défunt ; que, dans le concours des créanciers et des légataires, les premiers sont payés de préférence aux seconds ; que celui qui demande la séparation des patrimoines n'obtient que la somme qu'il aurait eue si tous les autres avaient exercé le même droit, et qu'en cas d'insuffisance des biens du défunt pour obtenir son payement intégral, il ne peut point poursuivre personnellement l'héritier qu'il n'a pas voulu accepter comme débiteur.

Évidemment les cessionnaires de ces diverses créances privilégiées et les subrogés exercent les mêmes droits de priviléges que les cédants ou subrogeants.

Les vendeurs, cohéritiers, architectes, créanciers et légataires qui ont négligé de prendre inscription dans le délai utile pour la conservation de leur privilége, ne cessent pas cependant d'être hypothécaires ; mais l'hypothèque ne date, à l'égard des tiers, que de l'époque des inscriptions prises selon les règles expliquées au chapitre IV du présent titre.

CHAPITRE III. — Des hypothèques.

Trois choses sont ici à examiner : 1° qu'est-ce que l'hypothèque ? 2° quels sont les biens susceptibles d'hypothèque ? 3° qu'est-ce qui donne hypothèque ?

I. *Ce qu'est l'hypothèque.* — L'hypothèque donne au créancier un droit de préférence et de suite. Elle présente trois caractères remarquables :

1° *L'hypothèque constitue un droit réel sur les immeubles affectés à l'acquittement d'une obligation.* — De même que le gage et les priviléges, l'hypothèque suppose nécessairement l'existence d'une obligation qu'elle garantit et dont elle est l'accessoire : aussi elle est mobilière ou immobilière selon la nature du droit garanti. Le droit réel que l'hypothèque confère au créancier, n'est point un droit de propriété ni un démembrement de propriété ; de même que le droit de gage ou de tout autre privilége, il affecte toute la chose, en en laissant la propriété au débiteur : le créancier hypothécaire a, comme les divers créanciers privilégiés, un droit réel, en ce sens qu'il peut invoquer ce droit non-seulement contre le débiteur et ses héritiers ou autres successeurs, mais encore contre les autres créanciers du même débiteur, et se faire payer sur le prix des biens frappés d'hypothèque par préférence aux autres créanciers de son débiteur.

2° *L'hypothèque suit les immeubles affectés à l'acquittement de l'obligation, dans quelques mains qu'ils passent.* — L'hypothèque est un droit plus *réel*, c'est-à-dire plus général que celui du preneur qui a un bail ayant date certaine, et que celui du créancier gagiste; car le locataire et le créancier gagiste ne peuvent invoquer leur droit qu'autant qu'ils sont en possession de la chose, tandis que le droit d'hypothèque existe indépendamment de la possession de l'immeuble, qui reste ordinairement entre les mains du débiteur. L'hypothèque est un droit plus *réel* encore que celui des créanciers privilégiés sur les meubles, car ces créanciers ne peuvent invoquer leur privilége que contre les autres créanciers de leur débiteur, et non contre les tiers détenteurs qui ont juste titre et bonne foi; tandis que le créancier hypothécaire peut invoquer son droit même contre les tiers acquéreurs. Le créancier hypothécaire a donc un droit aussi réel ou général que celui qui a sur un immeuble un droit de propriété ou un démembrement de propriété.

3° L'hypothèque est, de sa nature, indivisible, et subsiste en entier sur tous les immeubles affectés, sur chacun et sur chaque portion de ces immeubles. — De là, d'une part, le créancier hypothécaire a le droit de poursuivre le détenteur de l'un des immeubles hypothéqués et même d'une partie de l'un de ces immeubles, pour le payement de toute sa créance : le détenteur ne peut empêcher la vente qu'en payant l'intégralité de ce qui est dû au créancier. D'autre part, lorsque les quatre-vingt-dix-neuf centièmes de la créance, pour sûreté de laquelle plusieurs immeubles sont hypothéqués, ont été payés, tous les immeubles restent encore hypothéqués pour le centième de la créance qui reste dû. Toutefois rien n'empêche de convenir que tels immeubles seront libres d'hypothèque, quand telle partie de la créance aura été payée; car l'hypothèque n'est pas indivisible de son essence, mais seulement de sa nature.

II. *Biens susceptibles d'hypothèques.* — Les biens susceptibles d'hypothèques sont seulement :

1° Les biens immobiliers qui sont dans le commerce, tels que les fonds de terre et les maisons. — L'hypothèque qui frappe sur le fonds de terre ou sur la maison s'étend, comme conséquence, sur les accessoires de l'immeuble, c'est-à-dire sur les meubles devenus immeubles par destination; mais ces accessoires ne peuvent point être l'objet d'une hypothèque principale;

2° L'usufruit des biens immobiliers. — L'hypothèque constituée sur le droit d'usufruit s'étend également sur les accessoires de l'immeuble. Lorsque le droit de l'usufruitier s'évanouit, l'hypothèque qu'il a consentie s'évanouit en même temps; lors, au contraire, que le nu-propriétaire a consenti une hypothèque, cette hypothèque s'étend sur la pleine propriété dès que le droit d'usufruit est éteint.

L'hypothèque qui frappe accessoirement sur les meubles

immobilisés cesse à cet égard, dès que ces meubles ont cessé de faire partie de l'immeuble. De là cette maxime : « Les meubles n'ont pas de suite par hypothèque. »

III. *Sources de l'hypothèque.* — L'hypothèque est de droit civil, et non du droit des gens : aussi elle n'a lieu que dans les cas ou suivant les formes déterminés par la loi. Elle est légale, judiciaire ou conventionnelle.

Ce chapitre comprend quatre sections qui traitent : 1° des hypothèques légales; 2° des hypothèques judiciaires; 3° des hypothèques conventionnelles, et 4° du rang que les hypothèques ont entre elles.

Section I.— *Des hypothèques légales.*

L'hypothèque *légale* est celle qui résulte de l'autorité seule de la loi.

Les créanciers qui traitent avec une personne ayant ordinairement soin de pourvoir à leurs intérêts en demandant au débiteur des garanties assurant leur payement, la loi a dû pourvoir aux intérêts de quelques personnes : en conséquence elle accorde une hypothèque aux personnes suivantes :

1° Aux femmes mariées sur les biens de leur mari;

2° Aux mineurs et interdits sur les biens de leur tuteur;

3° A l'État, aux communes et aux établissements publics sur les biens des receveurs et autres administrateurs.

Le créancier qui a l'une de ces trois hypothèques légales peut exercer son droit de préférence sur tous les immeubles de son débiteur et sur tous ceux qui pourront lui appartenir par la suite.

Le cohéritier ou copartageant, l'architecte ou l'entrepreneur, les créanciers du défunt et les légataires ont aussi, après la perte de leur privilége, une espèce particulière d'hypothèque légale.

Section II. — *Des hypothèques judiciaires.*

L'hypothèque *judiciaire* est celle qui résulte :

1° Des jugements contradictoires ou par défaut, définitifs ou provisoires, en dernier ou en premier ressort, qui ont été rendus par des tribunaux français ;

2° Des actes judiciaires, résultant des reconnaissances ou vérifications, faites en justice, des signatures apposées à un acte obligatoire sous seing privé. Lorsqu'il y a reconnaissance d'une obligation sous seing privé, faite en justice avant l'exigibilité de la dette, le créancier ne peut prendre inscription hypothécaire sur les biens de son débiteur qu'après l'exigibilité de sa créance ; et c'est lui qui supporte personnellement et définitivement les frais de l'action en reconnaissance, lorsque le débiteur n'a pas dénié sa signature.

Le jugement diffère de l'acte judiciaire, en ce que le jugement suppose un fait ou un droit contesté, qui est décidé par le tribunal ; tandis que l'acte judiciaire ne suppose en aucune manière une chose ou droit contesté ;

3° Des décisions arbitrales, lorsqu'elles sont rendues exécutoires par une ordonnance du président du tribunal ;

4° Des jugements prononcés à l'étranger, lorsqu'ils ont été rendus exécutoires par un tribunal français. Le tribunal français ne revise point le fond du jugement prononcé à l'étranger ; mais il examine si les voies d'exécution qu'il ordonne sont compatibles avec les lois françaises.

L'hypothèque judiciaire s'étend, comme l'hypothèque légale, sur tous les immeubles actuels du débiteur et sur tous ceux qu'il peut acquérir par la suite.

Section III. — *Des hypothèques conventionnelles.*

L'hypothèque *conventionnelle* est celle qui exige l'accord des parties, et la solennité de la forme. — Des formes solennelles sont requises pour la validité de la constitution d'hypothèque, afin de prémunir les propriétaires contre la facilité, malheureusement si grande et en même temps si funeste, tant pour eux et leur famille que pour l'agriculture, de se procurer à tout prix un argent qui devient trop souvent la cause de leur ruine.

I. *Convention.* — L'hypothèque conventionnelle ne peut être consentie que par ceux qui ont la libre aliénation des biens qu'ils y soumettent : il faut conclure de là que l'hypothèque consentie par le mineur, ou par la femme mariée non autorisée, est radicalement nulle. — Les tuteurs peuvent consentir des hypothèques sur les biens des mineurs et des interdits; mais ils ont besoin pour cela de l'autorisation du conseil de famille et de l'homologation du tribunal. Les envoyés en possession ne peuvent consentir d'hypothèque sur les immeubles d'un absent, qu'avec autorisation du tribunal. Ceux qui n'ont sur l'immeuble qu'un droit conditionnel, ne peuvent consentir qu'une hypothèque également conditionnelle.

La convention qui constitue un droit d'hypothèque n'est point un contrat, car elle ne fait pas naître une obligation, mais affecte un ou plusieurs immeubles à l'acquittement d'une obligation : elle ne forme donc point un droit personnel, mais seulement un droit réel.

II. *Solennité de la forme.* — L'hypothèque conventionnelle ne peut être constituée qu'avec certaines formes.

1° Il faut que la convention d'hypothèque soit rédigée en forme authentique devant deux notaires ou devant un notaire et deux témoins. Comme l'hypothèque est de droit civil, les contrats passés à l'étranger ne confèrent jamais d'hypothèque sur les biens situés en France.

2° Il faut que le titre authentique qui constitue l'hypothèque déclare spécialement la nature et la situation de chacun des immeubles actuellement appartenant au débiteur, sur lesquels celui-ci consent hypothèque. Ainsi l'hypothèque conventionnelle est essentiellement spéciale. Cependant le débiteur peut hypothéquer tous ses biens présents, en spécialisant la nature et la situation de chacun d'eux.

Puisque 'hypothèque conventionnelle est essentiellement spéciale, il s'ensuit qu'un débiteur ne peut pas consentir d'hypothèque sur ses biens à venir. Ce principe souffre l'exception suivante : si les biens présents et libres du débiteur sont insuffisants pour la sûreté de la créance, il peut, en exprimant cette insuffisance, consentir que chacun des biens qu'il acquerra par la suite y demeurera affecté au fur et à mesure des acquisitions ; mais le créancier devra, en prenant inscription sur les biens qui sont arrivés postérieurement au débiteur, spécialiser leur nature et leur situation. Au reste, la déclaration, même erronée, d'insuffisance, ne donne point lieu à controverse, et produira toujours ses effets.

Celui qui n'a actuellement aucun immeuble ne peut point, même en exprimant l'insuffisance des garanties données à son créancier, consentir hypothèque sur ses biens à venir ; car la constitution d'hypothèque doit, dès l'origine, avoir quelque objet certain sur lequel elle repose.

Remarques. — 1° On peut consentir une hypothèque pour une dette conditionnelle, et même pour l'ouverture d'un crédit dont il sera facultatif au débiteur d'user ou de ne pas user, et l'hypothèque aura rang à partir de l'inscription, à quelque époque que la dette vienne ensuite à naître.

2° Lorsque la créance hypothécaire est conditionnelle, pour son existence, ou indéterminée dans sa valeur, le créancier ne peut en requérir l'inscription qu'en faisant une estimation de cette créance, sauf au débiteur à en faire réduire la valeur, s'il trouve que l'estimation soit excessive.

3° L'hypothèque acquise s'étend à toutes les améliorations survenues à immeuble.

4° Si les immeubles hypothéqués périssent ou éprouvent

des dégradations, de sorte qu'ils sont insuffisants pour la sûreté du créancier, celui-ci a droit de poursuivre aussitôt son remboursement. S'il n'y a, dans les pertes et détériorations, aucun fait à reprocher au débiteur, et si celui-ci tient à jouir du bénéfice du terme, la loi vient à son secours en lui permettant de donner à son créancier un supplément d'hypothèque; mais la loi ne vient point au secours du débiteur par le fait duquel sont arrivées les pertes et les détériorations, et par conséquent il est entièrement déchu du bénéfice du terme.

SECTION IV. — *Du rang que les hypothèques ont entre elles.*

Cette section s'occupe : 1° du rang des hypothèques entre elles ; 2° des personnes qui peuvent requérir l'inscription de l'hypothèque légale ; 3° des manières dont les hypothèques légales peuvent être restreintes.

I. *Du rang des hypothèques entre elles.* — Le principe, en matière d'hypothèque légale, judiciaire ou conventionnelle, est que le premier en date est le premier en droit. Mais l'hypothèque n'a de date, ni par conséquent de rang, que par l'inscription prise par le créancier au bureau des hypothèques de la situation des immeubles. Cependant l'hypothèque a rang, indépendamment de toute inscription, au profit des personnes ci-après dénommées :

1° Au profit des mineurs et interdits, sur les immeubles de leur tuteur, du jour où la tutelle a été déférée ; mais la responsabilité du tuteur ne commence qu'à partir du moment où il a connu la charge qui lui a été imposée, et où il a pu en prendre l'exercice ;

2° Au profit de la femme mariée, sur les immeubles de son mari. Cette hypothèque a rang : — du jour du mariage, à raison de la dot et des conventions matrimoniales ; — du jour des successions échues à la femme pendant le mariage, à raison des sommes dotales et autres choses mobilières que le mari devra restituer; — du jour où les donations faites à la femme pendant le mariage ont produit leur effet, pour les sommes dotales et autres choses mobilières que le mari devra aussi restituer; — du jour de l'obligation qu'elle a contractée, pour l'indemnité qui lui est due; — et enfin du jour de l'aliénation de ses immeubles, pour le prix qui lui est dû. On n'a pas voulu que l'hypothèque légale de la femme frappât, du jour du mariage, sur les immeubles de son mari, pour tout ce qui pourrait lui être dû à la dissolution du mariage; car la force administrative du mari se trouverait par là en quelque sorte paralysée, et la femme peut d'ailleurs, sous bien des rapports, veiller elle-même à ses intérêts. Elle est donc à cet égard dans une position qui diffère de celle du mineur ou de l'interdit.

II. *Des personnes qui doivent ou peuvent requérir l'inscription de l'hypothèque légale.* — Quoique l'hypothèque légale existe de droit en faveur des mineurs et des interdits sur les biens des tuteurs, et en faveur de la femme sur les biens de son mari, la loi impose cependant, dans un but d'utilité publique, l'obligation aux personnes suivantes de révéler l'hypothèque légale :

1° Le mari et le tuteur doivent rendre publiques les hypothèques dont leurs biens sont grevés, et requérir, sans délai, inscription aux bureaux des hypothèques sur les immeubles qui leur appartiennent et sur ceux qui pourront leur appartenir par la suite. Le mari ou le tuteur qui n'a point requis inscription de l'hypothèque légale sur ses immeubles, est stellionataire, et par conséquent contraignable par corps, s'il consent des hypothèques sans déclarer expressément au créancier que ses immeubles sont déjà grevés d'hypothèque légale en faveur de la femme, du mineur ou de l'interdit.

2° Le subrogé tuteur doit aussi, sous sa responsabilité personnelle et sous peine de tous dommages et intérêts, tant envers le mineur ou l'interdit qu'envers les tiers, veiller à ce que les inscriptions soient prises sans délai sur les biens du tuteur, pour raison de sa gestion; il doit même faire faire ces inscriptions.

3° Le procureur impérial auprès du tribunal de première instance du domicile des maris et tuteurs, ou du lieu de la situation des biens, doit aussi, à défaut d'inscription prise par le mari, le tuteur ou subrogé tuteur, requérir d'office l'inscription. Mais cette disposition n'a aucune sanction.

4° Enfin la femme, ainsi que ses parents et ceux de son mari, le mineur et ses parents et amis peuvent aussi requérir l'inscription de l'hypothèque légale.

III. *Manières dont les hypothèques légales peuvent être restreintes.* — L'hypothèque légale, qui frappe sur la généralité des biens du mari et du tuteur, peut nuire considérablement à leur crédit. C'est pourquoi il est permis de la restreindre avec les conditions suivantes :

1° Les parties majeures peuvent convenir dans leur contrat de mariage qu'il ne sera pris inscription que sur un ou sur certains immeubles du mari : les immeubles qui ne sont point indiqués pour l'inscription restent libres et affranchis de l'hypothèque pour la dot de la femme, pour ses reprises et conventions matrimoniales. Mais la convention qu'aucun immeuble du mari ne sera hypothéqué n'est jamais valable. — Le texte du Code dit les *parties majeures :* il faut donc que le mari et la femme soient tous deux majeurs pour que la restriction de l'hypothèque légale de la femme puisse avoir lieu dans le contrat de mariage ; toute autre décision serait contraire à la lettre et à l'esprit du texte.

2° Le conseil de famille peut aussi, dans l'acte de nomination du tuteur consentir à ce que l'inscription ne sera requise que sur certains immeubles du tuteur.

3° Lorsque l'hypothèque légale n'a point été restreinte par l'acte de nomination du tuteur, il est possible encore d'en obtenir une restriction qui se présente rarement en pratique. Le tuteur qui a des immeubles dont la valeur excède notoirement les sûretés suffisantes pour sa gestion, peut demander au tribunal que l'hypothèque légale soit restreinte aux immeubles suffisants pour opérer une pleine garantie en faveur du mineur : le conseil de famille est d'abord consulté et donne son avis, et ensuite la demande en restriction est portée, contre le subrogé tuteur, devant le tribunal de première instance. Le jugement n'est rendu à cet égard que dans le cas où le procureur impérial, qui est alors le contradicteur du tuteur, a été entendu dans ses conclusions. Quand le tribunal prononce la réduction de l'hypothèque à certains immeubles, les inscriptions prises sur les autres immeubles seront rayées.

Le mari pourra pareillement faire restreindre aux immeubles suffisants pour la conservation entière des droits de la femme l'hypothèque légale qui pèse sur ses biens : il faut pour cela que la femme y consente, et que l'on prenne l'avis des quatre plus proches parents de la femme, réunis en conseil de famille : ensuite la demande est portée devant le tribunal de première instance ; le procureur impérial doit être entendu contradictoirement en ses conclusions : tout se passe comme s'il s'agissait d'une demande pareille formée par le tuteur.

Chapitre IV. — Du mode de l'inscription des priviléges et hypothèques.

Le premier créancier inscrit est le premier en droit ; s'il y a plusieurs créanciers inscrits le même jour, ils exercent en concurrence une hypothèque de même date, sans distinction entre l'inscription du matin et celle du soir, lors même que cette différence de l'heure serait marquée par le conservateur des hypothèques. Il est à remarquer que les inscriptions prises, par les créanciers héréditaires, depuis l'ouverture d'une succession qui n'est acceptée que sous bénéfice d'inventaire, ne produisent aucun effet, et qu'il en est de même de celles qui seraient prises sur les biens du failli postérieurement au jugement déclaratif de la faillite.

Le créancier prend inscription, et donne par là rang et vie à son droit d'hypothèque, en représentant par lui-même ou par un tiers, au conservateur des hypothèques, l'original en brevet ou l'expédition authentique du jugement ou de l'acte qui donne naissance au privilége ou à l'hypothèque. Il joint à cet original deux bordereaux sur papier timbré, dont l'un peut être porté sur l'expédition du titre, ce qui fait une économie de trente-cinq centimes. Ces deux bordereaux contiennent :

1° Les nom, prénom, profession et domicile du créancier, et son élection de domicile dans un lieu quelconque de l'arrondissement, lorsque ce créancier n'y a pas son domicile réel. — Si le créancier n'est pas bien désigné ou s'il n'a point fait élection de domicile dans l'arrondissement, l'inscription ne sera pas nulle, mais le tiers acquéreur qui veut purger l'immeuble d'hypothèques sera dispensé de lui faire des notifications ;

2° Les nom, prénom, profession et domicile du débiteur, et même quelquefois une désignation individuelle et spéciale, de manière que le conservateur des hypothèques puisse reconnaître et distinguer dans tous les cas l'individu dont les biens sont grevés d'hypothèque ; toutefois les inscriptions sur les biens d'une personne décédée peuvent être faites sous la simple désignation du défunt, sans aucune mention spéciale des divers héritiers. — Si l'indication du débiteur n'est pas bien exacte et qu'il y ait erreur, c'est le créancier qui en subit toutes les conséquences ;

3° La date et la nature du titre. — Ces deux mentions sont essentielles ; car il importe beaucoup aux créanciers, surtout en matière de faillite, de connaître la date de la constitution d'hypothèque, ainsi que la nature du titre qui la confère ;

4° Le montant des créances exprimées par le titre, ou

leur évaluation faite par le créancier quand il s'agit de rentes, de prestations, de droits éventuels, conditionnels ou indéterminés; il faut aussi mentionner le montant des accessoires des capitaux et l'époque de l'exigibilité. — Lorsque l'évaluation est trop forte, le débiteur peut la faire réduire; si elle est trop faible, le créancier n'a rang d'hypothèque que pour la somme indiquée dans l'inscription. Si le créancier a mentionné que sa créance est productive d'intérêts ou d'arrérages, il a droit de venir, pour les intérêts ou arrérages de deux années et de l'année courante, au même rang d'hypothèque ou de privilége que pour son capital, sans préjudice des inscriptions particulières qu'il pourrait prendre pour les intérêts ou arrérages autres que ceux conservés par la première inscription; s'il ne mentionne pas que sa créance produit des intérêts ou arrérages, il n'a point à cet égard de droit de préférence. Si le créancier omet de fixer, dans son inscription, l'époque de l'exigibilité de sa créance, cette inscription est entièrement nulle;

5° Enfin le bordereau d'inscription doit contenir l'indication de l'espèce et de la situation des biens sur lesquels il entend conserver son privilége ou son hypothèque. — Cette mention est essentielle (1) pour les hypothèques conventionnelles; quant aux hypothèques judiciaires (2) ou légales, elle n'est point nécessaire, car une inscription prise en vertu de l'une de ces deux espèces d'hypothèque frappe sur tous les immeubles qu'a le débiteur dans l'arrondissement du bureau.

Lorsqu'il s'agit des droits d'hypothèque légale, soit des mineurs ou interdits sur les biens de leur tuteur, soit de la femme mariée sur les biens de son mari, soit enfin de l'État, des communes et établissements publics sur les

---

(1) Voir le FORMULAIRE, MODÈLE, n° 39, 1°.
(2) Voir le FORMULAIRE, MODÈLE, n° 39, 2°.

biens des comptables, les deux bordereaux contiennent seulement :

1° Les nom, prénom, profession et domicile réel du créancier, et le domicile élu pour lui dans l'arrondissement ;

2° Les nom, prénom, profession et domicile du débiteur ;

3° La nature des droits à conserver et le montant de leur valeur quant aux objets déterminés, sans être tenu de le fixer quant à ceux qui sont conditionnels, éventuels ou indéterminés (1).

Le conservateur des hypothèques fait mention, sur son registre, du contenu aux bordereaux, et remet au requérant tant le titre ou l'expédition du titre, que l'un des bordereaux, sur lequel il certifie avoir fait l'inscription.

Les frais des inscriptions sont à la charge du débiteur mais l'avance en est faite par l'inscrivant. Les frais de la transcription requise par le vendeur ou par l'acheteur sont à la charge de ce dernier.

Trois choses sont à remarquer. 1° Toutes les actions relatives aux inscriptions sont portées devant le tribunal du lieu où elles ont été prises. — 2° Celui qui a requis l'inscription et ses représentants, ainsi que ses cessionnaires par acte authentique, peuvent changer, sur le registre des hypothèques, le domicile élu, à la charge d'en choisir et indiquer un autre dans le même arrondissement. — 3° Enfin, chose bien essentielle à remarquer, les inscriptions conservent le rang d'hypothèque ou de privilège pendant dix années, à compter de leur date : si elles n'ont pas été renouvelées pendant ce délai, leur effet cesse ; elles sont périmées et considérées comme non avenues (2). Le conservateur des hypothèques ne renouvelle aucune inscription d'office, pas plus celle du

---

(1) Voir le FORMULAIRE, MODÈLE, n° 39, 3° et 4°.
(2) Voir le FORMULAIRE, MODÈLE, n° 40.

vendeur que celles des autres. Toutefois, après la péremption de l'inscription, le créancier n'a généralement perdu que son rang de préférence; il conserve son droit d'hypothèque, qui dure trente ans, et il peut prendre encore inscription, mais son hypothèque n'aura de rang qu'à partir de cette nouvelle inscription. Quelquefois cependant, le créancier qui néglige de renouveler son inscription en temps utile, perd en même temps son rang et son droit d'hypothèque : c'est lorsque le débiteur est tombé en faillite, que sa succession a été acceptée sous bénéfice d'inventaire, que l'immeuble a été saisi par d'autres créanciers, ou que cet immeuble a été acquis par des tiers qui, aux termes de la loi du 25 mars 1855, ont rendu publique leur acquisition par la transcription de leur acte au bureau des hypothèques. — D'après la même loi, l'hypothèque légale des femmes, des mineurs et interdits, doit être inscrite dans l'année de la dissolution du mariage ou de la fin de la tutelle; sinon elle ne prend rang, à l'égard des tiers, qu'à partir du jour de l'inscription nouvelle.

CHAPITRE V. — De la radiation et réduction des priviléges et hypothèques.

I. *Radiation des inscriptions.* — Les inscriptions sont rayées lorsque le conservateur des hypothèques écrit en marge de ces inscriptions le mot *rayé*.

La radiation se fait soit en vertu du consentement des parties, soit en vertu d'un jugement prononcé en dernier ressort ou passé en force de chose jugée par l'expiration du délai de l'opposition ou de l'appel. Pour opérer la radiation, la partie requérante remet au conservateur des hypothèques l'acte authentique du consentement du créancier ou l'expédition du jugement.

1° Pour consentir la radiation, il faut avoir capacité à cet effet. La femme mariée et séparée de biens peut consentir la radiation d'une hypothèque assurant le payement d'une créance mobilière; peu importe qu'elle ait ou non reçu son payement. Le mineur émancipé peut aussi consentir la radiation de l'inscription prise pour assurer le payement de ses fermages, qu'il en ait ou non reçu le payement; mais il ne peut consentir la radiation de l'inscription pour un capital placé, que lorsqu'il a reçu le capital, et seulement avec l'assistance de son curateur. Le tuteur et les autres administrateurs ne peuvent consentir la radiation des inscriptions, que lorsqu'ils ont reçu le payement de ce qui est dû aux pupilles et autres administrés.

2° Lorsque le créancier ne consent pas la radiation de l'inscription, le débiteur qui croit que cette inscription doit être rayée, peut, à cet effet, s'adresser au tribunal de première instance du lieu où elle a été faite. Le tribunal prononcera la radiation si l'inscription n'est fondée ni sur la loi, ni sur un jugement, ni sur un titre valable, ou lorsque la dette se trouve payée ou éteinte de toute autre manière.

II. *Réduction des inscriptions.* — Le débiteur peut quelquefois demander deux espèces de réductions des inscriptions, l'une concerne l'*évaluation de la créance*, l'autre concerne la *restriction des hypothèques*.

1° Lorsque le créancier a fait une évaluation excessive du montant d'une dette conditionnelle, éventuelle ou indéterminée, le débiteur peut demander la réduction de cette évaluation.

2° Nous avons vu (page 393) à la section 4 du chapitre 3 du présent titre, que l'hypothèque légale de la femme peut être restreinte par contrat de mariage, et celle du mineur ou de l'interdit, par l'acte de nomination du tuteur; et que, lorsque l'hypothèque n'a pas été restreinte dans le contrat de mariage ou dans l'acte de nomination du tuteur, elle peut l'être encore par le tribunal, avec le consentement de la femme et l'avis de ses quatre plus proches parents, dans le premier cas, ou avec l'avis du conseil de famille dans le second cas. Bien plus, l'hypothèque légale et l'hypothèque judiciaire peuvent être restreintes par le tribunal, sans aucun consentement ni avis préalable, lorsqu'elles sont excessives. Or elles sont réputées *excessives* lorsque les inscriptions frappent sur plusieurs domaines, et que la valeur d'un seul ou de quelques-uns d'entre eux excède de plus d'un tiers en fonds libres le montant des créances, tant en capital qu'accessoires. L'excès, dans ce cas, est arbitré par les juges, d'après les circonstances, les probabilités des chances, les présomptions de fait, les baux non suspects, les procès-verbaux d'estimation, et autres actes semblables. Il peut aussi être déterminé par le revenu fixé à la matrice du rôle de la contribution foncière : pour avoir la valeur des immeubles, on multiplie leur revenu par dix ou par quinze, selon que ces immeubles sont ou non sujets à dépérissement.

Remarquons : 1° que les hypothèques conventionnelles ne peuvent jamais être restreintes ; 2° que, dans le cas où le montant de la valeur fixée par le créancier aurait été réduit, ce créancier pourra prendre de nouvelles et supplémentaires inscriptions lorsque l'événement aura porté la créance indéterminée à une valeur plus forte : ces nouvelles inscriptions produiront effet du jour de leur date.

CHAPITRE VI. — De l'effet des priviléges et hypothèques contre les tiers détenteurs, et du délaissement.

I. *Effet des priviléges et hypothèques contre les tiers détenteurs.* — Les créanciers qui ont inscrit leur privilége ou hypothèque sur l'immeuble dans le temps où leur débiteur en restait encore propriétaire ou au moins avant la transcription faite par un tiers acquéreur, le suivent en quelques mains qu'il passe, pour être payés par préférence sur le prix, suivant l'ordre de leurs inscriptions. Mais le créancier qui a négligé d'inscrire son privilége ou son hypothèque a perdu, aux termes de la loi du 23 mars 1855, son droit de préférence, son droit de suite et même de résolution, au moment où le tiers acquéreur a transcrit son acte.

Le tiers acquéreur demeure, par l'effet seul des inscriptions, tenu en sa qualité de détenteur de toutes les dettes hypothécaires; mais il jouit des termes et délais accordés au débiteur; celui-ci, en effet, n'a point, par l'aliénation des choses hypothéquées, diminué les sûretés données à ses créanciers, et par conséquent il n'est point déchu du bénéfice du terme.

Le tiers détenteur peut choisir parmi les cinq partis suivants celui qu'il préfère :

1° Purger l'immeuble des priviléges et hypothèques qui le grèvent, en remplissant les formes et conditions indiquées pour la purge, aux chapitres 8 et 9 du présent titre (pages 406-411). — C'est là le parti qui donne à l'acquéreur le plus de sécurité; mais ce parti nécessite des frais assez grands, ce qui est cause que la purge est très-rare dans les campagnes, où l'on a généralement confiance dans son vendeur.

2° Payer tous les créanciers hypothécaires, tant en capitaux exigibles qu'en intérêts et autres accessoires. — Le tiers acquéreur qui a dépassé par ces payements le montant de ce qu'il doit au vendeur, a un recours contre ce dernier pour l'excédant, et, pour fortifier son recours, il est subrogé par la loi aux droits de privilége et d'hypothèque des créanciers payés contre le débiteur et ses cautions. Ce parti offre moins de sécurité que le premier, attendu qu'il peut encore exister sur l'immeuble les hypothèques, dispensées d'inscriptions, des femmes mariées, des mineurs et des interdits; mais les frais sont moins grands que dans la purge.

3° Payer le montant de son prix d'acquisition, aux premiers créanciers privilégiés ou hypothécaires. — En faisant ce payement, l'acquéreur se libère à l'égard de son vendeur, et il éteint l'hypothèque du créancier payé; mais ce payement et cette extinction de l'hypothèque n'ont lieu que sous une condition résolutoire, qui se réalise si d'autres créanciers font vendre l'immeuble : alors le tiers détenteur est supposé avoir été mandataire du débiteur, contre lequel il peut réclamer son prix et des dommages et intérêts; il est aussi supposé avoir été subrogé par la loi aux droits de privilége et d'hypothèque des créanciers qu'il a payés, et par conséquent il vient en leurs lieu, place et rang pour se faire payer sur le prix de l'immeuble dont il est exproprié.

Lorsque le tiers détenteur n'a pas purgé et qu'il n'a point payé tous les créanciers hypothécaires ou privilégiés, chacun de ces créanciers non payés a le droit de faire vendre l'immeuble hypothéqué : cette vente doit être précédée de trente jours par un commandement fait au débiteur de payer, et par une sommation faite au tiers détenteur de payer ou de délaisser l'immeuble.

4° Faire, dans les trente jours de la sommation de payer, le délaissement de l'immeuble, afin de ne pas subir l'espèce de déshonneur résultant de l'expropriation;

5° Se laisser exproprier.

Avant que de prendre l'un de ces cinq partis, le tiers détenteur peut, s'il croit en avoir le droit, soutenir que l'inscription est périmée, ou que le droit d'hypothèque n'existe pas ou n'existe plus. Il peut aussi, lorsqu'il ne s'agit ni de privilége ni d'hypothèque conventionnelle, requérir préalablement la discussion des autres biens hypothéqués qui sont entre les mains du débiteur principal ou des obligés principaux, en avançant une somme suffisante pour les frais de cette discussion.

II. *Du délaissement.* — Le *délaissement* par hypothèque se fait au greffe du tribunal de la situation des biens, et il est donné acte par le tribunal de ce délaissement. Il ne peut être fait que par ceux qui ont la capacité d'aliéner les immeubles, et qui ne sont point obligés personnellement à l'acquittement de la dette.

Malgré le délaissement, l'acquéreur reste propriétaire jusqu'à l'adjudication : de là tant que l'adjudication n'a pas eu lieu, l'acquéreur qui a délaissé l'immeuble en reste propriétaire et en supporte la perte totale ou partielle;

il peut reprendre la possession de cet immeuble, en payant toute la dette hypothécaire et les frais.

Sur la demande de l'acquéreur ou du plus diligent des intéressés, le tribunal nomme à l'immeuble délaissé un curateur, contre lequel la vente de l'immeuble est ensuite poursuivie.

Le tiers détenteur est tenu envers les créanciers hypothécaires : 1° de tous les fruits qu'il a perçus de l'immeuble, à compter de la sommation qui lui a été faite de payer ou de délaisser, lorsque les poursuites commencées n'ont pas été abandonnées pendant trois années ; 2° des détériorations ou dégradations arrivées à l'immeuble par son fait ou sa négligence, car il est censé, d'une part, avoir connu l'existence des hypothèques, et, d'autre part, avoir négligé l'immeuble parce qu'il se proposait d'en faire le délaissement. Mais le tiers détenteur peut réclamer, sur le prix de l'immeuble, par l'exercice de son droit de distraction primant tous les créanciers hypothécaires et même privilégiés, le montant de ses dépenses nécessaires, et ses dépenses utiles jusqu'à concurrence de la plus-value résultant de l'amélioration.

Toutes les servitudes et autres droits réels qu'avait activement ou passivement le tiers détenteur, renaissent après l'adjudication faite sur lui ; car la consolidation est considérée comme n'ayant point eu lieu.

Le tiers détenteur qui a payé les dettes hypothécaires, ou qui a été exproprié, a un recours en garantie contre le débiteur principal : il vient d'abord, pour ce qui lui est dû, sur le prix qui n'est point absorbé par les créanciers hypothécaires, et il agit pour le surplus contre son auteur. Ses créanciers peuvent évidemment exercer ses droits.

Chapitre VII. — De l'extinction des priviléges et hypothèques.

Les priviléges et hypothèques s'éteignent par voie de conséquence ou par voie directe.

I. *Extinction des priviléges et hypothèques par voie de conséquence.* — Les hypothèques (tout ce que nous dirons des hypothèques s'applique également aux priviléges) sont des garanties accessoires d'une créance; il suit de là que la créance, qui est le principal, venant à s'éteindre de l'une des neuf manières ci-devant indiquées (page 178), les hypothèques se trouvent aussi éteintes. Cependant l'hypothèque survit à l'extinction de la créance s'il y a payement avec subrogation, s'il y a novation avec réserve des anciennes garanties, ou si un débiteur fait un payement lorsqu'il avait juste cause d'ignorer la créance qui compensait sa dette.

II. *Extinction des priviléges et hypothèques par voie principale.* — La créance continuant encore à subsister, les hypothèques s'éteignent par voie principale de l'une des manières suivantes : 1° Par la renonciation du créancier à son hypothèque; cette renonciation ne peut être faite valablement que par un créancier capable d'aliéner la créance garantie (1); — 2° Par la purge; nous verrons ce moyen dans les deux chapitres suivants; — 3° Par la prescription de l'hypothèque; cette prescription s'accomplit quelquefois par trente ans, et quelquefois par dix ou vingt ans.

Or la prescription de l'hypothèque s'accomplit par *trente ans*, à partir de la date du titre qui l'a conférée, soit lorsque l'immeuble est resté entre les mains du débiteur, soit lorsqu'il est passé entre les mains d'un tiers qui ne réunit pas les deux conditions de juste titre et de bonne foi. Remarquons à cet égard que l'interruption de la prescription de la créance n'a point pour effet de prolonger l'existence du droit d'hypothèque, et que la reconnaissance non solennelle de l'hypothèque faite par le débiteur qui a l'immeuble entre les mains, n'en prolonge pas l'existence; car l'hypothèque, qui est de droit civil,

---

(1) Voir le FORMULAIRE, MODÈLE, n° 41.

exige des solennités pour sa prolongation, comme pour sa constitution conventionnelle.

La prescription de l'hypothèque s'accomplit par *dix* ou *vingt ans*, lorsque l'immeuble hypothéqué est passé entre les mains d'un tiers qui a juste titre et bonne foi. Mais cette prescription ne court ni de la date du titre constitutif de l'hypothèque, ni même de la date de l'acquisition faite par le tiers : elle court seulement du jour où le titre translatif de la propriété au profit de ce dernier aura été transcrit au bureau des hypothèques. A partir de ce moment, le tiers acquéreur prescrira l'hypothèque par dix ans si le créancier hypothécaire est domicilié dans le ressort de la cour d'appel de la situation de l'immeuble, ou par vingt ans, dans le cas contraire.

Les inscriptions prises par le créancier n'interrompent pas la prescription de l'hypothèque établie en faveur du débiteur ou du tiers détenteur : le créancier devra donc poursuivre le détenteur en reconnaissance d'hypothèque devant le tribunal de la situation de l'immeuble; l'acte ou le jugement qui interviendra conférera une nouvelle hypothèque, en conservant au créancier son ancien rang.

Les priviléges et hypothèques s'éteignent encore, 4° par le défaut de renouvellement de l'inscription, dans certains cas. — En général, le créancier qui omet de renouveler son inscription dans les dix ans, ne perd point son droit d'hypothèque; mais lorsqu'il ne s'agit point des hypothèques légales dispensées d'inscriptions, il perd son ancien rang d'hypothèque, en conservant le droit de prendre de nouvelles inscriptions, qui ne compteront que de leur date. Dans certains cas, cependant, le créancier qui a négligé de renouveler son inscription en temps utile, perd non-seulement son rang, mais encore son droit d'hypothèque : c'est ce qui a lieu si l'immeuble est saisi par d'autres créanciers, si la succession du débiteur est acceptée sous bénéfice d'inventaire ou si l'immeuble est passé entre les mains d'un tiers, qui, avant l'inscription de l'hypothèque, a fait transcrire son acte d'acquisition : dans tous ces cas, on ne peut plus acquérir ni droit ni rang de préférence, quoique l'on puisse perdre son rang et son droit de privilége ou d'hypothèque.

Chapitre VIII. — Du mode de purger les propriétés des priviléges et hypothèques.

Le législateur voit avec grande faveur la liberté des immeubles; car on cultive avec plus de sécurité, de plaisir et d'ardeur une propriété libre, que celle qui est affectée de charges : aussi il offre au tiers détenteur le moyen de purger l'immeuble des priviléges et hypothèques qui le grèvent. Il est inutile de rappeler que celui qui aliène un immeuble, ne le transmet que sous l'affectation des mêmes priviléges et hypothèques dont il était antérieurement chargé.

Ce chapitre traite : 1° de la transcription ; 2° des notifications à faire aux créanciers inscrits ; 3° des réquisitions de mise aux enchères de la part de ces créanciers ; 4° des effets de l'adjudication sur enchères.

I. *Transcription.* — L'acquéreur de l'immeuble fait transcrire en entier, par le conservateur des hypothèques dans l'arrondissement duquel l'immeuble est situé, son titre translatif de propriété. — Évidemment cette simple transcription n'a point pour effet de purger les priviléges et hypothèques établis sur l'immeuble ; elle est seulement une première formalité à remplir pour arriver à la purge. Cette transcription peut même être faite par une personne qui n'a point le désir de purger ; car elle a plusieurs effets. D'abord elle est favorable au vendeur, en ce qu'elle révèle et conserve son privilége, puisque le conservateur des hypothèques est tenu de prendre d'office inscription pour tout ce qui reste dû sur le prix de la vente. Ensuite, elle est très-favorable à l'acheteur ; en effet ; 1° d'après la loi du 23 mars 1855, l'acquéreur d'un immeuble n'en devient propriétaire à l'égard des tiers que par la transcription de son acte d'acquisition; 2° lorsqu'il a fait transcrire son acte, les créanciers qui avaient négligé de révéler, par l'inscription, leur droit de privilége ou d'hypothèque, en sont déchus, aux termes de la même loi; 3° les créanciers qui ont pris une inscription et qui la laissent périmer, ne peuvent plus en prendre une nouvelle après la transcription, et par là ils ont perdu leurs droits de privilége ou d'hypothèque; 4° enfin les créanciers qui renouvellent en temps utile leurs inscriptions, perdent aussi leurs droits de préférence et de suite, s'ils n'assignent pas, dans les dix ou vingt ans de la transcription, le tiers détenteur en reconnaissance de l'hypothèque ou du privilége.

II. *Notifications.* — Après avoir fait transcrire au bureau des hypothèques son titre translatif de propriété, l'acquéreur qui veut se garantir des poursuites des créanciers privilégiés ou hypothécaires, est tenu, soit avant toutes poursuites, soit dans le mois qui suit la sommation qui lui est faite, de notifier aux créanciers, dans les domiciles qu'ils ont élus en leurs inscriptions, les choses suivantes: 1° Extrait de son titre acquisitif de la propriété, contenant seulement la date et la qualité de l'acte; le nom et la désignation précise du vendeur ou donateur; la nature et la situation de la chose vendue ou donnée, ou, s'il s'agit d'un corps de biens, la dénomination générale seulement du domaine et du lieu dans lequel il est situé; le prix et les charges faisant partie de la vente, ou l'évaluation de la chose donnée; — 2° Extrait de la transcription de l'acte, faite au bureau des hypothèques; — 3° Un tableau sur trois colonnes, dont la première contient la date des hypothèques et celle des inscriptions; la seconde, le nom des créanciers; la troisième, le montant des créances inscrites; — 4° Déclaration par l'acquéreur qu'il est prêt à acquitter sur-le-champ les dettes et charges hypothécaires, jusqu'à concurrence du prix, sans distinction des dettes exigibles ou non encore exigibles.

Remarquons que l'acquéreur n'est pas tenu de faire

des notifications aux créanciers dont l'inscription n'est pas antérieure à la transcription de l'acte translatif de propriété, cette inscription étant de nul effet.

III. *Réquisitions de mise aux enchères de la part des créanciers inscrits.* — Les créanciers hypothécaires ne sont pas tenus d'accepter le prix de vente ou l'évaluation faite par le donataire ; car autrement les garanties qu'ils ont acquises sur l'immeuble seraient rendues trop facilement illusoires. Aussi, ils peuvent requérir la mise de l'immeuble aux enchères publiques.

Voici à cet égard les conditions requises : — 1° La réquisition de mise aux enchères doit être signifiée au nouveau propriétaire dans les quarante jours de la notification faite par ce dernier : on ajoute à ce délai celui de deux jours par cinq myriamètres de distance entre le domicile élu et le domicile réel de chaque créancier ; — 2° Cette réquisition doit contenir soumission du requérant, de porter ou faire porter le prix à un dixième en sus de celui qui a été déclaré par le nouveau propriétaire ; — 3° La même réquisition doit être signifiée, dans le même délai, au prédédent propriétaire, débiteur principal ; — 4° L'original et les copies de ces exploits doivent être signés par le créancier requérant, ou par son fondé de procuration expresse, lequel, en ce cas, est tenu de donner copie de sa procuration ; — 5° Cette réquisition doit aussi contenir l'offre de donner caution jusqu'à concurrence du prix et des charges. Le tout est prescrit à peine de nullité : toutefois, si la réquisition de mise aux enchères est faite au nom de l'État, l'offre de donner caution n'est point nécessaire.

Le créancier qui a requis la mise aux enchères ne peut, même en payant le montant de sa soumission, se désister de son enchère et empêcher l'adjudication publique de l'immeuble : il lui faudrait pour cela le consentement exprès de tous les créanciers hypothécaires. Il semblerait delà que les autres créanciers n'ont pas d'intérêt à requérir la mise aux enchères quand un autre créancier a déjà fait une réquisition; mais il faut remarquer que ceux des créanciers qui sont exposés à la perte, ont lieu de craindre que la réquisition ne soit nulle, et cela peut-être par suite d'une collusion : ils feront donc bien de veiller eux-mêmes à la garantie de leurs droits.

IV. *Effets de l'adjudication sur enchères.* — Lorsqu'il n'y a pas eu de réquisition de mise aux enchères dans les formes et le délai prescrits, le prix de l'immeuble demeure définitivement tel qu'il se trouve fixé dans les notifications : le nouveau propriétaire purge donc l'immeuble de tous priviléges et hypothèques en payant ledit prix aux créanciers qui sont en ordre de recevoir, ou en le consignant. Lors, au contraire, qu'il y a eu réquisition valable de mise aux enchères, la revente sur enchères aura lieu à la diligence du créancier requérant ou du nouveau propriétaire, suivant les formes établies pour les expropriations. Les affiches énonceront le prix stipulé ou déclaré par l'acquéreur, et la somme en sus à laquelle le créancier s'est obligé de faire porter la revente.

L'adjudicataire est tenu, en outre du prix de son acquisition, de restituer à l'acquéreur dépossédé les frais et loyaux coûts de son contrat, ceux de la transcription sur les registres du conservateur, ceux de notification et ceux faits par lui pour arriver à la revente. Si c'est l'acquéreur qui s'est rendu adjudicataire, la transcription du jugement de l'adjudication qui lui a été faite sera tout à fait inutile. Il aura recours contre son vendeur pour le remboursement de ce qui excède le prix convenu par son titre, et pour l'intérêt de cet excédant à compter du jour de chaque payement.

Remarque. — Si le titre du nouveau propriétaire comprend, soit des immeubles et des meubles, soit plusieurs immeubles, les uns hypothéqués et les autres non hypothéqués, situés ou non dans le même arrondissement, soumis ou non à la même exploitation, acquis pour un seul et même prix ou pour des prix distincts, — le prix de chaque immeuble frappé d'inscriptions particulières et séparées sera déclaré dans la notification du nouveau propriétaire, et cela, s'il y a lieu, par ventilation du prix total exprimé dans le titre. Le créancier surenchérisseur ne pourra point être contraint d'étendre sa soumission sur d'autres immeubles que ceux qui sont hypothéqués à sa créance. Mais le nouveau propriétaire aura recours contre son auteur pour le dommage que lui ferait éprouver la division des objets de son acquisition, ou celle des exploitations.

CHAPITRE IX. — Du mode de purger les hypothèques, quand il n'existe pas d'inscriptions sur les biens des maris et des tuteurs.

L'acquéreur d'immeubles appartenant à un mari ou à un tuteur pourra, lorsqu'il n'existe pas d'inscription sur lesdits immeubles à raison de la gestion du mari ou du tuteur, purger les hypothèques grevant les biens qu'il a acquis. A cet effet, il remplira les conditions suivantes : 1° il déposera une copie collationnée de l'acte translatif de propriété au greffe du tribunal civil du lieu de la situation des biens ; — 2° il certifiera par acte signifié, tant à la femme ou au subrogé tuteur qu'au procureur de la République, le dépôt qu'il a fait au greffe ; — 3° il affichera dans l'auditoire du tribunal civil un extrait du contrat translatif de propriété, contenant sa date, la désignation de la nature et de la situation des biens, le prix et les autres charges de la vente. Cet extrait restera affiché pendant deux mois.

Si, dans le cours des deux mois de l'exposition de l'extrait, il ne se révèle aucune inscription du chef des femmes, mineurs ou interdits, les immeubles vendus, ou aliénés d'une manière quelconque, deviennent dans les mains de l'acquéreur libres de toutes charges à raison, soit des dot, reprises et conventions matrimoniales de la femme, soit de la gestion du tuteur, sauf recours, s'il y a lieu, de la part de la femme contre son mari, ou de la part du mineur ou de l'interdit contre son tuteur et son subrogé tuteur.

Si, au contraire, des inscriptions se révèlent du chef des femmes, ou des mineurs et interdits, elles ont le même effet que si elles avaient été prises du jour du contrat de mariage ou du jour de l'entrée en tutelle. Dans ce cas, il peut arriver que les hypothèques légales qui se révèlent soient primées par les autres ou priment ces dernières. Lorsque les hypothèques légales sont primées par celles des autres créanciers, qui absorbent en totalité ou en partie le prix de l'immeuble, l'acquéreur est libéré du prix entier ou de partie du prix par lui payé aux créanciers placés en ordre utile, et les inscriptions du chef des femmes, mineurs ou interdits, sont rayées en totalité, ou jusqu'à due concurrence. Lors, au contraire, que les inscriptions du chef des femmes, mineurs ou interdits, sont les plus anciennes, l'acquéreur ne pourra faire aucun payement du prix au préjudice de ces inscriptions. Dans tous les cas, à ce qu'il paraît, l'immeuble est purgé, et l'acquéreur reste débiteur du prix qu'il peut, pour sa libération, déposer à la Caisse des dépôts et consignations, jusqu'à ce que la femme, le mineur ou l'interdit puissent accepter valablement le payement qui leur est fait : le vœu de la loi, qui désire la liberté des héritages, fait adopter cette utile décision.

Chapitre X. — De la publicité des registres, et de la responsabilité des conservateurs.

Le conservateur des hypothèques a trois registres : celui des transcriptions; celui des inscriptions hypothécaires, et celui, appelé registre-*journal*, sur lequel il inscrit jour par jour et par ordre numérique, les remises qui lui sont faites d'actes de mutation de propriété pour être transcrits, ou de bordereaux d'inscriptions pour être inscrits. Ces registres sont sur papier timbré, cotes et parafés : ils sont arrêtés chaque jour.

On *inscrit* les priviléges et hypothèques. On *transcrit*, pour les opposer aux tiers, d'après la loi du 23 mars 1855, expliquée dans les diverses parties de cet ouvrage : 1° les actes entre vifs, dont l'objet est, soit de transférer, même par adjudication, un immeuble ou un droit réel, susceptible d'hypothèque ; soit de constituer un droit de servitude, d'usage, d'habitation, d'antichrèse ou de bail excédant dix-huit ans ; soit de prouver qu'un preneur a payé par anticipation plus de trois ans de loyer, soit, au contraire, de renoncer à l'un des droits ci-dessus ; 2° les jugements qui prononcent l'existence, ou, au contraire, la nullité ou résolution d'un des droits cités.

Chacun peut, pour un faible droit, se renseigner près du conservateur, qui est responsable de ses fautes.

TITRE XIX. — DE L'EXPROPRIATION FORCÉE ET DES ORDRES ENTRE LES CRÉANCIERS.

Ce titre se divise en deux chapitres traitant : 1° de l'expropriation forcée ; 2° des ordres entre les créanciers.

CHAPITRE I. — De l'expropriation forcée.

Il ne s'agit point ici de l'expropriation pour cause d'utilité publique, qui est réglée par des lois particulières ; mais il s'agit de l'expropriation poursuivie à la requête d'un créancier voulant obtenir son payement.

Les biens d'un débiteur étant le gage commun de ses créanciers, chaque créancier peut faire vendre généralement tous les biens de son débiteur pour obtenir son payement. Mais le mot *expropriation* ne s'applique qu'aux deux espèces de biens immeubles qui sont susceptibles d'hypothèques, et qui sont : 1° les biens immobiliers par leur nature et leurs accessoires réputés immeubles ; 2° l'usufruit des immeubles également par nature et de leurs accessoires aussi réputés immeubles.

L'expropriation de ces deux espèces d'immeubles souffre les restrictions suivantes :

1° Lorsqu'un débiteur est cohéritier dans une succession comprenant des immeubles, sa part indivise ne peut point être mise en vente par ses créanciers personnels, qui ont seulement droit de provoquer le partage ou la licitation, s'ils le jugent convenable : car la vente de la part indivise serait généralement très-préjudiciable au débiteur.

2° Le créancier ne peut mettre en vente les immeubles d'un mineur, même émancipé, ou d'un interdit, qu'après avoir fait la discussion du mobilier. La discussion du mobilier n'est cependant pas nécessaire, lorsque des immeubles sont possédés par indivis entre un majeur et un mineur ou interdit, et que la dette leur est commune, ou lorsque les poursuites en expropriation ont été commencées contre un majeur, ou avant l'interdiction.

3° Le créancier ne peut poursuivre la vente des immeubles qui ne lui sont point hypothéqués, que dans le cas d'insuffisance de ceux qui lui sont hypothéqués.

4° La vente des immeubles situés dans différents arrondissements ne peut être provoquée que successivement. Toutefois, si des immeubles situés dans divers arrondissements font partie d'une seule et même exploitation, la vente peut en être poursuivie en même temps, devant le tribunal dans le ressort duquel se trouve le chef-lieu d'exploitation, ou, à défaut de chef-lieu d'exploitation, devant le tribunal dans le ressort duquel se trouve la partie principale des immeubles. Bien plus, la saisie immobilière des biens d'un débiteur, situés dans plusieurs arrondissements, peut être faite simultanément, toutes les fois que la valeur totale de ces biens est inférieure au montant réuni des sommes dues au créancier saisissant et aux autres créanciers inscrits; mais il est nécessaire d'obtenir préalablement, sur requête, une autorisation du président du tribunal de l'arrondissement dans lequel le débiteur a son domicile.

De son côté, le débiteur peut requérir que la vente des biens hypothéqués et non hypothéqués, ou celle des biens situés dans divers arrondissements, soit poursuivie en même temps, dans le cas où ces biens font tous partie d'une même exploitation.

5° Le débiteur peut faire suspendre les poursuites en expropriation, lorsqu'il justifie, par baux authentiques, que le revenu net et libre de ses immeubles pendant une année suffit pour le payement de la dette en capital, intérêts et frais, et qu'il offre à son créancier la délégation de ce revenu; mais les poursuites pourront être reprises, s'il survient quelque opposition ou obstacle au payement.

Voyons maintenant contre qui et en vertu de quel titre l'expropriation forcée peut être poursuivie.

L'expropriation forcée doit être poursuivie contre le débiteur ou contre son représentant légal. Celle des immeubles qui font partie de la communauté, se poursuit contre le mari seul. Celle des immeubles qui restent propres à la femme, se poursuit contre le mari et la femme, ou contre la femme autorisée de justice, si le mari refuse son consentement ou s'il est mineur; mais si la femme est mineure, lorsque son mari refuse de procéder avec elle ou est mineur également, le tribunal nomme à la femme un tuteur contre lequel la poursuite est exercée.

Toute poursuite en expropriation doit être précédée d'un commandement de payer, signifié à la personne du débiteur ou à son domicile, par huissier agissant à la requête du créancier.

La vente forcée des immeubles ne peut être poursuivie qu'en vertu d'un titre authentique et exécutoire, pour une dette certaine et liquide. Quoique les poursuites soient faites à raison d'une dette en espèces non liquidées, c'est-à-dire non appréciées en argent, elles sont néanmoins valables; mais l'adjudication des biens saisis ne pourra être faite qu'après la liquidation. De même, les poursuites pour la vente des immeubles du débiteur peuvent être faites en vertu d'un jugement exécutoire par provision nonobstant appel; mais l'adjudication ne peut avoir lieu qu'après un jugement définitif en dernier ressort, ou passé en force de chose jugée. Au contraire, aucune poursuite en expropriation ne peut être valablement faite, en vertu de jugements rendus par défaut, durant le délai de l'opposition.

Chapitre II. — De l'ordre et de la distribution du prix entre les créanciers.

Lorsque les biens d'un débiteur sont vendus, il y a presque toujours lieu à la fixation d'un ordre entre les divers créanciers.

Or on distingue trois espèces de créanciers : 1° ceux qui sont privilégiés ; 2° ceux qui sont hypothécaires ; 3° enfin ceux qui n'ont aucun droit de privilége ni d'hypothèque : on appelle ceux-ci créanciers *simples*, ou *ordinaires*, ou *cédulaires*, ou *chirographaires*.

Sur les biens affectés de privilége ou d'hypothèque, les créanciers qui ont un droit de préférence viennent chacun à son rang, et ensuite ils viennent, sur les autres biens de leur débiteur, en concours avec les créanciers cédulaires.

TITRE XX. — DE LA PRESCRIPTION.

La *prescription* est une manière d'acquérir la propriété ou de se libérer d'une obligation par un certain laps de temps et sous les conditions déterminées par la loi.

Ainsi, il y a deux espèces de prescription : celle à fin d'acquérir, et celle à fin de se libérer. Ces deux prescriptions ont des règles communes, et des règles spéciales à chacune d'elles.

Ce titre se divise en cinq chapitres, qui traitent : 1° des dispositions générales ; 2° de la possession pouvant servir de base à la prescription acquisitive; 3° des causes qui empêchent la prescription; 4° des causes qui interrompent ou qui suspendent la prescription; 5° enfin, du temps requis pour prescrire.

CHAPITRE I. — Dispositions générales.

Avant de traiter spécialement de la prescription, il est nécessaire d'exposer plusieurs dispositions générales sur la matière.

1° La prescription confirme, après un certain temps, la présomption de propriété ou de libération; elle est, de toutes les institutions sociales, la plus nécessaire à la paix des familles et des particuliers. Comme elle met ainsi un terme aux actions et procès, les auteurs lui ont reconnu une utilité si générale qu'ils l'ont proclamée la *patronne du genre humain*: le Code civil déclare qu'elle est d'ordre public.

2° La prescription étant d'ordre public, il s'ensuit que personne ne peut y renoncer valablement à l'avance; car autrement le créancier mettrait toujours la clause, qui deviendrait de style dans les contrats, que le débiteur n'invoquerait point la prescription; de là le débiteur, après avoir perdu ses quittances par un événement quelconque, se trouverait exposé à payer plusieurs fois la même dette.

3° Quoique l'on ne puisse point renoncer à la prescription à l'avance, rien n'empêche cependant une personne de renoncer à la prescription qu'elle a acquise. Cette renonciation est expresse ou tacite: elle est *expresse*, lorsque cette personne dit en termes formels ou par écrit qu'elle renonce à la prescription (1); elle est *tacite*, lorsqu'il y a, de la part de celui qui a prescrit, un fait qui suppose l'abandon du droit acquis par prescription,

---

(1) Voir le FORMULAIRE, MODÈLE, n° 42.

par exemple, s'il se reconnaît fermier ou locataire des biens prescrits. Celui au profit duquel se fait cette renonciation est censé n'avoir point cessé d'être créancier ou propriétaire.

4° La prescription fait acquérir de plein droit la libération ou la propriété. De là celui qui n'a pas la capacité d'aliéner la chose prescrite, ne renonce point valablement à la prescription acquise; il peut cependant renoncer au bénéfice du temps écoulé pour arriver à la prescription non encore acquise, puisque cette renonciation a seulement pour but d'éviter les frais en reconnaissance du droit de propriété ou d'obligation (1).

5° La prescription n'est pas un moyen de défense qu'il soit nécessaire d'invoquer, comme certains bénéfices, au commencement de l'instance : elle peut être opposée en tout état de la cause, et même pour la première fois en cour d'appel, à moins qu'il n'y ait eu renonciation expresse ou tacite.

6° Les créanciers de celui qui a prescrit peuvent intervenir dans l'instance et invoquer la prescription du chef de leur débiteur; ils peuvent même, lorsque leur débiteur a renoncé à la prescription en fraude de leurs droits, faire considérer cette renonciation comme non avenue, en ce qui les concerne.

7° Évidemment on ne peut point prescrire les choses qui ne sont pas dans le commerce, comme les routes, les places de guerre; mais les biens qui font en quelque sorte le patrimoine de l'État, des communes, des hospices et des établissements publics, sont soumis aux mêmes prescriptions que ceux des particuliers.

---

(1) Voir le FORMULAIRE, MODÈLE, n° 42, *nota*, 2°.

CHAPITRE II. — De la possession.

La possession et la quasi-possession sont la base de la prescription à l'effet d'acquérir la propriété ou ses démembrements.

La possession proprement dite s'applique aux choses corporelles. Elle est définie : « La détention d'une chose que nous tenons par nous mêmes ou par un autre qui la tient en notre nom. »

La possession improprement dite, ou quasi-possession, est celle qui s'applique aux démembrements de la propriété. Elle est définie : « La jouissance d'un droit que nous exerçons par nous-mêmes ou par un autre qui l'exerce en notre nom. »

Pour pouvoir prescrire, il faut une possession ou quasi-possession continue et non interrompue, paisible, publique, non équivoque et à titre de propriétaire. — Or la possession est, 1° *continue* quand le possesseur n'a point cessé de détenir la chose ou d'exercer le droit : lorsque le possesseur actuel prouve qu'il a possédé anciennement, il est présumé avoir possédé dans le temps intermédiaire, sauf preuve contraire. 2° Elle est *non interrompue*, quand il n'y a pas eu de reconnaissance du droit de celui contre lequel le possesseur prescrit, ni d'acte judiciaire de la part de ce dernier. 3° Elle est *paisible*, quand elle ne repose point sur des actes de violence : lorsque la violence, qui existait dans l'origine, vient à cesser, la possession devient utile pour la prescription. 4° Elle est *publique*, lorsque le possesseur manifeste qu'il se considère comme propriétaire. 5° Elle est *non équivoque*, lorsque le possesseur montre clairement qu'il possède pour lui-même : si un fermier vend l'immeuble qui lui a été remis à ferme, et le possède ensuite comme fermier de son acheteur, celui-ci a une possession équivoque à l'égard du propriétaire. 6° Elle est *à titre de propriétaire*, lorsque le détenteur possède pour soi : au contraire, elle ne serait point à titre de propriétaire, mais à titre précaire, si le détenteur avait la chose soit comme fermier, locataire, créancier gagiste, commodataire ou dépositaire, soit par une simple tolérance du propriétaire qui se réserve de reprendre sa chose quand il voudra.

La possession du détenteur peut être non interrompue, paisible, publique, non équivoque et à titre de propriétaire à l'égard des uns, et avoir l'un des vices opposés à ces qualités à l'égard des autres.

Remarquons, d'une part, que celui qui détient la chose est toujours présumé posséder pour soi et à titre de propriétaire, à moins qu'il ne soit prouvé qu'il a commencé à posséder pour un autre, et, d'autre part, que celui qui a commencé à posséder pour autrui est toujours présumé posséder au même titre, à moins qu'il ne prouve que son titre a été interverti de l'une des manières exposées dans le chapitre suivant.

Au reste, pour compléter le temps nécessaire pour la prescription, le possesseur peut joindre à sa possession celle de son auteur, de quelque manière qu'il lui ait succédé, soit à titre gratuit ou onéreux, soit à titre particulier ou même *universel*. Il faut conclure de cette dernière expression que le légataire universel ou à titre universel a une possession distincte de celle du défunt, dont, d'ailleurs, il ne continue pas la personne, et qu'il pourrait prescrire les choses que le défunt ne pouvait point prescrire, par la raison que ce dernier les détenait à titre précaire.

Dans les chapitres 3 et 4, nous allons voir les causes qui empêchent la prescription, celles qui l'interrompent et celles qui la suspendent.

CHAPITRE III. — Des causes qui empêchent la prescription.

Les causes qui *empêchent* la prescription se tirent du vice de la possession qui ne réunit pas toutes les qualités requises; parmi ces causes on remarque surtout le titre précaire. Les causes qui *interrompent* la prescription sont celles qui anéantissent le bénéfice du temps écoulé pour la prescription. Les causes qui *suspendent* la prescription sont celles qui, sans anéantir le bénéfice du temps déjà écoulé, en arrêtent la marche pendant quelque temps.

Ceux qui possèdent pour autrui ont la détention sans avoir la possession civile : c'est celui pour lequel ils détiennent qui a la véritable possession. Aussi ils ne prescrivent jamais, quelle que soit d'ailleurs la durée de leur détention : de là le fermier, le dépositaire, le commodataire et tous autres qui possèdent précairement la chose d'autrui, ne peuvent la prescrire ; de là encore l'usufruitier et l'usager, qui ont seulement des démembrements de la propriété, ne peuvent jamais prescrire la nue propriété.

Les héritiers légitimes ou même irréguliers de ceux qui possèdent à titre précaire succèdent au vice de la possession de leurs auteurs, et par conséquent ils ne peuvent non plus prescrire ; mais il n'en est pas de même des donataires et des légataires à un titre quelconque.

Le principe que les détenteurs à titre précaire ou leurs héritiers ne peuvent prescrire, souffre exception dans le cas où le titre de leur possession se trouve interverti. Or cette interversion a lieu, soit lorsque le détenteur précaire achète ou reçoit à quelque juste titre la chose d'une personne qu'il croit propriétaire et réunit ensuite toutes les conditions de la véritable possession, soit lorsqu'il oppose une contradiction formelle au droit du propriétaire, par exemple quand il dit au bailleur qui réclame des fermages, qu'il est lui-même propriétaire. Mais le détenteur précaire ne pourrait pas prescrire contre son titre et se changer à soi-même la cause et le principe de sa possession.

Quoique les détenteurs précaires ne puissent prescrire, ceux qui reçoivent d'eux la chose, en vertu d'un titre qui de sa nature est translatif de propriété, peuvent la prescrire ; car, d'une part, ils ne continuent point la personne de leur auteur, et, d'autre part, ils possèdent à titre de propriétaire : c'est pourquoi la loi a dû venir à leur secours, surtout quand ils sont de bonne foi.

Chapitre IV. — Des causes qui interrompent ou qui suspendent le cours de la prescription.

Ce chapitre comprend deux sections qui traitent : 1° des causes qui interrompent la prescription; 2° des causes qui la suspendent.

Section I. — *Des causes qui interrompent la prescription.*

La prescription peut être interrompue naturellement ou civilement.

I. *Interruption naturelle.* — L'interruption naturelle de la prescription a lieu, lorsque le possesseur est privé, pendant plus d'un an, de la jouissance de la chose, soit par le propriétaire, soit par un tiers. Celui qui a possédé pendant plus d'un an un immeuble et qui a ainsi acquis les actions possessoires, continue à en être possesseur civil non-seulement tant que personne ne s'en est emparé, mais encore tant que le tiers qui est venu à s'en emparer ne l'a pas possédé pendant l'an et jour, et n'a par conséquent point encore acquis les actions possessoires.

II. *Interruption civile.* — L'interruption civile est celle qui résulte d'un acte judiciaire ou de la reconnaissance expresse ou tacite que celui qui prescrit fait du droit de celui contre lequel il prescrit. L'interruption civile est applicable à la prescription à fin de se libérer, comme à celle à fin d'acquérir.

Les causes d'interruption civile sont : 1° la citation en conciliation devant le juge de paix, lorsqu'elle est suivie, dans le mois de la non-conciliation, d'une assignation en justice ; 2° la citation en justice, lors même qu'elle serait donnée devant un juge incompétent ; mais l'interruption n'a pas lieu si la citation en justice est nulle par défaut de forme, et elle est considérée comme non avenue si le demandeur se désiste formellement de son instance en demande, ou s'il laisse périmer l'instance par une discontinuation de poursuites pendant trois ans, ou enfin si sa demande est rejetée par le tribunal ; 3° le commandement ou la saisie signifiés à celui qu'on veut empêcher de prescrire ; 4° enfin la reconnaissance que le débiteur ou le possesseur fait expressément ou tacitement du droit de celui contre lequel il prescrivait.

Lorsque la prescription est interrompue à l'égard de l'un des débiteurs solidaires, soit par sa reconnaissance, soit autrement, elle est également interrompue contre les autres débiteurs et même contre les héritiers de ceux qui sont prédécédés ; car elle est interrompue pour toute la dette. Mais lorsque la prescription n'est interrompue que contre l'un des héritiers d'un débiteur solidaire, cette interruption, lorsque la dette est divisible, n'a aucun effet à l'égard des autres cohéritiers ; elle produit néanmoins son effet à l'égard des autres débiteurs solidaires, pour la part dont cet héritier est tenu comme représentant le défunt : ainsi lorsque l'on veut interrompre la prescription pour toute la dette, il est nécessaire qu'il y ait interruption civile, soit à l'égard de l'un des débiteurs solidaires, soit à l'égard de tous les héritiers d'un débiteur solidaire. — L'interruption civile à l'égard du débiteur principal, interrompt aussi la prescription à l'égard de la caution : il n'en est pas réciproquement de même de l'interruption à l'égard de la caution, car elle n'a pas d'effet à l'égard du débiteur principal.

Section II. — *Des causes qui suspendent le cours de la prescription.*

La prescription court contre toutes personnes. Ce principe souffre des exceptions, dont les principales sont les suivantes :

1° La prescription de dix et vingt ans, et celle de trente ans ne courent pas contre les mineurs et les interdits.

2° La prescription ne court pas entre époux : l'union intime qui résulte du mariage a fait prohiber entre époux les donations irrévocables, parce qu'elles deviendraient souvent pour les familles une occasion de troubles et de discordes : la même raison a dû faire suspendre aussi entre époux la prescription pendant le mariage, afin de ne pas mettre l'un d'eux dans la nécessité de poursuivre en justice son conjoint.

3° La prescription ne court pas, pendant le mariage, contre la femme mariée en faveur des tiers, dans les cinq cas suivants :

S'il s'agit de son immeuble constitué en dot sous le régime dotal (*voir* page 264);

Si l'action de la femme contre le tiers doit réfléchir contre son mari, en ce que le mari a vendu en son nom l'immeuble appartenant à sa femme, et demeure par là soumis envers l'acheteur à des dommages et intérêts;

Si l'action de la femme contre le tiers ne peut être exercée qu'après une option à faire sur l'acceptation ou la renonciation de la communauté; par exemple, si la femme a ameubli l'un de ses immeubles, en convenant que cet immeuble lui reviendrait dans le cas où elle renoncerait à la communauté;

Si la femme a aliéné ou s'est obligée sans l'autorisation de son mari ni de justice.

Dans tous les autres cas, la prescription court contre la femme mariée, sauf son recours contre son mari, s'il y a lieu.

4° La prescription supposant le payement, ou du moins la négligence du créancier, elle ne court pas dans les cas suivants : — A l'égard d'une créance dépendant d'une condition, jusqu'à ce que la condition arrive; — A l'égard d'une créance à terme, jusqu'à ce que le terme soit arrivé;

— A l'égard d'une action en garantie, jusqu'à ce que l'éviction ait lieu.

Remarquons que le terme et la condition insérés dans un contrat de vente, ne suspendraient point la prescription de l'immeuble vendu qui aurait passé entre les mains d'un tiers.

5° La prescription ne court pas contre l'héritier bénéficiaire, à l'égard des créances qu'il a contre la succession, car la loi n'a pas dû le mettre dans la nécessité de faire des frais contre la succession dont il est l'administrateur et dont il doit avoir ce qui restera après le payement des créanciers et légataires.

Mais la prescription court contre la succession, en faveur des tiers, pendant les trois mois et quarante jours accordés à l'héritier pour faire inventaire et délibérer; elle court aussi pendant la vacance de l'hérédité : car l'héritier, dans le premier cas, et les créanciers de la succession, dans le second cas, ont pu faire des actes interruptifs, et, par conséquent, ils doivent subir les conséquences de leur négligence. Cependant, si celui qui vient ensuite à accepter l'hérédité est un mineur ou un interdit, comme il est réputé avoir accepté depuis l'ouverture de la succession, la prescription n'a couru contre lui ni pendant les trois mois et quarante jours, ni pendant la vacance.

Chapitre V. — Du temps requis pour prescrire.

La prescription se compte par jours, et non par heures : elle est acquise quand le dernier jour du terme est accompli. Lorsqu'une dette est payable le trente et un décembre, ou lorsqu'on s'empare d'un immeuble à une heure quelconque du trente et un décembre, ce n'est que du commencement du premier janvier que court le temps utile pour la prescription à fin de se libérer ou à fin d'acquérir.

Ce chapitre se divise en trois sections qui traitent :

1° de la prescription trentenaire; 2° de la prescription de dix et vingt ans; 3° de quelques prescriptions particulières.

Section I. — *De la prescription trentenaire.*

La prescription la plus longue est celle de trente ans.

Toutes les actions tant personnelles que réelles se prescrivent par le délai de trente ans, sans que celui qui invoque cette prescription soit obligé d'en rapporter un titre, et sans qu'on puisse lui opposer l'exception tirée de sa mauvaise foi. Toutefois, le délai de la prescription à fin d'acquérir ne commence à courir contre le propriétaire qu'à partir de l'époque où un tiers s'empare de son immeuble et le possède à titre de propriétaire; tant que la prescription trentenaire n'est pas encore accomplie en faveur de ce tiers ou de ses ayants cause, l'ancien propriétaire conserve la propriété de la chose.

Lorsqu'un titre de rente a plus de vingt-huit ans, le débiteur doit fournir à ses frais un nouveau titre à son créancier ou à ses ayants cause : ce titre nouvel interrompra la prescription.

Section II. — *De la prescription par dix et vingt ans.*

La prescription de dix et vingt ans a pour objet les immeubles par nature ou les démembrements d'une propriété immobilière : elle s'accomplit au profit du possesseur qui a juste titre et bonne foi.

Or le possesseur a *juste titre*, quand il possède en vertu d'une cause qui est de sa nature translative de propriété, par exemple, s'il a acheté l'immeuble, s'il l'a reçu par suite de legs, de donation, d'échange, de dot ou de dation en payement : dans ces cas et autres semblables, il y aurait eu translation de propriété si celui duquel il a reçu la chose eût été propriétaire. Mais si le titre est nul par défaut de forme, par exemple, si la donation est faite sous signature privée, ou si le testament authentique n'a été fait qu'en présence de trois témoins, il ne peut pas servir de base à la prescription de dix et vingt ans.

Le possesseur a *bonne foi* lorsqu'il croyait, au moment de la naissance du titre, que celui duquel il recevait la chose était propriétaire : il n'est pas nécessaire qu'il ait été de bonne foi pendant tout le délai requis pour l'acquisition de la propriété par le temps. Il est à remarquer que la bonne foi est toujours présumée, et que c'est à celui qui prétend qu'il y a mauvaise foi à en faire la preuve.

Celui qui a juste titre et bonne foi prescrit l'immeuble, le démembrement de la propriété de l'immeuble, ou la liberté de l'immeuble des charges qui le grèvent, par le délai de dix ans si le propriétaire de cet immeuble ou du droit sur l'immeuble a son domicile dans le ressort de la cour d'appel de la situation de l'immeuble; ou, dans le cas contraire, par le délai de vingt ans. Si le propriétaire a eu son domicile pendant quelque temps dans le ressort de la cour d'appel de la situation de l'immeuble, et pendant quelque temps hors de ce ressort, deux années d'absence équivalent à une année de présence.

Il semble inutile de rappeler ici que les architectes et entrepreneurs sont, après le délai fixe de dix ans, déchargés de la garantie des gros ouvrages qu'ils ont dirigés. Cependant il est à remarquer que, d'après l'opinion des meilleurs auteurs, le délai de la garantie des gros ouvrages et celui de l'action en garantie sont également de dix ans depuis la réception de ces ouvrages.

SECTION III. — *De quelques prescriptions particulières.*

Il y a : 1° des prescriptions instantanées; 2° des prescriptions de six mois; 3° des prescriptions d'un an; 4° des prescriptions de deux ans; 5° enfin des prescriptions de cinq ans.

I. *Prescriptions instantanées.* — Le possesseur d'un

meuble corporel en devient immédiatement propriétaire, s'il a juste titre et bonne foi. De là cette maxime : *En fait de meubles, la possession vaut titre*, c'est-à-dire confère le droit de propriété. Lorsque l'ancien propriétaire revendique son meuble, et prouve qu'il en a été le propriétaire, le possesseur a seulement à prouver, pour triompher, qu'il a juste titre, puisque la bonne foi se suppose, et que c'est à l'adversaire à prouver l'existence de la mauvaise foi. — Cependant celui qui a perdu une chose mobilière, ou auquel une chose mobilière a été volée, peut la revendiquer pendant trois ans, à compter du jour de la perte ou du vol, contre celui qui la possède, sauf recours de ce dernier contre celui duquel il la tient. Mais si le possesseur de la chose volée ou perdue l'a achetée dans une foire, dans un marché, dans une vente publique, ou chez un marchand vendant des choses pareilles, le propriétaire qui la revendique doit lui rembourser le prix payé. — Cette prescription instantanée n'a pour objet que les meubles corporels, l'argent et les billets de banque ou autres qui sont au porteur; elle n'est point applicable aux meubles incorporels, tels que les droits de créance.

II. *Prescriptions de six mois.*—Les prescriptions de six mois sont celles qui concernent : 1° l'action des maîtres et instituteurs des sciences et arts, pour les leçons qu'ils donnent au mois ; — 2° celle des hôteliers et traiteurs, à raison du logement et de la nourriture qu'ils fournissent ; — 3° celle des ouvriers et gens de travail, pour le payement de leurs journées, fournitures et salaires.

III. *Prescriptions d'un an.*—Se prescrivent par un an : 1° l'action des médecins, chirurgiens et pharmaciens, pour leurs visites, opérations et médicaments ; — 2° celle des huissiers, pour le payement des actes qu'ils signifient, et des commissions qu'ils exécutent ; — 3° celle des marchands, pour les marchandises qu'ils vendent aux particuliers non marchands ; — 4° celles des maîtres de pension, pour le prix de la pension de leurs élèves, et des autres maîtres, pour le prix de l'apprentissage ;— 5° celle des domestiques qui se louent à l'année, pour le payement de leur salaire.

IV. *Prescriptions de deux ans.* — Se prescrivent par deux ans : 1° l'action de la partie contre les huissiers, pour la restitution des pièces qui leur ont été confiées : mais la prescription ne commence ici à courir que depuis l'exécution de la commission, ou depuis la signification, par les huissiers, des actes dont ils étaient chargés ; — 2° l'action des avoués pour le payement de leurs frais et salaires; mais le délai de deux ans ne commence à courir qu'à partir du jugement des procès, ou de la conciliation des parties, ou enfin de la révocation de l'avoué. A l'égard des affaires non terminées, l'action des avoués pour leurs frais et salaires ne se prescrit que par cinq ans. Enfin, ce n'est qu'après cinq ans à partir du jugement des procès que les avoués et juges sont déchargés des pièces qui leur ont été remises.

V. *Prescription de cinq ans.* — Se prescrivent par cinq ans : 1° les arrérages de rentes perpétuelles et viagères; 2° les arrérages des pensions alimentaires; 3° les loyers des maisons, et le prix de fermes des biens ruraux ; 4° les intérêts des sommes prêtées; 5° et généralement tout ce qui est payable par année ou à des termes périodiques plus courts.

Quatre remarques sont à faire :

1° La prescription, dans les cas ci-dessus, court à partir de chaque fourniture, de chaque livraison, de chaque service ou travail, de l'exigibilité de chaque terme de rente, de pension, de loyers ou d'intérêts;

2° La prescription est interrompue, et l'obligation est changée en une obligation nouvelle qui ne peut s'éteindre que par trente ans, lorsqu'il y a eu, soit un compte arrêté signé par le débiteur sur les registres du créancier; soit un billet délivré par le débiteur à son créancier; soit enfin une demande en justice suivie de condamnation prononcée au profit du créancier contre le débiteur.

3° Ceux contre lesquels les courtes prescriptions de cette section sont opposées, peuvent déférer le serment décisoire à ceux qui les opposent, sur la question de savoir si la chose a été réellement payée. Mais, comme le serment ne peut être déféré que sur un fait personnel, le serment qui sera déféré aux veuves, aux héritiers et aux tuteurs des héritiers mineurs ne sera point déféré sur le fait du payement, mais sur la connaissance qu'ils ont que la chose soit due.

4° Dans toute espèce de prescription, soit de la présente section, soit de l'une des deux autres, le juge ne peut jamais, dans le silence des parties, déclarer d'office que la dette ou le droit est éteint par la prescription.

Nota. Outre les prescriptions que nous venons d'indiquer, il y en a plusieurs autres, soit dans le Code civil, soit dans le Code de procédure, soit dans le Code de commerce, soit enfin dans le Code d'instruction criminelle.

FIN DU CODE NAPOLÉON.

FORMULAIRE
DU CODE NAPOLÉON
POUR LES ACTES SOUS SEING PRIVÉ.

Il est très-utile à chacun de pouvoir faire soi-même ses affaires et de s'accoutumer à rédiger les actes sous seing privé : par là on s'évite bien des lenteurs, des frais, des méprises et quelquefois même des abus de confiance.

Les *modèles* exposés ici peuvent et doivent varier suivant le but des parties ; il faut que les contractants aient soin de bien préciser leur intention, afin qu'il ne puisse ensuite s'élever aucune contestation entre personnes également de bonne foi.

LIVRE PREMIER.
DES PERSONNES.

N° 1. MODÈLE de *compte sommaire de tutelle, afin de constater l'insuffisance des deniers, effets mobiliers et revenus du mineur* (page 43).

Compte sommaire de tutelle présenté par Joseph A...., menuisier, demeurant à ...., rue...., n°...., tuteur de Louis B...., fils mineur de François B...., au conseil de famille de Louis B....

CHAPITRE I. — *Recette.*

Les recettes consistent :
1° Dans une somme de cent francs, produit annuel du bail à loyer de la maison située à ...., ci. . . . . 100 fr. 00 c.
2° Dans une somme de deux cents francs, reçue de Jacques B. 200 00
(*Continuer l'énumération.*)

Le total des recettes est de trois cents francs, ci. . . 300 fr. 00 c.

Chapitre II. — *Dépense.*

Les dépenses consistent :
1° Dans une somme de deux cents francs payée pour nourriture à Jules D...., ci. . . . . 200 fr. 00 c.
2° Dans une somme de trois cents francs due à Narcisse F...., ci. 300   00
(*Continuer ainsi l'énumération.*)

Le total des dépenses est de cinq cents francs, ci. . 500 fr. 00 c.

Balance.

Les dépenses s'élèvent à la somme de cinq cents francs, ci. . . . . 500 fr. 00 c.
Les recettes s'élèvent à la somme de trois cents francs, ci. 300   00

Les dépenses excèdent les recettes de la somme de deux cents francs, ci. . . . . 200 fr. 00 c.

J'affirme sincère et véritable le présent compte sommaire.
Paris, le .... mil huit cent ....
Joseph A....

N° 2. MODÈLE *d'un état de situation de la gestion de la tutelle*
(page 45).

État de situation de la gestion de Joseph A...., menuisier, demeurant à ...., rue ...., n° ...., tuteur de Louis B...., fils mineur de François B...., ledit état a été remis le ...., époque fixée par le conseil de famille, à Pierre C...., subrogé tuteur dudit mineur.

Chapitre I. — *Recette.*

Les recettes consistent :
1° Dans une somme de mille francs, provenant du payement de la dette de François X...., ci. . . . . 1,000 fr. 00 c.
2° Dans une somme de deux cents francs provenant de ...., ci. 200   00
(*Continuer l'énumération.*)

Le total des recettes est de douze cents francs, ci. . 1,200 fr. 00 c.

Chapitre II. — *Dépense.*

Les dépenses consistent :
1° Dans une somme de trois cents francs, payée à .... pour nourriture et éducation, ci. . . . . 300 fr. 00 c.
2° Dans une somme de cent francs payée...., ci. . 100   00
(*Continuer l'énumération.*)

Le total des dépenses est de quatre cents francs, ci. 400 fr. 00 c.

FORMULAIRE DU CODE NAPOLÉON. 433

Balance.

Les recettes s'élèvent à la somme de douze cents francs, ci................................	1,200 fr. 00 c.
Les dépenses s'élèvent à la somme de quatre cents francs, ci.................................	400 00
Les recettes excèdent les dépenses de la somme de huit cents francs, ci.........................	800 fr. 00 c.

J'affirme sincère et véritable le présent état de situation de ma gestion.

Paris, le .... mil ....

Joseph A....

N° 3. MODÈLE *de compte définitif de tutelle* (page 43).

1° *Modèle de l'exposé du compte de tutelle.*

Compte définitif de gestion de tutelle rendu par Joseph A...., menuisier, demeurant à ...., rue ...., n° ...., à Louis B...., actuellement majeur (ou émancipé par acte ...., en date du ...., et assisté de son curateur), comme ayant été tuteur dudit Louis B...., depuis le .... jusqu'au ....

DATE des recettes.	CHAPITRE I. — *Recette.*	
Année 18....		
4 janvier.	1° Reçu la somme de trois mille francs provenant de la vente des meubles de la succession de François B...., père dudit Louis B...., ainsi qu'il est constaté par procès-verbal de ladite vente, dressé par N...., notaire à ...., en date du ...., ci................................	3,000 fr. 00 c.
2 mars.	2° Reçu de N...., demeurant à ...., pour prix du bail à loyer de ...., la somme de mille francs, ci................	1,000 00
	(*Continuer l'énumération.*)	
	Le total des recettes est de quatre mille fr., ci................................	4,000 fr. 00 c

DATE des dépenses.	CHAPITRE II. — *Dépense.*	
Année 18....	1° Payé à N...., notaire à ...., pour frais et honoraires, la somme de cent francs, ci................................	100 fr. 00 c.
4 janvier.		
2 février.	2° Payé à O...., vigneron, demeurant à ...., la somme de cinq cents francs, ci.	500 00
	(*Continuer l'énumération.*)	
	Le total des dépenses est de six cents fr., ci.	600 fr. 00 c.

CHAPITRE III. — *Sommes à recouvrer.*

1° La somme de mille francs, prêtée à N...., vigneron, demeurant à ...., ci............... 1,000 fr. 00 c.
2° La somme de cent francs, due par V...., pour ...., ci...................... 100 00
(*Continuer ainsi.*)

Le total des sommes à recouvrer est de onze cents francs, ci...................... 1,100 fr. 00 c.

Balance.

Chapitre I. — Recette. Somme de quatre mille francs, ci.......................... 4,000 fr. 00 c.
Chapitre II. — Dépense. Somme de six cents francs, ci.......................... 600 00

L'excédant de la recette sur la dépense est de trois mille quatre cents francs, ci........... 3,400 fr. 00 c.

Chapitre III. — A recouvrer. Somme de onze cents francs, ci...................... 1,100 fr. 00 c.

J'affirme sincère et véritable le présent compte de tutelle.
Fait double à...., le .... mil....
           Joseph A....

2° Modèle de récépissé fait par celui qui reçoit le compte de tutelle.

Je soussigné, Louis B...., cultivateur, demeurant à ...., rue ...., n° ....,

Déclare et reconnais que Joseph A...., menuisier, demeurant à ...., rue ...., n° ...., mon ancien tuteur, m'a remis ce jour un double du compte de tutelle ci-dessus, avec les pièces justificatives à l'appui, dont l'énonciation suit :

1° Une liasse contenant .... pièces relatives à ...., ladite liasse cotée *A*;
2° Une liasse contenant, *etc.*; ladite liasse cotée *B.*
Fait double à ..., le ..... mil....
           Louis B....

Nota. Les deux modèles qui précèdent se mettent sur la même feuille de papier timbré, en double original. Ce n'est que dix jours après leur enregistrement que le tuteur peut obtenir sa décharge.

3° Modèle d'arrêté de compte de tutelle.

Entre les soussignés,
Joseph A...., menuisier, demeurant à ...., rue ...., n° ...., ancien tuteur de Louis B....,

Et Louis B...., cultivateur, demeurant à ...., rue ...., n° ....,
Il a été observé,
Qu'après examen fait par Louis B...., tant du compte de tutelle que Joseph A.... lui a rendu par acte sous seing privé, fait double à ...., le ...., enregistré à ...., le ...., par N...., que de l'ensemble des pièces justificatives produites à l'appui,
Ledit Louis B.... déclare approuver le compte tel qu'il a été rendu et le reconnaître exact et sincère dans toutes ses parties.
C'est pourquoi les soussignés ont définitivement arrêté tous les résultats exprimés dans ledit compte de tutelle;
En conséquence le reliquat dû par Joseph A.... à Louis B.... s'élève à la somme de trois mille quatre cents francs, conformément audit compte;
Laquelle somme Louis B.... reconnaît avoir reçue à l'instant de Joseph A...., son ancien tuteur. Dont quittance.
Fait double à ...., le .... mil. ...

Joseph A....   Louis B....

LIVRE TROISIÈME.

DES MANIÈRES D'ACQUÉRIR LA PROPRIÉTÉ.

TITRE I. — DES SUCCESSIONS.

N° 4. **MODÈLES** *d'actes de partage.*

1° *Acte de partage avec attribution de lots entre trois frères*
(page 90).

Les soussignés,
1° Joseph A...., cultivateur, demeurant à ...., rue...., n°....;
2° François A...., menuisier, demeurant à ....,
3° Pierre A...., peintre, demeurant à ....,
Les trois héritiers chacun pour un tiers de Claude R...., leur père;
Voulant procéder au partage amiable et à la liquidation des droits de la succession de Claude A...., leur père, déclarent que les biens qui vont être énoncés sont les seuls qui dépendent de ladite succession, et qu'ils en ont fait l'estimation à l'amiable, comme il suit.

Masse a partager.

I. *Masse active.*

1° Argent comptant existant au décès de Claude A...., s'élève à la somme de trois mille quatre cents francs, ci.	3,400 fr. 00 c.
2° Vêtements et linge de corps, estimés à la somme de deux cents francs, ci.	200 00
3° Meubles meublants et ustensiles de ménage, estimés à la somme de quatre cents francs, ci.	400 00
4° Une maison située à...., estimée à la somme de quatre mille francs, ci.	4,000 00
5° Une vigne de la contenance de...., située à...., touchant d'un bout à...., de l'autre bout à...., d'un côté à...., et de l'autre à...., estimée à trois mille francs, ci.	3,000 00
6° Une terre labourable de la contenance de...., située à...., touchant d'un bout à...., de l'autre à...., d'un côté à...., et de l'autre à...., estimée à la somme de deux mille francs, ci.	2,000 00
7° La somme de douze cents francs, avancée à Joseph A...., pour son établissement par mariage, ci.	1,200 00
(Continuer l'énumération.)	
La masse active s'élève à quatorze mille deux cents francs, ci.	14,200 fr. 00 c.

II. *Masse passive.*

La masse passive comprend :

1° La somme de cinq cents francs pour frais funéraires et habits de deuil de la veuve, ci.	500 fr. 00 c.
2° La somme de mille sept cents francs, prêtée au défunt par Pierre J...., propriétaire, demeurant à...., ci.	1,700 00
(Continuer l'énumération.)	
La masse passive s'élève à deux mille deux cents francs, ci.	2,200 fr. 00 c.

Balance.

La masse active est de quatorze mille deux cents francs, ci.	14,200 fr. 00 c.
La masse passive est de deux mille deux cents francs, ci.	2,200 00
Le reliquat à partager est de douze mille francs, ci.	1,200 fr. 00 c.

Sur la somme de douze mille francs, reliquat ci-dessus, il revient à chacun des héritiers, succédant pour un tiers, la somme de quatre mille francs.

FORMATION DES PARTS.

I. — A Joseph A....., il revient pour son tiers la somme de quatre mille francs, ci. . . . . 4,000 fr. 00 c.

Pour lui fournir cette somme il aura, et ses cohéritiers lui abandonnent :

1° Les meubles meublants et ustensiles de ménage estimés à quatre cents fr., ci. . 400 fr. 00 c.

2° La terre labourable, située à...., de la contenance de...., estimée deux mille francs, ci. 2,000 00

3° La somme de quatre cents francs, argent comptant, ci. 400 00

4° La somme de douze cents francs, qui lui a été avancée pour son mariage, ci. . 12,00 00

Total égal. . . . 4,000 fr. 00 c. 4,000 fr. 00 c.

II. — A François A...., il revient pour son tiers la somme de quatre mille francs, ci. . . . . 4,000 fr. 00 c.

Pour lui fournir cette somme il aura, et ses cohéritiers lui abandonnent :

La maison située à...., estimée à la somme de quatre mille francs, ci. . . . 4,000 fr. 00 c.

Total égal. . . . 4,000 fr. 00 c. 4,000 fr. 00 c.

III. — A Pierre A...., il revient pour son tiers la somme de quatre mille francs, ci. . . . . 4,000 fr. 00 c.

Pour lui fournir cette somme, il aura et ses cohéritiers lui abandonnent :

1° La vigne située à...., de la contenance de...., estimée à trois mille fr., ci. 3,000 fr. 00 c.

2° La somme de huit cents francs argent comptant, ci. 800 00

3° Les vêtements et linge de corps, estimés deux cents francs, ci. 200 00

Total égal. . . . 4,000 fr. 00 c. 4,000 fr. 00 c.

Le total des abandonnements se trouve ainsi de douze mille francs. Le montant de l'actif étant de quatorze mille deux cents francs, il reste en argent la somme de deux mille deux cents francs. Cette somme a été remise à Joseph A...., qui sera tenu de l'employer, à la décharge de ses cohéritiers et sans recours contre eux, dans le plus bref délai, à l'acquittement des frais funéraires et de la créance de Pierre J...., s'élevant ensemble à la même somme de deux mille deux cents francs.

Chacun des copartageants susdits et soussignés jouira dès ce jour des choses comprises dans son lot, et payera également dès ce jour les impôts des biens qui lui sont échus.

Lesdits copartageants déclarent et reconnaissent que chacun d'eux a reçu les titres des immeubles qui lui reviennent.

Fait triple à...., le..... mil.....

Joseph A..... Louis A..... Pierre A.....

2° *Acte de partage dans lequel les lots sont tirés au sort* (page 90).

(*Ce partage est amiable comme le précédent; il n'en diffère qu'en ce que, au lieu d'y avoir attribution de lots, il y a tirage au sort. Aussi le modèle du partage précédent est ici applicable jusqu'aux mots* FORMATION DES PARTS, *qui sont remplacés par* FORMATION DES LOTS. *Et l'on continue par ce qui suit :*)

Les cohéritiers soussignés ont fait choix de Joseph A...., l'un d'eux, pour procéder à la formation des lots; lequel, après avoir accepté cette mission, a composé les lots de la manière suivante :

Premier lot. Ce lot comprend, etc.
Deuxième lot. Ce lot comprend, etc.
Troisième lot. Ce lot comprend, etc.

Les soussignés ont ensuite procédé au tirage au sort desdits lots ; et le résultat a été tel qu'il suit :

Le premier lot est échu à Joseph A....

Le deuxième, à François A....

Et le troisième, à Pierre A....

Les cohéritiers soussignés acceptent les lots tels qu'ils leur sont échus, avec l'obligation de garantie conformément aux règles ordinaires. Chacun d'eux jouira immédiatement de tous les objets compris dans son lot, et en supportera également les charges. Chacun d'eux reconnaît aussi qu'il a reçu les titres des immeubles qui lui sont échus.

Fait triple à...., le.... mil....

Joseph A.... Louis A.... Pierre A....

TITRE II. — DES DONATIONS ET TESTAMENTS.

N° 5. **MODÈLES** *divers de testaments olographes* (pages 120 et suiv.).

1° *Acte par lequel le testateur laisse tous ses biens à une personne, sans faire aucune autre disposition* (page 126).

Je nomme pour mon légataire universel Joseph A....., menuisier, demeurant à...., rue...., n°....

Paris, le,... mil,...

(*Signature du testateur.*)

2° *Acte par lequel le testateur laisse tous ses biens à plusieurs personnes qui profitent des parts caduques* (page 126).

Je nomme pour mes légataires universels :
1° Joseph A...., menuisier, demeurant à...., rue...., n°....;
2° François H...., cultivateur, demeurant à...., rue...., n°....;
3° Pierre L...., peintre, demeurant à...., rue...., n°....
Paris, le.... mil....

(*Signature du testateur.*)

3° *Acte par lequel le testateur laisse tous ses biens à plusieurs personnes, dont les parts caduques profitent à l'héritier légitime* (page 128).

Je nomme pour mes légataires à titre universel, chacun pour un tiers, les trois personnes ci-après :
1° Joseph A...., menuisier, demeurant à...., rue...., n°....;
2° François H...., cultivateur, demeurant à...., rue...., n°....;
3° Pierre L...., peintre, demeurant à...., rue...., n°....
Paris, le.... mil....

(*Signature du testateur.*)

4° *Acte par lequel le testateur lègue une quote-part de ses biens, en laissant l'autre quote-part à ses héritiers légitimes* (page 128).

Je lègue à Joseph A...., menuisier, demeurant à...., rue...., n°...., le quart de mes biens.
Paris, le.... mil....

(*Signature du testateur.*)

5° *Acte par lequel le testateur institue un légataire universel, en mettant des legs à sa charge* (page 130).

J'institue Joseph A...., menuisier, demeurant à...., rue... n°...., mon légataire universel.
Je charge Joseph A.... de donner à François B...., ébéniste, demeurant à...., rue...., n°...., ma maison située à...., et auss de donner à Pierre C...., cultivateur, demeurant à...., la somme de mille francs.
Paris, le.... mil....

(*Signature du testateur.*)

6° *Acte par lequel le testateur fait des legs particuliers, en laissant sa succession à ses héritiers légitimes* (page 130).

Je lègue à Joseph A...., cultivateur, demeurant à...., rue...., n°...., ma maison située à....

Je lègue à Pierre C...., peintre, demeurant à...., rue...., n°....,
la somme de mille francs.
Paris, le.... mil....

(*Signature du testateur.*)

7° *Celui qui nomme un exécuteur testamentaire s'exprime ainsi, après avoir fait ses dispositions* (page 132) :

Je nomme Claude R...., avocat, demeurant à...., rue...., n°...., pour exécuteur testamentaire, et je lui donne la saisine de mon mobilier. Je le prie d'accepter la somme de mille francs, en témoignage de l'accomplissement du service dont je le charge.
Paris, le.... mil....

(*Signature du testateur.*)

N° 6. MODÈLE de *compte d'un exécuteur testamentaire* (page 133).

Compte que Claude R...., avocat, demeurant à...., rue...., n°...., rend de sa gestion comme exécuteur testamentaire, par testament de Joseph A...., défunt, aux héritiers, qui sont :
 François A...., menuisier, demeurant à...., rue...., n°....;
 Et Pierre A...., cultivateur, demeurant à...., rue...., n°....
Le mobilier dont Claude R.... a reçu la saisine par disposition testamentaire consiste :

1° Dans une somme de...., laissée en argent par le défunt et constatée par l'inventaire qui a été dressé, ci. 00 fr. 00 c.
2° Dans une somme de...., produit de la vente des biens meubles, faite par A...., notaire, le...., ci. . . 00   00

Le montant des valeurs dont Claude R.... a eu la saisine est donc de...., ci................. 00 fr. 00 c.

L'exécuteur R.... a payé :
1° Au juge de paix N...., pour frais d'apposition et levée des scellés, la somme de...., ci. .... 00 fr. 00 c.
2° Au notaire A...., pour frais d'inventaire et de vente de meubles, la somme de...., ci. 00   00
3° A Pierre C...., cultivateur, demeurant à...., la somme de.... qui lui a été léguée, ci.......... 00   00

Le total des sommes payées est de...., ci. .... 00 fr. 00 c.
L'exécuteur ayant été saisi de la valeur de...., ci. . 00 fr. 00 c.
Et ayant payé la somme de...., ci. 00   00

Il reste reliquataire de...., ci. .... 00 fr. 00 c.

Arrêté de compte de l'exécuteur testamentaire.

Entre les soussignés :
Claude R...., avocat, demeurant à...., exécuteur du testament d
Joseph A....;
Et 1° François A...., menuisier, demeurant à....;
2° Pierre A...., cultivateur, demeurant à....,
Il a été reconnu, après la vérification faite du compte qui précèd
par les cohéritiers François et Pierre A...., que ledit compte est exact
et sincère; lesdits cohéritiers reconnaissent avoir reçu à l'instant de
Claude R.... le reliquat de son compte, s'élevant à la somme de....,
dont quittance.
Fait double à...., le.... mil....
(*Signatures de toutes les parties.*)

N° 7. MODÈLE *de substitution par testament olographe* (page 137).

Je lègue à mon fils François A.... l'universalité de mes biens; mais
je le charge de conserver et de rendre à tous ses enfants nés et à naître, la portion dont la loi me permet de disposer.
Je charge Claude R...., avocat, demeurant à...., de veiller, en qualité de tuteur à la substitution, à l'exécution de mes dispositions.
Paris, le.... mil....
(*Signature du testateur.*)

N° 8. MODÈLE *d'un partage par testament olographe* (page 139).

Je partage les biens que je laisserai à mon décès entre tous mes
enfants, qui sont:
Joseph A...., mon fils aîné, cultivateur, demeurant à ....;
François A...., mon second fils, mineur, demeurant avec moi;
Et Julie A...., ma fille, demeurant aussi avec moi.
Mes biens comprennent:
1° Une maison située à ...., que j'estime à la somme
de ...., ci. . . . . 00 fr. 00 c.
2° Une prairie située à ...., de la contenance de ....,
touchant d'un bout à ...., de l'autre à ...., d'un côté
à ...., et de l'autre à ...., que j'estime à la somme
de ...., ci. 00   00
3° Une vigne située à ...., etc...., ci. 00   00
(*Continuer l'énumération.*)
Ces biens s'élèvent à la somme totale de ...., ci. . . 00 fr. 00 c.
Tous les effets mobiliers et l'argent que je laisserai à mon décès
seront partagés également entre mesdits enfants.
(*Si l'on veut donner quelque chose par préciput à l'un de ses
enfants, on dit:*)
Sur la somme totale de...., je donne et lègue par préciput à

Joseph A...., mon fils aîné, la somme de ...., et, en outre, la maison située à ...., estimée à ....)

Les choses à partager montent donc à la valeur de ...., ci... 00 fr. 00 c.
Le tiers de cette valeur, revenant à chacun de mes enfants est de ...., ci.. 00 00

Formation des parts.

Le premier lot comprendra (*faire l'énumération exacte*). Il appartiendra à Joseph A...., mon fils aîné.

Le deuxième lot comprendra (*énumérer*). Il appartiendra à François A...., mon second fils.

Le troisième lot comprendra (*énumérer*). Il appartiendra à ma fille Julie A....

Chacun de mes enfants commencera à jouir des choses comprises dans son lot dès le jour de mon décès.

Les sommes nécessaires pour le payement des dettes que je laisserai seront prises sur l'argent et le mobilier existant à mon décès.

Mes enfants payeront les legs particuliers suivants :
1° La somme de ...., à Jacques R....
2° La somme de ...., à Pierre X....

Paris, le .... mil....

(*Signature du testateur*

TITRE III. — DES CONTRATS OU OBLIGATIONS.

N° 9. MODÈLE *d'obligation solidaire entre débiteurs* (pages 170 et suiv.).

Nous soussignés,

Louis R...., peintre, demeurant à ...., et François C...., vigneron, demeurant à ...., reconnaissons avoir reçu de Joseph A...., menuisier, demeurant à ...., à titre de prêt, la somme de .... que nous nous obligeons solidairement et un seul pour le tout à rembourser à Joseph A...., en sa demeure, en un seul payement, dans le délai de cinq ans à partir de ce jour. Nous nous obligeons aussi solidairement à payer audit Joseph A.... les intérêts de la susdite somme au taux légal de cinq pour cent l'an.

Paris, le .... mil....

(*Signatures des débiteurs solidaires.*)

Nota. Quoiqu'il y ait ici trois parties, il n'y a qu'un seul original qui est remis au créancier : car il ne naît d'obligations que de la part des débiteurs solidaires; le contrat est donc unilatéral. Il suit de là que chacun des débiteurs doit mettre, avant sa signature, *bon pour la somme de*.... et mettre la somme en toutes lettres ; mais la simple signature suffit de la part du débiteur qui a écrit le corps de l'acte.

N° 10. MODÈLE d'obligation avec clause pénale (page 177).

Entre les soussignés,
Joseph A...., menuisier, demeurant à ....,
Et François R...., cultivateur, demeurant à ....,
A été faite la convention suivante :
Joseph A.... s'oblige à faire .... mètres de boiserie, en bois de ...., avec toute la perfection désirable, dans la maison de François R...., située à ....; et cela moyennant la somme de ...., que François R.... s'oblige à payer à Joseph A.... lors de la confection entière de ladite boiserie.
Joseph A.... s'oblige à terminer la boiserie dans le délai de ....; faute par lui d'avoir accompli son obligation dans ce délai, il s'engage à payer à François R.... la somme de .... par chaque jour de retard et sans qu'il soit besoin de sommation.
Fait double à ...., le .... mil ....
(Signatures des parties.)

N° 11. MODÈLE de subrogation consentie par le créancier au profit du tiers qui le paye (page 182).

Entre les soussignés,
Joseph A...., menuisier, demeurant à ....,
Et François R...., cultivateur, demeurant à ....,
A été faite la convention suivante :
Joseph A.... reconnaît avoir reçu à l'instant de François R...., la somme de .... qui lui était due par Claude A...., vigneron, demeurant à ...., constatée par acte sous seing privé, en date du ...., enregistré le ....
Afin de donner à François R.... le moyen d'obtenir plus sûrement son remboursement, Joseph A.... le subroge à tous ses droits de priviléges et hypothèques contre Claude X...., et notamment dans l'effet de l'inscription prise à son profit au bureau des hypothèques de ...., le ...., vol...., n° ....
François R.... a reçu, ainsi qu'il le reconnaît, l'original du titre constitutif de la créance, le titre authentique de constitution d'hypothèque et le bordereau de l'inscription ci-dessus énoncée.
Fait double à ...., le .... mil ....
(Signatures des parties.)

N° 12. MODÈLE de cession volontaire de biens (page 189).

Entre les soussignés,
Joseph A...., négociant, demeurant à ...., rue ...., n° ....,
Et 1° Pierre B,...., marchand de vins, demeurant à .... rue ...., n° ....,

2° Louis C...., bijoutier, demeurant à....
3° (*Continuer l'énumération.*)
Ces trois derniers créanciers sérieux et légitimes de Joseph A....,
A été faite la convention suivante :

Joseph A...., se trouvant dans l'impossibilité de satisfaire aux engagements de commerce et autres dettes, formés au profit de Pierre B...., Louis C...., etc., déclare faire la cession de tous ses biens, meubles et immeubles, corporels et incorporels, au profit des créanciers susdits. Ceux-ci, de leur côté, déclarent expressément accepter cette cession et tenir quitte Joseph A.... de toutes dettes contractées jusqu'à ce jour à leur profit ; par conséquent ils renoncent, moyennant la cession susdite, à toutes poursuites relativement auxdites dettes.

Fait double à ...., le .... mil ....
(*Signatures de toutes les parties.*)

Nota. Un original est remis au cédant ; l'autre est remis à celui qui a été choisi à cet effet par les créanciers.

N° 13. MODÈLES *d'actes de novation.*

1° *Acte de novation par changement d'objet* (page 190).

Entre les soussignés,
Joseph A...., menuisier, demeurant à ....,
Et Claude R...., cultivateur, demeurant à ....,
A été observé :

Que, par acte sous seing privé, en date du ...., enregistré le ...., Claude R.... a reconnu avoir emprunté de Joseph A...., la somme de ....;

Voulant former une obligation nouvelle à la place de celle qui vient d'être énoncée et ainsi opérer novation, les susdits et soussignés ont fait la convention suivante :

Claude R.... s'oblige à fournir à Joseph A...., à la place de la somme de .... qu'il lui doit, quarante journées de travail ;

Joseph A.... accepte cette nouvelle obligation de Claude R...., et reconnaît l'ancienne obligation éteinte.

Fait double à ...., le .... mil ....
(*Signatures des parties.*)

2° *Acte de novation par changement de débiteur* (pages 190 et 191).

Entre les soussignés,
Joseph A...., menuisier, demeurant à ....,
Et Claude R...., cultivateur, demeurant à ....,
A été observé :
Que, par acte sous seing privé, en date du ...., enregistré le ....;

François B...., vigneron, demeurant à...., s'est reconnu débiteur de la somme de...., envers Joseph A....;

Que, pour sûreté du payement de ladite somme, François B.... a, par acte authentique, en date du...., consenti hypothèque sur sa maison située à...., et qu'en conséquence, une inscription a été prise sur cette maison, au bureau des hypothèques de...., le...., vol...., n°.....

Claude R...., voulant libérer François B.... de son obligation envers Joseph A...., en s'obligeant lui-même envers ce dernier, il est intervenu la novation suivante :

Claude R.... se porte envers Joseph A...., débiteur de la somme de...., que ce dernier a prêtée à François B.... Il s'oblige à lui payer cette somme dans cinq ans avec les intérêts au taux légal de cinq pour cent par an.

Joseph A...., déclare qu'il reconnaît comme éteinte la dette que François B..... a contractée envers lui, que ce dernier est entièrement libéré, et que l'obligation nouvelle de Claude R..... est substituée à l'ancienne.

Fait double à...., le..... mil.....
(*Signatures des parties.*)

3° *Acte de novation par changement de créancier* (page 191).

Entre les soussignés,
François B.... vigneron, demeurant à....,
Joseph A...., menuisier, demeurant à....,
Et Claude R...., cultivateur, demeurant à.....
A été observé :
Que par acte sous seing privé, en date du...., enregistré le....., François B..... a prêté à Claude R..... la somme de...., que celui-ci s'est, par le même acte, engagé à rembourser dans trois ans, avec les intérêts au taux légal,

François B..... et Claude R..... voulant opérer novation de cette créance au profit de Joseph A...., qui accepte Claude R..... pour son débiteur, les trois parties ont fait la convention suivante :

Claude R..... reconnaît devoir à Joseph A...., la somme de....., qu'il s'oblige à payer dans trois ans, avec les intérêts de cinq pour cent, exigibles à la fin de chaque année;

François B..... déclare Claude R..... libéré de l'obligation primitivement contractée à son profit, par suite de la nouvelle obligation que ledit Claude R..... a contractée envers Joseph A.....

Fait triple à...., le..... mil.....
(*Signatures des parties.*)

N° 14. MODÈLE d'acte de remise de la dette (page 192).

Je soussigné, déclare faire remise pleine et entière à Claude R...., cultivateur, demeurant à...., d'une obligation que celui-ci a souscrite à mon profit par acte en date du.... et montant à la somme de....

En conséquence, je décharge de l'obligation susdite, tant en capital qu'accessoires, Claude R...., qui déclare accepter la remise de sa dette.

Paris, le.... mil....

(Signature du créancier.)

N° 15. MODÈLE de contre-lettre (page 201).

Entre les soussignés :

Joseph A...., menuisier, demeurant à....,

Et Claude R...., cultivateur, demeurant à....;

A été observé :

Que, par acte sous seing privé, enregistré le...., Claude R.... a acheté à Joseph A.... la ferme de ce dernier, située à...., moyennant la somme de...., dont le payement est considéré dans l'acte comme ayant eu lieu aussitôt;

Que cette vente a été faite uniquement pour faciliter une entreprise commencée par Claude R...., et qu'elle n'est au fond que fictive.

Les parties susdites conviennent de ce qui suit :

Elles reconnaissent que la vente de la ferme, ci-dessus énoncée, n'est point réelle;

Que Claude R.... n'a payé à Joseph A.... aucune partie du prix porté dans l'acte de vente;

Que ladite vente n'a jamais existé;

Que Joseph A.... aura le droit de continuer à toucher le prix des fermages comme par le passé, par l'intermédiaire de Claude R...., qui n'est au fond, à cet égard, qu'un mandataire, et qui sera tenu dans deux ans de réintégrer Joseph A.... dans la possession de ses droits par un acte destiné à devenir public.

Fait double à...., le.... mil....

(Signatures des parties.)

N° 16. MODÈLE d'acte synallagmatique (pages 201 et suiv.).

Entre les soussignés,

1° Joseph A...., imprimeur, demeurant à....,

2° François R...., graveur, demeurant à....,

Et Claude X...., homme de lettres, demeurant à....;

A été faite la convention suivante :

Joseph A.... et François R.... s'obligent à imprimer, avec.... gravures, un ouvrage de Claude X...., dans le délai de...., et de fournir le papier de cet ouvrage qui contiendra.... feuilles in-8°, comprenant chacune.... mille lettres. Cet ouvrage devra être fait avec le plus grand soin, et le papier devra être de.... francs la rame.

Claude X.... s'oblige, de son côté, à payer à Joseph A.... et François R...., pour impression, gravures et papier dudit ouvrage, la somme de...., lors de la réception de la dernière feuille.

Fait triple à...., le.... mil....

(*Signatures des parties.*)

N° 17. MODÈLES *de contrats unilatéraux.*

1° *Acte sous seing privé dans lequel il y a engagement d'une seule partie qui s'oblige à payer une somme* (page 203).

Je soussigné m'oblige à payer le.... mil.... à Claude R...., cultivateur, demeurant à...., la somme de cent francs pour avances qu'il m'a faites cette année.

Paris, le..... mil....

Bon pour la somme de *cent* francs.

(*Signature du débiteur.*)

Nota. Lorsque le billet est écrit en entier de la main du débiteur, le *bon pour*, etc., n'est pas nécessaire.

2° *Acte sous seing privé dans lequel il y a engagement d'une seule partie qui s'oblige à payer une chose appréciable* (page 203).

Je soussigné, reconnais devoir à Claude R...., cent mesures de blé qu'il m'a prêtées aujourd'hui. Je m'oblige à lui rembourser ledit blé dans le délai de...., à partir de ce jour.

Bon pour cent mesures de blé.

(*Signature du débiteur.*)

Nota. Remarquons ici, comme plus haut, que le *bon pour*, etc., n'est pas nécessaire quand le débiteur a écrit le corps du billet.

N° 18. MODÈLE *d'acte récognitif* (page 206).

Je soussigné, reconnais que ma prairie située à...., est grevée d'un droit de passage au profit de la vigne de Joseph A...., laquelle est située à...., à côté de ma prairie.

Cette reconnaissance de ma part, acceptée par Joseph A...., a pour but d'interrompre le délai de la prescription couru à mon profit.

Paris, le......... mil.........

(*Signature de celui qui consent la reconnaissance.*)

N° 19. MODÈLE *d'acte de confirmation, ou ratification d'une obligation annulable* (pages 198 et 207).

Je soussigné, reconnais avoir contracté envers Claude R...., meunier demeurant à...., une obligation de la somme de...., par acte en date du...., pour pareille somme que ledit Claude R...., m'a prêtée avec intérêts au taux de cinq pour cent l'an; ladite somme payable le....;

Cette obligation ayant été par moi contractée dans le temps de ma minorité, et étant par là annulable,

Je déclare que mon intention est de faire disparaître le vice de mon obligation susdite, et que je ratifie cette obligation, voulant qu'elle ait la même force que si elle avait été contractée par moi pendant ma majorité.

Paris, le........ mil.........

(*Signature de celui qui ratifie.*)

TITRE V. — DU CONTRAT DE MARIAGE.

N° 20. MODÈLES *d'actes d'acquisition avec déclaration de remploi de la part du mari, ou de la femme* (page 236) — Voir le **MODÈLE N° 22**, II. *Modèle de vente d'immeubles*, Nota 3°, page 455.

N° 21. MODÈLE *de partage amiable d'une communauté* (page 243).

Entre les soussignés;

Françoise X...., veuve de Joseph A...., en son vivant menuisier, demeurant à...., agissant tant en son nom propre que comme femme commune en biens avec son défunt mari,

Et Claude A...., cultivateur, demeurant à....; seul héritier de Joseph A...., son oncle, comme représentant François A...., son père décédé, frère de Joseph A....,

Voulant procéder au partage amiable des biens qui ont composé la communauté entre Joseph A.... et la dame X...., veuve A....

A été observé:

Que Joseph A.... épousa Françoise X.... le....;

Que leurs conventions matrimoniales ont été réglées par acte authentique devant L...., notaire à...., qui en a gardé minute;

Que d'après les termes de cet acte (*énoncer les clauses du contrat de mariage d'une manière succincte, et les droits de reprises*);

Que ladite veuve A.... a recueilli la succession de sa mère, et que, par l'événement du partage fait à l'amiable, il lui est échu: 1° une maison située à.... (*énoncer les autres choses qui donnent lieu aux prélèvements*);

Qu'après le décès de Joseph A...., aucun inventaire n'a été fait, et que les soussignés ont fait entre eux l'état et l'estimation des objets mobiliers et immobiliers qui dépendent de la communauté, de la manière ci-après.

Masse active.

1° Argent comptant trouvé lors de la dissolution de la communauté, s'élève à...., ci............... 00 fr. 00 c.
2° Meubles meublants, linge de corps et de ménage, bijoux, argenterie et autres effets mobiliers, estimés à la somme de...., ci................... 00   00
3° Une maison située à...., estimée à la somme de...., ci 00 00
4° Une créance de la somme de.... pour argent prêté par le défunt à Pierre D...., vigneron, demeurant à...., suivant acte passé sous seing privé le...., enregistré le...., ci... 00 00
(*Énoncer tous les objets.*)

Le total de la masse active s'élève à la somme de...., ci. 00 fr. 00 c.

Masse passive.

1° La somme de.... due à Ambroise M.... pour...., ci 00 fr. 00 c.
2° La somme de.... due à Jean P...., cultivateur, demeurant à...., pour prix de vente de...., ci...... 00   00
(*Continuer l'énumération.*)

Le total de la masse passive est de...., ci....... 00 fr. 00 c.

Prélèvements.

Les prélèvements de la part de la veuve R.... sont:
1° La maison située à.... que la veuve A.... a reçue en dot de son père, laquelle est estimée à...., ci....... 00 fr. 00 c.
2° Le prix d'une vigne située à...., que la veuve A.... a recueillie dans la succession de son père et qu'elle a vendue, avec autorisation de son mari, à Jacques C.... pour la somme de...., ci......................... 00 00
3° La somme de.... que Joseph A.... a accordée par préciput à sa femme en cas de survie de celle-ci.... ci. . 00 00
(*Continuer ainsi.*)

Les prélèvements de la veuve A.... s'élèvent à la somme totale de...., ci.................. 00 fr. 00 c.
Les prélèvements du chef du mari sont:
1° (*Énumérer comme pour la femme*)........ 00 fr. 00 c.
2°.................................. 00   00

Les prélèvements du mari s'élèvent à la somme totale de...., ci............................. 00 fr. 00 c.

Balance.

La masse active est de...., ci. .... 00 fr. 00 c.
La masse passive est de...., ci................ 00   00
Il reste net en actif la somme de...., ci. .... 00 fr. 00 c.
Sur le reste de l'actif, il faut déduire les prélèvements,
de la veuve A...., qui sont de...., ci. .... 00 fr. 00 c.
Ceux de Claude A...., qui sont de...., ci. 00   00
Le total des prélèvements est de...., ci. .... 00 fr. 00 c.
Il reste à partager entre la veuve A.... et Claude A....
la somme de...., ci. 00   00
Dont la moitié pour chacun est de...., ci. ...... 00 fr. 00 c.

Récapitulation.

Il revient à la veuve A....,
1° La somme de.... pour ses prélèvements et pour son
préciput, ci. .... 00 fr. 00 c.
2° La somme de.... pour la moitié dans la communauté, ci. 00   00
3° La somme de.... qui lui est due pour les frais de
son deuil, ainsi qu'il a été réglé par les soussignés, et qui
sera prise sur la succession du défunt, ci. 00   00
Le total de ce qui revient à la veuve A.... est de...., ci 00 fr. 00 c.
Il revient à Claude A.... :
1° La somme de.... montant de ses prélèvements...., ci. 00 fr. 00 c.
2° La somme de.... pour sa moitié dans la communauté...., ci. 00   00
Le total de ce qui revient à Claude A.... est de...., ci. 00 fr. 00 c.
Sur cette somme il faut déduire celle de.... pour frais
de deuil, ci. .... 00 fr. 00 c.
Il revient donc à Claude A.... la somme de...., ci. . 00 fr. 00 c.

FORMATION DES PARTS.

I. — Il revient à la veuve A.... pour ses prélèvements,
son préciput, ses frais de deuil et sa moitié dans la communauté, la somme de...., ci. .... 00 fr. 00 c.
Pour lui fournir cette somme, elle aura, et Claude A....
lui abandonne :
1° La maison située à...., estimée à la
somme de...., ci. .... 00 fr. 00 c.

                          Report. . . . 00 fr. 00 c. 00 fr. 00 c.
2° L'argenterie et les bijoux estimés à
la somme de...., ci. . . . . 00 fr. 00 c.
               (*Continuer ainsi.*)

Total égal à la somme de...., ci. . . 00 fr. 00 c. 00 fr. 00 c.
Il revient à Claude A.... pour prélèvements et pour sa
moitié de la communauté, déduction faite des frais de
deuil, la somme de...., ci. . . . . 00 fr. 00 c.
Pour lui fournir cette somme, il aura, et la veuve A....
lui abandonne :
1° Les meubles meublants estimés à la
somme de...., ci. . . . . 00 fr. 00 c.
2° (*Continuer l'énumération*), ci. . . 00   00 c.

Total égal...., ci. . . . . 00 fr. 00 c. 00 fr. 00 c.
Le total des abandonnements est de la somme de...., qui est celle de la masse de l'actif net de la communauté.

Chacun des copartageants jouira dès ce jour des objets compris dans sa part et payera également dès ce jour les impôts des immeubles qui lui sont advenus.

Les soussignés reconnaissent que chacun d'eux a reçu les titres des immeubles qui lui reviennent.

Fait double à...., le.... mil....
               (*Signatures de toutes les parties.*)

Nota. Celui des conjoints qui survit ne paye point de droits de mutation, car il ne succède pas : les droits de mutation sont payés par l'héritier de l'époux prédécédé, dans la proportion de ce qu'il reçoit.

N° 22. **MODÈLES** d'actes de vente (pages 268 et suiv.).

Voyons : 1° ventes de meubles ; 2° ventes d'immeubles ; 3° ventes avec faculté de rachat ; 4° ventes de créances et autres droits.

I. — *Modèles de ventes de meubles.*

1° *Vente de meubles faite purement et simplement.*

Entre les soussignés,
Joseph A...., menuisier, demeurant à...., rue...., n°....,
Et Claude R...., cultivateur, demeurant à...., rue...., n°....,
A été faite la convention suivante :
Joseph A.... vend à Claude R.... une bibliothèque de bois d'acajou, et un bois de lit, aussi en acajou ; lesquels objets ont été remis à l'instant par Joseph A.... à Claude R...., qui le reconnaît ;

Cette vente est faite moyennant le prix de.... que Claude R.... a payé à l'instant à Joseph A.... qui le reconnaît ; dont quittance.

Fait double à...., le.... mil....

(*Signatures des parties.*)

2° *Vente de meubles avec délai pour le payement.*

Entre les soussignés,

Joseph A...., cultivateur, demeurant à...., rue...., n°....,

Et Claude R...., vigneron, demeurant à...., rue...., n°....,

A été faite la convention suivante :

Joseph A...., vend à Claude R...., cent hectolitres de froment de bonne qualité, qui sera livré demain ;

Cette vente est faite moyennant le prix de...., que Claude R.... s'oblige à payer dans le délai de...., à partir de ce jour, en sa demeure ci-dessus indiquée.

Fait double à...., le.... mil....

(*Signatures des parties.*)

3° *Vente mobilière avec payement en billets.*

Entre les soussignés,

Joseph A...., menuisier, demeurant à...., rue...., n°....,

Et Claude R...., cultivateur, demeurant à...., rue...., n°....,

A été faite la convention suivante :

Joseph A.... vend à Claude R.... les objets suivants :

1° Une armoire en bois de noyer ;

2° Un bois de lit également en noyer ;

3° Une douzaine de chaises en merisier.

Ces objets ont été livrés à l'instant à Claude R...., qui le reconnaît.

Cette vente est faite moyennant le prix de...., que Joseph A.... reconnaît avoir reçu à l'instant de Claude R...., en deux billets à ordre, souscrits par ce dernier et payables l'un, de la somme de...., le...., et l'autre, de la somme de...., le.... En payant lesdits billets aux échéances, Claude R.... sera entièrement libéré du prix de la vente.

Fait double à...., le.... mil....

(*Signatures des parties.*)

4° *Vente à l'essai* (page 270).

Entre les soussignés,

Joseph A...., cultivateur, demeurant à...., rue...., n°....,

Et Claude R...., propriétaire, demeurant à...., rue...., n°....,

A été faite la convention suivante :

Joseph A.... vend à Claude R.... un cheval de course, de couleur blanche, et âgé de deux ans.

Cette vente est faite moyennant le prix de cinq cents francs que Claude R.... s'oblige à payer dans six mois date de ce jour et sans intérêts.

Mais cette vente est faite à l'essai et sous la condition que Claude R.... se réserve d'éprouver ledit cheval pendant le délai de huit jours; dans le cas où il trouverait que le cheval ne lui convient pas, il pourra le rendre à Joseph A...., qui s'oblige à le reprendre, pourvu que la restitution du cheval soit faite dans ladite huitaine, et qu'il ne soit point endommagé par la faute de l'acheteur.

Passé le délai de huitaine, l'acheteur deviendra propriétaire définitif, et sera tenu de payer le prix ci-dessus fixé.

Fait double à ...., le .... mil....

(*Signatures des parties.*)

5° *Vente d'un fonds de commerce.*

Entre les soussignés,

Joseph A...., marchand de meubles, demeurant à ...., rue ...., n° ....,

Et Claude R...., aussi marchand de meubles, demeurant à ...., rue...., n°....,

A été faite la convention suivante :

Joseph A.... vend à Claude R....

Le fonds de commerce de marchand de meubles, qu'il exerce à ...., rue ...., n°...., avec la clientèle qui en dépend, et les meubles qui en font partie, consistant, savoir :

(*Faire l'énumération.*)

Claude R.... pourra jouir et disposer en toute propriété des choses comprises dans ladite vente, et il en prendra possession le ...., jour auquel Joseph A.... lui en fera la tradition.

Ladite vente du fonds de commerce est faite moyennant le prix total de ...., dont la somme de .... pour la clientèle, et la somme de .... pour les meubles : lequel prix total sera payé lors de la livraison.

Joseph A.... s'engage à ne prendre aucun établissement de marchand de meubles dans la distance de ...., sous peine de payer à Claude R.... la somme de ...., à titre de dommages et intérêts.

Joseph A.... cède à Claude R.... son droit au bail des lieux où s'exploite ledit fonds de commerce, consistant en ...., pour tout le temps qui reste à courir, c'est-à-dire pour .... années.

De son côté, Claude R.... accepte ledit bail et s'engage à remplir toutes les obligations imposées par ce bail à Joseph A...., qui lui en a donné une connaissance exacte et qui lui a remis son double de l'acte de bail.

Fait double à ...., le .... mil....;

(*Signatures des parties.*)

II. — Modèle d'acte de vente d'immeubles.

Vente d'une maison.

Entre les soussignés,

Joseph A...., menuisier, demeurant à...., rue...., n°....;

Et Claude R...., demeurant à....,

A été faite la convention suivante :

Joseph A.... vend à Claude R.... une maison située à...., rue...., n°...., avec tous ses accessoires et dépendances. Cette maison est composée de.... étages, qui comprennent : 1° le rez-de-chaussée.... pièces ; 2° le premier étage.... (*faire l'énumération des pièces, et indiquer les dépendances, cours, jardins*).

Joseph A.... est propriétaire de ladite maison au moyen de l'acquisition qu'il en a faite de François X...., vigneron, demeurant à...., par acte sous seing privé, en date du...., enregistré le...., moyennant la somme de...., qui a été payée lors de l'acquisition.

François X.... est devenu propriétaire de ladite maison comme l'ayant acquise de Pierre C.... par acte de vente sous seing privé, en date du...., enregistré le...., moyennant la somme de...., qui a été payée (*remonter ainsi pour établir régulièrement la propriété jusqu'au delà de trente ans*).

Claude R.... pourra jouir et disposer de ladite maison et de ses dépendances, comme plein propriétaire, à dater de ce jour ; mais il ne pourra entrer en possession et percevoir les loyers qu'à partir du....

Cette vente est faite aux conditions et charges suivantes que Claude R.... s'engage à remplir :

1° De prendre la susdite maison avec toutes les servitudes actives et passives qui en peuvent dépendre ou la grever ;

2° D'entretenir tous les baux verbaux ou par écrit consentis par Joseph A...., et qui consistent particulièrement dans.... (*désigner les baux à loyer de la maison et leur durée*) ;

3° De payer les droits d'enregistrement et autres auxquels la présente vente pourrait donner lieu ;

4° De payer, à partir du jour de l'entrée en jouissance, les impositions de toute nature qui concernent ladite maison.

La présente vente est faite moyennant le prix total de...., que Claude R.... promet de payer à Joseph A.... aux époques suivantes :

1° Mille francs immédiatement après l'accomplissement des formalités de la purge dont il va être parlé ;

2° Deux mille francs le premier janvier mil huit cent....., avec les intérêts au taux de cinq pour cent l'an, payables chaque année ;

3° (*Continuer ainsi*).

L'acheteur fera transcrire le présent acte de vente au bureau des hypothèques dans le délai d'*un mois* ; faute de quoi le vendeur pourra le faire transcrire aux frais de l'acheteur.

L'acheteur remplira les formalités requises pour la purge des priviléges et hypothèques. Ces formalités devront être remplies dans le délai de six mois à partir de ce jour, époque où la somme fixée pour le premier payement deviendra exigible, lors même que l'acheteur n'aurait point rempli les formalités de la purge.

S'il survient des inscriptions révélant des priviléges ou des hypothèques, Joseph A.... s'engage à en rapporter la mainlevée dans la quinzaine de la notification qui lui en sera faite.

L'acheteur aura le droit de réclamer contre son vendeur tous les frais nécessaires pour la purge, autres que ceux de la transcription de l'acte de vente.

Joseph A.... a remis actuellement à Claude R...., qui le reconnaît, les actes dont le détail suit :

1° Son acte d'acquisition ;
2° L'acte d'acquisition de François X.... ;
3°....

Fait double à...., le..... mil....

(Signatures des parties.)

Nota. 1° Les ventes de fermes ou de pièces de terre ne diffèrent de celles des maisons que sous le rapport de la désignation.

2° Lorsque la femme vend son immeuble avec autorisation de son mari, on mentionne expressément cette autorisation dans la désignation des parties en disant :

« Julie T...., femme de Claude A...., qui autorise expressément à cet effet son épouse. » Il faut aussi, au bas de l'acte, la signature du mari.

3° Si le mari achète avec la clause de remploi, on ajoute à la disposition qui concerne le prix (page 340) :

« Claude R...., acheteur, déclare que la présente acquisition est faite avec l'argent provenant de l'aliénation de sa maison située à ...., laquelle lui appartenait personnellement, et que la présente acquisition est faite pour lui tenir lieu de remploi. »

Lorsque c'est au nom de la femme et pour lui tenir lieu de remploi que l'acquisition est faite, on met après la disposition du prix (page 340) :

« La présente acquisition est faite avec l'argent provenu de l'immeuble situé à ...., qui appartenait personnellement à la dame R...., qui l'a vendu avec autorisation de son mari, le ...., à Pierre D...., cultivateur, demeurant à ...., rue ...., n° ...., pour le prix de .... ; la présente acquisition est faite pour lui tenir lieu de remploi. Ladite dame R...., déclare en termes exprès qu'elle accepte l'immeuble, objet de la présente vente, en remploi de son immeuble propre qui a été vendu. » — Les signatures du vendeur, du mari et de la femme sont nécessaires.

III. — *Modèles de vente avec faculté de rachat* (page 283).

1° *Vente de meubles avec faculté de rachat.*

Entre les soussignés,
Joseph A...., menuisier, demeurant à ...., rue ...., n° ....,
Et Claude R...., cultivateur, demeurant à ...., rue ...., n° ....,
A été faite la convention suivante :
Joseph A.... vend à Claude R.... une armoire de bois de noyer ayant en hauteur ...., en largeur .... et en profondeur ...., laquelle armoire a été livrée à l'instant.
Cette vente est faite moyennant le prix de ...., que Claude R.... a remis à l'instant au vendeur. Mais Joseph A...., vendeur, se reserve pendant un an, à partir de ce jour, la faculté de reprendre l'armoire ci-dessus vendue, en remboursant à Claude R.... le montant du prix de vente et les frais que ce contrat aura pu lui occasionner. Faute par le vendeur d'avoir exercé cette faculté dans ledit délai, Claude R.... restera propriétaire absolu et irrévocable de ladite armoire.
Fait double à ...., le .... mil ....

(*Signatures des parties.*)

2° *Vente d'immeubles avec faculté de rachat.*

Pour cette vente on suit d'abord les formes et conditions de la vente ordinaire d'un immeuble (voir page 454). Puis on ajoute :
Mais Joseph A...., vendeur, se réserve pendant .... ans, à partir de ce jour, la faculté de reprendre ledit immeuble, en remboursant à Claude R.... le prix de la vente, les frais que le présent contrat aura pu lui occasionner, et les dépenses nécessaires ou utiles, celles-ci jusqu'à concurrence de la plus-value de l'immeuble. Ce remboursement sera fait au domicile de Claude R.... et en un seul payement. Faute par Joseph A.... d'avoir exercé ladite faculté de rachat dans le délai ci-dessus fixé, il sera déchu de cette faculté, et Claude R.... demeurera propriétaire absolu et irrévocable dudit immeuble.
Fait double à ...., le .... mil ....

(*Signatures des parties.*)

V. — *Modèles de vente ou cession de créances et autres choses incorporelles*
(page 290).

1° *Cession de billet à ordre ou de lettre de change.*

Voyons d'abord comment se créent les billets à ordre et les lettres de change, qui sont devenus d'une haute importance.

Le *billet à ordre* est ainsi conçu :

« Le quinze mars prochain, je payerai à Claude R.... ou à son ordre, la somme de...., valeur reçue comptant (ou *en marchandise*).

« Paris, le 1ᵉʳ décembre 18.... »

(*Signature et domicile du débiteur.*)

Dans la *lettre de change* l'un des contractants, appelé *tireur*, donne ordre à une personne domiciliée dans un autre lieu, appelée *tiré*, de payer pour lui et en son nom à l'autre contractant, appelé *preneur*, le montant de la somme contenue dans la lettre de change. Cette lettre est ainsi conçue :

« Le quinze octobre prochain (ou *à présentation*), veuillez payer sur cette seule lettre de change, à Claude R.... ou à son ordre, la somme de...., valeur reçue en argent (ou *en marchandise*). »

« Paris, le 20 janvier 18.... »

(*Signature du tireur et son domicile.*)

« A Monsieur (*indication des noms, profession et domicile du tiré*). »

Remarquons que la lettre de change entraîne toujours la juridiction du tribunal de commerce, et que les tireurs, endosseurs et tiré lorsque ce dernier a accepté, sont contraignables par corps si la valeur de la lettre excède deux cents francs.

Cela étant exposé, disons que la translation de la propriété du billet à ordre ou de la lettre de change, s'opère par un simple endossement ; que celui qui cède la lettre prend le nom d'*endosseur*, parce que l'acte de cession est écrit sur le dos du billet, et que le cessionnaire s'appelle *porteur*.

L'endossement est ainsi conçu :

« Passé à l'ordre de Piernin, valeur reçue comptant.

« Paris, le 29 janvier 18.... »

(*Signature de l'endosseur.*)

2° *Vente de créances où ne se trouve pas la clause d'ordre et des autres choses incorporelles* (page 290).

Entre les soussignés,
Joseph A...., menuisier, demeurant à...., rue...., n°....,
Et Claude R...., cultivateur, demeurant à...., rue...., n°....,
A été faite la convention suivante :
Joseph A.... cède et transporte à Claude R...., la créance de...., qui lui est due par Pierre C...., ainsi qu'il résulte du billet sous seing

privé que Pierre C.... a souscrit au profit de Joseph A...., le....
Joseph A.... cède en outre tous les garanties accessoires de sa créance qui consistent notamment dans une hypothèque inscrite à..., le.... mil.... vol..., n....

En conséquence Joseph A.... a remis à l'instant à Claude R...., qui le reconnaît, son titre de créance, avec le titre constitutif d'hypothèque et le bordereau d'inscription.

Ce transport est fait moyennant la somme de.... que Claude R.... a payée à l'instant à Joseph A...., qui le reconnaît et en donne quittance par le présent acte.

Fait double à...., le.... mil....

(*Signatures des parties.*)

3° *Vente et transport de droits litigieux* (page 292).

Entre les soussignés,
Joseph A...., menuisier, demeurant à...., rue...., n°....;
Et Claude R...., cultivateur, demeurant à...., rue...., n°....;
A été observé :
Que Joseph A.... a, par exploit d'huissier en date du...., formé une demande de.... contre Xavier J....;
Que la demande portée devant le tribunal de...., a été combattue par Xavier R.... qui allègue....;
Que.... (*indiquer où en est le litige*).
Les choses étant en cet état, lesdits Joseph A...., et Claude R.... nt fait la convention suivante :

Joseph A.... cède et transporte sans garantie et aux risques et périls du cessionnaire, à Claude R...., qui l'accepte,
Le droit litigieux ci-dessus énoncé pour l'exercer comme bon lui semblera, avec le bénéfice de toutes les garanties et des poursuites commencées.

Cette cession-transport est faite moyennant la somme de...., que Joseph A.... déclare avoir reçue, dont le présent acte vaut quittance.

Fait double à...., le.... mil....

(*Signatures des parties.*)

TITRE VII. — DE L'ÉCHANGE.

N° 23. MODÈLES d'échange (page 293).

1° *Échange de meubles.*

Entre les soussignés :
Joseph A...., menuisier, demeurant à...., rue...., n°....,
Et Claude R...., cultivateur, demeurant à...., rue...., n°....,
A été faite la convention suivante :

Joseph A...., cède, à titre d'échange, à Claude R...., les meubles ci-après, savoir : 1°.... 2°.... (*désigner les meubles*).

De son côté, Claude R.... cède à Joseph A.... les meubles ci-après (*les désigner*).

Cet échange est fait (*indiquer s'il y a ou s'il n'y a pas de retour en argent; et, dans le premier cas, en fixer la somme en toutes lettres*).

Fait double à ...., le .... mil .....

(*Signatures des parties.*)

2° *Échange d'immeubles.*

Entre les soussignés,

Joseph A...., menuisier, demeurant à...., rue...., n°....;

Et Claude R...., cultivateur, demeurant à...., rue...., n°....,

A été faite la convention suivante :

Joseph A.... cède, à titre d'échange, à Claude R...., qui accepte, trois hectares de terres labourables, en une seule pièce située à...., tenant d'un bout à...., de l'autre bout à...., touchant d'un côté à...., de l'autre à....;

Joseph A.... est propriétaire de ladite pièce de terre comme l'ayant acquise de Jules B.... par acte sous seing privé, en date du...., enregistré le....;

Jules B.... en avait acquis la propriété de.... (*établir ainsi la propriété jusqu'au delà de trente ans*);

De son côté, Claude R.... cède, à titre de contre-échange, à Joseph A...., qui l'accepte, deux hectares de vigne emplantée, située à.... (*désigner la situation et établir le droit de propriété*).

Chacun des soussignés jouira de l'immeuble qui lui est donné en échange à partir de ce jour, et en payera les contributions et autres charges annuelles à partir du même jour.

Cet échange est fait de part et d'autre sans droit de retour (*s'il y a retour, indiquer et fixer la somme*), attendu que chacun de ces immeubles est estimé également à la somme de....

Chacun des soussignés a remis à l'autre les titres de propriété ci-dessus énoncés.

Fait double à...., le.... mil....

(*Signatures des parties.*)

TITRE VIII. — DU CONTRAT DE LOUAGE.

N° 24. MODÈLES de différents baux (pages 294 et suiv.).

1° *Bail de maison* (page 304).

Entre les soussignés,

Joseph A...., menuisier, demeurant à...., rue...., n°....,

Et Claude R...., architecte, demeurant à...., rue...., n°....,

A été faite la convention suivante :

Joseph A.... consent à Claude R...., qui accepte, un bail pour le délai de.... années (ou pour trois, six et neuf années, au choix de chacune des parties, en donnant congé six mois à l'avance des trois ou six premières années) qui commenceront à courir le.... Ce bail a pour objet une maison de Joseph A...., laquelle est située à...., rue...., n°...., et consiste en.... *(indiquer les lieux loués et leurs dépendances).*

Ce bail est fait moyennant la somme de...., que Claude R.... s'oblige de payer par chaque année, en quatre termes égaux, du prix de.... chacun.

Le premier terme écherra le quinze janvier; le second, le quinze avril; le troisième, le quinze juillet, et le quatrième, le quinze octobre, et ainsi de suite jusqu'à l'expiration du bail.

Outre la condition du prix, Claude R.... contracte les obligations suivantes :

1° De payer lors de son entrée en jouissance les six premiers mois d'avance qui s'imputeront sur les six derniers mois de sa jouissance;

2° De garnir ladite maison de meubles suffisants pour répondre en tout temps du payement des loyers;

3° D'entretenir les lieux loués en bon état de réparations locatives; les autres réparations restent à la charge de Joseph A....;

4° De payer les impôts des portes et fenêtres.

Fait double à...., le.... mil....

(Signatures des parties.)

Nota. Ce bail est susceptible d'un grand nombre de clauses. Les plus fréquentes concernent : 1° l'état des lieux ; 2° la défense de céder ou sous-louer; 3° l'engagement que la femme contracte conjointement ou solidairement avec son mari de remplir les conditions du bail ; 4° l'engagement d'un tiers qui s'oblige avec le preneur ou qui se porte sa caution; 5° la réserve que fait le bailleur de pouvoir résoudre le bail en cas de vente de sa maison ; 6° la défense de former dans la maison tel ou tel établissement.

2° *Bail à ferme* (page 307).

Entre les soussignés,

Joseph A...., menuisier, demeurant à...., rue...., n°....,

Et Claude R...., cultivateur, demeurant à...., rue.... n°....,

A été faite la convention suivante :

Joseph A.... consent à Claude R.... bail pour.... années, qui commenceront à courir le.... des biens ci-après, savoir :

1° Un corps de ferme situé à...., consistant en terres labourables, prairies, bois et terres vagues, le tout tenant du levant à...., du couchant à...., du nord à...., du midi à....; laquelle ferme contient en superficie, ... hectares, ... ares, et .... centiares;

2° Trois pièces de terres labourables ; la première située à...., te-

nant d'un bout à...., d'un autre bout à,..., touchant d'un côté à...,
et de l'autre à....; la deuxième (*faire l'indication*).

Dans le présent bail sont compris tous les meubles qui sont attachés à perpétuelle demeure à la ferme, desquels il a été fait entre les parties un état estimatif qui se trouve annexé au présent acte.

Ce bail est fait moyennant le prix de.... que Claude R.... s'oblige de payer par chaque année à Joseph A...., en deux payements égaux de.... chacun : le premier aura lieu le...., et le second, le...., pour ainsi continuer d'année en année jusqu'à la fin du bail.

Ce bail est fait aux charges et conditions suivantes :

1° De garnir ladite ferme de chevaux, bestiaux, instruments, grains, fourrages et meubles suffisants pour assurer la bonne culture et le payement des fermages;

2° D'entretenir les bâtiments en bon état de réparations locatives, et de les rendre, à la fin du bail, dans le même état que celui qui sera constaté lors de l'entrée en jouissance par le preneur;

3° D'entretenir, par les labours et engrais, les terres en bon état de culture, en se conformant à l'usage pour les soles ou saisons;

4° De convertir toutes les pailles en fumier pour l'engrais des terres de la ferme, sans pouvoir en distraire aucune partie;

5° D'entretenir les clôtures, d'écheniller les arbres et de remplacer ceux qui viendraient à périr;

6° De payer, pendant toute la durée du bail, les impôts fonciers;

7° De rendre, à la fin du bail, tous les meubles destinés à perpétuelle demeure, dans un bon état et d'une valeur égale à ceux qu'il a reçus;

8° Et enfin de se conformer d'ailleurs en tout, en bon père de famille, aux usages de la contrée.

Fait double à...., le.... mil....

(*Signatures des parties.*)

Nota. Le bail à ferme est susceptible de presque toutes les clauses usitées dans le contrat de bail à loyer. Il peut avoir des clauses qui lui sont propres, et notamment celle que le preneur fournira ses chevaux et voitures pour faire les grosses réparations de la ferme.

3° *Quittance de loyer* (page 296).

Je soussigné, propriétaire d'une maison sise à...., reconnais avoir reçu de Claude R...., la somme de...., pour le terme du loyer échu le...., des lieux qu'il occupe dans ladite maison au.... étage. Dont quittance.

Paris, le.... mil....

(*Signature du propriétaire.*)

4° *Quittance de fermage* (page 296).

Je soussigné, propriétaire de la ferme de...., située à...., reconnais avoir reçu de Claude R...., cultivateur, demeurant à...., la somme de...., pour le terme échu le...., des fermages de la susdite ferme dont le bail lui a été consenti par acte sous seing privé, en date du.... Dont quittance.

Paris, le.... mil....

(Signature du propriétaire.)

5° *Modèle de continuation de bail* (page 301).

Entre les soussignés,

Joseph A...., menuisier, demeurant à...., rue...., n°....,

Et Claude R...., cultivateur, demeurant à.... rue...., n°....,

A été faite la convention suivante:

Le bail consenti par Joseph A.... à Claude R...., pour.... années consécutives qui ont commencé à courir le.... pour finir le...., d'une maison (*ou d'une ferme*) située à...., ainsi qu'il a été constaté par acte sous seing privé, fait double à...., en date du....;

Sera continué pour.... années qui commenceront à courir le.... et finiront le....

Cette continuation de bail est consentie moyennant pareille somme (*s'il y a des différences en plus ou en moins, les exprimer*) de...., payable aux époques fixées dans le bail précédent et aux charges et conditions qui y sont fixées.

Fait double à...., le.... mil....

(Signatures des parties.)

6° *Modèle de désistement de bail du consentement des parties* (page 301).

Entre les soussignés,

Joseph A...., menuisier, demeurant à...., rue...., n°....,

Et Claude R...., cultivateur, demeurant à...., rue...., n°....,

A été faite la convention suivante:

Joseph A.... et Claude R.... déclarent se désister de l'exécution du bail que Joseph A.... a consenti à Claude R...., par acte sous seing privé en date du...., enregistré le....,

D'une maison (*ou d'une ferme*) située à.... pour.... années, qui ont commencé à courir le...., moyennant le prix de.... pour chaque année.

Les soussignés déclarent consentir que le bail susdit soit définitivement résolu à partir du.... prochain, époque où Claude R.... rendra les lieux en bon état de réparations locatives, sans préjudice des termes de loyer (ou de fermages) qui pourraient être alors dus.

Ce désistement est fait sans aucune indemnité de part ni d'autre pour tout le temps qui reste à courir dudit bail (ou, le désistement est fait moyennant la somme de.... que Joseph A.... s'oblige de payer le .... à Claude R.... pour lui tenir lieu d'indemnité).

Fait double à...., le .... mil ....

(Signatures des parties.)

7° *Modèle de congé* (page 301).

Entre les soussignés,

Joseph A...., menuisier, demeurant à ...., rue ...., n° ....,

Et Claude R...., cultivateur, demeurant à ...., rue ...., n° ....,

A été faite la convention suivante :

Joseph A...., propriétaire d'une maison sise à ...., donne à Claude R...., qui accepte, congé de l'appartement qu'il occupe dans ladite maison au .... étage, pour le .... prochain.

Fait double à...., le .... mil ....

(Signatures des parties.)

Nota. Si le congé n'est pas accepté par l'une des parties, il est signifié par huissier aux frais de celui qui fait cette signification.

N° 25. MODÈLES *de louage d'industrie* (page 310).

1° *Modèle de convention d'apprentissage.*

Entre les soussignés,

Joseph A...., menuisier, demeurant à ...., rue ...., n° ....,

Et Claude R...., cultivateur, demeurant à ...., rue ...., n° ....,

A été faite la convention suivante :

Claude R.... voulant faire apprendre un métier à François R...., son fils, le met en apprentissage auprès de Joseph A...., qui l'accepte pour .... années à partir du .... jusqu'au ....

Joseph A.... promet d'enseigner, pendant ledit temps, son métier de menuisier à François R.... et, en outre, de le nourrir, loger, coucher et blanchir.

Claude R.... entretiendra son fils de chaussures et autres vêtements, et il promet, en outre, de payer à Joseph A...., pour l'indemniser de ses soins et de ses dépenses, la somme de ...., payable lors de l'entrée de François R.... chez Joseph A.... Si François R.... venait à s'absenter ou à s'enfuir, Claude R.... devra le ramener chez Joseph A.... pour tout le temps qui resterait encore à courir.

Fait double à...., le .... mil ....

(Signatures des parties.)

2° Modèle de convention entre un maître et un domestique (page 310).

Entre les soussignés,
Joseph A...., rentier, demeurant à ...., rue ...., n°....,
Et Claude R...., domestique, demeurant à ...., rue ...., n°....,
A été faite la convention suivante :

Joseph A.... consent à prendre comme domestique Claude R...., qui accepte, pour .... années qui commenceront à courir le ...., pour finir le ....

Joseph A.... s'oblige à payer à Claude R.... la somme de .... par année, en douze termes qui écherront à la fin de chaque mois, et qui seront chacun de la somme de ....

De son côté, Claude R.... s'engage à faire pour Joseph A.... (*indiquer les fonctions du domestique*), et de se conduire en tout comme un serviteur bon et fidèle.

Les parties pourront faire chacune cesser l'effet de la présente convention, en avertissant l'autre.... mois à l'avance et en payant, en outre, une indemnité de ....

Fait double à ...., le .... mil ....

(*Signatures des parties.*)

N° 26. MODÈLE de devis (1) et marché (page 312).

Entre les soussignés,
Joseph A...., propriétaire, demeurant à ...., rue ...., n°....,
Et Claude R...., architecte, demeurant à ...., rue ...., n°....,
A été faite la convention suivante :

Claude R.... s'engage à faire tous les travaux et à fournir tous les matériaux, bois.... nécessaires pour la construction complète et parfaite d'une maison que Joseph A.... se propose de faire construire dans sa propriété, située à ....

Cette maison devra avoir.... (*indiquer la superficie; la hauteur et l'épaisseur des murs; la nature des matériaux; le genre de couverture; le nombre et la hauteur des étages et leur disposition; le nombre et la grandeur des portes et des croisées, etc., etc.*).

Claude R.... s'oblige à commencer les travaux dès le....; de les terminer entièrement le...., et d'en remettre à cette dernière époque les clefs à Joseph A....; faute d'avoir rempli son obligation dans ce délai, il s'engage à payer à Joseph A.... la somme de.... par chaque jour de retard.

---

(1) Le *devis* est un état des travaux à faire : il est quelquefois rédigé avant la convention, et quelquefois il est inséré dans la convention même, appelée *marché*.

De son côté, Joseph A.... s'oblige à payer à Claude R...., la somme de.... pour la totalité desdits ouvrages. Les payements se feront aux époques suivantes : 1° la somme de.... lors du commencement des travaux qui aura lieu le....; 2° la somme de...., lors de la réception définitive des travaux; et 3° enfin la somme de...., le....de l'année....

Fait double à...., le.... mil....

(Signatures des parties.)

N° 27. MODÈLE de bail à cheptel (page 315 et suiv.)

1° *Bail à cheptel simple* (page 316).

Entre les soussignés,
Joseph A...., propriétaire, demeurant à...., rue...., n°....,
Et Claude R...., cultivateur, demeurant à...., rue...., n°....,
A été faite la convention suivante,
Joseph A.... donne à titre de bail à cheptel à Claude R...., qui accepte, pour.... années consécutives,
Un fonds de bétail, composé ainsi qu'il suit :

1° Le nombre de.... brebis et de.... béliers, estimés à la somme totale de....;

2° Le nombre de.... vaches laitières, estimées à la somme de....;

3° Le nombre de....

La valeur totale du fonds de bétail s'élève ainsi à la somme de....

Claude R.... reconnaît avoir reçu ledit fonds de bétail pour en jouir à titre de preneur à cheptel pendant le délai de.... années; et il s'engage à le nourrir et soigner en administrateur diligent.

Ce contrat est fait aux conditions suivantes :

1° Claude R...., preneur, profitera seul des laitages, du fumier et du travail des animaux donnés à cheptel.

2° La laine se partagera également entre le bailleur et le preneur à la fin de chaque année, et le preneur ne pourra tondre les moutons qu'après en avoir averti le bailleur un temps suffisant à l'avance.

3° Le croît appartiendra également comme bénéfice, au bailleur et au preneur; mais il fera partie du cheptel et il ne pourra être partagé que le...., époque de la fin du cheptel.

4° A la fin du cheptel, les soussignés choisiront, pour estimer le fonds de bétail, deux experts qui pourront s'adjoindre un troisième expert.

5° Joseph A...., bailleur, prélèvera des têtes d'une valeur égale à celle du cheptel primitivement constitué et estimé : l'excédant se partagera par parties égales entre les soussignés. Si, par hasard, le fonds de bétail valait moins à la fin du cheptel que lors de la constitution, le bailleur prendra ce qui restera, et les soussignés supporteront la perte par égales parts.

6° Si quelques têtes du cheptel venaient à périr par le fait ou la faute du preneur, celui-ci payera immédiatement au bailleur, pour chaque brebis ou bélier, la somme de....; pour chaque vache (*continuer ainsi la fixation de l'indemnité*).

Fait double à...., le..... mil....

(*Signatures des parties.*)

Nota. 1° Le cheptel à moitié se forme à peu près comme le cheptel simple, avec cette différence que l'on mentionne l'apport de bétail de chaque partie.

2° Le cheptel de ferme a quelques notables différences, en ce que le preneur a tous les bénéfices et supporte toutes les pertes, même quand elles arrivent par cas fortuit.

TITRE IX. — DU CONTRAT DE SOCIÉTÉ.

N° 28. MODÈLE d'acte de société (page 320) (1).

Entre les soussignés,

Joseph A...., menuisier, demeurant à...., rue...., n°....

Et Claude R...., aussi menuisier, demeurant à...., rue...., n°....,

A été faite la convention suivante :

Joseph A.... et Claude R.... s'associent pour l'exercice de leur profession, aux conditions suivantes :

1° Les soussignés s'obligent à contribuer chacun pour moitié à toutes les avances nécessaires aux travaux qu'ils entreprendront pendant la durée de la société, sans que la mise en commun des avances de chacun puisse dépasser la somme de.... francs. Si dans les limites de.... francs, des avances sont faites par un seul des associés, la société lui en devra la somme et les intérêts au taux de cinq pour cent par an.

2° Les ouvrages qui se présenteront ne pourront être acceptés qu'après avoir été approuvés par les deux associés soussignés ; et, dans le cas de manque de commandes pendant un certain temps, les associés susdits ne pourront faire que des ouvrages d'un écoulement facile, tels que.... (*énumérer*).

3° Les bénéfices que les associés susdits retireront de leur industrie, ainsi que les charges et pertes, seront répartis par moitié entre les associés ; mais avant le partage, chacun des associés prélèvera le montant des avances et déboursés qu'il aurait faits pour les affaires de la société en dehors de son apport, et cela avec les intérêts au taux légal de cinq pour cent l'an.

4° La présente société est formée pour le délai de.... années, qui commenceront à courir le.... et qui finiront le....

---

(1) Les sociétés de tous biens présents et celles de tous gains ne se présentent guère que dans le contrat de mariage et entre époux, c'est pourquoi il suffit d'exposer un modèle de société particulière.

5° Si l'un des associés venait à décéder pendant l'existence de la société, la société sera dissoute et liquidée; mais l'associé survivant sera tenu de rendre compte aux héritiers de son coassocié décédé, de tous les bénéfices qui résulteraient directement des ouvrages entrepris pendant la société.

Fait double à...., le.... mil....

(*Signatures des parties.*)

Remarque. Lorsque la société est dissoute, il y a lieu à un partage qui se fait conformément à la formule de l'acte de partage entre cohéritiers (voir pages 435-438, n° 4), ou entre le conjoint survivant et les héritiers du conjoint prédécédé (voir page 448, n° 21).

TITRE X. — DU PRÊT.

N° 29. MODÈLE *d'acte de commodat ou prêt à usage* (page 329).

Entre les soussignés,
Joseph A...., menuisier, demeurant à..., rue...., n°....,
Et Claude R...., cultivateur, demeurant à...., rue...., n°....,
A été faite la convention suivante :
Joseph A.... prête à Claude R...., qui accepte, un cheval.... (*le désigner par son âge et sa couleur*), pour s'en servir dans le voyage qu'il se propose de faire à....
Claude R.... s'engage à restituer ledit cheval à son retour de voyage, qui doit durer au plus.... jours.
Fait double à...., le.... mil....

(*Signatures des parties.*)

Nota. Si le cheval est estimé, on déclare qu'en cas de perte, même arrivée par cas fortuit, l'emprunteur devra payer la valeur estimative.

N° 30. MODÈLE *d'acte de prêt de consommation* (page 331).

Je soussigné, Claude R...., cultivateur, demeurant à....,
Reconnais que Joseph A...., menuisier, demeurant à...., m'a remis à titre de prêt de consommation la somme de.... francs, que je m'oblige à lui payer sans intérêts le....,
Paris, le.... mil....

(*Signature de l'emprunteur.*)

N° 31. MODÈLE *d'acte de prêt à intérêts* (page 332)

Je soussigné, Claude R...., cultivateur, demeurant à....,
Reconnais avoir reçu de Joseph A...., menuisier, demeurant à...., la somme de.... francs, que je m'oblige de lui payer le.... avec les intérêts au taux légal de cinq pour cent par an (*si l'intérêt conventionnel*

est moindre, *il faut le fixer par écrit*), lesquels intérêts seront exigibles à la fin de chaque année.
Paris, le.... mil....
(*Signature de l'emprunteur.*)

N° 32. MODÈLE *d'acte de constitution de rente en perpétuel* (page 335).

Entre les soussignés,
Joseph A...., menuisier, demeurant à...., rue...., n°....,
Et Claude R...., cultivateur, demeurant à...., rue...., n°....,
A été faite la convention suivante :
Claude R.... constitue au profit de Joseph A...., qui accepte, une rente perpétuelle de.... francs par an, qui seront payés en quatre termes égaux de.... francs chacun : le premier terme sera exigible le....; le second, le....; le troisième, le....; et le quatrième, le....; pour ainsi continuer tant que la rente n'aura point été rachetée. Pour garantir le payement des arrérages de ladite rente, Claude R.... s'engage à constituer, dans le délai de huit jours et par acte notarié, une hypothèque sur son immeuble situé à....

Cette constitution de rente est faite au taux de cinq pour cent par an, moyennant la somme de.... francs que Joseph A.... a payée à l'instant à Claude R...., qui le reconnaît.

Fait double à...., le.... mil....
(*Signatures des parties.*)

TITRE XI. — DU DÉPÔT ET DU SÉQUESTRE.

N° 33. MODÈLE *d'actes de dépôt et de séquestre conventionnel.*

1° *Modèle d'acte de dépôt* (page 335).

Entre les soussignés,
Joseph A...., menuisier, demeurant à...., rue...., n°....,
Et Claude R...., cultivateur, demeurant à...., rue...., n°....,
A été faite la convention suivante :
Claude R.... reconnaît que Joseph A.... lui a remis un meuble.... (*énoncer la nature de l'objet*) à titre de dépôt, et il s'engage à le remettre audit Joseph A.... à la première réquisition.

Fait double à...., le.... mil....
(*Signatures des parties.*)

2° *Modèle d'acte de séquestre conventionnel* (page 339).

Entre les soussignés,
Joseph A...., menuisier, demeurant à...., rue...., n°....,
Et Claude R...., cultivateur, demeurant à...., rue...., n°....,
A été faite la convention suivante

Joseph A.... et Claude R.... conviennent que les objets sur lesquels il y a entre eux contestation portée devant arbitres, et qui consistent (*les énumérer*),

Seront mis et resteront en séquestre entre les mains de François X...., propriétaire, demeurant à...., jusqu'à ce que la contestation soit définitivement terminée,

Et que lesdits objets ne pourront être remis par François X...., qu'à celle des deux parties qui en aura été jugée propriétaire par la sentence arbitrale.

L'indemnité allouée à François X.... pour ses frais de garde et autres, est fixée par les soussignés à.... par jour; ces frais et autres seront définitivement supportés par celui des sieurs Joseph A.... et Claude R...., qui succombera dans la sentence arbitrale.

François X.... est intervenu au présent acte, et, après en avoir pris communication, il a déclaré consentir à prendre en séquestre les objets ci-dessus énoncés, dans les termes fixés au présent acte.

Fait triple à...., le.... mil....

(*Signatures des trois parties.*)

TITRE XII. — DES CONTRATS ALÉATOIRES.

Nº 31. MODÈLE *de constitution de rente viagère à titre onéreux,*
(page 342).

Entre les soussignés :
Joseph A...., menuisier, demeurant à...., rue...., nº....,
Et Claude R...., cultivateur, demeurant à...., rue...., nº....,
A été faite la convention suivante :
Claude R...., constitue au profit de Joseph A...., et sur sa tête,
Une rente viagère de quatre cents francs par an, qu'il s'oblige de lui payer en quatre termes égaux de cent francs chacun : le premier terme sera échu le....; le deuxième, le....; le troisième, le....; et le quatrième, le....; pour ainsi continuer de trois mois en trois mois pendant toute la vie de Joseph A....

Pour assurer le payement des arrérages de ladite rente, Claude R.... s'engage à consentir, par acte notarié, une hypothèque sur sa vigne située à....

La présente constitution de rente viagère est faite moyennant la somme de...., que Joseph A.... a payée à l'instant et que Claude R...., reconnaît avoir reçue.

Fait double à...., le.... mil....

(*Signatures des parties.*)

TITRE XIII. — DU MANDAT.

N° 35. MODÈLES de mandats (page 345).

1° Modèle de mandat pour toucher une somme (page 345).

Je soussigné, Joseph A...., menuisier, demeurant à....,
Donne pouvoir à Claude R...., cultivateur, demeurant à....,
De recevoir pour moi et en mon nom, de François X...., cultivateur, demeurant à...., la somme de.... francs, que ce dernier me doit en vertu de.... (*désigner les causes*), ainsi qu'il résulte d'un acte sous seing privé en date du...;

D'en donner reçu, quittance et décharge, et, à défaut de payement, de faire contre ledit François X...., toutes poursuites, oppositions, saisies-arrêts, saisies-exécutions, expropriations et généralement tout ce qui sera nécessaire pour le recouvrement de la créance;

De traduire François X...., ou tous autres en conciliation devant le tribunal de paix, plaider, transiger, élire domicile, constituer avoué et le révoquer pour en constituer un autre; donner toute main-levée; substituer, et faire généralement tout ce qu'il jugera convenable pour le recouvrement de ladite créance.

Fait double à...., le.... mil....

(*Signatures des parties.*)

2° Modèle de procuration générale (page 345).

Je soussigné, Joseph A...., menuisier, demeurant à...., rue...., n°....,

Donne pouvoir à Claude R...., cultivateur, demeurant à...., rue...., n°...., que je constitue mon procureur général, de faire pour moi et en mon nom tous les actes suivants:

Régir et administrer généralement tous mes biens; — Recevoir tous revenus, loyers, fermages et intérêts de ces mêmes biens; — Donner congé, quand il le jugera convenable, aux fermiers et locataires; — Renouveler ou passer des baux, aux conditions et au prix qu'il croira favorable à mes intérêts, et veiller à l'exécution des baux maintenant existants, ou plus tard renouvelés ou passés; — Recevoir les arrérages de pensions ou de rentes, les intérêts des capitaux, ainsi que leur remboursement, et en général le payement de toutes sommes qui me seraient dues pour toute espèce de cause et par toute personne; — Régler et arrêter tous les comptes qui me concernent, faire remise de tous titres et pièces, donner tous reçus et quittances; — Employer les fonds provenant des recettes, loyers, fermages, intérêts, arrérages, remboursements, ventes, legs, donations, successions et autrement, à tels payements et usages qu'il croira utiles à mes intérêts; — Accepter et recevoir tous les legs et donations qui pourraient m'être faits, et en donner quittance; — Recueillir toutes successions qui viendraient à m'échoir, faire apposer les scellés sur les effets desdites successions, en faire faire inventaire; — Accepter lesdites successions purement et simplement, ou sous bénéfice d'inventaire, ou bien y renoncer; — En cas d'acceptation, procéder au partage soit à l'amiable, soit en justice.

Et, pour tout ce qui vient d'être dit, de faire des saisies-arrêts, saisies-exécutions, expropriations de biens et en général toute espèce de diligences et de poursuites; — Citer en conciliation et procéder, soit comme demandeur, soit comme défendeur, en justice devant la justice de paix, le tribunal de première instance, celui d'appel et tous autres tribunaux et cours; — Constituer et révoquer tous avoués et avocats; — Transiger, compromettre, comme il le jugera nécessaire sur toute espèce d'affaires; — Faire toute espèce de payements, aliéner les immeubles et autres biens, s'il le jugeait nécessaire.

En outre, emprunter de telle personne qu'il jugera à propos et en mon nom, jusqu'à concurrence de la somme de....., au taux légal de cinq pour cent l'an; donner, en garantie, à titre de nantissement ou d'hypothèque, mes biens meubles ou immeubles;

Et enfin, substituer au pouvoir ci-dessus donné une ou plusieurs personnes, les révoquer, en constituer d'autres.

Fait double à..., le.... mil....
(Signatures des parties.)

3° *Modèle de procuration relativement aux baux de maisons*
(page 346).

Je soussigné, Joseph R..., menuisier, demeurant à..., propriétaire d'une maison située à...,

Donne pouvoir à Claude R..., cultivateur, demeurant à...,

De, pour moi et en mon nom, recevoir les loyers de ladite maison, qui est louée à... (*énumérer les locataires*), et en donner quittance valable, et, à défaut de payement, de faire contre les susdits locataires toute espèce de diligences, poursuites et exécutions sur leurs biens, ainsi qu'il le croira utile; d'agir, comme demandeur ou défendeur, relativement auxdits baux à loyer, soit en conciliation, soit devant le tribunal de première instance ou d'appel; — Et enfin de renouveler les baux et d'en consentir de nouveaux

Fait double à..., le... mil....
(Signatures des parties.)

N° 36. MODÈLES *d'actes de cautionnement.*

1° *Modèle d'acte de cautionnement pour une obligation déjà née ou à naître* (page 350).

Entre les soussignés,
Joseph A..., menuisier, demeurant à..., rue..., n°...,
Claude R..., cultivateur, demeurant à...,

A été faite la convention suivante :

Claude R... déclare se rendre caution de François X..., envers Joseph A..., pour garantir l'exécution de l'obligation de la somme de.... francs, que Joseph A.... se propose de prêter à François X.... (*ou*, que Joseph A.... a prêtée à François X...., ainsi qu'il résulte d'un acte sous seing privé en date du....);

En conséquence, Claude R.... s'oblige au payement de ladite somme, ainsi que des intérêts et accessoires qui pourraient être dus, mais discussion préalablement faite des biens du débiteur principal susdit.

Fait double à..., le.... mil....

(Signatures des parties.)

2° *Modèle de cautionnement se formant par l'intervention de la caution à l'acte* (page 350).

(Après avoir énoncé la naissance et la cause de l'obligation entre les contractants, on continue ainsi :)

François X.... débiteur, a présenté pour sa caution Claude R...., cultivateur, demeurant à...., qui a accepté et a été accepté en cette qualité. Ledit Claude R.... est intervenu au présent acte et s'est engagé en son nom personnel à payer à Joseph A.... ladite somme de.... francs en principal, ainsi que les intérêts et autres accessoires qui pourraient être dus, dans le cas où François X.... ne l'aurait point payée aux époques fixées; mais Claude R.... se réserve le bénéfice de discussion ; s'il intervenait d'autres cautions, il se réserve aussi le bénéfice de division.

Fait triple à..., le.... mil....

(Signatures du créancier, du débiteur et de la caution.)

Nota. Lorsque la caution, dans l'un des deux exemples qui précèdent, veut se porter caution solidaire, on mentionne dans l'acte qu'*elle se porte caution solidaire et renonce à l'invocation du bénéfice de discussion et du bénéfice de division.*

TITRE XX. DES TRANSACTIONS.

N° 37. MODÈLE *d'acte de transaction* (page 359).

Entre les soussignés,

Joseph A...., menuisier, demeurant à...., rue...., n°....,

Et Claude R...., cultivateur, demeurant à....,

A été observé,

Que par acte d'huissier en date du...., Joseph A.... a introduit contre Claude R.... une demande en revendication d'un immeuble situé à...., qu'il prétend lui appartenir, comme l'ayant acheté de François X...;

Que Claude R.... prétend, de son côté, que le susdit immeuble lui appartient comme faisant partie de l'hérédité de ...., auquel il a succédé.

Les soussignés voulant terminer tout différend à cet égard ont fait, à titre de transaction, la convention suivante :

Joseph A.... renonce en faveur de Claude R.... qui accepte, à tous ses droits sur ledit immeuble.

Cette renonciation est faite moyennant la somme de .... que Claude R.... s'engage à payer à Joseph A...., qui accepte, et qui déclare l'avoir reçue à l'instant, dont quittance.

Au moyen de la présente transaction, le procès existant entre les parties et porté devant le tribunal de première instance de .... est entièrement éteint et fini.

Fait double à ...., le .... mil ....
(Signatures des parties.)

TITRE XVI. — DU CONTRAT DE NANTISSEMENT.

N° 38. **MODÈLE** *d'actes de nantissement* (page 366).

1° *Acte de gage* (page 367).

Entre les soussignés,
Joseph A...., menuisier, demeurant à ...., rue ...., n° ....,
Et Claude R...., cultivateur, demeurant à ...., rue ...., n° ....,
A été faite la convention suivante :

Claude R.... voulant assurer le payement tant en capital qu'intérêts échus ou à échoir d'une dette de la somme de .... francs, par lui contractée au profit de Joseph A...., et constatée par acte sous seing privé en date du ...., enregistré le ....,

A présentement remis en gage à Joseph A...., son créancier de la susdite somme, les objets ci-après, savoir : .... (*désigner l'espèce et la nature des choses remises en gage*).

Tous les effets ci-dessus désignés sont affectés, par privilége, au payement de l'obligation énoncée. Joseph A.... s'oblige à rendre à Claude R.... lesdits effets aussitôt que ce dernier aura acquitté entièrement sa dette en principal, intérêts et autres accessoires, et à veiller avec soin à leur conservation.

Fait double à ...., le .... mil ....
(Signatures des parties.)

2° *Acte d'antichrèse* (370).

Entre les soussignés,
Joseph A...., menuisier, demeurant à ...., rue ...., n° ....,
Et Claude R...., cultivateur, demeurant à ...., rue ...., n° ....,
A été faite la convention suivante :

Claude R.... voulant assurer le payement tant en capital qu'intérêts échus et à échoir d'une dette de .... francs, par lui contractée au profit de Joseph A.... et constatée par acte sous seing privé en date du ...., enregistrée le ....

A remis, à titre d'antichrèse, à Joseph A...., qui accepte, sa maison située à ....

En conséquence Joseph A.... aura le droit de toucher, sur ces simples quittances, les loyers des locataires de ladite maison à partir du ...., et cela par privilége et préférence à tous les créanciers dudit Claude R....

Les soussignés conviennent que le prix touché desdits loyers se compensera avec les intérêts de la somme due par Claude R.... à Joseph A...., jusqu'à concurrence de la somme de ...., et que le surplus s'imputera sur le capital jusqu'à entier acquittement de la dette.

Joseph A.... prend l'engagement :

1° De payer les contributions quelconques de ladite maison, et d'y faire toute espèce de réparations, en prélevant toutefois sur le prix des loyers ce qui sera dépensé pour contributions et réparations;

2° De jouir de ladite maison en bon père de famille ;

3° De rendre ladite maison à Claude R.... aussitôt que sa créance sera intégralement acquittée.

Fait double à ...., le .... mil ....

(*Signatures des parties.*)

Nota. De même que le cautionnement, le nantissement peut précéder, accompagner ou suivre la naissance de l'obligation principale : ces exemples de nantissement postérieur à la naissance de l'obligation peuvent s'appliquer, avec de légères modifications, aux autres cas.

TITRE XVIII. PRIVILÉGES ET HYPOTHÈQUES.

N° 39. MODÈLES *de bordereaux d'inscriptions des priviléges ou hypothèques* (page 396).

On fait deux bordereaux, dont l'un est gardé par le conservateur des hypothèques, et l'autre est remis au requérant.

1° *Modèle de bordereau d'inscription de l'hypothèque conventionnelle* (page 396).

Bordereau d'inscription de l'hypothèque conventionnelle, résultant d'un acte passé devant N...., notaire à ...., le ...., enregistré,

Au profit de Joseph A...., menuisier, demeurant à ...., rue ...., n° ...., lequel fait élection de domicile chez François X...., propriétaire, demeurant à ...., rue ...., n° ....,

Contre Claude R...., cultivateur, demeurant à ...., rue ...., n° ....;

Ledit Joseph A.... requiert inscription de l'hypothèque consentie à son profit par l'acte énoncé ci-dessus :

1° Sur une maison située à ...., rue ...., n° ....;
2° Sur une terre labourable, de la contenance de ...., située sur la commune de ...., canton de ...., touchant d'un bout à ...., de l'autre à ...., d'un côté à ...., de l'autre à ....,
Pour sûreté des sommes ci-après:
1° Principal de la créance, ayant pour cause un prêt, en date du ...., payable le ..... de l'année ...., mille francs, ci.................. 1,000 fr. 00 c.
2° Les intérêts de l'année courante, au taux de cinq pour cent par an, cinquante francs, ci. 50 00
3° Les deux années d'intérêts à partir de l'année courante, cent francs, ci. 100 00

Total: onze cent cinquante francs, ci. .... 1,150 fr. 00 c.

Nota. Quand la créance consiste en rente perpétuelle ou viagère, on en fait mention, et on évalue, dans le bordereau, le capital de la rente; puis on indique les arrérages de l'année courante, ainsi que les deux années d'arrérages à partir de l'année courante.

2° *Modèle de bordereau d'inscription de l'hypothèque judiciaire* (page 395).

Bordereau d'inscription de l'hypothèque judiciaire résultant d'un jugement rendu par le tribunal *civil de première instance de* ...., séant à ...., département de ...., en date du ...., enregistré le ....

Au profit de Joseph A...., menuisier, demeurant à ...., rue ...., n° ....; lequel fait élection de domicile chez François D...., propriétaire, demeurant à ...., rue ...., n° ....,

Contre Claude R...., cultivateur, demeurant à ...., rue ...., n° ....,

Ledit Joseph A.... requiert inscription résultant du jugement ci-dessus énoncé sur tous les immeubles de Claude R...., qui sont situés dans l'arrondissement du bureau des hypothèques de la ville de ....

Pour sûreté des sommes ci-après:
1° Principal de la créance due en vertu dudit jugement, exigible le ...., mille francs, ci. .... 1,000 fr. 00 c.
2° Frais tant à liquider que liquidés, cent francs, ci. 100 00
3° Les intérêts de l'année courante, au taux de cinq pour cent, cinquante francs, ci 50 00
4° Les intérêts des deux années à partir de l'année courante, cent francs, ci. 100 00

Total: douze cent cinquante francs, ci. ...... 1250 fr. 00 c

3° *Modèle de bordereau d'inscription de l'hypothèque légale de la femme sur les biens de son mari* (page 397).

Bordereau d'inscription de l'hypothèque légale ayant pour objet la conservation des droits résultant du contrat de mariage, portant que les époux Claude R.... et Julie A.... ont accepté la communauté réduite aux acquêts, et passé devant N...., notaire à ...., le .... mil...., enregistré; lequel mariage a été célébré à ...., le ....,

Au profit de dame Julie A...., épouse de Claude R...., demeurant avec son mari; pour laquelle domicile est élu chez N...., notaire à .... rue...., n° ....,

Contre Claude R...., cultivateur, demeurant à ...., rue...., n° ...., au nom et comme mari de ladite Julie A....;

Pour la conservation des droits susdits, il est requis inscription de l'hypothèque résultant dudit mariage, sur tous les biens présents et à venir appartenant à Claude R...., et situés dans l'arrondissement du bureau des hypothèques établi à ....

Les droits de l'épouse R.... consistent notamment :

1° Dans une somme de mille francs, montant de ce qu'elle a apporté en dot à son mari, ci..........	1,000 fr. 00 c.
2° Dans celle de deux mille francs, montant du prix de vente, qu'elle a faite avec l'autorisation de son mari, d'une maison à François X...., le ...., mil...., ci. .	2,000 00
3° Dans, etc. (*énumérer les autres causes*)...	
Total : trois mille francs, ci.............	3,000 fr. 00 c.

Sans préjudice d'autres droits.

4° *Modèle de bordereau d'inscription de l'hypothèque légale du mineur ou interdit sur les biens de son tuteur* (page 397).

Bordereau d'inscription de l'hypothèque légale résultant de la tutelle déférée le .... (*énoncer si la tutelle est déférée par le survivant des père et mère, par la loi ou par le conseil de famille*),

Au profit de Joseph A...., fils mineur de François A...., demeurant chez son tuteur, pour lequel mineur domicile est élu chez N...., notaire à...., rue...., n°....,

Contre Claude R...., cultivateur, demeurant à...., rue...., n°...., au nom et comme tuteur de Joseph A...;

Pour la sûreté des droits dudit Joseph A...., il est requis inscription sur tous les biens présents et à venir appartenant à Claude R.... et situés dans l'arrondissement du bureau des hypothèques établi à....

Les droits de Joseph A.... consistent notamment :

1° Dans la somme de mille francs, produit de la vente des biens meubles qui appartenaient audit mineur...	1,000 fr. 00 c.
2° Dans, etc., ci.................	500 00
Le total est de quinze cents francs, ci.........	1,500 fr. 00 c.

Sans préjudice d'autres droits.

Nº 40. MODÈLE *de bordereau de renouvellement d'inscription*
(page 397).

Bordereau de renouvellement d'inscription de l'hypothèque consentie, pour prêt d'argent, par acte passé par devant N...., notaire à...., le...., enregistré,

Au profit de Joseph A...., menuisier, demeurant à...., rue...., nº...., pour lequel domicile est élu chez François X...., propriétaire, demeurant à...., rue...., nº....,

Contre Claude R...., cultivateur, demeurant à...., rue...., nº....;

Joseph A.... requiert le renouvellement de l'inscription de l'hypothèque consentie à son profit par Claude R.... dans un acte passé par-devant N...., notaire à...., rue...., nº...., laquelle inscription a eu lieu le...., vol...., nº....

Le présent renouvellement d'inscription n'est qu'une continuation et une suite de la première inscription frappant sur

Une maison située à...., rue...., nº...., appartenant à Claude R....,

Et ayant pour objet de garantir le payement :

1º Du principal d'un prêt de la somme de mille francs, en date du...., exigible le.... de l'année...., ci..   1,000 fr. 00 c.
2º Des intérêts de l'année courante au taux de cinq pour cent par an, cinquante francs, ci.........   50   00
3º De deux années d'intérêts à partir de l'année courante au taux de cinq pour cent par an, cent francs, ci.   100   00

Total : onze cent cinquante francs, ci..........   1,150 fr. 00 c.

Nota. On conçoit que le renouvellement de la première inscription doive varier conformément à la nature de le première inscription, au droit d'hypothèque et aux diverses modifications, augmentations ou diminutions de la créance.

Nº 41. MODÈLE *de renonciation à l'hypothèque légale* (page 404)

Je soussigné, Joseph A......, menuisier, demeurant à....,

Désirant décharger Claude R...., en qui ma confiance est entière, de l'hypothèque qu'il a consentie à mon profit, par acte notarié en date du...., sur sa maison située à...., rue...., nº...., pour sûreté du payement du capital de mille francs qui lui a été prêté et des intérêts et autres accessoires.

Déclare faire remise audit Claude R.... de l'hypothèque qu'il a consentie à mon profit, et renoncer au bénéfice de l'inscription que j'ai prise au bureau des hypothèques de...., vol...., nº....,

Et consens à ce que lesdites hypothèque et inscription soient considérées comme non avenues, dans l'avantage de Claude R.... qui accepte.

Paris, le.... mil....   (*Signature du créancier.*)

Nota. Le débiteur ne peut faire rayer l'inscription prise que lorsque la renonciation a été faite par acte notarié.

TITRE XX. DE LA PRESCRIPTION.

N° 42. MODÈLE *d'acte de renonciation à la prescription acquise* (page 416).

Je soussigné, Claude R...., cultivateur, demeurant à....,

Reconnaissant que Joseph A.... est véritable propriétaire d'une pièce de terre située à...., tenant d'un bout à...., de l'autre à...., touchant d'un côté à...., et de l'autre à...., ainsi qu'il résulte d'un acte en date du....

Duquel immeuble je suis en possession depuis plus de trente ans, sans qu'il soit intervenu à mon profit, ni au profit de mes auteurs, aucun acte acquisitif dudit immeuble,

Déclare remettre ladite pièce de terre à Joseph A...., son propriétaire qui accepte; renoncer au bénéfice de la prescription courue à mon profit; et consentir à ce que ledit Joseph A.... rentre en possession, jouissance et propriété de la pièce de terre dont s'agit.

Paris, le...., mil....

Claude R....

Nota. 1° La renonciation à la prescription d'une créance se fait en exprimant la créance, sa nature, sa date et l'intention du débiteur de renoncer à la prescription et d'acquitter la dette.

2° La renonciation au bénéfice du temps écoulé pour arriver à la prescription qui n'est point encore acquise, se fait, de la part du débiteur ou détenteur, en mentionnant le droit de l'autre partie, et en exprimant l'intention d'interrompre la prescription.

PRINCIPES

SUR

LE TIMBRE ET SUR L'ENREGISTREMENT.

PREMIÈRE PARTIE. — DU TIMBRE.

1° Les actes sous seing privé doivent être faits sur papier timbré. L'acte fait sur papier libre n'est cependant point nul; mais celui qui le fera enregistrer, afin de lui donner une date certaine ou de le produire en justice, sera tenu de payer, outre les droits de timbre et d'enregistrement, une amende de trente francs.

2° La demi-feuille de papier timbré destinée à la rédaction des conventions coûte trente-cinq centimes.

Toutefois, les lettres de change, les billets à ordre ou au porteur, ainsi que les autres effets négociables sont assujettis à un timbre dont le prix varie suivant le montant des sommes et valeurs.

3° L'empreinte du timbre ne doit être ni couverte d'écriture ni altérée.

4° Le papier timbré qui a été employé pour un acte quelconque ne peut plus servir pour un autre acte, quand même le premier acte n'aurait point été achevé.

5° Il ne peut être ni fait ni expédié deux actes à la suite l'un de l'autre sur la même feuille de papier timbré. On peut cependant mentionner sur l'original d'un acte, sa confirmation et sa ratification; on peut aussi mettre sur l'original la quittance du prix de vente, la quittance de remboursement d'obligation et la mention du rachat de rente; on peut enfin donner, sur la même feuille de papier timbré, plusieurs quittances pour à-compte d'une seule et même obligation, ou d'un seul terme de loyer ou de fermage.

6° Les pétitions et réclamations qui sont adressées aux administrations publiques doivent être faites sur papier timbré, sans quoi elles seraient considérées comme non avenues et resteraient sans réponse.

SECONDE PARTIE. — DE L'ENREGISTREMENT.

Cette partie, dans laquelle nous exposons les dispositions les plus usuelles, se divise en deux sections, qui ont pour objet : 1° les actes pour l'enregistrement desquels il y a ou non un délai déterminé ; 2° les droits d'enregistrement fixes ou proportionnels.

SECTION I. — *Des actes qui doivent être ou non enregistrés dans un délai déterminé.*

1. *Actes pour l'enregistrement desquels il y a un délai limité.*—Les actes de ce genre se divisent en trois espèces.

1° Les testaments déposés chez les notaires ou reçus par eux doivent, dans les trois mois du décès du testateur, sous peine de double droit, être enregistrés au bureau d'enregistrement des notaires, à la diligence des donataires, légataires et exécuteurs testamentaires.

2° Dans les six mois du décès, les héritiers et légataires doivent, sous peine de payer un demi-droit en sus, faire au bureau de l'enregistrement la déclaration des biens qui leur sont échus.—La déclaration des biens immeubles et même des meubles qui ont une assiette fixe se fait au bureau d'enregistrement de la situation de ces biens; celle des biens meubles qui n'ont pas d'assiette fixe se fait au bureau d'enregistrement du domicile du décédé. Celui qui fait cette déclaration présente un écrit exposant la nature, la situation et la valeur estimative des immeubles qui lui sont échus, ainsi que l'inventaire ou un état estimatif des biens meubles. Celui qui a omis, dans sa déclaration, quelques biens, ou qui en a fait une estimation insuffisante, est tenu de payer double droit pour la portion ou valeur omise.

Les tuteurs et curateurs qui ont laissé passer le délai fixé pour les déclarations, ou qui ont fait des omissions ou des déclarations insuffisantes, supportent personnellement les peines ci-dessus fixées.

3° Les actes sous signature privée qui portent transmission de propriété ou d'usufruit de biens immeubles, et ceux qui constatent les baux à ferme ou à loyer, les sous-baux, cessions et subrogations de baux, doivent, sous peine de double droit, être enregistrés dans les trois mois de leur date. Cet enregistrement peut avoir lieu dans un bureau quelconque. — Il est à remarquer que les contre-lettres qui augmentent le prix fixé dans l'acte sont nulles, et, en outre, qu'elles entraînent la peine du triple droit.

Le délai de la *prescription* des peines s'accomplit contre l'État : 1° d'après la loi de frimaire an VII, par deux ans depuis la déclaration, lorsqu'il s'agit d'action en supplément de droits; 2° d'après la loi du 18 mai 1850, par cinq ans à partir du décès, lorsqu'il s'agit de choses omises dans les déclarations qui ont été faites après décès; 3° d'après la même loi de 1850, par dix ans à partir du décès, lorsqu'il s'agit de successions non déclarées.

II. *Actes pour l'enregistrement desquels il n'y a point de délai limité.* — Tous les actes sont de ce genre, excepté les trois espèces du genre précédent.

Section II. — *Des droits d'enregistrement fixes et proportionnels.*

Les droits d'enregistrement sont *fixes* quand ils ont pour objet des actes judiciaires ou extrajudiciaires qui ne contiennent ni obligation, ni libération, ni condamnation, ni liquidation de sommes et valeurs, ni transmission de propriété, d'usufruit ou de jouissance de biens meubles ou immeubles. — Les droits d'enregistrement sont *proportionnels* dans tous les autres cas.

Aux divers chiffres que nous indiquons plus bas, il

faut ajouter, d'après une loi de prairial an VII, un dixième, appelé dans l'origine *décime de guerre.*

Les droits d'enregistrement actuellement en vigueur, et tels que nous les fixons, résultent de la combinaison des lois suivantes : 22 frimaire an VII; 27 ventôse an IX; 28 avril 1816; 15 mai 1818; 16 juin 1824; 8 sept. 1830; 21 avril 1832; 24 mai 1834; 18 mai 1850; 7 août 1850. Ces deux dernières lois modifient les anciennes principalement en ce que les dispositions à titre gratuit de meubles payent les mêmes droits que celles d'immeubles.

§ I. — *Droits fixes.*

1 franc.

Certificats de vie et de résidence.

2 francs.

Échanges de biens immeubles, lorsque l'un des immeubles échangés est contigu aux propriétés de celui qui le reçoit, et qu'il n'y a pas de soulte. Mais si la contiguïté n'existe pas, il est dû, au lieu de 2 francs pour tous droits, un droit proportionnel de 1 fr. 50 c. sur la valeur d'une des parts; il est dû en outre, dans le cas ou non de contiguïté, 5 fr. 50 c. par 100 fr. sur le montant de la soulte.

Abstentions, répudiations et renonciations à successions, legs ou communautés, lorsqu'elles sont pures et simples, et ne sont pas faites en justice.—*Il est dû un droit par chaque renonçant et pour chaque succession à laquelle on renonce.*

Acceptations de successions, legs ou communautés, aussi lorsqu'elles sont pures et simples. — *Il est dû un droit pour chaque acceptant et pour chaque succession.*

Acceptations de transports ou délégations de créances à terme, par acte séparé, lorsque le droit proportionnel a été acquitté pour le transport ou la délégation, et celles qui se font dans les actes mêmes.

Actes de notoriété. — Avis de parents. — Nomination d'experts hors jugement. — Procès-verbaux de nomination de tuteurs et curateurs. — Procès-verbaux d'apposition, de reconnaissance, et levée de scellés. — *Il est dû un droit pour chaque vacation.* — En matière de faillite il n'est dû qu'un seul droit, quel que soit le nombre des vacations.

Inventaires de meubles, objets mobiliers, titres et papiers. — *Il est dû un droit pour chaque vacation, excepté en matière de faillite.*

Actes refaits sans stipulation nouvelle. — Lettres missives qui ne contiennent ni obligation, ni quittance, ni aucune autre convention donnant lieu au droit proportionnel.—Procurations et pouvoirs pour agir, ne contenant aucune stipulation ni clause donnant lieu au droit proportionnel.—Reconnaissances pures et simples, ne contenant ni obligation ni quittance.—Autorisations pures et simples.—Désistements purs et simples. — Consentements purs et simples. — Décharges pures et simples et récépissés de pièces. — Délivrances de legs pures et simples. — Déclarations pures et simples en matière civile ou de commerce. — Rétractations et révocations.

Prêts sur dépôts ou consignations de marchandises, fonds publics français, et actions des compagnies. — Dépôts d'actes et pièces chez les officiers publics. — Dépôts et consignations de sommes et effets mobiliers chez des officiers publics, lorsqu'ils n'opèrent pas la libération des déposants, et les décharges qu'en donnent les déposants ou leurs héritiers, lorsque la remise des objets déposés leur est faite.

Actes de toute nature qui ne sont pas expressément dénommés et ne peuvent donner lieu au droit proportionnel.

3 francs.

Adjudications à folle-enchère, lorsque le prix n'est pas supérieur à celui de la précédente adjudication.

Compromis ou nominations d'arbitres, qui ne contiennent aucune obligation de sommes et valeurs donnant lieu au droit proportionnel.

Concordats ou atermoiements, quelle que soit la somme que le failli s'oblige de payer.

Réunion de l'usufruit à la propriété, lorsque la réunion s'opère par acte de cession, et qu'elle n'est pas faite pour un prix supérieur à celui sur lequel le droit a été perçu lors de l'aliénation de la propriété.

Transactions, en quelque matière que ce soit, ne contenant aucune stipulation de sommes et valeurs, ni dispositions soumises à un plus fort droit d'enregistrement.

4 francs.

Acceptations de successions sous bénéfice d'inventaire. — *Il est dû un droit pour chaque acceptant et pour chaque succession* (accept. 2 fr., invent. 2 fr.).

5 francs.

Abandonnements de biens, soit volontaires, soit forcés, pour être vendus en direction.

Actes de formation ou de dissolution de société ne portant ni obligation, ni libération, ni transmission de biens meubles ou immeubles, entre les associés ou autres personnes.

Contrats de mariage sans autres dispositions que des déclarations d'apport personnel des futurs, et sans aucune stipulation avantageuse entre eux.

Partages de bien meubles et immeubles entre co-propriétaires, à quelque titre que ce soit, pourvu qu'il en soit justifié, et sans soulte.

Reconnaissances d'enfants naturels, autrement que par acte de mariage.

Testaments et autres actes de libéralité qui ne contiennent que des dispositions soumises à l'événement du décès, et les dispositions de même nature qui sont faites par contrat de mariage entre les futurs ou autres personnes.

10 francs.

Actes translatifs de propriété, d'usufruit ou de jouissance de biens immeubles, situés soit en pays étranger, soit dans les colonies françaises où le droit d'enregistrement n'est pas établi, sans que, dans aucun cas, le droit fixe puisse excéder le droit proportionnel qui serait dû, s'il s'agissait de biens situés en France.

20 francs.

Dispense d'âge pour le mariage.

40 francs.

Dispense de parenté pour le mariage.

50 francs.

Actes de tutelle officieuse. — Jugements des tribunaux de première instance admettant une adoption.

100 francs.

Arrêts des cours d'appel confirmant une adoption.

§ II. — *Droits proportionnels.*

10 centimes par 100 francs.

Cautionnements des baux de toute nature *à durée limitée.*

20 centimes par 100 francs.

Baux à ferme ou à loyer des meubles ou immeubles; baux de pâturage et nourriture d'animaux; baux à cheptel ou reconnaissances de bestiaux; baux et conventions pour nourriture de personnes, — lorsque la durée est limitée. Le droit est assis sur le prix cumulé de toutes les années.

Pensions alimentaires de sommes déterminées et abandons de jouissance d'immeubles, pour en tenir lieu, faits par les enfants à leurs ascendants.

25 centimes par 100 francs.

Lettres de change tirées de place en place, et celles venant de

DU TIMBRE ET DE L'ENREGISTREMENT. 485

l'étranger ou des colonies françaises, lorsqu'elles sont protestées faute de payement. — Elles pourront n'être présentées à l'enregistrement qu'avec l'assignation. — Dans le cas de protêt faute d'acceptation, les lettres de change doivent être enregistrées seulement avant que la demande en remboursement ou en cautionnement puisse être formée contre les endosseurs ou le tireur.

Quittances, remboursements ou rachats de rentes et redevances de toute nature, et tous autres actes et écrits portant libération de sommes et valeurs mobilières.

Retraits en vertu de réméré, par acte public, dans les délais stipulés, ou faits sous seing privé, et présentés à l'enregistrement avant l'expiration de ces délais.

50 *centimes par* 100 *francs.*

Atermoiements entre débiteurs et créanciers. — Le droit est perçu sur les sommes que le débiteur s'oblige de payer.

Billets à ordre, cessions d'actions et coupons d'actions mobilières des compagnies et sociétés d'actionnaires, et tous autres effets négociables de particuliers ou de compagnies, à l'exception des lettres de change tirées de place en place. — Les effets négociables de cette nature pourront n'être présentés à l'enregistrement qu'avec les protêts qui en auront été faits.

Cautionnements de sommes et objets mobiliers, garanties mobilières et indemnités de même nature. — Le droit est perçu indépendamment de celui de la disposition que le cautionnement, la garantie ou l'indemnité a pour objet, mais sans pouvoir l'excéder.

Cautionnements de se représenter ou de représenter un tiers, en cas de mise en liberté provisoire, en vertu d'un sauf-conduit en matière civile, correctionnelle ou criminelle.

Jugements et arrêts portant condamnation, collocation ou liquidation de sommes et valeurs mobilières, intérêts et dépens entre particuculiers, excepté les dommages-intérêts.

Ventes publiques de marchandises, à la bourse et aux enchères, par les courtiers de commerce, d'après l'autorisation du tribunal de commerce.

Ventes de meubles et marchandises, après faillite.

Contrats, transactions, promesses de payer, arrêtés de comptes, billets, mandats; transports, cessions et délégations de créances à terme; délégations de prix stipulées dans un contrat, pour acquitter des créances à terme envers un tiers, sans énonciation de titre enregistré; reconnaissances, celles de dépôt de sommes chez des particuliers, et tous autres actes ou écrits contenant obligation de somme sans libéralité et sans que l'obligation soit le prix d'une transmission de meubles ou immeubles non enregistrée.

1 franc par 100 francs.

Donations entre-vifs de biens meubles, même par dons manuels, ou de biens immeubles, faites par les pères, mères et autres ascendants, avec partage entre leurs enfants et descendants, d'après les articles 1075 et 1076 du Code civil. — *Le droit de 1/2 pour 100 ajouté au droit d'enregistrement par l'art. 54 de la loi du 28 avril 1816, n'est ici perçu que lorsque la transcription en est requise au bureau des hypothèques.*

Mutations par décès de biens meubles ou immeubles, en propriété ou usufruit, en ligne directe.

Dans les deux cas ci-dessus et dans tous les cas où il sera parlé plus bas de dispositions à titre gratuit, on comprend parmi les biens meubles les inscriptions sur le grand livre de la dette publique, les fonds publics et les actions des compagnies ou sociétés de finances, françaises ou étrangères.

1 franc 50 centimes par 100 francs.

Adjudication d'immeubles d'une succession aux héritiers *sous bénéfice d'inventaire*. — Réunions d'usufruit à la propriété, par acte de cession, donation ou renonciation (*indépendamment du droit fixe de 3 fr.*) — Testaments, lorsqu'ils contiennent un legs d'immeubles à charge de restitution (*indépendamment du droit fixe*). — Échange d'immeubles, quand il n'y a ni contiguité ni soulte (*voir page 482, droits fixes, 2 francs*).

2 francs par 100 francs.

Adjudications, ventes, reventes, cessions, rétrocessions, marchés, traités, et tous autres actes, soit civils, soit judiciaires, translatifs de propriété, à titre onéreux, de meubles, récoltes de l'année sur pied, coupes de bois taillis et de haute futaie, et autres objets mobiliers généralement quelconques, même les ventes de biens de cette nature faites par l'État.

Adjudications à la folle-enchère de biens meubles, mais seulement sur ce qui excède le prix de la précédente adjudication, si le droit en a été acquitté.

Baux de biens meubles pour un temps illimité.

Cessions, transports et délégations de rentes de toute nature.

Constitutions de rentes, soit perpétuelles, soit viagères, et de pensions, à titre onéreux.

Dommages et intérêts prononcés par les tribunaux criminels, correctionnels et de police.

Engagements d'immeubles.

Licitations de *meubles* indivis.

Retours ou soultes de partages de biens *meubles*.

DU TIMBRE ET DE L'ENREGISTREMENT.

Ventes de biens *immeubles* au nom de l'État par les préfets, sous-préfets et autres agents de l'autorité publique.

2 francs 50 centimes par 100 francs.

Donations entre-vifs de biens meubles quelconques ou immeubles en ligne directe, *par* contrat de mariage aux futurs époux.

3 francs par 100 francs.

Donations entre-vifs *par* contrat de mariage entre futurs époux et mutations par décès entre époux de biens meubles quelconques et immeubles.

4 francs par 100 francs.

Donations entre-vifs en ligne directe *hors* contrat de mariage, de biens meubles ou immeubles. — Licitations de biens immeubles, quant aux parts que l'adjudication a fait acquérir à l'héritier ou à tout autre copropriétaire indivis. — Retour ou soulte de partage de biens immeubles.

4 francs 50 centimes par 100 francs.

Donations entre-vifs de biens meubles quelconques et immeubles *par* contrat de mariage entre frères et sœurs, oncles et tantes, neveux et nièces.

Donations entre-vifs *hors* contrat de mariage de biens meubles quelconques et immeubles entre époux.

5 francs par 100 francs.

Donations entre-vifs de biens meubles quelconques et immeubles *par* contrat de mariage entre grands-oncles et grand'-tantes, petits-neveux et petites-nièces, cousins germains.

5 francs 50 centimes par 100 francs.

Adjudications, ventes, reventes, cessions, rétrocessions et tous autres actes civils et judiciaires, translatifs de propriété ou d'usufruit de biens *immeubles*, à titre onéreux. — La formalité de la transcription ne donne lieu à aucun droit proportionnel.

Adjudications à la folle enchère de biens *immeubles*, mais seulement sur ce qui excède le prix de la précédente adjudication, si le droit en a été acquitté.

Baux à rentes perpétuelles de biens *immeubles*, ceux à vie et ceux dont la durée est illimitée.

Donations entre-vifs de biens meubles quelconques ou immeubles *par* contrat de mariage, entre parents, au-delà du 4e degré jusqu'au 12e.

Retours d'échanges de biens *immeubles*.

6 francs par 100 francs.

Donations entre-vifs *par* contrat de mariage, de biens meubles quelconques ou immeubles entre personnes non parentes.

6 francs 50 centimes par 100 francs.

Donations entre-vifs, *hors* contrat de mariage, et mutations par décès de biens meubles quelconques ou immeubles entre frères et sœurs, oncles et tantes, neveux et nièces.

7 francs par 100 francs.

Donations entre-vifs, *hors* contrat de mariage, et mutations par décès de biens meubles quelconques ou immeubles entre grands oncles, grand'-tantes, petits-neveux, petites-nièces, cousins germains.

8 francs par 100 francs.

Donations entre-vifs *hors* contrat de mariage, et mutations par décès de biens meubles quelconques ou immeubles entre parents au delà du 4e degré et jusqu'au 12e.

9 francs par cent francs.

Donations entre-vifs *hors* contrat de mariage, et mutations par décès de meubles quelconques ou immeubles entre personnes non parentes.

DROIT

ADMINISTRATIF, EXÉCUTIF ET JUDICIAIRE.

POUVOIR EXÉCUTIF.

Si le pouvoir législatif doit être divisé pour que les lois soient mieux élaborées, le pouvoir exécutif, au contraire, doit être concentré dans les mêmes mains, afin que rien n'entrave son action qui doit toujours être énergique et prompte.

Il faut de plus que ce pouvoir soit investi d'une autorité et d'une dignité qui le fassent respecter au-dedans et considérer au-dehors.

Aux termes des lois et de la Constitution, à l'Empereur seul appartient la puissance exécutive. Sa personne est inviolable et sacrée. L'Empereur est le chef suprême de l'Etat; il commande les forces de terre et de mer, déclare la guerre, fait les règlements et décrets nécessaires pour l'exécution des lois, a le droit de faire grâce et d'accorder des amnisties.

MINISTRES.

Pour faciliter à l'Empereur l'exercice de ces importantes fonctions que lui confèrent les lois et la Constitution, et garantir en même temps son inviolabilité impériale, des intermédiaires sont placés près de lui et déclarés responsables, chacun en ce qui les concerne, des actes du gouvernement; ce sont les ministres. Les erreurs, les abus, les méfaits qui viendraient à se commettre sont à leur charge et ne peuvent être imputés qu'à eux seuls. Il n'y a point de solidarité entre eux, et ils ne peuvent être mis en accusation que par le sénat (Art. 13 de la Constitution).

Afin d'obtenir une bonne gestion des diverses affaires de l'Etat et de mieux assurer la responsabilité des ministres, les attributions dont ils ont à s'occuper, se partagent en plusieurs branches d'administration.

On distingue par suite :

1° Le ministre d'Etat et la maison de l'Empereur, créé par décret du 22 janvier 1852. — *Attributions* : Rapports du gouvernement avec le sénat, le corps législatif et le conseil d'Etat ; — correspondance de l'Empereur avec les divers ministères ; — contre-seing des décrets portant nomination des ministres ; — nomination des présidents du sénat et du corps législatif ; — nomination des sénateurs ; — nomination des membres du conseil d'Etat ; — contre-seing des décrets rendus par l'Empereur, en exécution des pouvoirs qui lui appartiennent, conformément aux art. 24, 28, 31, 46, 54 de la Constitution et du Sénatus-Consulte du 23 décembre 1852 ; — contre-seing des décrets concernant les matières qui ne sont spécialement attribuées à aucun département ; — rédaction et conservation des procès-verbaux du conseil des ministres ; — direction exclusive de la partie officielle du *Moniteur ;* — administration des palais impériaux et des manufactures impériales ; — service des beaux-arts et des archives.

2° Ministre de la justice ; — 3° des affaires étrangères ; — 4° de la guerre ; — 5° de la marine et des colonies ; — 6° de l'intérieur ; le ministère de la police générale créé le 25 janvier 1852, a été supprimé par décret impérial du 21 juin 1853. — Les attributions ci-après rentrent dans celles du ministère de l'intérieur avec une direction spéciale : Exécution des lois relatives à la police générale, à la sûreté et à la tranquillité intérieure de l'empire ; — service de la garde nationale, de la garde impériale, de la gendarmerie, pour tout ce qui est relatif au maintien de l'ordre public ; — surveillance des journaux, des pièces de théâtre et des publications de toute nature ; — police des prisons, maisons d'arrêt, de justice et de réclusion ; — personnel des préfets de police de Paris et des départements, et des agents de toute sorte de la police générale; — police commerciale, sanitaire et industrielle; — répression de la mendicité et du vagabondage.

7° Ministre des travaux publics, de l'agriculture et du commerce (décret du 21 juin 1852) ; — 8° de l'instruction publique et des cultes ; — 9° des finances.

Sous chacun de ces ministres, des fonctionnaires placés aux divers degrés de la hiérarchie sont chargés du maniement des affaires publiques.

POUVOIR ADMINISTRATIF.

La branche d'autorité publique qui concourt plus spécialement à l'application des lois et à la gestion des affaires dans les départements et dans les communes, prend le nom d'administration ou de pouvoir administratif.

L'ADMINISTRATION S'EXERCE :

1° par les ministres investis du pouvoir central sous les ordres de l'Empereur, et agissant conformément aux lois ; — 2° par les préfets dans les départements ; — 3° par les sous-préfets dans les arrondissements ;—4° par les maires et par les commissaires cantonaux de police dans les communes.

Les uns et les autres sont responsables de leurs actes vis-à-vis de l'autorité supérieure, selon l'ordre hiérarchique établi. Le conseil d'Etat près du gouvernement, le conseil de préfecture établi près de chaque préfet participent aussi à l'exercice de l'autorité administrative, soit par la part qu'ils prennent à l'expédition des affaires, soit par le jugement qu'ils apportent dans les affaires contentieuses.

DES ATTRIBUTIONS PARTICULIÈRES DES PRÉFETS.

Les affaires qui rentrent dans la compétence des préfets, et pour lesquelles on a le plus souvent besoin de recourir à leur autorité, sont les suivantes:

1° Autorisation d'ouvrir des marchés, sauf pour les bestiaux;

2° Réglementation complète de la boucherie, boulangerie et vente de comestibles sur les foires et marchés;

3° Primes pour la destruction des animaux nuisibles;

4° Formation et autorisation des sociétés de secours mutuels qui ne rempliraient pas les formalités voulues pour être déclarées d'utilité publique;

5° Cessions de terrains domaniaux compris dans le tracé des routes impériales, départementales, et les chemins vicinaux;

6° Echanges de terrains provenant de déclassement de routes par suite de changement de tracé;

7° Autorisation concernant les établissements et constructions mentionnés dans les art. 151, 152, 153, 154 et 155 du Code forestier;

8° Travaux à exécuter dans les forêts communales ou d'établissements publics, pour la recherche ou la conduite des eaux, la construction des récipients et autres ouvrages analogues, lorsque ces travaux ont un but d'utilité communale;

9° Autorisation, sur les cours d'eau navigables ou flottables, des prises d'eau faites au moyen de machines, et qui, eu égard au volume du cours d'eau, n'auraient pas pour effet d'en altérer sensiblement le régime.

10° Autorisation des établissements temporaires sur lesdits cours d'eau, alors même qu'ils auraient pour effet de modifier le régime ou le niveau des eaux: fixation de la durée de la permission;

11° Autorisation, sur les cours d'eau non navigables ni

flottables, de tout établissement nouveau, tel que moulin, usine, barrage, prise d'eau d'irrigation, patouillet, bocard, lavoir à mines ;

12° Régularisation de l'existence desdits établissements lorsqu'ils ne sont pas encore pourvus d'autorisation régulière, ou modifications des règlements déjà existants ;

13° Dispositions pour assurer le curage et le bon entretien des cours d'eaux non navigables ni flottables de la manière prescrite par les anciens règlements ou d'après les usages locaux. Réunion, s'il y a lieu, des propriétaires intéressés en autorisations syndicales ;

14° Constitution en associations syndicales des propriétaires intéressés à l'exécution et à l'entretien des travaux d'endiguement contre la mer, les fleuves, rivières et torrents navigables ou non navigables, de canaux d'arrosage ou de canaux de dessèchement, lorsque ces propriétaires sont d'accord pour l'exécution desdits travaux et la répartition des dépenses ;

15° Autorisation et établissement des débarcadères sur les bords des fleuves et rivières pour le service de la navigation ; fixation des tarifs et des conditions d'exploitation de ces débarcadères ;

16° Autorisation et établissement des bateaux particuliers ;

17° Autorisation de la main-levée des hypothèques prises sur les biens des adjudicataires ou de leurs cautions, et du remboursement des cautionnements après la réception définitive des travaux ; autorisation de la remise à l'administration des domaines des terrains devenus inutiles au service ;

18° Tarif des concessions de terrains dans les cimetières ;

Les Préfets sont, en outre, chargés de la haute surveillance des hospices, maisons de secours, maisons de santé et autres établissements de bienfaisance, ainsi que des enfants trouvés, de la distribution de secours aux ouvriers réformés, blessés, et autres nécessiteux ; enfin, ils donnent leurs avis et transmettent toutes demandes quelconques rentrant dans les attributions des ministres ou de toute autre autorité supérieure. Sauf la solution des contestations en matière civile et commerciale, qui appartient au domaine exclusif des tribunaux, et les questions de dogme et de discipline en matière religieuse, on peut dire que les préfets sont compétents pour tout ce qui arrive ou peut se présenter dans le cours des affaires publiques et administratives ; leur autorité est la plus étendue et la plus élevée dans les départements.

Toutes les fois que les particuliers ont besoin de recourir à l'autorité du préfet, ils doivent lui adresser leur demande par écrit sous forme de pétition, en double original, dont un sur papier au timbre de dimension, sauf dans les cas de demande en décharge ou remise d'impôts relatifs à une cote ne dépassant pas 30 fr., et dans celui où il s'agirait de secours ou autres affaires concernant les indigents.

FORMULE DE PÉTITION POUR DEMANDER UN ALIGNEMENT.

A Monsieur le Préfet du département de l'Isère.

MONSIEUR LE PRÉFET,

Le sieur E. Duhamel, propriétaire, demeurant à Vienne, désirant faire construire une maison dans sa propriété attenante à la route départementale n°..., vous supplie de vouloir bien lui donner l'alignement, afin qu'il puisse se conformer aux règlements établis pour les constructions de cette nature.

Confiant dans votre bienveillance et votre haute équité, l'exposant est avec les sentiments d'un profond respect,

MONSIEUR LE PRÉFET,

Votre très-humble et très-obéissant serviteur.
E. DUHAMEL.

NOTA. La date se place au bas et à gauche. On n'écrit que sur la moitié, à droite de la page, et on laisse de grands blancs, soit en tête, soit au bas du papier, ainsi qu'entre les titres du commencement et de la fin. Les mots : *Monsieur le Préfet*, doivent être écrits en toutes lettres et en plus gros caractères que le corps de la pétition. Le papier doit être beau, en double feuillet, sauf cependant celui soumis au timbre, et du format Telière, dit *ministre*.

Les pétitions à l'adresse des ministres se font dans la même forme, avec cette différence seulement qu'on parle à la troisième personne, et que l'on emploie le titre d'Excellence. Ces pétitions peuvent se terminer ainsi :

Confiant dans votre bienveillance et votre haute équité, l'exposant (*ou le suppliant si l'on demandait plus particulièrement une faveur ou une grâce*), est avec les sentiments du plus profond respect,

MONSIEUR LE MINISTRE,
De votre Excellence
Le très-humble et très-obéissant serviteur.

Enfin, les suppliques à l'Empereur se font encore dans la même forme, en substituant le titre de SIRE à celui de *Monsieur le Ministre*, et la qualification de *Majesté* à celle d'*Excellence*. A la fin, au lieu de mettre : le très-humble et très-obéissant serviteur, on dit : le *très-humble et très-fidèle sujet*.

Toutes ces pièces se plient en quatre, sous enveloppe, et doivent être affranchies quand elles sont à l'adresse des préfets. Celles à l'adresse des Ministres ou de l'Empereur n'ont pas besoin d'être affranchies.

CONSEILS MUNICIPAUX. — DES ATTRIBUTIONS DES MAIRES COMME ADMINISTRATEURS.

D'après la nouvelle loi promulguée le 5 mai 1855 sur l'organisation municipale, le corps municipal de chaque commune se compose du maire, d'un ou plusieurs adjoints et des conseillers municipaux. Les fonctions des maires, des adjoints et des autres membres du corps municipal sont gratuites.

Le maire et les adjoints sont nommés par l'Empereur, dans les chefs-lieux de département, d'arrondissement et de canton, et dans les communes de 3,000 habitants et au-dessus.

Dans les autres communes, ils sont nommés par le préfet au nom de l'Empereur.

Le maire et les adjoints sont nommés pour cinq ans. Le maire reste chargé, sous la surveillance du préfet et sans préjudice des attributions, tant générales que spéciales, qui lui sont conférées par les lois :

1° De tout ce qui concerne l'établissement, l'entretien, la conservation des édifices communaux, cimetières, promenades, places, rues et voies publiques ne dépendant pas de la grande voierie; l'établissement et la réparation des fontaines, aqueducs, pompes et égouts;

2° De la police municipale en tout ce qui a rapport à la sûreté et à la liberté du passage sur la voie publique, à l'éclairage, au balayage, aux arrosements, à la salubrité des constructions privées;

Aux mesures propres à prévenir et à arrêter les accidents et fléaux calamiteux, tels que les incendies, les épidémies, les épizooties, les débordements;

Aux secours à donner aux noyés;

A l'inspection de la salubrité des denrées, boissons, comestibles et autres marchandises mises en vente publique; et de la fidélité de leur débit;

3° De la fixation des mercuriales;

4° Des adjudications, marchés et baux;

Les conseils municipaux (1) sont appelés, chaque année,

---

(1) D'après l'art. 6 de la Loi du 5 mai 1855, chaque commune a un conseil municipal composé de 10 membres dans les communes de 500 habitants et au-dessous;

De 12, dans celles de 501 à 1,500;
De 16, — — 1,501 à 2,500;
De 21, — — 2,501 à 3,500;
De 23, — — 3,501 à 10,000;

à voter, sur la proposition du préfet, les allocations qui doivent être affectées à chacun des services dont les maires cessent d'être chargés, ces dépenses sont obligatoires.

En qualité d'agent de l'administration supérieure, et sous l'autorité du préfet, le maire est chargé de publier les lois et les règlements, de veiller à leur exécution, et de prendre toutes les mesures pour la sauvegarde tant de la sûreté générale que de celle des particuliers.

Le maire prend aussi des arrêtés à l'effet : d'ordonner les mesures locales sur les objets confiés par la loi à sa vigilance et à son autorité ; de publier les lois et règlements de police, en invitant les citoyens à les observer.

Est confiée à la vigilance des maires, la surveillance des écoles communales, des abattoirs et des abreuvoirs.

Le maire nomme à tous les emplois communaux pour lesquels la loi ne prescrit pas un mode spécial de nomination ; il suspend et révoque les titulaires de ces emplois.

Dans le cas où le maire refuserait ou négligerait de faire un des actes qui lui sont prescrits, le préfet, après l'en avoir requis, peut y procéder d'office par lui-même ou par un délégué spécial.

Il fait les règlements nécessaires pour réprimer les délits contre la tranquillité publique, tels que rixes, disputes et tapages nocturnes.

En cas d'absence ou d'empêchement, le maire est remplacé dans ses fonctions par un adjoint, et à défaut d'adjoint, par un membre du conseil municipal.

A Paris, cependant, les fonctions de maire sont moins étendues, et se bornent même à celles d'officier de l'état civil : tout ce qui concerne le bon ordre, la tranquillité et la salubrité de cette capitale est confié à la vigilance du

```
De 27,    —    —    10,001 à 30,000 ;
De 30,    —    —    30,001 à 40,000 ;
De 32,    —    —    40,001 à 50,000 ;
De 34,    —    —    50,001 à 60,000 ;
De 36,    —    —    60,001 et au-dessus.
```

préfet de police; et tout ce qui se rattache à l'administration des biens et revenus de la ville rentre dans les attributions du préfet de la Seine.

§ Ier. — *Des juges de paix.*

Au seuil du sanctuaire de la Justice, et comme pour arrêter le plaideur téméraire qui n'aurait pas assez médité les conséquences de son action, la loi a placé les juges de paix, dont la principale mission consiste, ainsi que leur nom l'indique, à faire entendre de sages conseils et de paternelles observations, à éviter les différends prêts à éclater entre voisins, à concilier ceux qui pourraient déjà s'être manifestés. C'est là assurément une belle mission pour qui sait la bien remplir !

Il est des cas où le juge de paix ne se borne pas à concilier, et dans lesquels il prononce aussi des sentences, et ces sentences sont tantôt en dernier ressort, tantôt, au contraire, sujettes à l'appel.

Suivant la règle générale posée par la loi du 25 mai 1838, les juges de paix connaissent de toutes actions purement personnelles ou mobilières, en dernier ressort, jusqu'à la valeur de 100 fr. et, à charge d'appel, jusqu'à la valeur de 200 fr.

Ils prononcent, sans appel, jusqu'à la valeur de 100 fr., et à charge d'appel, jusqu'au taux de la compétence en dernier ressort des tribunaux de première instance, telle que nous l'expliquerons au nombre 1133 :

1° Sur les contestations entre les hôteliers, aubergistes ou logeurs, et les voyageurs ou locataires en garni, pour dépense d'hôtellerie et perte ou avarie d'effets déposés dans l'auberge ou dans l'hôtel;

2° Entre les voyageurs et les voituriers ou bateliers, pour retards, frais de route et perte ou avarie d'effets accompagnant les voyageurs ;

3° Entre les voyageurs et les carrossiers ou autres ouvriers, pour fournitures, salaires et réparations faites aux voitures de voyage.

Les juges de paix connaissent, sans appel, jusqu'à la valeur de 100 fr., et, à charge d'appel, à quelque valeur que la demande puisse s'élever : des actions en paiement de loyers ou fermages, des congés, des demandes en résiliation de baux, fondés sur le seul défaut de paiement des loyers ou fermages, des expulsions de lieux et des demandes en validité de saisie-gagerie ; le tout lorsque les locations verbales ou par écrit n'excèdent pas annuellement, dans les circonscriptions des justices de paix de Paris, Lyon, Marseille, Bordeaux, Rouen, Nantes, Lille, Saint-Etienne, Reims, Nîmes et Saint-Quentin, 400 francs (1) et 200 fr. partout ailleurs.

Les juges de paix connaissent, sans appel, jusqu'à la valeur de 100 francs, et, à charge d'appel, jusqu'au taux de la compétence en dernier ressort des tribunaux de première instance :

1° Des indemnités réclamées par le locataire ou fermier pour non-jouissance provenant du fait du propriétaire, lorsque le droit à une indemnité n'est pas contesté ;

2° Des dégradations et des pertes, dans les cas prévus par les art. 1732 et 1735 du Code Napoléon. Néanmoins le juge de paix ne connaît des pertes causées par incendie ou inondation que jusqu'à la valeur de 200 francs.

Les juges de paix connaissent également, sans appel, jusqu'à la valeur de 100 francs, et, à charge d'appel, à quelque valeur que la somme puisse s'élever :

---

(1) Ce paragraphe de l'article 3 de la loi sur les justices de paix est ainsi modifié par la loi du 5 mai 1855 : « Les juges de paix connaissent, sans appel, jusqu'à la valeur de 100 francs, et, à charge d'appel, à quelque valeur que la demande puisse s'élever, des actions en paiement de loyers ou fermages, et congés, des demandes en résiliation de baux, fondées sur le seul défaut de paiement des loyers ou fermages, des expulsions de lieux et des demandes en validité de saisie-gagerie, le tout lorsque les locations verbales ou par écrit n'excèdent pas annuellement 400 francs. »

1° Des actions pour dommages faits aux champs, fruits et récoltes, soit par l'homme, soit par les animaux, et de celles relatives à l'élagage des arbres ou haies, et au curage, soit des fossés, soit des canaux servant à l'irrigation des propriétés ou au mouvement des usines, lorsque les droits de propriété ou de servitude ne sont pas contestés;

2° Des réparations locatives des maisons ou fermes, mises par la loi à la charge du locataire;

3° Des contestations relatives aux engagements respectifs des gens de travail au jour, au mois et à l'année, et de ceux qui les emploient; des maîtres et des domestiques ou gens de services à gages; des maîtres et de leurs ouvriers ou apprentis, sans néanmoins qu'il soit dérogé aux lois et règlements relatifs à la juridiction des prud'hommes;

4° Des contestations relatives au paiement des nourrices, sauf ce qui est prescrit par les lois et règlements d'administration publique à l'égard des bureaux de nourrices de la ville de Paris et de toutes les autres villes;

5° Des actions civiles pour diffamation verbale et pour injures publiques ou non publiques, verbales ou par écrit, autrement que par la voie de la presse; des mêmes actions pour rixes ou voies de fait; le tout lorsque les parties ne se sont pas pourvues par la loi criminelle.

Les juges de paix ne connaissent, en outre, à charge d'appel :

1° Des entreprises commises, dans l'année, sur les cours d'eau servant à l'irrigation des propriétés et au mouvement des usines et moulins, sans préjudice des attributions de l'autorité administrative dans les cas déterminés par les lois et les règlements; des dénonciations de nouvel œuvre, complaintes, actions en réintégrande et autres actions possessoires fondées sur des faits également commis dans l'année;

2° Des actions en bornage et de celles relatives à la distance prescrite par la loi, et par les règlements particuliers et les usages des lieux, pour les plantations d'arbres ou de haies, lorsque la propriété ou les titres qui l'établissent ne sont pas contestés ;

3° Des demandes en pension alimentaire n'excédant pas 150 francs par an, et seulement lorsqu'elles sont formées par des parents contre leurs enfants, par des beaux-pères et belles-mères contre leurs gendres et belles-filles, ou réciproquement.

Les juges de paix connaissent de toutes les demandes reconventionnelles ou en compensation qui, par leur nature ou leur valeur, sont dans les limites de leur compétence, alors même que, dans les cas prévus ci-dessus, ces demandes, réunies à la demande principale, s'élèveraient au-dessus de 200 francs. Ils connaissent, en outre, à quelques sommes qu'elles puissent monter, des demandes reconventionnelles en dommages-intérêts fondées exclusivement sur la demande principale elle-même.

L'appel des jugements des juges de paix n'est recevable ni avant les trois jours qui suivent celui de la prononciation du jugement, à moins qu'il n'y ait lieu à exécution provisoire, ni après les trente jours qui suivent la signification à l'égard des personnes domiciliées dans le canton.

Les personnes domiciliées hors du canton ont, pour interjeter appel, outre le délai de trente jours, le délai réglé par les art. 73 et 1033 du Code de procédure civile.

N'est pas recevable l'appel des jugements mal à propos qualifiés en premier ressort, ou qui, étant en dernier ressort, n'auraient point été qualifiés.

Sont sujets à l'appel les jugements qualifiés en dernier ressort, s'ils ont statué, soit sur des questions de compétence, soit sur des matières dont le juge de paix ne pouvait connaître qu'en premier ressort. Néanmoins, si le juge de paix s'est déclaré compétent, l'appel ne pourra être interjeté qu'après le jugement définitif.

Les jugements rendus par les juges de paix ne peuvent être attaqués par la voie du recours en cassation que pour excès de pouvoir.

Tous les huissiers du même canton auront le droit de donner toutes les citations et de faire tous les actes devant la justice de paix.

Dans toutes les causes, excepté celles où il y aurait péril en la demeure, et celles dans lesquelles le défendeur serait domicilié hors du canton ou des cantons de la même ville, le juge de paix pourra interdire aux huissiers de sa résidence de donner aucune citation en justice, sans qu'au préalable il n'ait appelé, sans frais, les parties devant lui (1).

Les parties peuvent toujours se présenter volontairement devant un juge de paix.

§ II. — *Des tribunaux civils d'arrondissement.*

Les tribunaux d'arrondissement connaissent, en dernier ressort, des appels des sentences rendues par les juges de paix de leur arrondissement, quand ces sentences sont sujettes à l'appel : ils connaissent pareillement, en dernier ressort, des actions personnelles et mobilières jusqu'à la valeur de quinze cents francs de principal, et des actions immobilières jusqu'à soixante francs de revenu, déterminé, soit en rentes, soit par prix de bail.

(1) A cet article la loi du 5 mai 1855 a substitué celui que voici :
« Dans toutes les causes, excepté celles qui requièrent célérité, et celles dans lesquelles le défendeur serait domicilié hors du canton ou des cantons de la même ville, il est interdit aux huissiers de donner aucune citation en justice, sans qu'au préalable le juge de paix n'ait appelé les parties devant lui au moyen d'un avertissement sur papier non timbré, rédigé et délivré par le greffier, au nom et sous la surveillance du juge de paix, constatant l'envoi et le résultat des avertissements ; ce registre sera coté et paraphé par le juge de paix. Le greffier recevra pour tout droit et pour chaque avertissement une rétribution de 25 centimes, y compris l'affranchissement. Dans les cas qui requièrent célérité, il ne sera remis de citation, non précédée d'avertissement, qu'en vertu d'une permission donnée sans frais par le juge de paix sur l'original de l'exploit. En cas d'infraction aux dispositions ci-dessus de la part de l'huissier, il supportera, sans répétition, les frais de l'exploit et pourra, s'il y a lieu, être poursuivi disciplinairement. »

Lorsqu'une demande reconventionnelle ou en compensation aura été formée dans les limites de la compétence des tribunaux civils de première instance en dernier ressort, il sera statué sur le tout sans qu'il y ait lieu à appel. — Si l'une des demandes s'élève au delà des limites ci-dessus indiquées, le tribunal ne prononcera, sur toutes les demandes, qu'en premier ressort. Néanmoins il sera statué en dernier ressort sur les demandes en dommages-intérêts lorsqu'elles seront fondées exclusivement sur la demande principale elle-même.

Les tribunaux civils ne peuvent statuer qu'au nombre de trois juges. Les fonctions du ministère public sont remplies auprès d'eux par un procureur impérial et un ou plusieurs substituts.

§ III. — *Des cours impériales.*

Les cours impériales connaissent des appels des jugements des divers tribunaux civils d'arrondissement situés dans leur circonscription, quand ces jugements sont en premier ressort.

L'appelant est la partie qui saisit la première et principalement le tribunal d'appel. On nomme *intimé* celui qui est assigné devant ce tribunal.

L'appel est *principal*, lorsqu'il attaque la première décision de première instance; et *incident*, lorsqu'il est formé durant l'appel principal, par la partie poursuivie en appel ou l'intimé.

En règle générale, on peut appeler de tout jugement qui n'est ni en dernier ressort, ni passé en force de chose jugée.

Le délai pour interjeter appel principal est de trois mois; il court, pour les jugements contradictoires, du jour de la signification à personne ou domicile, et pour les jugements par défaut, du jour où l'opposition n'est plus recevable; mais l'intimé peut interjeter appel incident en tout état de cause, quand même il aurait signifié le jugement sans protestation. Le délai ne court contre le mineur non émancipé que du jour où le jugement a été signifié tant au subrogé-tuteur qu'au tuteur; et pour les parties qui demeurent hors de la France continentale, il est augmenté du délai gradué, suivant la distance, par l'art. 73 du Code de procédure civile.

Aucun appel d'un jugement non exécutoire par provision ne peut être interjeté dans la huitaine, à dater du jour du jugement; les appels interjetés dans ce délai sont déclarés non recevables, sauf à l'appelant de les réitérer, s'il est encore dans le délai.

Les membres des cours impériales prennent le nom de *conseillers*, et les décisions de ces cours sont appelées *arrêts*. Les cours impériales ne peuvent juger qu'au nombre de sept conseillers, excepté certaines cours impériales des colonies, dans lesquelles cinq conseillers suffisent. — Il est certaines affaires qui sont jugées par les cours impériales en *audience solennelle*, c'est-à-dire par plusieurs chambres réunies; ce sont les renvois après cassation, les prises à partie, et les contestations sur l'état civil des citoyens, sauf les appels des jugements de séparation de corps.

§ IV. — *De la Cour de cassation.*

La *Cour de cassation* ou *cour suprême* a été instituée comme pouvoir conservateur des lois et de leur application exacte.

Si les tribunaux s'écartent de leur devoir en n'appliquant pas la loi ou en n'observant pas les formalités prescrites à peine de nullité, la Cour de cassation intervient et casse le jugement rendu par les tribunaux.

On conçoit, dès lors, que tant qu'il reste à une partie l'espoir de faire réformer le jugement dont elle se plaint, elle ne peut s'adresser à la Cour de cassation : il n'y a, en effet, que les jugements rendus en dernier ressort par les tribunaux de première instance et ceux rendus par les cours d'appel qui puissent être portés devant la Cour de cassation.

De ce que la Cour de cassation est un pouvoir régulateur dans l'administration de la justice, il s'ensuit que la fausse appréciation des faits et la fausse interprétation des actes ne peuvent fournir des ouvertures à cassation.

Le pourvoi en cassation est formé par requête d'un avocat aux conseils, et déposé au greffe de la Cour, dans les trois mois, à dater de la notification de la décision faite à personne ou à domicile.

Les pourvois sont soumis à la Chambre des requêtes, qui les rejette s'ils lui semblent mal fondés; dans le cas contraire, on autorise le demandeur à faire signifier sa requête à la partie adverse et à appeler celle-ci devant la chambre civile de la Cour.

La chambre civile rejette définitivement le pourvoi, ou casse la décision attaquée; et, dans ce dernier cas, elle renvoie la cause et les parties devant un autre tribunal ou Cour impériale qu'elle désigne.

Les fonctions du ministère public sont remplies auprès de la Cour de cassation par un procureur général et six avocats généraux.

§ V. — *De la juridiction volontaire ou des arbitrages.*

Le législateur voit avec défaveur les procès, à cause des frais énormes qu'ils entraînent et qui ruinent trop souvent les deux parties. Il devait donc faire tout ce qu'il pouvait pour en diminuer le nombre, tout en mettant les personnes inexpérimentées à l'abri des ressources des hommes pervers. Le plus sûr moyen d'exonérer les parties des frais des procédures ordinaires était de leur permettre de porter leurs différends devant des juges volontaires qu'elles se choisissent ; la loi l'a permis, et a sanctionné par des dispositions spéciales cette juridiction volontaire, qui s'établit par un acte, que l'on nomme *Compromis*.

Toutes personnes peuvent compromettre sur les droits dont elles ont la libre disposition. Mais le mineur, l'interdit, le prodigue, la femme mariée non autorisée de son mari, ne peuvent légalement compromettre, parce qu'ils ne peuvent pas disposer librement du droit qu'ils contestent ou qui leur est contesté.

On ne peut compromettre sur les dons et legs d'aliments, logements et vêtements ; sur les séparations d'entre mari et femme, les questions d'état, ni sur aucune des contestations qui seraient sujettes à communication au ministère public.

Le compromis peut être fait par procès-verbal devant les arbitres choisis, ou par acte devant notaire, ou sous signature privée : il désigne les objets en litige et les noms des arbitres, à peine de nullité. — Les principes qui régissent cette matière se trouvent, au surplus, complétement développés dans le livre 3e du Code de procédure civile, art. 1003 à 1028.

DROIT COMMERCIAL

EXPLIQUÉ.

Le droit commercial se compose des lois qui règlent les droits et intérêts privés des commerçants et les effets des actes et contrats commerciaux.

DES COMMERÇANTS.

Chaque profession industrielle a ses règles particulières; celle de commerçant soumet, en outre, ceux qui l'exercent à certaines obligations générales. Il faut savoir d'abord quelles personnes sont des commerçants; ce sont celles qui font leur profession habituelle d'exercer des actes de commerce; la loi considère comme tels les marchands, les fabricants, les banquiers, les agents d'affaires, etc.; elle range dans les actes de commerce tout achat de marchandises ou denrées pour les revendre, soit en nature, soit après les avoir travaillées et mises en œuvre pour en louer simplement l'usage. Toute personne à qui la loi ne le défend pas peut faire le commerce. Les mineurs ont besoin de l'autorisation publique de leurs père et mère, ou du conseil de famille; les femmes mariées doivent obtenir le consentement de leur mari.

Les commerçants doivent être patentés, tenir des livres qui retracent toutes leurs opérations, et permettent de voir, jour par jour, leur véritable position; ils doivent garder les lettres qu'ils reçoivent et copier celles qu'ils envoient.

TENUE DES LIVRES.

Aux termes de la loi, tout commerçant doit avoir trois livres :

Le premier, qu'on nomme *livre journal*, qui présente, jour par jour, ses dettes actives et passives, les opérations de son commerce, ses négociations, acceptations ou endossements d'effets, et généralement tout ce qu'il reçoit et paie, à quelque titre que ce soit.

Le deuxième, appelé livre des *copies de lettres*, sur lequel il est tenu d'inscrire toutes les lettres qu'il reçoit.

Le troisième est le livre des *inventaires*, sur lequel le négociant est tenu d'inscrire chaque année l'inventaire de ses effets mobiliers et immobiliers, et de ses dettes actives et passives.

Chacun de ces trois livres doit être tenu par ordre de date, sans blanc, lacune ni transport en marge.

Le livre *Journal* et le livre des *Inventaires*, seulement, doivent être cotés, paraphés et visés une fois par année, soit par un des juges au Tribunal de commerce, soit par le maire ou adjoint, dans la forme ordinaire, et sans frais.

Les commerçants sont tenus de conserver ces livres pendant dix ans.

Les livres de commerce, régulièrement tenus, peuvent être admis par le juge pour faire preuve, entre commerçants, pour faits de commerce.

Les livres que les individus faisant le commerce sont obligés de tenir, et pour lesquels ils n'auront pas observé les formalités ci-dessus prescrites, ne pourront être représentés ni faire foi en justice, au profit de ceux qui les auront tenus, sans préjudice de ce qui est réglé au livre des faillites et banqueroutes.

La communication des livres et inventaires ne peut être ordonnée en justice que dans les affaires de succession, communauté, partage de société, et en cas de faillite.

Dans le cours d'une contestation, la représentation des livres peut être ordonnée par le juge, même d'office, à l'effet d'en extraire ce qui concerne le différend.

Si la partie, aux livres de laquelle on offre d'ajouter foi, refuse de les représenter, le juge peut déférer le serment à l'autre partie.

ASSURANCES.

C'est un contrat aléatoire par lequel une partie assure la valeur estimative d'une chose mobilière ou d'une propriété immobilière, moyennant une somme que le propriétaire assuré s'oblige à payer.

La condition imposée à l'assuré, dans un contrat d'assurance contre l'incendie, de ne pas faire réassurer les mêmes objets par une autre compagnie, est valable et peut entraîner, au cas d'inexécution, la résolution du premier contrat d'assurance.

Le prix de l'assurance d'un immeuble qui a péri par incendie, doit être également dévolu à tous les créanciers chirographaires et hypothécaires.

Le locataire d'un immeuble assuré n'a pas le droit, si cet immeuble vient à périr par incendie, d'exiger que la somme allouée par la compagnie d'assurance soit employée à sa reconstruction; il n'a que le choix de demander ou une diminution de prix ou la résiliation même du bail.

Le propriétaire d'une maison peut céder à un tiers, et notamment à une compagnie d'assurance, les droits que l'art. 1733 du Code civil lui accorde, en cas d'incendie, contre son locataire. — Mais si ce droit ne lui a pas été cédé, la compagnie n'est pas subrogée de plein droit à l'action du propriétaire contre le locataire; en conséquence, si elle veut exercer une action contre ce dernier, il faut qu'elle établisse que l'incendie a été causé par la faute de celui-ci.

Il y a encore un grand nombre d'autres assurances; telles sont celles sur la vie des hommes, contre la grêle, contre la mortalité des bestiaux, contre les chances du tirage au sort pour le recrutement, etc.

Ces diverses assurances sont régies par les principes généraux du contrat d'assurance, sous les modifications des polices ou contrats particuliers qui déterminent spécialement les engagements respectifs des compagnies et des assurés.

DES SOCIÉTÉS.

La Société est un contrat par lequel deux ou plusieurs personnes conviennent de mettre quelque chose en commun, pour partager les bénéfices de l'association.

Les parties sont libres d'insérer dans le contrat toutes les clauses licites; mais il faut avant tout que la société soit contractée dans l'intérêt commun des sociétaires. On ne comprend pas une société dont un seul des associés profiterait de tous les bénéfices. Cette règle est applicable à toutes les sociétés, qui se partagent en deux grandes divisions, les sociétés *civiles* et les sociétés *commerciales*. Nous n'allons parler que de ces dernières, parce qu'elles sont à peu près les seules usitées.

Les sociétés commerciales diffèrent des sociétés civiles en ce qu'elles ont exclusivement pour but des affaires de commerce, banque ou finance ; elles sont, les unes et les autres, réglées par les conventions des parties, par le droit civil et par les lois particulières.

La loi reconnaît trois espèces de sociétés commerciales : la société en nom *collectif*, la société en *commandite*, la société *anonyme*.

DES BOURSES DE COMMERCE.

La bourse de commerce est la réunion qui a lieu sous

l'autorité du chef de l'État, des commerçants, capitaines de navires, agents de change et courtiers.

Le résultat des négociations et des transactions qui s'opèrent dans la bourse détermine le cours du change, des marchandises, des assurances, du fret ou nolis, du prix des transports par terre ou par eau, des effets publics et autres dont le cours est susceptible d'être coté.

DES COMMISSIONNAIRES.

Le commissionnaire est celui qui agit en son propre nom, ou sous un nom social, pour le compte d'un commettant. Plus particulièrement, le commissionnaire est une personne qui se charge d'un transport d'objets, soit par terre, soit par eau, et c'est dans ce sens qu'est pris ici le terme de commissionnaire.

Les devoirs et les droits du commissionnaire qui agit au nom d'un commettant sont déterminés par le Code Napoléon.

Les commissionnaires sont réputés commerçants, et, à ce titre, astreints à tenir des livres; ils ne peuvent se charger du transport des marchandises qu'autant qu'elles sont accompagnées d'une lettre de voiture.

Vente de Marchandises.

Entre nous soussignés N..., d'une part;
Et R..., d'autre part;
A été convenu de ce qui suit; savoir:
Moi N..., m'engage, par le présent, à livrer au sieur R..., sous le délai de... semaines ou mois (telle marchandise, à tant la livre, ou le quintal, ou la mesure, ou la pièce), à prendre à... (désigner le lieu), moyennant la somme de..., que ledit sieur R... consent et s'engage me payer... (comptant, ou en effets de commerce, payables à telle époque.)
Fait et signé double, à..., ce...

(*Signatures*).

Vente de marchandises sous condition.

Entre nous soussignés N..., d'une part ;
Et B..., d'autre part ;
A été convenu de ce qui suit ; savoir :

Moi, N..., promets et m'engage de livrer, sous un mois, au sieur B..., les marchandises suivantes... (les désigner), à prendre dans mes magasins à..., moyennant la somme de... que ledit B... promet et s'engage de me payer comptant lors de la livraison, sous la condition néanmoins que, dans le cas où lesdites marchandises ne seraient pas livrées à l'époque ci-dessus désignée, ledit sieur B... aura la faculté de se désister de la présente vente, laquelle sera considérée comme nulle et non avenue.

Fait et signé double, à..., ce...
(Signature).

Formule d'un acte de dépôt d'objets ou marchandise quelconque.

Je soussigné D..., (nom, prénoms, profession et demeure) reconnais avoir reçu de L... (nom, prénoms, profession et demeure), à titre de dépôt les effets (ou marchandises) dont le détail suit : 1° (énoncer exactement les objets déposés).

Je m'engage à garder et soigner lesdits objets (ou marchandises) pendant tout le temps qu'ils resteront entre mes mains, sans que j'aie cependant à répondre de leur perte, si elle avait lieu par cas fortuit, ni des détériorations qui pourraient leur survenir sans ma faute, ni ma négligence. Je promets de rendre identiquement les objets dont il s'agit ; à la volonté de L..., à lui-même ou à son fondé de pouvoir spécial, sous la réserve de répéter les frais que je pourrai faire pour leur garde et leur conservation.

Fait à..., le... mil huit cent....
(Signature).

Formule d'un acte de décharge.

Je soussigné... reconnais que D. (le dépositaire) m'a remis fidèlement et identiquement toutes les choses portées à l'acte de dépôt qu'il m'avait consenti à la date du..., et que je n'ai plus rien à lui réclamer.

Fait à..., le..., mil huit cent...
(Signature).

Modèle de pouvoir spécial.

Je soussigné (nom, prénoms, demeure), propriétaire d'une maison sise à... (indiquer la situation.)

Donne pouvoir à M. B. (nom, prénoms et demeure du mandataire) de, pour moi et en mon nom toucher, recevoir les loyers de madite maison sise à..., en donner quittances, en cas de non paiements, en poursuivre le recouvrement; pratiquer à cet effet toutes saisies-gageries en revendication, former toute demande en condamnation et en validité desdites saisies, constituer tous avoués, obtenir tous jugements, les mettre à exécution, provoquer toutes ventes, produire à toutes contributions, toucher toutes sommes et en donner décharge, en un mot, faire tout ce qui sera nécessaire pour toucher lesdits loyers, promettant l'avoir pour agréable.

Fait à..., le...

N. B. Le mandat doit faire précéder sa signature des mots: Bon pour pouvoir.

MANDAT.

Modèle de procuration générale.

Je soussigné (nom, prénoms, demeure), donne pouvoir à (nom, prénoms et demeure du mandataire),

De pour moi et en mon nom, toucher toutes les sommes qui me sont dues ou qui pourront l'être, poursuivre tous débiteurs en paiement desdites sommes, demander toutes indemnités qui me seraient dues, en fixer amiablement le montant, ou le faire fixer par experts en tous tribunaux. Prendre communication de tous livres, registres, journaux et autres titres propres à faire constater la position active et passive de tous débiteurs, comparaître à toutes assemblées de créanciers, prendre part à toutes délibérations; vérifier, admettre ou rejeter tous titres qui seraient produits; faire vérifier mes créances, affirmer qu'elles sont sincères et véritables.

En cas de difficulté et à défaut de paiement de la part de tous débiteurs, exercer toutes poursuites, contraintes et diligences nécessaires; faire tous commandements, toutes sommations; citer et paraître tant en demandant qu'en défendant devant tous tribunaux de paix, se concilier si faire se peut, prendre tous arrangements, faires toutes remises, demander termes, délais, traiter, composer, transiger, compromettre en tout état de cause; nommer tous experts et amiables compositeurs, leur donner tous pouvoirs et autorisations, s'en rapporter à leurs décisions ou les contester, renoncer à tous appels et recours en cassation; à défaut de conciliation, se pourvoir devant tous tribunaux compétents, y former toutes demandes, défendre à celles intentées, constituer tous avoués, avocats; les révoquer, en constituer d'autres, plaider, en appeler; intervenir dans toutes instances; se pourvoir, et défendre en cassation; faire toutes consignations, s'opposer à celles qui seraient demandées, obtenir tous jugements, arrêts, les faire lever, signifier et exécuter par toutes les voies de droit, faire tous actes conservatoires ; interrompre toutes prescriptions ou les opposer ; former toutes oppositions, prendre toutes inscriptions hypothécaires, les renouveler, faire procéder à saisie et vente de meubles et à toutes expropriations forcées, convertir toutes saisies immobilières en vente sur publications volontaires ; exercer toutes contraintes par corps, faire tous écrous et recommandations, consigner tous aliments, provoquer tous ordres et contributions, obtenir tous bordereaux et mandements de collocation, en toucher le montant; donner toutes mains-levées, consentir toutes radiations d'office et autres, même de celles existantes, donner tous acquiescements et désistements, consentir restriction, prêter tous consentements, substituer une ou plusieurs personnes dans tout ou partie des présents pouvoirs, révoquer lesdites substitutions, en faire de nouvelles.

Aux effets ci-dessus passer et signer tous actes, élire domicile, et généralement faire tout ce que le mandataire jugera convenable ; promettant l'avoir pour agréable et le ratifier.

Fait à..., le...

Signer comme le modèle précédent.

VOITURIERS PAR TERRE ET PAR EAU.

Ce sont les entrepreneurs de transport qui se chargent, à certaines conditions et moyennant un prix déterminé, de conduire, soit des marchandises et autres objets, soit des personnes, d'un lieu à un autre.

Les voituriers par terre et par eau sont assujettis, pour la garde et la conservation des choses qui leur sont confiées, aux mêmes obligations que les aubergistes. — Ainsi, ils sont responsables, comme dépositaires, des effets apportés par le voyageur, et le dépôt de ces sortes d'effets doit être regardé comme un dépôt nécessaire. — Ils sont responsables du vol ou du dommage des effets du voyageur, soit que le vol ait été fait ou que le dommage ait été causé par leurs domestiques ou par des étrangers. — Ils répondent non-seulement de ce qu'ils ont déjà reçu dans leur bâtiment ou voiture, mais encore de ce qui leur a été remis sur le port ou dans l'entrepôt pour être placé dans leur bâtiment ou voiture. — Ils sont responsables de la perte des choses qui leur sont confiées, à moins qu'ils ne prouvent qu'elles ont été perdues par force majeure. — Ils sont garants des avaries autres que celles qui proviennent du vice propre de la chose ou de la force majeure.

Les entrepreneurs de voitures publiques par terre ou par eau, et ceux des roulages publics, doivent tenir registre de l'argent, des effets et des paquets dont ils se chargent. — Ils sont en outre assujettis à des règlements particuliers, qui font la loi entre eux et les autres citoyens.

Il se rencontre souvent un intermédiaire entre l'expéditeur et le voiturier : c'est le commissionnaire, qui se charge d'un transport par terre ou par eau : il est tenu d'inscrire sur son livre-journal la déclaration de la nature et de la quantité des marchandises, et, s'il en est requis, de leur valeur. — Il est garant de l'arrivée des marchandises et effets dans le délai déterminé par la lettre de voiture, hors les cas de la force majeure légalement constatée. — Il est garant des avaries ou pertes de marchandises et effets, s'il n'y a stipulation contraire dans la lettre de voiture, ou force majeure, jusqu'à concurrence du prix de la voiture. — Le commissionnaire ou voiturier a un privilége pour les frais de voiture et les dépenses accessoires sur la chose voiturée.

L'art. 108 du Code de commerce, qui fixe à six mois la durée de l'action contre le voiturier pour raison de perte ou d'avarie, n'est applicable que lorsqu'il s'agit du transport de marchandises, et non lorsqu'il s'agit du transport d'objets confié par des non-commerçants (Troplong, Zachariæ, Duvergier).

L'art. 2 de la loi du 25 mai 1838, qui dispose que les contestations entre voyageurs et voituriers seront jugées par le juge de paix, ne s'applique pas au cas où des effets sont déposés au roulage ou aux messageries, sans que le voyageur les accompagne (Caron, *Jurid. des juges de paix*).

Suivant M. Pardessus, *Droit commercial*, l'annonce faite au public par les entrepreneurs publics de transport, avec des conditions de prix, de périodicité de jour et d'heure, ne leur permet plus de refuser de partir au moment déterminé, ni d'exiger d'autres prix que ceux indiqués dans leurs annonces. Ils ne peuvent refuser de partir aux jour et heure annoncés, quand même le nombre des personnes et des objets qu'ils doivent transporter ne suffirait pas pour compléter leur chargement ou couvrir leurs déboursés (Pardessus). — Mais le service des entrepreneurs particuliers n'étant pas publiquement annoncé, on ne peut les contraindre à partir à jour et à heure fixes : ils sont libres de se charger quand bon leur semble, et à des prix débattus, d'effectuer des transports (Pardessus, fin du *Droit commercial*).

Marché fait pour transport de marchandises.

M. J... (prénoms, nom, profession, demeure), d'une part ;
Et M. E..., (id.), d'autre part ;
Sont convenus de ce qui suit :

M. J... s'oblige envers M. E..., ce acceptant, à voiturer, conduire, transporter, avec sa charette, ses chevaux et harnais, de (tel lieu), à (tel autre lieu).

(Désigner la nature et le poids des objets à transporter). Le tout étant actuellement à (désigner le lieu d'où l'on prend ces objets). M. J... commencera, ainsi qu'il s'y oblige, le transport desdites marchandises, le... et le continuera ainsi sans interruption jusqu'à ce que lesdits objets soient arrivés à leur destination, de telle sorte que lesdites marchandises soient transportées au plus tard, le... à peine de... d'indemnité pour chaque jour de retard.

Ce marché est fait moyennant la somme de... que M. E... s'oblige de faire payer audit sieur J... par M..., son correspondant.

Fait double à..., le...

(*Signatures.*)

Lettres de voitures.

Voiture... f. C.
Remboursement   Paris, ce...... an.....
M... à la garde de Dieu, et conduite de... voiturier à... je vous

envoie... (Désigner la E. P. nature et quantités de marchandises), marqués comme en N. 2 marge, pesant..., pour être rendues en... jours, à peine de perdre le tiers de la voiture. Les ayant bien reçues conditionnées, vous payerez la somme de... par quintal et lui rembourserez celle de... suivant le détail ci-après (ou en marge).

A M. Janin, négociant à Nantes, département de Loire-Inférieure.

(Signatures).

Procès-verbal provisoire constatant un cas d'avarie à l'arrivée des marchandises.

L'an mil huit cent..., le..., heure de..., nous soussignés (prénoms, noms, professions des deux experts, leurs demeures); à la réquisition de M. (prénoms, nom), marchand de..., demeurant à..., nous nous sommes transportés à son domicile, où étant arrivés, M... nous a déclaré qu'il lui avait été présenté, il y a moins d'un quart d'heure (tant) de ballots de marchandises; le premier marqué N°..., le deuxième N°...; que ces ballots, qui lui étaient adressés par M..., négociant à..., lui étaient arrivés par l'entremise (de tel roulage ou tel commissionnaire) et avaient été transportés à son domicile par le camion dudit roulage; mais que ces ballots présentant le caractère d'une avarie complète, il avait refusé de les recevoir, et sur le refus du conducteur de les remporter, il s'était opposé à ce qu'ils fussent emmagasinés chez lui et qu'ils avaient été déposés sous le couvert de la porte cochère; qu'il nous requérait, en conséquence, de constater l'avarie, sauf à lui à se pourvoir devant les tribunaux, pour faire valoir ses droits comme il aviserait.

Obtempérant à sa réquisition et sans aucunement entamer les ballots nous avons procédé à leur examen extérieurement, et nous avons reconnu qu'ils présentaient le caractère d'une avarie partielle. En foi de quoi nous avons délivré le présent certificat, pour valoir ce que de droit à M..., requérant, qui a signé avec nous.

Fait à... ledit jour, mois et an.

(Signatures).

COMMIS-VOYAGEUR.

On désigne sous ce nom les personnes qui voyagent pour le compte d'un commerçant par lequel elles sont commissionnées.

On donne aussi ce nom à celui qui, sans être spécialement délégué ou commissionné par telle ou telle maison de commerce, voyage pour son propre compte, et se charge de toutes les commissions qui peuvent lui être données.

Le commis-voyageur agit donc, soit en vertu d'un mandat d'une maison spéciale, soit comme entrepreneur de commissions diverses.

Salarié par le marchand ou par la maison de commerce qui l'emploie, le commis-voyageur est considéré comme un homme de service à gages dans le sens de l'art. 408 du Code pénal.

En conséquence le détournement de sommes reçues pour son commettant constitue non pas seulement le délit d'abus de confiance, mais bien le crime de vol domestique.

DES BREVETS D'INVENTION.

Une nouvelle loi promulguée le 31 mai 1856, modifie ainsi qu'il suit l'article 32 de la loi du 5 juillet 1844, sur les brevets d'invention.

1° Sera déchu de tous ses droits, le breveté qui n'aura pas acquitté son annuité avant le commencement de chacune des années de la durée de son brevet.

2° Le breveté qui n'aura pas mis en exploitation sa découverte ou invention en France dans le délai de deux ans, à dater du jour de la signature du brevet, ou qui aura cessé de l'exploiter pendant deux années consécutives, à moins que, dans l'un ou l'autre cas, il ne justifie des causes de son inaction ;

3° Le breveté qui aura introduit en France des objets fabriqués en pays étranger et semblables à ceux qui sont garantis par son brevet.

Néanmoins, le ministre de l'agriculture, du commerce et des travaux publics, pourra autoriser l'introduction :

1° Des modèles de machines ;

2° Des objets fabriqués à l'étranger, destinés à des expositions publiques ou à des essais faits avec l'assentiment du gouvernement ;

Délibéré en séance publique, à Paris, le 20 mai 1856.

Lorsqu'il est pris au nom d'une société régulièrement constituée, il appartient à la raison sociale et non aux associés individuellement.

Lorsque les brevets sont délivrés, et les droits de l'inventeur assurés, les descriptions, dessins, échantillons et modèles, déposés au ministère de l'agriculture et du commerce, sont communiqués gratuitement à ceux qui veulent en prendre connaissance; mais il est défendu de prendre aucune note : on peut seulement, en en faisant la demande, obtenir une copie du brevet en payant un droit de 25 fr. pour chaque brevet principal, et de 20 fr. pour chaque brevet d'addition. Les frais de copie du dessin, si on tient à les avoir, se paient en plus.

Lorsque les brevets sont expirés et tombés dans le domaine public, ils sont déposés au Conservatoire des arts et métiers, où on peut les consulter et en prendre copie sans aucune rétribution (1).

Marché fait entre un négociant et un commis.

Les soussignés,

M. P. (prénoms, nom) négociant, demeurant à, d'une part;

Et M. F... (id.), d'autre part;

Sont convenus de ce qui suit :

M. F. s'engage à travailler chez M. P..., en qualité de commis, y tenir les écritures et à s'employer à tel autre usage relatif au commerce qu'exerce M. P. et l'emploi qu'il voudra bien lui confier, et ce, pendant..., à partir du... M. P... accepte cet engagement et s'oblige, de son côté, à conserver M. F... en qualité de commis pendant ledit temps.

Comme indemnité de son travail, M. P... nourrira, logera, éclairera et chauffera M. F... et le mettra au fait de son état. Mais attendu que M. F... n'a pas encore d'expérience, et que ses travaux ne pourront être

---

(1) La taxe pour les brevets d'invention est de :
500 fr. pour un brevet de cinq ans;
1,000 fr. pour un brevet de dix ans;
1,500 fr. pour un brevet de quinze ans.

que faiblement utiles à M. P... dans les premières années, il est convenu que M. F... payera à M. P... à titre de pension ; savoir : la première année, la somme de...; la deuxième, celle de...; la troisième...; seulement la quatrième année sera gratuite, et de plus M. P... se réserve d'appointer dans le cours de cette même quatrième année M. F... s'il est satisfait de ses travaux. Ces paiements se feront à la fin de chaque année.

M. F... s'oblige à remplir et exécuter les travaux qui lui seront confiés, avec zèle, exactitude, et de faire tout ce qui dépendra de lui pour mériter de plus en plus la confiance de M. P.

Fait double à...

(*Signatures*).

CRÉDIT.

C'est l'acte par lequel un banquier ou un négociant s'engage à fournir à une personne des fonds, ou des effets négociables, jusqu'à concurrence d'une somme déterminée.

Par cet acte, le *créditeur* s'oblige à prêter, et le *crédité* à emprunter : mais la dette ne prend naissance qu'au moment de la réalisation ou remise soit des espèces, soit des valeurs promises. De ce moment, le créditeur et le crédité se trouvent en état de *compte-courant*.

Le crédit ouvert peut être limité non-seulement à une certaine somme déterminée, mais encore à un laps de temps fixé à l'avance : comme aussi sa quotité et sa durée peuvent être illimitées, suivant les conventions des parties.

En général, le crédité fournit à l'avance soit un gage mobilier, soit une hypothèque ou un cautionnement, pour sûreté de la somme qu'il emprunte.

Les auteurs sont d'accord pour reconnaître que le crédité peut être condamné à des dommages et intérêts envers le créditeur, s'il n'usait pas du crédit ouvert par ce dernier : car celui-ci a dû tenir des fonds à la disposition de l'autre, et dès lors, il a pu se refuser à d'autres opérations. Mais dans ce cas, les tribunaux sont juges souverains des circonstances, et ils ont seuls le droit de fixer la quotité des dommages et intérêts.

Les actes d'ouverture de crédit peuvent, comme les obligations ordinaires, être faits sous seing privé : cependant, s'ils contenaient une affection hypothécaire ils devraient être passés devant notaire, conformément à l'art. 2127 du Code Napoléon.

ENREGISTREMENT.

Les actes d'ouverture de crédit ne sont mentionnés dans aucune des lois sur l'enregistrement. La jurisprudence a seule fixé les droits à acquitter par suite de ces actes.

BILLET A ORDRE ET LETTRE DE CHANGE.

Le billet à ordre est daté ; il énonce la somme à payer, le nom de celui à l'ordre de qui il est souscrit, l'époque à laquelle le paiement doit s'effectuer, la valeur qui a été fournie en espèces, en marchandises, en compte, ou de toute autre manière.

Presque toutes les dispositions relatives aux lettres de change sont applicables aux billets à ordre.

La différence essentielle c'est que la lettre de change est tirée d'un lieu sur un autre, tandis que le billet à ordre n'est pas tiré de place en place.

Sont réputées simples promesses, toutes lettres de change contenant supposition, soit de nom, soit de qualité, soit de domicile, soit des lieux d'où elles sont tirées ou dans lesquels elles sont payables.

La signature des femmes et des filles non négociantes ou marchandes publiques sur lettres de change, ne vaut, à leur égard, que comme simple promesse.

Le billet à ordre est ainsi conçu :

Paris, le 2 février 1856.

B. P. F. 1000

Le quinze juillet prochain, je paierai à Monsieur Baudrau (professeur), ou à son ordre, la somme de mille francs, valeur reçue comptant (ou en marchandises).

(*Signature et domicile du débiteur.*) (1)

(1) Si le corps du billet ou de la lettre de change n'était pas écrit de

Modèle de lettre de change.

Paris, le 10 octobre 1856.

B. P. F. 1000

À présentation ou à......: (le nombre de jours, de mois, ou d'usances) de vue, ou le.....: (le quantième de tel mois) prochain, il vous plaira payer par cette seule lettre de change, à mon ordre, la somme de mille francs, valeur en moi-même, que vous passerez suivant mon avis.

(*Signature.*) (1)

A M. Durant, banquier à Lyon (Rhône).

Toutes actions relatives aux lettres de change et à ceux des billets à ordre souscrits par des négociants, marchands ou banquiers, ou pour faits de commerce, se prescrivent par cinq ans, à compter du jour du protêt, ou de la dernière poursuite juridique, s'il n'y a eu condamnation, ou si la dette n'a été reconnue par acte séparé. Néanmoins, les prétendus débiteurs sont tenus, s'ils en sont requis, d'affirmer sous serment qu'ils ne sont plus redevables; et leurs veuves, héritiers ou ayants cause, qu'ils estiment de bonne foi qu'il n'est plus rien dû.

D'après un arrêt de la Cour de Cassation, en date du 16 novembre 1853, la prescription, en ce qui concerne les lettres de change protestées tardivement, court du lendemain de l'échéance, et non de la date du protêt tardif.

---

la main du tireur, sa signature devrait être précédée d'un bon exprimant la somme en toutes lettres.

(1) La lettre de change faite à l'ordre du tireur lui-même, telle que le modèle, tire toute sa valeur, ou tout ou moins le complément de sa perfection, de l'endossement; car c'est ce dernier acte qui, dans l'espèce, forme seul le contrat de change. L'endossement d'une lettre de change, appelé aussi ordre, est d'ailleurs fort simple; il se rédige ainsi :

Payez à l'ordre de M. N......, valeur de lui reçue comptant, ou en compte, ou en marchandises, selon le cas; puis on met la date et la signature. Les ordres ou endossements ne peuvent pas être antidatés, à peine de faux (Article 130 du Code de commerce).

Bordereau de négociation.

Paris, le 10 janvier 1856.

Négocié à M. Rosemfeld les effets ci-après, à 6 p. 0/0 l'an et 3/4 de commission et change de place.

	fr. c.		fr. c.
Nantes, 26 avril.	1000 »	106 jours.	17 65 intérêts.
» 16 mai.	1000 »	126 »	21 » »
Lyon, 26 id.	2000 »	136 »	45 35 »
Bordeaux 11 juin.	1000 »	152 »	25 35 »
	5000 »		109 35 »

A déduire :

Intérêts. 109 35
3/4 comm. et change. 37 50 } 146 85

net. . . . 4,853 15

FAILLITE.

La faillite est l'état du commerçant qui cesse ses paiements. — La faillite d'un commerçant peut être déclarée après son décès, lorsqu'il est mort en état de cessation de paiements. La déclaration de la faillite ne peut être, soit prononcée d'office, soit demandée par les créanciers, que dans l'année qui suit le décès (art. 1ᵉʳ de la loi du 28 mai 1838).

Formule de bilan.

Bilan du sieur G..., marchand de nouveautés, à....., rue....., n°.....

ACTIF.

Marchandises en magasin.	fr. 20,000
Mobilier industriel.	5,000
Mobilier particulier.	1,000
Créances bonnes.	3,000
— douteuses ou mauvaises.	5,000
Espèces en caisse et effets en portefeuille. . .	1,000
Total de l'actif. . .	35,000

(*Porter les immeubles s'il y en a.*)

PASSIF.

Dû aux créanciers suivants :
(Créanciers hypothécaires s'il y en a.)
    Créanciers privilégiés.

M. Romiguère, propriétaire, pour loyer. . . . . fr. 500
Jules, mon commis, un mois. 100
Pauline, ma domestique. 50
    Créanciers chirographaires.
(En faire le détail.)
        Ensemble. . . 75,000
        Total du passif. . . . 75,650

Certifié sincère, véritable et conforme à mes livres.
 Paris, le.....
        Signé : G.....

(NOTA. — *Lorsque le bilan est fait par les syndics, il doit être certifié et signé par eux.*)

  Bordereau pour produire à une faillite, ou production.

Bordereau des sommes réclamées par MM. J. Bertrand et Cⁱᵉ, négociants à Paris, rue....., n°....., dans la faillite du sieur Louis Leroux, négociant, demeurant à.....

1855. Janvier 15. Notre facture,   fr. 510
   id. 25. Retour de son billet au 20 courant,
      avec protêt,   415
  Février 9. Notre facture,   335
        Ensemble, 1,260

Dont nous demandons l'admission au passif de la faillite dudit sieur Leroux
 Paris, le.....
      Signé : J. Bertrand et Cⁱᵉ.

Pièces à l'appui :

1° Notre facture, 15 janvier,
2° id. 9 février,
3° Billet Leroux au 20 janvier, protesté.
  (On doit joindre les pièces à la production.)

DE LA RÉHABILITATION.

La réhabilitation a pour effet de rendre un commerçant failli à l'état dont la faillite l'avait fait déchoir, et aux droits qu'elle lui avait enlevés.

Le failli qui aura intégralement acquitté, en principal, intérêts et frais, toutes les sommes par lui dues, pourra obtenir sa réhabilitation.

La demande en réhabilitation doit être adressée à la Cour impériale dans le ressort de laquelle le failli est domicilié. Le demandeur doit joindre à sa requête les quittances et autres pièces justificatives.

Le procureur général près la Cour fait rendre un arrêt portant admission au rejet de la demande en réhabilitation. Si la demande est rejetée, elle ne pourra être reproduite qu'après une année d'intervalle.

PROTÊT.

C'est l'acte qui constate le refus d'acceptation ou de payement d'une lettre de change ou d'un billet à ordre.

En cas de refus de payement, le refus doit être constaté le lendemain du jour de l'échéance. Si ce jour est un jour férié légal, le protêt est fait le jour suivant.

TRIBUNAUX DE COMMERCE.

Chaque tribunal de commerce est composé d'un juge-président, de juges et de suppléants. Le nombre des juges ne peut pas être au-dessous de deux, ni au-dessus de huit, non compris le président. Le nombre des suppléants est proportionné aux besoins du service ; un règlement d'administration publique, c'est-à-dire une ordonnance royale délibérée en conseil d'Etat, fixe, pour chaque tribunal, le nombre des juges et celui des suppléants.

Les tribunaux de commerce connaissent : 1° de toutes contestations relatives aux engagements et transactions entre négociants, marchands ou banquiers ;

2° Entre toutes personnes, des contestations relatives aux actes de commerce.

Ne sont point de la compétence des tribunaux de commerce, les actions intentées contre un propriétaire, cultivateur ou vigneron, pour vente de denrées provenant de son cru, les actions intentées contre un commerçant, pour payement de denrées et marchandises achetées pour son usage particulier. — Néanmoins, les billets souscrits par un commerçant seront censés faits pour son commerce, et ceux des receveurs, payeurs, percepteurs et autres comptables de deniers publics, seront censés faits pour leur gestion, lorsqu'une autre cause n'y sera point énoncée.

Les tribunaux de commerce jugent en dernier ressort : 1° toutes demandes dans lesquelles les parties justiciables de ces tribunaux et usant de leurs droits, auront déclaré vouloir être jugées définitivement et sans appel ; 2° toutes demandes dont le principal n'excédera pas la valeur de quinze cents francs ; 3° les demandes reconventionnelles ou en compensation, lors même que, réunies à la demande principale, elles excéderaient quinze cents francs ; si l'une des demandes principale ou reconventionnelle s'élève au-dessus des limites ci-dessus indiquées, le tribunal ne prononcera sur toutes qu'en premier ressort. — Néanmoins, il sera statué en dernier ressort, sur les demandes en dommages-intérêts, lorsqu'elles seront fondées exclusivement sur la demande principale elle-même.

Dans les arrondissements où il n'y a pas de tribunaux de commerce, les juges du tribunal civil exercent les fonctions et connaissent des matières attribuées aux juges de commerce.

BANQUEROUTE SIMPLE OU FRAUDULEUSE.

Sera déclaré banqueroutier simple tout commerçant failli qui se trouvera dans un des cas suivants :

1° Si ses dépenses personnelles ou les dépenses de sa maison sont jugées excessives ;

2° S'il a consommé de fortes sommes, soit à des opérations de pur hasard, soit à des opérations fictives de bourse ou sur marchandises ;

3° Si, dans l'intention de retarder sa faillite, il a fait des achats pour revendre au-dessous du cours ; si, dans la même intention, il s'est livré à des emprunts, circulation d'effets, ou autres moyens ruineux de se procurer des fonds ;

4° Si, après cessation de ses payements, il a payé un créancier au préjudice de la masse.

Pourra être déclaré banqueroutier simple tout commerçant failli qui se trouvera dans un des cas suivants :

1° S'il a contracté, pour le compte d'autrui, sans recevoir des valeurs en échange, des engagements jugés trop considérables eu égard à sa situation lorsqu'il les a contractés ;

2° S'il est de nouveau déclaré en faillite sans avoir satisfait aux obligations d'un précédent concordat ;

3° Si, étant marié sous le régime dotal, ou séparé de biens, il ne s'est pas conformé aux art. 69 et 70 ;

4° Si, dans les trois jours de la cessation de ses payements, il n'a pas fait au greffe la déclaration exigée par les art. 438 et 439, ou si cette déclaration ne contient pas les noms de tous les associés solidaires ;

5° Si, sans empêchement légitime, il ne s'est pas présenté en personne aux syndics dans les cas et dans les délais fixés, ou si, après avoir obtenu un sauf-conduit, il ne s'est pas représenté à justice ;

6° S'il n'a pas tenu de livres et fait exactement inventaire; si ses livres ou inventaire sont incomplets ou irrégulièrement tenus, ou s'ils n'offrent pas sa véritable situation active ou passive, sans néanmoins qu'il y ait fraude.

Sera déclaré banqueroutier frauduleux, et puni des peines portées au Code pénal, tout commerçant failli qui aura soustrait ses livres, détourné ou dissimulé une partie de son actif, ou qui, soit dans ses écritures, soit par des actes publics ou des engagements sous signature privée, soit par son bilan, se sera frauduleusement reconnu débiteur de sommes qu'il ne devait pas.

DE LA CONTRAINTE PAR CORPS.

La contrainte par corps est un mode d'exécution qui donne au créancier le droit de faire incarcérer son débiteur, pour le contraindre au paiement de sa dette, et pour un temps fixé selon l'importance de la créance.

La contrainte par corps ne peut être exécutée qu'un jour après la signification légale, avec commandement du jugement qui l'a prononcée; à moins qu'il ne s'agisse d'une créance contre un étranger, qu'on peut faire arrêter provisoirement.

Ne sont soumis à la contrainte par corps en matière de commerce :

1° Les femmes et les filles non légalement réputées marchandes publiques;

2° Les mineurs non commerçants, ou qui ne sont point réputés majeurs pour fait de leur commerce;

3° Les veuves et héritiers des justiciables des tribunaux de commerce assignés devant ses tribunaux en reprise d'instance ou par action nouvelle, en raison de leur qualité.

4° Les débiteurs qui auront commencé leur soixante et dixième année.

Le débiteur ne peut être arrêté :

1° Avant le lever et après le coucher du soleil;

2° Les dimanches et jours de fêtes légales ;

3° Dans les édifices consacrés aux cultes pendant les exercices religieux.

4° Dans les lieux et pendant le temps des séances des autorités constituées ;

5° Dans une maison quelconque, même à son domicile, à moins cependant que l'arrestation extraordinaire n'ait été ordonnée par le juge de paix, et, en ce cas, le juge de paix doit accompagner l'officier ministériel (1) (art. 781 du Code de Proc. Civile). Enfin le débiteur ne peut être non plus arrêté lorsque, appelé comme témoin devant un juge d'instruction, ou devant un tribunal de première instance, ou une cour impériale d'assises, il est porteur d'un sauf-conduit.

BOULANGER.

Le commerce de la boulangerie est également soumis et par les mêmes lois que celui de la boucherie à la surveillance de l'autorité municipale.

Les principes de cette surveillance et ceux concernant les priviléges pour les fournitures faites sont identiques.

Dans un grand nombre de localités, les boulangers sont tenus d'avoir une certaine quantité d'hectolitres de farine, qui forme le cautionnement, envers l'administration.

L'arrêté municipal qui défend aux boulangers de pousser des cris ou des hurlements en pétrissant le pain, est obli-

(1) La loi du 26 mars 1855 modifie de la manière suivante le paragraphe 5 de l'article 781 du Code de procédure civile et l'article 15 du Décret du 14 mars 1808 :

« Dans une maison quelconque, même dans son domicile, à moins qu'il n'ait été ainsi ordonné par le juge de paix du lieu, lequel juge de paix devra, dans ce cas, se transporter dans la maison avec l'officier ministériel, ou déléguer un commissaire de police. »

Article 15. Dans le cas prévu par le paragraphe 5 de l'article 781 du Code de procédure civile, il ne peut être procédé à l'arrestation qu'en vertu d'une ordonnance du président du tribunal civil, qui désigne un commissaire de police chargé de se transporter dans la maison avec le garde du Commerce.

gatoire, et la contravention à ses dispositions est punie comme bruit nocturne, d'après les art. 479, n. 8, et 480, n. 2 du Code Pénal, de 11 fr. à 15 fr. d'amende et d'un emprisonnement qui peut s'élever à 5 jours.

Chaque localité a sur cette matière des règlements particuliers auxquels il faut s'en rapporter.

BOUCHER.

La vente de la viande de boucherie, intéressant la salubrité publique, a été placée sous la surveillance de l'autorité municipale. Cette autorité, investie de cette attribution par les lois du 22 juillet 1791, art. 30, et du 24 août 1790, titre XI, art. 3, a le droit de taxer le prix de la viande de boucherie, et l'art. 479 du Code Pénal punit de peines de simple police les bouchers qui vendraient au-dessus de la taxe.

L'autorité municipale doit également veiller à ce que les viandes vendues soient de bonne qualité et non gâtées. Le Code pénal prescrit encore des peines de simple police à l'égard des contrevenants.

L'action des bouchers, pour les fournitures par eux faites, se prescrit par six mois; et la loi, pour ce qui leur est dû depuis ce temps, leur accorde un privilége sur les meubles et sur les immeubles de leur débiteur. Ce privilége ne peut cependant être exercé par eux qu'après les frais funéraires, les frais de la dernière maladie, et le salaire des gens de service. Articles 2101 et 2104 du Code Napoléon.

L'art. 480 du Code Pénal prononce un emprisonnement de cinq jours contre tout boucher qui se serait servi de poids non conformes à ceux qui seuls sont autorisés.

DROIT PÉNAL
EXPLIQUÉ.

DÉLITS CONTRE LES PERSONNES. — DÉLITS CONTRE LES BIENS. — PEINES ET AMENDES.

Ce n'était pas assez pour le législateur d'avoir posé dans les lois civiles les principes de justice qui commandent à l'homme de respecter les biens, l'honneur et la personne de son semblable, ni d'avoir établi les règles qui servent de base aux relations des peuples et des individus entre eux ; il fallait encore trouver une sanction à l'accomplissement de ces règles, à la violation de ces principes, et c'est ce que l'on a cherché par l'établissement d'autres règles, par les rigueurs d'une autre série de dispositions législatives, qu'on appelle le *Droit pénal* ou le *Droit criminel*.

Deux parties bien distinctes forment l'ensemble de cette législation : la première traite de l'instruction et de la procédure en matière criminelle ; la seconde règle la mesure de la pénalité ou la répression applicable à chaque infraction, que l'on nomme *crime*, *délit* ou *contravention*, selon la nature et la gravité des cas.

A la différence des autres parties de notre Droit, qui n'ont chacune que sa juridiction spéciale, à un ou plusieurs degrés, le *Droit pénal* en compte *cinq* bien tranchées dans son régime : ainsi il existe des conseils de guerre pour juger et punir toutes les fautes commises par les militaires, et des conseils de discipline institués dans plusieurs corporations de fonctionnaires pour réprimer les infractions imputées aux membres seulement de ces corporations, telles que celles des notaires, des avocats, avoués, huissiers, etc. Ce sont là des tribunaux exceptionnels qui n'ont juridiction que sur les membres de leurs compagnies respectives. Dans un ordre plus général, et comme exerçant leur autorité sur tout le monde, se trouvent : 1° les tribunaux de simple police pour juger les contraventions; 2° les tribunaux correctionnels pour réprimer les délits; 3° et les cours d'assises pour punir les crimes. Il existe encore un sixième tribunal de répression institué pour connaître des crimes, attentats ou complots contre l'Empereur et contre la sûreté intérieure ou extérieure de l'Etat : c'est la haute cour de justice. Mais de toutes ces diverses juridictions, il n'en est guère que deux dont la connaissance puisse intéresser nos lecteurs, à cause des rapports plus ou moins fréquents qu'ils peuvent avoir avec elles : ce sont les tribunaux de simple police et les tribunaux correctionnels. Les autres, n'exerçant leur action que dans des cas heureusement fort rares et pour lesquels l'assistance d'un avocat est d'ailleurs indispensable toutes les fois que l'on a affaire devant eux, doivent demeurer en dehors de notre cadre, dont l'espace déjà restreint peut être plus utilement occupé par d'autres matières. Nous nous bornerons donc à traiter sommairement dans les cinq sections qui vont suivre les règles spéciales en matière de contraventions et de délits ordinaires seulement, c'est-à-dire ce qui concerne plus particulièrement les tribunaux de simple police et les tribunaux correctionnels.

DES DÉLITS.

Des caractères constitutifs du délit.

Il est de principe général et absolu en matière de *Droit criminel* que pour être coupable d'un délit, il faut la réunion de ces deux circonstances : 1° avoir commis ou tenté de commettre, accompli ou tenté d'accomplir un acte ou un fait qui soit de nature à porter préjudice ou susceptible de nuire à autrui, soit dans sa personne, soit relativement à ses biens; 2° et une intention formelle, arrêtée et parfaitement comprise de commettre cet acte et de causer ce préjudice. Hors la réunion de ces deux circonstances, il n'y a point de délit punissable par la loi pénale : ainsi une personne qui détournerait au détriment du véritable propriétaire un objet quelconque sans intention de se l'approprier, ou qui frapperait quelqu'un, même d'un coup mortel, sans que sa volonté ni son imprudence y aient contribué, ne serait pas coupable de délit; de même celui qui n'aurait que le désir de commettre un vol ou de frapper quelqu'un jusqu'à n'importe quel degré, ne commettrait point de délit punissable tant que ce désir demeurerait à l'état d'intention, c'est-à-dire tant qu'il ne serait pas suivi tout au moins d'un commencement d'exécution. Le désir de commettre un mal ne relève donc que de la loi de la conscience; mais la loi pénale n'en demande pas compte. Ajoutons encore que les tentatives de délits ne sont punissables que dans certains cas expressément prévus par la loi, et que nous aurons le soin d'indiquer au fur et à mesure de nos énumérations.

Un autre élément constitutif du délit, c'est le discernement de l'agent, ou, en d'autres termes, l'intelligence de l'acte : ainsi un enfant qui soustrairait un objet quelconque avec l'intention de se l'approprier, un individu en état de démence qui porterait des coups graves par pure vengeance, ne commettraient point de délit, parce qu'il y aurait dans leurs actes défaut de discernement ou d'intelligence.

La question de discernement devient plus difficile à résoudre lorsqu'elle s'applique à un acte commis par un individu en état d'ivresse. Les lois romaines voient là une cause d'atténuation; les Codes de Prusse et de Bavière, tantôt une cause d'impunité, tantôt une atténuation seulement. La loi anglaise, au contraire, y trouve un cas d'aggravation. Quant à notre Code pénal, il garde le silence à cet égard, et c'est bien le parti le plus sage, eu égard à la difficulté d'établir une règle fixe en pareille matière : ainsi, dans le cas d'une ivresse accidentelle, mais complète au point d'enlever à l'individu l'intelligence de l'acte matériel qu'il commet, il nous semblerait injuste d'appliquer aucune peine, sauf cependant la réparation civile s'il y a lieu; au contraire, si l'ivresse n'est pas complète, si elle est préméditée, elle laisse la culpabilité entière; si, enfin, elle n'a fait qu'obscurcir l'intelligence sans l'éteindre, le juge peut déclarer les circonstances atténuantes.

D'après quelques auteurs, les actes commis en état de somnambulisme ne constituent ni culpabilité pénale, ni responsabilité civile; suivant la jurisprudence de quelques tribunaux, au contraire, la personne qui diffame publiquement pendant le sommeil, demeure passible des peines de ce délit. Nous croyons, nous, qu'il faut distinguer entre le somnambulisme naturel et celui que l'on a provoqué : la faute commise dans le premier cas ne doit donner lieu à aucune peine; mais celle qui s'accomplirait en état de somnambulisme provoqué nous semble moins excusable, parce que l'agent a eu le tort de s'exposer volontairement au danger qui la lui a fait commettre.

Des différentes espèces de délits.

Quoique la loi reconnaisse un nombre considérable d'actes qu'elle qualifie de délits, il est à remarquer qu'elle les restreint à deux espèces principales : les délits contre *les personnes* et les délits contre *les biens*. Les crimes euxmêmes, que le Code appelle quelquefois aussi délits, sont également renfermés dans cette subdivision : ainsi, la fabrication de la fausse monnaie, la contrefaçon des timbres ou des sceaux de l'Etat, le faux en écritures, la banqueroute, la forfaiture, etc., sont des délits contre les biens; les attentats à la liberté, ceux contre la sûreté de l'Etat, les complots tendant à troubler le repos public, etc., appartiennent à la catégorie des délits contre les personnes. Les délits contre les biens sont les plus fréquents et les plus nombreux, quoique ordinairement moins graves; mais les uns et les autres sont assez généralement connus pour qu'il devienne inutile de les définir ici. Une simple énumération suffira pour apprendre au lecteur tout ce qu'il lui importe de connaître à cet égard.

Des délits contre les personnes.

Tout le monde sait de quelles peines sont punis le meurtre, l'assassinat, l'infanticide, et tous ces autres crimes contre la vie des gens. Mais ce que beaucoup ignorent, et que pourtant il est bon de bien comprendre, c'est que, d'après la jurisprudence de la Cour de cassation, tout individu qui tue son adversaire en duel est assimilé au meurtrier, et doit être poursuivi comme tel; par suite du même principe, les blessures faites dans pareille circonstance sont réputées volontaires, et donnent lieu, soit à la peine de réclusion, soit à celle de l'emprisonnement, selon que ces blessures ont occasionné une incapacité de travail pendant plus ou moins de vingt jours. A la vérité, le jury se montre presque toujours indulgent dans les affaires de ce genre; mais d'ici à un temps plus ou moins prochain, il pourrait bien devenir sévère sur ce point comme il l'est sur d'autres, et le duelliste obstiné qui ne recule pas devant l'horreur du sang versé souvent pour un propos insignifiant, ne tardera peut-être pas à expier la peine de son forfait; de là la nécessité pour l'homme tant soit peu honnête de renoncer à l'usage barbare du duel.

L'homicide causé par maladresse ou imprudence est puni d'un emprisonnement de trois mois à deux ans et d'une amende de 50 à 600 fr.; et les blessures faites de la même manière, d'un emprisonnement de six jours à deux mois, et d'une amende de 16 à 100 fr.

Il est des cas où l'homicide, les blessures et les coups, quoique volontaires, ne constituent ni crime ni délit : c'est lorsqu'ils sont ordonnés par l'autorité légitime, ou commandés par la nécessité actuelle de la légitime défense de soi-même ou d'autrui. — Sont compris dans les cas de nécessité actuelle de défense, celui où l'homicide ou les coups ont eu lieu en repoussant pendant la nuit l'escalade ou l'effraction des clôtures, murs ou entrées d'une maison ou d'un appartement habité ou de leurs dépendances, et celui où ils ont eu lieu en se défendant contre les auteurs de vols ou de pillages exécutés avec violence.

Quelquefois l'homicide et les blessures volontaires sont seulement *excusables*, et alors au lieu d'entraîner des peines criminelles, ils ne sont punissables que de peines correctionnelles ; c'est ce qui arrive notamment lorsqu'ils ont été commis en repoussant, pendant le jour, l'escalade ou l'effraction des clôtures dont nous avons parlé au nombre précédent, ou qu'ils ont été commis par l'époux sur son épouse, ainsi que sur le complice, à l'instant où il les surprend en flagrant délit dans la maison conjugale.

Les menaces d'assassinat, d'empoisonnement ou de tout autre attentat grave contre les personnes, sont punis des travaux forcés à temps ou de l'emprisonnement et de l'amende; dans tous les cas, selon qu'elles aient eu lieu par écrit ou verbalement, avec ou sans condition.

Les autres crimes ou délits envers les personnes punis par le Code pénal, sont : les attentats aux mœurs, les arrestations illégales et séquestrations de personnes, les actes qui tendent à empêcher ou à détruire la preuve de l'état civil d'un enfant ou à compromettre son existence, les enlèvements de mineurs, le faux témoignage, la calomnie, les injures et les révélations de secrets.

Sont punis de la réclusion, les coupables d'enlèvement, de recélé ou de suppression d'enfant, de substitution d'un enfant à un autre, ou de supposition d'un enfant à une femme qui n'est réellement pas accouchée. La même peine a lieu contre ceux qui, étant chargés d'un enfant, ne le représentent point aux personnes qui ont le droit de le réclamer.

Toute personne qui, ayant assisté à un accouchement, n'aura pas fait la déclaration à elle prescrite par l'art. 56 du Code Napoléon, et dans les délais fixés par l'art. 55; et toute personne aussi qui, ayant trouvé un enfant nouveau-né, ne l'aura pas remis à l'officier de l'état civil, ainsi que nous l'avons dit au nombre 11, sera punie d'un emprisonnement de six jours à six mois, et d'une amende de 16 fr. à 300 fr.

Ceux qui auront porté à un hospice un enfant au-dessous de l'âge de sept ans accomplis, qui leur avait été confié afin qu'ils en prissent soin ou pour toute autre cause, seront punis d'un emprisonnement de six semaines à six mois, et d'une amende de 16 fr. à 50 fr.

Ceux qui auront exposé et délaissé en un lieu solitaire un enfant au-dessous de l'âge de sept ans accomplis, ceux qui auront donné l'ordre de l'exposer ainsi, si cet ordre a été exécuté, seront, pour ce seul fait, condamnés à un emprisonnement de six mois à deux ans, et à une amende de 16 fr. à 200 fr. Cette peine sera élevée de deux à cinq ans, et l'amende de 50 à 400 fr., contre les tuteurs ou tutrices, instituteurs ou institutrices de l'enfant exposé et délaissé par eux ou par leur ordre.

Si, par suite de l'exposition et du délaissement dont nous venons de parler, l'enfant est demeuré mutilé ou estropié, l'action sera considérée comme blessures volontaires à lui faites par la personne qui l'a exposé et délaissé; et si la mort s'en est suivie, l'action sera considérée comme meurtre. Au premier cas, les coupables subiront la peine applicable aux blessures volontaires; et au second, celle du meurtre.

Ceux qui auront exposé et délaissé en un lieu non solitaire un enfant au-dessous de l'âge de sept ans accomplis, seront punis d'un emprisonnement de trois mois à un an et d'une amende de 16 à 100 fr. La peine serait de six mois à deux ans, et l'amende de 25 à 200 fr., si le délit avait été commis par les tuteurs ou tutrices, instituteurs ou institutrices de l'enfant.

Quiconque, par fraude ou par violence, enlève ou fait enlever des mineurs, ou les entraîne, détourne ou déplace des lieux où ils avaient été mis par ceux à l'autorité ou à la direction desquels ils étaient soumis ou confiés, encourt la peine de la réclusion ; si la personne ainsi enlevée ou détournée est une fille au-dessous de seize ans accomplis, la peine est celle des travaux forcés à temps. Quand la fille au-dessous de seize ans a consenti à son enlèvement ou suivi volontairement le ravisseur, si celui-ci est majeur de vingt-un ans, il doit être condamné aux travaux forcés à temps ; s'il n'a pas encore vingt-un ans, il est punissable d'un emprisonnement de deux à cinq ans ; toutefois, dans le cas où le ravisseur aurait épousé la fille qu'il a enlevée, il ne peut être poursuivi que sur la plainte des personnes qui ont le droit de demander la nullité du mariage, ni condamné qu'après que cette nullité aura été prononcée.

Le faux témoignage est puni, dans la plupart des cas, des travaux forcés à temps ; néanmoins, si l'accusé contre lequel il a eu lieu a été condamné à une peine plus forte, le faux témoin doit subir une semblable peine. Le coupable de subornation de témoins est passible des mêmes peines que le faux témoin. Celui à qui le serment a été déféré ou référé en matière civile, et qui l'a prêté à faux, est puni de la dégradation civique.

Les médecins, chirurgiens, officiers de santé, pharmaciens, sages-femmes, et toutes autres personnes dépositaires, par état ou profession, des secrets qu'on leur confie, et qui, hors le cas où la loi les oblige à se porter dénonciateurs, ont révélé ces secrets, sont punis d'un emprisonnement d'un à six mois et d'une amende de 100 fr. à 500 fr.

Quiconque aura fait par écrit une dénonciation calomnieuse contre un ou plusieurs individus aux officiers de justice ou de police administrative ou judiciaire, sera puni d'un emprisonnement d'un mois à un an, et d'une amende de 100 fr. à 3,000 fr.

La diffamation envers les particuliers est punie d'un emprisonnement de cinq jours à un an, et d'une amende de 25 fr. à 2,000 fr., ou de l'une de ces deux peines seulement, selon les circonstances.

Ceux qui, sans l'autorisation préalable de l'officier public, dans le cas où elle est prescrite, auront fait inhumer un individu, seront punis de six jours à deux mois d'emprisonnement, et d'une amende de 16 à 50 fr. La même peine a lieu contre ceux qui contreviennent, de quelque manière que ce soit, à la loi et aux règlements sur les inhumations prématurées.

Est punissable d'un emprisonnement de trois mois à un an, et de 16 fr. à 200 fr. d'amende, quiconque se rend coupable de violations de tombeaux ou de sépultures, sans préjudice des peines contre les crimes ou délits qui seraient joints à celui-ci.

Des délits contre les biens.

Ainsi que nous l'avons dit déjà, les délits contre les biens ou les propriétés sont nombreux par leurs variétés ; mais ils sont généralement moins graves que ceux contre les personnes. Dans une acception plus rigoureuse, il ne se commet guère, sauf le cas d'incendie, qu'un seul délit contre les biens, qu'on appelle du nom générique de *vol ;* car tous les autres ne sont que des dérivés ou des modifications, tantôt aggravantes, tantôt atténuantes de celui-ci.

Afin de pouvoir mieux proportionner la peine avec la perversité du fait, le Code distingue cependant les banqueroutes, les escroqueries, les abus de confiance, les contraventions aux règlements sur les maisons de jeu, sur les loteries et les maisons de prêt sur gage ; les entraves apportées à la liberté des enchères, la violation des règlements relatifs aux manufactures, au commerce et aux arts ; les inexactitudes et infidélités des fournisseurs des armées de terre et de mer, la tromperie sur le poids, la quantité ou la qualité des marchandises ; enfin, les destructions, dégradations et dommages causés aux propriétés : cette dernière variété du délit peut n'être cependant, dans certains cas, qu'une simple contravention.

Quiconque soustrait frauduleusement une chose qui ne lui appartient pas, dit l'art. 379 du Code pénal, se rend coupable de vol. Toutefois, les soustractions commises par des maris au préjudice de leurs femmes, par des femmes au préjudice de leurs maris, par un veuf ou une veuve quant aux choses qui avaient appartenu à l'époux décédé, par des enfants ou autres descendants au préjudice de leurs pères ou mères ou autres ascendants, et réciproquement, ou par des alliés au même degré, ne peuvent donner lieu qu'à des réparations civiles : mais tous autres individus qui auront recélé ou appliqué à leur profit tout ou partie des objets volés, sont punis comme coupables de vol.

On décide assez généralement que celui qui retient frauduleusement une chose qu'il a trouvée et dont il connaît le propriétaire, doit être considéré comme voleur. La morale exige même qu'on cherche à découvrir le perdant, et à Paris on est peu indulgent envers celui qui n'a pas fait quelques démarches dans ce sens ou qui n'a pas déposé l'objet trouvé à la préfecture de police.

Le vol simple n'est puni que de peines correctionnelles : mais la peine devient plus grave à mesure que cet acte a été accompagné de circonstances plus aggravantes, ou qu'il dévoile plus d'audace et de perversité chez l'agent ; elle s'élève jusqu'aux travaux forcés à perpétuité quand le vol a été commis la nuit, par deux ou plusieurs personnes dont une ou plusieurs portaient des armes apparentes ou cachées, avec effraction ou escalade, et avec violence ou menace de la part des voleurs de faire usage de leurs armes. Le vol domestique est puni de la réclusion.

Quiconque a extorqué par force, violence ou contrainte la signature ou la remise d'un écrit, d'un acte, d'un titre, d'une pièce quelconque contenant ou opérant obligation, disposition ou décharge, est punissable des travaux forcés à temps.

Le saisi qui détruirait, détournerait ou tenterait de détourner des objets saisis sur lui et confiés à sa garde, serait passible d'un emprisonnement de deux mois à deux ans, et d'une amende qui ne pourrait excéder le quart des restitutions et des dommages-intérêts dus aux parties lésées, ni être moindre de 25 fr. La peine s'élèverait d'un an à cinq ans, et l'amende de 16 fr. à 500 fr. si la garde des objets détruits ou détournés par le saisi avait été confiée à un tiers.

Le recéleur des objets détournés, le conjoint, les ascendants et descendants du saisi qui l'auraient aidé dans la destruction ou le détournement de ces objets, seraient punissables d'une peine égale à celle par lui encourue.

Aux peines des travaux forcés, de la réclusion, de l'emprisonnement et de l'amende prononcées contre les voleurs, recéleurs ou complices, la loi ajoute impérativement, ou laisse au juge la faculté d'ajouter, selon les cas, celles de la surveillance de la haute police et de la privation de tout ou partie des droits civiques, civils et de famille, tels que ceux de vote, d'éligibilité, du port d'armes, d'être tuteur, expert ni employé comme témoin dans les actes, etc.

Une autre variété aggravante du vol, c'est l'*escroquerie*. La loi qualifie de ce nom tout acte par lequel une personne, soit en faisant usage de faux noms ou de fausses qualités, soit en employant des manœuvres frauduleuses pour persuader l'existence de fausses entreprises, d'un pouvoir ou d'un crédit imaginaire, ou pour faire naître l'espérance ou la crainte d'un succès, d'un accident ou de tout autre événement chimérique, se sera fait remettre ou délivrer des fonds, des meubles ou des obligations, dispositions, billets, promesses, quittances ou décharges, pour se les approprier.

Cette disposition mérite d'être prise en sérieuse considération, car faute d'y avoir assez réfléchi, et sans s'en douter, bien des gens tombent sous le coup de l'affreux délit en question. Ainsi il est bon de bien comprendre que tout individu qui, pour obtenir de quelqu'un des effets ou de l'argent, lui promet des choses qu'il sait ne pas pouvoir tenir, commet le délit d'escroquerie. Parmi les poursuivis pour ce délit, il en est qui mériteraient un meilleur sort; d'autres, au contraire, sont moins dignes d'indulgence, et au nombre de ceux-ci on peut ranger cette foule d'industriels dont l'unique occupation est de tromper la bonne foi de certaines personnes d'autant moins soupçonneuses ou méfiantes qu'elles sont elles-mêmes plus honnêtes. A titre de simple remarque, et pour prévenir la crédulité de trop de gens qui se laissent victimer, nous dirons en passant que tous ces prétendus devins ou diseurs de bonne aventure, et tous ces autres prometteurs de places, d'emplois et autres faveurs de divers genres, qu'il n'est pas en leur pouvoir d'accorder, sont de véritables escrocs s'ils exigent une rétribution pour leurs prétendus services.

La peine de l'escroquerie, de quelque manière que le délit se produise, est un emprisonnement d'un an au moins et cinq ans au plus, et une amende de 50 fr. au moins et de 3000 fr. au plus. La tentative est assimilée au délit même et punie d'une égale peine.

A la suite du délit dont nous venons de parler, le Code range celui d'*abus de confiance*.

Se rend coupable de ce dernier délit :

1° Celui qui, abusant d'un blanc-seing qui lui avait été confié, a frauduleusement écrit au-dessus une obligation ou décharge, ou tout autre acte pouvant compromettre la personne ou la fortune du signataire;

2° Celui qui abuse des besoins, des faiblesses ou des passions d'un mineur pour lui faire souscrire, à son préjudice, des obligations, quittances ou décharges, pour prêt d'argent ou de choses mobilières, ou d'effets de commerce, ou de tous autres effets obligatoires, sous quelque forme que cette négociation soit faite;

3° Celui qui détourne ou dissipe, au préjudice des propriétaires, possesseurs ou détenteurs, des effets, deniers, marchandises, billets, quittances, ou tous autres écrits contenant ou opérant obligation ou décharge, qui ne lui auraient été remis qu'à titre de louage, de dépôt, de mandat, ou pour un travail salarié ou non salarié, à la charge de les rendre ou représenter, ou d'en faire un usage ou un emploi déterminés.

Le premier de ces cas d'abus de confiance est puni des mêmes peines que l'escroquerie; et les deux autres, d'un emprisonnement de deux mois à deux ans, et d'une amende qui ne peut excéder le quart des restitutions et des dommages-intérêts dus aux parties lésées, ni être moindre de 25 fr.

Si l'abus de confiance prévu au n° 3 est commis par un domestique, homme de service à gages, élève, clerc, commis, ouvrier, compagnon ou apprenti, au préjudice de son maître, la peine est celle de la réclusion.

Ainsi, l'employé d'une maison de commerce qui détourne des valeurs au préjudice de son patron, le commis-voyageur qui ne rend pas compte à son commettant des marchandises qui lui ont été confiées, soit pour les remettre à une destination indiquée, soit pour en opérer la vente ou le placement, ou qui en dissipe la valeur en tout ou en partie, se rendent coupables du délit d'abus de confiance ou de mandat, et par suite, deviennent punissables de la réclusion, ainsi que de la surveillance à vie de la haute police, qui en est la conséquence rigoureuse. Le législateur s'est montré plus sévère envers les personnes employées par celui qu'elles trompent, parce que la confiance dont ils abusent était nécessaire, plus étendue, et commandait, par conséquent, plus d'exactitude et de fidélité.

A la différence de ce qui a lieu pour la constatation des autres délits, la jurisprudence de la Cour de cassation décide que, dans tous les cas où la loi civile n'admet pas la preuve testimoniale, on ne peut point être admis à prouver par cette voie un prétendu abus de confiance, et cela, par respect pour le principe qui veut qu'il soit passé acte écrit de toute somme ou valeur excédant 150 fr.

Ceux qui, dans les adjudications de la propriété, de l'usufruit ou de la location des choses mobilières ou immobilières, d'une entreprise, d'une fourniture, d'une exploitation ou d'un service quelconque, ont entravé ou troublé la liberté des enchères ou des soumissions, par voies de fait, violences ou menaces, soit avant, soit pendant les enchères ou les soumissions, demeurent passibles d'un emprisonnement de quinze jours au moins, de trois mois au plus, et d'une amende de 100 fr. à 5,000 fr. La même peine est applicable contre ceux qui, par dons ou promesses, ont écarté les enchérisseurs.

Sera punie d'un emprisonnement de six jours à trois mois, et d'une amende de 16 fr. à 3,000 fr. :

1° Toute coalition entre ceux qui font travailler des ouvriers, tendant à forcer l'abaissement des salaires, s'il y a tentative ou commencement d'exécution;

2° Toute coalition de la part des ouvriers pour faire cesser en même temps de travailler, interdire le travail dans un atelier, empêcher de s'y rendre avant ou après certaines heures, et, en général, pour suspendre, empêcher, enchérir les travaux, s'il y a eu tentative ou commencement d'exécution.

Ceux qui, par des faits faux ou calomnieux semés à dessein dans le public, par des suroffres faites au prix que demandaient les vendeurs eux-mêmes, par réunion, ou coalition entre les principaux détenteurs d'une même marchandise ou denrée, tendant à ne la pas vendre ou à ne la vendre qu'à un certain prix, ou qui, par des voies ou moyens frauduleux quelconques, auront opéré la hausse ou la baisse du prix des denrées ou marchandises, ou des papiers et effets publics au-dessus ou au-dessous des prix qu'aurait déterminés la concurrence naturelle et libre du commerce, seront punis d'un emprisonnement d'un mois à un an, et d'une amende de 500 fr. à 10,000 fr.

Quiconque a, en tout ou en partie, comblé des fossés, détruit des clôtures, de quelques matériaux qu'elles soient faites, coupé ou arraché des haies vives ou sèches ; quiconque a déplacé ou supprimé des bornes, ou pieds corniers, ou autres arbres plantés ou reconnus pour établir les limites entre différents héritages, est puni d'un emprisonnement d'un mois à un an, et d'une amende égale au quart des restitutions et dommages-intérêts, mais qui, dans aucun cas, ne peut être au-dessous de 50 fr.

Les complices des délits dont nous avons parlé dans cette section sont généralement passibles des mêmes peines que les auteurs de ces délits.

Sont complices : ceux qui, par dons, promesses, menaces, abus d'autorité ou de pouvoir, machinations ou artifices coupables, ont provoqué au délit ou donné des instructions pour le commettre ; ceux qui ont procuré des armes, instruments, ou tout autre moyen qui a servi à l'action, sachant qu'ils devaient y servir ; ceux qui ont, avec connaissance de cause, aidé ou assisté l'auteur ou les auteurs de l'action, dans les faits qui l'ont préparée ou facilitée, ou dans ceux qui l'ont consommée.

DES CONTRAVENTIONS.

Les peines en matière de contraventions sont l'emprisonnement d'un à cinq jours, l'amende de 1 à 15 fr., et la confiscation des objets qui ont servi à la contravention.

Sont, en général, considérées comme de simples contraventions, toutes les négligences, imprudences ou inobservations des règlements, qui n'ont causé aucun préjudice à autrui ou n'ont causé qu'un préjudice minime : les faits volontaires illicites sont aussi considérés comme des contraventions quand ils ne sont accompagnés d'aucune circonstance aggravante qui soit de nature à alarmer la tranquillité publique.

Les contraventions sont divisées en trois classes, suivant leur degré de gravité. Celles de première classe sont passibles d'une amende de 1 à 5 fr.; celles de deuxième classe, d'une amende de 6 à 10 fr.; et celles de troisième classe, d'une amende de 11 à 15 fr. L'emprisonnement peut aussi, dans certains cas, être prononcé.

Sont des contraventions de première classe :

1° La négligence d'entretenir, réparer ou nettoyer les fours, cheminées ou usines où l'on fait usage du feu;

2° La violation de la défense de tirer, en certains lieux, des pièces d'artifice;

3° La négligence d'éclairer, nettoyer les rues ou passages dans le cas où l'on y est obligé;

4° L'encombrement de la voie publique, par le dépôt sans nécessité des matériaux ou des choses quelconques qui empêchent ordinairement la liberté ou la sûreté du passage, et l'infraction aux règlements qui commandent d'éclairer les matériaux entreposés ou les excavations faites dans les rues et places publiques ;

5° La négligence ou le refus d'exécuter les règlements ou arrêtés concernant la petite voirie, ou d'obéir à la sommation émanée de l'autorité administrative de réparer ou démolir les édifices menaçant ruine;

6° Le jet ou l'exposition devant les maisons des choses de nature à nuire par leur chute ou par des exhalaisons insalubres ;

7° L'abandon dans les rues, chemins, places, lieux publics ou dans les champs, des coutres de charrue, pinces, barres, barreaux, ou autres machines, ou instruments, ou armes dont puissent abuser les voleurs ou autres malfaiteurs ;

8° La négligence d'écheniller, dans les campagnes ou jardins où ce soin est prescrit par la loi ou les règlements ;

9° L'enlèvement, pour être mangés sur place, des fruits appartenant à autrui ;

10° Le glanage, ratelage ou grapillage dans les champs non encore entièrement dépouillés et vidés de leurs récoltes, ou avant le lever, ou après le coucher du soleil ;

11° Les injures non publiques contre les particuliers ;

12° Le jet par imprudence d'immondices sur quelque personne ;

13° Le passage sur le terrain d'autrui préparé ou ensemencé ;

14° Le passage des bestiaux sur le terrain d'autrui avant l'enlèvement de la récolte ;

15° L'infraction aux règlements faits par l'autorité administrative et la désobéissance aux arrêtés de l'autorité municipale.

Sont des contraventions de deuxième classe :

1° Les infractions aux bans de vendanges ou autres bans autorisés par les règlements ;

2° L'omission par les aubergistes, hôtelliers, logeurs ou loueurs de maisons garnies, d'inscrire de suite et sans aucun blanc, sur un registre tenu régulièrement, les noms, qualités, domicile habituel, dates d'entrée et de sortie de toute personne qui aurait couché ou passé une nuit dans leurs maisons ; le défaut de représentation de ce registre aux époques déterminées par les règlements, ou lorsqu'ils en auraient été requis, aux maires, adjoints, officiers ou commissaires de police, ou aux citoyens commis à cet effet ;

3° L'infraction par les rouliers, charretiers, conducteurs de voitures quelconques ou de bêtes de charge, aux règlements par lesquels ils sont obligés de se tenir constamment à portée de leurs chevaux, bêtes de trait ou de charge et de leurs voitures, et en état de les guider et conduire; d'occuper un seul côté des rues, chemins ou voies publiques; de se détourner ou ranger devant toutes autres voitures, et, à leur approche, de leur laisser libre au moins la moitié des rues, chaussées, routes et chemins;

4° L'infraction à la défense de laisser courir les chevaux, bêtes de trait, de charge ou de monture, dans l'intérieur d'un lieu habité, ou la violation des règlements contre le chargement, la rapidité ou la mauvaise direction des voitures; l'infraction aux ordonnances et règlements ayant pour objet : la solidité des voitures publiques, leur poids, le mode de leur chargement, le nombre et la sûreté des voyageurs, l'indication, dans l'intérieur des voitures, des places qu'elles contiennent et du prix des places, et l'indication, à l'extérieur, du nom du propriétaire;

5° L'établissement dans les rues, chemins, places ou lieux publics, des jeux de loterie ou d'autres jeux de hasard;

6° La vente ou débit de boissons falsifiées;

7° La négligence à empêcher les fous ou les furieux, ou des animaux malfaisants ou féroces, de divaguer dans les rues, alors qu'on est chargé de leur garde; le défaut par le maître de retenir ses chiens lorsqu'ils attaquent les passants, quand même il n'en serait résulté aucun mal ni dommage;

8° Le jet des pierres ou d'autres corps durs, ou des immondices contre les maisons, édifices ou clôtures d'autrui, ou dans les jardins ou enclos, et le jet des mêmes objets sur quelqu'un;

9° Le passage ou l'entrée sans droit ni qualité sur le terrain d'autrui dans le temps où ce terrain était chargé de grains en tuyau, de raisins ou autres fruits mûrs ou voisins de la maturité;

10° Le passage des bestiaux, animaux de trait, de charge ou de monture, sur le terrain d'autrui, ensemencé ou chargé d'une récolte, en quelque saison que ce soit, ou dans un bois taillis appartenant à autrui;

11° Le refus de recevoir les espèces et monnaies nationales, non fausses ni altérées, selon la valeur pour laquelle elles ont cours;

12° Le refus ou la négligence de faire les travaux, le service, ou de prêter le secours dont on est requis, quand on le peut, dans les circonstances d'accidents, tumultes, naufrage, inondations, incendie ou autres calamités, ainsi que dans les cas de brigandages, pillages, flagrant délit, clameur publique ou d'exécution judiciaire;

13° L'infraction par les crieurs publics, afficheurs, vendeurs ou distributeurs d'écrits à certains règlements particuliers;

14° La soustraction, sans aucune des circonstances prévues en l'art. 388 du Code pénal, des récoltes ou autres productions utiles de la terre, qui, avant d'être soustraites, n'étaient pas détachées du sol.

Sont des contraventions de troisième classe :

1° Le dommage causé volontairement, hors les cas prévus depuis l'art. 434 jusques et compris l'art. 462 du Code pénal, aux propriétés mobilières d'autrui:

2° Les blessures faites ou la mort occasionnée aux animaux ou bestiaux appartenant à autrui, par l'effet de la divagation des fous ou furieux, ou d'animaux malfaisants ou féroces dont on a la garde, ou par la rapidité, ou la mauvaise direction, ou le chargement excessif des voitures, chevaux, bêtes de trait, de charge ou de monture;

3° Les mêmes dommages occasionnés par l'emploi ou l'usage d'armes sans précaution ou avec maladresse, ou par jet de pierres ou d'autres corps durs;

4° Les mêmes accidents causés par la vétusté, la dégradation, le défaut de réparation ou d'entretien des maisons ou édifices, ou par l'encombrement ou l'excavation, ou telles autres œuvres, dans ou près les rues, chemins, places ou voies publiques, sans les précautions ou signaux ordonnés ou d'usage;

5° L'emploi des poids ou des mesures autres que ceux

établis ou reconnus par les lois en vigueur; la vente du pain ou de la viande au-dessus du prix fixé par la taxe légalement faite et publiée;

6° La devination, pronostication, ou explication des songes, sans rétribution;

7° Le bruit ou tapage injurieux ou nocturne, troublant la tranquillité des habitants;

8° L'enlèvement ou déchirement des affiches apposées par ordre de l'administration;

9° La garde ou conduite sur le terrain d'autrui des bestiaux de quelque nature qu'ils soient, et notamment dans les prairies artificielles, dans les vignes, oseraies, dans les plants de câpriers, dans ceux d'oliviers, de mûriers, de grenadiers, d'orangers, ou autres arbres du même genre, et dans tous les plants ou pépinières d'arbres fruitiers ou autres, faits de main d'homme;

10° La détérioration ou dégradation, de quelque manière que ce soit, des chemins publics, ou usurpation sur leur largeur;

11° L'enlèvement sans autorisation, sur les mêmes chemins ou autres terrains appartenant aux communes, des gazons, terres ou pierres, à moins qu'il n'existe un usage général qui l'autorise.

A la différence du délit, la peine pour la contravention est encourue par l'existence du fait matériel seul, c'est-à-dire en l'absence même de toute intention mauvaise de la part du prévenu : ainsi une négligence, ou une imprudence, ou une inobservation d'un règlement constituent la contravention, et l'auteur de cet acte ne saurait en être excusé ni absous sous le prétexte qu'il était de bonne foi, ou qu'il ignorait la loi ou le règlement dont il a enfreint les dispositions. Telle est du moins l'opinion des auteurs et la jurisprudence de la Cour de cassation; ce qui d'ailleurs nous paraît conforme aux vrais principes.

DE LA JURIDICTION EN MATIÈRE DE CONTRAVENTIONS ET DE SIMPLES DÉLITS.

Après avoir énuméré les faits les plus communs que la loi défend et punit, il nous paraît utile d'expliquer par quels tribunaux ces faits sont réprimés et comment on peut agir, soit pour s'en faire dire raison quand on en a été victime, soit pour se justifier quand on en est injustement prévenu ou soupçonné coupable.

Des tribunaux de simple police.

Au premier degré de la juridiction répressive se trouve le tribunal de simple police. Les juges de paix, séparément ou concurremment avec les maires, connaissent des contraventions qui rentrent dans la compétence de ce tribunal.

Les juges de paix connaissent exclusivement:

1° Des contraventions commises dans l'étendue de la commune chef-lieu du canton;

2° Des contraventions dans les autres communes de leurs ressorts, lorsque, hors le cas où les coupables ont été pris en flagrant délit, les contraventions ont été commises par des personnes non domiciliées ou non présentes dans la commune, ou lorsque les témoins qui doivent déposer n'y sont pas résidants ou présents;

3° Des contraventions à raison desquelles la partie qui réclame conclut, pour ses dommages intérêts, à une somme indéterminée ou excédant 15 francs;

4° Des contraventions forestières poursuivies à la requête des particuliers;

5° Des injures verbales;

6° Des affiches, annonces, ventes ou distributions d'ouvrages, écrits, ou gravures contraires aux mœurs quand elles ne donnent lieu qu'à des peines de simple police;

7° De l'action contre les gens qui font le métier de deviner et pronostiquer, ou d'expliquer les songes.

Les juges de paix connaissent aussi, mais concurremment avec les maires, de toutes autres contraventions commises dans leur ressort.

Les fonctions du ministère public sont remplies par le commissaire de police du lieu où siége le tribunal : en cas d'empêchement du commissaire, ou s'il n'y en a pas, elles sont remplies par le maire, qui peut se faire remplacer par son adjoint.

Le greffier et les huissiers de la justice de paix font le service pour les affaires de police.

Toute citation pour contravention de police doit être donnée à la requête du ministère public ou de la partie qui réclame ; mais on peut se présenter volontairement et sur simple avertissement, sans qu'il soit besoin de citation.

Si la personne citée ne comparaît pas au jour et à l'heure fixés par la citation, elle est jugée par défaut. La personne ainsi condamnée sera recevable à s'opposer à l'exécution du jugement au moment de la signification, ou par acte notifié dans les trois jours qui suivent ; mais si cette personne ne comparaissait pas à la nouvelle audience, le jugement serait définitif.

Les contraventions sont prouvées, soit par procès-verbaux ou rapports, soit par témoins.

Les témoins qui ne satisferaient pas à la citation à eux donnée pour venir déposer, seraient passibles d'une amende, pour la première fois, et de la contrainte par corps en cas de second défaut.

Les jugements de simple police sont prononcés, rédigés et signés comme dans les autres matières. Le ministère public et la partie civile en poursuivent l'exécution, chacun en ce qui le concerne.

Les maires des communes non chefs-lieux de canton connaissent, concurremment avec les juges de paix, des contraventions commises dans l'étendue de leur commune, par des personnes prises en flagrant délit, ou par des personnes qui résident dans la commune ou qui y sont présentes, lorsque les témoins y sont aussi résidants et présents, et lorsque la partie réclamante conclut pour ses dommages-intérêts à une somme déterminée qui n'excède pas 15 francs.

Le ministère public est exercé auprès du maire, par l'adjoint, et en son absence, ou lorsque l'adjoint remplace le maire comme juge de police, par un membre du conseil municipal désigné à cet effet par le procureur impérial pour une année entière.

Les fonctions de greffier sont exercées par un citoyen que le maire propose, et qui prête serment en cette qualité au tribunal de police correctionnelle. Le ministère des huissiers n'est pas nécessaire pour les citations ; elles peuvent être remplacées par un avertissement du maire.

Les jugements rendus en matière de police peuvent être attaqués par la voie de l'appel, lorsqu'ils prononcent un emprisonnement, ou lorsque les amendes, restitutions et autres réparations civiles excèdent la somme de 5 fr., outre les dépens : Au-dessus de cette somme, comme aussi toutes les fois qu'ils prononcent un emprisonnement, ils sont sujets à l'appel. Ils peuvent aussi être attaqués par le pourvoi de cassation, mais seulement pour vices de forme ou pour violation de quelque principe de droit.

Des tribunaux correctionnels.

On distingue deux espèces de tribunaux correctionnels : ceux de premier degré et ceux de second degré. Ceux-là sont composés de trois juges, ceux-ci ne peuvent statuer qu'au nombre de cinq membres.

Les tribunaux civils d'arrondissement sont en même

temps tribunaux correctionnels de premier degré. Dans ceux de ces tribunaux où il existe plusieurs chambres, une ou plusieurs de ces chambres sont spécialement chargées du jugement des affaires correctionnelles.

Les tribunaux correctionnels de premier degré connaissent, en dernier ressort, des appels des jugements de simple police, quand ces jugements sont sujets à l'appel. Ils connaissent en outre, en premier ressort : 1° de tous délits ou contraventions forestières poursuivis à la requête de l'administration des forêts ; 2° de tous les délits dont la peine excède cinq jours d'emprisonnement et 15 fr. d'amende.

Le tribunal correctionnel du lieu du délit, celui de la résidence du prévenu, et celui du lieu où ce prévenu peut être trouvé, sont également compétents pour connaître du délit qui lui est imputé : le jugement de l'affaire doit rester à celui de ces tribunaux qui a été le premier saisi.

Les tribunaux correctionnels de second degré connaissent, en dernier ressort, des appels de tous jugements rendus, en premier ressort, par les tribunaux correctionnels de premier degré.

Dans le département où siége la Cour impériale, c'est une des chambres de cette Cour qui remplit les fonctions de tribunal correctionnel de second degré. Dans les autres départements, c'est le tribunal correctionnel du chef-lieu qui remplit ces fonctions à l'égard des jugements rendus par les tribunaux correctionnels des arrondissements.

L'appel est formé par une déclaration expresse faite au greffe du tribunal qui a rendu le jugement, dix jours au plus tard après la date de ce jugement, s'il est contradictoire, et dix jours au plus tard après la signification à la partie condamnée, s'il est par défaut. L'appel est jugé, dans le mois, sur le rapport fait par l'un des juges.

Les jugements rendus par défaut, soit au premier degré, soit sur l'appel, sont sujets à l'opposition, et ceux en dernier ressort peuvent être attaqués par le pourvoi en cassation, comme nous l'avons dit pour les jugements de simple police.

Le ministère de l'avocat ni celui de l'avoué ne sont pas indispensables devant les tribunaux correctionnels; mais comme les affaires qui s'y traitent sont ordinairement fort graves, puisque c'est presque toujours l'honneur plus ou moins compromis de quelqu'un qui se trouve en jeu, il n'est pas prudent de s'aventurer seul ; les plus habiles même dans l'art de parler doivent se faire assister, en pareil cas, d'un bon et surtout d'un honnête défenseur.

Des attributions de quelques fonctionnaires comme officiers de police judiciaire.

La police judiciaire, instituée pour rechercher les crimes, les délits et les contraventions, s'exerce, sous l'autorité des cours impériales, par les gardes champêtres et les gardes forestiers, par les commissaires de police, les maires et leurs adjoints, par les procureurs impériaux et leurs substituts, par les juges de paix, par les officiers de gendarmerie, par les commissaires généraux de police, et par les juges d'instruction. — Les préfets des départements, et le préfet de police à Paris, peuvent faire personnellement, ou requérir les officiers de police judiciaire, chacun en ce qui le concerne, de faire tous actes nécessaires à l'effet de constater les crimes, délits et contraventions, et d'en livrer les auteurs aux tribunaux chargés de les punir.

Les commissaires de police, et dans les communes où il n'y en a pas, les maires ou leurs adjoints, recherchent les contraventions de police. Ils reçoivent les rapports, dénonciations et plaintes qui y sont relatives, en dressent procès-verbal et le remettent, dans les trois jours au plus tard, avec pièces et renseignements à l'appui, à l'officier qui remplit le ministère public près le tribunal de police.

Les gardes champêtres et les gardes forestiers sont chargés de rechercher, chacun dans le territoire pour lequel il est assermenté, les délits et contraventions qui auront porté atteinte aux propriétés rurales et forestières. Ils en dressent aussi des procès-verbaux, et arrêtent même au besoin les contrevenants surpris en flagrant délit.

Les procureurs impériaux recherchent, de leur côté, et poursuivent tous les délits dont la connaissance appartient aux tribunaux de police correctionnelle et aux cours d'assises.

Toute personne qui aura été témoin d'un attentat, soit contre la sûreté publique, soit contre la vie ou la propriété d'un individu, est tenue, aux termes de l'art. 30 du Code pénal, d'en donner avis au procureur impérial.

Les dénonciations sont rédigées par les dénonciateurs ou par leurs fondés de procuration spéciales, ou par le procureur impérial s'il en est requis; elles peuvent être remises directement à ce dernier magistrat, ou adressées, soit au juge de paix, soit au commissaire de police, soit au maire, soit enfin aux officiers de gendarmerie.

Il ne faut pas confondre la *dénonciation* proprement dite avec certain autre acte auquel on donne assez généralement le même nom dans le monde, mais qui, en bon français, s'appelle *délation*. D'après la définition bien tranchée de ces deux mots, le *délateur* est celui qui cherche, découvre et rapporte secrètement ce qu'il croit avoir trouvé, et souvent ce qu'il est intéressé à faire croire : c'est quelque chose comme ce qu'on qualifie de *mouchard*. Le *dénonciateur*, au contraire, se borne à annoncer, à manifester un fait qui intéresse la Société ou qui prévient un malheur public; celui-ci est souvent un homme courageux qui risque de se sacrifier pour le bien de son pays ou pour l'avantage de ses semblables, tandis que l'autre est un lâche qui assassine dans les ténèbres. Le bon sens, d'ailleurs, dit assez que la loi n'aurait pas commandé la dénonciation aux honnêtes citoyens si cette action n'eût pas été parfaitement morale et utile.

Quant aux plaintes proprement dites, la personne qui se

prétend lésée peut les porter devant le tribunal de répression compétent, par citation directe, et se constituer partie civile dès le commencement même ou à telle autre période de l'instance qu'elle juge à propos.

L'action de la partie civile se borne à obtenir des dommages-intérêts; mais si le prévenu venait à être acquitté, le plaignant qui se serait porté partie civile pourrait être condamné aux frais du procès, et même à des dommages-intérêts envers le poursuivi. — On voit par là combien il importe de bien réfléchir avant de s'engager dans de pareilles procédures.

DE LA PRESCRIPTION EN MATIÈRE CORRECTIONNELLE ET DE POLICE.

Les peines portées par les arrêts ou jugements rendus en matière correctionnelle se prescrivent par cinq années révolues, et celles portées par les jugements rendus pour contraventions, par deux années aussi révolues, à compter pour les unes et les autres du jour où la condamnation est devenue définitive.

L'action publique et l'action civile pour délits et pour contraventions se prescrivent par trois années dans le premier cas, et par une seulement dans le second, à compter du jour où la faute a été commise, s'il n'y a pas eu de poursuites, et de la date du dernier acte, s'il a été fait des poursuites. Mais l'action en payement des dommages-intérêts alloués à la partie civile ne se prescrit que par trente ans.

Quant à ce qui concerne les crimes, les délais sont de vingt ou de dix années, suivant qu'il y a eu ou qu'il n'y a pas eu condamnation.

DE LA RÉHABILITATION DES CONDAMNÉS.

Un sentiment de justice et de haute sagesse tout à la fois a inspiré au législateur, comme un des plus puissants moyens de ramener le condamné à la bonne voie, l'idée de la *réhabilitation*.

La réhabilitation est un acte de la justice gracieuse du souverain, dont l'effet est de réintégrer le condamné dans la plénitude des droits politiques, civils ou de famille, que la condamnation lui avait ravis. La loi actuellement en vigueur sur cette matière importante est celle du 3-6 juillet 1852, qui fait le sujet des nouveaux art. 619 à 634 inclusivement du Code pénal. En voici les principales dispositions :

« Tout condamné à une peine afflictive ou infamante, ou à une peine correctionnelle, qui a subi sa peine ou qui a obtenu des lettres de grâce, peut être réhabilité.

» La demande en réhabilitation pour les condamnés à une peine afflictive ou infamante ne peut être formée que cinq ans après le jour de leur libération. Le délai est réduit à trois ans pour les condamnés à une peine correctionnelle.

» Le condamné à une peine afflictive ou infamante ne peut être admis à demander sa réhabilitation s'il n'a résidé dans le même arrondissement depuis cinq années, et pendant les deux dernières dans la même commune. Le condamné à une peine correctionnelle ne peut être admis à demander sa réhabilitation s'il n'a résidé dans le même arrondissement depuis trois années, et pendant les deux dernières dans la même commune.

» Le condamné adresse la demande en réhabilitation au procureur impérial de l'arrondissement, en faisant connaître : 1° la date de sa condamnation ; 2° les lieux où il a résidé depuis sa libération, s'il s'est écoulé après cette époque un temps plus long que celui dont il vient d'être parlé.

» La réhabilitation fait cesser pour l'avenir, dans la personne du condamné, toutes les incapacités qui résultaient de la condamnation.

» Le condamné qui, après avoir obtenu sa réhabilitation, aura encouru une nouvelle condamnation, ne sera plus admis au bénéfice des dispositions qui précèdent. »

LOIS NOUVELLES,

RENSEIGNEMENTS UTILES.

DES DROITS POLITIQUES.

Les *Droits politiques* sont ceux en vertu desquels les citoyens participent à la puissance publique : ainsi, le droit de voter dans les assemblées électorales à l'effet de nommer les députés, les membres des conseils généraux, municipaux et d'arrondissement ; le droit d'éligibilité, celui d'être promu à des fonctions publiques quelconques, d'être juré, etc., sont des *Droits politiques*.

Pour pouvoir exercer ces droits, il faut être *citoyen français*, qualité qui n'appartient ni aux mineurs, ni aux femmes, ni aux interdits, ni aux faillis, ni aux condamnés pour crimes ou pour délits présentant une certaine gravité, et qui sont tous énumérés dans l'art. 15 du décret du 2 février 1852.

Les étrangers nationalisés, quoique devenus ainsi Français, sont par cela même aptes à exercer tous les droits politiques, sauf cependant celui de siéger au Corps législatif ; ils ne peuvent acquérir ce droit que par des lettres de *grande naturalisation*, c'est-à-dire par une décision votée dans la même forme que les lois ordinaires.

DES CONTRIBUTIONS.

On nomme *contribution* ou *impôt* la somme que chaque propriétaire, chef de famille ou autre citoyen paie à l'Etat pour subvenir aux dépenses publiques.

Il y a deux sortes principales de contributions : les unes sont nommées *directes*, et comprennent l'impôt personnel et mobilier, l'impôt foncier, l'impôt des portes et fenêtres, les patentes et la redevance des mines; les autres, appelées *indirectes*, portent sur les boissons, les tabacs, les poudres, l'enregistrement, le timbre, etc.

De l'impôt foncier.

Toute propriété particulière est soumise à un impôt foncier qui se paie annuellement, par douzième et en argent, dans les mains d'un comptable public qu'on nomme *percepteur*.

Cet impôt est dû par le propriétaire si c'est lui qui jouit et exploite; par l'usufruitier, par le fermier ou le locataire, si ce sont eux qui perçoivent les fruits ou revenus.

De la contribution personnelle et mobilière.

La contribution personnelle et mobilière est due par chaque habitant Français et par chaque étranger de tout sexe, jouissant de ses droits et non réputé indigent. — Sont considérés comme jouissant de leurs droits : les veuves et les femmes séparées de leurs maris, les garçons et filles majeurs ou mineurs ayant des moyens suffisants d'existence, soit par leur fortune personnelle, soit par la profession qu'ils exercent, lors même qu'ils habitent avec leur père, mère, tuteur ou curateur.

La taxe personnelle ne se paie que dans la commune du domicile réel; mais la contribution mobilière est due pour toute habitation meublée que le contribuable possède n'importe dans quelle localité.

Lorsque, par suite de changement de domicile, un contribuable se trouve imposé dans deux communes, quoique n'ayant qu'une seule habitation, il ne doit la contribution que dans la commune de sa nouvelle résidence.

La contribution personnelle et mobilière étant établie pour l'année entière, si un contribuable vient à décéder dans le courant de l'année, ses héritiers sont tenus de payer le montant de sa cote.

De la contribution des portes et fenêtres.

La contribution des portes et fenêtres est établie par voie de répartition, et porte sur les ouvertures donnant sur les rues, cours ou jardins des usines et des bâtiments servant à l'habitation : les portes et fenêtres éclairant les granges, étables, bergeries et autres locaux d'exploitation en sont par conséquent exempts.

Lorsque le même bâtiment est occupé par le propriétaire et un ou plusieurs locataires, la contribution des portes et fenêtres est due par chacun suivant le nombre d'ouvertures à son usage particulier; celle des portes et fenêtres d'un usage commun doit être acquittée par le propriétaire seul.

De la contribution des patentes.

La patente est un impôt auquel est soumis tout individu Français ou étranger, qui exerce en France un commerce, une industrie ou une profession libre, pourvu cependant que ce commerce et cette industrie aient une certaine importance.

La contribution des patentes se compose d'un droit fixe et d'un droit proportionnel. Le droit fixe est établi eu égard à la population de la localité que le patentable habite, et aussi à la profession. Le droit proportionnel est fixé au vingtième de la valeur locative, et se paie lors même que les logements ou locaux occupés seraient concédés à titre gratuit.

Le patentable qui ouvre plusieurs établissements, boutiques ou magasins, paie un droit fixe pour l'établissement donnant lieu au droit le plus élevé, soit en raison de la population, soit en raison du commerce, de l'industrie ou de la profession; et, en outre, un demi-droit fixe supplémentaire pour chacun des autres établissements, boutiques ou magasins dans chaque localité où il exerce, sans que cependant la réunion de ces divers demi-droits puisse dépasser le double du droit fixe principal.

En cas de fermeture des magasins, boutiques ou ateliers, par suite de décès ou de faillite déclarée, les droits ne sont dus que pour le passé et le mois courant. Sur la réclamation des parties intéressées, il est accordé décharge du surplus.

Ceux qui entreprennent une profession sujette à patente après le mois de janvier, ne doivent la contribution qu'à partir du 1er du mois dans lequel ils ont commencé d'exercer, à moins que, par sa nature, la profession ne puisse pas être exercée pendant toute l'année. Dans ce cas, la contribution est due pour l'année entière, quelle que soit l'époque à laquelle la profession aura été entreprise.

La contribution des patentes est payable par douzième, et le recouvrement en est poursuivi comme celui des contributions directes, par les percepteurs.

En cas de déménagement hors du ressort de la perception, comme en cas de vente volontaire ou forcée, la contribution des patentes, de même que la cote personnelle et mobilière, est immédiatement exigible pour la totalité de l'année courante.

Les propriétaires, et, à leur place, les principaux locataires doivent, un mois avant l'expiration du terme fixé par le bail ou par les conventions verbales, donner avis au percepteur du déménagement de leurs locataires sous peine de répondre personnellement du dernier douzième échu et du douzième courant des contributions énoncées au nombre précédent.

Dans le cas de déménagement furtif, les propriétaires, et, à leur place, les principaux locataires, doivent, sous la même peine et dans les trois jours au plus tard, faire constater ce déménagement par le maire, le juge de paix, ou le commissaire de police, et en donner avis au percepteur.

INONDATION.

Lorsque, par la stérilité de l'année, la grêle, la gelée ou *l'inondation*, les récoltes, maisons et bâtiments d'un contribuable ou d'une commune ont été détruits en totalité ou en grande partie, le contribuable ou la commune en donne avis au sous-préfet, qui en fait faire la vérification et dresser un procès-verbal qu'on remet au préfet pour servir à la confection d'un état général des pertes, destiné à obtenir, pour le département, des remises, modération d'impôts et secours, dont la répartition est ensuite faite entre les particuliers ou les communes qui ont éprouvé les pertes.

Des réclamations.

Tout contribuable qui se croit surtaxé ou mal à propos imposé, peut adresser au préfet, directement ou par l'intermédiaire du maire ou du sous-préfet, une demande en décharge ou en réduction.

Cette demande doit être formée dans les trois mois de l'émission des rôles, au plus tard, et être accompagnée de la quittance des termes échus de la cotisation.

Lorsque, par des événements extraordinaires, tels qu'une grêle, une inondation, une épizootie, ou la mort d'animaux domestiques, un contribuable aura éprouvé des pertes considérables, il pourra obtenir la diminution ou la remise de ses contributions.

DEMANDE EN RÉDUCTION DE CONTRIBUTION MOBILIÈRE.

Monsieur le Préfet du département d...

MONSIEUR LE PRÉFET,

Le sieur O... a l'honneur de vous exposer qu'il a été taxé à la somme de... pour sa contribution mobilière de l'an... ; que la maison qui a servi de base pour cet impôt a sans doute été évaluée à un revenu beaucoup plus considérable que celui qu'elle produit réellement.

Pourquoi il vous demande que, d'après une nouvelle évaluation, il lui soit accordé une réduction qui rétablisse sa taxe de contribution mobilière au taux qu'elle doit être.

Il attend cette faveur de votre équité, et vous salue respectueusement.

(*Dater et signer.*)

POUR DEMANDE EN RÉDUCTION D'IMPOT PERSONNEL.

A Monsieur le Préfet.

Le sieur O... a l'honneur de vous exposer qu'il a été imposé au rôle de la contribution personnelle de l'an... à la somme de...; que son loyer n'est que de la somme de... et qu'il ne peut être évalué davantage, et, par conséquent, que sa taxe n'eût pas dû être portée à...; pourquoi il vous demande une réduction, et l'attend de votre justice.

(*Dater et signer.*)

DEMANDE DE SECOURS POUR CAUSE D'INONDATION, D'INCENDIE, ETC.

A Monsieur le Préfet du département d'

MONSIEUR LE PRÉFET,

Le sieur (nom, prénoms et profession), demeurant à la commune de... a l'honneur de vous exposer que le (date) du mois d   , il a été victime (désigner l'accident et toutes les pertes qu'il a occasionnées), ce qui le réduit dans un état voisin d'une ruine complète.

Dans cette triste position, l'exposant vous supplie, Monsieur le Préfet, de vouloir bien lui accorder un secours pour l'aider dans la reprise de ses travaux et à élever sa famille.

Il est avec un profond respect,

Monsieur le Préfet,

Votre très-humble et très-obéissant serviteur,

(Signature.)

P..., le   18

DROIT RURAL EXPLIQUÉ.

Les officiers municipaux doivent veiller généralement à la tranquillité, à la salubrité et à la sûreté des campagnes.

Celui qui achète des bestiaux hors des foires et marchés est tenu de les restituer gratuitement au propriétaire dans le cas où ils auraient été volés.

Les dégâts que les bestiaux de toute espèce laissés à l'abandon causent sur les propriétés d'autrui, doivent être payés par les personnes qui ont la jouissance des bestiaux ; si elles sont insolvables, ces dégâts demeurent à la charge du maître des bestiaux.

Le propriétaire qui éprouve le dommage a le droit de saisir les bestiaux, sous l'obligation de les faire conduire dans les vingt-quatre heures au lieu du dépôt désigné à cet effet par la municipalité. Il sera satisfait aux dégâts par la vente des bestiaux, s'ils ne sont pas réclamés, ou si le dommage n'a point été payé dans la huitaine du jour du délit. Si ce sont des volailles qui causent le dommage, le propriétaire, le détenteur ou le fermier qui l'éprouve peut les tuer, mais seulement sur le lieu et au moment du dégât.

Les bestiaux morts doivent être enfouis dans la journée à deux mètres de profondeur par le propriétaire et dans son terrain, ou voiturés à l'endroit désigné par la municipalité, pour y être également enfouis, sous peine par le délinquant de payer une amende de la valeur d'une journée de travail, ainsi que les frais de transport et d'enfouissement.

Personne ne peut inonder l'héritage de son voisin, ni lui transmettre volontairement les eaux d'une manière nuisible, sous peine de payer le dommage et une amende qui ne pourra excéder la somme du dédommagement.

Il est défendu à toute personne de recombler les fossés, de dégrader les clôtures, de couper des branches de haies vives, d'enlever des bois secs des haies.

Les conducteurs de bestiaux revenant des foires, ou les menant d'un lieu à un autre, même dans les pays de parcours ou de vaine pâture, ne peuvent les laisser pacager sur les terres des particuliers, ni sur les communaux, sous peine d'une amende de la valeur de deux journées de travail, outre les dommages-intérêts. L'amende sera égale à la valeur des dommages si le délit a été commis sur un terrain ensemencé, ou qui n'a pas été dépouillé de sa récolte, ou dans un enclos rural. A défaut de paiement, les bestiaux peuvent être saisis et vendus jusqu'à concurrence de l'indemnité, de l'amende et des frais.

Tout dévastateur des bois, des récoltes, ou chasseur masqué, pris en flagrant délit, peut être arrêté sans réquisition préalable.

Le voyageur qui déclora un champ pour se faire un passage, paiera le dommage fait au propriétaire, et de plus, une amende de la valeur de trois journées de travail, à moins que le juge de paix du canton ne décide que le chemin public était impraticable, auquel cas les dommages et les frais de clôture seront à la charge de la commune.

Quiconque aura coupé ou détérioré des arbres plantés sur les routes, sera condamné à une amende triple de la valeur des arbres, et à un emprisonnement qui pourra s'élever jusqu'à six mois.

Tout propriétaire a le droit d'avoir pour ses domaines un garde champêtre particulier; il doit le faire agréer par le sous-préfet, et assermenter devant le tribunal civil de l'arrondissement.

DE LA CHASSE.

Il est un certain nombre de lois dans lesquelles le législateur a eu plus particulièrement pour but de protéger l'ordre public et la sûreté générale, en assurant à chacun le libre exercice de ses droits, et en réglementant la liberté individuelle, tout en la maintenant dans de justes limites. Ces lois, qui devraient être les plus chères à la société, sont précisément les plus mal accueillies, et quelquefois les plus vivement critiquées. Au nombre des dispositions qui ont eu le triste privilège d'exciter les plaintes les plus inconsidérées, se trouvent incontestablement celles sur la chasse, que dans un certain monde on qualifie encore de mesures vexatoires, d'attentats contre la liberté, de privilége pour les riches.

Nous n'avons ni à défendre ni à justifier ici ces lois, car il suffit d'un peu de bon sens pour reconnaître l'esprit de haute sagesse qui a présidé à leur rédaction. En effet, on comprend que la chasse doit être suspendue dans une certaine saison afin de laisser au gibier le temps et les moyens de se reproduire; d'un autre côté il faut que les moissons soient respectées, et c'est à ce double point de vue que la chasse a été réglementée.

Nul ne peut chasser, dit la loi, si la chasse n'est pas ouverte, et s'il ne lui a pas été délivré un permis de chasse par l'autorité compétente. — Nul, non plus, n'a la faculté de chasser sur la propriété d'autrui sans le consentement du propriétaire ou de ses ayants droit.

Le propriétaire ou possesseur peut cependant chasser en tout temps, sans permis de chasse, dans ses possessions attenant à une habitation et entourées d'une clôture continue faisant obstacle à toute communication avec les héritages voisins.

Les préfets déterminent l'époque de l'ouverture et celle de la clôture de la chasse dans leurs départements respectifs.

Il est interdit de mettre en vente, d'acheter, de transporter et de colporter du gibier pendant le temps et dans les départements où la chasse n'est pas permise. — La recherche du gibier en temps prohibé peut être faite chez les aubergistes, chez les marchands de comestibles et dans les lieux ouverts au public, mais non chez les particuliers. Il est interdit aussi de prendre ou de détruire, sur le terrain d'autrui, des œufs et des couvées de faisans, de perdrix et de cailles.

Les permis de chasse sont délivrés sur l'avis des maires, par les préfets. Le prix en est fixé à 25 francs dont 15 francs pour l'Etat et 10 francs pour la commune. Ils sont personnels à ceux qui les ont obtenus, et valables pour un an seulement; aucun permis n'est livré qu'après justification du payement du prix par la quittance du percepteur. Cette quittance ne peut nullement suppléer le permis, et on ne serait pas recevable à donner pour excuse, après avoir été l'objet d'un procès-verbal faute de représenter le permis, qu'on en a fait la demande et payé le droit.

Le préfet peut refuser le permis de chasse : 1° à tout individu majeur qui n'est pas personnellement inscrit, ou dont le père ou la mère ne serait pas inscrit au rôle des contributions; 2° à tout individu qui, par une condamnation judiciaire, a été privé de vote et d'élection, d'éligibilité, ou de quelqu'un des autres droits énumérés dans l'art. 42 du Code pénal; 3° à tout condamné à un emprisonnement de plus de six mois pour rébellion ou violence envers les agents de l'autorité publique; 4° à tout condamné pour délit d'association illicite, de fabrication, débit, distribution de poudres, armes ou autres munitions de guerre; de menaces, d'entraves à la circulation des grains, de dévastation d'arbres ou de récoltes et autres produits des champs; 5° à ceux qui ont été condamnés pour vagabondage, mendicité, vol, escroquerie ou abus de confiance. La faculté de refuser le permis aux condamnés dont il vient d'être question cesse cinq ans après l'expiration de la peine.

Le permis de chasse n'est pas délivré, 1° aux mineurs âgés de moins de seize ans accomplis; 2° aux mineurs de seize à vingt-un ans, à moins qu'il ne soit demandé pour eux par leur père, mère, tuteur ou curateur, porté au rôle des contributions; 3° aux interdits; 4° aux gardes champêtres ou forestiers des communes et établissements publics, ainsi qu'aux gardes forestiers de l'État et aux gardes-pêche.

Le permis de chasse n'est pas accordé : 1° à ceux qui, par suite de condamnation, sont privés du droit de port d'armes; 2° à ceux qui n'ont pas exécuté les condamnations prononcées contre eux pour délits de chasse; 3° à tout condamné placé sous la surveillance de la haute police.

Dans le temps où la chasse est ouverte, le permis donne à celui qui l'a obtenu, le droit de chasser de jour, à tir et à courre sur ses propres terres et sur les terres d'autrui avec le consentement de celui à qui le droit de chasse appartient. Tous autres moyens de chasse, à l'exception des furets et des bourses destinées à prendre le lapin, sont formellement prohibés.

Les peines en matière de délit de chasse sont : la confiscation des armes, filets, engins et autres instruments de chasse; une amende qui varie depuis 16 francs jusqu'à 300 francs; un emprisonnement qui peut aller jusqu'à deux mois; enfin le payement des frais du procès et les dommages-intérêts, s'il y a lieu, envers le propriétaire sur les terres duquel on a chassé.

Les délits de chasse sont prouvés, soit par procès-verbaux ou rapports des maires, adjoints, commissaires de police, officiers, maréchaux des logis ou brigadiers de gendarmerie, gendarmes, gardes forestiers, gardes-pêche, gardes champêtres, gardes particuliers, employés des contributions indirectes et des octrois, soit par témoins, à défaut de rapports et procès-verbaux, ou à leur appui.

Les délinquants ne peuvent être ni saisis, ni désarmés; néanmoins, s'ils étaient déguisés ou masqués, s'ils refusaient de faire connaître leurs noms, ou s'ils n'avaient pas de domicile connu, ils seraient conduits devant le maire ou le juge de paix.

Tous les délits de chasse sont poursuivis d'office par le ministère public, sans préjudice du droit des parties lésées d'agir, de leur côté, en réparation des dommages.

Le père, la mère, le tuteur, les maîtres et commettants sont civilement responsables des délits de chasse commis par leurs enfants mineurs non mariés, pupilles demeurant avec eux, domestiques ou préposés, sauf le recours de droit.

Toute action relative aux délits de chasse se prescrit par le laps de trois mois, à compter du jour du délit, celui-ci compris.

DE LA PÊCHE FLUVIALE.

La loi ne crée ni n'attribue pas le droit de pêche; elle en a seulement déterminé et réglé l'exercice.

Le droit de pêche est exercé au profit de l'Etat : 1° Dans tous les fleuves, rivières, canaux et contrefossés navigables ou flottables avec bateaux, trains ou radeaux et dont l'entretien est à la charge de l'Etat ou de ses ayants cause; 2° dans les bras, noues, boires et fossés qui tirent leurs eaux des fleuves et rivières navigables ou flottables dans lesquels on peut en tout temps passer ou pénétrer librement en bateau de pêcheur, et dont l'entretien est également à la charge de l'Etat. Sont toutefois exceptés les canaux ou fossés existants, ou qui seraient creusés dans les propriétés particulières et entretenus aux frais des propriétaires.

Dans toutes autres rivières et canaux, les propriétaires riverains ont, chacun de son côté, le droit de pêche jusqu'au milieu du cours de l'eau, sans préjudice des droits contraires établis par possession ou par titres.

Tout individu qui se livre à la pêche sur les fleuves et rivières navigables ou flottables, canaux, ruisseaux ou cours d'eau quelconques, sans la permission de celui à qui le droit de pêche appartient, est punissable d'une amende de 20 fr. au moins et de 100 fr. au plus, indépendamment des dommages-intérêts; la confiscation des filets et engins peut aussi être prononcée. — Néanmoins il est permis à tout individu de pêcher à la ligne flottante tenue à la main, le temps du frai excepté, dans les fleuves, rivières et canaux où l'État exerce exclusivement le droit de pêche.

La pêche au profit de l'État est exploitée, soit par voie d'adjudication publique, soit par concession de licences à prix d'argent. Toute location faite autrement que par adjudication est considérée comme clandestine et déclarée nulle.

Il est interdit de placer dans les rivières navigables ou flottables, les canaux et ruisseaux, aucun barrage, appareil ou établissement quelconque de pêcherie, ayant pour objet d'empêcher entièrement le passage du poisson, sous peine de dommages-intérêts, d'une amende de 50 fr. à 500 fr., et de la saisie des appareils.

Quiconque aura jeté dans les eaux des drogues ou appâts qui sont de nature à enivrer le poisson ou à le détruire, sera puni d'une amende de 30 fr. à 300 fr. et d'un emprisonnement d'un à trois mois.

Une amende de 30 à 100 fr. sera prononcée contre ceux qui feront usage, en quelque temps et en quelque fleuve, rivière, canal ou ruisseau que ce soit, de l'un des procédés ou modes de pêche, ou de l'un des instruments ou engins de pêche prohibés. Si le délit a eu lieu pendant le temps du frai, l'amende sera de 60 à 200 fr.

Sont prohibés : 1° les filets traînants; 2° les filets dont les mailles carrées, sans accrues et non tendues ni tirées en losanges, auraient moins de trente millimètres de chaque côté, après que le filet aura séjourné dans l'eau; 3° les bires, nasses ou autres engins, dont les verges en osier seraient écartées entre elles de moins de trente millimètres.

Sont néanmoins autorisés, pour la pêche des goujons, ablettes, loches, vérons, vandoises et autres poissons de petite espèce, les filets dont les mailles auront quinze millimètres de largeur, et les nasses d'osier ou autres engins dont les baguettes ou verges seront écartées de quinze millimètres. Les pêcheurs ont aussi la faculté de se servir de toute espèce de nasses en jonc à jour, quel que soit l'écartement de leurs verges.

Quiconque se servira pour une autre pêche des filets spécialement affectés à cette dernière, sera puni d'une amende de 30 à 100 fr.; et si le délit a lieu pendant le temps du frai, l'amende sera de 60 à 200 fr.

Aucune restriction, ni pour le temps de la pêche, ni pour l'emploi des filets ou engins, n'est imposée aux pêcheurs du Rhin.

Les actions en réparation de délits en matière de pêche se prescrivent par un mois à compter du jour où les délits ont été constatés lorsque les prévenus sont désignés dans les procès-verbaux. Dans le cas contraire, le délai de prescription est de trois mois, à compter du même jour.

Dans le cas de récidive, la peine est toujours double. — Il y a récidive lorsque, dans les douze mois précédents, il a été rendu contre le délinquant un premier jugement pour délit en matière de pêche. — Les peines sont également doublées lorsque les délits ont été commis la nuit.

Les maris, pères, mères, tuteurs, fermiers et porteurs de licences, ainsi que tous propriétaires, maîtres et commettants, sont civilement responsables des délits en matière de pêche commis par leurs femmes, enfants mineurs, pupilles, bateliers et compagnons, et tous autres subordonnés, sauf le recours de droit.

LE CRÉDIT FONCIER

EXPLIQUÉ.

S'il y eut jamais une idée utile au monde, c'est assurément celle qui a pour objet de procurer aux classes laborieuses des capitaux à bon marché. L'argent, en effet, est l'instrument indispensable à toute entreprise, l'élément principal de tout succès ; car avec des sommes suffisantes bien employées on triomphe des plus grands obstacles, tandis que sans argent, le mérite, les capacités, l'intelligence, le génie même demeurent impuissants et presque inutiles. C'est à cause des immenses avantages qu'il procure que le capital est si recherché, et c'est le besoin à nul autre égal que chacun en éprouve qui a fait naître l'usure. Or, fournir des fonds à intérêt réduit et en faciliter le remboursement par de faibles à-compte, c'est évidemment procurer au commerce, à l'industrie, et surtout à l'agriculture, le premier comme le plus sûr moyen de s'enrichir ; tel a été le but des sociétés de Crédit foncier, dont la création remonte au décret du 28 février 1852.

Moyennant des garanties suffisantes on peut se procurer là des fonds que l'on n'aura en quelque sorte jamais à rembourser, et que cependant on cessera de devoir après un certain laps de temps, puisque au moyen d'une annuité qui ne dépasse guère le taux de l'intérêt ordinaire, on se trouve libéré de tout après un terme facultatif pour l'emprunteur dans la limite de *cinquante ans* : ainsi, une somme de 1,000 francs, par exemple, empruntée aujourd'hui, se trouverait complétement remboursée dans cinquante ans, pourvu que l'emprunteur eût régulièrement payé ses annuités, dont le taux s'élèverait tout au plus à cinq ou cinq et demi pour cent. Bien entendu, on peut se décharger plus tôt en élevant le chiffre de l'annuité, et même abréger encore les délais primitivement fixés en remboursant ce qui peut rester dû sur le capital, déduction faite des annuités déjà payées.

La condition première pour obtenir du Crédit foncier le prêt d'une somme, c'est de présenter des garanties suffisantes, qui d'ailleurs se réduisent à une hypothèque en premier rang sur des immeubles d'une valeur au moins double de la somme empruntée. Toutefois, on peut donner à une hypothèque subséquente le premier rang en éteignant celles qui la précèdent; ainsi, le possesseur d'une propriété de 10,000 francs, par exemple, sur laquelle existent déjà des inscriptions ne dépassant pas 5,000 francs, peut obtenir le prêt de cette dernière somme, à la condition que le montant en sera employé à éteindre les créances déjà inscrites : il va sans dire que, si au lieu de devoir déjà 5,000 francs, ce propriétaire ne devait qu'une somme moindre on lui prêterait également cette même somme, à la charge de faire disparaître les hypothèques antérieures, sauf à lui à disposer du surplus de la somme prêtée comme il le jugerait à propos.

EXPLICATIONS ET COMMENTAIRES

DE LA

NOUVELLE LOI SUR LE DRAINAGE.

DÉCRET IMPÉRIAL.

Loi nouvelle des 17-23 juillet 1856, sur le drainage.

ENCOURAGEMENTS DONNÉS PAR L'ÉTAT.

Art. 1er. Une somme de 100 millions est affectée à des prêts destinés à faciliter les opérations de drainage.

Un article de la loi de finances fixe, chaque année, le crédit dont le ministre de l'agriculture, du commerce et des travaux publics peut disposer pour cet emploi.

2. Les prêts effectués en vertu de la présente loi sont remboursables en vingt-cinq ans, par annuités comprenant l'amortissement du capital et l'intérêt calculé à 4 p. 100.

L'emprunteur a toujours le droit de se libérer par anticipation, soit en totalité, soit en partie.

Le recouvrement des annuités a lieu de la même manière que celui des contributions directes.

3. *Il est accordé* au trésor public, pour le recouvrement *de l'annuité échue et de l'annuité courante sur les récoltes ou revenus des terrains drainés,* un privilége qui prend rang immédiatement après celui des contributions publiques. Néanmoins, les sommes dues pour les semences ou pour les frais de la récolte de l'année sont payées sur le prix de la récolte avant la créance du trésor public.

Le trésor public a également, pour le recouvrement de

ses prêts, un privilége qui prend rang avant tout autre sur les terrains drainés.

4. Le privilége sur les terrains drainés, *tel qu'il est établi par l'article précédent*, est accordé : 1° aux syndicats, pour le recouvrement de la taxe d'entretien et des prêts ou avances faits par eux ; 2° aux prêteurs, pour le remboursement des prêts faits à des syndicats ; 3° aux entrepreneurs, pour le payement du montant des travaux de drainage par eux exécutés ; 4° *à ceux qui ont prêté des deniers pour payer ou rembourser les entrepreneurs, en se conformant aux dispositions du § 5 de l'article* 2103 *du code Napoléon.*

Les syndicats ont, en outre, pour la taxe d'entretien de l'année échue et de l'année courante, le privilége sur les récoltes ou revenus, tel qu'il est établi par l'article 3.

Le privilége n'affecte chacun des immeubles compris dans le périmètre d'un syndicat que pour la part de cet immeuble dans la dette commune.

5. Toute personne ayant une créance privilégiée ou hypothécaire antérieure au privilége acquis en vertu de la présente loi, a le droit, à l'époque de l'aliénation de l'immeuble, de faire réduire ce privilége à la plus-value existant à cette époque et résultant des travaux de drainage.

6. Le trésor public, les syndicats, les prêteurs et les entrepreneurs n'acquièrent le privilége que sous la condition d'avoir préalablement fait dresser un procès-verbal, à l'effet de constater l'état de chacun des terrains à drainer relativement aux travaux de drainage projetés, d'en déterminer le périmètre et d'en estimer la valeur actuelle d'après les produits.

Lorsqu'il s'agit d'un prêt demandé au trésor public, le procès-verbal est dressé par un ingénieur ou un homme de l'art commis par le préfet, assisté d'un expert désigné par le juge de paix ; s'il y a désaccord entre l'ingénieur et l'expert, celui-ci fait consigner ses observations dans le procès-verbal.

Dans les autres cas, le procès-verbal est dressé *par un expert désigné par le juge de paix du canton où sont situés les biens*.

Les entrepreneurs qui ont exécuté des travaux pour des propriétaires non constitués en syndicat doivent, de plus, faire vérifier la valeur de leurs travaux, dans les deux mois de leur exécution, par *un expert désigné* par le juge de paix. Le montant du privilége ne peut pas excéder la valeur constatée par ce second procès-verbal.

7. Le privilége accordé par la présente loi sur les terrains drainés se conserve par une inscription prise : pour le trésor public et pour les prêteurs, dans les deux mois de l'acte de prêt ; pour les syndicats, dans les deux mois de l'arrêté qui les constitue ; pour les entrepreneurs, dans les deux mois du procès-verbal prescrit par le premier paragraphe de l'article 6.

L'inscription contient, dans tous les cas, un extrait sommaire de ce procès-verbal.

Lorsqu'il y a lieu à vérification des travaux, en exécution du quatrième paragraphe de l'article 6, il est fait mention, en marge de l'inscription, du procès-verbal de cette vérification, dans les deux mois de sa date.

8. L'acte de prêt consenti au profit d'un syndicat répartit provisoirement la dette entre les immeubles compris dans le périmètre du syndicat, proportionnellement à la part que chacun de ces immeubles doit supporter dans la dépense, et l'inscription est prise d'après cette répartition provisoire.

Pour les avances d'un syndicat, l'inscription est également prise d'après une répartition provisoire faite comme il est dit au paragraphe précédent, par les soins du syndicat.

Si la répartition provisoire est rectifiée ultérieurement par l'effet des recours ouverts aux propriétaires en vertu de l'art. 4 de la loi du 14 floréal an XI, il est fait mention de cette rectification en marge des inscriptions, à la diligence du syndicat, dans les deux mois de la date où la répartition nouvelle est devenue définitive; le privilége s'exerce conformément à cette dernière répartition.

9. Si une opération de drainage aggrave les dépenses d'un cours d'eau réglées par la loi du 14 floréal an XI, les terrains drainés sont compris dans les propriétés intéressées, et imposés conformément à cette loi.

10. Un règlement d'administration publique détermine les conditions et les formes des prêts faits par le trésor public, les mesures propres à assurer l'emploi des fonds provenant de ces prêts à l'exécution des travaux de drainage, les formes de la surveillance de l'administration sur l'exécution et l'entretien des travaux de drainage effectués avec les prêts faits par le trésor public, et, en général, toutes les mesures nécessaires à l'exécution de la présente loi.

CONSIDÉRATIONS GÉNÉRALES. RÉSULTAT POSSIBLE.

Qu'est-ce que le drainage? Jusqu'ici a-t-il produit les résultats qu'en espérait le gouvernement? C'est là le point capital de la question. Il faut à cet égard entrer dans des détails un peu étendus, mais qui seuls peuvent justifier la nouvelle loi du 17-23 juillet 1856.

On sait en quoi consiste l'opération du drainage, telle que nous l'entendons en France; car, dans la langue anglaise qui nous a fourni le mot, il a une signification plus compréhensive. Chez nous le drainage, c'est l'assèchement des terres humides et qui conservent l'eau, au moyen de tuyaux de poterie qui, placés au fond de rigoles ou tranchées souterraines, communiquent les uns avec les autres et favorisent l'écoulement des eaux qu'ils ont recueillies sur leur parcours.

Nous ne pouvons mieux faire, pour caractériser et résumer les effets du drainage, que de citer de courts passages du rapport fait au Sénat par l'honorable M. Dumas sur la loi du 10 juin 1854.

« Les plantes, dit cet illustre savant, puisent, comme on sait, leur nourriture dans l'air, dans l'eau, dans le sol, c'est-à-dire dans le sol imprégné d'air et d'eau dans une juste mesure. Si l'eau monte trop près de la surface du sol, les racines s'arrêtent et rampent au lieu de plonger. Si le plan d'humidité est abaissé par l'effet du drainage, l'air pénètre plus profondément et fertilise le sol. Les racines l'y accompagnent, et la terre, au lieu d'offrir quinze ou vingt centimètres d'épaisseur à la nourriture des plantes, met à leur disposition une couche d'un mètre au moins, quintuplant ainsi la quantité de certains de leurs aliments qui s'élaborent dans ce laboratoire.....

» Cet asséchement du sol va-t-il jusqu'à assainir toute une contrée? c'est ce dont on pourrait douter. Cependant des renseignements pris sur les lieux mêmes et des statistiques météorologiques ou médicales soigneusement tenues établissent que les brouillards en sont moins intenses et moins fréquents, que les fièvres en sont plus rares et moins persistantes, que les épizooties en sont plus éloignées et moins meurtrières.

» Ce qui n'est pas contestable, c'est que le climat des pays drainés est vraiment changé : au printemps, le sol, n'ayant plus besoin de se débarrasser d'une humidité surabondante, s'échauffe dès les premières ardeurs du soleil ; on peut dire que sa latitude a fait un pas vers le midi. La moisson s'y fait quinze jours ou trois semaines plus tôt que par le passé. On cultive le froment là où il fallait se contenter du seigle. On aborde la culture du turneps là où les fourrages verts étaient jusqu'ici la seule nourriture du bétail..... »

Ces effets du drainage sur le sol même et sur le climat des contrées drainées, décrits avec tant de netteté et tant d'autorité par M. Dumas, ne sont pas les seuls qui aient été constatés.

L'action du drainage sur le sol s'exerce encore de la manière la plus favorable sur l'économie générale des exploitations, en diminuant dans une large proportion les frais de culture, en facilitant ou rendant possible l'égale répartition des travaux aratoires sur toutes les saisons de l'année.

En effet, là où les terres restent longtemps mouillées, le cultivateur est obligé de presser ses opérations, de les concentrer dans une période de quelques mois. Labours, semailles, récoltes, tout doit être précipité; de puissants moyens d'action sont à chaque instant nécessaires pour profiter des occasions favorables; ce n'est qu'au prix d'énormes sacrifices que les produits les plus chétifs peuvent être achetés. Par le drainage les terres sont rendues abordables plus tôt au printemps, plus tard en automne; le cultivateur peut donc répartir ses travaux sur un plus long espace de temps, et, par suite, entretenir un moins grand nombre d'ouvriers, d'animaux de trait, des équipages et un matériel moins considérables.

Ajoutons que, dans les terrains imperméables et qui s'égouttent difficilement, tous les travaux, en général, sont d'une exécution beaucoup plus difficile; que les récoltes sont exposées à un plus grand nombre de chances contraires; que les engrais, délayés par les eaux, profitent moins à la terre; que les pâturages moins nutritifs exposent les animaux qui y paissent à des maladies dangereuses; enfin que la durée des prairies artificielles y est notablement diminuée. Tous ces inconvénients, qui résultent de l'humidité des terres, lorsqu'elle y est persistante, le drainage les fait constamment disparaître.

Voilà d'une manière générale les bienfaits du drainage.

En *Écosse*, des agriculteurs n'estiment pas à moins de 6 hectolitres de froment et de 27 quintaux métriques de fourrage, par hectare, l'augmentation de récolte provenant du drainage.

Mais le fait le plus significatif est celui-ci : Le gouvernement anglais a prêté plus de 180 millions de francs pour le drainage et pour les opérations agricoles qui s'y rattachent, et ces prêts ont été tous stipulés remboursables en vingt-deux ans, par annuités comprenant l'amortissement du capital et l'intérêt à 3 p. 100. Or tel a été le succès des travaux de drainage exécutés au moyen de ces prêts, que les remboursements se sont effectués, dans la majorité des cas, en huit ans, et que l'honorable M. Dumas a pu dire, en 1854, dans son rapport au sénat, que cette grande opération n'avait donné lieu qu'à un seul procès et à six arbitrages, et qu'il n'y avait eu que quatre exemples de poursuites pour le remboursement des annuités.

En *Belgique*, où l'on a drainé environ 20,000 hectares, l'heureuse influence exercée par le drainage sur la fertilité du sol est de notoriété publique, quoiqu'on ne se soit pas préoccupé de l'établir d'une manière précise. Cependant on a pu recueillir quelques faits qui démontrent que l'augmentation de production à la suite du drainage équivaut généralement à 35 p. 100 des dépenses, et ne descend presque jamais au-dessous de 20 p. 100.

En *Autriche*, le prince de Schwartzemberg avait à peine introduit le drainage sur ses terres, que déjà les paysans, convaincus de l'efficacité de l'opération, cherchaient à se procurer des tuyaux pour imiter l'exemple qui leur était donné. D'après le docteur Arenstein, l'excédant de récolte sur les terres drainées peut être estimé à 50 p. 100 de la dépense de l'opération. Un document émané de la chambre de commerce de Bude l'a fixé à 34 1/2 p. 100 dans d'autres circonstances.

La *France* n'a suivi que de bien loin l'exemple de l'Angleterre et de la Belgique. Le drainage a été essayé dans un grand nombre de départements; mais il n'y en a guère qu'une vingtaine où il ait été tenté d'une manière un peu sérieuse.

Neuf seulement ont donné le chiffre exact des hectares drainés; il s'élevait, pour ces neuf départements, au 1er janvier 1856, à 6,525 hectares. Les autres départements signalent des travaux plus ou moins importants, mais ne donnent pas de chiffres.

Jusqu'ici, le prix de revient du drainage paraît s'élever moyennement, en France, à 250 fr. par hectare ; c'est aussi à peu près le prix moyen du drainage en Angleterre. En Belgique, il a été de 201 fr. seulement.

Voici, quant aux résultats obtenus en France, ceux qui méritent d'être signalés.

Ain.

Dans le département de l'*Ain*, des travaux de drainage ont été exécutés à la ferme-école impériale de Saulsaie sur une superficie de 85 hectares 48 ares ; et les faits suivants ont été constatés avec un très-grand soin et au moyen d'une comptabilité exacte.

Dans des fonds semés en blé, les terres drainées ont donné 24 hectolitres 26 litres de grain et 3,520 kilogrammes de paille, par hectare, tandis que les terres non drainées, toutes choses égales d'ailleurs, n'ont produit que 17 hectolitres 69 litres de grain et 2,615 kilogrammes de paille. En estimant le blé à 20 fr., et la paille à 3 fr. 50 c. les 100 kilogrammes, l'excédant de récolte obtenu par le drainage serait représenté par une somme de 163 fr. 11 c., c'est-à-dire 36 fr. 24 c. p. 100 de la somme dépensée, qui avait été très-élevée pour ce terrain (449 fr. 53 c. par hectare).

Dans des terres semées en avoine, l'excédant de récolte constaté a donné 14 p. 100 du capital affecté à l'opération.

Pour les prairies, il est dit qu'à la ferme de la Saulsaie, le drainage n'a pas paru produire d'effet au point de vue de la quantité de la récolte, mais que l'herbe s'est sensiblement améliorée ; que les joncs et autres plantes aquatiques ont disparu, que la terre est devenue plus ferme et n'est plus défoncée par le piétinement des animaux qui vont au pâturage. Mais, sur d'autres points du même département, les rapports constatent que le drainage a doublé la récolte des prairies.

Aisne.

Dans le département de l'*Aisne*, on cite notamment la ferme de Charmel, appartenant à M. le vicomte de Rougé, où, sur 300 hectares que comprend la ferme, 80 hectares ont été drainés. Le drainage y a coûté moyennement 240 fr. l'hectare. La somme des avantages obtenus au moyen du drainage, — soit par l'augmentation de produits, qui est de 5 hectolitres de froment par hectare, soit par la suppression de l'inconvénient grave des blés versés sous l'influence d'une forte fumure dans un terrain humide, soit par la possibilité de produire utilement des luzernes et des racines fourragères là où cette culture était complétement désavantageuse, soit par l'économie des frais de culture, soit enfin par la substitution des labours à plat aux labours billonnés avec rigoles d'écoulement, qui font perdre une grande quantité de terrain ; — la somme de ces avantages, disons-nous, n'est pas évaluée à moins de 80 à 90 francs par hectare, année moyenne, ce qui fait qu'en moins de trois années on aura amorti le capital engagé.

Indre-et-Loire.

Dans la Touraine, et particulièrement dans le département d'*Indre-et-Loire*, l'assainissement des terres par le moyen du drainage commence à peine à se faire jour, et déjà l'on constate que l'augmentation de produits peut être estimée de 25 à 50 p. 100.

Moselle.

La *Moselle* a maintenant franchi les premières difficultés, et les efforts intelligents de quelques propriétaires cultivateurs se traduisent par des excédants dans le rendement des récoltes, que l'ingénieur en chef du département estime à 10 p. 100 pour les prairies, 16 p. 100 pour les pommes de terre, 21 p. 100 pour le froment, 32 p. 100 pour les betteraves.

Calvados.

En Normandie, le *Calvados* ne compte pas moins de cent propriétaires qui, depuis deux ans, ont appliqué sur leurs terres les nouvelles méthodes de desséchement dans les six arrondissements qui composent le département. Dans les terres humides et détrempées par le séjour des eaux, le chiffre de la production a quelquefois doublé. Le drainage des prairies a toujours et partout entraîné pour conséquence la disparition plus ou moins rapide des plantes aquatiques, l'amélioration de la qualité des herbages, et l'accroissement du rendement en foin. Le chiffre moyen de l'augmentation de produits due au drainage est évalué par le préfet de 15 à 40 pour 100 pour l'ensemble des opérations.

Pas-de-Calais. — Nord. — Loire. — Haute-Marne.

Dans le *Pas-de-Calais*, qui est un des premiers qui aient fait du drainage; dans le *Nord*, où il a du développement; dans la *Loire*, où il fait chaque année d'assez notables progrès; enfin dans la *Haute-Marne*, on ne donne pas de chiffres, mais on déclare que le succès est complet.

Oise. — Seine-et-Oise.

Dans le département de l'*Oise*, on accuse une augmentation de revenu de 70 p. 100. Dans *Seine-et-Oise*, on signale un accroissement de récoltes considérable sur toutes les propriétés où on a pris soin de le constater régulièrement : pour les blés, il est de 50 p. 100; pour les prairies, les produits ont doublé.

Gironde.

Dans la *Gironde*, M. le comte Duchâtel a fait drainer 80 hectares de vignes en quatre ans à Lagrange. Les résultats obtenus ont été énormes. Le drainage a coûté en moyenne 275 fr. par hectare; en une seule année, la plus-value des récoltes a couvert cette dépense, indépendamment d'avantages accessoires dont il n'a pas été tenu compte. M. l'ingénieur en chef Nadault de Buffon, qui a signalé ce fait dans un rapport fort étendu, ajoute : « Ce n'est point une opinion que nous émettons, c'est un fait constaté par suite d'une comptabilité régulière, et devenu d'ailleurs de notoriété publique dans le pays. »

Dans le même département on cite une autre propriété, celle de M. le marquis de Bryas, où une terre de 6 hectares, qui ne produisait en moyenne que 60 hectolitres, a donné 208 hectolitres en 1854, après avoir été drainée.

Mayenne.

Dans le département de la *Mayenne*, il s'est produit un fait fort curieux. Les propriétaires de la mine de la Bazouge ont eu l'idée de faire drainer les terrains sous lesquels sont pratiqués les travaux d'un de leurs puits. La surface drainée est d'environ 14 hectares. Dans l'année qui a suivi le drainage, la quantité d'eau extraite de ces travaux par les machines d'épuisement a diminué de plus de moitié. On a pu le calculer mathématiquement, en relevant les proportions relatives des épuisements effectués pendant les années qui ont précédé le drainage dans les galeries du puits drainé, et de ceux exécutés pendant les mêmes années dans les galeries d'un puits voisin non drainé, et en comparant ces proportions avec celles observées pour les mêmes puits dans l'année qui a suivi le drainage dont l'un d'eux venait d'être l'objet. Et non-seulement la quantité d'eau extraite du puits drainé a diminué de plus de moitié ; mais, en outre, les épuisements se sont régularisés par le fait du drainage. L'arrivée des eaux dans les galeries souterraines, au lieu d'être soumise à des variations brusques, est devenue à peu près régulière et ne change guère de mois en mois.

Enfin, en même temps que le drainage profitait à la

mine, il avait pour la culture de la surface les meilleurs effets, et il arrive que les propriétaires qui avaient élevé de nombreuses difficultés et demandé des indemnités lors du premier drainage, contre lesquels il avait même fallu s'armer de la loi du 10 juin 1854, sont aujourd'hui les premiers et les plus ardents à solliciter la compagnie de drainer ses autres puits, et offrent même de contribuer à la dépense.

Seine-et-Marne.

Mais, de tous, le département de *Seine-et-Marne* est, sans contredit, celui où les conditions particulières du sol, la richesse de la culture et l'abondance des capitaux ont amené l'extension la plus rapide du drainage. Fermiers et propriétaires rivalisent de zèle dans l'exécution des travaux, et l'étendue de la surface assainie dans ce département s'élevait, au 1er janvier dernier, à 3,554 hectares.

Encouragés par l'exemple d'un de leurs confrères, qui n'a pas craint de consacrer une somme de 30,000 fr. au drainage des terres qu'il exploite, les fermiers de la Brie sont entrés résolûment dans la même voie, et beaucoup de propriétaires se sont empressés d'offrir leur concours à leurs fermiers, en stipulant un intérêt de 4 ou 5 p. 100 de leurs avances. On compte dans le département plusieurs drainages de 150 à 200 hectares déjà exécutés; d'autres sont en voie de réalisation.

Des évaluations fournies par un des cultivateurs les plus distingués de la Brie portent à près de 1,000 fr. les avantages qui résultent pour lui de la possibilité de labourer en toute saison et d'ensemencer en temps opportun. La suppression de la jachère a été sur sa ferme (d'une étendue de 200 hectares, dont 150 soumis au drainage) la conséquence immédiate du dessèchement des terres; et la perfection des labours aidant, on a pu constater sur le rendement des cultures en grains une augmentation de 25 à 30 p. 100.

Quant aux prairies artificielles, la récolte, dans les trois premières années, a présenté chaque année une augmentation de 50 p. 100 à la première coupe.

Il faut ajouter que, dans la volumineuse correspondance des préfets, provoquée par une circulaire récente de M. le ministre de l'agriculture et du commerce, qui les avait interrogés sur les effets du drainage dans leur département, ainsi que dans les divers rapports d'ingénieurs et d'inspecteurs généraux de l'agriculture joints au dossier, on ne cite pas un fait contraire aux résultats qui viennent d'être exposés.

Deux ou trois préfets expriment, au nom de leurs administrés, quelques doutes sur la durée des effets du drainage, mais des doutes théoriques, qui ne sont basés sur aucune observation. Un seul rapport, celui d'un inspecteur général de l'agriculture, signale des cas de non-réussite, mais en ajoutant qu'ils sont causés ou par l'impéritie et l'inexpérience de ceux qui ont fait exécuter les travaux, ou par la trop grande économie apportée dans leur exécution. On signale généralement comme obstacles principaux au développement du drainage la rareté des contre-maîtres et ouvriers draineurs en état de diriger les travaux, la cherté des tuyaux qu'il faut aller chercher à de trop grandes distances, enfin, et surtout, le défaut de spécimens de drainage placés à la portée des petits cultivateurs, et pouvant leur servir d'exemples et de modèles ; mais il y a unanimité parmi les préfets pour déclarer que partout les résultats ont dépassé l'attente et ont paru merveilleux à tous ceux qui ont pu les observer.

Tous ces faits sont assurément la démonstration la plus éclatante de cette parole d'un savant distingué, M. Payen, qui, au retour de sa mission en Angleterre pour étudier le drainage, écrivait que « le drainage est l'une des plus grandes améliorations contemporaines, à coup sûr, et peut-être l'une des plus grandes inventions de l'agriculture. » On pouvait douter jusqu'à présent que cette innovation pût être appliquée en France avec un succès pareil à celui qu'elle a obtenu dans les climats humides comme celui de l'Angleterre. Après les expériences nombreuses faites en France et soigneusement observées, dont nous venons de faire un exposé fidèle, il est aujourd'hui incontestable que notre sol en reçoit les mêmes bienfaits, toutes les fois que l'opération a lieu dans de bonnes conditions, faciles d'ailleurs à apprécier, et avec le soin, l'intelligence et la dépense nécessaires.

Et maintenant, cela dit sur la puissance des effets du drainage, quels résultats généraux et économiques faut-il attendre de l'application en grand de cette méthode d'assainissement sur tous les points de notre territoire où elle peut être utile?

Le voici:

Bien qu'aucune statistique des terrains à drainer en France n'ait encore été faite, les données que le ministère de l'agriculture possède sur ce sujet, et qu'il a puisées dans les rapports des préfets, des ingénieurs des ponts et chaussées et des mines, des inspecteurs généraux de l'agriculture et des chambres consultatives de l'agriculture, permettent à l'administration d'évaluer approximativement de 10 à 11 millions d'hectares les surfaces susceptibles d'être drainées avec avantage, lesquelles se subdiviseraient ainsi (1):

6,500,000 à 7,000,000 en terres employées à la culture des céréales;

2,000,000 en prairies;

1,500,000 en terrains marécageux;

400,000 à 500,000 en terrains incultes.

---

(1) L'auteur des *Études sur le drainage au point de vue pratique et administratif*, publiées en juin 1853, M. Hervé Mangon, ingénieur des ponts et chaussées, évalue à 7,000,000 d'hectares l'étendue des terres à drainer en France. L'honorable M. Gareau, dans son rapport au Corps législatif sur la loi du 10 juin 1854, la porte à 10,000,000 d'hectares.

Néanmoins, pour que nos calculs ne puissent pas être taxés d'exagération et nos appréciations d'engouement, nous supposerons seulement 5 millions d'hectares à drainer en France; nous supposerons également le prix moyen du drainage réduit, comme en Belgique, à 200 fr. au lieu de 250 fr., prix actuel dans notre pays. Eh bien, si l'on admet qu'il y ait 5 millions d'hectares à drainer en France, et 200 fr. à dépenser pour le drainage de chaque hectare, on doit conclure que le drainage assure à nos campagnes, au minimum, pour un milliard de travaux.

Des travaux fructueux pour une somme considérable, voilà donc le premier bienfait à attendre du drainage.

En second lieu, il résulte du tableau des importations et des exportations comparées du froment et des farines de froment depuis trente ans, que le chiffre des importations s'est élevé, pour ces trente années,

à. . . . 50,828,903 hectol.
et celui des exportations à. . . . 25,492,416

ce qui fait ressortir en faveur de l'importation, une différence de. . . . 25,336,487

soit, en moyenne, 844,583 hectolitres par année, en chiffres ronds 900,000 hectolitres. Là se borne l'insuffisance moyenne de notre production en froment depuis trente ans. Mais l'insuffisance a été en 1832, 1846, 1853 et 1854, d'environ 4 millions d'hectolitres, en 1847 d'environ 8 millions.

Or, admettez qu'au lieu de 7 millions d'hectares de terres employées à la culture des céréales, susceptibles de drainage utile, chiffre donné par l'administration, il faille en compter la moitié seulement, soit 3,500,000 hectares; admettez, d'autre part, que l'augmentation de produits résultant du drainage sur cette portion du territoire soit de 10 p. 100 seulement, évaluation bien inférieure à toutes les données de l'expérience, nous disons, — sans vouloir faire des calculs précis, qui seraient rendus très-difficiles par le grand nombre d'éléments dont il y aurait à tenir compte pour arriver à des chiffres tout à fait exacts, — que le seul fait du drainage de 3,500,000 hectares de terres à céréales, et d'une augmentation de 10 p. 100 sur leur production, serait déjà une garantie considérable contre l'insuffisance des récoltes, qui, en ce qui touche le froment, n'a pas dépassé, depuis trente ans, comme nous venons de l'établir, la moyenne de 900,000 hectolitres.

Ainsi, on le voit, la portée du drainage et du mouvement d'essor qu'il s'agit de lui imprimer est celle-ci :

D'inaugurer l'ère de paix qui commence pour la France, après une guerre glorieuse, en ouvrant une source nouvelle de très-grands travaux;

De supprimer ou d'atténuer, autant qu'il dépend des moyens humains de le faire, l'insuffisance des récoltes, et de procurer au pays d'une manière plus égale l'abondance et le bon marché des denrées alimentaires de première nécessité, sans compromettre, loin de là, les intérêts du producteur;

Enfin, de reporter vers les travaux de la terre les bras et les capitaux qui s'en détournent de plus en plus, et surtout depuis quelques années, pour aller à l'industrie.

Tel est le triple intérêt qui motive le projet de loi et qui a paru au gouvernement assez sérieux et assez élevé pour justifier même une mesure exceptionnelle.

L'Angleterre, cette grande et intelligente nation, a reconnu depuis longtemps les merveilleux effets du drainage, tant sous le rapport hygiénique que sous le rapport agricole. Afin d'encourager le drainage en France sur une grande échelle, il convient de mettre sous les yeux de nos lecteurs l'extrait d'un rapport d'une commission anglaise, nommée par la chambre des lords, le 30 avril 1849.

DÉCRET IMPÉRIAL.

Loi du 10 juin 1854, sur le libre écoulement des eaux provenant du drainage.

DU DRAINAGE.

Le *drainage* est l'ensemble des moyens que le propriétaire d'un fonds marécageux emploie pour arriver au desséchement de ce terrain ou à son assainissement.

Dans l'intérêt général comme dans l'intérêt particulier, il est très-utile que les propriétés ne demeurent pas immergées, attendu que c'est autant de terrain dérobé à l'agriculture, et que, de plus, les marais causent souvent des épidémies par leurs émanations insalubres : c'est en vue de ce double intérêt qu'a été faite la loi du 10 juin 1854, dont les dispositions suivent :

Art. 1er. Tout propriétaire qui veut assainir son fonds par le drainage, ou un autre mode d'assèchement, peut, moyennant une juste et préalable indemnité, en conduire les eaux souterrainement ou à ciel ouvert, à travers les propriétés qui séparent ce fonds d'un cours d'eau ou de toute autre voie d'écoulement.

Sont exceptés de cette servitude les maisons, cours, jardins, parcs et enclos attenant aux habitations.

2. Les propriétaires de fonds voisins ou traversés ont la faculté de se servir des travaux faits en vertu de l'article précédent, pour l'écoulement des eaux de leurs fonds.

Ils supportent dans ce cas, 1° une part proportionnelle dans la valeur des travaux dont ils profitent ; 2° les dépenses résultant des modifications que l'exercice de cette faculté peut rendre nécessaires ; et 3° pour l'avenir, une part contributive dans l'entretien des travaux devenus communs.

3. Les associations de propriétaires qui veulent, au moyen de travaux d'ensemble, assainir leurs héritages par

le drainage ou tout autre mode d'assèchement, jouissent des droits et supportent les obligations qui résultent des articles précédents. Ces associations peuvent, sur leur demande, être constituées, par arrêtés préfectoraux, en syndicats auxquels sont applicables les articles 3 et 4 de la loi du 14 floréal an XI.

4. Les travaux que voudraient exécuter les associations syndicales, les communes ou les départements, pour faciliter le drainage ou tout autre mode d'assèchement, peuvent être déclarés d'utilité publique par décret rendu en conseil d'État.

Le règlement des indemnités dues pour expropriation est fait conformément aux paragraphes 2 et suivants de l'article 16 de la loi du 21 mai 1836.

5. Les contestations auxquelles peuvent donner lieu l'établissement et l'exercice de la servitude, de la fixation du parcours des eaux, l'exécution des travaux de drainage ou d'assèchement, les indemnités et les frais d'entretien, sont portées en premier ressort devant le juge de paix du canton, qui, en prononçant, doit concilier les intérêts de l'opération avec le respect dû à la propriété.

S'il y a lieu à expertise, il pourra n'être nommé qu'un seul expert.

6. La destruction totale ou partielle des conduits d'eau ou fossés évacuateurs est punie des peines portées par l'article 456 du Code pénal.

Tout obstacle apporté volontairement au libre écoulement des eaux est puni des peines portées par l'article 457 du même code.

L'article 463 du Code pénal peut être appliqué.

7. Il n'est aucunement dérogé aux lois qui règlent la police des eaux.

MOTIFS, EXPLICATIONS

ET COMMENTAIRES

Relatifs à la nouvelle loi

SUR

LES SOCIÉTÉS EN COMMANDITE.

DÉCRET IMPÉRIAL.

Loi nouvelle du 17-23 juillet 1856, sur les sociétés en commandite par actions.

Art. 1er. Les sociétés en commandite ne peuvent diviser leur capital en actions ou coupons d'actions de moins de cent francs, lorsque ce capital n'excède pas deux cent mille francs, et de moins de cinq cents francs lorsqu'il est supérieur.

Elles ne peuvent être définitivement constituées qu'après la souscription de la totalité du capital social, et le versement par chaque actionnaire du quart au moins du montant des actions par lui souscrites.

Cette souscription et ces versements sont constatés par une déclaration du gérant dans un acte notarié;

A cette déclaration sont annexés la liste des souscripteurs, l'état des versements faits par eux, et l'acte de société.

2. Les actions des sociétés en commandite sont nominatives jusqu'à leur entière libération.

3. Les souscripteurs d'actions dans les sociétés en commandite sont, nonobstant toute stipulation contraire, res-

ponsables du payement du montant total des actions par eux souscrites.

Les actions ou coupons d'actions ne sont négociables qu'après le versement des deux cinquièmes.

4. Lorsqu'un associé fait, dans une société en commandite par actions, un apport qui ne consiste pas en numéraire, ou stipule à son profit des avantages particuliers, l'assemblée générale des actionnaires en fait vérifier et apprécier la valeur.

La société n'est définitivement constituée qu'après approbation dans une réunion ultérieure de l'assemblée générale.

Les délibérations sont prises par la majorité des actionnaires présents. Cette majorité doit comprendre le quart des actionnaires et représenter le quart du capital social en numéraire.

Les associés qui ont fait l'apport ou stipulé les avantages soumis à l'appréciation de l'assemblée, n'ont pas voix délibérative.

5. Un conseil de surveillance, composé de cinq actionnaires au moins, est établi dans chaque société en commandite par actions.

Ce conseil est nommé par l'assemblée générale des actionnaires immédiatement après la constitution définitive de la société, et avant toute opération sociale.

Il est soumis à la réélection tous les cinq ans au moins : toutefois, le premier conseil n'est nommé que pour une année.

6. Est nulle et de nul effet, à l'égard des intéressés, toute société en commandite par actions constituée contrairement à l'une des prescriptions énoncées dans les articles qui précèdent.

Cette nullité ne peut être opposée aux tiers par les associés.

7. Lorsque la société est annulée aux termes de l'article précédent, les membres du conseil de surveillance peuvent

être déclarés responsables, solidairement et par corps avec les gérants, de toutes les opérations faites postérieurement à leur nomination.

La même responsabilité solidaire peut être prononcée contre ceux des fondateurs de la société qui ont fait un apport en nature, ou au profit desquels ont été stipulés des avantages particuliers.

8. Les membres du conseil de surveillance vérifient les livres, la caisse, le portefeuille et les valeurs de la société.

Ils font, chaque année, un rapport à l'assemblée générale sur les inventaires et sur les propositions de distribution de dividendes faites par le gérant.

9. Le conseil de surveillance peut convoquer l'assemblée générale. Il peut aussi provoquer la dissolution de la société.

10. Tout membre d'un conseil de surveillance est responsable, avec les gérants, solidairement et par corps :

1° Lorsque, sciemment, il a laissé commettre dans les inventaires des inexactitudes graves, préjudiciables à la société ou aux tiers.

2° Lorsqu'il a, en connaissance de cause, consenti à la distribution de dividendes non justifiés par des inventaires sincères et réguliers.

11. L'émission d'actions ou de coupons d'actions d'une société constituée contrairement aux articles 1 et 2 de la présente loi, est punie d'un emprisonnement de huit jours à six mois, et d'une amende de cinq cents francs à dix mille francs, ou de l'une de ces peines seulement.

Est puni des mêmes peines le gérant qui commence les opérations sociales avant l'entrée en fonctions du conseil de surveillance.

12. La négociation d'actions ou de coupons d'actions dont la valeur ou la forme serait contraire aux dispositions des articles 1 et 2 de la présente loi, ou pour lesquels le versement des deux cinquièmes n'aurait pas été effectué conformément à l'article 3, est punie d'une amende de cinq cents francs à dix mille francs.

Sont punies de la même peine toute participation à ces négociations et toute publication de la valeur desdites actions.

13. Sont punis des peines portées par l'article 405 du Code pénal, sans préjudice de l'application de cet article à tous les faits constitutifs du délit d'escroquerie :

1° Ceux qui par simulation de souscriptions ou de versements, ou par la publication faite de mauvaise foi de souscriptions ou de versements qui n'existent pas, ou de tous autres faits faux, ont obtenu ou tenté d'obtenir des souscriptions ou des versements.

2° Ceux qui, pour provoquer des souscriptions ou des versements, ont, de mauvaise foi, publié les noms de personnes désignée contrairement à la vérité, comme étant ou devant être attachées à la société à un titre quelconque.

3° Les gérants, qui, en l'absence d'inventaires ou au moyen d'inventaires frauduleux, ont opéré entre les actionnaires la répartition de dividentes ont réellement acquis à la société.

L'article 463 du Code pénal est applicable aux faits prévus par le présent article.

14. Lorsque les actionnaires d'une société en commandite par actions ont à soutenir collectivement et dans un intérêt commun, comme demandeurs ou comme défendeurs, un procès contre les gérants ou contre les membres du conseil de surveillance, ils sont représentés par des commissaires nommés en assemblée générale.

Lorsque quelques actionnaires seulement sont engagés comme demandeurs ou comme défendeurs dans la contestation, les commissaires sont nommés dans une assemblée spéciale composée des actionnaires parties au procès.

Dans le cas où un obstacle quelconque empêcherait la nomination des commissaires par l'assemblée générale ou par l'assemblée spéciale, il y sera pourvu par le tribunal de commerce, sur la requête de la partie la plus diligente.

Nonobstant la nomination des commissaires, chaque actionnaire a le droit d'intervenir personnellement dans l'instance, à la charge de supporter les frais de son intervention.

15. Les sociétés en commandite par actions actuellement existantes, *et qui n'ont pas de conseil de surveillance*, sont tenues, dans le délai de six mois à partir de la promulgation de la présente loi, de constituer un conseil de surveillance.

Ce conseil est nommé conformément aux dispositions de l'article 5.

Les conseils déjà existants et ceux qui sont nommés en exécution du présent article, exercent les droits et remplissent les obligations déterminées par les articles 8 et 9; ils sont soumis à la responsabilité prévue par l'article 10.

A défaut de constitution du conseil de surveillance dans le délai ci-dessus fixé, chaque actionnaire a le droit de faire prononcer la dissolution de la société. Néanmoins, un nouveau délai peut être accordé par les tribunaux, à raison des circonstances.

L'article 14 est également applicable aux sociétés actuellement existantes.

CONSIDÉRATIONS GÉNÉRALES SUR L'UTILITÉ DE CETTE LOI.

Cette nouvelle et importante loi du 23 juillet 1856, sur les sociétés en commandite, a donné lieu à de sérieux et longs débats au sein du Corps législatif, auxquels ont pris part nos plus savants jurisconsultes, tels que M. Baroche, président du Conseil d'Etat, MM. Duvergier, conseiller d'Etat, Langlet de la Sarthe, député; le comte de Chasseloup Laubat, Dalloz, député, etc., etc.

La société en commandite offre une des plus ingénieuses et des plus utiles applications du principe d'association.

Elle réunit la plupart des avantages de la société anonyme, presque tous ceux de la société en nom collectif;

Elle engage les capitaux des commanditaires, sans compromettre leur personne; en cela elle participe de la société anonyme; d'un autre côté, le pouvoir qui la dirige est centralisé comme dans la société en nom collectif; il a par conséquent la force et la liberté d'action si essentielle au succès des opérations industrielles et commerciales.

La division du capital social en actions au porteur a beaucoup contribué à rendre les sociétés en commandite populaires. Des titres qui peuvent être négociés sans frais, sans lenteurs, sans formalités, sans responsabilité, ont un attrait tout particulier, et par cela même un surcroît réel de valeur.

Ces différentes causes ont donné à l'établissement des sociétés en commandite par actions une impulsion dont il n'y aurait qu'à se féliciter, si elle avait toujours été accompagnée de prudence, de modération et de loyauté.

Malheureusement, les actionnaires se sont laissé séduire par les plus folles espérances, et sont tombés dans les plus extravagantes exagérations. *La mauvaise foi* a compris tout ce qu'elle pouvait tirer de cette disposition des esprits; elle a, par les *assertions mensongères des prospectus*, fait croire à des bénéfices impossibles; elle a paru donner des garanties de crédit et de moralité en se plaçant sous le patronage nominal de personnes honorables; elle a, en exagérant la valeur de l'apport social, absorbé en grande partie dans l'intérêt des fondateurs les capitaux fournis par les commanditaires; elle a trouvé dans le mécanisme même de la commandite, dans la forme des actions, des moyens de réaliser des *avantages illicites,* entièrement indépendants du succès des opérations sociales.

Mais lorsque l'ordre étant rétabli dans le pays et la sécurité rendue aux esprits, l'activité industrielle a pu reprendre son élan; lorsque le crédit public, s'appuyant sur les sympathies populaires, s'est montré sous des formes et avec une puissance jusqu'alors inconnues; lorsqu'une paix glorieuse est venue inspirer partout la confiance qui fait naître et réussir les grandes entreprises ; lorsqu'en un mot la prospérité générale s'est manifestée par le nombre et l'importance des transactions, on a pu constater que les affaires équivoques, les spéculations frauduleuses reprenaient aussi une funeste activité. Les annonces de sociétés en commandite par actions ont de nouveau paru, exposant les plus étranges projets, demandant des capitaux considérables, promettant des bénéfices immenses, employant tous les moyens de séduction déjà connus, et en imaginant d'autres au besoin.

Le gouvernement, ému à la vue de ces désordres, a résolu d'y mettre un terme et d'en prévenir le retour. Il ne saurait tolérer que des intérêts nombreux restent exposés sans protection aux *entreprises de la fraude;* il désire surtout, répondant au vœu de la conscience publique, prévenir par de sages précautions, et même atteindre par de justes châtiments des faits qui échappent à l'application des lois existantes, mais qui blessent ouvertement les règles de la morale.

Les stipulations et les ruses dont on fait usage pour attirer l'argent dans les sociétés en commandite sont variées ; mais, bien examinées, elles rentrent dans un cercle assez étroit et se réduisent à quelques procédés qui, différant par les détails, sont au fond et en réalité les mêmes. L'exagération de la valeur des apports en nature ; la distribution des actions d'après cette appréciation ; la forme au porteur, qui donne une si dangereuse facilité pour se défaire d'actions mal acquises, et sans qu'on puisse suivre leurs traces dans les mains qui se les transmettent ; la valeur nominale, rendue à peu près illusoire par la faculté de faire des versements minimes au moment de l'émission ; la composition des conseils de surveillance, dans lesquels on entre, soit par faiblesse, soit par calcul, souvent avec de mauvais desseins, presque toujours dans la pensée qu'aucune responsabilité n'est attachée aux fonctions qu'on accepte ; enfin, les distributions de dividendes fictifs pris sur le capital social, tantôt à l'insu des conseils de surveillance, tantôt de connivence avec eux : telles sont les manœuvres le plus fréquemment employées pour tromper le public. C'est là ce qu'il faut défendre, empêcher ou punir.

En outre, depuis quelque temps on a pu remarquer que, dans beaucoup de statuts, le capital social est divisé en fractions d'une très-faible valeur. Il y a des actions de 50 fr., de 20 fr., et de 5 fr. On comprend quelle classe de personnes on veut exploiter, et à quelle espèce de capitaux on fait appel lorsqu'on émet de pareilles valeurs. Les actions réduites à de si misérables proportions sont destinées à ceux qui, par leur condition sociale, sont le moins capables d'apprécier les chances auxquelles ils s'exposent; évidemment elles sont faites pour s'introduire dans les plus petites bourses, celles, précisément, pour lesquelles les pertes sont les plus cruelles; elles sont préparées pour s'emparer des modestes économies qui, au lieu de se hasarder dans les périls de la spéculation, doivent aller s'accumuler dans les caisses d'épargne. C'est surtout pour la protection de ces intérêts que la loi doit se montrer vigilante et sévère.

Le premier éloge que mérite la loi, c'est d'avoir repoussé pour l'Etat cette tutelle dangereuse, et de maintenir dans sa base le contrat de société, tel que l'a fait le travail du temps. On oublie trop, en effet, que le législateur moderne, en cette matière, a plutôt classé qu'il n'a innové. Il y a des siècles que les principes du contrat de société ont été posés, d'abord chez ce peuple romain, qui n'a pas seulement agité le monde par ses armes, mais qui l'a remué par l'activité et la grandeur de son commerce; puis, dans ce moyen âge, qui créa tout par l'association; dans cette Italie, alors si industrieuse et si riche, avec ses spéculateurs, portant les plus grands noms de Florence ou de Gênes, tour à tour, marchands et hommes d'Etat; couvrant les mers de vaisseaux, l'Europe de comptoirs; mêlés à toutes les affaires ; prêtant aux souverains, et tenant dans leurs mains tout le crédit de l'Occident ; puis encore dans cette France du xvie et du xviie siècle, où, à la voix de Sully, de Richelieu, de Colbert et de Louis XIV, des associations entreprenaient de vastes travaux de desséchement, ou bien s'en allaient, au delà des mers, coloniser des terres immenses.

C'étaient des sociétés qui, à Rome, exploitaient la banque, les fournitures des armées ; qui avaient la ferme des impôts ; qui se livraient aux plus grandes entreprises de terre et de mer. La *commande,* ou commandite, remplit le moyen âge ; elle a été un des grands instruments qui ont donné l'élan aux capitaux. La division du capital social en actions est un fait constaté avant la fin du xvie siècle. Ces sociétés par actions étaient innombrables en France avant la révolution : l'exploitation des mines, des canaux, des fabriques et des manufactures, les plus grandes entreprises, comme celles d'une moindre importance, se constituaient sous cette forme. On s'effrayait déjà de leurs abus, et on n'a rien écrit de plus saisissant sur l'agiotage, que le traité de d'Aguesseau sur le commerce des actions.

Lorsque ces associations sont sérieuses, honnêtement conçues, loyalement conduites, l'Etat n'a point à s'en inquiéter ; l'animation qu'elles excitent, c'est la vie, c'est la lutte légitime et féconde des intérêts. Autrement ce peut être le danger public : et là commence le devoir de la prévoyance de l'Etat.

Citons un exemple trop fréquent. Voilà une société qui s'établit avec un capital important : le fondateur en a dressé l'acte, soit seul, soit avec un petit nombre d'associés ; l'apport, c'est un immeuble déjà déprécié, ou un procédé sans valeur. On sait que les petits capitaux sont nombreux ; ce sont des salaires, des économies péniblement amassées. La loi les sollicite pour la caisse d'épargne, cette providence des classes laborieuses ; on va les tenter, les séduire par l'appât de bénéfices exagérés. Le fondateur s'est réservé des avantages outrés; les souscripteurs accourent au bruit des prospectus; la société est constituée et marche; le conseil de surveillance est aveugle ou reste silencieux; on leurre les associés par la distribution des dividendes; mais c'est aux dépens du capital social. Pendant tout ce temps, on a joué sur les actions de ces entreprises; les fondateurs se sont enrichis : puis la société tombe, et que reste-t-il? quelques gens crédules, qui n'ont en retour de leur argent que du papier sans valeur !

Supposez maintenant que ces sociétés se multiplient, et le caractère national s'y prête plus qu'en aucun autre pays; il a longtemps, en effet, que d'Aguesseau, écrivant son mémoire sur le commerce des actions, disait : « Le » Français n'a pas changé de caractère, depuis Jules César. » Extrême en tout, il passe sans milieu de l'excès de la » confiance à l'excès de la défiance. Il n'y a point de pays » où l'on *puisse hasarder plus aisément des entreprises* » *qui ne roulent que sur l'opinion.* » Supposez donc que les capitaux soient détournés souvent des affaires utiles, pour se perdre dans ces régions stériles, le crédit public ne serait-il pas compromis? N'y a-t-il pas un grand intérêt à ce que ces fraudes soient réprimées? Tous ces petits capitaux, qu'on égare, ne méritent-ils pas protection ? La loi doit-elle, par un vain respect de la liberté d'industrie, demeurer impuissante devant ces associations, inventées pour récolter des primes, et qui mériteraient mieux le nom de loteries que celui de sociétés?

Le gouvernement ne l'a pas pensé, avec grande raison; et c'est contre ces associations qu'est dirigé le projet. La loi ne touche pas à la liberté de l'industrie; ce qu'elle veut atteindre, c'est la société qui n'est pas sérieuse, qui n'est pas honnête.

Les signes auxquels on la reconnaît ne sont pas incertains. Ainsi toute société, grevée d'un apport social notablement exagéré, est évidemment une déception pour les associés. Toute société, dont le capital n'est pas réellement souscrit, qui n'a que des joueurs, au lieu d'actionnaires, n'est que l'ombre d'une société, un instrument d'agiotage, une cause de ruine pour le public. Toute société, où le contrôle des intéressés ne s'exerce pas avec sincérité et liberté, où l'on trompe sur l'état vrai de l'entreprise, n'est pas une société honnête. C'est à toutes ces fraudes que s'attaque la loi; ce sont elles qu'elle veut réprimer, dans l'intérêt de la morale, de la bonne industrie, des fortunes privées et du crédit public. Quels sont les moyens à l'aide desquels elle espère atteindre ce but désirable? C'est ce qui nous reste à examiner.

FORMATION DE LA SOCIÉTÉ. — ÉMISSION ET NÉGOCIATION DES ACTIONS.

La loi s'occupe d'abord de la constitution de la société. Les fondateurs de commandite jouissent, sous ce rapport, d'une liberté complète. Nulles règles sur la division du capital de la société en actions, sur leur forme, sur le moment où la société doit commencer ses opérations, sur la responsabilité des premiers souscripteurs.

Cette liberté absolue est favorable aux combinaisons de la fraude et de la mauvaise spéculation. D'abord, la faculté de fractionner indéfiniment le capital social a conduit à émettre des coupons de la plus étrange exiguïté. Il y a des sociétés dont les actions sont de 25 fr., de 15 fr., de 10 fr., de 5 fr.; on dit même de 1 fr. Ces actions s'adressent aux plus petites bourses, à cette partie de la population qui est la moins instruite, la plus accessible aux entraînements. C'est pour ces sortes d'affaires qu'on prodigue les promesses les plus extravagantes : on agiote, on joue sur ces valeurs imaginaires.

Les vraies sociétés ne comportent pas de pareils titres; ce ne sont plus des actions, ce sont des billets de loterie. Le projet les supprime, par l'article 1er, et dispose que toute action ne doit pas être d'une valeur moindre de 500 fr., quand le capital social est supérieur à 200,000 fr. Lorsque ce capital n'excède pas 200,000 fr., toute action ou coupon d'action ne peut descendre au-dessous de 100 fr.

Votre commission a donné son approbation complète à cette partie de la loi. Le moyen d'avoir des sociétés sérieuses, c'est de n'y appeler que des associés suffisamment intéressés. Il nous a paru que le minimum de 500 fr. est la juste limite; il comporte les gros capitaux et n'éloigne pas les capitaux moyens, qui sont l'aliment indispensable des entreprises.

L'exception s'appliquant aux sociétés dont le capital n'excède pas 200,000 fr., était commandée par la nature des choses; elle tournera au profit des petites associations, ou de ces entreprises modestes, réclamées par l'intérêt communal ou départemental, et qui sont inspirées bien moins par la spéculation que par le patriotisme local.

L'absence de règles sur la constitution des sociétés est encore une source d'abus. Le fondateur d'une société émet ses actions, et appelle le public. Les actionnaires viennent, mais en petit nombre; l'affaire n'en est pas moins constituée, soit dans l'intérêt seul du gérant, soit qu'on se berce d'espérances et d'illusions. L'entreprise prend ainsi aux yeux du public une apparence trompeuse de vitalité; on marche, on attend vainement les capitaux qui ne viennent pas; et l'on va, de déceptions en déceptions, jusqu'à la ruine et à la faillite.

Décret Impérial.

Loi du 17-23 *juillet* 1856, *relative à l'arbitrage forcé.*

Art. 1er. Les articles 51 à 63 du Code de commerce sont abrogés.

2. L'article 631 du même code est modifié ainsi qu'il suit:

631. Les tribunaux de commerce connaîtront : 1° des contestations relatives aux engagements et transactions entre négociants, marchands et banquiers ; 2° des contestations entre associés, pour raison d'une société de commerce ; 3° de celles relatives aux actes de commerce entre toutes les personnes.

Décret Impérial.

Loi nouvelle relative aux concordats par abandon.

Article unique. L'art. 541 du code de commerce est modifié ainsi qu'il suit :

« Art. 541. Aucun débiteur commerçant n'est recevable à demander son admission au bénéfice de cession de biens.

» Néanmoins, un concordat par abandon total ou partiel de l'actif du failli peut être formé, suivant les règles prescrites par la section II du présent chapitre.

» Ce concordat produit les mêmes effets que les autres concordats ; il est annulé ou résolu de la même manière.

» La liquidation de l'actif abandonné est faite conformément aux paragraphes 2, 3 et 4 de l'art. 529, aux art. 532, 533, 534, 535 et 536, et aux paragraphes 1er et 2 de l'art. 537.

» Le concordat par abandon est assimilé à l'union pour la perception des droits d'enregistrement. »

Décret Impérial.

Loi qui dispense de l'affirmation les Procès-verbaux dressés par les Brigadiers de gendarmerie et les Gendarmes.

Du 17 Juillet 1856.

NAPOLÉON, par la grâce de Dieu et la volonté nationale, EMPEREUR DES FRANÇAIS, à tous présents et à venir, SALUT.

AVONS SANCTIONNÉ et SANCTIONNONS, PROMULGUÉ et PROMULGUONS ce qui suit :

LE CORPS LÉGISLATIF A ADOPTÉ LE PROJET DE LOI dont la teneur suit :

ARTICLE UNIQUE. A l'avenir, les procès-verbaux dressés par les brigadiers de gendarmerie et les gendarmes, ne seront, dans aucun cas, assujettis à la formalité de l'affirmation.

Délibéré en séance publique, à Paris, le 28 Juin 1856.

Le Président,
Signé Comte DE MORNY.

Les Secrétaires,
Signé comte JOACHIM MURAT, marquis DE CHAUMONT-QUITRY, TESNIÈRE, ED. DALLOZ.

MANDONS et ORDONNONS que les présentes, revêtues du sceau de l'État et insérées au Bulletin des Lois, soient adressées aux cours, aux tribunaux et aux autorités administratives, pour qu'ils les inscrivent sur leurs registres, les observent et les fassent observer, et notre ministre secrétaire d'État au département de la justice est chargé d'en surveiller la publication.

Fait à Plombières, le 17 Juillet 1856.

Signé NAPOLÉON.

Vu et scellé du grand sceau :
Le Garde des sceaux, Ministre secrétaire d'État au département de la justice,
Signé ABBATUCCI.

Par l'Empereur :
Le Ministre d'État,
Signé ACHILLE FOULD.

TAXES ET FRAIS DIVERS.

TARIFS GÉNÉRAUX.

Nouveau tarif des protêts ; — des greffiers de justice de paix ; — des tribunaux de première instance ; — des Cours impériales ; — dus aux officiers ministériels ; — des Tribunaux de commerce ; — des huissiers ; — des avoués ; — des avocats ; — des agréés ; — des notaires. — Taxe des témoins, des experts et des gardiens. — Arbitrage, etc., etc.

Les frais de protêt sont maintenant réduits aux seuls droits suivants. Ces tarifs ont été révisés dans l'intérêt du commerce.

NOUVEAUX TARIFS DES PROTÊTS.	ÉMOLU- MENTS.	DÉDOUB- SÉS.	TOTAL.
PROTÊT SIMPLE.	fr. c.	fr. c.	fr. c.
Original et copie.	1 60		
Droit de copie de l'effet sur l'original et la copie.	0 75		
Transcription sur le répertoire.			4 40
Timbre du protêt.		0 70	
Timbre du registre des protêts.		0 25	
Enregistrement.		1 10	
PROTÊT A DEUX DOMICILES OU AVEC UN BESOIN.			
Protêt simple	1 00		4 40
Pour le second domicile ou le besoin			1 55
Timbre		0 55	5 75
PROTÊT DE DEUX EFFETS.			
Le protêt simple			4 40
Émoluments pour le second effet	0 50		0 85
Timbre		0 55	5 25

NOUVEAUX TARIFS DES PROTÊTS.	ÉMOLU-MENTS.	DÉBOUR-SÉS.	TOTAL.
	fr. c.	fr. c.	fr. c.
PROTÊT DE PERQUISITION.			
Original et copie	5 00		
Droit de copies	1 25		
Les copies du titre	0 50		
Visa	1 00		
Timbre des copies		1 75	11 75
Enregistrement		1 10	
Transcription du titre au registre			
Transcription du procès-verbal de perquisition et du protêt	0 75		
Papier du registre pour la transcription		0 40	
PROTÊT AU PARQUET.			
Le protêt simple	4 40		
Deuxième copie au parquet	0 60		
Troisième au tribunal et droit de la copie du titre.	1 50		8 50
Visa	1 00		
Timbre		0 70	
INTERVENTION.			
Original	2 00		
Transcription au registre	0 25		
Papier du registre		0 15	5 90
Enregistrement		1 10	
DÉNONCIATION DE PROTÊT.			
Original	2 00		
Copie de l'exploit	0 50		
Copie de billet			
Copie de protêt	0 75		5 90
Copie d'intervention	0 25		
Copie de compte de retour	0 25		
Timbre		1 05	
Enregistrement		1 10	

NOUVEAUX TARIFS DES GREFFIERS.

Les greffiers des justices de paix, ceux des tribunaux civils de première instance, ceux des cours impériales et ceux des tribunaux de commerce ont droit aux émoluments suivants :

Greffiers des justices de paix.

Pour chaque rôle d'expédition qu'ils délivrent, contenant vingt lignes à la page et dix syllabes à la ligne :
- A Paris. . . . . 50 c.
- Partout ailleurs. . . . . 40 c.

Pour l'expédition de tout procès-verbal de non conciliation :
- A Paris. . . . . 1 fr.
- Partout ailleurs . . . . 80 c.

Pour chaque opposition aux scellés formée par déclaration sur le procès-verbal même :
- A Paris. . . . . 50 c.
- Partout ailleurs. . . . . 40 c.

Pour chaque extrait des oppositions aux scellés :
- A Paris. . . . . 50 c.
- Partout ailleurs. . . . . 40 c.

Pour la transmission au procureur impérial de la récusation et de la réponse du juge, tous frais de port compris :
- Partout. . . . . 5 fr.

Pour transport sur les lieux à plus de cinq kilomètres, quand il y a lieu :
- Partout. . . . . 3 fr. 32 c.

Pour transport à plus d'un myriamètre :
- Partout. . . . . 4 fr.

Greffiers des tribunaux de première instance.

Pour dépôt de copie collationnée des contrats translatifs des propriétés. . . . . 3 fr.
Pour l'extrait à afficher. . . . . 1 fr.
Pour soumission de caution, déclaration affirmative de surenchère ou de command, acceptation bénéficiaire, renon-

ciation à communauté ou succession, bordereau de collocation, certificat de propriété.............. 2 fr.

Pour opérer le dépôt d'un testament olographe ou mystique, non compris le transport, s'il y a lieu...... 6 fr.

Pour tout acte, déclaration ou certificat fait au greffe, et qui ne donne pas lieu à un émolument particulier. 1 fr. 50 c.

Pour communication, sans déplacement, des pièces dont le dépôt est constaté par un acte au greffe....... 1 fr.

Pour recherches des actes, jugements et ordonnances faits ou rendus depuis plus d'une année, et dont il n'est pas demandé expédition :

Pour la première année indiquée............ 50 c.
Et pour chacune des autres............... 25 c.
Pour chaque légalisation................. 25 c.
Pour l'insertion au tableau de chaque extrait d'acte ou de jugement soumis à cette formalité.......... 50 c.
Pour *visa* d'exploits................... 25 c.
Pour mention de chaque acte sur le répertoire... 10 c.

Pour remboursement du timbre de chaque jugement rendu à la requête des parties, ceux de simple remise exceptés. 80 c.

Pour celui de chaque acte porté sur un registre timbré. 40 c.
Et pour chaque insertion portée sur un pareil registre.. 15 c.

Lorsque, dans l'exercice de leurs fonctions, les greffiers des tribunaux civils se transportent à plus de cinq kilomètres de leur résidence, ils reçoivent, pour frais de voyage, nourriture et séjour, une indemnité par jour de......... 8 fr.

S'ils se transportent à plus de deux kilomètres, l'indemnité par jour est de...................... 10 fr.

Greffiers des cours impériales.

Pour tout acte fait ou transcrit au greffe, quel que soit le nombre des parties.................... 3 fr.

Pour communication de pièces dont le dépôt est constaté, recherches d'actes et jugements, légalisations, insertions, visa d'exploits ou mentions sur le répertoire, une somme double de celle allouée aux greffiers des tribunaux de première instance. Leur indemnité, en cas de déplacement, est la même.

Greffiers des tribunaux de commerce.

Pour le papier de chaque jugement, ceux de simple remise exceptés. . . . . 25 c.
Pour la rédaction de chaque jugement expédié :
S'il est par défaut. 1 fr. »
Et s'il est contradictoire. . . . . 1 fr. 50 c.
Pour le procès-verbal d'assemblée de créanciers, à l'effet de former la liste des candidats aux fonctions de syndic, en cas de faillite. . . . . 2 fr.
Pour celui de chaque autre assemblée de créanciers. 3 fr.
Pour celui de reddition des comptes des agents et syndics. . . . . 3 fr.
Pour la vérification et affirmation des créances, par chaque créancier. . . . . 50 c.
Pour chaque contredit signé au procès-verbal et pour lequel il y aurait renvoi à l'audience. . . . . 50 c.
Pour la rédaction, l'impression et l'envoi des lettres individuelles de convocation aux créanciers, et par chaque lettre. . . . . 10 c.
Pour l'affiche et pour l'insertion dans les journaux. 1 fr.
Pour le procès-verbal de mise en demeure des créanciers non comparants dans le cas de l'art. 540 du Code de commerce. . . . . 2 fr.

Dispositions générales.

Les greffiers n'ont droit à aucun émolument : 1° pour les minutes des arrêts, jugements et ordonnances, et pour celles des actes et procès-verbaux reçus ou dressés par les magistrats avec leur assistance; 2° pour les simples formalités qui n'exigent aucune écriture, ou dont il est seulement fait mention sommaire; 3° pour l'accomplissement des obligations qui leur sont imposées, soit à l'effet de régulariser le service des greffes, soit dans un intérêt d'ordre public ou d'administration judiciaire.

Les greffiers doivent inscrire, au bas des expéditions qui leur sont demandées, le détail des déboursés et des droits auxquels chaque arrêt, jugement ou acte donne lieu. — A défaut d'expédition, ils doivent faire cette mention sur des états signés d'eux, et qu'ils remettent aux parties ou aux avoués, pour chacun desquels il leur est dû un émolument de dix centimes.

Il est interdit aux greffiers, ainsi qu'à leurs commis, de recevoir, sous quelque prétexte que ce soit, d'autres ou plus forts droits que ceux alloués notamment par le décret du 24 mai 1854, et que nous venons de rapporter, sous peine de destitution, si la gravité du fait le comporte, et sans préjudice de la restitution des sommes indûment perçues, ainsi que de tous dommages-intérêts, s'il y a lieu.

TARIF DES HUISSIERS.

Les huissiers ont droit aux émoluments suivants :
Pour l'original de chaque citation contenant demande :

   A Paris. . . . . 1 fr. 50 c.
   Partout ailleurs. . . . . 1 fr. 25 c.

Idem de signification de jugement, de sommation de fournir caution ou d'être présent à la réception :

   Partout. . . . . 1 fr. 25 c.

Idem d'opposition à jugement de défaut, de demande en garantie, de citation à témoins et experts, de citation en conciliation, de citation aux membres d'un conseil de famille, d'opposition aux scellés, et de sommation d'assister à la levée :

   Partout. . . . . 1 fr. 50 c.

Pour l'original d'un exploit d'appel de jugement de la justice de paix et d'ajournement, de tout exploit de sommation, signification et autres actes quelconques ordinaires non autrement taxés :

   A Paris. . . . . 2 fr. » c.
   Partout ailleurs. . . . . 1 fr. 50 c.

Idem de la récusation du juge de paix :

   A Paris. . . . . 3 fr. »
   Partout ailleurs. . . . . 2 fr. 25 c.

Et pour chaque copie des actes ci-dessus, le quart des droits de réduction.

S'il est en même temps donné copie de pièces, le droit est, pour chaque rôle d'expédition contenant vingt lignes à la page et dix syllabes à la ligne, de :

  A Paris................. » fr. 25 c.
  Partout ailleurs............ » 20 c.

Pour un procès-verbal de saisie-exécution qui durera trois heures, y compris la taxe des témoins :

  A Paris................. 8 fr. » c.
  Partout ailleurs............. 6 fr. »

Si la saisie dure plus de trois heures, il est dû pour chacune des vacations subséquentes aussi de trois heures :

  A Paris................. 5 fr. »
  Partout ailleurs............. 3 fr. 75 c.

Les frais de copies pour le saisi et pour le gardien sont compris dans cette taxe.

Pour un procès-verbal de récolement d'effets saisis, sans détail :

  A Paris................. 3 fr. » c.
  Partout ailleurs............. 2 fr. 25 c.

Idem avec détail, quand il est nécessaire :

  A Paris................. 6 fr. » c.
  Partout ailleurs............. 4 fr. 50 c.

Et pour chaque copie de ces actes, le quart de l'original.

Pour le procès-verbal de récolement qui précède la vente, et qui contient le détail des objets en déficit, s'il y en a :

  A Paris................. 6 fr. » c.
  Partout ailleurs............. 4 fr. 50 c.

Pour la rédaction de l'original du placard d'affiches :

  Partout................. 4 fr. » c.

Pour chaque copie, si le placard est manuscrit :

  Partout................. » fr. 50 c.

Pour l'original du procès-verbal d'affiche :

  A Paris................. 3 fr. » c.
  Partout ailleurs............. 2 fr. 25 c.

Pour un procès-verbal de saisie immobilière auquel il n'aura été employé que trois heures :

  A Paris................. 6 fr. » c.
  Partout ailleurs............. 5 fr. » c.

Si la saisie dure plus de trois heures, il est dû pour chacune des vacations subséquentes aussi de trois heures :

   A Paris. . . . . 5 fr. » c.
   Partout ailleurs. . . . . 4 fr. » c.

Pour l'original de la dénonciation au saisi :

   A Paris. . . . . 2 fr. 50 c.
   Partout ailleurs. . . . . 2 fr. » c.

Pour l'original d'un commandement avec contrainte par corps :

   Partout. . . . . 2 fr. » c.

Pour l'original d'un procès-verbal d'offres réelles :

   A Paris. . . . . 3 fr. » c.
   Partout ailleurs. . . . . 2 fr. 75 c.

Pour un procès-verbal de consignation :

   A Paris. . . . . 5 fr. » c.
   Partout ailleurs. . . . . 4 fr. » c.

Et pour chaque copie de tous ces actes, le quart de l'original.

Les huissiers ne peuvent rien exiger en sus pour droits de signification et de transport jusqu'à un demi-myriamètre de distance ; mais au delà de cette limite, il leur est dû pour frais de voyage, qui ne pourra excéder cinq myriamètres, savoir : au delà d'un demi-myriamètre et jusqu'à un myriamètre, pour aller et retour :

   Partout. . . . . 4 fr. » c.

Et pour chaque myriamètre en sus :

   Partout. . . . . 2 fr. » c.

Il leur est dû aussi pour *visa* de chacun des actes qui y sont soumis :

   A Paris. . . . . 1 fr. » c.
   Partout ailleurs. . . . . » fr. 75 c.

Les huissiers sont tenus de remettre en personne les copies de leurs exploits, et de faire mention tant sur chaque copie que sur l'original, du coût de l'acte, sous peine d'amende, de suspension, et même de destitution.

TARIF DES AVOUÉS.

Le ministère des avoués s'exerçant sous le contrôle immédiat du tribunal près duquel ils postulent, et dont un des juges doit toujours taxer les mémoires de frais tant en demandant qu'en défendant, il nous paraît inutile d'occuper l'attention du lecteur de tous ces longs et fastidieux tarifs qui les concernent. Disons seulement que chaque affaire donne lieu à une série de droits effrayants, et que bon nombre de ces droits sont acquis à l'avoué par l'effet seul de sa constitution : ainsi, dès qu'une affaire en matière ordinaire est remise à un de ces officiers ministériels, il lui est dû un droit de consultation tarifé à 10 fr. pour les avoués de première instance de Paris, et à 7 fr. 50 c. pour ceux des autres villes, alors même qu'ils n'ont point été consultés; plus un pareil droit pour frais de correspondance pour chaque jugement définitif, quand la partie est domiciliée hors de l'arrondissement, et sans qu'ils lui aient même jamais écrit, et encore un demi-droit pour le même objet par chaque interlocutoire ; puis enfin des vacations pour mettre la cause au rôle, pour communication de pièces, pour assistance aux plaidoiries de l'avocat, etc. etc. — Non-seulement l'avoué a droit au payement des actes par lui faits, mais encore à une indemnité dans le cas où on lui retirerait les pièces avant le jugement de l'affaire, et cette indemnité s'élève à la moitié du droit d'obtention du jugement dans les cas énoncés dans l'art. 67 du décret du 16 février 1807.

Tout ce que nous venons de dire au sujet des avoués de première instance s'applique également aux avoués d'appel, avec cette différence seulement que les droits alloués à ceux-ci sont à peu près doubles. Le lecteur peut juger par là s'il est bon d'user souvent du ministère de ces officiers ministériels.

PLAIDOIRIES DES AVOCATS.

L'art. 80 du décret de 1807, déjà cité, accorde à l'avocat de la cause qui a plaidé contradictoirement, un honoraire de 15 fr. à Paris, et de 10 fr. en province. Mais aucun ne se contente de si peu, et il faut convenir que ce n'est réellement pas assez. Généralement il existe dans chaque barreau un règlement fait par le conseil de l'Ordre, dont le public ignore les dispositions, mais que chaque avocat applique à l'occasion ; le plus souvent cependant, les honoraires de plaidoirie se règlent à l'amiable entre le client et l'avocat. Pour compléter nos explications à cet égard, nous nous bornerons à faire passer sous les yeux du lecteur l'art. 43 du décret du 14 décembre 1810, ainsi conçu :

« A défaut de règlement, et pour les objets qui ne seraient pas prévus dans les règlements existants, voulons que les avocats taxent eux-mêmes leurs honoraires avec la discrétion qu'on doit attendre de leur délicatesse. Dans le cas où la taxation excéderait les bornes d'une juste modération, le conseil de discipline la réduira, eu égard à l'importance de la cause et à la nature du travail : il ordonnera la restitution, s'il y a lieu, même avec réprimande. — En cas de réclamation contre la décision du conseil de discipline, on se pourvoira au tribunal. »

TARIF DES AGRÉÉS.

Les agréés n'étant que de simples mandataires, la loi a laissé aux parties qui les emploient le soin de régler leurs honoraires. Néanmoins, le tribunal de commerce de la Seine a pris, le 26 juin 1845, un arrêté qui règle ce point, par forme de police intérieure, comme suit :

« Les agréés peuvent demander à leurs clients, en outre de leurs déboursés justifiés :

» Pour l'inscription d'une cause au plumitif et leur présentation à l'audience, *en demandant*. . . . . 4 fr. » c.
» Pour chaque présentation, *en défendant*. . . . 3 fr. » c.
» Pour vacation *à la levée* du jugement. . . . . . 3 fr. » c.

» Sous aucun prétexte, les agréés ne peuvent prétendre davantage.

» Il n'est dû, dans toutes les affaires portées aux audiences sommaires, qu'une seule présentation ; seulement, lorsqu'après une remise demandée par la partie et ordonnée par le tribunal, l'affaire aura été terminée par un jugement contradictoire définitif, il pourra être accordé un nouveau droit de présentation, soit en demandant, soit en défendant.

» Dans tous les cas, l'agréé ne peut prétendre au delà de trois présentations dans une même affaire, soit qu'elle ait été continuée aux audiences sommaires, soit qu'elle ait été renvoyée au grand rôle, et quel que soit le nombre des remises demandées, accordées ou ordonnées.

» Indépendamment du droit de présentation ci-dessus fixé, les agréés peuvent réclamer de leurs clients des honoraires pour les causes susceptibles de plaidoiries et de développements.

» La fixation de ces honoraires ne peut être faite par règlement, puisqu'elle dépend de la nature et de l'importance de l'affaire, du plus ou moins de soin et de travail qu'elle aurait exigé ; elle reste abandonnée à la discrétion de MM. les agréés, à leur loyauté et à leur modération. — En cas de contestation, il en serait référé à M. le président du tribunal. »

TARIF DES NOTAIRES.

Le décret du 16 février 1807 et l'ordonnance du 10 octobre 1841 ont déterminé les honoraires des Notaires pour les actes ci-après, comme suit :

Pour chaque vacation de trois heures,
1° Aux compulsoires faits en leur étude ;

2° Devant le juge, en cas que leur transport devant lui ait été requis;

3° A tout acte respectueux pour demander le conseil des ascendants à l'effet de contracter mariage;

4° Aux inventaires après décès;

5° En référé devant le président du tribunal, à l'occasion desdits inventaires;

6° A tous les procès-verbaux dans lesquels ils sont tenus de constater le temps employé à leur rédaction;

7° Au greffe, pour y déposer la minute du procès-verbal des difficultés élevées dans les partages :

  A Paris. . . . . 9 fr. » c.
  Dans les villes où il y a un tribunal de première
   instance. . . . . 6 fr. » c.
  Partout ailleurs. . . . . 4 fr. » c.

Dans le cas où les tribunaux renverront des ventes d'immeubles par devant les Notaires, ceux-ci auront droit, pour la grosse du cahier des charges, par rôle contenant 25 lignes à la page et 12 syllabes à la ligne :

  A Paris. . . . . 2 fr. » c.
  Partout ailleurs. . . . . 1 fr. 50 c.

Ils auront droit en outre, sur le prix des biens vendus : jusqu'à 10,000 fr., à 1 p. 0/0; sur la somme excédant 10,000 fr. jusqu'à 50,000 fr., à 1/2 p. 0/0; sur la somme excédant 50,000 fr. jusqu'à 100,000 fr., à 1/4 p. 0/0; et sur l'excédant de 100,000 fr. indéfiniment, à 1/8 p. 0/0.

Quand les Notaires sont obligés de se transporter à plus d'un myriamètre de leur résidence, indépendamment de leur journée, il leur est alloué pour tous frais de voyage et nourriture, par chaque myriamètre, un cinquième de leurs vacations, et autant pour le retour; — et par journée, qui se compte à raison de cinq myriamètres, pour l'aller et le retour, quatre vacations.

Les expéditions de tous les actes reçus par les Notaires

doivent contenir 25 lignes à la page et 15 syllabes à la ligne, et leur être payées, par chaque rôle :

>   A Paris. . . . . 3 fr. » c.
>   Dans les villes où il y a un tribunal de première
>   instance. . . . . 2 fr. » c.
>   Et partout ailleurs. . . . . 1 fr. 50 c.

Aux termes de l'art. 51 de la loi du 25 ventôse an XI, les honoraires de tous les autres actes de Notaires doivent être réglés à l'amiable entre eux et les parties ; sinon, par le président du tribunal, sur l'avis de la chambre, et sur simple mémoire, sans fais : ces honoraires se calculent ordinairement d'après la base déterminée plus haut pour tous les actes soumis à des droits proportionnels.

TAXE DES TÉMOINS, DES EXPERTS,
ET DES GARDIENS.

Les témoins appelés à déposer en justice ont droit à une taxe ou indemnité, qui se calcule à raison de leur état ou profession. On alloue une journée pour la déposition ; et si le témoin n'est pas entendu le jour pour lequel il a été cité, il lui est passé deux journées indépendamment des frais de voyage s'il est domicilié à plus de deux myriamètres. En matière civile, le prix de la journée est de 10 fr. au plus et de 2 fr. au moins. Quant aux frais de voyage, ils sont fixés à 3 fr. par myriamètre pour l'aller et le retour. En matière criminelle ou de police, la taxe est moindre.

Les experts sont taxés aussi selon leur profession ; il leur est alloué, par chaque vacation de trois heures, quand ils opèrent dans les lieux où ils sont domiciliés ou dans la distance de deux myriamètres ; savoir :

Dans le département de la Seine :
Aux artisans et laboureurs. . . . . 4 fr. »
Aux architectes et autres artistes . . . . 8 fr. »

Et dans les autres départements :
Aux artisans et laboureurs. . . . .   3 fr. »
Aux architectes et autres artistes. . . . . . .   6 fr. »

Dans le cas de transport au delà de deux myriamètres, il est alloué de plus, par chaque myriamètre, pour frais de voyage et de nourriture pour aller et autant pour revenir, savoir :

Aux architectes et autres artistes de Paris . .   6 fr. »
A ceux des départements. . . . .   4 fr. 50 c.
Et aux laboureurs et artisans indistinctement.   3 fr. »

Les frais de garde sont taxés pour chaque jour, pendant les douze premiers jours, savoir :

Dans le cas de saisie-exécution : à Paris, 2 fr. 50 c.; dans les villes où il y a un tribunal de première instance, 2 fr.; et partout ailleurs, 1 fr. 50 c.

Et pour les jours suivants : à Paris, 1 fr.; dans les villes où il y a un tribunal de première instance, 80 c.; partout ailleurs, 60 c. seulement. Dans les cas de saisie-brandon, il est taxé partout : au garde champêtre, si c'est lui qui est gardien, 75 c.; et à tout autre que le garde champêtre, 1 fr. 25 c. par jour.

QUELQUES BONS CONSEILS

POUR ÉVITER LES PROCÈS, QUI PRESQUE TOUJOURS CAUSENT LA RUINE DES FAMILLES.

Si les principes que nous avons essayé de développer dans le cours de ce livre ont été bien compris, le lecteur connaît maintenant les droits dont il peut user et les devoirs qu'il a à remplir dans les circonstances les plus usuelles de la vie. Néanmoins, et afin d'en mieux graver le souvenir dans l'esprit de tous, il nous semble utile de résumer ici, sous forme de maximes, les principales vérités qui découlent de notre enseignement, de la justice, de la prudence et de la moralité en affaires. Les voici dans toute leur simplicité.

I. Avant d'agir, réfléchissez bien, cher lecteur, à ce que vous voulez entreprendre ; examinez vos moyens, pesez vos facultés, calculez toutes les conséquences de votre œuvre : vous vous rendrez ainsi le succès plus certain et éviterez souvent des mécomptes fâcheux.

II. Ne prenez jamais de décision dans la colère ; ce serait vous exposer au danger presque certain de vous tromper, et même de vous compromettre.

III. Si quelqu'un vous traite avec aigreur, répondez-lui avec dignité, mais poliment, ou coupez la conversation, et évitez à l'avenir de traiter des affaires avec des gens de ce caractère.

IV. Gardez-vous de tromper dans les marchés, avertissez vos acheteurs des vices rédhibitoires ; c'est le moyen de prévenir des contestations et de conserver votre honneur et votre fortune.

V. Ménagez la réputation et l'amour-propre de tout le monde ; le défaut contraire vous créerait des ennemis qui pourraient peut-être, par esprit de représailles, nuire à vos projets et à votre propre considération.

VI. Évitez les affaires à crédit avec les gens trop portés aux plaisirs et au luxe, avec les paresseux, les gourmands, les joueurs, ainsi qu'avec les personnes de mauvaise vie ou d'une moralité douteuse; tâchez, au contraire, de n'avoir pour débiteurs que des hommes avantageusement connus; et afin d'échapper aux illusions du premier moment, ne vous hâtez pas trop de conclure les affaires importantes, sans cependant les négliger de manière à manquer celles qui pourraient être favorables.

VII. Usez de prudence envers vos débiteurs; soyez sobre de poursuites judiciaires, et surtout de saisies, car elles ne profitent le plus souvent qu'aux huissiers, aux recors et autres alguazils de désagréable aspect; rappelez-vous bien que les poursuites les plus rigoureuses sont celles qui produisent le moins pour le créancier, soit parce que les frais absorbent la meilleure partie du gage, soit parce que les ventes forcées ne se font qu'à vil prix, soit enfin parce que le débiteur trop sévèrement traité se révolte ou se décourage, et perd ainsi la possibilité de se procurer les ressources nécessaires pour le payement de sa dette. Mieux vaut donc user de ménagement dans la plupart des cas, et surtout ne pas enlever au débiteur industrieux et probe le crédit dont il jouit, en le dénigrant ou en se plaignant publiquement de son retard. Il est, au contraire, des créanciers habiles qui soutiennent, par de nouveaux prêts, leurs débiteurs, bien qu'ils les sachent momentanément insolvables, et souvent ils recouvrent par ce moyen une créance fort compromise, tout en acquérant de justes droits à leur reconnaissance. Mais si vous voulez bien mériter de tous, épargnez surtout la veuve et l'orphelin, donnez du temps à l'ouvrier sans travail, ménagez le père de famille honnête.

VIII. Quant à vous, débiteur bien intentionné, faites des efforts pour mériter la bienveillance de votre créancier. Loin donc de le fuir, allez à sa rencontre, prouvez-lui que vous recherchez sérieusement le moyen de le payer, et surtout prévenez l'expropriation forcée en vendant volontairement et à temps. Ainsi, dès que le revenu de vos biens ne vous permettra plus de réaliser des économies pour vous libérer de vos dettes, n'imitez pas le sot amour-propre de ces hommes qui, dans la crainte de se déshonorer par l'aliénation d'un immeuble quelquefois superflu et dont le prix bien débattu suffirait pour les débarrasser de leurs charges, traitent dans le plus grand secret ou se laissent déposséder par autorité de justice : mais donnez, au contraire, toute la publicité possible à votre projet de vendre, afin de provoquer la plus grande concurrence des acquéreurs. Le moyen le plus prompt, le plus facile et le plus productif consiste ordinairement à vendre aux enchères, devant un Notaire, après affiches et annonces préalables. Partout où ce système est en usage, les expropriations ont disparu au grand avantage du public ; les débiteurs et les créanciers intelligents doivent donc le préférer.

IX. Tâchez de ne jamais vous lier d'intérêts avec les personnes qui ont l'habitude de plaider ou qui ont l'esprit porté à la chicane, et ne signez jamais d'actes sous seing privé qu'avec des gens probes, coulants en affaires, et surtout solvables ; avec des hommes difficiles, peu exacts, à moitié bons, exigez toujours des actes notariés, et prenez toutes les précautions hypothécaires possibles pour en assurer l'exécution.

X. N'écoutez pas la voix qui vous conseille de plaider dans les cas douteux ou peu importants ; évitez même les procès qui vous paraissent justes, car le bon droit ne triomphe pas toujours, et souvent il arrive qu'après avoir obtenu ce qu'on appelle gain de cause, on a perdu beaucoup d'argent, dépensé inutilement un temps précieux, éprouvé mille désagréments de toute espèce. Rappelez-vous que les frais marchent vite chez les huissiers et les avoués, tandis que les affaires vont fort lentement ; avec eux, il en coûte fort cher quand on a raison, et plus encore quand on a tort.

XI. Si donc le malheur voulait que vous fussiez engagé dans une contestation, transigez-la au plus tôt, même en faisant quelques sacrifices; vous gagnerez sous un autre rapport ce que vous aurez ainsi perdu, et vous pourrez vaquer à d'autres affaires plus profitables.

XI. Tout homme sage et prudent doit régler à temps ses dispositions de dernière volonté, c'est-à-dire faire son testament sans retard, sauf à le modifier ultérieurement, si les circonstances l'exigent.

XIII. De son côté, le père de famille qui voudra prévenir des contestations peut-être ruineuses pour ses enfants, fera bien d'opérer lui-même le partage de sa succession, suivant le droit que lui en donnent les art. 1075 et 1076 du Code Napoléon, mais en prenant les précautions que la prudence commande en pareil cas.

XIV. Quelque habile que vous soyez en affaires, consultez volontiers les autres. « Ceux qui font tout avec conseil, dit le plus sage des rois, sont conduits par la sagesse. » Toutefois, choisissez bien vos conseillers, et bornez-en le nombre afin d'éviter les indiscrétions et de ne pas perdre un temps toujours précieux pour les gens occupés.

Voilà, bien cher lecteur, les meilleurs conseils que nous croyons devoir vous donner en terminant ce livre. Si vous êtes exacts à les suivre, vous acquerrez avec sécurité, vous placerez vos fonds sans danger de les perdre, vous trouverez facilement à emprunter si le besoin l'exige; en un mot, vos affaires seront sûres et votre patrimoine arrivera intact à vos enfants. En dehors de là, au contraire, vous pourriez ne trouver que ruine, difficultés, embarras!

FIN.

TABLE DU CODE NAPOLÉON.

Préface. v
Notions préliminaires. 1
Division du Code civil. 3

LIVRE PREMIER.
DES PERSONNES.

De la jouissance et de la privation des droits civils. 5
Des actes de l'état civil. 8
Du domicile. 10
Des absents. 11
Du mariage. 12
De la séparation de corps. 19
De la paternité et de la filiation. 21
De la filiation des enfants légitimes ou nés dans le mariage, et de ses preuves. 21
De la filiation et légitimation des enfants naturels. 24
De l'adoption et de la tutelle officieuse. 26
De la puissance paternelle. 29
De la minorité, de la tutelle et de l'émancipation. 32
De la minorité. 32
De la tutelle. 33
Des différentes espèces de tutelle. 33
Du subrogé tuteur. 36
Des excuses, incapacités et exclusions de la tutelle. 37
De l'administration de la tutelle et des comptes du tuteur. 39
De l'émancipation. 46
De la majorité, de l'interdiction et du conseil judiciaire. 47

LIVRE DEUXIÈME.
DES BIENS ET DES DIFFÉRENTES MODIFICATIONS DE LA PROPRIÉTÉ.

De la distinction des biens, et de leurs rapports avec ceux qui les possèdent. 50
De la distinction des biens. 50
Des biens dans leur rapport avec ceux qui les possèdent. 52
De la propriété. 53
De l'usufruit, de l'usage et de l'habitation. 55
De l'usufruit. 56
Des droits de l'usufruitier. 58
Des obligations de l'usufruitier.

35.

Comment l'usufruit s'éteint.	59
De l'usage et de l'habitation.	60
Des servitudes ou services fonciers.	61
Des servitudes qui dérivent de la situation des lieux.	61
Des servitudes établies par la loi.	65
De la mitoyenneté du mur, du fossé et de la haie, et de la distance pour la plantation des arbres.	65
De la distance et des ouvrages intermédiaires, requis pour certaines constructions.	66
Des vues sur la propriété du voisin.	66
De l'égout des toits.	67
Du droit de passage.	67
Des servitudes établies par le fait de l'homme.	67

LIVRE TROISIÈME.

DES DIFFÉRENTES MANIÈRES D'ACQUÉRIR LA PROPRIÉTÉ.

Notions générales.	70
Des successions.	72
De l'ouverture des successions légitimes et de la saisine.	72
Des qualités requises pour succéder.	74
Des divers ordres de successions.	75
Dispositions générales.	75
De la représentation.	76
Des successions déférées aux descendants.	77
Des successions déférées aux ascendants et à certains collatéraux.	77
Des successions collatérales.	78
Des successeurs irréguliers.	79
Des droits des enfants naturels simples sur les biens de leur père ou mère, et de la succession aux enfants naturels décédés sans postérité.	79
Des droits du conjoint survivant et de l'État.	80
De l'acceptation et de la répudiation des successions.	81
De l'acceptation pure et simple.	81
De la renonciation aux successions.	83
De l'acceptation sous bénéfice d'inventaire.	84
Des successions vacantes.	88
Du partage et des rapports.	88
De l'action en partage, de sa forme, et des tiers qui y interviennent.	88
De l'action en partage.	89
De la forme du partage.	90
Des tiers qui interviennent au partage.	94
Des rapports.	95
Du payement des dettes.	99
Des effets du partage, et de la garantie des lots.	102
De la rescision du partage.	103
Des donations entre-vifs et des testaments.	104
Dispositions générales.	105
De la capacité de disposer ou de recevoir par donation entre-vifs ou par testament.	107
De la portion de biens disponible, et de la réduction.	109

De la portion de biens disponible.	109
De la réduction des donations et legs.	112
Des donations entre-vifs.	113
De la forme des donations entre-vifs.	115
Des exceptions à la règle de l'irrévocabilité des donations entre-vifs.	117
Des dispositions testamentaires.	119
Des règles générales sur la forme des testaments.	120
Des règles particulières sur la forme de certains testaments.	124
Des institutions d'héritier et des legs en général.	125
Du legs universel.	126
Du legs à titre universel.	128
Des legs particuliers, et de quelques règles sur les legs.	130
Des exécuteurs testamentaires.	132
De la révocation des testaments, et de leur caducité.	133
Des dispositions permises en faveur des petits-enfants du donateur ou testateur, ou des enfants de ses frères et sœurs.	136
Des partages faits par père, mère, ou autres ascendants entre leurs descendants.	139
Des donations faites par contrat de mariage aux époux et aux enfants à naître du mariage.	140
Des dispositions entre époux, soit par contrat de mariage, soit pendant le mariage.	142
Des contrats ou des obligations conventionnelles en général.	143
Dispositions préliminaires.	147
Des conditions essentielles pour la validité des obligations.	149
Du consentement.	149
De la capacité des parties contractantes.	152
De l'objet des contrats.	153
De la cause.	154
De l'effet des obligations.	154
Dispositions générales.	155
De l'obligation de donner.	157
De l'obligation de faire ou de ne pas faire.	158
Des dommages et intérêts résultant de l'inexécution de l'obligation.	160
De l'interprétation des conventions.	161
De l'effet des conventions à l'égard des tiers.	164
Des diverses espèces d'obligations.	164
Des obligations pures et simples, à terme ou sous condition.	167
Des obligations sous condition suspensive ou résolutoire.	169
Des obligations alternatives.	170
Des obligations solidaires.	175
Des obligations divisibles et indivisibles.	177
Des obligations avec clause pénale.	178
De l'extinction des obligations.	179
Du payement.	179
Du payement en général.	182
Du payement avec subrogation.	185
De l'imputation des payements.	186
Des offres de payement et de la consignation.	189
De la cession de biens.	190
De la novation.	

De la remise de la dette.	192
De la compensation.	193
De la confusion.	195
De la perte de la chose.	196
De l'action en nullité ou rescision des conventions.	196
De la preuve des obligations, et de celle de leur extinction.	199
De la preuve littérale.	199
De la preuve testimoniale.	208
Des présomptions.	209
De l'aveu de la partie.	212
Du serment.	212
Des engagements qui se forment sans convention.	215
Des quasi-contrats.	215
Des délits et des quasi-délits.	217
Du contrat de mariage et des droits respectifs des époux.	219
Dispositions générales.	221
Du régime en communauté.	223
Première partie. De la communauté légale.	225
De l'actif et du passif de la communauté.	224
De l'actif de la communauté.	225
Du passif de la communauté, et des actions qui en résultent contre la communauté.	228
De l'administration de la communauté et de l'effet des actes de l'un ou l'autre époux relativement à la société conjugale.	234
De la dissolution de la communauté et de quelques-unes de ses suites.	237
De l'acceptation de la communauté et de la renonciation qui peut y être faite.	240
Du partage de la communauté après son acceptation.	243
Du partage de l'actif.	245
Du passif de la communauté, et de la contribution aux dettes.	245
De la renonciation à la communauté et de ses effets.	246
Seconde partie. De la communauté conventionnelle.	247
De la communauté réduite aux acquêts.	248
De la clause qui exclut de la communauté le mobilier en tout ou partie.	249
De la clause d'ameublissement.	250
De la clause de séparation de dettes.	251
De la faculté accordée à la femme de reprendre son apport franc et quitte.	252
Du préciput conventionnel.	252
Des clauses par lesquelles on assigne à chacun des époux des parts inégales dans la communauté.	233
De la communauté à titre universel.	234
Des conventions exclusives de communauté.	235
Du régime dotal.	237
De la constitution de dot.	259
Des droits du mari sur les biens dotaux, et de l'inaliénabilité et imprescriptibilité du fonds dotal ; loi nouvelle à cet égard.	260
De la restitution de la dot.	265
Des biens paraphernaux.	267
Disposition particulière.	267
De la vente.	268
De la nature et de la forme de la vente, et de quelques notions.	268

Qui peut acheter ou vendre.	271
Des choses qui peuvent être vendues.	273
Des obligations du vendeur.	274
De la délivrance.	274
De la garantie.	277
De la garantie en cas d'éviction.	277
De la garantie des défauts de la chose vendue, et des vices rédhibitoires.	280
Des obligations de l'acheteur.	282
De la nullité et de la résolution de la vente.	283
De la faculté de rachat.	283
De la rescision de la vente pour cause de lésion.	286
De la licitation.	288
Du transport des créances et autres choses incorporelles.	289
De l'échange.	293
Du contrat de louage.	294
Dispositions générales.	294
Du louage des choses.	295
Des règles communes aux baux des maisons et des biens ruraux.	296
Des règles particulières aux baux à loyer.	304
Des règles particulières aux baux à ferme.	307
Du louage d'ouvrage et d'industrie.	310
Du louage des domestiques et ouvriers.	310
Des voituriers par terre et par eau.	311
Des entrepreneurs d'ouvrages par suite de devis et marchés.	312
Du bail à cheptel.	315
Du cheptel simple.	316
Du cheptel à moitié.	317
Du cheptel donné par le propriétaire à son fermier ou à son colon partiaire.	318
Du contrat appelé improprement cheptel.	319
Du contrat de société.	319
Des diverses espèces de société.	320
Des engagements des associés, soit entre eux, soit à l'égard des tiers.	322
Des engagements des associés entre eux.	322
Des engagements des associés à l'égard des tiers.	326
Des différentes manières dont finit la société.	326
Du prêt.	328
Du prêt à usage ou commodat.	328
Du prêt de consommation ou simple prêt.	331
Du prêt à intérêts.	332
Du dépôt et du séquestre.	334
Du dépôt proprement dit.	334
Du dépôt volontaire.	335
Du dépôt nécessaire.	338
Du séquestre.	339
Des contrats aléatoires.	340
Du jeu et du pari.	341
De la rente viagère.	341
Du mandat.	344
Du cautionnement.	349
De la nature et de l'étendue du cautionnement.	350

De l'effet du cautionnement.	552
De l'effet du cautionnement entre le créancier et la caution.	555
De l'effet du cautionnement entre le débiteur et la caution.	555
De l'effet du cautionnement entre les cautions.	556
De l'extinction du cautionnement.	556
De la caution légale et de la caution judiciaire.	558
Des transactions.	558
De la contrainte par corps en matière civile.	562
Du nantissement.	566
Du gage.	566
De l'antichrèse.	570
Des priviléges et hypothèques.	572
Dispositions générales.	572
Des priviléges.	573
Des priviléges sur les meubles.	574
Des priviléges sur les immeubles.	580
Des priviléges qui s'étendent sur les meubles et les immeubles.	581
Comment se conservent les priviléges.	582
Des hypothèques.	584
Des hypothèques légales.	587
Des hypothèques judiciaires.	588
Des hypothèques conventionnelles.	588
Du rang que les hypothèques ont entre elles.	591
Du mode de l'inscription des priviléges et hypothèques.	594
De la radiation et réduction des inscriptions.	598
De l'effet des priviléges et hypothèques contre les tiers détenteurs et du délaissement.	400
De l'extinction des priviléges et hypothèques.	403
Du mode de purger les propriétés des priviléges et hypothèques.	406
Du mode de purger les hypothèques, quand il n'existe pas d'inscriptions sur les biens des maris et des tuteurs.	410
De la publicité des registres, et de la responsabilité des conservateurs.	411
De l'expropriation forcée et des ordres entre les créanciers.	412
De l'expropriation forcée.	412
De l'ordre et de la distribution du prix entre les créanciers.	415
De la prescription.	415
Dispositions générales.	416
De la possession.	418
Des causes qui empêchent la prescription.	419
Des causes qui interrompent ou qui suspendent le cours de la prescription.	421
Des causes qui interrompent la prescription.	421
Des causes qui suspendent le cours de la prescription.	422
Du temps requis pour prescrire.	424
De la prescription trentenaire.	425
De la prescription par dix et vingt ans.	425
De quelques prescriptions particulières.	426
FORMULAIRE DU CODE CIVIL pour les actes sous seing privé.	431
PRINCIPES SUR LE TIMBRE ET SUR L'ENREGISTREMENT.	479

FIN DE LA TABLE DU CODE NAPOLÉON.

TABLE
DU DROIT ADMINISTRATIF, EXÉCUTIF ET JUDICIAIRE
EXPLIQUÉS.

Du pouvoir exécutif.	489
Des ministres.	489
Du pouvoir administratif.	491
Des attributions particulières des préfets.	492
Formule de pétition pour demander un alignement.	494
Conseils municipaux. — Des attributions des maires comme administrateurs.	495
Des juges de paix.	498
Des tribunaux civils d'arrondissement.	502
Des cours impériales.	503
De la cour de cassation.	504
De la juridiction volontaire ou des arbitrages.	505

DROIT PÉNAL EXPLIQUÉ.

Des commerçants.	507
De la tenue des livres.	508
Des assurances.	509
Des sociétés.	510
Des bourses de commerce.	510
Des commissionnaires.	514
Du mandat.	513
Des voituriers par terre et par eau.	514
Du commis-voyageur.	517
Des brevets d'invention.	518
Du crédit.	520
De l'enregistrement.	521
Du billet à ordre et de la lettre de change.	523
De la faillite.	525
De la réhabilitation.	525
Du protêt.	525
Des tribunaux de commerce.	527
De la banqueroute simple ou frauduleuse.	528
De la contrainte par corps.	529
Des boulangers.	530
Des bouchers.	

DROIT COMMERCIAL EXPLIQUÉ.

Des délits contre les personnes.—Délits contre les biens.—Peines et amendes.	530
Des différentes espèces de délits.	534
Des délits contre les personnes.	535
Des délits contre les biens.	539
Des contraventions.	545
De la juridiction en matière de contraventions et de simples délits.	551
Des tribunaux de simple police.	551
Des tribunaux correctionnels.	555

TABLE DU DROIT ADMINISTRATIF, ETC.

Des attributions de quelques fonctionnaires, comme officiers de police judiciaire. 555
De la prescription en matière correctionnelle et de police. 557
De la réhabilitation des condamnés. 557

LOIS NOUVELLES.
RENSEIGNEMENTS UTILES.

Des droits politiques. 559
Des contributions. 559
De l'impôt foncier. 560
De la contribution foncière et mobilière. 560
De la contribution des portes et fenêtres. 561
De la contribution des patentes. 561
De l'inondation. 561
Des réclamations. 563
Demande en réduction de contribution mobilière. 563
Demande en réduction d'impôt personnel. 564
Demande de secours pour cause d'inondation, d'incendie, etc. 564

DROIT RURAL EXPLIQUÉ.

De la chasse. 567
De la pêche fluviale. 570

CRÉDIT FONCIER EXPLIQUÉ.
DÉCRETS IMPÉRIAUX.

Loi nouvelle des 17-25 juillet 1856 sur le drainage. 575
Loi du 10 juin 1854, sur le libre écoulement des eaux provenant du drainage. 591
Loi nouvelle des 17-25 juillet 1856, sur les sociétés en commandite par actions. 595
Loi des 17-25 juillet 1856, relative à l'arbitrage forcé. 604
Loi nouvelle relative aux concordats par abandon. 605
Loi qui dispense de l'affirmation les procès-verbaux dressés par les Brigadiers de gendarmerie et les Gendarmes. 606
Taxe et frais divers. 607
Nouveaux tarifs des protêts. 607

TAXE ET FRAIS DIVERS.

Nouveaux tarifs des greffiers. 609
Tarif des greffiers de justice de paix. 609
Tarif des greffiers des tribunaux de première instance. 609
Tarif des greffiers des cours impériales. 610
Tarif des greffiers des tribunaux de commerce. 611
Dispositions générales. 611
Tarif des huissiers. 612
Tarif des avoués. 615
Plaidoiries des avocats. 616
Tarif des agréés. 616
Tarif des notaires. 617
Taxe des témoins, des experts et des gardiens. 619
Quelques bons conseils pour éviter les procès, qui presque toujours causent la ruine des familles. 621

FIN DE LA TABLE DU DROIT ADMINISTRATIF.

SAINT-CLOUD. — IMPRIMERIE DE Mme Ve BELIN.

www.ingramcontent.com/pod-product-compliance
Lightning Source LLC
Chambersburg PA
CBHW051318230426
43668CB00010B/1063